KB193440

정호일의 민의 소리

# 한국 사회 대개혁을 위한
# 애민·애국의 담론

**정호일**의 **민의 소리**
## 한국 사회 대개혁을 위한
# 애민·애국의 담론

초판 1쇄 인쇄 2025년 3월 7일
초판 1쇄 발행 2025년 3월 15일

지 은 이 정호일
펴 낸 이 정연호
편 집 인 정연호
디 자 인 이가민

펴 낸 곳 도서출판 우리겨레
주    소 서울시 은평구 통일로 71길 2-1 대조빌딩 5층 507호
문의전화 02.356.8417
F A X 02.356.8410
출판등록 2002년 12월 3일 제 2020-000037호
전자우편 urikor@hanmail.net
블 로 그 http://blog.naver.com/j5s5h5
인스타그램 instagram.com/urikor0927
페이스북 facebook.com/urigyeorye

Copyright ⓒ 정호일 2025

ISBN 978-89-89888-37-6 (03340)

정호일의 민의 소리

# 한국 사회 대개혁을 위한
# 애민·애국의 담론

정호일 지음

도서
출판 우리겨레

머리말

# 새시대의 닻을 올려
# 애민, 애국의 기치로 개혁의 꽃을 피워 나가자!

한국의 민은 오랫동안 피눈물 나는 고통의 세월을 겪었습니다. 다른 것 다 떠나 일제의 식민 지배에서 벗어나 독립을 이룩하기 위한 투쟁을 전개해 1945년 8월 해방을 맞이했건만, 한반도는 외세에 의해 38선이 그어지고 두 동강이 났습니다. 그리고 남쪽은 또다시 미군정의 지배 아래 놓이게 되었습니다. 우리 민족은 2차 세계대전을 일으킨 책임도 없고 온전한 피해국인데 도대체 왜 분단국가가 되어 지배받아야 하는지 납득할 수 없습니다. 분단되어야 한다면 2차 세계대전의 책임이 있는 일본이어야 하지 않습니까? 하지만 이것이 냉엄한 국제 사회의 정세였고, 한반도의 서글픈 현실이었습니다.

그런데 그것만으로 끝나지 않았습니다. 1948년 4·3항쟁은 물론이고, 심지어 1950년 6·25전쟁이 일어나 남과 북은 회복할 수 없는 상처를 입고 더욱 철저히 분단된 대치 상태의 길로 접어들었습니다. 그리고 어쩔 수 없이 각자의 길을 가게 되었습니다. 한국의 민은 이런 잘못된 현실을 극복하기 위해 또다시 투쟁에 나섰습니다. 1960년 4·19혁명, 1980년 광주민주항쟁, 1987년 6월 항쟁 등이 그것입니다.

이런 과정을 통해 한국의 민은 끊임없이 힘을 성장시켜 그 앞길을 그토록 가로막아왔던 군사독재를 청산했습니다. 그러면 모든 게 해결될 줄 알았는데, 또다시 그 길을 배신세력과 반동세력이 가로막고 나왔습니다. 그리고 마침내 윤석열 정권은 최대의 반동세력답게 내란 범죄를 저지르면서 한국 민에게 총부리까지 겨누고 나왔습니다. 외세와 매국노(배신세력과 반동세력)의 준동이 다 끝난 것은 아니었지만, 그 방해 책동을 하나씩 딛고 일어서 왔던 것처럼 한국의 민은 윤석열의 내란 범죄 또한 단호히 제압할 것입니다. 이것이 바로 한국의 민이 자랑차게 걸어왔던 역사적 과정입니다. 한국 민의 힘과 저력이 얼마나 대단한지를 느낄 수 있게 하는 대목입니다.

그런데 이런 민의 힘도 몰라보고 지금도 반동세력은 윤석열을 지키겠다고 하면서 역사의 전진을 가로막고 있습니다. 그렇지만 한국 민이 어떻게 역사를 헤쳐오고 힘과 지혜를 모아왔는지를 돌아본다면 그런 자신들의 모습이 사마귀의 힘으로 역사의 수레바퀴를 막으려 하는 행위인지를 알 수 있을 것입니다.

이제 세상은 한국 민의 선대가 어쩔 수 없이 피를 뿌리고 서글픈 눈물을 흘려야만 했던 지난날의 세상이 아닙니다. 한국 민의 힘은 강인해졌고, 그로 인해 단지 희망으로만 꿈꾸어 왔던 세상이 펼쳐지는 시기가 다가오고 있습니다. 과거 서럽고 피눈물 나는 죽음은 헛되지 않았고, 그 정신은 한국 민의 가슴속에 절로 스며들며 면면히 이어져 왔던 것입니다.

그것은 이제 시대사적 대전환을 이룩하는 것으로 나타나고 말 것입니다. 민이 주인의 권리를 누리는 세상, 즉 민이 개성을 가진 존재로서 집단을 구성하여 나라와 민족 단위로 살고 있기에 이 모든 부분에서 주인의 권리를 누리고 사는 세상이 그 무엇이 아닌 민의 힘으로 실현되는 세상이 눈앞에 다가오고 있는 것입니다. 그 때문에 한국 민의 역동적 성장을 바라보며 새시대의 닻은 올랐다고 감히 선언하는 것입니다. 새시대의 닻을 올려서 개혁의 꽃을 피워가자는 것입니다.

물론 이 시대적 과제의 해결은 만만치 않은 일입니다. 모든 사람이 자신의 권리를 누리고 사는 세상이 되어야 한다는 건 너무도 당연한 이치이지만, 그 실현의 길은 그에 관계되는 사람들 모두를 하나로 모아내어 함께 헤쳐가는 과정이기 때문입니다. 그래서 뜻을 같이하는 사람들 어느 누구도 소외되지 않고 같이 풀어갈 수 있는 실질적인 방안들을 마련해야 합니다. 결국 개혁의 꽃을 어떻게 실현할 것인가의 문제를 본격적으로 고민하고 그 해답을 마련하는 과정으로 전개되고 있다는 것입니다. 그렇다면 먼저 그렇게 실현할 수 있는 전제 조건부터 명확히 할 필요성이 있습니다.

전제 조건을 명확히 해야 한다고 강조하는 이유는 어느 누구도 부정할 수 없는 합의된 영역, 즉 일치된 지점을 확보해야 하기 때문입니다. 합의된 영역을 확보하느냐, 그렇지 못하느냐는 여러 다양한 요구가 제기되었을 때 어떻게 합의를 끌어낼 수 있느냐의 문제와 관련됩니다. 여기서 합의를 끌어내지 못한다면 혼란만 겪고 개혁의 꽃을 피워낼 수 없습니다.

그 때문에 자기주장을 펼칠 수 있어야 한다는 것이 일차적으로 요구됨을 알 수 있습니다. 다시 말해 모두가 합의할 수 있는 지점을 확보하기 위해서는 누구나 자기주장을 전개할 수 있어야 하는데, 그러자면 자기만 주장하고 남의 권리를 부정하거나 가로막는 주장을 해서는 안 된다는 것입니다. 바로 여기서 전제 조건의 첫 번째 원칙이 나옵니다. 자기주장을 다 할 수는 있으나 남의 권리를 부정하거나 가로막는 행위나 의견은 절대 용인되거나 허용해서는 안 된다는 것입니다.

그다음으로 제기되는 것은, 민은 누구나 개성을 가진 존재로서 집단을 구성하여 나라와 민족 단위로 살아가고 있다는 점입니다. 여기서 간과하지 말아야 할 것은 이 모든 부분의 권리를 담보하는 일치된 부분이 나라와 민족 단위에서의 주권 행사라는 것입니다. 그래서 주권 부분만큼은 양보할 수 없는 절대적 조건의 확보라는 것입니다. 그런데 한국은 미국과 일본과의 관계에서 주권을 행사할 수 없는 외교 조약과 협정을 맺고 있습니다. 이 현실을 외면하고서는 한국의 문제를 풀 수 없습니다. 우리 힘으로 문제를 풀 수 있으려면 주권부터 찾아야 한다는 것입니다.

결국 한국 사회의 시대사적 대전환을 이룩하고 새시대의 닻을 올리자면 이 일치된 전제 조건부터 명확히 해결해야 한다는 것입니다.

하지만 이것은 시대적 과제를 풀기 위한 전제 조건일 뿐이지 해결의 내용은 아니라는 사실입니다. 그래서 여기에 멈춰 있을 수는 없습니다. 정말로 해결할 수 있는 내용을 확보해야 합니다. 그런데 이 전제 조건의 핵심적 내용은 애민, 애국의 기치라는 점입니다. 그 때문에 정치와 경제, 사회문화, 노동, 교육, 환경, 복지 등의 제반 문제를 해결할 때 애민, 애국의 기치가 녹아들게 해야 합니다. 그래서 한국 사회를 애민, 애국의 기치로 개혁의 꽃을 피워가자고 말하는 것입니다.

그러면 시대사적 대전환을 이룩하고 애민, 애국의 기치로 개혁의 꽃을 피워가자면 어떻게 해야 하겠습니까? 애민, 애국의 기치로 개혁의 내용들을 마련해야 하는데, 여기에는 별다른 뾰족한 묘수가 없습니다. 앞서 말했던 것처럼 전제 조건을 일차적으로 해결하는 가운데 모두가 주인이 되어 나서는 것밖에 없습니다. 자신들과 함께하고 이해관계를 같이하는 사람들이 하나로 모여 자신들의 이해와 요구를 반영하는 주장들을 마련할 수 있어야 한다는 것입니다. 그래서 혼자보다는 자신들과 같이하는 사람들과 의사소통하고 의견을 교환할 수 있는 다양한 조직이 절실히 요청됩니다.

이제 자신들과 함께하는 사람들과 힘을 합치십시오. 그리고 함께하는 사람들의 이해와 요구를 반영할 수 있는 방안과 방식들을 찾으십시오. 그리한다면 개인과 집단, 나라와 민족 단위의 모든 부분에서 주인의 권리를 실현하는 길이 열릴 것입니다. 다시 말해 모두가 일치된 전제 조건을 견지하는 가운데 자신들의 의견과 주장을 펴면서도 서로의 차이를 인정하고, 그러면서도 모두가 주인의 권리를 누릴 수 있는 전망성을 견지하며 풀어가려고 한다면 개혁의 꽃은 분명코 피어나고야 말 것입니다. 이것이 새시대의 닻을 올리면서 애민, 애국의 기치로 개혁의 꽃을 피워가는 길이자 방식이라고 생각합니다.

비록 쉽지는 않겠지만 삶의 주인은 자기 자신이듯 그 길을 찾으려고 노력한다면 이 세상은 그 길을 감히 열어줄 것이라고 확신합니다.

이 글은 이런 시대사적 과제와 정신에 입각하여 2021년 8월 24일부터 우리겨레연구소(준) 카페를 개설하여 "정호일의 민의 소리"로 쓴 글을 하나의 구성 체계로 갖추어 모아낸 것입니다. 여러 분야와 방면에 걸쳐 글을 쓴 것이지만 아직도 많은 부분이 부족합니다. 부족한 부분은 앞으로 더욱 노력하여 채워가도록 하겠습니다. 게다가 시간이 지나면 별반 쓸모 없어지는 게 세상사의 이치이지만, 지금의 한국 사회를 바꿔 어떻게 개혁의 꽃을 피워갈지에 대해 고민하는 사람들에게 도움이 될 수 있을 것 같아 한 권의 책으로 내게 되었습니다. 아무쪼록 이 글이 한국 사회를 애민, 애국의 기치로 참답게 개혁의 꽃을 피워가게 함으로써 민이 개인과 집단, 나라와 민족 단위의 모든 부분에서 주인의 권리를 누리고 사는 세상이 실현되는 데에 조금이나마 일조하기를 바랍니다.

2025. 3. 1
정호일

## 2부 | 왜 애민, 애국의 기치인가? _105

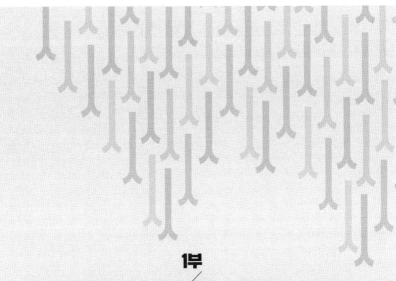

1부

# 한국 사회를 어떻게 보아야 할까?

# 1. 현시대적 위치와 한국 사회

## 1) 현시대적 위치

현시대적 위치를 이해하자면 거대한 역사적 흐름을 살펴보아야 합니다. 지금 시대는 원시사회를 거쳐 노예제 사회, 신분제 사회, 자본주의 사회에 이르렀습니다. 하지만 그에 그치지 않고 자유와 평등을 형식적인 차원만이 아니라 실질적으로 누리고 살아야 하므로 이제 주인의 권리를 누리고 살아야 한다는 것이 시대적 흐름으로 되고 있습니다.

이렇게 전진된 과정을 살펴보면 사회의 발전 단계에 따라 일정한 사회적 합의가 이뤄졌다는 것을 알 수 있습니다. 이 사회적 합의의 내용은 매시기마다 그 수준과 내용은 다르지만 결국 일반화시켜 말하면 민이 사회적 존재인 사람으로 확립되면서 주인의 권리를 실현하는 방향으로 나아갔습니다.

물론 사회적 합의는 주관적인 욕망에 의해서가 아니라 사회 발전의 객관적인 수준에 의해서 합의되고 결정됩니다. 자연과학에서는 인간의 작용이 없이 물질 자체의 과학적 법칙에 의해 이루어지지만, 사회과학, 즉 사회에서는 인간의 주체적 활동이 이뤄지는 과정에서 객관적인 법칙이 적용되었다는 것입니다. 구체적으로 말하면 일치와 입체, 통일의 과정을 거쳐 적용됩니다. 그러니까 민이 개성을 가진 존재로서 집단을 구성하여 나라와 민족 단위로 살아가고 있는 조건에서 그 객관적인 사회적 합의가 공통의 요구에서는 일치되고, 차이가 있는 부분에서는 존중되어 입체적으로 작동되면서, 전반적으로는 민이 주인의 권리를 실현한다는 방향에서 통일적으로 적용되어 왔습니다. 그리하여 개인과 집단, 나라와 민족 단위의 모든 부분에서 주인의 권리를 직접적이고 전면적으로 누리고 살아야 하는 시대적 발전 단계에 이르렀다는 것입니다.

## 2) 홍익인간의 사상은 오늘날 애민사상으로 되살아나고 있다*

10월 3일은 개천절입니다. 우리 민족의 시조 단군이 단군조선을 건국하는 것을 기념하는 날입니다.

무릇 어떤 날을 지정하여 국가적으로 기념하는 것은 그 행위를 통해 나라의 구성원에게 자긍심을 심어줌으로써 영광되고 번영되는 길로 나아가고자 하는 뜻이 담긴 것이라고 볼 수 있습니다. 그런 의미에서 개천절의 유래와 함께 그것이 담고 있는 현재적 의미를 되새겨 보는 것은 매우 중대하다고 할 수 있을 것입니다.

단군사화(檀君史話)에서 보듯, 홍익인간의 뜻을 품고 신시개천(神市開天)한 사람은 환웅입니다. 단군은 그 뜻을 받들어 단군조선을 건국하였습니다. 즉 환인과 환웅이 나오면서 단군이 등장하고 있습니다.

환웅은 환인의 도움을 받아 천부인과 3천 무리를 거느리고 태백산

---

* 우리겨레연구소 카페, 개천절의 참의미를 오늘날의 시대에 맞게 되새겨보자!(2021. 10. 1)

신단수 밑에 내려와 360여 가지 일을 맡아 처리하였습니다. 그 과정이 얼마나 이상적으로 잘 다스려졌는지 곰과 범을 토템으로 숭상하는 부족들이 찾아와 환웅의 교화를 받고 살아가기를 간청합니다. 이에 환웅은 마늘과 쑥을 먹는 등 금계를 행하면서 수신하라고 가르쳐주었고, 곰은 그것을 무사히 수행함으로써 짐승과 같은 사람의 모습에서 탈피해 웅녀라는 참다운 인간으로 거듭 태어났습니다. 그리하여 환웅과 결혼해 단군을 낳았고, 마침내 단군은 단군조선을 건국하게 되었다는 것입니다.

이처럼 단군이 홍익인간을 실현하기 위해 단군조선을 건국했다는 사화를 보면 결코 어떤 우연적인 요소에 의해 이뤄진 것이 아닙니다. 아주 오랜 기간의 준비와 각고의 노력 끝에 성사된 것이기에 그 위대성을 갖게 된 것입니다.

실상 하늘을 연다는 것, 즉 개천(開天) 한다는 것이 말처럼 쉬웠겠습니까? 벌써 그 단어만 들어도 가슴이 뜨거워지면서 그 웅대한 꿈과 의지가 느껴지지 않습니까? 그만큼 인간에게 널리 이롭게 하는 세상이 열리기를 오랫동안 갈구하였다는 것이고, 그 기나긴 숙원을 마침내 성사시켰기에 단군조선의 건국을 단호히 선언한 것입니다.

물론 하늘을 열었다는 것은 글자 그대로 그때 처음으로 하늘을 열었다는 뜻이 아닙니다. 실상 그 당시에 하늘(天)과 땅(地)이 없었겠습니까? 당연히 있었겠지요. 하지만 자연 그대로의 천지(天地)의 세상을 인간에게 이롭게 하는 천지인(天地人)의 세상으로 질적 전환 시켰다는 의미입니다. 인간으로서 자각하면서 참된 인간의 세상을 실현하겠다는 당찬 포부를 밝히고 그것을 실현하기 위해 나섰다는 것입니다. 그 때문에 개천이라고 표명하였던 것입니다.

이런 당찬 포부와 위대성이 존재함으로 하여 단군조선은 아주 오랜 기간 동북아의 강국으로 우뚝 설 수 있었습니다. 아울러 단군민족의 유대가 끈끈하게 형성되었고, 그 과정에서 반만년에 걸친 찬란한 민족문화 유산을 꽃피워 왔습니다. 그렇다면 우리 후대는 단군민족으로서의 자긍심을 세워내면서 더욱 빛내어 가야 할 것입니다.

이런 개천절의 참뜻을 오늘날의 시대에 맞게 되살리자면 무엇보다 우선해서 우리 민족이 남과 북으로 분단된 상황을 하루빨리 극복하여 조국통일을 이룩해야 합니다.

단군조선이 오랫동안 나라를 유지하며 부강한 국력을 시위할 수 있었던 것은 홍익인간의 사상에 기초하여 개천하려는 의지를 보이면서도 서로 간의 유대를 공고히 하며 단합시켜 왔기 때문입니다. 그로 인해 우리 민족은 반만년에 걸쳐 민족적 유대를 공고히 할 수 있었고, 마침내 단군민족으로 형성되기에 이르렀습니다.

그런데 그렇게 민족적 유대를 형성시켜 온 우리 민족이 도대체 무엇 때문에 분단되어 살아가야만 합니까? 단합하지 못하면 국력이 약화되는 관계로 홍익인간의 세상은커녕 주위 강대국의 침략을 받으며 고통을 당하고 살 수밖에 없습니다. 지금 우리 민족은 분단됨으로 인해 남북 모두가 주위 강대국의 간섭과 위협에 시달리는 형국에 놓여 있으며, 가족끼리도 만나지 못하는 이산의 아픔과 고통을 겪고 있습니다. 여기에서 하루속히 벗어나야 합니다. 그러기 위해서는 통일의 길을 반대하거나 장애를 조성하는 행위에 대해서는 단호히 극복하고 나가야 합니다. 다시 말해 조국통일을 하루빨리 이룩하기 위해 그것을 민족의 지상과제로 내세우고 그 길로 매진해 가는 것이 개천절의 참의미에 맞다는 것입니다.

개천절에는 조국을 통일해야 한다는 의미만 있는 것이 아닙니다. 널리 인간을 이롭게 하는 홍익인간의 세상, 즉 개천을 어떻게 실현할 수 있었는지에 대한 방법의 제시는 한국 사회의 시급한 과제인 개혁을 어떻게 해야 이룩할 수 있는가에 대해 큰 시사점을 던져주고 있습니다.

단군사화에 의하면, 환웅은 곰과 범을 토템으로 모시고 있는 부족들에게 얘기합니다. 동굴에 들어가 100일 동안 햇빛을 보지 말고 마늘과 쑥을 먹는 방식인 금계를 행하라고 말입니다.

실상 곰과 범을 토템으로 모셨다는 것은 한마디로 짐승과 같은 생활에서 벗어나지 못했다는 것을 의미합니다. 짐승의 생존 법칙인 약육강식의 법칙이 통용되었다는 것입니다. 거기서 새로운 개천의 세상, 즉 널리 인간에 이로운 세상을 실현하기 위해 바로 그런 생활 방식을 단호히 단절하라고 요구하였습니다. 물론 그렇다고 하여 사람의 목숨을 앗아가는 방식으로는 진행하지 않았습니다. 스스로 수신하여 참다운 인간으로 거듭 태어나도록 도와주었던 것입니다.

솔직히 말해서, 널리 인간을 이롭게 하는 세상을 실현하려거나 민이 주인의 권리를 참답게 누리며 살아가는 세상을 만들려고 할 때 약육강식의 법칙은 물론 차별과 불평등이 가해지는 측면을 그대로 온존시킨 채로 추진해 나간다면 과연 그것이 실현 가능하겠으며, 또 사람을 강박한다고 해서 그런 세상이 이뤄질 수 있겠습니까? 새 술은 새 부대에 담아야 하듯, 새 세상에 맞는 새로운 방식에 의거해야 할 것이며, 그것도 사람이 자각적으로 깨닫게 해야만 가능할 것입니다.

그렇듯이 한국 사회에서 개혁을 진행하여 21세기식 개천의 세상을 실현하자면 지금까지의 잘못된 정책과 노선에서 벗어나, 그것도 철저히 단절시키면서 민이 주인의 권리를 전면적으로 실현하는 정책과 방향이라는 새로운 방식으로 수행해야 하며, 스스로 깨쳐 참답게 거듭 태어나도록 하는 방식으로 진행해야 할 것입니다. 그래야만 성공할 수 있다는 것입니다. 이것이 바로 개천절이 함축해 주는 또 다른 참의미라고 할 수 있을 것입니다.

개천절은 또한 21세기의 인류사가 지향해가야 할 방향에 대해서도 일정한 해답을 주고 있습니다. 홍익인간의 사상이 그 뿌리가 되고 있기 때문입니다.

아시다시피 세계 인류사는 아주 오랫동안 침략과 지배 현상이 만연하였고, 지금도 여전히 횡행하는 상황입니다. 그로 인해 수많은 전쟁과 참화를 겪고 있습니다. 이제 이런 인류사에 종지부를 찍어야 합니다.

그러자면 자신의 권위를 다른 나라와 민족에 대한 지배와 패권의 행사에서 찾아서는 안 될 것입니다. 그리하면 침략과 전쟁을 없앨 수 없으니까요. 그래서 자신의 존엄을 자기 스스로에게서 찾는 방식으로 돌려세워야 합니다.

실상 단군조선은 동북아의 강국이었음에도 패권을 행사하고 지배하기 위해서 침략 전쟁을 일으키지 않습니다. 도리어 평화를 애호하며 살아왔습니다. 그러했던 이유는 자신의 권위를 외부 세력에 대한 지배와 패권에서 찾지 않고 자기의 존엄을 스스로 드높이는 것에서 찾았기 때문입니다.

인류사에서 침략과 전쟁을 없애자면 지배와 패권의 추구를 철저히 반대하면서도 자기 스스로에게서 존엄을 세우는 것으로 확립되어야 합니다. 이 점에서 홍익인간의 사상은 인류사의 미래에서 침략과 전쟁의 길을 어떻게 하면 없앨 수 있는지에 대한 명확한 답을 주고 있다고 볼 수 있습니다.


그뿐만이 아닙니다. 홍익인간의 사상은 21세기 세상에서 인류가 참답게 지향해야 할 참모습의 상에 대해서도 분명한 답을 보여주고 있습니다.

21세기에서 널리 인간을 이롭게 하는 세상을 만들기 위해서는 어떻게 해야 하겠습니까? 그것은 결국 사회와 역사의 주체인 민이 주인의 권리를 전면적으로 누리고 사는 것이라고 할 수 있을 것입니다. 전면적으로 누리지 못하고 산다면 널리 인간에 이로운 세상이 아닐 테니까요.

그런데 민은 개인과 집단, 나라와 민족 단위로 살아가고 있습니다. 그래서 민이 전면적으로 권리를 누리고 살아가자면 개인과 집단, 나라와 민족 단위의 모든 부분에서 주인의 권리가 실현되어야 할 것입니다.

인류사에서 지배와 패권의 행사에 마침표가 찍히고, 개인과 집단, 나라와 민족 단위의 모든 부분에서 주인의 권리를 누리고 살아간다면 이것이야말로 홍익인간의 참된 세상이 실현된 것이 아니고 무엇이겠습니까? 이런 점에서 보면 홍익인간의 사상은 21세기 사회에서 애민사상으로 새롭게 꽃피어 나가고 있다고 말할 수 있을 것입니다.

개천절을 맞아 그 참뜻을 되새기면서 분단된 조국을 통일하고 개혁을 성과적으로 추진하여 개인과 집단, 나라와 민족 단위의 전 부분에 걸쳐 주인의 권리를 전면적으로 실현해 나간다면 우리 단군민족은 단군조선의 옛 영화, 즉 21세기식 개천의 세상을 실현할 수 있는 길이 열리게 될 것입니다.

단호히 말하건대, 우리 민족은 그만한 저력을 가지고 있습니다. 가장 한국적인 것이 세계적이라는 말이 통용되는 것은 결코 우연이 아닙니다.

개천절의 참의미를 되새기면서 노력한다면 우리 단군민족은 세계에서 가장 부강하고 문명한 나라로서의 위상을 다시금 차지하게 될 것입니다.

### 3) 총체적 난국 상황으로 치닫는 한국 사회를 어떻게 극복할까?*

지금 한국 사회는 총체적 난국 상황으로 치닫고 있습니다. 하루가 다르게 물가가 폭등하면서 민의 생활 처지는 더욱 악화되고 있습니다. 또 신냉전체제의 수립으로 국제 정세는 더욱 대립, 대결의 양상으로 확산되어 가고 있고, 그에 따라 한반도에서도 긴장이 점차 격화되어 갈 조짐을 보이고 있습니다.

실상 대결체제를 형성하는 이유는 간단합니다. 지배 세력들이 자신들의 기득권을 유지하고자 반대 세력들의 입을 봉하면서 무자비하게 탄압하기 위해서입니다. 1950년대 미국에서 매카시즘이 그러하였고, 한국에서 오랫동안 반노동자, 반농민 정책의 추진과 반북대결정책이 그러하였습니다.

그런데 이런 대결방식을 추진하면서 취한 핑계가 경제 위기나 국가적 위기 상황을 극복하기 위해서라고 합니다.

하지만 경제 위기나 국가적 위기를 극복하자면 서로 협력하고 합의하는 방식을 취해야 할 것이고, 국제 관계나 남북 간에도 긴장 완화와 협력을 강화하는 방식으로 나아가는 게 맞을 것입니다.

대립과 대결 정책의 추진은 결코 그 해결책이 될 수 없습니다. 공권력의 투입 근거가 불법 농성이고, 경제 위기를 극복하기 위해서라고 하는데, 열심히 일해도 살기 힘든 노동정책이라고 한다면 그런 경제 성장이 노동자들에게 무슨 의미가 있겠습니까? 이런 상황에서는 노자 간에 그 어떤 합의를 내오기도 어렵고 서로 대립과 대결만이 있게 될 것입니다.

---

* 우리겨레연구소 카페, 총체적인 난국으로 치닫는 한국의 상황을 어떻게 극복할까?(2022. 07. 25)

이런 대결 상황을 극복하자면 노자 간의 대립을 부추길 것이 아니라 노동자들의 삶을 개선해 나가면서도 경제가 발전할 수 있는 방향을 찾아가야 합니다. 그러자면 경제적 약자인 노동자들의 권리를 탄압하려고만 할 것이 아니라 도리어 국가적인 지원 체계를 수립하여 건전하게 노동자의 권리를 행사하도록 하면서 경제 발전에 더욱 기여할 수 있는 방식을 찾아야 할 것입니다.

아울러 국제관계나 남북관계에서도 대결과 대립 방식으로 나가는 것이 아니라 경제적 발전에 도움이 되도록 교류와 협력을 강화하는 방식으로 나가야 할 것입니다. 그런데 무엇 때문에 미국의 신냉전체제 수립에 동참하여 우리 국익에 손해가 되도록 중국과 러시아, 북에 대해 대립과 대결 정책을 추진해야 하겠습니까?

이런 대결방식은 민의 권리 실현에 하등 도움이 되지 않습니다. 도리어 이를 극복하지 않으면 해결이 되지 않습니다.

이를 극복하자면 개혁노선과 애국노선, 애민의 기치를 통일시켜가야 합니다. 지금껏 개혁이 성공하지 못했던 것은 개혁노선과 애국노선, 애민의 기치가 분리되었기 때문입니다. 한마디로 그동안 한국 사회에 등장했던 매 정권이 대립, 대결 정책을 펴며 애국세력을 탄압한 관계로 개혁노선과 애국노선, 애민의 기치가 서로 다른 것으로 여기게 되면서 개혁에는 소리 높여 주장했지만, 애국과 애민의 기치는 철저히 견지하지 못했기 때문이라는 것입니다.

그로 인해 개혁을 개량으로 받아들이는 현상이 나타나게 되었고, 그런 모습으로 인해 배신세력이 그 투쟁의 성과를 가로채는 상황이 발생하게 되었습니다. 개혁을 실질적으로 성공시키자면 이런 상황이 다시는 재발되지 않도록 해야 합니다.

개혁세력과 애국세력, 애민세력이 각각 따로 있는 것으로 여기고 분열한다면 결코 한국 사회를 실질적으로 개혁할 수 없습니다.

민이 사회 역사의 주체로 등장한 상황에서 참된 개혁을 이룩하자면 개인과 집단, 나라와 민족 단위의 모든 부분에서 주인의 권리를 누려야 합니다. 그런데 여기에서 우선적으로 일치된 부분은 애국의 기치입니다. 그 때문에 개혁전선이자 애국전선이고 애민의 기치는 하나로 통일될 수밖에 없습니다.

따라서 80년 광주민주항쟁의 교훈으로 확립된 자주, 민주, 통일은 민이 사회와 역사의 주체로 등장한 시대 흐름에 맞게 더욱 풍부해진 것으로 이해해야 합니다.

실상 자주는 반미자주화만이 아니라 개인과 집단, 나라와 민족 단위의 모든 부분에서 주인의 권리를 실현하는 것으로 심화되었고, 민주 또한 반독재민주화만이 아니라 개인과 집단, 나라와 민족 단위의 모든 부분에서 주인의 권리를 실현하기 위한 제도와 질서 체계를 수립하는 것으로 풍부화되었고, 통일은 한반도 차원에서 민의 권리를 실현하는 내용으로 폭넓어졌습니다.

이처럼 자주와 민주, 통일이 서로 괴리된 것이 아니라 민의 입장에서 하나로 통일된 것처럼, 개혁과 애국, 애민의 기치 또한 분리되지 않고 개혁전선과 애국전선, 애민의 기치는 하나로 통일되어 있습니다.

지금껏 한국 사회에서 기득권 세력들은 자신들의 지배 체제를 유지하기 위해 항상 대립과 대결 방식으로 민을 분열시켜 왔습니다.

바로 여기서 개혁전선이자 애국전선, 애민의 기치로 하나로 통일시켜 나아간다면 그런 기득권 세력의 분열 노림수를 극복해 낼 수 있을 것입니다.

아울러 정세가 무르익는 시기에 반동세력이나 배신세력이 또다시 나타나 개혁을 대신 수행해 줄 것처럼 행동하면서 기만, 농락하는 일이 더는 벌어지지 않고 일치와 입체, 통일의 방법으로 개혁을 실질적으로 실현할 수 있게 될 것입니다.


### 4) 애민사상의 발현인 일치와 입체, 통일의 사상과 방법론을 구현시켜 나간다면 모든 개혁세력을 하나로 단합시킬 수 있고, 시대사적 대전환을 맞이할 수 있다.*

관성에 젖어 세상을 바라보게 되면 새로운 태양이 떠올라도 여전히 반복적인 하루의 일상사가 진행될 것처럼 여겨집니다. 그러나 겉에서 볼 때 대하의 물줄기는 단순히 그냥 흐르는 것처럼 보이지만, 그 물속 심연에서는 쉼 없이 꿈틀거리고 부딪치면서 흘러가고 있다는 사실입니다. 그 때문에 대하의 물줄기는 가로막는 장애물마저 휩쓸어버리고 유유히 흘러갈 수 있습니다.

지금 현시기는 사회와 역사의 주체인 민이 주인의 권리를 직접적이고 전면적으로 누리고 살아야 할 애민시대로 진입하고 있는 단계입니다.

이런 시대사적 요구를 실현하자면 한국 사회를 실질적으로 개혁할 수 있는 밑바탕을 마련해야 합니다. 그 밑바탕은 민이 주인의 권리를 직접 제기하고 실현할 수 있는 정치적 역량을 마련하는 데에 있고, 그것의 효과적인 달성 방법은 각종 대중단체에 대한 국가적인 지원 체계를 수립하는 데에 있습니다. 이를 수행하자면 모든 개혁세력을 하나로 모아내야 하는데, 그러자면 일치와 입체, 통일의 사상과 방법론을 적용시켜 나가야 합니다.

---

\* 우리겨레연구소 카페, 임인년의 새해를 맞아 시대사적 대전환의 계기가 되는 해로 만들어 가자!(2022. 01. 03)

민을 사랑하는 애민사상은 민의 이익을 가장 중요시하는 사상이고, 그것은 일치와 입체, 통일의 사상이자 방법론에 의거할 수밖에 없습니다. 왜냐하면 사회와 역사의 주체인 민은 개성을 가진 존재로서 집단을 구성하여 나라와 민족 단위로 살아가고 있기 때문입니다. 그래서 개인과 집단, 나라와 민족 단위의 모든 부분에서 주인의 권리를 직접적이고 전면적으로 실현해야 하는데, 그렇게 하자면 서로 일치하는 부분은 함께 하고, 차이가 있는 측면에서는 존중하며, 아울러 주인으로서의 권리를 실현할 수 있는 전망성을 확고히 견지하면서 풀어가야 합니다.

아무리 단결하자고 해도 그걸 해결할 수 있는 사상과 방법론이 없다면 단순한 구호에 멈추고 말 것입니다. 일치와 입체, 통일의 사상과 방법론을 철저히 견지해야만 분열하지 않고 단합해 갈 수 있습니다. 애민의 사상을 실현하자면 기본적으로 일치와 입체, 통일의 사상이자 방법론에 의거하는 수밖에 없다는 뜻입니다. 다시 말해 민의 집체적인 지혜와 힘을 적극 동원하자면 일치와 입체, 통일의 사상과 방법론을 적용해야 한다는 것입니다.

지금껏 민이 하나의 강력한 정치적 역량으로 힘있게 결집해 가지 못한 데에는 여러 원인이 있지만, 그중에서 일치와 입체, 통일의 사상과 방법론을 능숙하게 적용시켜 가지 못했던 점이 매우 중대했다고 할 수 있습니다.

사회 경제적 처지가 모두 하나같이 똑같지 않고 여러 상이한 조건에 놓여 있는 속에서 서로 함께할 수 있는 공통부분을 찾아내지 못하고, 서로의 차이점을 존중하지 않거나, 또 주인의 권리를 누리고 살 수 있는 확고한 전망성을 보여주지 못한다면 그 무엇으로 단합해 갈 수 있는 길이 열리겠습니까?

민의 정치적 역량과 단결력은 일치와 입체, 통일의 사상과 방법론을 얼마나 능숙하게 적용해 나가느냐에 달려 있습니다. 성공하면 강력한 정치적 역량을 형성할 수 있고, 실패하면 분산 고립되어 좌절을 겪을 수밖에 없습니다. 한마디로 민이 주인이 된 사회는 그저 저절로 다가오는 것이 아니라 일치와 입체, 통일의 사상과 방법론을 적용하여 하나의 강력한 정치적 역량으로 결집되었을 때 실현된다는 것입니다. 아울러 실질적으로 개혁을 추진하는 길이 열리게 됨으로써 민이 주인의 권리를 직접적이고 전면적으로 누리고 살 수 있는 시대사적 대전환을 맞이할 수 있을 것입니다.

# 2. 시대사적 위치에서 본 민과 민족성, 정권에 대한 이해

## 1) 나라와 민족성은 민과 결부시켜 파악해야 한다

나라와 민족성을 민과 결부시켜야 하는 것은 민이라는 개념 자체가 객관적 토대에 근거를 두면서도 주되게 주체적 요구의 반영이라는 점에서 당연한 이치입니다.

흔히 민족을 핏줄과 언어, 지역과 문화의 공통성에 기초해서 성립된 사회 역사의 공고한 집단체로 설명합니다. 이것은 민족 형성의 객관적 측면을 밝힌 것으로써 민족을 이해하는 데에 큰 진전을 가져다주었습니다. 하지만 여기서 멈출 수는 없습니다. 객관적 토대가 주체의 형성에 일정한 영향을 주는 것은 사실이지만, 그보다 더 중요한 것은 주체적 요구이기 때문입니다. 그 때문에 민족이라는 이해도 주체적 측면을 위주로 놓고 살펴보아야 합니다. 객관적 측면을 위주로 놓고 보면 핏줄과 언어, 지역과 문화의 공통성이 있는데, 왜 매국노 짓거리를 하는지 이해할 수 없게 됩니다.

주체적 측면을 위주로 놓고 민족을 살펴보면 운명공동체 집단이라고 말할 수 있습니다. 운명공동체 집단이라는 개념 자체가 주체적 요구의 반영입니다. 운명공동체 집단으로서의 소속감을 가지고 있다면 그 주체는 거기에 자신의 운명을 걸게 될 것이고, 그런 소속감이 없다면 나라와 민족이 어떻게 되든 상관하지 않고 자기 욕심만 추구하게 될 것입니다.

주체적 측면을 위주로 해서 운명공동체 집단으로서의 소속감을 갖고 있는가, 그렇지 않은가로 파악했기에 민족의 구성원으로 볼 것이냐 아니냐는 이 잣대에 의거해서 살펴보아야 합니다. 이에 근거해 파악할 때 매국노는 핏줄과 언어, 지역과 문화의 공통성이 있다고 하더라도 민족 구성원으로 바라볼 수 없지만, 귀화인은 비록 핏줄과 언어, 지역과 문화의 공통성이 없다손 치더라도 민족 구성원으로 바라볼 수 있습니다. 당연하지만 운명공동체 집단으로서의 소속감을 갖지 않고 자기 욕심을 위해 나라와 민족을 팔아먹는 자를 어떻게 민족 구성원이라고 바라볼 수 있겠습니까? 그러나 귀화인은 외형적 측면에서 비록 구별된다고 하더라도 운명공동체 집단으로서의 소속감을 가지고 살아가려는 지향과 요구를 가지고 있으니만큼 민족 성원으로 인정하고 적극 지지 고무해주어야 합니다. 반면에 매국노는 단호히 응징해야 합니다.

매국노에 대한 응징은 민족의 분열이 아니라 도리어 민족적 특성을 참답게 세워가는 길입니다. 민족성이라는 것 자체가 저절로 확립되는 것이 아니라 민이 주체적 요구를 실현하는 과정에서 공고하게 형성되기 때문입니다. 주체가 민적 품성과 풍모로 빛내어 가려고 노력해야만 참답게 민족성이 발화될 수 있다는 것입니다.*

---

\* 『애민철학의 이해』, 도서출판 우리겨레, 2023, 정호일 저, 264~266p

## 나라와 민족을 이해함에 있어서 민과 떨어뜨려 파악해서는 안 된다

국제적인 대외관계에서 국가의 이익이라는 명분으로 침략과 약탈 행위가 수시로 벌어지게 되는 근원적인 이유가 어디에 있겠습니까? 지배계급이 자신들의 이익을 추구한다는 데에 일차적인 원인이 있겠지만, 그것을 명백히 이해하지 못하고 국가적 이익이라는 명분이 왜 사회 속에서 통용되고 있느냐 하는 문제입니다. 그것은 나라와 민족을 민과 떨어뜨려 파악하고 있기 때문입니다. 그러다 보니 나라와 민족이 그 자체로 존재할 것처럼 이해하는 경향이 나타난 것입니다. 그런 관계로 국가적 이익이라는 명분이 통용될 수 있었던 것입니다.

그러나 나라와 민족은 민을 떠나서는 성립될 수 없습니다. 민이 나라와 민족 단위로 삶을 살아가고 있다는 것입니다. 지금 현실에선 하나의 민족이 하나의 나라를 갖지 못한 관계로 꼭 일치하는 형태는 아니지만, 나라와 민족이라는 삶의 단위에서 민의 특성이 대체로 민족성으로 나타나는 것은 그 때문입니다. 민의 특성이 민족성으로 나타나는 것이지 민을 떠나서 나라와 민족성 자체가 존재하는 것처럼 생각해서는 안 된다는 것입니다. 그렇지 않으면 나라와 민족성 자체가 민과 관계없이 존재하는 것처럼 여겨지게 되고, 그것은 곧 지배계급이 자신들의 이익을 위해 국가적 이익이라는 명분을 내거는 토대로 작용하게 됩니다. 그래서 나라와 민족성을 철두철미하게 민과 결부시켜 이해해야 합니다.*

---

\* 『애민철학의 이해』, 도서출판 우리겨레, 2023, 정호일 저, 263~264p

## 2) 한국 사회의 극우 세력의 진짜 정체는 무엇인가?*

한국 사회에서 극우보수 세력이 정말 있는지 확인하기 위해 좌익과 우익의 개념을 기초로 해서 살펴보도록 하겠습니다.

좌익과 우익의 기원은 1789년 프랑스 혁명 직후에 소집된 국민의회에서 좌측 편에는 좀 급진적인 세력이 앉아 있고, 우측 편에는 좀 보수적인 세력이 앉아 있어서 자리 배석을 기준으로 그렇게 부르면서 사용되었습니다. 하지만 그 의미는 시대에 따라 변화되었습니다.

어떻게 변천되었던 그 구분의 요점은 인간이 자유와 평등을 누리고 살아야 한다는 것을 인정한 조건에서 어느 부분에 강조점을 두느냐였습니다. 거기에서 차이점이 드러난 것입니다.

좌익은 평등권을 강조함으로써 실질적인 자유를 누리도록 해야 한다고 주장하고, 우익은 자유권은 결코 침해받을 수 없을 정도로 중요하기에 자유를 누리기 위해서는 어느 정도 평등권이 침해되어도, 즉 차별되는 것도 감수해야 한다는 주장이었습니다.

극우의 입장은 우익의 주장을 더욱 극단화해서 차별 자체를 정당화합니다. 힘없는 사람은 힘 있는 자에게, 힘없은 민족은 힘 있는 민족의 지배를 받아야 한다는 식의 주장입니다. 억압과 차별적 질서가 정당하다고 보기에 극우적 성향을 지닌 자들은 다른 나라와 민족을 침략하여 짓밟고 패권을 추구하고자 하였습니다. 일본의 군국주의 세력이나 독일의 나치즘, 미국에서의 백인 우월주의 등이 바로 그것입니다.

한국에서 극우가 있으려면 어찌하든지 간에 한반도의 주변국을 침략하여 패권적인 질서를 세워내겠다고 주장하는 것이 그에 어울리는

---

* 『한국 사회의 개혁 길라잡이』, 도서출판 우리겨레, 2021, 정호일 저.

모습이라 할 수 있을 것입니다. 그런데 한국에서 보이는 행태들을 보면 그런 배짱 있는 모습은 거의 보이지 않습니다.

미국에 의해 주권이 유린당해도 동맹 관계를 맺어야 하니 어쩔 수 없다면서 미국의 요구를 무조건 들어주어야 한다는 식입니다. 또 일본의 식민 지배에 대해서도 그 침략성에 대해 따져 물어 사과를 받아내려고 하는 것이 아니라, 도리어 식민 지배로 해서 조선이 근대화되었다고 주장합니다.

그런데 어찌 이것이 극우적 모습이고 행동이란 말입니까? 이로 보건대 한국에는 극우는 거의 없고 미국과 일본의 요구에 따라 부화뇌동하는 매국노가 있다고 보아야 할 것입니다.

따라서 이런 매국노들이 애국이라는 신성한 단어를 사용하여 더는 오염시키지 못하게 해야 합니다. 뿐만이 아니라 나라와 민족의 주권을 유린당하게 만들고 민족의 존엄을 훼손시키는 행위에 대해서는 애국법을 제정하여 그에 따라 단호히 단죄하여야 합니다.


### 3) 1980년 5월 광주민주항쟁은 오늘날 어떤 시대적 의미를 가질까?*

1980년 5월, 전두환 신군부 일당은 한국 사회의 민주화를 요구하였던 광주시민을 무고하게 학살하였습니다.

전두환 신군부 일당에 의한 광주시민의 학살은 엄청난 사회적 파장을 불러일으켰습니다. 그것은 4월 혁명으로 수립된 민족·민주의 과제 중에서 민족적 요구와 민주적 과제의 관계가 어떻게 정립되어야

---

* 우리겨레연구소 카페, 1980년 5월 광주민주항쟁은 오늘날 어떤 시대적 의미를 가질까?(2022. 05. 16)

하느냐의 문제였습니다. 당시 한국 군대의 지휘권을 미국이 가지고 있는 조건에서 미국의 묵인과 동조 없이는 신군부 일당에 의한 광주 시민의 학살 만행이 일어날 수 없다고 보았기 때문입니다.

이러한 고민 속에서 자주 없이는 민주도 불가능하다는 것을 깨닫게 되었습니다. 그리하여 1960년 4월 혁명으로 성립된 민족·민주적 과제는 자주, 민주, 통일, 즉 반미자주화와 반독재민주화, 조국통일의 과제로 더욱 명확하게 확립되기에 이르렀습니다.

자주, 민주, 통일의 총체적인 목표가 설정됨으로써 이를 실현하기 위한 투쟁은 더욱 가열차게 전개되었습니다. 그 결과 자주, 민주, 통일의 내용은 비할 바 없이 풍부화되었습니다. 한마디로 민이 개성을 가진 존재로서 집단을 구성하여 나라와 민족 단위로 살아가고 있기에 이 모든 부분에서 주인의 권리를 누리고 살아야 한다는 것이었습니다. 그리고 이를 실현하기 위한 핵심적 기치가 애국임이 밝혀지게 되었습니다.

이로써 자주, 민주, 통일의 내용 또한 더욱 풍부해졌습니다. 자주는 반미자주화만이 아니라 개인과 집단, 나라와 민족 단위의 모든 부분에서 주인의 권리를 실현하는 내용으로 풍부화되었고, 민주는 반독재민주화만이 아니라 개인과 집단, 나라와 민족 단위의 모든 부분에서 주인의 권리를 실현하기 위한 제도와 질서를 수립하는 내용으로 확장되었으며, 통일 또한 한반도 차원에서 민의 권리를 실현하는 내용으로 확대되었습니다.

한국 사회의 본질적 과제인 자주, 민주, 통일의 내용이 이렇게 비할 바 없이 풍부화해진 조건에서 참다운 개혁을 이룩하자면 이 과제를 수행해 가야 합니다.

지금껏 개혁이라는 말이 무성하게 나왔지만 실패했던 것은 자주, 민주, 통일의 풍부해진 내용으로 한국 사회를 근본적으로 해결하려고 하지 않고 부분적으로 대하면서 외면했기 때문입니다. 허나 지금 한국 사회에 요구되는 개혁은 다른 그 무엇에서 나온 것이 아니라 이렇게 4월 혁명과 5월 광주민주항쟁으로부터 면면히 형성된 커다란 역사적 맥락과 흐름으로부터 제기된 것입니다.

80년 광주민주항쟁의 의미를 오늘에 되살려 자주, 민주, 통일의 풍부해진 내용으로 개혁해 간다면 개인과 집단, 나라와 민족 단위의 모든 부분에서 주인의 권리를 실현하는 세상은 기필코 열어질 것입니다.

### 4) 개혁과 변혁, 통일운동의 주체는 민이고, 외세와 매국노(반동정권과 배신정권)는 그 대상이다*

개혁을, 논하면 흔히 민을 기만하는 요식 행위나 개량으로 이해하는 경향이 일정 부분 존재합니다. 하지만 그렇게 보아서는 안 됩니다. 이런 현상은 지금의 시대사적 요구에서 개혁의 내용을 바라보지 않기 때문입니다. 한마디로 지금 시기의 개혁을 지난날의 사이비 개혁가나 배신세력이 자신들의 권력 유지를 위해 이용했던 현상과 혼동해서 바라보고 있기에 발생하고 있다는 것입니다.

실상 한국 사회를 보면 김영삼 정권이 군사독재세력과 야합하여 배신정권을 세운 이래 수없이 개혁이 거론되었습니다. 하지만 참다운 개혁은 이뤄지지 못했고, 그 과정에서 배신세력들의 잘못된 정치

---

* 우리겨레연구소 카페, 개혁과 변혁, 통일운동의 주체는 민이고, 외세와 매국노(반동세력과 배신세력)는 그 대상이다(2024. 01. 22), 참조 자료: 우리겨레연구소 카페, 배신세력이 활개 치는 정치 지형을 극복하지 않고서는 개혁을 성공시킬 수 없다(2021. 10. 11), 우리겨레연구소 카페, 개혁을 성공시키자면 이제 기득권을 유지하기 위해 내분 싸움을 주되게 벌이는 정치권을 새롭게 새판짜기해야 한다(2022. 07. 11)

에 대한 반동으로 반동세력이 나타나면서 배신세력(김영삼 정권, 김대중 정권, 노무현 정권, 문재인 정권)과 반동세력(이명박 정권, 박근혜 정권, 윤석열 정권)이 계속 권력을 나눠 먹는 과정만 벌어졌습니다. 그러니 개혁을 거론하면 선뜻 믿음이 가지 않고, 이상한 눈초리로 바라보게 되는 현상이 벌어지는 것은 어쩌면 당연할지도 모릅니다.

하지만 개혁의 기치를 사이비 개혁가들이 계속 도용하는 현상이 벌어지도록 놔두어서는 안 됩니다. 사이비 개혁가가 아니라 참다운 개혁세력이 시대적 요구에 맞게 개혁의 깃발을 내걸고 나서야만 세상을 바꿀 수 있기 때문입니다.

시대가 변하면 개혁의 내용도 달라지기 마련입니다. 지금은 형식적인 자유와 평등이 아니라 실질적인 자유와 평등을 누리고 살 것이 요구되고 있습니다. 실질적인 자유와 평등을 누리려면 인간이 살아가는 모든 방면에서 주인의 권리를 누리고 살아야 합니다. 그런데 인간은 개성을 가진 존재로서 집단을 구성하여 나라와 민족 단위로 살아가고 있습니다. 그래서 개인과 집단, 나라와 민족 단위의 모든 방면에서 주인의 권리를 누리고 사는 것이 시대적 요구로 될 수밖에 없습니다.

그러면 지난날과 달리 지금의 개혁이 이런 내용을 가지게 되는 시대사적 배경이 무엇이겠습니까? 지난시기에 추진된 개혁은 민이 민주화 투쟁을 벌인 끝에 군사독재 통치를 종식시키는 과정에서 진행되었습니다. 그런데 안타깝게도 그 과정은 민주화 세력이 아니라 한때 민주화 투쟁을 벌였지만, 민의를 배반하고 군사독재세력과 야합한 배신세력이 권력을 잡게 되면서 이뤄졌습니다.

이들 배신세력, 즉 김영삼 정권은 자기 정권의 정당성을 확보하기 위해 개혁을 내걸었습니다. 이것은 군사독재세력의 견제로부터 자신들의 권력 안정을 확립하는 차원에서 전개되었습니다.

그리고 이것은 한미상호방위조약과 한미행정협정을 통해 사실상 한국 사회에서 주인 행세하고 있는 미국의 이해와도 부합하였습니다.

그 당시 미국은 소련과 동구권이 붕괴된 이래 세계 유일의 패권국으로 등장하여 국가의 장벽조차도 무력화하며 세계적 차원에서 직접적이며 유일적으로 지배하고자 획책하였습니다. 그런 요구에서 나온 것이 바로 세계화 정책입니다.

이 세계화 정책에서 가장 중요한 것은 세계거대독점자본의 이윤 추구를 전면적으로 보장하는 것이었습니다. 그런데 자본의 이윤 추구를 전면적으로 보장하려면 형식적인 자유와 평등의 보장이 요구되었습니다. 자본주의 초기 시절, 자본가들이 노동력을 원만히 공급받고자 신분제 해방을 요구했던 것과 마찬가지 이치입니다. 그런 면에서 배신세력은 개혁이라는 명분하에 형식적인 측면에서의 자유와 평등의 질서를 세워나갔습니다. 김영삼 배신정권 이래로 또 다른 배신정권(김대중 정권, 노무현 정권, 문재인 정권)이 성립하든, 반동정권(이명박 정권, 박근혜 정권, 윤석열 정권)이 탄생하든 개혁이 수없이 회자되었지만, 형식적인 자유와 평등의 수준에 멈췄던 이유가 바로 여기에 있었던 것입니다.

물론 형식적인 자유와 평등조차도 보장하지 않고 짓밟았던 군사독재 통치를 부분적으로 청산하는 것 자체가 의미가 없는 것은 아닙니다. 하지만 자신들의 권력을 유지하기 위한 차원으로 이용함으로써 군사독재 통치의 잔재가 철저히 청산되지 못하게 되었고, 그 결과로 역사의 발전을 뒤로 돌리려는 반동세력이 되살아나 다시 등장하게 만들었다는 것은 이들 배신세력 또한 더 이상 개혁의 주체가 될 수 없음은 물론이고, 한국 사회 발전의 질곡으로 다가오는 세력으로 전락했음을 보여줍니다.

반동세력과 배신세력이 개혁의 주체가 될 수 없고, 사회 발전의 질곡이 되는 대상으로 전락했다는 것은 한국 사회에서 배신정권과 반동정권이 번갈아 가며 권력을 잡았지만, 한국 사회가 질적으로 개혁되지 못했다는 것에서 명확히 확인됩니다.

반동세력과 배신세력 중에서 누가 권력을 장악하느냐에 따라 일정한 차이가 전혀 없는 것은 아니지만, 본질적인 측면에서 살펴보면 큰 차이가 없습니다.

이것은 우선 나라와 민족 단위에서의 주권을 얼마나 제대로 행사하고 있는가에서 드러납니다. 미국과 불평등한 협정과 조약 때문에 주권을 제대로 행사하지 못하고 있다고 한다면 그것을 고쳐 가야 할 것입니다. 그런데 반동세력은 물론이고 배신세력 또한 그것을 질적으로 고쳐 가기는커녕 미국의 유일 패권을 행사하기 위한 군사전략까지 적극 추종함으로써 더욱더 주권을 제약당하는 부분으로 나아갔습니다. 그에 따라 남북관계 또한 평화와 조국통일의 방향으로 나아가는 것이 아니라 항상 대립과 대결이라는 도돌이표로 귀결되었습니다. 그뿐 아니라 개혁이 되면 민생이 나아져야 하는데, 반동세력만이 아니라 배신세력이 집권해도 빈부격차가 더욱 확대되어 더 비참한 상황으로 빠지게 하고 있습니다. 게다가 노동자, 농민 등 각종 대중단체의 이해와 요구가 반영되도록 해야 하는데, 그러기는커녕 여전히 짓밟고 있는 현상이 나타나고 있습니다.

이런 현상이 나타나는 이유는 지금의 시대사적 요구가 실질적인 자유와 평등을 누리고 사는 것인데, 이를 외면하고 형식적인 자유와 평등의 보장이라는 수준에 멈춰 있기 때문입니다.

민이 자유와 평등을 요구하는 것은 그것을 실질적으로 누리고 살기 위해서입니다. 아무리 자유와 평등을 문서나 말로 백날 외치더라도 실질적으로 누리지 못하면 아무런 의미가 없습니다. 그래서 자유와 평등을 실질적으로 누리고 행사할 수 있도록 해야 합니다. 그러자면 사람이 개성을 가지고 집단을 구성하여 나라와 민족 단위로 살아가고 있는 조건에서 이 모든 영역에서 주인의 권리를 누리고 살아갈 수 있어야 합니다. 바로 여기서 지금 시기의 개혁은 지난날과 달리 어떤 의미와 내용을 담보해야 하는지에 대한 시대사적 요구가 분명하게 드러납니다.

현시기의 개혁이 개인과 집단, 나라와 민족 단위의 모든 영역에서 주인의 권리를 누리고 살 수 있는 내용을 담보해야 한다고 명확히 밝히는 이유는 지금껏 배신세력과 반동세력이 민을 기만하고 우롱함으로써 개혁의 영상을 심히 흐려 놓았기 때문입니다.

세상을 바꾸자면 미래에 대한 희망을 제시할 수 있어야 합니다. 그런데 어차피 개혁을 들고나와도 그놈이 그놈이다는 식으로 영상이 흐려져 있는 상황이라면 사람들은 개혁 자체에 관심을 가지지 않게 될 것입니다.

이런 현상은 한국 사회에서 애국의 이미지가 심히 왜곡되어 미국으로부터 주권을 제약받고 있어도 이를 고치려고 하지 않는 모습에서 확인할 수 있습니다. 미국의 이익을 한국에서 보장하라고 부끄러운 줄도 모르고 성조기 깃발을 자랑스럽다는? 듯이 나부끼며 동족인 북과 대결 내지는 전쟁하자고 하고, 그래서 한미동맹만이 살길이라고 대놓고 목청 높인 현상이 버젓이 벌어지고 있으니 어찌 애국의 영상이 흐려지지 않을 수 있겠습니까?

이런 행위는 매국노 짓거리이지 애국적 행위가 될 수 없습니다. 한 형제와 싸우자면 떳떳하게 자기 힘으로 싸워야지 외세의 힘을 빌리려고 하고, 그런 속에서 자기 나라의 주권을 제약받아도 어쩔 수 없다는 식의 주장을 펼친다면 그것이 어찌 참다운 애국적인 모습이겠습니까? 그런데도 이런 매국적 행위가 애국 행위인 양 둔갑되니 어찌 미국으로부터 주권을 제약받고 있는 현실 상황을 극복하기 위한 노력과 열의가 생길 수 있겠느냐 하는 것입니다.

이를 해결하자면 신성한 애국의 기치를 감히 매국노들이 사용해서는 안 된다는 것을 명확히 확립해야 합니다. 이렇게 흐려진 애국의 영상을 바로잡아야만 많은 사람들이 애국적 열의와 열정을 분출시키면서 나라와 민족의 주권을 철저히 고수하고 민의 생명과 재산을 지키기 위해 적극 나설 수 있게 된다는 것입니다.

이렇게 신성한 애국의 기치를 올바로 세워내야만 참다운 애국의 길이 열릴 수 있는 것처럼, 개혁에 있어서도 잘못되고 왜곡된 현상을 바로잡아야 합니다.

개혁을 수행하자면 광범위한 사람들이 나서야 가능합니다. 그런데 개혁에 대한 영상이 흐려져 있다면 어찌 사람들이 거기에 관심을 가지겠습니까? 그러면 개혁은 물 건너가게 됩니다. 그 때문에 우선 개혁에 대한 잘못, 왜곡된 현상부터 바로잡아야 한다고 말하는 것입니다.


현시기 개혁의 시대사적 요구를 분명히 해야 하는 이유는 또한 이것이 참다운 개혁을 바라는가, 그렇지 않은가의 질선 계선을 가름하는 기준을 제시해주기 때문입니다. 즉 개인과 집단, 나라와 민족 단위의 모든 부분에서 주인의 권리를 누리고 행사하기 해서는 실질적인 계선이 무엇으로 되어야 하는가에 대한 답을 내려준다는 것입니다.

자유를 보장받자면 자유의 파괴 행위를 허용해서는 안 됩니다. 그런 것처럼, 개인과 집단, 나라와 민족 단위에서 주인의 권리를 누리지 못하게 하는 주장은 허용해서는 안 된다는 것이 그 계선으로 된다는 것입니다. 이것은 결국 개인과 집단, 나라와 민족 단위의 모든 부분에서 주인의 권리를 누리게 하는 계선이 무엇일까의 문제로 귀착됩니다.

　이에 근거해 살펴볼 때, 그것은 먼저 나라와 민족 단위에서 주권을 철저히 고수하여 민의 생명과 재산을 지켜낼 수 있어야 할 것입니다. 이것은 결국 이를 담보하는 애국법의 제정이 될 것이고, 민족이 분단된 상황에서는 조국통일을 이루어야 하니만큼 조국통일법의 제정도 필요할 것입니다.

　또 빈부격차가 확대되면 실질적인 자유와 평등을 누릴 수 없을 뿐만이 아니라 민생이 파탄 날 것입니다. 그 때문에 빈부격차의 해소를 일관된 정책으로 밀고 나가야 합니다. 아울러 민이 주인의 권리를 실질적으로 행사하자면 그 이해와 요구를 반영할 수 있는 제도와 질서 체계를 세워야 합니다. 민의 이해와 요구를 반영하지 않고 무시하거나 짓밟는 데도 응징하지 못한다면 어떻게 민이 주인의 권리를 실질적으로 행사한다고 말할 수 있겠습니까?

　결국 애국법과 조국통일법의 제정과 함께 빈부격차의 해소를 일관된 정책으로 추진할 것, 아울러 노동자, 농민 등 각종 대중단체들의 이해와 요구를 국가 정책에 반영할 수 있는 제도와 질서 체계를 세워내는 것이 한국 사회의 실질적인 개혁을 원하느냐, 원하지 않느냐의 핵심적인 계선이자 기치로 된다는 것입니다.

　물론 개혁의 내용이 이것만 있는 것은 아닙니다. 하지만 중요한 것은 이 요구를 핵심적인 계선이자 일치된 지점으로 삼아야 한다는 것이고, 이보다 더 후퇴한 정책적 입장은 시대사적 요구를 받아들이지 않겠다는 것이니만큼 반개혁적 입장으로 봐도 무방하다는 것입니다. 아울러 더 진보적인 정책에 대해서는 일치된 지점을 견지하도록 하면서 입체적으로 접근하여 통일적으로 적용해서 풀어가야 한다는 것입니다. 바로 여기서 일치와 입체, 통일의 방법론이 요구되는 것입니다.

일치된 부분을 질적 계선으로 삼아 입체적으로 접근하여 통일적으로 적용하여 풀어간다는 것은 사람, 즉 사회와 역사의 주체인 민이 누구나 개성을 가진 존재로서 집단을 구성하여 나라와 민족 단위로 살아가고 있기에 이 모든 부분에서 주인의 권리를 누리고 살아야 한다는 것에서 필연적으로 귀결되는 원리입니다.

나라와 민족 단위에서 주권을 행사하지 못해 민의 생명과 재산을 지켜내지 못하는데, 거기서 참답게 개성을 발휘하거나 집단의 권리를 원만하게 행사할 수 있겠습니까? 마찬가지 이치로 개성이 짓밟히고 집단의 권리가 유린당하고 있는데, 과연 그런 속에서 나라와 민족의 주권을 철저히 고수하고 민의 생명과 재산을 견결히 지켜내는 모습이 나올 수 있겠습니까?

매국노들이 외세에 추종하는 이유는 자기 자신 내지는 그 패거리들이 다른 사람들은 어떻게 되든 나 몰라라 하면서 자신들의 이기적 욕심을 채우고자 하는 것일 터인데, 과연 이런 자들이 나라와 민족은 물론이고 다른 사람과 다른 집단의 사람들을 배려하는 모습이 나올 수 있겠느냐 하는 것입니다. 다른 사람과 다른 집단을 염려할 정도의 염치와 양심이 있다면 애당초 매국노 짓거리를 하지 않는 것이 이치에 맞을 것입니다.

한마디로 개인과 집단, 나라와 민족 단위의 각 부분의 문제는 서로 배치되거나 모순되는 현상으로 나타나는 것이 아니라 총체적으로 서로 일치되어 나타난다는 것입니다.

이것은 한국 사회에서 군사독재정권 이후 배신정권과 반동정권이 서로 번갈아 등장하는 과정에서 개인과 집단, 나라와 민족 및 조국통일의 영역에서 그 지점이 서로 일치되고 연계되어 전개되었던 과정을 살펴보면 확인할 수 있습니다.

배신세력은 조국통일을 이룩하는 데 있어서 그 무슨 획기적인 변화를 이룩할 것처럼 호들갑을 떨었지만, 남북관계는 결국 본질적인 측면에서 언제 그랬냐는 듯 더 이상 진척되지 못하고 도돌이표의 부침을 겪었습니다. 조국통일 영역에서 민을 기만했던 것처럼, 그 양상만큼 노동자, 농민들의 요구는 여전히 반영되지 못하고 짓밟혔으며, 빈부격차 또한 해소되기는커녕 계속 확대되었습니다.

조국통일의 영역에서는 진보적인데, 개인과 집단의 영역에서는 퇴보적인 정책을 내놓는 현상은 결코 나타나지 않았다는 것입니다. 빈부격차를 해소할 것처럼 시늉만 한 결과 그 격차가 더 확대되었던 것처럼, 노동자, 농민들의 요구에 대해서도 겉으로는 전향적으로 대할 것처럼 행세했지만 실질적으로는 그 요구를 반영하지 않았고, 이와 똑같은 양상으로 조국통일의 영역에서도 형식적으로는 큰 진전을 이룩할 것처럼 기만했기에 더 이상의 진척이 없었다는 것입니다.

당연히 미국과의 관계가 불평등한데도 이를 고치려고 하지 않았기에 그 관계도 어떤 변화가 일어나기는커녕 여전히 세계 유일적인 패권 질서를 유지하려는 미국의 정책을 철저히 추종하는 모습을 보임으로써 도리어 더 주권을 제약받는 상황으로 전개되었던 것입니다.

개인과 집단, 나라와 민족 단위에서의 권리 실현이 서로 연계되고 일치되어 나타나는 조건에서 이 모든 부분을 따로따로 떨어뜨려 놓고 볼 것이 아니라 총체적으로 연관시켜 바라보아야 합니다.

이런 시대적 요구 앞에서 한국 사회의 변혁운동의 목표였던 자주, 민주, 통일은 더욱 새롭고 풍부화된 내용으로 확장되기에 이르렀습니다.

자주와 민주, 통일의 내용이 시대사적 요구 앞에서 더 풍부화되었고, 또 현시기의 개혁이 시대사적 요구에 의해 개인과 집단, 나라와 민족 단위의 모든 부분에서 주인의 권리를 누리고 행사하는 내용으로 되었다는 것은 사실상 변혁운동과 개혁이 동일한 의미를 지니게 되었다는 것을 뜻합니다.

그 때문에 개혁의 주체 따로 있고, 변혁의 주체가 따로 있는 것이 아니라 개혁과 변혁의 주체는 똑같이 민이고, 그 대상 또한 외세와 매국노가 된다는 것입니다. 한마디로 외세와 매국노가 한국 사회에서 주인 행세하면서 민의 권리 실현을 가로막으면서 개혁을 방해하고 있다는 것입니다.

여기서 배신세력 또한 사실상 매국노로서 개혁의 대상으로 분명하게 설정하는 것은 그들의 역할이 한국 사회를 실질적으로 개혁하는 데에 큰 걸림돌이 되기 때문입니다.

배신세력이라고 하는 것은 글자 그대로 민의를 배신했다는 것입니다. 민이 군사독재세력에 반대하여 싸운 것은 주인의 권리를 누리고 살기 위해서였습니다. 하지만 배신세력은 자신들이 권력을 잡고 난 이후 그 길을 막았다는 것입니다. 그렇게 된 이유는 배신세력이 자신들의 존립 근거를 민에 기반을 둔 것이 아니라 단지 군사독재세력과의 형식적이고 방법론적인 차원에서의 차별성에 두었기 때문입니다.

한국 사회는 외세와 매국노가 주인 행세하는 사회인데, 여기서 군사독재세력은 매국노의 핵심 세력이었습니다. 그렇다면 이들을 철저히 청산하여 한국 사회를 정말로 개혁하는 길로 나아가야 했습니다. 그러면 외세와 매국노가 주인 행세하는 사회는 바뀔 수 있었을 것입니다. 하지만 이들은 외세와 매국노가 주인 행세하는 사회를 그대로 인정하는 조건에서 형식적이고 방법론적인 차원에서의 개량에 그쳤다는 것입니다. 그러니 한국 사회는 외세와 매국노가 주인 행세하는 사회가 실질적으로 바뀔 수 없었던 것입니다.

민으로부터 존립 근거를 찾지 않고 단지 군사독재세력과의 형식적인 차이에서만 그 존립 근거를 찾았다는 것은 잘못된 세상을 정말로 바꾸려는 데 있지 않았고, 여러 사회적 역학 관계 속에서 어떻게 하면 자신들의 잇속을 채울 수 있겠는가 하는 방향에서 처세했다는 뜻이고, 그래서 배신세력은 참다운 개혁세력이 될 수 없었다는 것입니다.

이것은 그들이 집권했을 때 어떤 정책을 펴나갔는지를 보면 확인할 수 있습니다. 먼저 주권 문제는 그 안에서 사는 사람들의 권리와 생명, 재산을 지켜낼 수 있는가가 핵심적인 문제입니다. 그런데 이들은 미국과의 불평등한 협정에 의해 미국이 사실상 한국에서 주인 행세하는 현실을 고치려고 하지 않았습니다. 주권을 찾으려는 본질적인 노력을 전개하는 것이 아니라 단지 민의 눈초리가 있으니 그것이 관철되는 모양새가 원만하게 처리되는 방식으로만 접근했다는 것입니다.

주권이 제약받고 있다면 그것을 바로잡으려고 하는 것이 맞을 것입니다. 그렇지 않는다면 지난날 군사독재세력처럼 미국의 이해와 요구에 굴복하고 추종하는 것과 무엇이 다르겠습니까? 그러면 외세가 침략해 올 때 여러 핑계를 대며 지배를 받을 수밖에 없다고 판단해야 하겠습니까? 아니면 우리의 주권을 양보할 수 없으니 한 사람까지 끝까지 싸워서 지켜내야 한다고 하는 것이 맞겠습니까? 그러니까 침략자들이 쳐들어올 때 이길 수 없다는 판단이 들면 식민 지배를 받아들이는 것을 허용해야 하겠느냐 하는 것입니다.

바로 여기서 배신세력의 정체가 드러납니다. 지난날 외세의 요구를 무조건 추종하는 핵심 세력인 군사독재세력과는 언뜻 차별성을 드러내는 것처럼 보였지만, 실상은 철저히 주권을 고수하려는 애국적 열의와 열정을 꺾어버리고 미국의 요구를 수용하여 지배를 받는 것이 합당하다는 결론을 도출해 내었다는 것입니다.

이것을 보면 지난날 매국노의 핵심 세력인 군사독재세력과는 다른 것처럼 보였지만, 사실상 한국 사회에서 애국적 열의와 열정을 안고 투쟁하지 못하게 하는 결정적 방해 역할을 하였다는 것입니다. 그러면서도 군사독재세력과는 차이가 있는 것처럼 행세하면서 자기 존립의 정당성을 주장했다는 것입니다. 이것이야말로 눈 가리고 아웅 하는 짓거리가 아니고 무엇이겠습니까?

실상 이들이 외세에 의해 주권이 제약받는 상황을 고민하고서 애국적 열의와 열정을 불러일으켜 주권을 되찾자고 적극 나섰다고 한다면 수많은 사람들이 떨쳐 나설 수 있게 되었을 것이건만, 그 길을 차단해 버렸다는 것입니다.

이런 현상은 주권 문제에만 나타나는 것이 아닙니다. 빈부격차의 해소는 물론이고 노동자, 농민 등 각종 대중단체의 이해와 요구를 반영하는 정책에서도 똑같은 형태로 드러납니다. 여기에서도 재벌이나 부자들의 요구들도 있으니 무조건 노동자와 농민의 요구를 극단적으로 주장하지 말고 합리적으로 해결하는 방법을 찾자고 합니다. 하지만 이들은 세상을 실질적으로 바꾸려고 하지 않고 불합리한 그 질서 자체를 인정하니만큼 여기에서 나온 모습들도 주권 문제를 대하는 것처럼 피장파장일 수밖에 없었던 것입니다.

그 때문에 이때껏 미국의 요구를 추종해 왔던 핵심 매국 세력인 군사독재세력이 힘을 쓸 수 없게 되었던 상황에서 배신세력들이 권력(김영삼 정권, 김대중 정권, 노무현 정권, 문재인 정권)을 잡았지만, 노동자와 농민들의 요구가 적극적으로 받아들여지지 못했고, 그에 따라 빈부격차가 확대되었으며 세상이 실질적으로 바뀌지 못했던 것입니다.

이들 배신세력들이 존립하는 한 외세와 매국노를 청산할 길이 막히게 됩니다. 외세와 매국노의 핵심 세력이 존재하는 것 자체를 그 존립 근거로 삼고 있으니 이들의 청산을 한사코 반대할 수밖에 없게 되기 때문입니다. 배신세력이 화해와 포용을 내세우며 외세와 매국노의 철저한 청산을 외면한 결과 한국 사회는 참답게 개혁되기는커녕 도리어 반동세력이 되살아나 다시 권력(이명박 정권, 박근혜 정권, 윤석열 정권)을 잡는 기가 막힌 현실이 벌어졌던 것도 여기에 그 원인이 있었던 것입니다.

그렇다면 이들 배신세력을 응징하지 않는다면 어떻게 개혁을 성공적으로 실현할 수 있겠느냐 하는 것이며, 세상이 바뀔 수 있겠느냐 하는 것입니다. 그래서 한국 사회를 실질적으로 개혁하자면 지금 시기에서 외세와 매국노의 핵심 세력인 반동세력은 물론이고 배신세력 또한 매국노로서 협력해야 할 상대가 아니라 철저한 응징의 대상이 된다는 것을 분명히 해야 합니다.

외세와 매국노를 개혁의 대상으로 놓고 응징해야 할 필요성은 현시기 한반도 전쟁 위기와 관련해서 매우 중대한 의미를 가집니다.

한반도는 남북이 분단되어 대립과 대결을 겪으면서 수없이 긴장이 격화되는 사례를 겪어 왔습니다. 하지만 그중에서 가장 위험했던 상황의 두 시기를 뽑는다고 한다면 하나는 1990년대부터 진행된 상황이라고 할 수 있습니다. 왜 그러냐면 이 시기가 바로 소련과 동구권이 붕괴되면서 미국이 세계 유일의 패권을 사실상 행사할 수 있게 되었기 때문입니다. 미국은 세계 유일의 패권국이 되자 유고슬라비아, 아프카니스탄, 이라크, 리비아, 시리아 등 수많은 나라들을 침략하였습니다. 한반도도 예외일 수 없었습니다.

이때의 위기가 미국이 세계 유일의 패권을 행사하는 절정의 시기에서 전개되었다고 한다면, 또 다른 하나는 미국이 세계 유일의 패권적 지위가 흔들리자 어떻게든 유지해 보고자 발악하는 과정에서 전쟁 위기가 발생하고 있는 측면입니다. 지금이 바로 이 시기에 해당합니다. 자신의 힘이 약화되었으면 그것을 인정하면 될 것인데, 제국주의 세력은 합리적인 이성을 되찾는 것이 아니라 한사코 죽을 줄 알면서도 불 속에 뛰어드는 불나방의 짓거리를 한다는 것입니다.

미국이 세계 유일의 패권적 지위를 어떻게든 유지해보고자 중국과의 대립, 대결을 불러일으키며 신냉전 정책을 추구하는 속에 동북아의 정세가 긴장될 수밖에 없고, 그에 따라 한반도 또한 단순히 우려할 정도가 아니라 사실상 전쟁으로 비화할 수 있는 방향으로 나아가고 있다는 것입니다.

바로 이런 상태에서 동족에 적대감을 내뿜어대고 극한적 대립, 대결 정책을 펼치는 것은 화약고에 불을 지피는 행위라고 할 수 있을 것입니다.

물론 형제간에 서로 생각이 달라 싸울 수는 있습니다. 하지만 그 역시 내부에서 진행해야지 바깥에 있는 외세를 끌어들여 싸우려고 하는 행위는 매국노 짓거리라고 말하지 않을 수 없습니다. 우리보다 강한 국력을 가진 나라를 한반도에 끌어들이게 되면 그 외세에 의해 온 민족과 강토가 유린되는 결과가 초래되기 때문입니다. 이렇게 온 민족과 강토가 외세에 의해 유린당하게 된다면 이것은 같은 한 형제라고 하지만 사실상 남보다도 못한 짓거리로 보이는 꼴불견이라고 말하지 않을 수 없습니다.

그 때문에 한국 사회만 놓고 보면 개혁과 변혁, 통일운동의 대상이 외세와 매국노로 일치하니만큼 이들을 철저히 응징해야 합니다. 이것이 당면해서 한반도의 전쟁 위기를 막는 방안임과 함께 바로 개혁과 통일운동을 옳게 풀어가는 길이라는 것입니다.


여기서 한 가지 생각해 봐야 할 점은 지금껏 민족문제는 선차적으로 해결해야 할 과제로 보았는데, 이런 입장을 어떻게 이해하냐는 것입니다.

사회 역사의 발전 과정에서 주체는 민입니다. 그리고 민은 개성을 가진 존재로서 집단을 구성하여 나라와 민족 단위로 살아왔습니다. 그 때문에 이 모든 부분을 서로 일치시켜 입체적으로 접근하여 통일적으로 적용하여 푸는 것은 당연합니다. 하지만 이렇게 해결되기 위해서는 일정한 시대적 발전이 요구되었습니다.

　한마디로 노예제나 신분제, 제국주의 의한 구식민지 상태에서는 민족문제의 선차적 해결이 절박하게 요구되었다는 것입니다. 왜냐하면 외세의 지배를 받게 되면 나라와 민족 단위로 살아가는 그 모든 사람이 그 자체로 식민지의 노예적 삶을 강요받게 되기 때문입니다. 그 때문에 그런 시대에서는 계급문제나 인간해방의 문제에 앞서 민족문제의 선차적인 해결이 당연했던 것입니다.

　하지만 세계의 진보적 국가와 각국 민의 견결한 투쟁에 의하여 구식민지적 형태는 사실상 유지될 수 없었고, 신식민지 형태로 이행하게 되었습니다. 우리 역사만 보더라도 일제의 총독부 지배와 미 군정의 직접적 지배를 받았지만, 결국 대한민국의 집권자를 직접 선출하는 방식으로 전환되었습니다. 그래서 제국주의 세력은 식민 지배를 유지하고자 그들을 추종하는 매국노를 내세워 온갖 불평등한 조약과 협정 체결을 강요해 주인 행세하는 방식을 택하고 있습니다.

　그런데 민의 요구와 배치되는 그런 불평등한 협정과 조약은 거센 반발에 직면할 수밖에 없게 됩니다. 그래서 민의 반발을 힘으로 내리누르기 위해서 독재정권이 요구되었습니다. 제3세계 국가에서 군사독재 정치가 유행처럼 번지며 실시되었던 이유가 바로 여기에 있었던 것입니다. 한마디로 제국주의 세력은 불평등한 조약과 협정을 통해 여전히 식민 지배를 유지하고자 음으로 양으로 군사독재세력을 지원해 왔던 것입니다.

　하지만 이 또한 민의 강력한 투쟁에 의해 철권통치로 여겨졌던 군사독재 통치도 점차 막을 내리게 되었으며, 형식적인 측면에서는 자유와 평등을 보장하는 차원으로 나아갈 수밖에 없었습니다.

형식적인 차원에서의 자유와 평등이 이뤄진 조건에서 그다음의 시대적 요구는 실질적인 자유와 평등을 누리고 사는 것으로 될 수밖에 없습니다. 그런데 민이 개인과 집단, 나라와 민족 단위로 살아가고 있기에 실질적인 자유와 평등을 누리자면 이 모든 부분에서 주인의 권리를 누리고 살아야 합니다.

그래서 이런 시대적 요구와 발전 속에서 민족문제, 계급문제, 인간해방의 문제는 지난날과 같이 선후차의 과제로 놓고 해결할 것이 아니라 그 모든 것이 서로 총체적으로 일치되고 연결되어 풀어지는 방식으로 귀결되었던 것입니다. 이것은 한국 사회에서 개인과 집단, 나라와 민족 단위의 모든 부분에서 주인의 권리 실현을 가로막는 최대의 세력이 각각 외세와 매국노로 똑같고, 그 각각의 주체 또한 민으로 동일하게 드러난다는 것에서 확인됩니다. 이것은 결국 현시기의 개혁과 변혁운동, 민족문제, 계급문제, 인간해방의 문제를 해결하는 데 있어서 그 대상이 외세와 매국노로 일치하고, 그 주체는 다 민으로 똑같다는 것을 말해줍니다.

현시기의 한국 사회에서 이렇게 개혁과 변혁운동, 계급문제, 민족문제, 인간해방의 문제, 조국통일 문제에서의 주체와 대상이 다 일치한다는 것은 외세와 매국노가 주인 행세하는 한국 사회를 참답게 개혁시키려고 할 때 어떻게 풀어가야 하는지도 일정한 해답을 내려주는 것으로 됩니다. 그러니까 구식민지의 지배방식과 신식민지의 지배방식에서의 차이가 나타남으로 인해 그 해결방식에서도 일정한 차이가 드러나게 된다는 것입니다.

구식민지, 즉 일제의 충독부와 미 군정 시기에서는 외세가 직접적 지배를 통해 주인 행세하는 방식이었으나, 신식민지 통치방식에서는 외세와 매국노가 주인 행세하는 식민지매국사회가 되었다는 것입니다. 이것은 외세만이 아니라 매국노를 응징하는 것이 매우 중대한 문제로 제기되었다는 것을 말해줍니다.

여기서 외세와 함께 매국노를 특별히 언급하는 이유는 이들 매국노가 외세의 지배를 허용하는 매개자의 역할을 하고 있다는 것을 분명하게 직시해야 하기 때문입니다. 그래서 매국노를 철저히 응징하면 외세가 주인 행세할 수 있는 불평등한 조약과 협정을 파기할 수 있고, 그럼으로써 외세가 식민 지배를 할 명분과 고리가 사라지게 된다는 것입니다.

한마디로 한국 사회에서 개혁세력이 애민과 애국의 기치하에 애국정권을 세워서 매국노들을 철저히 응징한다면 미국과 불평등하게 맺는 한미상호방위조약과 한미행정협정 등을 파기할 수 있고, 나아가 우리의 말을 듣지 않는다면 주한미군도 우리 땅에서 나가라고 하면 된다는 것입니다. 물론 그렇게 요구해도 나가지 않는다면 힘으로 관철시켜야 할 것입니다. 나라와 민족의 주권을 자기 힘으로 지키는 것은 너무도 당연한 이치이기 때문입니다.

결국 한국 사회를 실질적으로 개혁하려면 시대사적 요구에 맞는 핵심적인 기치와 계선을 견지해야만 가능하다는 것입니다. 즉 애국법과 조국통일법을 제정하고, 빈부격차의 해소를 일관된 정책으로 추진할 것, 아울러 노동자, 농민 등의 각종 대중단체의 이해와 요구가 국가 정책에 반영될 수 있는 제도와 질서 체계를 세워내야 한다는 것입니다.

그런데 현실 상황에서 이를 관철해 가자면 한국의 정치 지형을 명확하게 바라보면서 어떻게 해야 이를 적용할 수 있는지를 고민해야 합니다. 현실 정치에서 이를 실현해가지 못한다면 결코 개혁을 이룩할 수 없기 때문입니다.

한국의 정치 지형은 매우 복잡해서 단순하게 설명할 수 없습니다. 하지만 그렇더라도 개혁을 성공시키자면 어떻게든 파악하기 위해 노력해야 합니다.

한국의 정치 지형은 형식적으로 살펴볼 때 거대양당과 군소정당으로 이뤄져 있습니다. 여기서 총선 같은 상황이 벌어지면 제3정당이 나타나기도 합니다. 이것은 형식적인 측면이지 본질적인 분석이 아닙니다. 그래서 형식상의 측면에 그칠 것이 아니라 본질적으로 정치 지형이 어떻게 형성되고 있는가를 살펴보아야 합니다. 왜냐하면 정치는 정책에 의해서 이뤄지는 것이니만큼 그 정책을 보고 판단해야 그 내막을 정확히 파악할 수 있다는 것입니다. 그래야 한국 사회를 실질적으로 개혁할 수 있는 정치적 방안을 내올 수 있기 때문입니다.

정책과 정치적 입장으로 살펴볼 때 한국의 정치는 크게 4가지 부류로 분류할 수 있습니다. 하나는 외세의 요구를 무조건 추종하면서 재벌과 부자들의 요구를 적극 관철시키려는 외세와 매국노의 핵심 세력(옛날에는 군사독재세력, 지금은 반동세력)이고, 또 하나는 외세와 매국노의 핵심 세력인 반동세력과의 차별성을 통해 자신의 존립 근거를 내세우기는 하지만 한국 사회의 실질적인 개혁에 불철저하면서 자신들의 권력욕을 채우려고 하는 세력(배신세력)이며, 또 다른 정치 세력으로 이 두 세력에는 반대하지만, 한국 사회의 본질적이고 실질적인 개혁보다는 자신들의 정책적 가치 실현에 더 중심을 두는 세력(여러 군소 정당들)이 있고, 나머지 하나는 정말로 한국 사회를 실질적으로 개혁하려는 지향과 요구를 품고 있는 세력(몇몇 군소정당과 여러 정당 안에 각기 분포함) 등으로 나뉘어 있다고 볼 수 있습니다.

하지만 한국 정치 지형을 보면 이런 잣대와 기준을 가지고 곧바로 대입시킬 수가 없습니다. 앞에서 밝혔듯이 개혁적인 지향과 요구를 갖고 있지만, 그것이 한 정당에 모여 있지도 않고 여러 정당에 분포하고 있다는 것입니다. 그만큼 한국 사회의 정당은 섞어찌개와 잡탕찌개로 되어 있다는 것입니다. 이렇게 되어 있다는 것 자체가 한국 사회를 개혁하기가 그만큼 어렵게 되어 있는 구조라는 것을 드러내줍니다. 문제가 단순하게 형성되어 있으면 그만큼 쉽게 풀릴 수 있겠지만, 그 지형이 복잡하면 그만큼 단합하기가 어렵고, 그러면 쉽게 풀리지 않게 될 것입니다. 한마디로 한국의 정치 지형은 외세와 매국노가 그만큼 주인 행세하면서도 기득권을 유지할 수 있는 강고한 구조로 형성되어 있다는 것입니다.

이런 복잡한 지형은 이번 총선을 통해서 제3지대가 나오고 있는 것에서 더욱 분명하게 드러납니다. 그것도 거대양당만이 아니라 군소정당까지 포함해서 제3정당 건설론이 나오고 있으니 앞의 4부류로 대략 분류하였지만, 도대체 어디에 포함해야 할지 매우 복잡하기만 합니다.

하지만 한국 사회를 실질적으로 개혁하자면 이런 복잡한 지형을 단순화시켜 어떻게든 실질적인 개혁의 실현을 위한 핵심적인 기치를 견지하도록 하는 가운데 개혁과 반개혁의 전선이 확립되도록 해야 합니다. 그러자면 지금 현시기의 각 정치 세력을 어디에 분포시켜야 할 것인지 정리 정돈하면서 모든 개혁세력이 단합할 수 있는 방안을 제시해야 할 것입니다.

그 때문에 현시기 각 정치 세력을 어디에 포함시켜야 할지 매우 어렵기도 하고, 또 향후 어떻게 변할지도 모르는 조건에서 자칫 잘못을 범할 수 있는 위험성이 없는 것은 아니지만, 그것을 무릅쓰고 현시기 각 정치 세력이 어떤 부류에 속하는지를 대략적으로나마 파악해야만 합니다. 그래야만 개혁과 반개혁의 전선을 확립할 수 있는 길이 열리기 때문입니다.

그러면 지금 각 정치 세력은 앞의 4가지 부류 중에서 어디에 포함시킬 수 있겠느냐 하는 것입니다. 여기서 일단, 여당인 국민의힘은 그 안에 개혁을 지향하는 세력이 전혀 없다고 할 수는 없지만, 기본적으로 그 주류는 반동세력권에 포함된다고 말할 수 있습니다. 이것은 기본적으로 윤석열 정권 자체가 역사를 뒤로 되돌리려는 반동적인 정책을 펴왔다는 것에서 드러납니다.

반면에 더불어민주당은 국민의힘보다 개혁 지향의 요구를 견지하는 사람들이 더 많다고 할 수 있고, 또 그 주류는 아직까지 참다운 개혁적 입장을 제시하고 있다고 볼 수는 없지만, 반윤석열 투쟁을 적극 벌이고 있다는 점에서 앞으로 어떤 길로 나아갈지는 향후 지켜보아야 할 상황입니다.

그리고 제3지대론의 경우는 여러 세력이 있기에 하나로 정의하기 힘들다고 할 수 있습니다. 여기서 이준석 계열은 한국 사회 개혁의 최대 걸림돌이라고 할 수 있는 윤석열 정권에 대해 반윤적 입장을 취한다는 점에서 긍정적 의미를 가지고 있다고 볼 수 있겠으나, 아직 참답게 개혁적 입장을 제시하고 있지 않으니만큼 이 또한 향후의 모습을 지켜보아야 할 것입니다. 하지만 그 나머지 제3지대론을 들고 나오는 세력은 두 거대 정당을 반대한다고 하지만, 그 주된 입장이 반이재명과 야당에 대한 반대로 자신들의 존립 근거로 삼기에 반윤석열 투쟁을 약화시킨다는 결과를 가져온다는 점에서 사실상 반동세력의 이중대 내지는 배신세력의 길로 전락할 가능성이 농후하다고 봐야할 것입니다.

그리고 나머지 군소정당은 두 거대양당과의 차별성을 견지하려 한다는 점에서는 서로 엇비슷하다고 할 수 있겠지만, 여기서도 자신의 정책적 가치를 더 중시하는 입장과 한국 사회의 실질적인 개혁의 실현을 중시하는 입장으로 나뉘어 있다고 볼 수 있습니다. 여기서 자신의 정책적 가치를 더 중시하는 입장은 향후 실질적인 사회 개혁을 위한 방향에 대해 어떤 행보를 보이느냐 따라 판단할 수 있을 것입니다.

이렇게 보면 한국 사회를 실질적으로 개혁하려는 지향과 요구를 견지하고 있는 세력들이 여러 곳에 존재하고 있는 것이 사실이지만, 아직 그 수가 다수가 되지 못하고 있을 뿐만이 아니라 각기 분산되어 있다는 사실입니다. 이런 정치 지형으로서는 개혁세력이 힘을 발휘할 수 없습니다. 그 때문에 이런 정치 지형에서는 결과적으로 한국 사회에서 정권이 바뀌더라도 반동세력과 배신세력이 권력을 나눠 먹는 방식으로 전개되었던 것입니다.

이를 해결하자면 이런 정치 지형을 어떻게 해서든 개혁과 반개혁의 전선으로 확립하기 위해 노력해야 합니다. 그러자면 우선 개혁을 지향하는 세력들이 서로 단합해 가야 합니다. 그것도 한국 사회를 실질적으로 개혁할 수 있는 질적 계선을 명확히 제시하는 방향에서 진행해야 합니다. 그렇지 않으면 백날 가도 개혁이 이뤄질 수 없기 때문입니다.

그런데 이런 질적 계선을 견지하는 세력이 많지 않은 조건에서는 한국 사회 개혁의 가장 걸림돌이 되는 반동세력, 즉 윤석열 정권에 대한 투쟁을 적극 전개해야 합니다. 하지만 그렇다고 개혁의 질적 계선을 견지하는 부분을 포기해서는 안 됩니다. 이 부분을 포기하게 되면 반동세력과의 형식적인 차이만을 자신의 존립 근거를 내세워 또다시 민을 배반하는 배신세력이 나오는 상황을 막을 수 없게 되기 때문입니다. 그래서 한국 사회 개혁의 최대 걸림돌이 윤석열 정권이니만큼 반윤석열 정권에 대한 싸움을 적극 전개하면서도 동시에 참다운 개혁을 실현하기 위한 실질적인 계선을 세워가는 방향으로 나아가야 한다는 것입니다. 그래야 죽 쒀서 개 주는 꼴이 되지 않는다는 것입니다.

이런 원칙을 견지해 간다면 외세와 매국노가 주인 행세하면서 반동세력과 배신세력이 서로 번갈아 권력을 장악하는 정치 지형을 극복하는 방향으로 나아가게 될 것이고, 그 과정에서 반동세력과 배신세력이 준엄한 심판을 받으면서 청산되어 갈 것이며, 그러면 개혁세력이 점차 압도적인 다수를 차지할 수 있게 됨으로써 개인과 집단, 나라와 민족 단위의 모든 부분에서 주인의 권리를 실질적으로 누리고 사는 세상을 실현할 수 있게 될 것입니다.

# 3. 한국 사회는 식민지매국사회이다

## 1) 한국 사회를 애민, 애국의 기치로 참답게 개혁하자면 개혁과 애국에 대해 잘못 이해된 영상부터 극복해야 한다*

한국 사회는 물론이고 세계에서 많이 사용되는 단어들을 손꼽으라고 하면 아마 개혁과 애국이라는 말이 포함될 것입니다. 하지만 그렇게 많이 거론되고 있으면서도 실질적으로 개혁되거나 애국의 참다운 모습이 실현되지 않고 있습니다. 그러다 보니 개혁이나 애국을 언급하면 결코 좋지 않는 감정을 갖게 되었습니다.

이렇게 개혁과 애국의 참된 영상이 흐려지게 된 이유는 개혁과 애국의 참의미를 민의 입장에서 보지 않고 기득권 세력들이 자신들의 이익을 지키기 위한 수단으로 이용함으로써 심히 오염되고 변질시켰기 때문입니다.

참답게 개혁하고 애국의 기치를 옹호하기 위해서는 이렇게 잘못 사용된 악영향을 제거하고 참의미를 바로 세우도록 재정립해야만 합

---

* 우리겨레연구소 카페, 한국 사회를 참답게 개혁하고 애국의 기치를 구현하자면 개혁과 애국에 대해 잘못 이해된 영상부터 극복해야 한다(2022. 10. 17), 참조 자료: 우리겨레연구소 카페, 애민과 애국의 기치는 필승의 보검이다(2023. 9. 11.)

니다.

　개혁이 오염되어 그 영상이 흐려지게 된 사례는 먼저 군사독재세력이 더는 맥을 추지 못하게 되면서 권력을 장악한 김영삼 정권 시기에서부터 김대중 정권, 노무현 정권, 문재인 정권에 이르기까지 끊임없이 사용되었던 것에서 확인할 수 있습니다. 이들은 자신들의 정권 장악을 합리화하는 차원에서 개혁에 접근했기에 개혁이 곧 개량으로 이해되기에 이르렀습니다. 그 결과는 철저히 개혁되지 못했고, 민을 기만하는 행위로 귀결되었습니다.

　반면에 이명박과 박근혜 반동정권은 자신들의 권력 기반을 강화하기 위해 개혁을 반동적 질서를 세우는 방편으로 이용하였습니다. 그러면서 한국 사회는 개혁되는 것이 아니라 도리어 역사가 거꾸로 돌아가는 것 같은 혼란스러운 상황을 불러일으켰습니다.

　실상 사회의 기득권 세력이 개혁을 자신들의 권력 장악과 기득권을 유지하기 위한 용도로 이용한 것은 한국 사회에서만 벌어진 현상이 아니었습니다. 서구 사회에서도 일명 사민주의 세력은 개혁을 자신들의 권력 획득을 위한 도구로 이용하여 개량으로 변질시켰습니다. 반면에 일명 보수세력으로 통칭되는 기득권 세력들은 자신들의 권력 기반을 더욱 튼튼히 다지기 위해 개혁이라는 명분 아래 더욱 반동적인 통치 질서를 세우는 방향으로 이용하였습니다.

　심지어는 일명 오렌지 혁명에서 알 수 있듯 미국은 한 나라의 주권조차 침해하고 유린하는 만행을 합리화하는 데 개혁이라는 명분을 내세웠습니다.

　이렇듯 개혁이 개량이나 반동적 질서를 세우는 도구로 이용되는 현상이 발생하고 있는 조건에서 개혁에 대해 좋지 않은 감정을 갖게 되는 것은 당연하다고 할 것입니다. 허나 분명한 것은 개혁에 대한 영상이 흐려지게 된 본질적인 이유는 그 무엇이 아니라 바로 개혁의 주체를 민으로 보지 않고 기득권 세력들이 자신들의 권력을 유지하기 위한 용도로 변질시켰기 때문입니다.

민이 사회와 역사의 주체로 등장한 이 시대적 흐름에서 더 이상 이런 현상이 발생하도록 허용해서는 안 됩니다.

민이 개인과 집단, 나라와 민족 단위의 모든 부분에서 주인의 권리를 누리고 살아야 하는 시대적 흐름에서 어찌 개혁이 개량으로 한정될 수 있고, 반동적 질서를 세우는 것으로 이용되는 현상이 벌어져야 하겠습니까? 이를 막자면 철저히 개혁의 주체를 그 누가 아닌 민임을 분명히 해야 합니다.

애국이라는 개념 또한 민을 주체로 놓고 바라보지 못했기에 엄청나게 오염되어 사용되었습니다.

일명 진보의 탈을 쓴 배신세력은 애국의 기치를 내걸면 민족주의적 국수주의를 지향하는 것으로 호도하여 자기 나라와 민족의 독자성을 견지하려는 노력을 하지 않게 되었고, 그 결과로 주권을 철저히 고수하지 못하게 되었습니다. 이런 모습은 김영삼 정권 이후부터 김대중 정권, 노무현 정권, 문재인 정권에 이르기까지 세계화만이 살길인 것처럼 주장하였고, 그로 인해 은행이나 국영기업, 재벌 등에 대해 외세 자본의 지배력을 더욱 높이면서 민족의 자립적 발전의 길을 더욱 약화시켰던 데서 드러났습니다.

반면에 반동정권은 세계화 정책을 그대로 추종하면서도 반북과 반공만이 애국적인 행위인 것처럼 호도하여 정적을 제거하거나 참다운 애국세력을 탄압하는 용도로 사용하였습니다. 이것은 군사독재 정권 시기와 반동정권으로 등장한 이명박, 박근혜 정권 시기에 미국의 대한반도 정책을 적극 추종하면서도 수시로 색깔론을 들먹여 정적을 탄압하는 용도로 사용하거나 조국통일과 민족적 주권의 고수를 요구하는 애국세력을 가혹하게 탄압하였던 것에서 드러났습니다.

이렇듯 애국에 대한 오용은 비단 한국 사회에서만 나타난 것은 아닙니다. 서구 사회에서 나타난 현상은 한국 사회와는 다소 다르긴 하지만 역시 변질시켜 사용한 것은 마찬가지입니다.

일명 사민주의라는 배신세력은 애국을 민족주의적 국수주의를 지향하는 것처럼 호도하여 약소국들이 주권을 철저히 고수하려는 노력을 가로막고 침략의 길을 열어놓았습니다. 반면에 일명 보수주의 세력은 자국의 구성원들에게 애국적인 감정을 조장하여 다른 약소국들을 침략하여 지배하고 약탈하는 행위를 합리화하는 방향으로 이용하였습니다. 파시즘이나 군국주의, 제국주의 세력들이 약소국들을 대상으로 벌이는 침략 형태가 바로 이런 모습입니다.

허나 자기 나라와 민족을 사랑하는 애국이 어찌 민족주의적 국수주의를 의미할 것이며, 다른 약소국을 침략 내지는 색깔론으로 정적을 제거하기 위한 용도로 사용되는 것이 맞는 것이겠습니까?

민이 나라와 민족 단위로 살아가고 있는 조건에서 자기 나라와 민족을 사랑하는 것은 지극히 당연하고, 자기 나라와 민족이 소중하면 역시 마찬가지로 다른 나라와 민족 또한 소중한 것입니다.

이런 지극히 상식적인 이치가 부정되고 잘못된 개념으로 오용된 이유는 철저히 민을 중심으로 애국의 기치를 보지 않고, 기득권 세력들이 자신을 권력을 유지하기 위한 용도로 오염시키고 잘못 사용하였기 때문입니다.

민이 사회와 역사의 주체로 전면적으로 등장한 시대에서 당연히 개혁해야 하고, 나라와 민족 단위로 살아가니만큼 애국의 기치에 입각하여 주권을 고수하면서 더욱 발전시켜 가야 합니다. 그러자면 지금껏 기득권 세력이 개혁과 애국에 대해 오염시켜 낸 것을 극복하고 사회와 역사의 주체인 민의 입장에 서서 새롭게 정립시켜 가야 합니다.

앞으로도 어용 개혁세력이 계속 민을 기만하고, 어용 애국자들이 애국자인 양 행세하거나 심지어 매국노들이 애국을 참칭하며 참다운 애국자들을 탄압하는 현상이 계속 벌어진다면 어떻게 개혁이 실현되고 애국의 기치가 세워지겠습니까?

하지만 오염되었다고 해서 그것을 통째로 버리게 되면 개혁할 수 없고 애국의 기치를 정립할 수 없습니다. 그 때문에 개혁과 애국의 신성한 개념을 감히 역사의 전진을 가로막는 세력들이 이제 더는 오염되게 사용할 수 없도록 만들면서 민을 중심으로 정립해 가야 합니다.


## 2) 사회 주인론과 사회 역사의 합법칙적 발전 과정 및 식민지매국사회론에 대하여*

### (1) 사회구성체 내지 사회성격 논쟁

시대의 발전과 요구를 떠난 만고불변의 진리가 존재할 수 있을까요? 아마 상황과 조건을 떠난 만고불변의 진리는 존재하지 않는다고 많은 사람들은 대답할 것입니다. 시대의 발전과 요구 속에서 어떤 부분은 계승과 혁신을 통해 더욱 풍부해지는 내용으로 심화 발전하기도 하고, 또 어떤 부분은 시대의 발전과 흐름에 맞지 않아 자연 소멸하기도 합니다.

이런 점에서 사회 역사에 대한 이해도 마찬가지입니다. 지난날에는 주로 통치자의 역사, 즉 왕조의 역사로 이해하였으나 이제는 사회 역사의 주체가 민이라고 바라보면서 민을 중심으로 사회 역사를 파악

---

* 우리겨레연구소 카페, 사회 주인론과 사회 역사의 합법칙적 발전 과정 및 식민지매국사회론에 대하여(2024. 09. 09) 참조 자료: 우리겨레연구소 카페, 한국 사회에서 매국노에 대한 응징이 왜 중요한가?(2024. 06. 17)

하려고 합니다.

이렇게 사회 역사를 바라보는 입장이 달라지는 것은 시대의 발전과 요구 속에서 제기되는 현실의 문제를 풀어내기 위해서입니다. 현실의 문제를 풀자면 어떻게 푸는 것이 옳은 것인지 그 해법을 제시해야 할 것입니다. 바로 여기서 사회 역사에 대한 이해를 바탕으로 그 정당성을 확보하면서 그 주장을 뒷받침하고자 합니다.

이런 각도로 보았을 때 사회 역사에 대한 이해는 결국 현실 사회에 대한 이해와 밀접하게 연결되어 있다고 볼 수 있습니다. 현실 사회에 대한 이해가 어떻게 되느냐에 따라 그 해법은 물론 사회 역사에 대한 이해도 달라질 수밖에 없기 때문입니다. 한마디로 현실 사회를 어떻게 바라보느냐는 사회 역사의 합법칙적 발전 과정에 대한 이해는 물론이고 당면한 사회 현실적 문제를 어떻게 고칠 것인가에 대한 해결 방법에 대해서도 결정적 영향을 끼치게 된다는 것입니다.

그래서 현실 사회를 어떻게 보느냐는 사회 역사에 대한 이해와 함께 그 사회를 어떻게 고칠 것인지에 대해 가장 치열한 이해관계의 영역이라고 할 수 있습니다. 1980년대 한국에서 사회구성체 내지 사회 성격 문제를 놓고 치열하게 논쟁을 벌였던 것도 다 이와 관련되어 있습니다.

이런 점에서 이 문제를 놓고 다시 한번 되살려 파악해 보는 것은 현시기의 한국 사회를 어떻게 바라보고 풀어나갈 것인지에 대해 명확히 이해하는 데에서 좋은 참고 영역이 될 수 있다고 할 수 있습니다. 어차피 새로운 사상과 이론은 아무것도 없는 '무'에서 갑자기 생겨나는 것이 아니라 그 앞선 시대의 자양분을 이어받으면서 혁신의 과정을 통해 탄생하기 때문입니다.

더욱이 한 사회를 바꿔내자면 광범위한 사람들을 단합시켜 내야 합니다. 그런데 단합은 서로 단결하자고 외친다고 해서 이루어지지 않습니다. 이것은 사회구성체 내지 사회성격의 문제를 놓고 치열하게 논쟁을 벌였지만 끝내 서로 합의를 이루지 못함으로써 지금까지도 온전히 단합하지 못하고 있는 데에서 드러납니다. 한마디로 단결하자면 단합할 수 있는 그 근거와 기초가 마련되어야 한다는 것입니다. 그런 점에서 1980년대에 벌어졌던 논쟁의 내용을 파악해 보면서 이를 어떻게 올바르게 결속시켜 낼 것인가, 즉 한국 사회를 어떻게 바라보는 게 가장 과학적인 이해인가에 대해 명확히 해명하는 것은 현 시기 결코 피할 수 없는 매우 중대한 문제라 할 수 있을 것입니다.

1980년 5월 광주민주항쟁은 국내외적으로 상식과 양심을 가진 사람들에게 엄청난 충격을 주었습니다. 그래서 1970년대의 도덕과 양심에 입각한, 어쩌면 낭만적인 방식의 반독재민주화운동으로는 한국 사회를 바꿀 수 없다는 사실 앞에 일정한 좌절과 절망을 주기도 하였지만, 다른 한편으로는 이를 극복하기 위한 과학적 방식의 변혁운동 사상과 이론을 찾는 계기가 되었습니다.

그 과정에서 한국 사회를 어떻게 바라볼 것인가를 놓고 사회구성체 내지 사회성격 논쟁이 진행되었습니다. 이를 크게 두 부분으로 대별해 얘기한다면 한편에서는 생산양식, 즉 경제적 측면을 위주로 놓고 한국 사회의 제반적인 특성을 파악하고자 하였고, 다른 한편에서는 사회정치적 상태, 즉 민족적 측면을 위주로 놓고 한국 사회의 전반적인 특성을 파악하고자 하였습니다. 물론 이런 두 측면에서 살펴보면서도 여러 부분으로 갈리는 주장이 나왔지만, 거기서 가장 대표적으로 거론되었던 이론은 신식민지국가독점자본주의론과 식민지반자본주의론이라고 할 수 있습니다.

한국 사회를 바라보는 데 있어서 이렇게 크게 두 입장으로 대별되었던 것은 당시 사회를 바라보는 기본적 시각이 크게 두 입장으로 분화되어 있었기 때문이라고 볼 수 있습니다.

신식민지국가독점자본주의론은 기본적으로 사회를 바라보는 데 있어서 국가나 법, 이데올로기 같은 상부구조가 경제토대와 같은 하부구조에 대해 상대적 자율성을 가지고 있기는 하나, 기본적으로 상부구조는 하부구조에 의해 규정된다고 이해합니다. 이런 이치에 의해서 물질적 토대인 하부구조 내에서도 생산력과 생산관계의 총체인 생산양식에 의해 규정된다고 보고, 그 연장선상에서 생산력과 생산관계에 있어서도 생산력이 가장 역동적이고 추동력을 가진 것으로 파악합니다.

이런 이치에 따르면 가장 역동적인 생산력의 발전에 생산관계가 조응하지 못함으로 인해 모순이 발생하게 되고, 이 모순 관계가 계급적 이해관계의 대립으로 형성된다는 것입니다. 그래서 사회 역사의 발전 과정을 한마디로 이런 계급적 이해관계의 대립으로 인한 계급투쟁의 역사라고 말하게 됩니다.

이런 원리를 적용하게 되면 자본주의적 생산양식을 가진다고 할 경우 노자 간의 대립관계가 기본적인 축으로 되고 결국 자본주의 사회가 어떤 발전 과정을 겪으면서 노동자에 의해 사회가 변혁될 것인가에 초점을 맞추게 됩니다.

그 때문에 한국 사회가 미국의 신식민지적 지배를 받고 있다는 사실을 부정하지는 않으나 사회 발전의 기본 축은 자본주의 사회의 계급관계에 의해 규정될 것이므로 노자 관계의 극복을 통한 계급혁명과 계급의식을 강조하게 됩니다. 이것은 한국 사회를 바라볼 때 자본주의가 산업자본, 독점자본, 국가독점자본으로 발전하는 것처럼 한국의 대기업이나 재벌을 독점자본 내지는 국가독점자본으로 파악하는 데에서 드러납니다.

반면에 식민지반자본주의는 신식민지국가독점자본주의론과는 달리 정치가 차지하는 지위와 역할을 강조합니다. 정치의 지위와 역할을 강조하는 이유는 사회 역사에 민, 즉 주체를 등장시켰기 때문입니다. 주체를 등장시키게 되면 주체의 지위와 역할을 제고하는 문제가 중요한 부분을 차지하게 되고, 정치와 경제를 바라보는 데 있어서도 무엇이 주체에 주된 영향을 미치느냐의 각도에 따라 파악하게 되기에, 정치가 경제적 측면보다도 더 결정적 역할을 한다고 바라보게 됩니다.

이런 이치로 보면 결국 사회정치적 상태, 즉 국가권력의 문제가 일차적으로 중시되고, 그 사회정치적 상태에 따라 사회경제적 형태도 영향을 받게 된다고 파악하게 됩니다. 이렇게 사회정치적 특성을 중시해서 파악하게 되니 한국 사회는 미국의 식민지적 지배가 결정적 영향을 미친다고 주장하게 됩니다. 한마디로 민족해방의 내용을 주된 과제로 파악하게 되고, 경제적 측면 또한 서구 사회에서처럼 자본주의 방식의 합법칙적 발전 경로에 따라 걷는 것이 아니라 식민 지배의 영향을 받아 왜곡되고 변형된다고 주장하게 됩니다. 즉 자본주의의 발전 단계의 경로에 따라 산업자본, 독점자본, 국가독점자본으로 발전되어 간다고 보는 것이 아니라 식민 지배의 영향에 의해 반자본주의적 특성을 가진다고 파악하는 것도 그 때문입니다.

이렇게 1980년대에 진행되었던 한국 사회에 대한 사회구성체 내지 사회성격 논쟁은 서로 상이한 사상 이론적 체계를 가지고 전개하였던 것으로 하여 하나로 통일시켜 내는 것은 어려운 과제였습니다. 게다가 1990년대에 동구권이 붕괴되면서, 다시 말해 사회주의권이 붕괴되는 파도가 밀려오면서 이 논쟁은 끝을 맺지 못하고 중단되기에 이르렀습니다.

(2) 사회 주인론에 의한 식민지매국사회 파악

그러면 신식민지국가독점자본주의론과 식민지반자본주의론을 서로 통합하거나 올바르게 귀결시킬 수 있는 방안은 없는 것일까요? 그 해답을 찾는 데 있어서 먼저 염두에 두어야 할 것은 이론 자체에 매몰되어서는 안 된다는 점입니다. 어떤 하나의 사상과 이론이 나오게 되는 과정을 보면 다 시대적 요구 속에서 등장하는 배경을 갖고 있습니다. 그 때문에 시대가 발전했다면 그 시대의 요구에 맞게 사상과 이론을 새롭게 전개해야 합니다. 한마디로 기존의 이론에 구애받지 말고 현실의 시대적 요구에 충실해야 한다는 것입니다.

실상 신식민지국가독점자본주의론에서 자본주의적 노자 관계, 즉 계급문제가 사회 변혁의 기본 축으로 된다고 밝힌 것은 서구 사회의 자본주의 발전 과정에서 나온 것입니다. 한마디로 자본주의 사회가 성립되면서 노동자의 처지가 비참해진 상황을 맞아 여기에서 벗어나자면 계급해방을 이뤄야 한다는 것이었습니다.

허나 세계사에서는 계급문제만 발생한 것이 아니라 민족문제 또한 나타나게 되었습니다. 자본주의 사회가 초기 산업자본에서 독점자본, 국가독점자본으로 전화되어 제국주의 국가로 등장하면서 약소국가를 침탈하여 식민 지배하게 되니 제3세계 국가에서는 무엇보다 민족적 과제의 해결이 중요하게 제기되었습니다.

그러면 이렇게 계급문제에다가 민족문제까지 겹쳐진 조건에서 이를 어떻게 풀어갔습니까? 이것은 2차대전의 제국주의 전쟁 시기에 어떻게 대응했는가를 통해서 파악할 수 있습니다. 한마디로 제국주의 일반에 대하여 반대해 투쟁한 것이 아니라 그 당시 가장 광포한 세력으로 상징되는 파시즘에 우선 반대해 투쟁에 나섰고, 그것은 반파시즘연합전선과 민족해방전선을 결성하는 것으로 나타났습니다.

이렇게 풀어갔던 것은 그 당시의 세계 각국 민의 역량이 계급적 착취와 억압을 폐지할 수 있을 정도에 이르지 못했다고 보았기 때문입니다. 그래서 가장 광포한 세력인 파시즘과 군국주의 세력을 고립,

타격한 이후에 계급적 착취와 억압을 폐지하는 사회로 나아가고자 했던 것입니다. 그래서 민족문제와 계급문제를 해결하는 방법에 대해서도 민족적 과제를 우선해서 풀어야 한다고 바라보았던 것입니다. 이것은 인간해방과 계급해방의 과제를 바라보는 데서도 먼저 계급적 문제를 해결하고 난 다음에 인간해방의 과제가 본격적으로 제기될 것이라고 보았던 사고방식의 연장선상에 있다고 볼 수 있습니다.

인간해방, 계급해방, 민족해방의 과제를 해결하는 데에 있어서 일정하게 선후차가 있다고 이해하면서 이 문제가 해결된 것처럼 보였으나, 1980년대에 한국 사회에서 사회구성체 내지 사회성격 논쟁이 일어나면서 드러난 것처럼 이 문제는 또다시 수면 위로 등장하게 되었습니다.

이 문제가 수면 위로 등장하게 된 것은 한국 사회가 여러 측면에서 일정하게 변화되었던 상황을 반영한 것이었습니다. 그중에서 가장 중요한 부분은 두 측면이었습니다. 하나는 지금의 한국 사회가 일제 치하에서 총독부의 지배를 직접 받는 형태와는 달리 미국이 한국에 형식적인 독립을 인정하는 신식민지 지배 방식을 취한다는 것이었습니다. 구식민지 통치 형태에서의 매국노는 아무런 힘을 발휘할 수 없었으나 신식민지에서는 정권의 수반이 되는 관계로 일정한 힘을 행사할 수 있게 되었습니다. 이런 상황에서 구식민지 지배와 똑같은 형태로 바라보아서는 일정하게 해명할 수 없는 부분이 나타나게 되었습니다.

또 하나는 한국 사회가 자본주의적 생산관계가 급속하게 확대되었고, 그런 가운데 재벌과 대기업의 비중이 매우 커지게 되었습니다. 이런 상황에서 자본주의적 측면, 즉 노자 관계와 같은 계급적 측면을 무시할 수 없게 되었습니다. 그 때문에 이런 자본주의적 측면을 놓고 서구 사회에서처럼 그 발전 단계를 걸을 것인지, 아니면 신식민지의 지배 형태를 받기 때문에 그 영향이 어떻게 전개될지를 놓고 명확한 해명이 필요하게 되었습니다.

이렇게 한국 사회가 변화된 조건에서 이에 대한 해명이 필요하였으나 앞서 말한 바와 같이 1980년대의 논쟁에서는 서로 상이한 자기 이론적 틀에 서서 각기 논리를 전개한 결과로 합의를 볼 수 없었습니다. 어쩌면 그 당시로서는 불가피했던 측면이 존재했다고 볼 수 있습니다.

그런데 이를 해결할 수 있는 방안은 다른 그 무엇이 아니라 시대의 발전 속에서 제기되었습니다. 한마디로 민이 사회와 역사의 주체로 명확히 등장하는 정도에서 멈춘 것이 아니라 삶의 모든 방면에서 주인의 권리를 누리며 살고자 나섰다는 것입니다.

이렇게 시대가 발전하게 된 것은 1980년대의 자주와 민주, 통일운동이 활발하게 전개되면서 1990년대 이후부턴 형식적인 측면에서의 자유와 평등이 보장되기에 이르렀다는 것입니다. 그래서 권력자라고 해도 대놓고 자유와 평등을 부정할 수는 없게 되었습니다. 하지만 민은 거기에 멈추지 않고 실질적인 자유와 평등을 누리려고 나섰습니다. 실질적으로 자유와 평등을 누리지 못하는 형식적인 자유와 평등의 보장은 별반 의미가 없었기 때문입니다. 그런데 실질적인 자유와 평등을 누리려면 주인의 권리를 누리는 방향에서 찾아야 했습니다. 그래서 민은 주인의 권리를 누리기 위해 정치와 경제 영역은 물론이고 보건, 환경, 교육, 건강, 성 평등, 미투, 고문과 폭행 금지 등 제 방면에 걸쳐 이를 실현하고자 적극 나섰습니다.

민이 삶과 생활의 모든 방면에서 주인의 권리를 실질적으로 누리며 살려고 나선 모습은 이를 해명할 수 있는 새로운 이론적 틀을 요구했습니다. 그런데 그것은 결국 민이라는 주체가 어떤 존재 방식으로 삶을 살아가고 있는가 하는 문제로 귀결될 수밖에 없었습니다. 모든 방면에서 주인의 권리를 누리고 살자면 민, 즉 인간이라는 주체가 어떤 존재 방식으로 생존하며 생활하는가의 문제로 접근해야만 풀어지기 때문입니다. 바로 여기서 인간, 즉 민은 누구나 개성을 가진 존재로서 집단을 구성하여 나라와 민족 단위로 살아가고 있다는 것이 밝혀지게 되었습니다. 그 때문에 민이 주인의 권리를 누리고 살자면 개인과 집단, 나라와 민족 단위의 모든 부분에서 주인의 권리를 행사할 수 있어야 합니다. 그러면 정치와 경제, 교육, 문화, 노동, 건강, 인권, 환경 등의 제 방면의 삶과 생활 분야에서 주인의 권리를 누리고 살 수 있게 된다는 것입니다.

이렇게 개인과 집단, 나라와 민족 단위의 모든 부분에서 주인의 권리를 누리고 살아야 한다는 이론적 틀로 살펴보게 되니 지난날 인간해방과 계급해방, 민족해방의 과제를 어떻게 풀어야 할지가 자연스럽게 해명될 수 있게 되었습니다. 그 때문에 1980년대의 사회구성체 내지 사회성격 논쟁에서 어느 한편에서는 민족적 과제를 우선해서 풀어야 한다고 하였고, 또 다른 한편에서는 계급문제를 기본 축으로 놓고 풀어야 한다고 주장했는데, 이 모든 부분을 통일적으로 풀어갈 수 있는 길이 열리게 되었다고 볼 수 있습니다.

개성을 가진 존재라는 것은 인간해방과 관련되고, 집단을 구성해서 살아야 한다는 것은 계급해방, 그리고 나라와 민족 단위로 살아가고 있다는 것은 민족해방과 관계되기 때문입니다. 여기서 계급을 언급하지 않고 집단을 구성해서 살아간다고 하는 것은 계급문제를 회피하기 위해서가 아닙니다. 당연히 집단의 권리를 누리고 살자면 이 문제 해결의 관건이 되는 계급해방의 과제가 핵심으로 됩니다. 그러나 인간이 살아가는 데 있어서 가장 큰 영향을 미치는 부분이 계급적 관계이기는 하지만 그렇다고 계급적 특성과 직접적 관련이 없는 집단의 구성이 존재하지 않은 것은 아닙니다. 그뿐만 아니라 앞으로의 미래 사회에서 계급이 폐지된다고 해서 집단 자체가 사라지는 것도 아닙니다. 어차피 인간은 집단적인 지혜와 힘으로 살아가야 합니다. 그 때문에 인간은 가장 기본적으로 집단을 구성해서 살아가는 존재라고 말하는 것입니다.

이렇게 민이 개인과 집단, 나라와 민족 단위로 살아가는 존재라는 것이 밝혀짐으로써 인간해방과 계급해방, 민족해방의 과제 모두를 필히 해결해야만 한다는 것으로 명확하게 규명되었다고 한다면, 이런 조건에서 이를 어떻게 풀어갈 것인가에 대한 해답이 나와야 할 것입니다. 여기서 모든 운동이 그러하듯 인간해방과 계급해방, 민족해방의 과제를 풀어가는 데에서도 우선 최대의 세력을 고립, 타격하고, 그다음에 착취와 억압 자체를 폐지하는 단계로 나아간 다음, 마침내 그 방면에서의 특성이 전면적으로 발휘되도록 하는 단계로 나아가게 하는 것입니다.

이런 각도로 한국 사회를 살펴보게 되니 인간해방, 계급해방, 민족해방의 과제 모두를 해결하기 위한 과정에서 그 주체와 대상이 서로 일치한다는 것이 밝혀지게 되었습니다. 한마디로 주체는 민이고, 대상은 외세와 매국노로 일치했다는 것입니다. 즉 인간해방은 물론 계급해방과 민족해방의 과제를 풀기 위해서도 민을 주체로 놓고, 한국 사회의 최대 억압 세력인 외세와 매국노를 일차적으로 응징해야 한다는 것입니다. 이렇게 될 수밖에 없는 이유는 민이 사회와 역사의 주체로서 개인과 집단, 나라와 민족 단위의 모든 부분에서 주인의 권리를 누리며 살려고 하는데, 한국 사회에서 외세와 매국노가 주인 행세하면서 이를 각각의 영역에서 가로막는 최대 세력으로 서로 일치하였기 때문입니다.

그 때문에 한국 사회를 바라보는 데 있어서 사회와 역사의 주체인 민을 중심에 둔 사회 주인론의 입장에서 볼 때 한국 사회는 식민지매국사회라고 규정할 수 있다는 것입니다. 식민성을 갖는다는 것은 식민지 종주국의 이해관계가 일차적으로 통용된다는 것이고, 그 영향에 따라 반민(중)적인 매국성이 관철된다고 보는 것입니다.

여기서 식민지매국사회라고 한다고 해서 이 문제가 민족적인 문제로만 바라봐서는 안 된다는 것입니다. 앞서 얘기했듯이 개인 영역이나 집단 영역, 나라와 민족 단위의 영역에서 주인 행세하면서 민의 권리를 가로막는 최대 세력이 바로 외세와 매국노이기 때문에 인간해방과 계급해방과도 관계되어 일치된 부분으로 나타난다고 보아야 한다는 것입니다.

그러면 사회 주인론의 입장에서 식민지매국사회라고 말할 수 있는 근거는 무엇일까요? 사회 역사의 주체가 민이기에 당연히 민이 주인의 권리를 누려야 하는데, 외세와 매국노가 주인 행세하고 있는 사회이기 때문입니다. 외세와 매국노가 주인 행세하고 있다는 것은 크게 세 측면에서 살펴볼 수 있습니다.

먼저 한국 사회가 어떤 사상에 기초해서 움직여지고 있는가의 문제입니다. 사상은 사람의 활동을 전방위적으로 규제합니다. 그래서 어떤 사상을 옹호하느냐, 배척하느냐 하는 문제는 그 사회의 실상을 명확히 드러내는 핵심 요소 중의 하나라고 할 수 있습니다. 그런데 한국 사회에서 여러 사상이 나타나고 있지만 국가적 차원에서 가장 핵심적으로 옹호하고 배척하는 사상은 반공, 반북이자 친미 사대, 옹호입니다. 민족이 분단되어 있고, 외세로부터 주권을 제대로 행사하지 못하고 있다면 당연히 통일의 길로 나아가면서 외세는 배척하고 애민과 애국의 한마음으로 주권을 되찾는 방향으로 나아가는 게 당연할 것입니다. 그런데 반공, 반북이자 친미 사대, 옹호로 이를 가로막고 있으니 이것이 식민지매국사회의 사상이 아니고 무엇이겠습니까? 그 때문에 사상적 측면에서 외세와 매국노가 주인 행세하는 사회라고 말하는 것입니다.

　여기서 현시기 반동세력으로 나타나고 있는 뉴라이트에 대해 일부에서 극우 보수세력인 것처럼 말하는 경우가 있습니다. 하지만 이는 잘못된 이해입니다. 뉴라이트가 차용하고 있는 논리가 일본 군국주의나 미국의 펜타곤, 국무부 등의 주장에 근거하고 있는 것은 분명합니다. 일본 군국주의와 미국의 펜타곤 등은 우리 민족에 대한 식민지배를 정당화시키고자 우리 민족을 비하합니다. 그 때문에 이들의 입장은 철저히 패권적이고 침략적입니다. 그래서 이들을 보고 극우 패권 세력이라고 하는 것은 맞습니다.

　하지만 이들의 논리를 한국에서 차용하게 되면 극우 패권의 논리가 될 수 없습니다. 극우 패권의 논리가 되려면 한반도 주변 나라를 침략하려는 모습을 보여야 할 것인데, 이들은 그런 입장이 아니라 우리 민족은 미국이나 일본의 지배를 계속 받는 것이 정당하다고 말하고 있으니 어떻게 패권의 논리가 되겠습니까? 민족적 존엄도 없는 철두철미 매국노의 논리라고 말할 수밖에 없습니다. 그 때문에 이들을 극우보수라고 지칭해서는 안 되고 미국과 일본의 패권적 논리를 수용해서 그들의 식민 지배를 받아야 한다고 앞장서서 주장하는 앞잡이, 즉 매국노라고 부르는 것이 마땅합니다. 이런 매국노의 주장이 한국 사회에서 단호히 응징되지 못하고 활개를 치고 있는 상황을 보면 한국 사회를 움직이는 사상적 기초가 어디에 세워져 있는지를 쉽게 확인할 수 있습니다.

　한국이 어떤 사회인가를 파악할 때 다음으로 중요한 것은 정치적 지배권을 누가 행사하고 있느냐 하는 문제입니다.

　사회를 구성하고 살아가는 사람에게 있어서 가장 중요한 것은 사회정치적 생명입니다. 왜냐하면 사회적 존재로서 살아갈 수 있는 근거를 지어주기 때문입니다. 이런 점에서 사회적 존재인 인간이 존엄하게 살자면 사회정치적 생명이 존엄하게 지켜지고 보장되어야 합니다.

그런데 이 사회정치적 생명이 존엄하게 지켜지고 보장되느냐의 문제는 결국 정치적 지배권, 즉 국가권력을 누가 쥐고 행사하느냐에 달려 있게 됩니다. 그래서 일제의 식민 치하에서 망국노의 처지에 빠지자 이를 벗어나고자 독립운동을 벌였고, 그 과정에서 사회정치적 생명을 지키고자 육체적 생명까지 불사하며 투쟁을 전개하였습니다.

그런데 한국에서 정치적 지배권을 행사하는 정권을 보면 미국, 일본과 불평등한 조약과 협정을 맺고 있는 관계로 주권을 제대로 행사하지 못하는 데에도 찾으려고 하지 않습니다. 도리어 미국과 일본의 요구를 맹목적으로 추종하는 앞잡이 역할을 하고 있다는 것입니다. 거기에다가 외세는 불평등한 조약과 협정을 통해 사실상 이들 매국정권을 통제하고 있는 형국입니다. 바로 이것이 외세와 매국노가 한국의 정치적 지배권을 행사하면서 주인 행세하는 것이 아니고 무엇이겠습니까?

다음으로 한국 사회를 살펴볼 때 중요한 것은 물질적 기반, 즉 생산수단을 누가 장악하고 있는가 하는 문제입니다. 물질적 기반을 갖지 못하면 아무리 하고 싶어도 할 수가 없습니다. 그 때문에 사회에서 주인의 권리를 누리고 행사하려면 물질적 기반을 갖춰야 합니다. 그런데 한국 경제 구조를 살펴보면 외세의 거대독점자본과 함께 그 외세에 의존해서 운영되는 기업이 한국의 경제적 기반을 거의 장악하고 있습니다. 물질적 기반에 있어서도 외세와 매국노가 주인 행세하고 있다는 것입니다.

이 밖에도 여러 분야가 있겠지만 가장 핵심적인 것은 한 사회를 움직이는 사상적 기초가 무엇이고, 누가 정치적 지배권을 행사하고 있으며, 물질적 기반을 누가 장악하고 있는가에서 드러나기 때문에 이 부분을 살펴볼 때 한국 사회는 외세와 매국노가 주인 행세하는 식민 지배국사회라고 말할 수 있다는 것입니다.

그러면 식민지라고 해놓고 왜 매국노까지 붙이는 이유가 무엇일까요? 어차피 신식민지도 식민지 사회인데, 거기서 형식적인 독립이라는 수사가 무슨 의미가 있겠느냐는 물음일 것입니다. 하지만 이 부분은 매우 중요합니다. 왜냐하면 일제 총독부 시기에서 매국노는 거의 아무런 힘이 없었습니다. 일제가 지명하고 임명했기 때문입니다. 하지만 지금 한국 사회에서는 미국이 여러 공작을 진행한다고 해도 결국 한국의 대통령과 국회의원은 한국 사람이 뽑는다는 사실입니다. 그 때문에 그에 상응한 권한을 행사할 수 있습니다. 게다가 앞으로 미국의 식민 지배에서 벗어나려고 해도 결국 한국 민이 뽑는 정부에 의해서 해결해 가야 합니다. 그 때문에 한국에서 정권의 문제는 매우 중요하고, 이것은 결국 매국정권에 대한 응징과도 연결됩니다.

물론 식민지매국사회라고 해서 다 똑같은 것도 아니고, 고정불변한 것도 아닙니다. 이 또한 변화해 갑니다. 여기에는 식민지 종주국의 지배세력이 어떻게 변화되어 가고, 그에 따라 매국노의 핵심세력이 누구로 변화되는가와 관련되어 있습니다.

한국에서 식민지매국사회가 성립된 것은 현대제국주의 국가로서 제국주의 동맹 세력의 우두머리 국가인 미국이 2차대전 이후 신식민지 지배 체제를 형성시키면서 시작되었습니다. 약소국가의 독립 열망을 무시할 수 없었기에 불평등한 조약과 협정을 맺어 사실상 식민 지배하면서도 형식적인 독립을 인정하는 방식이었습니다. 그 때문에 매국노가 어떤 세력이 되는가는 매우 중요하였습니다.

현대제국주의 국가 시기에는 식민지를 지배 수탈하기 위해 그들의 입맛에 맞게 정치체제와 경제체제를 구축해 가는 것이 우선적으로 요구되었습니다. 그 때문에 이를 잘 실행해 줄 수 있는 친위세력의 매국노가 필요하였습니다. 그래서 이 시기에 식민지매국사회는 거의 대부분 군사독재 정치가 실시되었습니다. 한마디로 형식적인 자유와 평등조차도 인정하지 않는 방식이었습니다.

하지만 민의 간고한 투쟁으로 인해 형식적인 자유와 평등을 인정하지 않을 수 없는 상황으로 전개되었습니다. 게다가 현대제국주의 국가의 우두머리였던 미국은 동구권이 붕괴되자 세계제국주의 국가로서의 면모를 보이면서 세계 유일 패권을 행사하기 위한 방향으로 나아갔습니다. 여기서 나온 정책이 세계화 정책이었으며, 이것은 국가적인 장벽조차도 무력화시키면서 세계적 차원에서 직접적이고 전면적으로 수탈하고자 하는 방향이었습니다. 이렇게 세계적 차원에서 직접적이고 전면적으로 수탈하자면 세계거대독점자본이 자유롭게 유통될 수 있어야 했고, 그러자면 형식적인 자유와 평등의 인정이 이에 부합하였습니다.

결국 군사독재정권이 민의 투쟁의 의해 더 이상 유지될 수 없는 상황과 함께 세계제국주의 국가로 등장한 미국이 세계적 차원에서 유일 패권을 행사하면서 직접적이고 전면적인 수탈을 용이하도록 하기 위해 형식적인 자유와 평등을 수용하는 방향으로 나아갔고, 이를 실현해 줄 적합한 친위세력의 매국노로 나타난 것이 바로 군사독재세력을 대신한 배신세력의 등장이었습니다.

이처럼 지금의 한국 사회는 식민지매국사회인 것은 똑같지만 그 핵심세력이 새롭게 달라졌다는 것입니다. 현대제국주의와 군사독재세력이 외세와 매국노의 핵심세력으로 된 때로부터 전화되어 이제는 세계제국주의와 배신세력 및 반동세력이 외세와 매국노의 핵심세력으로 나타나고 있다는 것입니다.

여기서 식민지매국사회라고 지칭하는 명칭만 보면서 이것은 민족적 관점에서만 바라보고 있다고 생각할 수도 있습니다. 한마디로 자본의 논리가 한국 사회에서 기본적으로 관철되고 있다고 보아야 하는

데, 그렇지 않은 입장이라고 바라본다는 것입니다. 하지만 이미 한국의 식민지매국사회라는 규정 자체가 미국의 세계제국주의와의 연관 속에서 파악되고 있고, 한국의 경제적 측면에서 핵심 비중을 차지하고 있는 기업도 외세와 매국노와 연결되어 있는 것으로 바라보고 있다는 것입니다.

그 때문에 외세와 매국노라고 표현한다고 해서 민족적 측면으로만 접근한 것으로 볼 것이 아니라 종주국과 식민 지배의 핵심세력이 누구인가에 따라 그들의 이해관계에 맞게 자본의 논리가 관철되고 있다는 입장에서 파악하고 있다고 봐야 합니다. 그래서 식민지매국사회론에서 외세와 매국노가 주인 행세한다는 것을 단지 민족적 차원으로만 볼 것이 아니라 개인과 집단, 나라와 민족 단위의 모든 문제를 포함한다는 것, 다시 말하면 인간해방과 계급해방, 민족해방을 다 포함하고 있을 수밖에 없다는 점을 분명하게 이해해야 한다는 것입니다.

### (3) 사회 역사의 합법칙적 발전 과정

사회 주인론은 사회 역사를 바라보는 데 있어서 철저히 민을 중심으로 바라봅니다. 한마디로 민이 어떻게 사회 역사의 합법칙적 발전 과정을 겪어 개인과 집단, 나라와 민족 단위의 모든 방면에서 주인의 권리를 실현하려고 노력해 왔는가의 입장에서 이해한다는 것입니다.

먼저 원시사회를 상정합니다. 원시사회라고 하는 것은 인간의 역사가 시작되려면 인간에 대한 자각이 이뤄져야 하는데, 아직 그런 상태가 되지 못했다고 바라보기에 그저 원시사회라고 지칭하는 것입니다.

원시사회에서 점차 인간으로 자각해 가면서 짐승 같은 생활에서 벗어나 사회를 구성하여 살아가게 되었습니다. 이것은 국가의 건설로 이루어졌으며, 이로부터 인간은 사회적 활동을 통해 살아가는 사회적 존재로 우뚝 서게 되었습니다. 여기서 바로 인간의 역사시대가 비로소 개척되었다고 말할 수 있습니다. 이런 관점에서 볼 때 인간 세상을 이롭게 한다는 홍익인간의 사상에 의해 단군조선을 건국한 것은 인간에 대한 자각을 분명하게 밝히고 국가를 건설했다는 점에서 인류사에서 최초의 역사시대를 개척했다는 의미를 지닌다고 볼 수 있습니다.

하지만 먼저 인간으로 자각한 자들은 자신들만이 사람이라고 하면서 나머지 사람들을 짐승이나 도구와 같은 존재로 여겨 노예로 취급하였습니다. 이런 사상에 기초하여 국가권력과 생산수단을 장악하고서 주인 행세한 사회가 바로 노예제 사회입니다.

이런 노예제 사회에 대해 민은 똑같은 사람인데 왜 짐승이나 도구로 취급하냐면서 대항하며 싸웠습니다. 이에 사회의 통치세력들은 노예도 사람이라는 것을 인정하지 않을 수 없었습니다. 하지만 그들은 동시에 고귀한 혈통을 이어받아 태어난 사람과 그렇지 않은 사람이 어떻게 같을 수 있냐면서 또 다른 신분제 사상을 강요하였습니다. 그리고 이런 신분 차별의 사상을 강제하면서 국가권력과 생산수단을 장악하고서 주인 행세하였습니다. 이것이 바로 신분제 사회입니다.

신분제 사회에 대해 민은 또다시 사람은 태어날 때부터 누구나 자유롭고 평등한 존재라고 하면서 신분적 차별에 대해 완강히 반대하며 투쟁하였습니다. 이로부터 인간 자체를 놓고 차별을 가하는 현상은 더 이상 통용되지 못하게 되었습니다. 하지만 새롭게 등장한 자본가들은 자유와 평등을 인정하여 인간 자체를 놓고 직접적인 차별을 가하는 주장을 펼치지는 않았지만, 인간 외적 조건에 순응하는, 즉 자본의 법칙에 따르는 것은 지극히 합리적이라고 주장하였습니다. 인간 자체를 놓고 차별하지 않으니 누구나 자본가가 될 수 있고, 또 일하고 싶지 않으면 자본가에 고용되어 노동하지 않아도 되기 때문이라고 덧붙였습니다.

하지만 인간 외적 조건인 자본은 누구나 다 가질 수 있는 것이 아니었습니다. 자본이 없고 몸뚱이만 있는 사람들은 먹고살기 위해 어쩔 수 없이 자본가에게 노동력을 팔아 노동력의 가치인 임금을 받아야 했습니다. 그런데 그 노동력이라는 것이 다름 아닌 사람의 몸에서 나오는 것이기에 노동력을 사고팔고 하는 관계는 결국 자본가가 노동자를 맘대로 부려먹는 과정으로 될 수밖에 없었습니다. 바로 여기서 형식적인 자유와 평등이 아니라 실질적인 자유와 평등을 누리자면 인간 외적 조건의 문제까지 풀어야 한다는 것이 밝혀지게 되었습니다. 비록 그것이 자본의 법칙이든, 아니면 이를 더 확장시켜 적용한 과학적 법칙이든 간에 인간이 실질적인 자유와 평등을 누리게 되자면 그 법칙을 주인답게 이용해야지 그 법칙에 굴복해서는 안 된다는 것이었습니다. 바로 여기서 실질적인 자유와 평등을 누리게 하는 문제는 결국 인간, 즉 민이 주인의 권리를 누리고 사느냐의 문제로 귀결될 수밖에 없다는 것이 명확해지게 되었습니다. 어떤 법칙에 굴복하지 않고 그 법칙을 이용한다는 것은 결국 사회와 역사의 주체인 민이 주인의 권리를 누리고 행사할 수 있느냐, 없느냐의 문제로 귀결되기 때문입니다.

하지만 민이 주인의 권리를 누리고 사는 문제를 해결하는 데 있어서 일정 도상에 올려놓기 위해서는 얼마간의 세월이 요구되었습니다. 그동안 자본주의 사회는 산업자본주의, 독점자본주의(제국주의), 국가독점자본주의(현대제국주의), 세계거대독점자본주의(세계제국주의)로 발전하였습니다.

제국주의에 이르러서는 식민지를 구축하였고, 현대제국주의에서는 신식민지적 지배 방식으로 전환하여 식민지매국사회를 형성하였고, 그다음엔 미국이 세계제국주의 국가로서 세계 유일의 패권을 행사하기에 이르렀습니다. 하지만 미국의 세계 유일적인 패권 행사는 그 시작부터 세계 각국 민의 힘찬 투쟁에 의해 위기에 직면하고 있습니다.

여기서 세계제국주의국가로 등장한 미국은 세계 유일의 패권적 지배 질서를 구축하기 위해 국가라는 장벽조차도 무력화하면서 직접적이고 전면적으로 수탈하려는 체계를 세우려고 하였는데, 그 과정은 세계적 차원에서 거미줄 망과 같은 긴밀한 연관 관계를 형성시키는 것이었고, 동시에 그 모습은 실질적인 자유와 평등을 누리고 살자면 민이 주인의 권리를 누리고 살아야 한다는 것을 명확히 확인시키는 노정이었으며, 그것도 한 나라의 기준에서가 아니라 세계적 수준 차원에서 시대적 흐름으로 만들게 하였습니다. 미국은 자신들의 행동이 어떤 결과를 가져올 것인지 그 의미조차 파악하지 못했던 것입니다. 그 때문에 미국은 세계 유일의 패권적 지배 질서를 세우자마자 위기에 봉착하게 된 것입니다.

미국은 세계 유일의 패권적 지배 질서 체제가 위기에 봉착하자 일부 동맹국들과 매국세력들을 자기편으로 끌어들이면서 중국과 러시아 등을 적대세력으로 규정하여 세계 정세를 대립, 대결의 분위기로 만들어감으로써 위기를 모면하고자 시도하고 있지만, 이미 세계적 차원에서 각국 민이 개인과 집단, 나라와 민족 단위의 모든 부분에서 주인의 권리를 누리며 살려고 하는 애민시대의 추세를 더는 막을 수 없는 상황에 이르게 된 것입니다.

### (4) 애민, 애국의 기치에 의한 애국정권 수립과 애민사회의 건설

사회 주인론에 의하면 당연히 민이 주인의 권리를 누리고 살아야 합니다. 그 때문에 외세와 매국노가 주인 행세하는 식민지매국사회를 청산하고 개인과 집단, 나라와 민족 단위의 모든 부분에서 주인의 권리를 누리고 살아야 합니다. 바로 그런 사회가 애민사회입니다.

그런데 애민사회를 건설하자면 자주와 민주, 통일의 기치를 분명하게 내걸어야 합니다. 다시 말해 자주적 입장과 민주적 제도, 통일 단결된 정치적 역량이 필요하다는 것입니다.

자주적 입장이 필요한 이유는 민이 주인의 권리를 누리고 사는 것인 이상 이를 확고히 보장해야 한다는 원칙적 입장이 중요하기 때문입니다. 바로 그것이 자주입니다. 그러니까 자주는 민이 개성을 가진 존재로서 집단을 구성하여 나라와 민족 단위로 살아가고 있는 조건에서 이 모든 부분에서 주인의 권리를 실현해야 하기에 민족 자주만이 아니라 개인과 집단, 나라와 민족 단위의 모든 부분에서 주인의 권리를 보장하는 것으로 되어야 합니다.

민주적인 제도와 질서 체계가 필요한 이유는 주인의 권리를 실현하자면 그리할 수 있는 제도와 질서 체계가 세워져야 하기 때문입니다. 그래서 이 또한 개인과 집단, 나라와 민족 단위의 전 부분에서 제도와 질서 체계가 세워져야 합니다.

통일 단결된 역량이 필요한 이유는 이를 실현할 수 있는 정치적 역량이 담보되어야 하기 때문입니다. 정치적 역량이 담보되지 않으면 그저 희망 사항에 지나지 않게 됩니다. 물론 여기서 통일 단결된 역량은 우선 한국에서의 통일 단결을 의미하기도 하지만, 궁극적으로 남북은 통일되어야 하기에 남북 간에도 통일 단결된 정치적 역량이 마련되어야 한다는 것입니다. 그래야 여러 우여곡절을 겪지 않고 강위력한 통일 단결된 정치 역량으로 통일을 이룩할 수 있습니다.

애민사회를 건설하자면 또한 일치와 입체, 통일의 방법론을 구사해야 합니다. 민이 개인과 집단, 나라와 민족 단위의 모든 부분에서 주인의 권리를 실현하는 이런 거창한 사업은 서로를 존중하면서도 조직적이고 체계적이며 빈틈없이 전망성 있게 진행되어야 합니다. 서로 모순되는 입장이 나오거나 혼란이 조성되면 그 문제를 해결하기도 전에 서로 다투거나 분란이 조성되는 현상이 발생할 수 있습니다. 그러면 더 이상 앞으로 전진해갈 수 없습니다. 그래서 이를 어떻게든지 해결할 수 있는 방법론이 나와야 합니다.

여기서 각기 개성을 가지고 있고, 또 다양한 집단이 존재하고, 또 나라와 민족적 발전에 대한 여러 구상들이 존재하는 조건에서 서로를 존중하는 가운데 하나로 단결하여 끝내 전망성 있게 풀어가자면 일치와 입체, 통일의 방법론을 구사할 수밖에 없습니다.

일치된 지점은 모두가 이 지점만큼은 견지해야 하는 계선을 의미하기에 모두가 단합할 수 있는 길을 열어줍니다. 반면 입체는 일치된 지점을 지킨다는 전제하에 차이를 존중하는 것을 의미하기에 비록 지금 차이가 있다고 해서 상대방을 무시하는 것이 아니라 그 입장조차도 해결하는 방향으로 나아간다는 것이고, 통일은 서로 모순되거나 혼란스러운 부분이 존재하게 된다면 어떤 일도 힘있게 진행되지 못할 것입니다. 그래서 이 모든 부분이 서로 유기적으로 결합하여 혼란 없이 전망성 있게 풀어간다는 것을 의미하기에 궁극적으로 그 실현을 담보해주게 됩니다.

일치와 입체, 통일의 방법론을 구사해야 하는 것은 또한 개인과 집단, 나라와 민족 단위의 모든 부분에서 주인의 권리를 실현해야 하는 삶의 분야가 매우 다양하다는 것입니다. 정치와 경제, 노동, 사회, 문화, 보건, 환경 등 실로 광범위합니다. 그뿐만 아니라 여기에 필요한 재원을 마련하는 문제는 물론 역량을 동원하는 문제 등과도 밀접한 관련을 갖게 됩니다. 바로 이런 모든 부분이 모순되거나 혼란됨이 없이 총체적으로 풀어가면서 해결하자면 이 방면에서도 일치와 입체, 통일의 방법론이 필요하다는 것입니다.

자주와 민주, 통일의 기치와 일치와 입체, 통일의 방법론은 시대의 발전에 따라 계속 발전하게 됩니다. 인간해방, 계급해방, 민족해방의 과제가 각 단계에 따라 발전하는 것과 똑같은 이치입니다. 하지만 현 시기에 있어서 가장 일차적으로 중요한 부분은 개인과 집단, 나라와 민족 단위의 모든 부분에서 주인의 권리 실현을 가로막는 최대의 세력이 외세와 매국노이니만큼 이 문제를 해결하기 위해 우선적으로 애민과 애국의 기치를 확고히 견지해야 합니다.

　애민과 애국의 기치를 확고히 견지하는 가운데 애민사회를 건설하자면 제일 먼저 해결해야 할 것은 애민과 애국의 기치로 단결한 모든 세력을 하나로 단합시켜 매국정권을 몰아내고 애국정권을 세워내는 것입니다.

　애민사회를 건설하자면 애국정권을 세워낸 다음에 애민과 애국의 기치가 전 사회에 퍼지도록 이를 법적으로 체계화하여야 합니다. 한국 민에 대한 긍지와 자부심을 심어주고 나라와 민족을 열렬히 사랑하면서 애국의 한마음으로 주권을 고수하고 분단된 나라를 통일시키는 것은 너무도 당연하기 때문입니다. 바로 그것이 일명 애국법과 조국통일법의 제정입니다.

　그 때문에 애국법과 조국통일법을 제정한 다음에는 이에 저촉되는 조약이나 법들은 다 파기하거나 폐기해버려야 합니다. 미국과 불평등한 조약과 협정을 맺고 있어 주권도 제대로 행사하지 못하는데 어찌 이것이 애국법에 저촉되지 않겠습니까? 당연히 파기해야 할 뿐만이 아니라 일본이 우리 민족을 비하하거나 식민 지배를 정당화하는 행위들은 당연히 수정하도록 요구하여야 합니다. 아울러 국내법도 애국 행위를 가로막거나 조국통일을 가로막는 법들 또한 다 폐기해야 합니다. 그래야만 한국 사회에서 애민과 애국의 기풍이 되살아나고 나라와 민족이 융성 번영하는 길로 나아갈 수 있습니다.

애민사회를 건설하자면 또한 물질적 기반을 확고히 다져야 합니다. 물질적 기반을 갖추지 못하면 외세와 매국노의 반격에 취약성을 드러내면서 버텨낼 수 없습니다. 그 때문에 나라와 민족 단위의 경제활동에서 중요하고 결정적 역할을 하는 부분은 국가적 소유로 하여야 합니다. 이렇게 물질적 기반으로 담보해 주어야 민의 삶에 결정적인 영향을 미치는 부분에 대해서도 제대로 대처할 수 있게 됩니다.

이뿐만 아니라 여러 부분도 많이 있겠지만 애국정권을 세워 정치적 기반을 확고히 다지고, 나아가 애민과 애국의 기치가 범사회적으로 확산되도록 법적 조치를 취하는 것, 그리고 애민과 애국의 기치를 실현할 수 있는 물질적 기반을 확고히 다지는 부분은 애민사회를 만들어가는 데에 있어서 결코 양보할 수 없는 가장 중요하고 일치된 부분이라고 할 수 있습니다. 그래서 이 부분을 확고히 틀어쥐고 나아간다면 애민과 애국의 기치가 더욱 전 사회적으로 광범위하게 퍼져가면서 확고하게 뿌리내리게 될 것이며, 그러면 그것을 기초로 이후 개인과 집단, 나라와 민족 단위의 모든 부분에서 주인의 권리를 누리고 사는 애민사회의 시대가 활짝 피어날 수 있게 될 것입니다.

# 4. 윤석열 정권은 매국파쇼정권이다

## 1) 민과 대적하려는 자는 첫째가는 개혁 대상이다*

개혁을 실현하는 과정은 곧 개혁을 가로막는 자를 응징하는 과정이기도 합니다. 이 두 과정은 서로 떨어져 있지 않고 하나로 연결되어 있습니다. 그러기에 개혁을 가로막는 자를 철저히 응징하지 못하면 개혁은 좌초됩니다.

윤석열 정권은 미국에 의해 신냉전이 형성되는 세계 격변기의 상황에서 민족적 주권을 고수하여 우리 민족의 활로를 열어야 한다는 민의 요구를 거부하였습니다. 도리어 시대에 뒤떨어진 미국의 신냉전 정책을 철저히 추종하여 한미일의 동맹 관계를 형성하기 위해 사력을 다하는 모습입니다.

그럼으로써 미국으로부터 군사적 주권을 확보하는 길로 나아가기는커녕 더욱더 제약받는 상황으로 몰아넣었습니다. 일본으로부터는 식민 지배에 대한 사과와 반성도 제대로 받아내지 못하는 길로 나아

* 우리겨레연구소 카페 윤석열 정권은 민과 대적하려고 하는가?(2023. 05. 30), 참조 자료: 우리겨레연구소 카페, 6·10항쟁 기념식에 불참함으로써 윤석열 정권은 자신의 본심을 드러낸 것인가?(2023. 06. 12)

갔을 뿐만 아니라, 일본의 후쿠시마 방사능 오염수를 바다에 방출하는 데에 그 명분을 주는 역할까지 떠맡는 모습을 보여주고 있습니다. 게다가 한반도의 분위기를 그 어느 때보다 대립, 대결로 불러일으켜 전쟁 첩경의 위기로 몰아넣고 있습니다.

이런 대외 정책의 행보는 어떻게 보든지 간에 한반도의 평화와 안정, 통일을 바라는 민의 요구에 반하는 행동이라고 할 수 있습니다.

그런데 윤석열 정부는 여기에 멈추지 않고, 급기야 한국의 민을 직접 억압하는 방향으로 나아가고 있습니다. 이것은 집회와 시위의 자유를 제약하려는 모습에서 단적으로 드러나고 있습니다. 집회와 시위의 자유를 제약하기 위한 명분으로 노동개혁 내지는 법치 확립이라고 말하고 있는데, 그것 자체가 궤변에 지나지 않습니다.

집회와 시위의 자유는 군사독재세력에 대한 민의 피어린 투쟁 과정에서 확보된 권리입니다. 군사독재세력은 자신들의 통치 질서를 유지하기 위해 사회 혼란과 공공질서 파괴와 같은 이유를 들어 집회와 시위의 자유를 인정하려 들지 않았습니다.

하지만 민은 주인의 권리를 실현하기 위해 투쟁한 결과 집회와 시위의 자유를 확립하기에 이르렀습니다. 그런데 집회와 시위를 하는 도중에 단지 몇 가지 문제가 발생했다고 하여 집회와 시위의 자유 자체를 제약하려고 하는 것은 그 대응의 도를 훨씬 뛰어넘는 행위입니다. 왜냐하면 집회와 시위의 자유는 민이 주인의 권리를 실현하는 데에 있어서 근간이 되는 문제이고, 그 집회와 시위의 과정에서 발생하는 혼란은 매우 부차적인 문제이기 때문입니다. 이것은 구더기 무서워 장 담그지 못한 꼴이라고 할 수 있습니다. 사소한 문제는 그 부분에 한정해서 풀면 되는 것입니다.

그럼에도 집회와 시위의 자유 자체를 제약하는 방향으로 나아가려는 것은 한국 사회를 군사독재 시절로 되돌리려는 것인데, 이것이야말로 윤석열 정권이 반동정권이라는 것을 분명하게 보여주는 격이라고 할 수 있습니다.

윤석열 정권이 집회와 시위의 자유 자체를 제약하려는 방향으로 나아가려 한다는 것은 지금 정부와 여당에서 행하는 행보를 보면 확인할 수 있습니다.

윤석열 대통령은 23일 국무회의에서 "우리 정부는 그 어떤 불법 행위도 이를 방치·외면하거나 용납하지 않을 것이다 …… 경찰과 관계 공무원들은 불법 행위에 대해 엄정한 법 집행을 해 줄 것을 당부한다."라고 언급하였으며, 한동훈 법무부 장관 또한 24일 "공공질서 확립과 국민 권익 보호를 위한 당정협의회"에서 "지난 대선에서 국민들께서는 불법집회를 정치적으로 이용하고 방치하는 정부와, 불법집회를 단호히 막고 책임을 묻는 정부 중에 후자를 선택했다고 생각한다."라고 밝혔습니다.

그런데 이것은 이미 윤희근 경찰청장이 "이번 건설노조처럼 불법 집회 전력이 있는 단체의 유사 집회는 금지·제한하겠다."라고 말했던 것과 박대출 국민의힘 정책위의장이 "물대포 없애고 수수방관하는 물대응으로는 난장 집회를 못 막는다."라고 말했던 부분의 연장선상에 있습니다.

그런데 이런 내용이 무엇을 의미하는지는 김기현 대표가 최고위원회의에서 "민주노총 지도부가 노동자의 권익 보호는 뒷전이고 북한 김정은의 지령을 받아 대한민국 전복을 도모했다는 세간의 비판이 결코 틀린 게 아닌 것으로 보인다."라고 말했던 것에서 분명하게 드러납니다. 실상 전두환 군부 쿠데타 세력이 광주시민을 총칼로 학살할 때도 민주화의 요구가 아니라 북의 간첩이 광주시민을 선동해 소요사태를 일으켰다고 하면서 그런 만행을 저질렀습니다.

그래 놓고 전두환 군부 쿠데타 세력이 권력을 잡았듯, 국민의힘은 급기야 29일 하태경 의원을 위원장으로 하는 "시민단체 정상화 태스크포스(TF)"도 구성한다고 밝혔습니다.

이것은 국가안보와 공공질서 확립을 명분으로 광주시민을 적으로 삼아 학살했듯, 이제 집회와 시위의 자유를 가로막으면서 민과 대적하겠다는 것이나 다름없습니다.

개혁은 다른 그 무엇이 아니라 사회와 역사의 주체인 민이 주인의 권리를 실현하는 문제입니다. 이 세상에서 민의 권리 실현보다 더 중요한 것은 없습니다. 민의 권리를 제약하는 방향으로 나아가는 것은 개혁이 아니라, 개악이고 그 대상이 될 뿐입니다.

한마디로 윤석열 정권은 격변하는 국제 질서에선 나라와 민족 단위로 살아가는 데에 민의 이익을 고수하기는커녕 그에 반하는 정책을 펴나갔습니다. 그래 놓고 국내 정책에서는 집회와 시위의 자유를 제약함으로써 민의 권리를 직접 억압하는 길로 나오고 있다는 것입니다. 나라와 민족의 이익을 지키는 데에서 민족적 주권을 철저히 고수해야 하건만 여기에는 한없이 흐리멍덩하게 대처해 놓고선, 나라와 민족의 주인인 민에 대해서는 엄정하게 칼을 들이대겠다는 것입니다.

이것은 사회와 역사의 주체인 민의 권리를 실현하는 데에서 윤석열 정권이야말로 첫째가는 걸림돌이 되고 있다는 것을 말해주고 있습니다. 바로 여기서 개혁을 실현하자면 개혁의 대상이 되는 윤석열 정권을 응징해야 합니다. 만약 그리하지 못하면 사회 속에서 수많은 논란과 갈등을 일으키게 되어 궁극적으로 개혁이 좌초되기 때문입니다.

이것은 해방 후 친일파를 청산하지 못함으로써 민족적 정기를 똑바로 세우지 못하고 지금껏 혼란을 겪고 있는 것이라든가, 5·18 학살자를 철저히 단죄하지 못함으로써 광주민주항쟁을 폄훼하는 식의 주장이 계속 나오고 있는 것에서 드러납니다.

만약 친일파를 철저히 청산했다면 나라를 팔아먹는 이완용 같은 매국노가 민족을 위해서 그리 행동했다는 식의 궤변이 나올 수 있겠으며, 광주민주항쟁에 대해서도 북의 간첩이 개입하여 소요사태가 벌어졌다는 식의 주장이라든가, 전두환과 같은 학살의 원흉이 감히 죽을 때까지 민 앞에 잘못했다고 반성하지 않고 고개를 뻣뻣이 들고 살아갔던 모습이 용인될 수 있었겠습니까?

개혁을 실현하는 문제에서 이런 역사적 우를 되풀이할 수는 없습니다. 개혁의 대상을 응징하지 못하면 또 앞으로 개혁에 대해 수많은 시빗거리가 양산됨으로써 개혁은 끝내 실종되고 말 것입니다. 그 때문에 이번만큼은 개혁의 대상을 철저히 응징해야 합니다. 한마디로 민의 권리를 가로막는 세력은 그 누구를 막론하고 개혁의 대상임을 분명히 하고 청산하는 방향으로 나아가야 합니다.

## 2) 윤석열 정권은 반동세력이자 매국파쇼 세력이다*

윤석열 정권은 한국 사회의 위기를 계속 심화시키더니 급기야 나라의 주인인 민에게 총칼을 겨누는 비상계엄까지 선포하며 내란 폭동까지 일으킴으로써 한국 사회를 혼란 상황에 빠뜨렸습니다. 이는 결코 용서받을 수 없는 대역죄이며, 윤석열 정권이야말로 역사의 반동세력이자 매국파쇼 세력으로 청산되어야 할 대상임을 명확히 확인해

---

* 우리겨레연구소 카페, 이번 기회에 윤석열을 탄핵시킴과 동시에 애국법과 조국통일법을 제정함으로써 매국파쇼 세력의 뿌리를 뽑아내 버리자!(2024. 12. 12), 참조 자료: 우리겨레연구소 카페, 역사의 수레바퀴를 뒤로 돌리려는 반동정권인 윤석열 정부에 더 이상 기대할 것이 없고, 민은 이제 자신의 힘으로 실질적인 개혁을 위한 물꼬를 열어나가야 한다(2023. 05. 02), 우리겨레연구소 카페, 윤석열 정권이 갈라치기로 민을 탄압하며 역사의 수레바퀴를 거꾸로 돌리려고 하는 조건에서 개혁세력은 하나같이 단합해 싸워나감으로써 승리를 이룩하고 개혁을 성공시켜 가야 한다(2023. 06. 19)

주었습니다.

그러면 왜 윤석열 정권은 반동세력이자 매국파쇼 세력으로서의 모습을 보이게 된 것일까요? 그것은 한국 사회가 식민지매국사회로서 외세와 매국노가 주인 행세하고 있는 사회였기 때문입니다. 한마디로 한국은 형식적으로는 독립 국가의 모습을 띠고 있으나 실질적으로는 미국과 불평등한 조약과 협정을 맺고 있는 관계로 주권을 제대로 행사할 수 없었습니다. 주권을 제대로 행사할 수 없는 조건에서는 애민, 애국의 기치를 견지할 수 없고, 민의 생명과 재산, 권리를 지켜낼 수 없습니다.

그 때문에 민은 이 파국을 막아내고자 촛불을 들고 거리에 나설 수밖에 없게 되었고, 이에 윤석열 정권은 자신의 집권 위기를 모면하고자 직접 민에게 총부리를 겨누는 매국파쇼 세력으로서의 모습을 보이게 된 것입니다.

윤석열 정권이 매국파쇼 세력으로서의 모습을 보였다는 것은 민에게 총부리를 겨누었던 것뿐만이 아니라, 미국과 불평등한 관계를 청산하여 주권을 되찾아야 한다고 주장하는 애국세력과 남북 간의 분단을 극복하고 조국통일을 이루어야 한다고 주장하는 통일운동 단체를 주된 탄압 세력으로 설정했다는 것에서 드러납니다.

물론 윤석열 정권은 자신을 반대하는 세력은 그 누구를 막론하고 탄압하였습니다. 야당 대표는 물론이고 심지어는 여당 대표까지 체포, 구금하려고 하였습니다. 그런데 그 탄압의 명분이 북한 공산세력 내지는 빨갱이 사냥이라는 것입니다.

미국과 불평등한 관계로 주권을 제대로 행사하지 못하고 있다면 주권을 찾기 위해 심혈을 기울여야 하고, 민족이 분단되어 있다면 조국통일을 이룩하기 위해 노력하는 것이 애민, 애국의 기치일 것인데, 윤석열 정권은 이를 수행하지 않고 미국의 요구만을 철저히 추종하는 매국 행위를 저질렀습니다. 그래 놓고 그 매국적 행위를 정당화하고자 북한 공산세력의 위협과 종북 반국가세력이라는 허울을 씌워 탄압하고자 했던 것입니다. 이것은 윤석열이 이번 비상계엄을 선포하는 이유가 "북한 공산세력의 위협으로부터 자유 대한민국을 수호하고, 우리 국민의 자유와 행복을 약탈하는 파렴치한 종북 반국가세력들을 일거에 척결"하기 위해서라고 밝히고 있는 데에서 명확히 드러납니다.

실상 빨갱이 사냥이나 불순세력을 척결하겠다는 말은 새삼스러운 것도 아닙니다. 일제 식민 시기에서도 매국노의 길을 걸었던 친일 경찰과 장교들은 독립군을 체포하고 탄압하면서도 사회의 불순세력이나 빨갱이를 척결한다고 하면서 자신들의 매국 행위를 정당화하였습니다. 전두환도 광주시민을 학살하면서 북한의 간첩들이 준동하여 폭동을 일으켰기에 구국의 일념으로 진압했다고 하면서 자신의 행위를 정당화하며 극구 변명하였던 것입니다.

이상에서 보는 것처럼 한국의 근현대사 과정에서 매국노들이 자신들의 매국 행위를 정당화하기 위해서 쓰는 상투적 수법이 빨갱이 사냥이나 북한 공산세력의 위협 때문이라는 것이었습니다. 이번 12·3 친위쿠데타를 감행한 윤석열도 민에게 총부리를 겨누면서 여기에서 한 치도 벗어나지 않게 북한 공산세력의 위협과 종북 반국가세력 때문이라고 그 핑계를 대고 있습니다. 그런데 북한 공산세력의 위협과 종북 반국가세력이라고 하면서 그 탄압의 대상은 야당의 국회의원은 물론이고 여당 대표도 있었고, 심지어 전공의들까지 포함되어 있습니다. 이것들을 보면 빨갱이 사냥이나 북한 공산세력의 위협, 종북 반국가세력이라고 거론하는 것은 자신의 정적 제거와 매국 행위를 정당화하기 위한 핑곗거리에 지나지 않았다는 것을 알 수 있습니다.

사실 사회의 불순세력이나 반국가단체로 되느냐는 윤석열의 사고 방식이나 그 어떤 이념에 의해서 결정되는 것이 아니라 사회 유지의 근간이 되는 질서 체계를 부정하느냐, 부정하지 않느냐에 달려 있습니다. 사회 유지에 근간이 되는 질서 체계는 여러 가지가 있을 수 있으나 그중에 가장 보편적인 기준은 운명공동체 집단으로 존속해야 하기에 나라와 민족을 팔아먹는 매국 행위만큼은 행해서는 안 된다는 것입니다. 민이 나라와 민족 단위로 살아가고 있는데, 매국 행위가 용인되면 그때로부터 나라와 민족이 존립할 수 없고 붕괴되기 때문입니다.

게다가 지금 시대는 사상과 양심의 자유가 보장되는 것이 기본 원칙입니다. 그게 민주주의의 발전입니다. 그렇다고 한다면 사회의 불순세력이나 반국가단체의 설정 기준은 이념이 될 수 없고 매국 행위를 행하느냐, 행하지 않느냐에 달려 있다고 할 수 있습니다. 그런데 윤석열 정권은 이념이 그 설정 기준이 될 수 없는데도 자신의 매국 행위를 정당화하기 위해 빨갱이 사냥이나 종북 세력으로 매도하면서 사상과 양심의 자유를 제약하였을 뿐만이 아니라 도리어 한국에서 애국적 행위를 탄압하는 짓거리를 벌였던 것입니다. 이것이야말로 윤석열 정권이 매국파쇼 세력이라는 것을 명확히 보여주는 증거라고 할 수 있을 것입니다.

게다가 윤석열 정권은 북한 공산세력의 위협 때문이라고 밝히고 있는데, 최근 북은 남북 간의 관계를 적대적 관계로 규정하면서 서로 대립하고 싸우기보다는 차라리 서로 간섭하지 말고 살자고 주장하고 있습니다. 남쪽과 통하는 길 자체까지 폭파하며 남북의 연결 통로마저 차단하고 끊어버리고 있는 것이 바로 그런 모습입니다. 서로 간섭하지 말고 살자고 한다면 지난날보다 북의 위협이 더 낮아졌다고 볼 수 있지 위협이 더 가중되었다고 볼 수는 없을 것입니다. 그런데 어떻게 북한 공산세력의 위협이 가중되는 것처럼 거론하는 게 이치에 맞겠느냐는 것입니다. 북이 오물풍선을 보내게 된 것도 따지고 보면 남쪽에서 풍선을 보내 북을 자극함으로써 벌어진 일입니다. 그로 인해 한반도의 전쟁 위기 상황이 초래되는 결과가 빚어지고 있는 것도 많은 부분 윤석열 정권의 책임으로부터 파생된 것입니다. 그래놓고 윤석열 정권은 북의 위협과 종북 세력의 허울을 씌워 자신의 매국적 행위를 합리화하고자 했던 것입니다. 바로 이것이 윤석열 정권이 다름 아닌 매국파쇼 세력이라는 것을 증명합니다.

### 3) 윤석열과 그 지지 세력은 법치와 애국을 거론할 자격이 없다*

(1) 윤석열이 어떻게 법치와 애국을 운운할 수 있단 말인가?

윤석열은 내란 범죄를 저질렀으면서도 말끝마다 법치를 운운합니다. 심지어는 자신의 지지자들에게 애국심에 호소하여 마치 자기 행동이 애국적 행위에 기반한 양 호도하는 이상야릇한 궤변들을 쏟아내고 있습니다. 그의 말을 듣다 보면 도무지 기가 막혀 어안이 벙벙할 뿐입니다.

실상 한국 사회에서 법치가 무너지게 된 것은 윤석열이 내란 사태를 일으켰기 때문이고, 법질서를 통해 국정을 안정시키고자 해도 그 자신이 법원에서 발부된 체포영장과 구속영장마저도 불법이라고 주장하며 법질서의 확립을 무너뜨리고 있기 때문입니다. 그런 윤석열의 선동으로 인해 정당한 법질서에 의해 구속영장을 발부한 서부지법마저 난입 당하는 폭동 사태까지 벌어졌습니다.

---

* 우리겨레연구소 카페, 윤석열과 그 지지 세력은 법치와 애국을 거론할 자격이 없다(2025. 01. 20)

게다가 대통령이라고 한다면 누구보다 헌법과 법률을 준수하며 민의 생명과 재산, 권리를 지키기 위해 주권을 제대로 행사하려고 노력해야 할 것입니다. 하지만 윤석열은 그러기는커녕 한미일동맹을 강화하려는 미국의 요구만 앞세워 미국의 앞잡이 노릇을 하면서 한반도의 전쟁 위기를 격화시켰습니다.

그뿐 아니라 한국의 경제는 주변의 여러 나라와 교역 관계를 원만하게 맺어가는 것이 중요한데 미국의 부당한 압력에 대항하지 못하고 중국과 러시아와의 경제 관계를 단절시켜 나갔습니다. 더욱이 한국 경제가 어려우니 재벌과 대기업이 한국에 재투자하도록 독려해야 하건만, 미국에 투자하는 방식으로 전개했으니 한국 경제의 내수는 침체에서 벗어나지 못하고 더욱 어려워지면서 민생 또한 파탄 나기에 이르렀습니다. 아울러 이태원 참사, 채 해병 사건, 노란봉투법, 김건희 특별법 등 한국 사회에서 잘못 벌어진 사태를 제대로 조사하고 바로잡으려는 민의 요구를 번번이 거부권을 행사하며 가로막았습니다.

이렇듯 민의 요구를 한사코 거부하고 나라와 민족 단위에서의 주권을 제대로 행사하지 못하였기에 한반도의 전쟁 위기는 물론 경제적 위기도 초래되어 민생이 파탄되었고, 급기야 나라의 주인인 민에게 총부리까지 겨눔으로써 법치가 무너지고 민주주의가 위기에 치닫게 된 것입니다. 한마디로 윤석열 정권이 매국파쇼의 모습에서 한 치도 벗어나지 못했기에 이 모든 현상이 발생하게 되었다는 것입니다. 그런데 그 누구도 아닌 윤석열의 입에서 어떻게 법치와 애국을 운운할 수 있다는 말입니까?

(2) 물타기를 통해 논점을 흐리게 하면서 정쟁화시키는 방식은 사회 정의를 바로 세우지 못하게 하는 상투적 수법이다

상식적인 이치에서 볼 때 윤석열이 법치와 애국을 거론하는 것은 모순된 행위에 해당된다고 볼 수 있습니다. 그런데도 왜 이런 방식으로 나오느냐 하는 것입니다. 이를 분명히 파악해야만 잘못된 현상을 고쳐갈 수 있습니다.

그러면 왜 이런 왜곡된 현상이 생기는 것일까요? 그것은 바로 사회의 법질서를 확립해 정의를 세워가는 것을 한사코 가로막으려는 세력들이 쓰는 상투적 수법이 바로 물타기를 하면서 논점을 흐리게 하여 정쟁화하는 방식이기 때문입니다.

정의에 맞게 사회 질서를 세우자면 그 원칙이 명확히 확립되어야 합니다. 원칙이 확립되면 다소 시간이 걸리더라도 결국은 정의로운 사회 질서가 수립될 수 있을 것입니다. 그래서 이를 가로막으려는 세력은 정의로운 사회 질서의 원칙이 처음부터 확립되지 못하도록 훼방하고 나옵니다. 그런데 정의로운 사회 질서의 수립 자체를 방해하는 방식이 되면 자신들의 정체가 들통나기에 그 속내가 실현되지 못하게 될 것입니다. 그래서 나온 방식이 자신들도 정의 자체의 수립은 반대하지 않지만, 거기에는 여러 입장이 있을 수 있다는 식으로 물타기하며 논점을 흐리면서 정쟁화하는 방식입니다. 이렇게 정쟁화되는 방식으로 된 결과 도저히 서로 합의할 수 없는 상반된 주장이 대립한다면 어떻게 되겠습니까? 결국 정의의 원칙은 세워지지 못하고 계속 혼란만 겪게 될 것입니다. 이렇게 되면 백날 가도 정의로운 사회 질서는 세워지지 못할 것입니다.

윤석열이 법치와 애국을 들고나온 이치도 여기에 있습니다. 법치와 애국을 부정할 수 없으니 자신도 법치와 애국을 반대하지 않는 척합니다. 그리고는 자신과 같은 입장도 있다면서 물타기 하며 논점을 흐리면서 정쟁화한다는 것입니다.

하지만 법치라고 한다면 말 그대로 법질서에 따라야 하건만 그것을 부정하고 법 위에 군림하려는 자가 누구입니까? 바로 윤석열입니다. 그리고 애국이라고 한다면 나라와 민족 단위에서 주권을 제대로 행사하기 위해 노력해야 할 것이고, 민족이 분단되어 있다면 조국을 통일하기 위해 노력해야 할 것입니다. 왜냐하면 국제사회에서 나라의 주인인 민의 생명과 재산, 권리를 지키자면 주권을 제대로 행사해야만 가능하기 때문입니다. 민족이 분단되어 있다면 외세의 침략과 분열 책동에 대응하는 데에 어려움이 따를 수밖에 없고, 또 전민족적 차원에서 주권 행사가 제대로 이뤄질 수 없기에 조국통일을 이루어 가기 위해 노력해야 합니다. 그런데 윤석열은 주권을 제대로 행사하려는 시도조차 하지 않고 한미일 동맹관계의 형성이라는 미국의 요구만 충실히 따르면서 조국통일로 나아가기는커녕 한반도에 전쟁 위기만 가중시켰는데 어떻게 그것이 애국적 행위일 수 있겠습니까?

더욱이 국제관계에서는 영원한 적도, 동지도 없다는 것은 상식에 통하는 이치이건만, 어떻게 미국과의 동맹관계만 추구하는 게 애국이 될 수 있단 말입니까? 동맹관계를 맺더라도 주권부터 찾고 맺으라는 것입니다. 미국과의 불평등한 조약과 협정 때문에 주권도 제대로 행사하지 못하는데, 동맹관계만 외친다면 이것은 결국 미국의 앞잡이인 매국노가 아니고 무엇이냐는 것입니다.

이런 점에서 볼 때 주권을 찾으려고 노력하지 않고 미국이 영원한 우방이나 되는 것처럼 여기는 행위는 결코 애국적 행위가 될 수 없고 매국노 짓거리라고 볼 수밖에 없습니다. 그래서 주권을 먼저 찾고 난 다음에 동맹관계를 어떻게 맺을지 생각하지 않고 무조건 미국과의 동맹관계만을 주장하며 한국 땅에서 성조기를 들고나와 흔드는 자들은 미국의 이익을 앞세우는 꼴이라고 볼 수 있습니다. 그렇다면 이들은 한국 땅을 떠나서 미국 땅에서 살아가기를 바랍니다. 한국 땅은 한국 민의 이익을 앞세우는 사람들이 사는 곳이지 미국의 이익을 앞세우는 매국노들이 사는 곳이 되어서는 안 되기 때문입니다.

이렇게 이치가 분명하건만 정의로운 법질서의 확립을 방해하는 자들은 법치와 애국이라는 말만 정쟁화하는 데에서 머물지 않습니다. 그들은 민에 반하는 반민적, 반민주적 매국 행위를 정당화하기 위해 자신들이 그 무슨 자유민주주의의 수호자이자 민생 문제에 관심이나 있는 듯 포장하면서 자신들과 반대되는 입장을 견지하는 상대방을 도리어 사회 질서의 파괴자이자 반국가세력, 종북좌파 세력, 사회폭력 세력이라고 매도합니다. 한마디로 자신들이 사회 질서의 파괴 세력이자 반국가세력이면서 도리어 적반하장격으로 상대방을 그런 세력인 것처럼 공격합니다. 이렇게 모든 것을 뒤죽박죽 섞어 놓음으로써 서로 정쟁화되는 방식으로 되다 보니 도대체 무엇이 애국인지, 매국인지는 물론이고 어느 누가 반국가세력이자 사회 질서의 파괴 세력인지 헷갈려 버리고 서로 합의를 볼 수 없는 혼란스러운 상황으로 치닫게 됩니다.

국민의힘이 윤석열을 비롯한 내란 범죄자들의 탄핵에 반대하며 그 무슨 정쟁인 양 물타기 하고 논점을 흐리면서 공권력의 집행을 무력화시켜 한사코 훼방을 놓았던 것도 서로 합의하여 정의로운 법질서의 확립 마련을 사실상 방해하려는 데에 그 목적이 있다는 것입니다.

이렇게 정의로운 법질서의 수립을 한사코 반대하는 세력이 겉으로는 법치와 애국의 기치 자체를 반대하지 않는 척하면서 실질적으로는 물타기 하고 논점을 흐리면서 정쟁화하는 방식이 통용된다면 언제 가더라도 서로 합의할 수 없을 것이며, 그러면 사회는 혼란스러운 상황이 지속될 것이고, 결코 개혁하는 방향으로 나아가지 못하게 될 것입니다.

(3) 내란 폭동의 가담자들과 공범들을 처벌하여 법질서를 확고히 수립함과 동시에 애국과 개혁을 정명(正名)의 이름에 걸맞게 사용하도록 해야 한다

지금 윤석열의 내란 범죄자들을 한시바삐 단죄하지 못하고 혼란스러운 상황이 지속되고 있는 것은 내란 범죄의 가담자들과 공범들이 내란 범죄 행위를 물타기 하고 논점을 흐리면서 그 무슨 정쟁인 양 호도하고 있기 때문입니다. 이를 바로잡기 위해서는 이름에 걸맞게 사용하는 정명(正名)의 원칙을 확립해야 합니다. 한마디로 매국노가 애국의 신성한 명칭을 사용하지 못하게 하고, 반개혁적 세력이 개혁이라는 단어를 사용하지 못하게 해야 합니다.

　지금껏 한국 사회에서 애국의 기치가 확립되지 못하고 사회 대개혁이 이루어지지 못했던 것은 애국과 개혁의 이름이 정명의 원칙에 걸맞게 사용되지 못했기 때문입니다. 단적으로 이완용이 일제에 나라를 팔아먹고서도 우리 민족을 살리기 위한 애국심 때문에 그리했다는 식의 주장이 용인된다면 어떻게 되겠습니까? 만약 그리된다면 자신의 욕망을 위해 나라와 민족을 배반하는 모든 행위들이 용인되고 말 것입니다. 그러면 애국이라는 신성한 이름은 더 이상 이 땅에서 설 자리가 없게 될 것입니다.

　그 때문에 매국적 주장이 애국적 주장으로 둔갑되어서는 안 되고, 반개혁적 입장이 개혁적 입장인 양 호도되어서는 안 되도록 이름에 걸맞게 사용되는 정명의 원칙을 확립해야 합니다. 그래야 하는 이유는 진정한 자유가 보장되자면 남의 자유를 억압할 자유를 허용해서는 안 되듯 애국적 입장이나 개혁적 입장은 매국적 입장과 반개혁적 입장과 양립되는 방식으로 되어서는 안 되기 때문입니다.

　애국과 개혁에 대한 정명의 원칙을 확립하자면 우선 이번 기회에 내란 범죄의 가담자들과 공범들을 단호히 응징하는 법질서의 확립을 확고히 세워가야 합니다.

　나라의 주인인 민에게 총부리를 겨누는 행위는 그 어떤 말로 호도하더라도 대역죄이자 국가반역죄입니다. 그런데 이들을 어떻게 용서할 수 있겠으며 협의의 대상이 될 수 있겠습니까? 그런데도 그 무슨 협상의 대상이 될 수 있는 것처럼 호도하는 이가 있다면 이들이야말로 법질서의 파괴자이자 국정 문란 세력이라고 봐야 할 것입니다. 정의는 부정의를 용인하지 않는 데에서 세워지는 것이지 용인하게 되면 정의는 무너지게 됩니다. 그래서 정의의 원칙을 세우자면 이번 기회에 내란 범죄의 가담자들과 공범들을 단호하게 응징함으로써 법질서의 확립을 공고하게 세워내야 합니다.

내란 범죄의 가담자들과 공범들을 확고하게 처벌하면서 정의로운 사회 질서를 확립하자면 또한 사회 대개혁을 추진해 가야 합니다. 그런데 사회 대개혁을 추진하는 입장에는 여러 차이가 있을 수 있습니다. 그러나 여기서 중요하게 따져 보아야 할 점은 사회 대개혁을 정말로 원하는가, 그렇지 않은가를 갈라 보는 것입니다. 왜냐하면 사회 대개혁을 바라는 입장이 아니라면 사회 대개혁을 훼방만 놓을 뿐이기에 사실상 사회 대개혁을 이룩할 수 없게 하는 주장이기 때문입니다. 그래서 개혁적 입장인가, 아니면 반개혁적 입장인가를 갈라볼 수 있는 기준점을 마련해야 합니다. 이 기준점이 마련되지 않으면 앞에서 말했듯이 물타기 하고 논점을 흐리게 하면서 정쟁화하기에 원칙을 합의하지 못할 것이며, 그러면 결국 사회 대개혁을 이룩할 수 없게 될 것이 뻔하기 때문입니다.

그런데 사회 대개혁은 광범위한 사람들이 자유롭게 자신들의 이해와 요구를 제기함으로써 그것들이 반영될 수 있어야 할 것입니다. 바로 여기에서 개혁적 입장인가, 아니면 반개혁적 입장인가의 기준점이 도출됩니다. 즉 광범위한 사람들의 이해와 요구가 자유롭게 제기되고 반영되어야 하니만큼 다른 사람의 권리를 억압할 자유가 없다는 점을 분명히 하는 것입니다. 다른 사람의 자유를 억압하려고 한다면 그것은 반개혁적 입장이기에 협의의 대상이 될 수 없다는 것입니다.

또한 한국 사회를 개혁하자면 주권을 제대로 행사할 수 있어야 합니다. 주권을 행사할 수 없는 조건에서 사회 대개혁은 불가능하기 때문입니다.

그런 점에서 남의 자유를 억압하는 주장과 함께 미국과의 불평등한 조약과 협정을 바로잡아 주권을 찾으려고 하는 애국의 기치가 아닌 매국적 입장은 반개혁적 주장이 될 수밖에 없습니다. 그래서 사회 대개혁을 추진하여 정의로운 사회 질서를 확립하려는 세력은 바로 두 지점만큼은 확고히 견지해야 합니다. 그래야 물타기 해 논점을 흐리면서 정쟁화시켜 합의가 도출되지 못하게 하는 현상을 극복할 수 있다는 것입니다.

물론 다른 여러 기준도 있겠지만 최소한 이 두 지점만큼은 견지한다면 주권을 제대로 행사하면서 누구나 다 자신들의 이해와 요구를 제기하고 주장할 수 있다는 합의의 지점이 마련될 수 있습니다. 이렇게 서로 합의의 지점이 마련된다면 여러 우여곡절을 겪을 수는 있겠지만, 그것을 기초로 일치와 입체, 통일의 방법론을 통해 풀어간다면 궁극적으로 개인과 집단, 나라와 민족 단위의 모든 부분에서 주인의 권리를 누리고 사는 세상으로 한국 사회를 개혁해 갈 수 있게 될 것입니다.

### 4) 민이 직접 나서서 윤석열 정권을 기필코 탄핵하고 애민, 애국의 기치에 맞게 개혁의 상을 정립해 가자!*

---

* 우리겨레연구소 카페, 민이 직접 나서서 윤석열 정권을 기필코 탄핵하고 애민, 애국의 기치에 맞게 개혁의 상을 정립해 나가자(2024. 10. 21)

의료대란이 일어난 지 8개월이 지나가건만 해결될 기미가 전혀 보이지 않고 있습니다. 그로 인해 응급환자들이 제때 치료를 받지 못하고 죽어가고 있습니다. 그뿐만 아니라 채 해병 사건, 이태원 참사, 김건희 관련 사건 조사, 방송통신위의 정상화 등 어느 것 하나 제대로 처리되는 것이 없습니다. 도리어 한반도의 전쟁 위기까지 격화되면서 핵전쟁의 참화마저 겪을 수 있는 우려가 현실로 다가오고 있는 형국입니다.

이렇게 한국 사회가 총체적인 파국에 처하고 평화까지 위협받으며 생사존망의 기로에 서게 된 것은 윤석열 정권이 무능할 뿐만이 아니라 그 위기를 해결하려는 의사와 의지가 없기 때문입니다. 어떤 문제를 해결하려면 기본적으로 민의를 수용해야 하는데, 그런 기미를 전혀 보이지 않고 있습니다. 도리어 거부권만 계속 행사하면서 민의 입을 틀어막기 위해 공안탄압을 자행하고, 심지어 한반도를 전쟁 참화의 길로 몰아가고 있습니다.

이런 윤석열 정권의 모습에서 더 이상 기대할 것이 없습니다. 아니 이런 상황을 수수방관할 수가 없게 되었습니다. 의료대란으로 응급환자가 제대로 치료받지 못하고 죽어가는 것처럼 한반도에 전쟁이 일어나 우리 민족이 파멸에 이르게 될 수도 있기 때문입니다. 이를 피하자면 이제 민이 직접 나서서 윤석열 정권을 탄핵해야만 합니다. 이것이 한국 사회의 총체적인 파국을 막으면서 우리가 살 수 있는 길이라는 것입니다.

민이 직접 나서야만 하는 이유는 그래야만 한국 사회를 총체적인 파국으로 치닫게 하는 윤석열 정권을 탄핵할 수 있게 할 뿐만이 아니라 한국 사회를 참답게 개혁할 수 있는 길로 나아갈 수 있게 하기 때문입니다. 윤석열 정권을 탄핵하는 것은 그 자체에 목적이 있지 않습니다. 한국 사회가 파국으로 치닫는 것을 막고 도탄에 빠진 민의 삶을 해결하기 위해서입니다. 그래서 참답게 개혁하는 길로 나가야 하는데, 그러자면 민이 직접 나서는 길밖에 없습니다.

지난날 박근혜 정권을 탄핵하고 문재인 정권이 들어섰지만 참답게 개혁되지 못했습니다. 그 이유는 개혁을 그 누가 대신해 주는 것으로 여기고 직접 나서지 않았기 때문입니다. 개혁의 주체는 민입니다. 목마른 자가 샘을 파듯 이제 개혁의 주체인 민이 직접 나서야 합니다.

민이 직접 나선다는 것은 윤석열 정권의 탄핵에 앞장설 뿐만이 아니라 개혁의 상에 대해서도 직접 이해와 요구를 제기하고 풀어간다는 것입니다. 개혁의 상이 잘못되어 버리면 문재인 정권의 등장에서 보는 것처럼 사실상 개혁이 되지 못할 뿐만이 아니라 그 후과로 인해 윤석열 정권 같은 정부가 또다시 등장하지 않는다고 보장할 수 없습니다. 이런 우를 또다시 범할 수는 없습니다. 그렇다고 한다면 윤석열 정권에 대한 탄핵을 직접 나서서 진행해야 할 뿐만이 아니라 한국 사회를 어떻게 개혁할지에 대한 상도 직접 정립해 가야 합니다.

물론 개혁의 상을 마련하는 것은 손쉬운 문제는 아닙니다. 일면적으로나 부분적으로 진행해서는 성공할 수 없고 종합적이고 총체적으로 전개되어야 하기 때문입니다. 하지만 중요한 것은 개혁을 참답게 성공시키자면 탄핵에서 머물러서는 안 되고, 어떻게든 총체적인 개혁의 상을 정립시켜 내야만 한다는 것입니다.

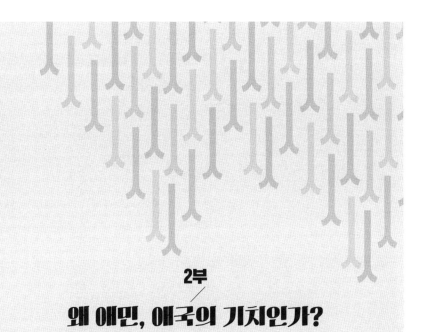

2부

# 왜 애민, 애국의 기치인가?

# 1. 현시대에서 애민, 애국의 기치와 개혁의 주체와 대상

### 1) 약육강식의 법칙과 인간 사회의 법칙*

동물의 세계에서는 약육강식의 법칙이 통용된다고 합니다. 그러면 인간 사회의 법칙은 무엇으로 되어야 할까요? 동물의 세계에서 약육강식의 법칙이 어떻게 관철되고 있는가를 파악하고자 할 때 얼룩말과 물소의 대응 방식이 떠오릅니다.

얼룩말 집단은 자기를 사냥해 오는 사자를 보면 도망치기에 바쁩니다. 반면에 물소들은 어떤 때는 도망치기도 하지만, 대형을 갖추어 사자 떼와 전선을 형성합니다. 그런 관계로 얼룩말은 운이 좋으면 안 잡히기도 하지만, 운이 나쁘면 잡아먹히게 됩니다. 반면에 물소들이 대형을 유지하면 강력한 힘을 발휘해 사자 집단을 물리치기도 합니다.

무조건 도망치는 모습과 대형을 갖추어 싸우는 것은 별것 아닌 것 같지만, 약육강식의 법칙이 관철되는 데에서 큰 차이를 가져옵니다.

무조건 도망치는 것은 그 어떤 경우에도 약육강식의 법칙이 관철되는 방식이 되고 만다는 것입니다. 자기만은 예외라고 여기고 도망

---

* 우리겨레연구소 카페, 얼룩말과 물소의 차이(2024. 02. 26)

치지만 결국 운이 안 좋은 누군가는 잡아먹히게 됩니다. 여기서 얼마나 힘이 좋고 달리기를 잘하는가는 중요하지 않습니다. 아무리 그런 육체적 힘을 가지고 있다손 치더라도 운이 나쁘면 잡아먹히는 그 피해 당사자가 된다는 사실입니다.

처음엔 가장 약한 자가 피해 당사자가 되기에 매우 합리적인 것처럼 보입니다. 하지만 강한 자가 약한 자를 잡아먹는 것이 법칙으로 통용되면 가장 약한 자만이 아니라 힘이 좋더라도 상대적으로 약한 자는 강한 자 앞에서 그 먹잇감이 될 수밖에 없습니다. 2인자도 여기서 예외일 수는 없습니다. 바로 여기서 가장 약한 자가 잡아먹히게 되는 것이 통용되었을 때 나타나는 법칙은 가장 강한 자를 제외하고는 그 누구도 예외 없이 약육강식의 법칙 앞에서 굴복해야만 한다는 사실입니다.

반면에 물소처럼 대형을 갖추어 사자 집단과 싸우게 되면 상황은 달라집니다. 사자 집단과 싸웠다가 졌을 때는 당연히 잡아먹히게 되겠지만, 잘 대응했을 땐 그 누구도 당하지 않게 된다는 것입니다. 한마디로 도망칠 힘이 있기에 나만은 예외일 것이라고 여기지 않고 물소 집단처럼 대형을 지어 잘 대적했을 때는 모두가 사자의 먹잇감에서 벗어날 수 있게 된다는 것입니다. 약육강식의 법칙이 깨지게 됩니다.

이런 동물들의 행동 모습이 인간 세상에서 나타나지 않는다고 말할 수 있을까요? 윤석열 정권이 양곡관리법 개정안, 간호법 제정안, 노란봉투법, 방송3법 개정안, 이태원참사특별법 등에 대해, 즉 농민, 간호사, 노동자와 같이 힘이 없는 사람들의 요구에 대해 거부권을 행사할 때 자기는 약한 자가 아니기에 예외라고 여기고 무관심했을 때 결국 한국 사회에서 일정하게 사회적 위치를 차지하고 제법 힘이 있다고 하는 사람들 또한 그 피해 당사자가 되지 않는다고 장담할 수 있을까요? 그러면 지금 윤석열 정권이 의사들에게 보이는 모습을 무엇으로 보아야 할까요? 또 세계 유일 패권을 행사하는 미국에 의해 힘없는 약소국들이 침탈당하는 것이 통용될 때 미국이 국익 우선주의를 들고나옴으로써 결국 힘이 있는 나라마저 예외가 되지 못하고, 그 침탈을 당하고 마는 국제적 현실을 단순히 우연적 현상이라고만 여길 수 있을까요?

바로 여기서 나만은 예외라고 여기고 가장 약한 자가 당하는 것을 당연하다고 여기고 무관심했을 때 궁극적으로 자기가 그 당사자 될 수 있다고 한다면 어떻게 대응해야 할까요? 그렇다면 인간 사회의 법칙이 무엇으로 되어야 한다고 정확히 말할 수 없다고 해도 가장 약한 자가 당하지 않는 방식의 질서 체계를 찾아 세워내는 것이 인간 사회가 지향해야 할 최소한의 방향이 아닐까요?


## 2) 민을 주체로 보아야만 모든 사람이 주인의 권리를 직접적이고 전면적으로 누릴 수 있다*

지금껏 개혁이라는 말이 수없이 거론되면서도 그 개혁의 상이 달랐던 것은 그 주체를 누구로 보느냐가 명확하지 않았기 때문입니다. 단적으로 검찰개혁의 주체를 누구로 보느냐에 따라 그 개혁의 상은 사뭇 다를 것입니다.

실상 주체가 바뀌면 사회의 운동 양상은 달라지게 돼 있습니다. 지금껏 배신세력은 자신들이 개혁의 주체인 양 행동하였으나, 이제 그들은 주체가 될 수 없고 민이 참다운 주체라는 것이 밝혀지게 되었습

---

\* 우리겨레연구소 카페, 왜 개혁의 주체를 민이라고 할까?(2022. 04. 18) 참조 자료: 『애민철학의 이해』, 도서출판 우리겨레, 2023, 정호일 저, 183~185p, 우리겨레연구소 카페, 조삼모사로 민을 기만하고 우롱하는 자들은 결코 용서해서는 안 된다(2023. 11. 07)

니다.

이것은 개혁의 원리적인 측면에서 보더라도 당연한 이치입니다. 개혁하고자 하는 것은 누구는 권리 이상의 권한을 행사하지만, 다른 사람은 그 권리도 제대로 누리지 못하기에 그 잘못된 부분을 고쳐 모든 사람이 권리를 누리도록 하자는 것입니다.

그런데 모든 사람이 권리를 누리도록 하는 것은 결국 민이 직접적이고 전면적으로 권리를 누리도록 하자는 것과 같은 말입니다. 왜냐하면 여기서 사람이라는 단어는 사회 역사적 주체인 민이라는 개념에서 도출된 철학적 개념이기 때문입니다.

아시다시피 인류 역사는 원시사회에서 노예제사회, 신분제사회, 자본제사회를 거쳐 현시기로 발전되어 왔습니다. 여기서 민이 사회 역사의 주체로 전면에 등장하면서 그 발전의 실질적 담당자가 민이라는 것이 밝혀지게 되었습니다. 한마디로 사회 역사 발전에 조금이라도 기여한 사회 역사적 집단을 통칭해서 민이라고 지칭하게 되었습니다.

다시 말해 민을 지칭해서 사람으로 표현한 것입니다. 사람 일반의 개념을 가지고 민을 도출해내는 거꾸로 된 관계는 아니라는 것입니다. 민이 아닌 사람을 짐승 같은 사람이라고 표현하는 것이 바로 그것입니다. 즉 짐승과 비교했을 때 사람이라고 표현한다는 것입니다. 사람이면 다 사람이냐, 사람다워야 사람이라는 말이 나오는 것도 그 때문입니다. 그래서 짐승 같은 사람이 사회 역사 발전의 담지자가 되는 것이 아니라 민이 그 주체라는 것입니다. 참다운 사람만이 민이라는 것입니다. 그 때문에 기득권을 누리려는 세력이 개혁의 주체가 되는 것이 아니라 민이 주체로 된다는 것입니다.

그런데 이를 잘못 받아들여 민을 개혁의 주체로 보지 않고 기득권을 누리려는 세력이 개혁의 주체인 양 행동하는 모습이 사라지지 않고 있습니다. 민이 개혁의 주체라면 민이 직접적이고 전면적으로 권리를 누리는 방향으로 개혁되어야 할 것입니다. 그런데 개혁에서 가장 중요한 이런 본질적인 문제는 외면하고 부차적인 문제만 가지고 싸운다면 참다운 개혁이 될 수 있겠습니까? 이제부터라도 제반 모든 개혁의 주체는 철저히 민임을 분명히 해야 합니다. 그래야 개혁의 추진으로 민이 직접적이고 전면적인 권리를 누리는 방향으로 나아갈 수 있고, 모든 사람이 주인의 권리를 실현할 수 있게 될 것입니다.

### 3) 이념논쟁의 푯대는 좌익이냐, 우익이냐가 아니라 애민과 애국의 기치를 견지하느냐, 견지하지 않느냐이다*

한국 사회에서 이념대결은 엄청난 폐해를 가져왔습니다. 그 때문에 많은 사람이 이념대결로부터 자유롭지 못하고 일정 부분 피해의식을 가지고 있기도 합니다. 단적으로 자기 생각조차 소신 있게 표출하기가 어렵습니다. 자기 생각을 자유롭게 표현하기 어렵다면 사회의 발전을 기대하기가 어려울 것입니다. 그만큼 이념대결은 한국 사회의 발전을 가로막는 질곡이 되고 있습니다.

이런 현실을 고치지 않는다면 한국 사회의 발전을 기대할 수 없습니다. 물론 이념논쟁 자체가 잘못된 것은 아닙니다. 잘못된 방향으로 이념논쟁이 벌어지고 있는 것이 문제입니다. 그래서 한국 사회를 개혁하고 발전시키자면 좌익이냐 우익이냐 하는 식의 잘못된 이념대결에 종지부를 찍어야 합니다. 그러자면 이념논쟁이 무엇으로 되어야 하는지부터 올바로 정립해야 합니다.

---

* 우리겨레연구소 카페, 이념논쟁의 푯대는 좌익이냐, 우익이냐가 아니라 애민과 애국의 기치를 견지하느냐, 견지하지 않느냐이다(2023. 09. 04)

이념논쟁이 무엇으로 되어야 하는지를 알기 위해서는 나라의 주인이 누구인가를 놓고 파악해야 합니다. 왜냐하면 사회와 역사는 그 주인이 자기 권리를 실현해 가는 과정이라고 볼 수 있기 때문입니다. 그래서 나라의 주인을 떠나서 이념논쟁을 말할 수 없습니다.

한국 사회에서 나라의 주인은 민입니다. 그래서 헌법에서도 모든 권력은 (국)민으로부터 나온다고 말하고 있습니다. 그렇다면 이념논쟁의 기준은 나라의 주인인 민의 이익을 중시하는 입장을 견지함과 함께 나라와 민족 단위에서 일치되는 지점인 애국의 기치를 견지하느냐, 견지하지 않느냐로 되어야 합니다. 한마디로 이념논쟁의 푯대는 애민과 애국의 기치로 될 수밖에 없다는 것입니다.

그러면 이념논쟁의 푯대를 애민과 애국의 기치로 보지 않고 좌익과 우익의 대결로 보는 것은 무엇이 잘못되었겠습니까? 그것은 우선 나라의 주인인 민이 권리를 실현하기 위해 사회 개혁을 이루고자 하는데, 그것을 부정한다는 데에 있습니다.

좌익과 우익의 이념대결이 사회의 개혁과 발전을 부정한다는 것은 그 논쟁을 불러일으키는 시점이 대한민국의 건국 과정으로 된다는 것에서 드러납니다. 물론 대한민국의 건국 과정을 보면 좌익과 우익의 대립이 있었던 것도 사실이고, 또 여러 불미스러운 점도 일어나기도 했습니다.

이런 상황에서 그 당시의 판단이 모두 잘 되었다거나 잘못되었다는 식으로 판단할 수 없습니다. 역사는 끊임없이 재평가되면서 발전하기 때문입니다. 이것은 이승만의 독재정치에 반대하여 4월혁명이 발생했고, 그 이후 군사독재에 항거한 광주민주항쟁을 비롯해 자주, 민주, 통일을 이룩하려는 6월항쟁이 일어났던 것에서 확인할 수 있습니다. 이것은 나라의 주인인 민이 자신의 권리를 실현하기 위해 끊임없이 사회를 개혁해 왔던 과정이라고 볼 수 있습니다.

그런데 이 모든 과정을 부정하고 대한민국 건국 과정에서 벌어졌던 좌익과 우익의 대결만을 절대시한다면, 지금까지의 사회 개혁과 발전 과정을 송두리째 부정하고 역사를 퇴행시키는 행위가 아니고 무엇이겠습니까?

사회의 발전 과정을 부정하고 퇴행시키고자 하는 자들은 그들의 정체를 숨기기 위해 좌익과 우익의 대결 속에서 대한민국이 건국되었다고 하면서 이 대립 관계의 문제를 대한민국 건국의 정통성 자체를 인정하느냐, 인정하지 않느냐의 문제로 교묘히 치환합니다. 그런데 이렇게 치환되어 질문을 받게 된다면 어떻게 되겠습니까? 현실적으로 대한민국 땅에서 살고 있는 조건에서 그 대답은 보나 마나 뻔할 것입니다.

하지만 대한민국의 건국을 인정하느냐의 문제와 대한민국을 끊임없이 개혁하여 발전시키느냐는 다른 차원의 문제입니다. 그런데도 똑같은 문제인 것처럼 강박하면서 지난날의 잘못된 문제를 개혁하여 사회를 발전시켜 나가려는 세력을 탄압한다는 것입니다. 그 대표적인 것이 이승만의 잘못된 점을 지적하면 대한민국의 정체성을 부정하는 것으로 동일시하고 공격하는 모습에서 드러납니다. 그러면 대한민국의 정체성을 이승만이 언제까지나 영원무궁하게 대표해야 한다는 것이고, 그래서 절대 비판해서는 안 된다는 것입니까? 그럴 수는 없습니다. 대한민국의 주인은 이승만이 아니라 대한민국의 (국)민이기 때문입니다.

바로 여기서 좌익과 우익의 대립으로 이념대결을 불러일으키는 자들의 반동성과 역사 발전의 퇴행성이 적나라하게 드러납니다. 한마디로 좌익과 우익으로 이념대결을 불러일으키는 자들은 겉으로는 대한민국의 정통성을 지키는 것처럼 위장하지만, 실질적으로는 한국 사회에서 불합리하고 잘못된 부분을 고쳐 대한민국을 더욱 살기 좋은 나라로 개혁시켜 나가는 것을 한사코 가로막는 반동세력이자 퇴행세력에 불과하다는 것입니다.

좌익과 우익의 이념대결을 불러일으키는 자들은 사회의 발전과 전진을 가로막는 반동세력일 뿐만이 아니라 편협한 이념의 노예들일 뿐입니다.

사상과 이념은 인간의 삶에 이롭게 하는 데 필요한 것이지 사상과 이념 자체에 맞춰가기 위해 사람이 살아가는 것이 아닙니다. 사상과 이념 자체에 맞춰 살아가는 것으로 이해하는 것이야말로 얼마나 그 사람의 이념과 사상이 편협한지를 드러낼 뿐만이 아니라 나아가 사상과 이념의 노예로 전락되었는지를 보여줍니다.

옷을 사람에 맞추어 재단해야지 옷에 맞추기 위해 사람의 손발을 자른다면 얼마나 잘못된 사고방식이겠습니까? 그 때문에 사상과 이념은 나라의 주인인 민에 맞춰져야 합니다. 직설적으로 말해 사상과 이념이 있다고 한다면 민의 이익을 절대적으로 중시하는 애민의 사상과 이념이 있을 뿐이고, 나라와 민족 단위에서 일치되는 지점인 애국의 기치가 있을 뿐입니다.

애민과 애국의 기치만 있다고 주장하는 것은 이념 그 자체에서 표출되는 것이 아니라 나라의 주인이 민이라는 것에서 자연스럽게 도출되기 때문입니다. 그래서 애민과 애국의 기치에 벗어나는 여러 이념과 사상은 하나같이 애민과 애국의 기치를 실현하기 위한 여러 방법론 중의 하나에 불과합니다. 그 때문에 사람의 풍모를 더 잘 표현하기 위해 여러 다양한 옷차림을 꾸미며 입는 것처럼 민의 권리를 더 잘 실현하기 위한 방향에서 옳다고 여겨지는 여러 방안과 방법을 얼마든지 차용할 수 있습니다. 또 그래야 다방면적으로 사회를 개혁시켜 갈 수 있습니다.

그런데 좌익과 우익이라는 이념대결로 그 길을 가로막아 버린다면 어떻게 되겠습니까? 바로 이것이 편협한 이념의 노예가 되어 민의 권리 실현을 가로막는 행위가 된다는 것입니다. 반복해서 말하지만, 애민과 애국의 기치에 입각에 민의 권리 실현에 도움이 된다면 얼마든지 여러 이념과 방법을 차용할 수 있는 것입니다. 반면에 좌익과 우익이든, 진보와 보수이든, 아니면 다른 무엇이 되든지 간에 애민과 애국의 기치에 의하지 않고, 그 이념 자체에 맞춰가기 위해 대결 정책을 절대화된다면 결국 민의 권리 실현을 가로막는 방해꾼에 다름 아니게 된다는 것입니다.

좌익과 우익으로 이념대결을 불러일으키는 것은 민의 권리 실현에 이바지하는 여러 사상과 이념의 등장을 가로막는 행위가 될 뿐만이 아니라 궁극적으로 독재자의 등장과 매국노의 행위를 정당화하는 행위로 귀결됩니다.

좌익과 우익의 이념대결을 절대화하는 것은 민의 권리를 실현하기 위한 여러 이념적 방안과 방법들을 받아들일 수 없게 함으로써 애민과 애국의 기치에 벗어나게 하는 것이기도 하지만, 그것은 또한 궁극적으로 자기 생각과 이념에 벗어난 사람을 다 적으로 만들어 탄압하려 한다는 점에서 독재자의 모습을 드러내는 것임과 동시에, 애민과 애국 자체를 부정하는 매국노의 길을 가겠다는 행위에 다름 아니게 됩니다.

독재자가 되겠다고 하는 것은 윤석열 정권이 좌익과 우익의 이념 대결을 불러일으키면서 자기 생각과 다르면 사회에 괴담을 유포하는 사람이라고 매도하여 탄압하려는 것에서 명확히 드러납니다. 애민과 애국의 기치에 어긋나지 않는다면 자기 생각을 자유롭게 표출하는 것이 민주 사회의 기본입니다. 그런데 단지 자기 생각과 다르다는 이유로 탄압한다면 이것이 독재자의 모습이 아니고 무엇이겠습니까?

좌익과 우익의 이념대결을 불러일으키는 것은 독재정치를 정당화하기 위한 행위일 뿐만이 아니라 그 길은 필연코 매국노의 길로 굴러 떨어질 수밖에 없습니다. 그럴 수밖에 없는 이유는 이미 좌익과 우익의 이념대결을 절대화하는 것 자체가 애민과 애국의 기치를 부정하는 것으로 귀결되기 때문입니다. 이것은 홍범도 장군의 흉상 철거 문제로 드러나듯 공산당원이었다는 이유로 일제의 식민지 치하에서 독립을 이룩하고자 하는 행위 자체를 깎아내리고 부정하려는 모습에서 드러나고 있습니다.

하지만 좌익과 우익의 이념대결을 절대화하는 것은 좌익 세력에서의 애국 행위를 부정하는 것으로 끝나지 않습니다. 애민과 애국의 기치로 본다면 우익과 좌익이든 상관없이 민의 권리 실현과 애국의 기치에 도움이 된다면 여러 방안과 방법을 차용할 수 있지만, 반대로 애민과 애국의 기치에 벗어난다면 그것은 차용되어서는 안 될 뿐만이 아니라 철저히 배격되어야 합니다. 하지만 이미 우익과 좌익의 이념대결을 절대화하는 조건에서 우익 쪽에서 행한 행위는 무조건 옳은 것으로 되어 매국 행위도 용인되는 것으로 귀결되기에 이릅니다. 이것은 일제 식민 시기에 백선엽이 간도특설대에서 활동하며 매국적 행위를 했음에도 불구하고 그 행적을 삭제하면서 인정하려는 움직임을 보이는 것이라든가, 한미일 군사동맹을 맺어가며 한반도에 전쟁 위기를 불러오면서 일본의 방사능 오염수를 바다에 방류하는 범죄적 행위에 대해 묵인 방조하는 모습에서 여실히 드러납니다.

한마디로 좌익과 우익의 이념대결을 절대시하는 행위의 귀결은 나라의 주인인 민을 짓밟고 군림하려는 독재자가 되려는 행위임과 동시에 이제 드러내놓고 매국노의 길을 가겠다는 것에 다름 아니라는 것입니다.

좌익과 우익의 이념대결을 불러일으키는 것이 독재자가 되고, 매국노의 짓거리를 행하겠다는 것을 분명하게 드러내는 것이니만큼 이를 수수방관할 수 없습니다. 이런 잘못된 이념대결을 종식하지 못하고 이념논쟁을 올바로 풀어가지 못한다면 독재자와 매국 행위를 응징할 길이 없기 때문입니다. 즉 좌익과 우익이냐는 이념대결의 틀거리(패러다임)가 형성되는 것을 용인해서는 절대 한국 사회를 개혁시켜 갈 수 없고, 독재자의 등장과 매국적 행위를 막을 수 없다는 것입니다. 바로 여기서 민의 이익을 고수하고 민족적인 정기를 세울 수 있는 새로운 틀거리(패러다임)를 세워내야 합니다. 그것이 애민과 애국의 기치입니다.

애민과 애국의 기치로 올바른 이념논쟁을 불러일으킨다면 좌익과 우익이라는 이념대결의 조장이 어떤 해악을 주는지를 직시함과 동시에 독재자와 매국노의 짓거리가 왜 잘못되었는지 분명하게 파악하면서 그들을 응징하는 방향으로 나아갈 수 있게 될 것입니다. 그뿐만 아니라 애민과 애국의 기치에 의거하여 개인과 집단, 나라와 민족 단위의 모든 부분에서 주인의 권리를 실현하는 방향으로 한국 사회를 실질적으로 개혁해 갈 수 있는 길이 열리게 될 것입니다.

### 4) 개혁세력의 징표를 어떻게 확인할 것인가?*

정치권의 이합집산이 여러모로 이뤄지고 있습니다. 그 과정에서 많은 이들이 개혁의 이름을 내걸고 있습니다. 이것만 보면 분명 개혁

---

* 우리겨레연구소 카페, 개혁세력의 징표를 어떻게 확인할 것인가?(2024. 01. 29)

이 시대의 흐름으로 된 것 같습니다. 하지만 개혁의 이름을 도용한다고 해서 개혁이 참답게 이뤄지지는 않습니다. 그렇게 될 것 같았으면 이미 한국 사회는 개혁이 되고도 남았을 것입니다.

바로 여기서 참다운 개혁세력인지, 아닌지를 어떻게 확인할 수 있을까의 문제가 대두됩니다. 한국 사회의 개혁을 참답게 지향하는 것인지, 그렇지 않고 자신의 정치적 욕심과 야망을 위해 개혁을 도용하는지를 갈라 볼 수 있어야 사이비 개혁가들을 심판하면서 참답게 개혁세력의 단합을 이룩하여 한국 사회를 실질적으로 개혁할 수 있기 때문입니다.

참다운 개혁세력인지, 아닌지를 갈라보는 징표는 우선 개혁세력이 단합할 수 있는 여건을 조성하기 위해 정말로 노력하는가, 그렇지 않은가에서 확인할 수 있습니다.

개혁하자면 그 여건이 조성되어야 합니다. 그런데 그 여건은 우선 개혁세력이 단합할 수 있는 방향으로 나아가야 합니다. 그래야 그 단합된 힘으로 개혁의 물꼬를 열 수 있습니다. 그래서 참다운 개혁을 지향한다면 개혁의 최대 걸림돌이 되는 세력에 대해 단합해 싸울 수 있는 입장을 견지해야 합니다.

그런데 자신의 정치적 욕심과 야심을 위해 개혁세력의 단합을 이룩할 수 없도록 방해하면서 개혁하겠다고 한다면 그 진실성을 의심할 수밖에 없습니다. 이 대목에서 개혁의 최대 걸림돌이 되는 윤석열 정권에 대한 투쟁을 약화시키거나 분열시키는 행위는 그 여건 조성을 방해하는 것이 되니만큼 반개혁 세력으로 봐도 무방하다는 것입니다. 여기서 윤석열 정권에 대해 심판하면서 거부권을 행사한 특검법안을 관철시켜 나간다는 입장이 중요하게 대두됩니다.

아울러 지금 총선에서 여러 개혁세력이 단합하여 반개혁 세력을 심판해야 하는데, 자기 패거리들의 이익만을 꾀하면서 단합할 수 있는 분위기를 해치는 것 또한 반개혁적 모습이라고 할 수 있습니다. 이런 차원에서 볼 때, 이번 총선의 선거제도에서 위성정당이 발생하는 등 여러 불합리한 측면이 없는 것은 아니지만, 비례대표의 준연동형제도가 개혁세력이 단합할 수 있는 좋은 여건을 조성할 수 있다는 측면에서 그대로 받아들여 실시하는 것이 유리하다고 볼 수 있습니다.

그런데 여기서 병립형의 회귀를 주장한다면 이 또한 개혁세력의 단합을 저해할 것이 분명하기에 반개혁적 입장이라고 봐도 무방할 것입니다. 그러니까 병립형의 회귀나 준연동형제도의 유지냐는 단순히 비례대표의 문제로만 끝나는 것이 아니라, 지역구의 단일 후보 마련과 정책 연대 등 제반 개혁세력이 여러 방면으로 단합해 갈 수 있는 그 근거 자체를 사실상 폐기해 버리는 행위가 되기에 결코 단순한 문제로 치부하고 넘어갈 수 없다는 것입니다.

개혁세력의 단합을 위한 방향으로 나아가는가, 그렇지 않은가가 참다운 개혁세력이냐 아니냐의 첫째 징표가 된다고 한다면 그다음으로는 개혁적 정책을 제시하는가, 제시하지 않는가가 그 징표가 된다고 할 수 있습니다.

개혁은 여건 조성으로만 이뤄질 수 없고, 참답게 개혁적 정책을 펴가야 합니다. 개혁적 정책이 없이 개혁이 이뤄질 수는 없습니다. 한마디로 여건 조성은 개혁을 이룩하기 위한 분위기 조성이라고 할 수 있지, 개혁의 실현 자체가 아닙니다. 개혁은 정책으로 담보되어 실시되어야 합니다.

지난날 박근혜 전 대통령을 탄핵하면서 개혁에 유리한 지점이 열렸으나 실패했던 것은 개혁적 정책을 제시하지 못했기 때문입니다. 이것은 한마디로 개혁적 입장에서 지지를 받는 것이 아니라 반박근혜 정권에 대한 반사이익만 누렸다는 것입니다. 정책이 없다는 것은 결국 개혁에 대한 최대 방해 세력에 대한 반대만을 명분으로 삼아 자신들이 그 자리를 차지해 먹겠다는 것밖에 되지 않습니다. 개혁을 거론했지만, 도리어 배신세력으로 전락한 이유가 바로 여기에 있었던 것입니다.

이런 우를 또다시 범할 수는 없습니다. 그 때문에 개혁세력이냐, 아니냐의 기준은 참다운 개혁적 정책을 제시하느냐, 제시하지 않느냐로 파악해야 합니다.

그런데 개혁은 부분적으로나 일면적으로 전개해서는 실현될 수 없습니다. 총체적인 방향에서 입체적으로 전개되어야 가능합니다. 바로 여기서 개혁 정책을 제시하는 데에 있어서 큰 틀에서 시대적 추세에 맞게 제시되어야 합니다.

앞서도 말했지만 지금의 시대적 추세는 형식적인 자유와 평등이 아니라 실질적으로 주인의 권리를 누리고 행사하는 것이니만큼, 큰 틀에서 한국 사회의 주권을 제약하는 문제를 해결할 수 있어야 한다는 것, 그리고 빈부격차의 해소 정책을 모든 방면에서 일관성 있게 추진해야 한다는 것, 아울러 민이 실질적으로 주인의 권리를 행사할 수 있어야 하기에 대중단체의 이해와 요구를 국가 정책에 반영할 수 있는 제도와 질서를 세워가는 것이 핵심적 내용으로 꼭 들어가야 한다는 것입니다.

개혁의 분위기 조성과 정책적 입장을 제시하는 것이 개혁세력이냐, 아니냐의 일반적인 징표가 된다면 이를 구체적으로 개혁 후보에 적용시켜야 합니다.

개혁은 그 누가 아니라 개혁세력이 수행합니다. 그런데 여기서 개혁 후보가 잘못 세워졌다면 그 모든 것은 수포가 될 것입니다. 참다운 개혁세력이 아닌데도 개혁 후보로 잘못 선택되었다면 그 자체로 개혁이 추진될 수 없을 뿐만이 아니라 개혁세력의 단합조차도 이루어질 수 없기 때문입니다. 그래서 개혁 후보를 어떻게 세워내는가는 결국 개혁의 성패와 직결된다고 할 수 있습니다.

개혁 후보를 옳게 판단하기 위해서는 지금까지 그 사람의 활동 전반을 놓고 개혁에 적합한 후보인지를 살펴보아야 합니다. 자기 세력이냐, 아니냐가 기준이 될 수 없고, 지금껏 개혁을 위해 얼마나 노력했는가, 그렇지 않았는가 등을 평가 기준으로 삼아 해결해야 한다는 것입니다.

지난날 자신들이 권력을 잡았을 때 개혁을 제대로 하지도 않고 도리어 배신의 길로 가놓고서 이제 와서 개혁하겠다고 말한다면 그런 사람을 어떻게 봐야 하겠습니까? 물론 한때 잘못했다고 해서 영원히 반개혁 세력으로 낙인찍자는 것은 아닙니다. 하지만 반성하지도 않는데, 용서할 수는 없는 것 아니겠습니까? 지난날 잘못했으면 반성하는 모습을 보이는 것이 우선이고, 그래야 그 진정성을 믿을 수 있다는 것입니다.

이렇게 개혁세력의 징표에 맞게 참다운 개혁 후보를 세워낸다면 한국 사회는 분명 시대적 추세에 맞게 개혁을 성공시켜 갈 수 있게 될 것입니다. 그런데 이를 시대적 추세에 맞게 풀어가는 데에 있어서 현시기 그 향방은 더불어민주당에서 이런 흐름이 형성되도록 하는 것이 관건이 된다고 할 수 있습니다.

지금 한국 사회의 정치 지형을 보면 개혁을 참답게 지향하는 세력이 여러 곳곳에 분산되어 있는 상태입니다. 그 때문에 참다운 개혁세력이 단합할 수 있는 여건과 분위기 조성이 매우 중요하게 다가옵니다. 여기서 더불어민주당 안에는 개혁을 지향하는 세력이 다수 존재할 뿐만이 아니라 현시기 개혁의 최대 방해 세력인 윤석열 정권에 대한 투쟁을 전개할 수 있는 세력이 가장 광범위하게 형성되어 있습니다. 그래서 더불어민주당이 참답게 개혁을 지향하는 방향으로 나가도록 그 분위기를 우선적으로 다잡아야 한다는 것입니다.

더불어민주당에서 참답게 개혁 지향의 징표를 견지하는 분위기가 형성된다면 한국 사회는 실질적으로 개혁을 추진해 가는 추세가 더는 거스를 수 없게 형성될 것입니다.

하지만 더불어민주당에서 그런 분위기가 형성되지 않는다고 해서 낙담할 필요는 없습니다. 이 과정은 다른 한편으로 앞으로 누가 반개혁 세력이 될지 드러나는 시발점이 될 것이기 때문입니다. 즉 더불어민주당에서 개혁적인 모습을 보이지 않는다면 그것을 기화로 반개혁적 실체를 확인하면서 참다운 개혁세력이 형성될 수 있는 계기로 만들어 가면 된다는 것입니다.

개혁은 참답게 개혁을 지향하는 세력이 추진하는 것이지 반개혁 세력이 진행할 수는 없습니다. 그 때문에 반개혁적 모습이 나타나는 데도 그 행위를 묵과해서는 안 됩니다. 그렇게 되면 반개혁 세력에 또다시 농락당하게 되면서 개혁은 백날 가도 실현될 수가 없습니다. 그래서 개혁세력의 징표를 분명히 견지하는 가운데 개혁 세력과 반개혁 세력과의 대립전선을 분명히 형성해 나간다는 원칙을 견지해야만 참다운 개혁세력을 질, 양적으로 강화시킬 수 있고, 그 힘으로 지난날처럼 반개혁 세력에 농락당하지 않고 궁극적으로 개혁을 성공시킬 수 있는 길이 열린다는 것입니다.


## 5) 현시기 사회 개혁의 주체는 자주적인 인간형이다*

현시기의 시대사적 요청은 형식적인 자유와 평등이 아니라 실질적인 자유와 평등을 누리는 것이고, 그렇다면 민은 개인과 집단, 나라

---

* 우리겨레연구소 카페, 현시기 사회 개혁의 주체는 자주적인 인간형이다(2024. 04. 22)

와 민족 단위의 모든 부분에서 직접적이고 전면적으로 주인의 권리를 누리고 행사할 수 있어야 합니다.

그런데 직접적이고 전면적으로 주인의 권리를 누리고 행사하자면 무엇보다 사람 자체가 주인의 권리를 누리고 행사할 수 있는, 즉 자주적인 인간형이 되어야 합니다. 이것은 민주주의가 원만이 이뤄지려면 무엇보다 사람 자체가 그만한 민주적 소양을 갖춰야 한다는 이치와 같습니다. 사회의 양태는 무엇보다 사람이 어떤 존재가 되느냐에 따라서 기본적으로 결정됩니다. 그래서 현 시대사적 요구에 맞게 개혁을 실현하기 위해서는 자주적인 인간형이 되어야 한다는 것입니다.

그러면 사회와 역사의 주체는 민이라고 해놓고선 지금 시기에서 개혁을 이룩하자면 자주적인 인간형이 되어야 한다고 하니, 민과 자주적인 인간형은 도대체 어떤 관계가 되는 것일까요? 민 따로 있고, 자주적인 인간형이 따로 있는 것일까요? 아니면 민은 그저 형식적인 측면일 뿐이고 실질적인 내용은 자주적인 인간형이 되는 것일까요?

사회 역사의 주체는 민입니다. 하지만 사회 역사의 발전 과정에서 민은 그대로 멈춰 서 있지 않고 끊임없이 성장해 왔습니다. 사회 역사의 발전 과정은 기본적으로 그 주체인 민에게 달려 있는데, 민이 장성해오지 않았다면 어떻게 사회 역사적 발전이 이루어질 수 있었겠습니까? 원시시대로부터 노예제, 신분제, 자본제 사회로 발전해 온 것 자체가 민의 힘이 성장해 왔기 때문입니다. 바로 여기서 자주적인 인간형은 현시기에 있어서 민 역량의 성장 정도와 척도를 표현하는 개념으로 됩니다.

다시 말해 원시사회에서 인간은 인간으로 자각을 이루어 국가를 건설함으로써 사회적 활동을 하게 되었습니다. 하지만 몇몇 소수만이 인간으로 대접받았고 나머지는 노예로 취급받았습니다. 그래서 동물이나 사물과 같은 노예가 아니라 인간이라고 요구하게 되었습니다. 이런 힘의 성장으로 인해서 사람으로 인정받게 되었으나 또다시 신분적 차별을 받았습니다. 그래서 인간은 누구나 태어날 때부터 자유롭고 평등한 존재라고 주장하였습니다. 이런 힘의 성장으로 자본주의 사회가 성립되었습니다. 하지만 인간 외적 조건의 불평등함으로 인해 자유와 평등은 형식적인 측면으로 전락하고 실질적으로 누리지 못하고 있습니다.

여기서 실질적인 자유와 평등을 누리자면 인간 외적 조건에 굴복할 것이 아니라 주인답게 풀어나갈 것이 요구되고 있습니다. 그 때문에 현시기에 있어서 민의 지향과 요구를 담보하는 참다운 인간의 모습은 주인답게 자신의 권리를 풀어나가는 자주적인 인간형이라고 말하는 것입니다. 그래서 지금 시기의 개혁을 이루자면 자주적인 인간형이 되어야 합니다.

흔히 사회 역사를 발전시키는 동인을 생각할 때 대립물의 통일, 투쟁의 법칙에 의한 대립물의 투쟁이라고 생각하기 쉽습니다. 그래서 사회 역사의 발전 동력을 대립물에서 찾는 경향이 많습니다. 하지만 이를 엄밀히 따져보면 그렇지 않습니다. 대립물이 서로 싸우는 것은 맞지만, 그 자체가 사회 발전의 동력일 수는 없습니다.

예를 들어 노예제 사회에서 노예와 노예주가 서로 싸울 수 있습니다. 하지만 노예와 노예주라는 사고방식에서 벗어나지 않는 한 노예제 사회가 바뀌지는 않습니다. 노예라는 사고방식에서 벗어나지 못하면 노예주에게 대항하는 것 자체가 힘듭니다. 노예주의 부속물로 여기는 것을 당연시한다면 어떻게 노예주에게 대항할 수 있겠습니까? 설사 대항한다고 해도 노예와 노예주라는 사고방식에 멈춰 있다면 노예가 노예주로, 노예주가 노예로 되든가, 아니면 노예와 노예주의 대립 관계에서 그 역량 관계의 일정한 변화는 일어날 수 있을 터지만 노예제 사회 자체가 바뀔 수는 없습니다. 노예제 사회가 바뀌려면 노예가 아니고 사람이라는 사고방식을 견지해야만 한다는 것입니다. 노예임을 부정해야만 노예주에게 적극적으로 대항할 수 있습니다. 이것은 결국 노예가 아니라고 부정해야만 새로운 세상이 개척된다는 것인데, 그러면 이것을 어떻게 대립물의 투쟁에 의해서 발전하는 것으로 볼 수 있느냐 하는 것입니다.

물론 노예임을 부정해야 할 가장 큰 이해관계를 가진 당사자는 노예입니다. 하지만 그렇더라도 노예제 사회를 바꾸는 세력 간의 싸움 관계를 엄밀히 보면 노예와 노예주와의 싸움이 아닙니다. 노예제를 유지하려는 세력과 노예라는 제도를 부정하고 그 사회를 바꾸려는 세력 간의 싸움이라는 것입니다. 이를 보면 대립물의 투쟁으로 사회 역사가 발전하는 것이 아니라 노예가 아니라는 새로운 사고방식과 노예제를 유지하려는 낡은 사고방식을 극복하는 과정에서 이뤄진다는 것을 알 수 있습니다. 새것이 낡은 것을 극복하는 과정이라는 것입니다.

마찬가지 이치로 신분제 사회를 극복하자면 상놈과 농노로 취급받는 것을 부정해야만 합니다. 즉 인간은 태어날 때부터 자유롭고 평등한 존재라고 주장했기에 신분제 사회가 극복되고 자본주의 사회가 성립될 수 있었다는 것입니다.

이런 이치로 볼 때 어떻게 해야 자본주의 사회가 극복될 수 있겠습니까? 지난날과 같은 노동자의 처지를 부정해야만 한다는 것입니다. 지난날과 같은 노동자와 자본가라는 의식을 인정하는 조건 속에서 풀어가려고 한다면 노동자가 자본가로 될 수도 있고, 자본가가 노동자로 될 수도 있습니다. 또 노동자와 자본가의 역량 관계에서 일정한 변화도 일어날 수도 있습니다. 하지만 자본의 법칙이 관철되는 자본주의 사회 자체가 바뀌지는 않을 것입니다.

지금 자본주의 사회에서 형식적인 자유와 평등은 인정되고 있지만, 실질적으로는 누리지 못하고 있습니다. 그래서 자유와 평등을 실질적으로 누리고 사는 사회를 만들어야 합니다. 그런데 실질적인 자유와 평등을 누리지 못하고 사는 이유는 인간 외적 조건에서의 불평등함 때문입니다. 그렇다면 이 인간 외적 부분에 대해 불평등함을 고쳐야 할 것인데, 그러자면 바로 이 부분에 대해 주인의 권리를 행사하고 누려야 합니다.

이로 보면 지금 시기의 사회 발전의 향방은 주인의 권리를 요구하는 세력이 형식적인 자유와 평등만 인정하고 실질적으로 누리지 못하게 하는 세력을 어떻게 극복해 가느냐에 달려 있다는 것을 알 수 있습니다. 바로 여기서 현 시대적 요청에 맞는 인간형이 드러납니다. 주인의 권리를 직접적이고 전면적으로 행사하고 누리려는 자주적인 인간형이 요구된다는 것입니다.

그렇다고 한다면 지금 시기의 노동자는 지난날의 노동자와 같은 모습이 아니어야 합니다. 지난날처럼 아무것도 가진 것이 없고 몸뚱이만 있기에 노동력을 팔아 자본가가 주는 임금(노동력의 가치)을 받아 살아가는 존재로 계속 멈춰 있다면 어떻게 인간 외적 조건의 불평등함을 고쳐 갈 수 있겠습니까? 그래서 지난날과 같은 노동자의 모습을 부정하고 탈피해야만 한다는 것입니다.

한마디로 주면 주는 대로, 시키면 시키는 대로 따라 하는 지난날의 노동자와 같은 모습이 아니라 자기 권리를 주인답게 요구하고 직접적이고 전면적으로 행사하는 자주적인 인간형으로 새롭게 태어나야만 한다는 것입니다. 단적으로 말한다면 지금 시기의 싸움은 지난날의 자본가와 노동자라는 기존 의식을 가지고 대립하여 싸우는 형태가 되어서는 안 되고, 그저 형식적인 자유와 평등만 인정하고 실질적으로 누리지 못하게 하는 시대의 퇴행 세력과 주인의 권리를 직접적이고 전면적으로 행사하고 누리려는, 즉 자주적인 인간형을 지향하는 세력 간의 싸움이 되어야 한다는 것입니다.

이런 이치에 따르면 노동자는 물론이고 농민과 빈민, 중소상공인 등을 포함한 제반의 세력들도 지난날의 노동자, 농민, 빈민, 중소상공인 등의 모습에서 벗어나 모두가 다 주인의 권리를 직접적이고 전면적으로 누리고 행사하려는 자주적인 인간형으로 새롭게 태어나야 합니다. 한마디로 현시기에서 개혁의 주체는 자주적인 인간형이라는 것입니다.

자주적인 인간형은 그 자신이 주인의 권리를 직접적이고 전면적으로 행사하고 누리려는 참인간을 지칭한 것입니다. 다시 말해 그 누가 대신해 주기를 바라지 않는다는 것입니다. 대신해 준다는 것 자체가 벌써 주인다운 모습이 아닌데, 어떻게 주인의 권리를 행사하고 누릴 수 있겠습니까? 그 누가 대신해 주기를 바라게 되면 그때로부터 권력자들이 베풀어주는 시혜나 받고 지배받는 대상으로 전락하게 됩니다. 그 때문에 한국 사회의 개혁 또한 결코 그 누가 대신해 주기를 바라서는 안 된다는 것입니다. 민 자신이 자주적인 인간형의 모습을 갖춰 가면서 직접 수행해 가야 합니다.

자주적인 인간형으로 참답게 살아가자면 당연히 그러한 사회적 조건을 창출해 가야 합니다. 사회적 조건이 마련되어 가지 않으면 자주적인 인간형으로 살아가고 싶어도 그렇게 살 수 없습니다. 그 때문에 자주적인 인간형은 사람이 개인과 집단, 나라와 민족 단위로 살아가고 있는 조건에서 이 모든 부분에서 주인의 권리를 직접적이고 전면적으로 누리고 살아갈 수 있는 사회적 조건을 창출하기 위해 적극 노력해야 합니다.

바로 여기서 자주적인 인간형에 맞는 개혁의 목표가 제기됩니다. 개인과 집단, 나라와 민족 단위의 모든 부분에서 주인의 권리를 보장하는 자주와, 이 모든 부분에서 주인의 권리를 실현하기 위한 제도와 질서 체계를 세워나가는 민주, 그리고 자주적인 인간형을 지향하는 제반의 세력을 하나로 아울러 확고한 정치적 역량으로 담보하는 통일의 목표가 그것입니다. 물론 남북이 분단된 상황에서는 조국통일까지 이루어야 하기에 통일은 남쪽 상황으로만 끝나지 않고 한반도 차원에서의 통일된 정치적 역량을 담보하는 것으로까지 확장되어야 할 것입니다.

이렇게 주인의 권리를 직접적이고 전면적으로 누리고 행사하려는, 자주적인 인간형에 맞는 자주와 민주, 통일의 개혁 목표를 실현하자면 그 핵심으로 우선 주권을 제대로 행사하기 위해 외세와의 불평등한 조약을 파기하고 애국법과 조국통일법을 제정해야 하고, 또 빈부 격차를 해소하는 정책을 일면적이고 부분적으로가 아니라 총체적인 방향에서 내와야 합니다. 아울러 민이 직접적이고 전면적으로 주인의 권리를 행사하기 위한 방안으로 (국)민 소환제와 (국)민 발안제, (국)민 투표제의 도입과 함께 각종 대중단체의 이해와 요구를 국가 정책으로 반영하는 제도와 질서 체계를 세워야 합니다.

### 6) 개혁하자면 왜 애민과 애국의 기치로 단합해야 하는가?*

세상을 실질적으로 바꾸자면 그럴 수 있는 준비 역량을 갖춰야 합니다. 준비가 되어 있지 않으면 결코 사회를 바꾸어 원하는 세상을 만들 수 없습니다. 물론 그렇다고 하여 모든 것이 준비되고 계획한 대로만 세상이 움직인다는 뜻은 아닙니다. 세상에서는 인간이 예측

---

* 우리겨레연구소 카페, 왜 애민과 애국의 기치로 단합해야 하는가?(2024 07. 01) 참조 자료: 우리겨레연구소 카페, 개혁이자 애국, 애민의 전선을 형성해 나가자!(2022. 07. 18), 우리겨레연구소 카페, 진정한 사회통합과 혁신을 이루려면 애민과 애국의 기치에 의거해야 한다(2023. 10. 30)

하지 못한 여러 변수가 발생합니다. 하지만 위기를 기회로 삼고, 호조건을 유리하게 이용하느냐 하는 것은 그 주체 세력이 얼마나 준비되어 있는가에 달려 있습니다.

한국 사회에서 여러 번의 정권교체가 있었지만 본질적으로 세상을 바꾸지 못했던 원인을 살펴보면 사실 그 준비가 부족했기 때문이라고 볼 수 있습니다. 그래서 한국 사회를 실질적으로 개혁시켜 민이 주인의 권리를 누리는 세상을 만들자면 그 준비 역량을 갖춰 가기 위해 최선의 노력을 다해야 합니다.

그런데 그 준비 역량을 갖추는 데에 있어서 가장 일차적으로 해결해야 하는 것은 어떻게 하면 세상을 바꾸어 민이 주인의 권리를 누리고 살 수 있는가에 대한 가능성을 보여주면서 광범위한 사람들을 단합시켜 내는 것입니다. 그래야 그 단합된 힘으로 세상을 바꾸어 갈 수 있습니다.

그런데 그 가능성을 보여주면서 광범위한 사람을 단합시켜 가자면 우선 현 사회의 본질적인 특성과 실태를 명확히 드러낼 수 있어야 합니다. 현 사회의 실태에 대한 파악이 잘못되어 있다면 그에 대한 대책은 당연히 어긋나게 되기 때문입니다. 실태와 원인에 대한 파악이 잘못되어 있는데, 그에 따라 마련된 대책이 잘못될 수밖에 없다는 것은 너무도 당연한 이치이기 때문입니다. 그 때문에 한국 사회를 제대로 고쳐 가자면 본질적 실태가 무엇인지를 명확히 드러낼 수 있는 기치를 내걸어야 합니다.

한국 사회의 실태를 살펴볼 때 여러 각도로 파악할 수 있습니다. 그런데 여러 다양한 실태가 하나로 압축되는 형태를 보면 여러 거짓되고 위선적인 모습이 난무하고 있다는 사실입니다. 이것은 사회의 실태가 옳게 파악되자면 그 명칭에 걸맞게 바른 이름(정명正名)을 사용해서 설명되어야 하는데, 그렇지 않고 왜곡, 전도되는 형식으로 이루어지고 있는 것에서 드러납니다.

단적으로 5.16쿠데타를 5.16혁명이라고 주장하고, 광주시민을 무고하게 학살하여 권력을 잡은 행위가 정의사회구현이라고 말합니다. 또 윤석열 정권은 입만 열면 민생을 거론하는데, 그가 실제로 취한 정책은 민생을 위한 복지예산을 대폭 삭감하면서 부자 감세를 실시하는 것이었습니다. 마찬가지로 서민의 주택문제를 해결하겠다고 한다면 집 없는 사람들의 주거권을 어떻게 보장할 것인가의 차원으로 접근해서 풀어야 할 것입니다. 그런데 부동산 경기 활성화를 초점으로 해서 추진하고 있는데 이것이 어떻게 서민을 위한 주택 정책일 수가 있겠습니까? 부동산 경기 활성화는 주되게 집이 있거나 돈이 있는 사람들, 내지는 부동산 투기를 하는 사람들에게 해당되는 정책인데 말입니다.

명칭에 걸맞게 바른 이름(정명)이 사용되어야 사회의 실태와 실상을 정확히 파악할 수 있고, 그래야 그 잘못된 실상을 극복할 수 있습니다. 그런데 정명에 맞지 않게 왜곡, 전도되어 사용되고 있으니 어떻게 그 사회적 실태가 명확히 드러날 수 있겠으며, 한국 사회의 실태가 제대로 파악되지 못한 상태에서 어떻게 고칠 수 있는 길이 열리겠느냐 하는 것입니다.

바로 여기서 잘못된 세상을 바꾸자면 이렇게 이름에 걸맞지 않게 사용되는 그 근원을 명확히 파악해야 할 필요성이 요구됩니다. 한마디로 한국 사회를 설명하는 데 있어서 정명에 맞지 않게 왜곡, 전도될 수밖에 없는 근원을 명확히 드러내야만 한국 사회의 실상과 실태를 정확히 이해시킬 수 있고, 그래야 그 잘못된 사회를 바꿀 수 있는 길이 열리게 된다는 것입니다. 바로 여기서 한국 사회의 실태에 대해 명확히 파악되지 못하도록 하는 근원이 무엇이냐는 것과 한국 사회에 대한 명확한 실태 파악은 동일한 내용을 갖게 된다는 것을 알 수 있습니다. 다시 말해 한국 사회의 실태를 제대로 파악하지 못하게 하는 근원과 한국 사회에 대한 정확한 실태 파악은 동전의 앞뒷면일 뿐이라는 것입니다.

그러면 한국 사회의 실태를 정명에 맞게 파악하지 못하게 하는 근원이 도대체 무엇일까요? 그것은 바로 한국 사회에서 외세와 매국노가 주인 행세하고 있는데 바로 이 현실을 부정하면서 잘못된 실태를 정당화하려고 하기 때문입니다. 그래서 정명에 맞게 사용하지 못하고 왜곡, 전도되는 현상이 발생하게 됩니다. 한마디로 미국의 식민지이면서도 식민지가 아닌 양 여기고, 미국의 앞잡이 노릇으로 매국 행위를 행하면서도 애국적 행위인 양 주장하는 현상이 벌어지니 이로부터 사회의 실상에 대한 왜곡과 전도된 현상이 한국 사회의 전 부분에 걸쳐 퍼져가게 되었다는 것입니다. 외세와 매국노가 주인 행세하는 세상에서는 이들이 사회의 모든 부분을 그들의 입맛에 맞게 세워가기 때문입니다.

단적으로 한국은 미국과 불평등한 한미상호방위조약과 한미행정협정을 맺고 있음으로 하여 군사적 주권조차 제대로 행사하지 못하고 있습니다. 그렇다면 주권을 찾으려고 하는 것이 애국 행위이지 어떻게 미국의 지배를 계속 받으려고 하는 모습이 애국적 행위가 될 수 있겠습니까? 그런데 미국과 동맹을 맺어야 하기에 어쩔 수 없다고요? 이것이야말로 참으로 희한한 사고방식이 아닐 수 없습니다. 동맹관계를 맺는 것은 나라를 지키기 위해서인데, 동맹관계를 맺기 위해 나라의 주권을 포기하다니 도대체 이런 사고방식이 어떻게 나올 수 있느냐는 것입니다. 상식적인 이치로 보건대 목적을 실현하기 위해서 수단을 강구하는 것인데, 그 수단을 위해서 목적을 포기하다니? 이것이 바로 왜곡되고 전도된 사고방식이 아니고 뭐겠습니까?

나라를 지키기 위해서 동맹이 필요하다고 한다면 동맹관계를 맺을 수 있겠지만, 그렇더라도 주권을 양도하고서 동맹관계를 맺을 수는 없습니다. 주권을 고수해야만 동맹을 맺어도 그 목적에 맞게 나라를 지켜내어 민의 생명과 재산, 권리를 수호해 낼 수 있기 때문입니다. 그런데 미국과의 동맹을 수호한다는 명목으로 미국으로부터 군사적 주권을 찾으려고 하지도 않고, 계속 미국의 지배를 받아야 한다고 강변한다면 이게 미국의 앞잡이 역할을 하는 매국노이지 어떻게 애국적 행위라고 할 수 있느냐는 것입니다.

조국통일의 문제도 마찬가집니다. 민족이 분단되어 있다면 서로 어떻게든지 합의하여 통일하려고 노력하는 것이 애국 행위이지 계속 적대해서 싸우려고 하는 것이 어떻게 애국적 행위가 될 수 있느냐는 것입니다. 물론 한 형제가 서로 생각이 달라 다툴 수는 있습니다. 하지만 그렇더라도 같은 민족이 하나로 통일하는 것은 지극히 정당하니만큼 통일하기 위해 노력해야 합니다.

그렇다면 조국통일에 반하는 반민족적인 행위는 하지 않아야 하고, 최소한 남보다도 못한 짓거리는 하지 않아야 할 것입니다. 물론 상대방이 반민족적인 행위를 행한다면 그에 대해서는 단호히 반대하고 싸워가야 합니다. 조국통일은 같은 민족이 하나로 단합하자는 것이니만큼 반민족적인 행위는 조국통일의 목적에 어긋나고, 이를 용인하게 되면 조국통일이 불가능하게 되기 때문입니다.

그런데 상대방이 반민족적인 행위를 저지른 것이 아닌데도, 미국의 동북아 정책에 편승하여 남북 간의 대립, 대결정책을 추구하고, 심지어 군사적 주권도 없으면서 외세까지 끌어들여 전쟁 분위기까지 조성해간다면 이것이 매국노 짓거리이지 어떻게 애국적 행위가 될 수 있겠느냐는 것입니다.

이처럼 미국의 식민 지배를 용인하고 매국 행위를 정당화하려고 하다 보니 한국 사회는 매국 행위가 애국 행위로 둔갑되고, 매국노가 애국자를 단죄하는 기가 막힌 요지경의 세상이 되어버린 것입니다. 이렇게 한국 사회의 큰 틀에서 왜곡, 전도된 현상이 한번 자리 잡게 되니 사회 곳곳이 그런 방향으로 흘러가는 형태가 퍼져가게 되었던 것입니다.

그 왜곡되고 전도된 형태를 잘 보여주는 대표적인 모습이 민생이라는 단어입니다. 민생이니 민생안정이니 하는 말은 지금 정치권에서 제일 많이 사용하는 단어이기도 합니다. 그런데 한국 사회의 실상을 살펴보면 민생 문제를 해결할 수 없는 구조입니다. 당연한 게 미국의 식민 지배가 용인되는 구조가 성립되면 그로부터 파생되는 것은 민에 이익에 반하는 반민(중)적이고 기형적인 매국성이 사회 곳곳에 형성될 수밖에 없게 되기 때문입니다.

그래서 민생 문제를 진실로 해결하자면 반민적이고 기형적인 매국성을 고쳐야 하고, 이 매국성을 극복하자면 결국 미국의 식민 지배를 받고 있는 처지에서 벗어나야 합니다. 그런데 이런 본질적인 문제를 외면하고 있는데 어떻게 민생 문제가 해결될 수 있겠느냐는 것입니다. 그 때문에 민생문제를 그렇게 소리쳐 외치면서 해결하겠다고 하고서 내놓은 대책이라는 것이 항상 부분적이고 일면적인 형태의 시혜를 베푸는 방식에 지나지 않았고, 그 민생의 이름으로 실시한 대부분의 정책들은 결국 외세와 재벌, 돈 있는 자들을 위한 방식으로 귀결되었던 것입니다.

왜 이렇게 민생이라는 단어가 정명에 맞게 사용되지 못했는가를 살펴볼 때 그렇게 될 수밖에 없는 여러 요인이 발견됩니다. 글자 그대로 민생 문제를 해결하자고 하자면 경제 정책 자체가 민생을 해결하는 차원에서 접근되고 추진되어야 할 것입니다. 그런데 여기서 갑

자기 민생 문제를 해결하겠다고 해놓고선 경제가 살아야 해결된다는 식으로의 전도된 입장이 전개됩니다. 상식적인 시각으로 놓고 볼 때 어떤 목적을 실현하려고 하느냐에 따라 경제 정책이 달라질 수 있고, 또 그런 이치로 인해 경제를 살리는 방향도 그 목적에 따라 달라질 수밖에 없는 것은 매우 당연한 이치일 것입니다. 그런데 민생은 어디로 갔는지 사라져 버리고 경제 살리는 것 자체가 목적이 되어 버리면 어떻게 되겠습니까?

경제를 살리는 것 자체가 목적이 될 때 어떤 때에는 민생에 도움이 될 수도 있지만 경제가 살아나도 민생 해결에 도움이 안 될 수도 있습니다. 여기서 도움이 되는 것이야 운이 좋은 경우라고 할 수 있겠지만, 한국 사회의 실상을 보면 그렇게 운이 좋은 경우는 거의 나타나기가 쉽지 않다는 것입니다. 왜냐하면 이미 한국의 경제 구조는 식민성과 매국성의 형태로 형성되어 있는데, 경제 살리는 것 자체만을 목적으로 놓고 진행한다면 결국 식민성과 매국성을 더욱 심화시키는 차원에서 전개될 것이 뻔하기 때문입니다.

식민성과 매국성을 극복하자면 한국의 정치와 경제, 사회 구조 등을 본질적으로 청산해야 하기에 그것은 매우 어렵고 고통스러운 과정을 수반하게 될 것입니다. 그래서 경제를 살리는 것 자체를 목적으로 삼게 되면 기존의 제도를 이용하는 것이 손쉬운 방식이 되는지라 그런 방식으로 경제를 살리게 되면 그것은 필연코 이미 기득권을 가진 세력에게 이익이 되고 민생 문제 해결에는 별반 도움이 될 수 없었던 것입니다. 지금껏 한국 경제가 엄청나게 성장했는데도 빈부격차가 심화되는 모습이 발생하면서 더욱 많은 사람들이 고달픈 삶을 살아가게 되는 현상이 나타나는 것도 다 여기에 원인이 있습니다. 이것은 결국 민생 문제를 해결하겠다고 하지만 실질적으로 취해지고 있는 모습은 민생이라는 정명의 이름에 반하게 반민생적인 형태로 전개되고 있다는 것을 명확하게 보여주고 있습니다.

이처럼 한국 사회의 실태가 잘못 파악하게 된 그 근원을 살펴보면 결국 외세와 매국노가 주인 행세하는 식민지매국사회인데, 이를 부정하려고 하기에 발생하고 있다는 사실을 알 수 있습니다. 한마디로 매국적 행위를 하면서도 애국이라고 강변하고, 반민생적인 정책을 추진하면서도 민생문제를 해결하는 듯한 의지를 갖고 있는 양 주장하는 현상이 버젓이 벌어지다 보니, 한국 사회에 대한 실상과 실태가 명확하게 파악되지 못했다는 것입니다.

이렇게 한국 사회의 실태에 대해 잘못 왜곡되고 전도되고 있는 현상을 극복하면서 그 실상을 명확히 파악할 수 있게 하자면 이를 명확히 드러낼 수 있는 바른 이름, 즉 정명(正名)의 깃발을 내걸어야 할 것입니다. 그런데 외세와 매국노가 주인 행세하는 사회의 부당성을 가장 직접적으로 드러내는 정명의 깃발은 애민과 애국의 기치로 될 수밖에 없습니다. 민이 나라와 민족 단위로 살아가고 있는 조건에서 애민과 애국의 기치를 내걸어야 왜 외세의 부당한 지배로부터 벗어나야 하는지가 명확해질 뿐만 아니라 나라와 민족에 반하는 매국적인 행위가 왜 단죄되어야 하는지가 가장 분명하게 드러나기 때문입니다.

애민과 애국의 기치를 견지해야 하는 이유는 한국 사회의 실상에 대해 왜곡되고 전도된 실태를 명확히 파악하게 함으로써 어떻게 해야 한국 사회를 개혁해 갈 수 있는가에 대한 대책을 세울 수도 있고, 또 한편으로 광범위한 세력이 단합할 수 있는 명확한 기초가 되기 때문이기도 합니다.

세상을 실질적으로 바꾸어 가자면 대책을 마련하는 것만으로 해결되지 않습니다. 광범위한 세력을 하나로 모아내야 합니다. 어차피 세상을 바꾸어 가는 실질적인 행위는 사람이 하지 그 누가 대신해 줄 수는 없습니다. 그 때문에 세상을 바꾸어 가는 가는 준비를 실질적으로 갖춰 가느냐는 결국 얼마나 광범위한 사람들을 단합시켜 가느냐에 달려 있게 됩니다. 바로 여기서 애민과 애국의 기치는 한국 사회를 어떻게 고쳐 가야 하는지 그 대책을 마련하게 할 뿐만이 아니라 광범위한 세력이 단합할 수 있는 기초가 됩니다.

단합의 기초를 세우는 문제가 중요한 것은 이 문제를 어떻게 해결하느냐에 따라 단합을 공고히 하느냐, 그렇지 못하고 또다시 분열의 길로 가느냐를 가름하는 역할을 하기 때문입니다. 흔히 단결은 서로가 합의한 사항을 지키기만 하면 이뤄질 것이라고 손쉽게 여기는 경향이 있습니다. 한마디로 합의 사항을 지키지 않으니까 단결이 되지 않는다고 바라본다는 것입니다. 하지만 이것은 매우 낭만적인 생각일 뿐입니다. 왜냐하면 현실을 보면 합의한 사항을 안 지켰기에 협력관계가 깨지는 것이 아니라 합의되지 않은 사항에 대한 입장 차이가 크기 때문에 서로 갈라진 경우가 대부분이기 때문입니다.

그러면 왜 이런 현상이 나타나는 것일까요? 현실에서는 인간이 예측하지 못하는 많은 변수가 발생하기 때문입니다. 그 때문에 합의할 당시에는 서로 공통점이라고 여기고 합의했지만 앞으로의 미래에 일어날 사건에 대해서는 다 합의할 수 없습니다. 그래서 새로운 변수가 나타날 때마다 그에 대한 판단이 나오게 됩니다. 여기서 끝내 공통된 입장을 끌어내지 못하면 협력관계가 깨지게 됩니다. 이런 현상들은 한국의 정치 세력들의 모습을 보면 쉽게 확인할 수 있습니다. 어떤 때는 하나로 모이는 듯했다가 언제 그랬냐는 듯 이합집산하는 모습을 보이는 것이 바로 그것입니다.

그 때문에 단합의 모습을 보이다가 다시 분열로 치닫는 상황으로 되돌아가지 않으려면 단합의 기초를 확고히 마련해야 합니다. 단합의 기초를 확고히 하지 않는다면 언제든지 입장 차이로 인해 분열로 치닫는 모습을 피하기 어렵다는 것입니다. 일제 식민 시기와 해방 후에 좌익과 우익 세력이 민족을 공통점으로 하여 좌우합작을 시도하면서 단합하려고 노력했으나 끝내 분열을 면치 못했던 것이라든가, 한국 사회에서 진보세력이 서로 협력하자면서 민주노동당, 국민참여당, 진보신당 탈당파의 통합으로 통합진보당이 창당되었지만 이 또한 끝내 분열의 길로 나아가게 된 것은 결국 단합의 기초를 명확히 확립하지 못했기 때문이었습니다.

이것은 서로 간의 협력관계가 깨지지 않게 하자면 절충의 형태 차원으로 전개되어서는 안 된다는 것을 말해줍니다. 물론 단합의 기초를 확고히 하기 위해 절충하지 말라는 것은 자기의 사상과 이념, 주장을 견지하지 말라는 것이 아닙니다. 자기 입장을 견지한다고 하더라도 미래의 예측할 수 없는 변수가 생길 때 하나의 통일된 입장을 내올 수 있는 부분만큼은 명확하게 단합의 기초로 확립하여야 한다는 것입니다.

그러면 결국 서로의 협력관계가 깨지지 않고 분열되지 않는 손쉬운 길은 하나의 사상과 이념에 기초해서 단결하는 방식이라고 할 수 있을 것입니다. 물론 하나의 사상에 기초하면 분열되지는 않을 것입니다. 하지만 그런 방식으로 추진하면 광범위한 사람들을 모아낼 수 없는 문제가 발생합니다. 왜냐하면 어떤 사상도 처음부터 광범위한 사람들을 포괄하고 있지 못하기 때문입니다. 게다가 단합하자고 하는 것은 하나의 사상만이 아니라 여러 다양한 입장이 제기되고 있다는 것을 전제합니다. 그래서 이 다양한 세력에게 언젠가는 자기주장을 실현할 수 있다는 것을 보여줄 수 있는 기초가 되어야만 합니다. 그래야 광범위한 세력들이 서로 협력하는 방향으로 나올 수 있게 된다는 것입니다.

그렇다면 여러 세력들이 다양한 입장을 견지하고 있는 조건에서 이 모든 광범위한 세력을 하나로 단합시키기 위한 방도는 무엇이겠습니까? 그것은 바로 한국 사회를 질적으로 바꾸어 낼 수 있는 일치된 지점을 명확히 드러내 주면서도 동시에 광범위한 세력들의 다양한 입장과 요구를 실현해 줄 수 있는, 즉 그 실현 전망성을 보여줄 수 있는 기치를 확고한 단합의 기초로 삼아야 한다는 것입니다.

한국 사회를 질적으로 바꾸어 낼 수 있는 일치된 지점을 명확히 드러내 주어야 하는 이유는 그 기준선을 해결하지 않으면 한국 사회를 개혁해 낼 수가 없기 때문입니다. 지금껏 한국 사회에서는 6월항쟁과 촛불 항쟁에서 보듯 광범위한 세력을 모아냈습니다. 하지만 한국 사회는 본질적으로 변화되지 못했습니다. 그 이유는 이때의 단결 계선이 질적인 변화를 담보하는 일치된 지점을 명확히 견지하지 못했기 때문입니다.

한국 사회는 외세와 매국노가 주인 행세하는 사회입니다. 그 때문에 한국 사회를 질적으로 바꾸어 개혁하자면 외세와 매국노를 응징하는 기준선을 명확히 드러낼 수 있어야 합니다. 이 기준선이 확립되지 않으면 외세와 매국노가 주인 행세하는 사회는 바뀌지 않습니다. 그러면 실질적인 개혁이 이루어지지 못한다는 것입니다.

바로 여기서 외세와 매국노를 응징하는 그 기준선을 명확히 드러낼 수 있는 것은 애민과 애국의 기치가 됩니다. 애민과 애국의 기치를 내걸게 되면 주권을 찾아야 한다는 것이 명확히 되기에 외세를 배격할 수 있고, 또 나라와 민족의 이익에 반하는 매국노를 응징하는 것이 명확하게 확립되기 때문입니다.

그뿐만 아니라 애민, 애국의 기치는 민이 나라와 민족 단위로 살아가고 있는 조건에서 주인의 권리를 누리고 살자면 현실 상황에 안주하지 않고 계속 그 권리를 확대 강화해 가야 할 것입니다. 그래서 다양한 입장을 가진 광범위한 세력들의 요구가 실현될 수 있다는 전망성을 보여주어야 합니다. 그 때문에 애민과 애국의 기치를 내걸고 단합해 간다면 광범위한 세력을 포괄할 수 있고, 또다시 분열의 길로 나아가는 것이 아니라 더욱 공고화되는 방향으로 나아갈 수 있습니다.

그렇다면 애민과 애국의 기치로 단합해 가야 할 것인데, 일부에서는 이런 기준선을 제시하면 사상과 양심의 자유를 제약하는 형태가 되지 않을까 우려하는 현상이 나타나기도 합니다. 한마디로 사상과 이념의 노예가 되는 사회로 혹시 전락되지 않을까 하는 근심인 거죠. 하지만 이것은 잘못된 이해입니다. 사상과 이념의 노예가 되는 사회로 전락되는 이유는 사상과 이념이 원래 사람을 위해 필요한 것인데, 사상과 이념을 위해 사람을 거기에 꿰맞추려고 하기 때문에 발생합니다.

그런데 애민, 애국의 기치는 나라의 주인인 민을 위해 등장한 기치입니다. 다시 말해 나라의 주인이 민인데, 외세와 매국노가 주인 행세하니까 이런 잘못된 세상을 고치자는 것이고, 또 광범위한 사람들의 다양한 주장이 있으니까 그것을 받아들여 실현할 수 있는 전망성을 보여주자는 각도에서 제시되고 있다는 것입니다. 사상과 이념에 맞추자는 것이 아니라 철두철미 사람의 요구를 기초로 하여 전개되고 있다는 것입니다. 물론 애민과 애국의 기치 또한 어떤 고정된 이념의 푯대로 보려고 하지 않고 구체적인 현실 속에서 살아가는 사람의 요구에 맞게 계속 확대 심화해 갈 필요성은 있다 하겠습니다.

결국 애민, 애국의 기치는 한국 사회의 실태를 분명하게 파악하게 함으로써 한국 사회를 어떻게 고쳐갈 수 있는가를 명확히 보여줌과 동시에 이를 실질적으로 해결할 수 있는 주체, 즉 광범위한 세력들을 하나로 모아낼 수 있는 기초가 되기에 이를 중심으로 단합해 가야 한다는 것입니다.

# 2. 애민, 애국의 기치로 주권 회복과 애국정권 수립

## 1) 한국의 제반 문제를 해결하자면 주권을 찾는 과제부터 선결적으로 풀어가야 한다*

지금 한국 사회는 민생이 파탄 나고 민주주의가 위기에 처하고 있으며, 심지어 한반도의 전쟁 위기까지 격화되어 민족의 생존마저 위협받고 있습니다. 이것은 윤석열 정권이 미국으로부터 주권을 되찾아 올바로 행사하려고 하지 않고, 미국의 식민 지배를 용인하면서 매국노 짓거리를 벌이고 있기 때문입니다. 그런 관계로 한국 사회는 그 어떤 희망을 품지 못하고 세계에서 가장 낮은 출산율과 OECD 국가에서 가장 높은 자살률을 기록하고 있습니다. 한마디로 한국 사회는 더는 미래를 장담하지 못하고 몰락하는 상황으로 치닫고 있다는 것입니다.

이런 총체적 위기 상황을 극복하자면 윤석열 정권을 탄핵하고 주권을 되찾는 길로 나아가야 합니다. 주권 문제가 해결되지 못함으로

---

* 우리겨레연구소 카페, 한국의 제반 문제를 해결하자면 주권을 찾는 과제부터 선결적으로 풀어가야 한다(2024. 11. 25), 참조 자료: 우리겨레연구소 카페, 자유와 평화, 번영을 이루려면 주권을 고수하고 올바로 행사해야 한다(2024. 03. 04)

인해 한국 사회에서 매국 행위가 버젓이 벌어지고 있는데, 이를 외면한다면 한국 사회의 제반 문제가 결코 해결될 수 없습니다. 박근혜 정권을 탄핵하여 문재인 정권이 등장했지만 한국 사회의 제반 문제가 실질적으로 해결되지 못하고, 도리어 가장 무능한 윤석열 정권이 탄생하게 된 배경도 따지고 보면 주권 문제가 명확히 해결되지 못했던 데에 있습니다.

이런 우를 다시 범하지 않으려면 주권 문제를 명확히 해결해야 할 것인데, 그러면 어떻게 하면 가능할까요?

먼저 주권 문제를 해결하는 데 있어서 중요한 것은 아무리 제국주의 세력이 강대하다고 해도 한국 민의 힘을 믿고 애국의 기치로 굳게 단합한다면 능히 이겨낼 수 있다는 확신감을 세워가는 것입니다.

제국주의 세력을 이겨낼 수 없다고 한다면 한국은 미국과의 불평등한 관계를 고쳐내지 못할 것이기에 영원히 미국의 식민 지배를 받고 살아야 한다는 결론밖에 도출될 것이 없을 것입니다. 실상 제국주의 세력을 물리칠 수 없다는 사고방식은 비단 지금 시기에만 형성되었던 것은 아닙니다. 일제의 식민 지배 시기에도 그런 패배적 사고방식 때문에 나라와 민족을 배반하고 친일 매국노 짓거리를 벌인 자들이 나왔던 것입니다. 이를 보면 강대한 제국주의 세력을 물리칠 수 없다는 패배주의적 사고방식이야말로 나라의 주권을 되찾는 데 있어서 가장 큰 해악을 가져다준다고 할 수 있습니다.

그러면 과연 강대한 제국주의 세력을 물리칠 힘이 정말 있는 것일까요, 아니면 없는 것일까요? 그런 힘이 있다는 것을 어떻게 확신성 있게 말할 수 있을까요? 이것은 지금의 시대적 흐름과 추세에서 찾을 수 있습니다. 지금 민은 사회와 역사의 주체이자 나라의 주인으로서 실질적인 권리를 행사하고 누리며 살고자 합니다. 그것도 개인과 집단, 나라와 민족 단위의 모든 부분에서 주인의 권리를 누리며 행사하려고 하고 있습니다.

이런 시대적 추세에 기초했을 때 민이 애국의 기치로 단합해 간다면 비록 제국주의 세력이 강대하다고 해도 자신의 힘으로 주권을 되찾아 행사할 수 있는 길이 열린다는 주장은 당연한 이치로 될 것입니다. 민이 개인과 집단, 나라와 민족 단위의 모든 부분에서 주인의 권리를 누리고 행사하는 것이 시대적 추세로 되지 못했던 지난날의 상황에서도 제국주의 세력은 약소국가들에 대해 식민 지배를 추구하면서도 어쩔 수 없이 형식적인 측면에서의 독립을 인정할 수밖에 없었습니다. 그런데 지금 시기의 미 제국주의 세력은 몰락의 위기에 처하며 약화되고 있습니다. 약하지 않았던 상황에서도 미 제국주의 세력은 남베트남 해방 전쟁 과정에서 패배해 쫓겨났습니다. 강대했을 때도 쫓겨났는데 위기에 처한 상황이라면 더더욱 주권을 되찾는 국가들에겐 유리한 상황이지 불리한 조건이라고 말할 수는 없을 것입니다. 이것은 2023년 서아프리카의 국가 니제르가 프랑스군 1,500명을 퇴출하고 미국과의 군사 협정 파기를 즉각 선언한 데서도 드러납니다. 이렇게 주권을 되찾으려고 하는 국가가 식민 지배를 행사하는 제국주의 세력에게 물러가라고 요구하니 미국과 프랑스는 어쩔 수 없이 그 요구에 따를 수밖에 없는 것이 지금의 시대적 추세라는 것입니다.

그런데 한국은 니제르보다 국력이나 경제력, 인구 등 여러 방면에서 더 유리한 조건이라고 할 수 있습니다. 한국보다도 더 국력이 약하다고 판단되는 나라에서도 그렇게 강대하다고 여긴 미국과 프랑스군을 내쫓을 수 있었는데 어째서 그보다 여러 면에서 유리한 조건이라고 할 수 있는 한국이 그리할 수 없다는 것은 도대체 어디에 근거가 있다는 말입니까?

그러면 니제르가 제국주의 세력인 미국과 프랑스를 몰아낼 수 있었던 힘의 저력은 어디에 있는 것일까요? 바로 여기서 제국주의 세력을 몰아내는 것은 단순히 국가 간의 강대함이나 국력의 차이를 논하고 비교하는 문제가 아니라는 것을 이해해야 합니다. 주권을 찾는 문제는 국가 간의 국력 같은 단순한 비교가 아니라 그 땅에서 살아가는 사람들과의 역관계, 즉 그 땅에 한정되는 부분에서의 힘의 역관계에 의해서 결정된다는 것입니다.

그러니까 니제르에서 주권을 찾는 문제는 미국과 프랑스와의 단순한 국력 차이의 비교가 아니라 그 땅에서의 역학관계가 중요하게 다가왔고, 바로 거기에서 주권을 찾으려고 할 때 약소하다고 여겨졌던 니제르가 더 우월한 힘을 행사할 수 있었다는 것입니다. 이것은 매우 단순한 이치입니다. 제국주의 세력에게 그곳은 외부 땅이지만 그 지역에 살고 있는 니제르 민에게는 자신의 땅이기에 그 모든 것을 알고 있습니다. 그래서 니제르 민이 하나로 단합해 그 땅에서 나가라고 요구했을 때 그곳에 주둔했던 프랑스와 미군의 군사력은 하나의 포위된 섬에 불과하게 되었던 것입니다. 그 얼마 되지도 않는 군사력보다는 압도적 다수로 단결해 있는 민의 힘을 생각하면 이는 손쉽게 상상할 수 있을 것입니다.

게다가 제구주의 세력은 힘이 강대하다고 해도 민이 주인의 권리를 누리고 사는 것이 시대의 추세로 되고 있는 조건하에서 주권을 되찾겠다는 정의의 요구를 무조건 외면하고 짓밟을 수 없습니다. 국제사회의 눈치를 봐야 했고, 그래서 주권 행사를 요구하는 니제르에 신규 군사력을 파견해 강압할 수 없었다는 것입니다. 다른 나라를 불의하게 침략하고 지배하려는 행위를 세계의 민은 그대로 넘어가지 않고 분명코 비판하고 규탄하며 나올 것이기 때문입니다. 그 결과로 니제르의 그 조그만 나라에서도 주권을 유린했던 외국 군대의 철수를 요구했을 때 어쩔 수 없이 그 요청에 따라 움직일 수밖에 없었다는 것입니다.

마찬가지 이치로 단순 비교로서는 미국이 한국보다도 강대하다고 하더라도 한국 땅에 한정했을 때에는 결코 미국의 힘이 강대할 수는 없습니다. 한국의 민이 애국의 기치로 굳게 단합해 물리치기 위해 나선다면 한국 땅에서는 미 제국주의에 대해 우월한 힘으로 압도할 수 있다는 것입니다. 한국 땅에 주둔하고 있는 주한미군이 계속 주권을 유린하고 있기에 그에 반대해서 전 민이 나선다면 얼마 되지도 않는 주한미군은 한국 민에 포위된 하나의 섬에 불과하게 된다는 것입니다. 여기서 미 제국주의가 계속 불의하게 한국의 주권을 유린하면서 지배권을 행사하려고 해도 국제적 눈치도 보아야 하니만큼 맘 놓고 미국의 군사력을 한국에 파견할 수도 없을 것입니다. 그 때문에 한국의 민이 애국의 기치로 단합해 주권을 되찾는 길로 나아간다면 한국 땅에서는 분명코 승리를 안아올 수 있다는 것입니다. 부언한다면 아무리 주한미군의 힘이 강하다고 해도 한국 땅에서 싸우는 이상, 한국의 민이 애국의 기치로 굳게 단합해 나선다면 압도적인 힘으로 이겨낼 수 있다는 것입니다. 바로 여기서 한국의 민이 애국의 기치로 굳게 단합해 싸운다면 승리할 수 있다는 확신을 가져야 한다는 것입니다.

이것은 단순히 미 제국주의가 나쁘다고 비판하는 도덕적 차원에 머물러서는 안 된다는 것을 말해줍니다. 서아프리카의 니제르에서 보여준 것처럼 주권을 실질적으로 되찾으려고 했기에 가능했다는 것입니다. 그래서 이를 분명히 직시했다면 반미 투쟁을 전개하더라도 거기에 머물 것이 아니라 주권을 찾는 방향으로 그 지향점을 명확히 해야만 성과를 이루어낼 수 있다는 것입니다. 다시 말해 미 제국주의에 대한 일반적 속성에 대해 반대하고 비판하는 것도 응당 필요하겠지만 한국에 있어서 무엇보다 중요한 것은 바로 우리 땅에서 주권을 되찾아 올바로 행사하는 데 있다는 것입니다. 이것은 반미 투쟁을 전개하는 것 자체가 목적이 아니라 우리의 주권을 찾고자 하는 이유에서 비롯되었다는 점에서 당연한 이치라고 할 수 있습니다. 그래서 반미 투쟁 또한 정권의 문제, 즉 주권을 되찾아 애국정권을 세운다는 방향하에서 전개해야 한다는 것입니다.

주권을 찾는 데에서 중요한 것은 또한 한국 민이 애국의 기치로 단합해 싸워간다면 아무리 강대한 제국주의 세력이라고 하더라도 물리칠 수 있다는 신심을 가져야 할 뿐만이 아니라 그에 기초해서 자체의 힘으로 풀어가겠다는 원칙을 확고하게 견지하는 것입니다.

미국으로부터 주권을 행사하지 못해 가장 큰 고통을 겪고 있는 사람들은 한국의 민이고, 그 때문에 주권 되찾기를 간절히 요구하는 사람들도 한국의 민입니다. 그래서 한국의 민을 믿고 자체의 힘으로 풀어가겠다는 원칙을 철저히 견지해야 합니다. 물론 그렇다고 하여 외부의 도움을 거부하라는 것은 아닙니다. 도와주면 좋겠지만 도와주지 않더라도 자체의 힘으로 풀어가겠다는 확고한 입장을 견지해야 한다는 것입니다.

만약 자체의 힘이 아니라 외부의 힘에 기대어 풀어가려고 한다면 결국 주권을 찾을 수가 없습니다. 지금은 도와주고 있지만 국제 정세는 상황에 따라 수시로 변하고, 그에 따라 자국의 이익에 맞게 입장도 달라질 수 있다는 것입니다. 여기서 자기 힘에 기초해 풀어가지 않고 외부의 힘만 믿고 있다가 상황이 변해 그 외부 세력이 도와주지 않는다면 그때는 어떻게 되겠습니까? 그래서 자신의 힘에 기초하지 않고 외부의 힘에 기대어 풀어가려고 한다면 백날 가도 주권의 문제를 해결할 수 없습니다. 그 때문에 남이 도와주면 좋은 일이지만 도와주지 않더라도 주권을 찾는 문제는 자신의 힘으로 해결하겠다는 원칙을 철저히 견지해야 합니다.

여기서 북쪽과의 관계는 분명 같은 민족이기에 궁극적으로 하나로 통일해야 하고, 또 조국통일을 가로막는 세력이 외세와 매국노로서 동일하기에 일정 부분 서로의 이해관계가 맞아들어가는 부분이 있기는 합니다. 하지만 이 또한 미국으로부터 주권을 갖지 못해서 갖는 서러움과 고통을 겪고 있는 사람들은 북보다는 한국의 민이라는 사실에는 변함이 없습니다. 게다가 한국이 주권을 되찾아 올바로 행사한다면 북이 외세와 매국노들의 공격으로부터 시달릴 이유도 없게 될 것입니다. 이런 점에서 여러 공통점을 가지고 있기에 서로 단합하는 것이 필요하겠지만, 한반도 문제 해결의 관건은 한국이 주권을 되찾는 데에 있고, 또 미국의 식민 지배로부터 가장 큰 고통을 받는 당사자가 한국의 민이라는 점에서 자체의 힘으로 풀어가겠다는 원칙을 철저히 견지해야 한다는 것입니다.

한국의 민이 애국의 기치로 굳게 단결해서 자체의 힘으로 풀어간다는 입장을 견지하는 것이 한국의 주권을 되찾는 데서 선결적인 조건이라고 한다면 그다음으로 중요하게 해결해야 하는 것은 주권을 되찾을 수 있는 정치 지형을 확립하는 것입니다. 주권을 되찾을 수 있는 정치 지형이 확립되어 있지 않으면 아무리 애국의 기치로 굳게 단결해서 자체의 힘으로 풀어가려고 해도 그렇게 되지 못한다는 것입니다. 그 때문에 그렇게 할 수 있는 정치 지형을 새롭게 구축하는 것이 무엇보다 절실히 요청됩니다.

흔히 사람들은 모로 가더라도 서울만 가면 된다고 말합니다. 당장 앞에 장애물이 있기에 에돌아갈 수는 있습니다. 하지만 서울로 가는 방향이 틀렸다고 한다면 결코 서울에 도달할 수는 없을 것입니다. 그래서 한국의 주권을 찾고자 한다면 그렇게 갈 수 있는 방향타를 올바르게 설정해야 합니다. 바로 여기서 한국의 정치적 지형을 옳게 설정하는 문제가 매우 중요하게 다가옵니다. 왜냐하면 한국의 정치 지형은 민의 힘을 애국의 기치로 굳게 단결시켜 자체의 힘으로 주권을 찾을 수 있는 방향타로 나아가지 못하게 할 뿐만이 아니라 도리어 그것을 한사코 방해하면서 결코 해결할 수 없는 형태로 수립되어 있기 때문입니다.

이를 이해하자면 한국의 정치 지형을 살펴볼 필요가 있습니다. 한국의 정치 지형은 미국처럼 거대 양당제도입니다. 그런데 미국의 양당제도는 세계제국주의 세력의 이해와 요구를 관철시키는 형태에서의 양당제도입니다. 그래서 미국에서 아무리 공화당에서 민주당으로, 민주당에서 공화당으로 정권이 교체되더라도 세계제국주의의 본질적 특성을 관철시킨다는 입장에서 벗어나지 못합니다. 공화당과 민주당의 차이는 세계제국주의의 본질적 특성이 달라지는 것이 아니라 단지 그것을 어떻게 효과적으로 실현할지를 놓고 다투는 방법론의 차이에 불과하기 때문입니다. 그래서 미국에서 정권교체가 여러 번 일어났더라도 세계제국주의의 본질적 특성은 결코 변하지 않았던 것이고, 한국 사회를 식민 지배하려는 목적이 달라지지 않았던 것입니다.

미국의 양당제도가 그러했던 것처럼 한국의 거대 양당제도도 이와 크게 다르지 않습니다. 한국의 거대 양당은 미국의 식민 지배를 인정하는 조건하에서 대응하고 있을 뿐입니다. 그 때문에 미국과의 불평등한 관계를 뜯어고쳐 한국의 주권을 찾으려는 것이 아니라 미국의 식민 지배를 인정하는 조건을 전제로 해서 단지 어떻게 부분적으로 대응할지를 놓고 다투는 사소한 차이에 불과합니다. 그래서 지금껏 한국 사회에서 여러 번 정권교체가 이루어졌어도 결코 본질적으로 바뀌지 않았던 것입니다. 이것은 민의 이해와 요구를 반영할 수 있느냐의 관건은 주권을 제대로 행사하느냐에 달려 있다는 데에서 당연한 이치로 됩니다. 주권의 행사 여부가 핵심적 문제인데 이를 외면하는 조건에서 그 어떤 과제가 제대로 해결될 수 있겠느냐 하는 것입니다. 그래서 민생 파탄과 민주주의 위기, 한반도의 전쟁 위기 자체가 끝내 해결되지 못하고 도돌이표의 과정을 겪게 되었던 것입니다. 그 때문에 이런 과정을 다시금 반복하지 않으려면 이런 정치 지형을 바꿔야 합니다. 그렇지 않고서는 한국 사회는 미국의 식민 지배에서 결코 벗어날 수 없고 그 어떤 개혁도 불가능하다는 것입니다.

이를 해결하려면 미국과의 관계에서 불평등한 관계를 청산하고 주권을 되찾는 방향으로 나아갈 것인가, 그렇지 않을 것인가를 본질적인 문제로 놓고 접근해야 합니다. 미국과의 불평등한 관계를 그대로 유지하자고 한다면 그것은 한국 사회를 바꾸지 않겠다는 뜻이고, 이를 고쳐 주권을 되찾겠다고 한다면 한국 사회를 실질적으로 개혁하겠다는 입장을 견지하겠다는 뜻으로 봐도 무방하다는 것입니다. 그 때문에 한국 사회를 실질적으로 개혁하고자 한다면 한국의 정치 지형을 애국과 매국의 대립 관계로 새 판을 짜 나가야 한다는 것입니다.

한국의 정치 지형을 애국과 매국의 대립 관계로 바꿔가자는 것은 한국의 민을 애국의 기치로 굳게 단합시켜 자체의 힘으로 주권을 찾아가자는 것입니다. 애국과 매국의 대립 관계로 형성되지 않으면 애국 세력을 단합할 수 있는 길이 없고, 단합하지 못하면 주권을 찾을 길이 없습니다. 이것은 박근혜 정권을 탄핵하여 문재인 정권이 등장했지만 결국 주권의 문제를 해결하지 못함으로써 가장 매국적인 윤석열 정권이 등장한 것에서 명확히 확인할 수 있습니다. 그 때문에 한국 사회의 제반 과제를 해결하자면 정치 지형을 애국과 매국의 관계로 새롭게 형성시켜 가는 것이 관건적 문제로 된다는 것입니다.

한국의 정치 지형을 애국과 매국의 관계로 새롭게 형성시켜 가자고 말하는 것은 또한 매국노를 응징할 수 있는 길을 확고히 열어놓아야 하기 때문이기도 합니다. 민이 강대한 제국주의 세력에 대항하여 이겨내자면 애국의 기치로 굳게 단합해야 합니다. 그런데 이 단결을 방해하고 훼방 놓은 세력이 제국주의의 앞잡이 세력인 매국노들입니다. 이 매국노들의 활동을 용인하고서는 애국 세력의 단합을 말할 수 없습니다. 애국 세력이 단합하지 못하는 조건에서 주권을 되찾을 수 없습니다. 매국 세력의 준동과 애국 세력의 단결 내지는 주권의 확립은 양립할 수 없다는 것입니다. 그 때문에 한국 민 자체의 힘으로 주권을 되찾으려고 한다면 한국 사회에서 매국노가 준동하지 못하도록 막아야 합니다. 이를 가능케 하는 것이 애국과 매국의 대립 관계로 정치 지형을 새롭게 형성시켜 내는 것입니다.

결국 한국 사회가 민생 파탄, 민주주의 위기, 전쟁 위기 등을 겪으며 총체적으로 파국으로 치닫게 되는 근본 원인은 주권을 올바르게 행사하지 못하고 있기 때문입니다. 그래서 이를 해결하는 방향을 본질적 문제로 놓고 풀어가야 합니다.

바로 여기서 민이 애국의 기치하에 단합하여 자체의 힘으로 풀어간다는 원칙을 견지한다면 아무리 강대한 제국주의 세력이라고 해도 물리칠 수 있고, 그런 신심을 바탕으로 애국과 매국의 대립 관계라는 정치 지형으로 새 판을 형성시켜 나간다면 한국 사회의 제반 문제의 근원이 되는 주권 문제를 능히 해결할 수 있는 방향으로 나아갈 수 있습니다. 그러면 총체적인 파국으로 치닫고 있는 문제, 즉 민생 파탄과 민주주의 위기, 한반도 전쟁 위기 격화도 극복할 수 있는 길이 열리게 된다는 것입니다. 그 때문에 윤석열 정권을 탄핵하면서도 거기에 멈추지 않고 명실상부하게 주권 문제를 해결하는 방향으로 방향타를 명확히 설정하면서 거대 양당제도로 설정된 한국의 정치 지형을 애국과 매국의 대립 관계라는 새로운 정치판으로 형성시켜 가야 한다고 다시금 분명하게 주장하는 것입니다.

## 2) 참다운 애민, 애국의 기치와 사이비 애국은 어떻게 다른가?*

사회 역사의 주체인 민은 개성을 가진 존재로서 집단을 구성하여 나라와 민족 단위로 살아가고 있습니다. 그래서 민이 주인의 권리를 누리고 살자면 무엇보다 나라와 민족 단위에서 철저히 주권을 고수하여야 합니다. 주권이 고수되지 못하면 민의 생명과 재산, 권리를 지킬 수 없습니다. 민이 세계 면전에서 자신의 존재를 드러낼 수 있는 길은 나라와 민족 단위를 통한 주권의 행사에 있기 때문입니다. 그래서 주권을 잃으면 망국노의 설움을 겪습니다.

이런 망국노의 설움을 겪지 않자면 나라와 민족 단위에서 주권을 철저히 고수해야 하는데, 그러려면 그리할 수 있는 기치가 있어야 할 것입니다. 바로 그것이 나라와 민족을 사랑하는 애민, 애국의 기치입니다. 그런데 자기 나라와 민족이 소중하면 다른 나라와 민족도 소중합니다. 그 때문에 참다운 애민, 애국의 기치는 각 나라와 민족의 권리를 철저히 인정하면서 서로 협력하고 단합하는 길로 나아가게 됩니다.

그런데 어찌 된 일인지 이런 당연한 이치가 부정되고, 애국의 기치를 내세우게 되면 전체주의나 군국주의적인 동원식 사회 체제가 형성되어 자유가 제약받거나 억압받게 된다는 식의 사고방식이 일간에 퍼져 있습니다. 이렇게 된 원인은 사이비들이 애국자인 양 행세하면서 애국에 대한 영상을 심히 흐려놓았기 때문입니다. 이것은 독일의 나

---

* 우리겨레연구소 카페, 참다운 애민, 애국의 기치와 사이비 애국은 어떻게 다른가?(2024. 08. 05)

치주의와 일본의 군국주의 같은 파시즘 세력과 제국주의 세력이 어떻게 애국을 도용했는가를 보면 알 수 있습니다.

이들은 자신들의 지배와 패권을 위해서 침략전쟁과 패권전쟁을 벌이면서도 나라와 민족을 위한 것인 양 애국을 도용했고, 여기서 국가 간의 전쟁 상황을 이용해 파쇼체제를 강화하면서 침략전쟁과 패권전쟁에 동참하지 않는 정의의 인사들을 애국의 이름으로 가차 없이 탄압하였습니다. 그 때문에 일찍이 제국주의 전쟁의 특성을 간파했던 레닌은 만국의 노동자여 단결하라는 구호를 현실에 맞게 적용하기 위해 제국주의 간의 전쟁을 내전으로라는 구호를 내걸었던 것입니다.

하여튼 이런 사건들을 겪었기에 애국이라는 말만 들어도 그 무시무시한 파쇼적 통치 형태를 떠올리는 것은 어쩌면 당연한지도 모릅니다.

하지만 이것은 사이비들이 애국자인 양 행세하면서 애국의 영상을 심히 왜곡시켜 놓았기 때문이지 참다운 의미의 애민, 애국의 기치가 될 수 없습니다. 실상 민이 나라와 민족 단위로 살아가고 있는 조건에서 애민과 애국의 기치를 견지하지 않는다면 어떻게 주권을 고수하여 민의 생명과 재산, 권리를 지켜낼 수 있겠습니까? 그 때문에 민이 주인의 권리를 누리고 살자면 참다운 의미의 애민, 애국의 기치를 확고히 확립하면서 사이비들이 애국자인 양 행세하는 행위를 철저히 극복해 가야 합니다.

그러면 사이비들의 애국이 어떤 점에서 잘못되었습니까? 참다운 애민, 애국의 기치는 사회 역사의 주체이자 나라의 주인을 철두철미 민이라고 인정합니다. 하지만 그들은 한사코 이를 부정합니다. 한마디로 그들은 국가의 지배권을 장악하고 있는 것을 근거로 삼아 자신들이 주인인 양 행세한다는 것입니다. 즉 자신들의 이익을 국가의 이익과 동일시한다는 것입니다. 하지만 그들이 국가에 대한 지배권을 장악하고 있다고 하여 그들과 국가를 동일시할 수는 없습니다. 이것은 엄밀히 살펴볼 때 나라와 민족의 특성이 결국 지배자들이 아니라 나라의 주인인 민의 특성이 드러난 것에 다름 아니기 때문입니다.

이렇게 자신들의 이익을 국가와 동일시하게 되니 결국 한 국가 안에서도 자신들의 지배와 패권을 추구하게 되어 차별적 질서가 형성됩니다. 그 연장선상에서 대외정책도 침략전쟁과 패권전쟁을 벌이게 되니 세계 각국의 민은 서로 대립하여 싸우게 됩니다. 대외정책과 국내정책은 동전의 양면이기 때문입니다. 한마디로 국내에서 자신들의 기득권을 유지하기 위한 지배와 패권 정책이 추진되면 대외정책도 지배와 패권 정책을 추진하게 된다는 것입니다.

하지만 참다운 애민, 애국의 기치는 이와 전혀 다른 양상을 띠게 됩니다. 나라와 민족 단위에서의 주권을 고수하려고 하기에, 다른 나라의 주권적 권리 또한 당연히 인정하게 되니, 침략적이고 패권적인 형태를 띠는 것이 아니라 서로 협력하고 단합하는 방식으로 나아갑니다. 마찬가지 이치로 국내에서도 민이 누구나 다 개성을 가진 존재로서 집단을 구성하여 살아가고 있기에 서로 일치시켜 입체적으로 존중하여 통일적인 전망성을 세워 풀어가려고 하게 됩니다.

이것을 보면 참다운 애민, 애국의 기치와 사이비 애국과의 관계는 서로 완전히 대척점에 있다는 것을 알 수 있습니다. 그 때문에 참다운 애민, 애국의 기치를 실현하자면 사이비 애국의 형태를 철저히 극복해야 한다는 것을 알 수 있습니다. 한마디로 국내에서의 차별적이고 위계적인 질서를 세우려고 하는 행위나 다른 나라를 침략하여 패권적인 지배 정책을 추진하는 것은 참다운 애민, 애국의 기치와 관계가 없고, 사이비들이 자신들의 지배권을 행사하기 위해 애국을 도용하는 것에 불과하니만큼 이들의 양태를 철저히 극복해야 한다는 것입니다.

사이비들이 애국을 도용하는 양태를 극복하자면 그것이 어떻게 관철되고 있는가를 살펴보아야 합니다. 실상 지배와 패권의 반대는 당연한 이치이기에 그런 방향으로 나아가야 한다고 생각하는 게 합리적인 판단일 것입니다. 그런데 어떻게 된 것인지 지배와 패권을 추구하는 자들에 의해 신성한 애국의 기치가 도용되는 현상이 버젓이 통용되고 있습니다. 그것도 한 나라의 차원에서만이 아니라 세계적 차원에서 벌어지고 있습니다. 여기서 어떻게 그런 현상이 발생할 수 있는가에 대한 그 요체를 파악해야 합니다.

　그것은 바로 적대 세력의 양산입니다. 한마디로 패권주의자들은 자신의 지배권을 정당화하기 위한 방식으로 외부의 적대 세력을 만들어낸다는 것입니다. 그리고는 이 적대 세력에 반대하지 않으면 국익을 해치고 애국하지 않는다는 방식으로 교묘히 전환시킨다는 것입니다. 이것을 세계에서 가장 앞장서서 하는 나라가 바로 미국입니다. 미국은 세계 유일 패권을 유지하기 위해 적대 세력으로 규정한 중국과 러시아 등의 나라에 반대하지 않으면 국익을 해치고 애국하지 않는 행위라고 주장하면서 그것을 자국민뿐만 아니라 세계 각국에 강박한다는 것입니다.

　이런 미국의 강박은 미국의 민뿐만이 아니라 세계 각국에도 전혀 이롭지 않습니다. 단지 세계 유일 패권을 유지하려는 세력들에게만 이익이 되는 행위일 뿐입니다. 세계 각국의 민이 서로 단합하고 협력하는 것이 좋은데, 이를 방해하고 서로 싸우게 한다면 그런 행위가 어떻게 좋다고 볼 수 있겠습니까?

　그렇다면 세계 각국의 민들은 서로 협력하여 미국의 강박에 반대해 나서야 할 것입니다. 하지만 그런 현상이 아직껏 세계의 주류적인 모습으로까지 나타나지 못하고 있습니다. 그 이유는 이런 미국의 세계 유일 패권 정책에 편승해서 일정한 지역이나 나라에서 지배와 패권을 추구하는 세력들 또한 상존하고 있기 때문입니다. 그런 세력이 바로 유럽의 나토이고, 일본의 군국주의, 이스라엘의 시오니즘 세력입니다.

유럽의 나토는 미국의 세계 유일 패권 정책에 편승하여 서방이 아시아와 아프리카에 대한 지배권을 유지하려는 것이고, 일본 또한 미국에 편승해 한반도를 비롯해 아시아 지역에 대한 지배권을 행사하려는 것이며, 이스라엘 또한 팔레스타인에 대한 주권을 유린하면서 지배하려고 획책합니다.

미국의 세계 유일 패권주의자들이 외부 적대 세력을 등장시키고 그들에 대한 억압과 차별을 정당화하는 행위는 결국 미국 내부의 억압과 차별을 합리화하는 것으로 귀결이 되듯이, 미국의 세계 유일 패권 정책에 추종하는 나토와 일본의 군국주의, 이스라엘의 시오니즘 세력들의 형태도 결국 그 나라 내부의 지배와 억압을 합리화하는 것으로 귀결됩니다. 미국에서의 백인 우월주의에 의한 인종차별, 나토에서의 서방 우월주의, 일본에서의 한인 혐오, 이스라엘에서의 팔레스타인과 이슬람 세력에 대한 적대 의식이 각 나라 내부의 억압적 지배 질서에 어떤 영향을 미칠 것인가를 생각하면 이는 쉽게 판단할 수 있습니다.

그 때문에 미국의 세계 유일 패권주의자들과 이에 추종하는 나라들의 민은 그들이 내건 애국의 기치가 사이비라는 것을 분명하게 깨닫고 반대해서 투쟁에 나서야 합니다. 이에 반대하지 않으면 그들 나라의 민은 결코 억압적 지배 질서를 허물고 주인의 권리를 누리고 살수 없게 되기 때문입니다.

이런 나라들의 민도 반대해서 싸워야 하는데, 하물며 이들의 지배를 받는 처지에 놓인 나라라면 더더욱 절실한 이해관계를 가지고 대처해야 할 것입니다. 그런데 가관인 건 다른 나라를 침략, 지배하여 패권을 행사하자는 것도 아니고, 오직 자기 나라와 민족 내부의 지배권을 행사하려는 욕심 때문에 미국의 세계 유일 패권 정책에 추종하여 나라와 민족을 파멸로 이끈 세력 또한 나타나고 있다는 것입니다. 이의 대표적인 모습이 우크라이나의 젤렌스키입니다.

우크라이나는 나토와 러시아 세력 간의 대결에서 중간 위치에 놓여 있습니다. 그렇다면 우크라이나가 이 양대 세력의 한편에 서게 되면 다른 한편으로부터 반대 움직임을 받을 수밖에 없을 것입니다. 게다가 우크라이나는 내부적 상황만 보더라도 친러와 친나토 세력이 형성되어 있습니다. 그렇다면 어느 쪽 한편에 서지 않고 각 지역이 자치를 수행하도록 보장하면서 연방국가를 유지하는 것이 우크라이나에 있어서 최선의 입장일 것입니다.

그런데 젤렌스키는 미국의 세계 유일 패권 정책에 추종하여 친나토의 입장을 추구하면서 친러 세력에 대한 대대적인 공격을 감행했습니다. 그러니 친러 세력은 이에 대항해 싸울 수밖에 없었고, 결국 러시아로의 편입을 선언했습니다. 러시아는 젤렌스키에게 중립적 입장을 견지하면서 친러 세력에 대한 탄압과 공격을 멈출 것을 요구했습니다. 하지만 젤렌스키는 이 요구를 철저히 무시했습니다.

젤렌스키가 취한 입장에 대해 강대국인 러시아가 그대로 모르쇠로 넘어갈 수는 없을 것입니다. 친러 세력을 구축하는 것도 못마땅한데 거기에서 더 나아가 친나토로 가겠다고 선언하니 이것은 결국 우크라이나가 나토의 선봉대로 나서서 러시아를 공격할 것이 분명하다고 판단할 수밖에 없을 것입니다. 그 때문에 결국 러시아는 우크라이나에 대해 군사적 공격을 감행하게 됩니다.

여기서 젤렌스키는 러시아의 침공에 맞서 싸우는 것이 애국인 양 주장합니다. 하지만 그 원인 제공은 젤렌스키가 다 만들었던 것 아닙니까? 자신이 중립적 입장만 견지하였더라도 러시아의 침공을 받지 않았을 것이고, 나아가 중간 위치에 놓인 점을 이용해 우크라이나의 이익을 추구할 수 있는 길을 더욱 넓혀갈 수 있었을 것입니다. 그런데 이 모든 것을 다 막아버리고 오직 자신의 통치권을 유지하려는 욕심으로 미국의 세계 패권 정책을 추종한 결과 결국 러시아의 침공을 받게 해 놓고는 러시아에 대해 싸우는 것이 애국이라고 한다면 도대체 이를 어떻게 판단해야 하겠습니까?

형태적으로 보았을 때 침략해 오는 러시아에 대항해 싸우자고 하기에 그것이 국익이고 애국인 것처럼 보입니다. 하지만 그 내막을 따져보면 젤렌스키는 자신의 통치권을 유지하려는 욕심 때문에 우크라이나를 파멸로 이끈 원흉이라는 것입니다. 우크라이나 내부의 세력 관계를 서로 협력하고 단합하는 방향으로 나아가지 않고 도리어 대립, 대결과 분열정책으로 일관하여 내란의 소용돌이에 휩싸이게 하였으며, 그리고 끝내 러시아의 침공까지 받게 만들어 국토가 황폐해지고 수많은 인명이 살상되게 만들었다는 점에서 우크라이나 국가에 대한 반역이자 매국노 역할을 했을 뿐이라는 것입니다. 한마디로 자신의 행동을 친러 세력과 러시아에 적대감을 부추기면서 애국적 행위인 양 치장하지만, 우크라이나의 주인인 민을 생각하지 않고, 자신의 욕심만 채우려고 한 결과 우크라이나를 고통의 수렁으로 빠지게 한 최상의 반역자, 매국노로밖에 볼 수 없다는 것입니다.

그런데 안타까운 사실은 이런 젤렌스키 같은 모습이 지금 윤석열 정권에서 나타나고 있다는 사실입니다.

남북이 분단되어 있으면 어떻게든 단합하고 화해하여 통일의 길로 가는 것은 지극히 당연할 것입니다. 게다가 미국으로부터 군사적 주권도 제대로 행사하지 못하고 있다면 이를 되찾기 위해 적극 노력하는 것이 합당할 것입니다. 그런데 이런 모습을 보이기는커녕 자신의 권력 유지를 위해 한국 민의 이해와 요구를 한사코 거부하고 가로막고 있습니다. 이것은 한국 민의 절대다수가 찬성하는 여러 법안과 특검 요구에 대해 거의 대부분 거부권을 행사하고 있는 모습에서 드러나고 있습니다. 그 때문에 윤석열 대통령에 대한 탄핵 요구가 빗발치고 있는 것입니다.

그러자 젤렌스키가 자신의 통치권을 유지하기 위해 친러 세력에 대한 적대감을 부추겨 대립, 대결로 내전의 소용돌이로 빠지게 하더니, 끝내 러시아의 침공까지 받게 하여 파멸의 상황으로 이끌었던 것처럼, 윤석열 정권 또한 미국의 신냉전 정책을 적극 추종하여 북과의 대결 정책을 노골적으로 전개하면서 한반도의 분위기를 전쟁 위기 상황으로 몰아가고 있습니다.

한반도에 전쟁이 일어난다면 전 국토가 황폐해지고, 수많은 사람들이 살상당하게 되면서 민족이 공멸할 수 있는데, 북에 대한 적대 정책만 추구한다고 해서 어떻게 그것이 애국 행위가 될 수 있겠습니까? 이것은 아무리 봐도 민족의 반역자이자 매국노에 지나지 않는다고 봐야 할 것입니다.

결국 애민, 애국의 기치를 참답게 실현하기 위해서는 사이비들이 애국을 도용하는 것을 철저히 극복해야만 합니다. 사이비들이 애국을 도용하는 것은 나라의 주인을 민으로 보기 때문이 아니라 자신들이 주인인 양 행세하면서 민을 지배하고 통치하려는 목적에서 비롯되고 있기 때문입니다. 그 때문에 민이 개인과 집단, 나라와 민족 단위의 모든 방면에서 주인의 권리를 누리고 살자면 무엇보다 사이비들이 애국을 도용하는 행위를 우선적으로 극복해야 한다는 것입니다.

### 3) 매국노가 부끄러움도 모르고 매국노 짓거리를 하겠다면 응징하는 수밖에 없다*

민이 나라와 민족 단위로 살아가는 조건에서 한 사회가 원활하게 돌아가려면 매국 행위를 철저하게 단죄하여야 합니다. 매국 행위가 용인된다면 민의 생명과 재산 등을 지킬 수가 없기 때문입니다.

그런데 윤석열 정권은 매국 행위를 단죄하는 것이 아니라 도리어 자신들이 앞장서서 매국하겠다고 공공연하게 나서고 있습니다. 염치, 즉 부끄러움도 모르고 말입니다.

윤석열 정권은 자신들의 매국 행위의 정당성을 북과의 적대관계에서 찾고 있습니다. 하지만 북은 궁극적으로 통일을 이루어야 할 한편의 당사자이지 적으로 삼아서는 안 됩니다. 왜냐하면 남북 간의 통일을 이룩하는 것이 한반도의 진정한 평화와 안정을 이룰 수 있음은 물론이고, 한반도 차원에서 민의 권리를 실현하는 길이기 때문입니다. 헌법에서도 한반도의 평화와 통일을 지향하라고 했지 전쟁을 일으킬 권한을 주지 않았습니다. 한반도에서 전쟁이 일어나면 수많은 사람이 죽고 조국 강토가 황폐해질 것인데 어떻게 그런 권한을 줄 수 있겠습니까?

윤석열 정권이 캠프 데이비드 선언으로 사실상 한미일 군사동맹 체제를 맺는 것이 왜 매국 행위가 되는지는 지금의 세계 정세를 보면 분명히 알 수 있습니다. 흔히 한미일 군사동맹을 나토의 아시아판이라고 하지만, 그 내막을 보면 나토의 군사동맹과는 그 질을 달리합니다. 한마디로 한반도 전쟁은 물론이고 제3차 세계대전을 일으킬 수

---

* 우리겨레연구소 카페, 매국노가 부끄러움도 모르고 매국노 짓거리를 공공연하게 하겠다고 한다면 단호히 응징하는 수밖에 없다(2023. 08. 28)

있는 판도라의 상자를 연 격이기 때문입니다.

나토는 2차 세계대전 이후 소련과 동구권에 사회주의 국가가 성립되면서 현대제국주의의 우두머리 국가로 등장한 미국이 소련과 동구권에 대해 대결 정책을 추진하는 과정에서 설립되었습니다. 즉 소련과 동구권의 고립, 봉쇄와 붕괴시킬 목적으로 유럽에 군사적 동맹체제를 구축하였던 것입니다. 하지만 그렇더라도 미소 간의 전쟁을 직접적으로 상정하지는 않았습니다.

게다가 1960년대부터 중소 간에 이념분쟁이 벌어지고, 또 소련을 고립시키려는 미국과의 이해관계가 들어맞아 1970년대부터 미국과 중국은 핑퐁외교를 통해 수교하면서 사실상 동북아에서의 한미일 군사동맹 체제는 적극적으로 요구되지 않았습니다. 중소 간을 갈라놓고 소련을 고립시키기 위해 중국과 외교 관계를 유지할 필요성이 있는 조건에서 중국을 자극할 수 있는 한미일 군사동맹 체제의 형성을 강력하게 밀어붙일 필요가 없었던 것입니다.

하지만 세월이 흘러 동구권이 붕괴되고 미국의 세계 유일 패권 체제가 형성되면서 상황은 달라졌습니다. 미국은 세계 유일의 패권 체제가 영원무궁할 것으로 보고 자신들의 말을 듣지 않는 나라들을 불량국가라고 매도하면서 이들 나라들을 침략하고 탄압하였습니다. 그리고 중국도 미국의 말을 잘 듣는 나라로 순치시키기 위해 적극적인 노력을 기울였습니다.

하지만 불량국가로 매도하는 나라들을 침략하는 과정에서 전비가 기하급수적으로 늘어났을 뿐만 아니라 중국은 미국의 유일 패권 체제를 위협하는 가장 강력한 나라로 떠올랐습니다. 여기서 미국은 불량국가로 매도한 나라들을 더 이상 침략할 수 없었고, 중국과의 일전을 불사하려는 방향으로 선회하려고 하였습니다.

그렇지만 세계 유일의 패권적 지위가 흔들리면서 미국은 단독으로 중국과 싸워 제압할 수 있는 힘을 잃어갔습니다. 이미 세계는 다극화 되는 체제로 움직여가는 기미를 보였던 것입니다. 그 대표적인 것이 EU가 미국의 손아귀에서 벗어나 독자적인 길을 가려고 하는 움직임이었습니다. 중국과의 대결을 추진해 승리하기 위해서는 유럽을 끌어들여야만 했습니다. 그만큼 미국의 힘은 약화되었던 것입니다. 그 과정에서 발생한 것이 우크라이나전입니다.

미국은 우크라이나전을 계기로 EU가 독자적인 길을 걷지 못하도록 획책하였습니다. 이렇게 EU를 미국의 손아귀에 붙들어 맨 상황에서 이제 중국과의 대결 정책을 본격적으로 추진하고자 나선 것이 한미일 군사동맹의 형성입니다. 그래서 한미일 군사동맹 체제의 형성은 미국이 세계 유일의 패권적 지배 체제가 위기에 몰리자 전쟁을 통해서라도 그 지위를 유지하고자 하는 매우 발악적인 전쟁 행위에서 비롯된 것입니다.

동북아와 한반도의 정세는 나토 상황과 매우 판이합니다. 나토에서는 미소 간의 직접적인 전쟁은 상정되지 않았으나, 지금의 동북아는 남북 간의 상황은 물론이고 대만 문제를 계기로 미중 간의 전쟁도 직접 상정되고 있습니다. 실제로 최첨단 무기들이 한반도와 동북아에 집중되면서 군사적 대치와 충돌의 위험성이 매우 높아지고 있습니다. 이런 상황에서 한미일 군사동맹의 형성은 사실상 한반도 전쟁은 물론이고, 제3차 세계대전의 판도라 상자를 열 만한 지극히 위험한 행위라고 볼 수 있습니다. 한미일 군사동맹의 위험성이 바로 여기에 근거합니다.

여기서 한미일 군사동맹의 형성은 미국에겐 세계 유일의 패권적 지배 체제를 유지하려는 행위가 되고, 일본은 이 과정에서 또다시 군국주의적 길을 열고자 하는 의도가 담겨 있습니다. 그렇지만 한국은 도대체 무엇을 얻는 것입니까? 한반도에서 전쟁이 일어나면 수많은 사람이 죽고, 지금껏 피땀으로 건설한 물질, 문화적 재산은 물론이고 조국 강산이 파괴될 것인데, 도대체 무엇을 얻고자 하는 행위란 말입니까? 그 때문에 한국 민의 입장에서 볼 때, 한미일 군사동맹의 추진은 한반도의 평화와 통일에 저촉됨은 물론이고, 민의 생명과 재산을 파괴하는 행위가 되기에 매국 행위가 된다고 말할 수 있습니다.

여기서 한미일 군사적 동맹의 추진을 극우적 행위로 포장하면서 마치 매국적 행위가 아닌 것처럼 위장합니다. 하지만 그런 주장이야말로 매국적인 행위에 다름 아닙니다. 미국과 일본의 입장에서는 극우적인 행위로 볼 수 있겠지만, 한국의 경우 남북 간의 전쟁을 불러와 민족을 파멸로 이끄는 것인데, 어찌 이것이 극우적 행위가 될 수 있단 말입니까? 이것이야말로 미국과 일본을 추종하는 사대 매국노의 사고방식이라고 말하지 않을 수 없습니다. 우리 민족의 이익이 아닌 미국과 일본 앞잡이 역할을 충실히 수행하는 매국노의 사고방식을 가진 것에 불과하다는 것입니다.

한미일 군사동맹의 추진이 매국노의 사고방식을 가지고 추진하고 있다는 것은 방사능 오염수를 바다에 방류하는 일본의 범죄적 행위를 묵인, 방조하고 있는 것에서도 분명하게 드러납니다. 방사능 오염수를 자기 땅에 보관하는 게 비용이 많이 들기에 그것을 줄이고자 인류의 공동 재부인 바다에 방류한다는 것이 도대체 상식과 양심이 있는 행위라고 볼 수 있겠습니까? 그런데 이런 행위를 보고도 적극 반대하며 방류하지 못하도록 막아야 할 것이건만, 도리어 과학을 도용하여 적극 옹호하고 있다니 얼마나 기가 막힌 모습입니까?

과학은 인류의 삶에 이롭게 하려고 이용하는 것이지, 인류에 해악을 일으키는 데 사용되어서는 안 됩니다. 실상 과학적 법칙은 그저 법칙일 뿐이지 그것을 어떻게 이용하는가는 사람에게 달려 있습니다. 그 때문에 과학을 도용하여 인류에게 해악을 미치는 행위를 정당화하는 주장은 과학에 대한 이해가 매우 잘못되었을 뿐만 아니라 철학이 부재한다는 것을 말해줄 뿐입니다.

한국에서 매국 행위가 벌어진 것은 한두 번이 아니었습니다. 하지만 윤석열 정권처럼 과학까지 들먹이며 매국 행위를 적극 변호하고, 공공연하게 매국하겠다고 감히 나서지는 못했습니다. 이렇게 매국 행위를 대놓고 하겠다고 나서는 조건에서 어찌해야 하겠습니까? 여기서는 다른 방법이 없습니다. 매국노를 응징해야 합니다.

공공연하게 매국 행위를 하겠다고 하는데, 이를 응징하지 못한다면 앞으로의 한국 사회는 어떻게 되겠습니까? 어떤 매국 행위를 행해도 처벌할 수 없게 될 것입니다. 더 이상 물러설 곳이 없다는 뜻입니다. 이번 기회에 애국법과 조국통일법을 제정함으로써 매국노들이 더는 준동하지 못하도록 철저히 뿌리 뽑아야 합니다. 지금 상황에서 민족의 활로를 찾자면 부끄러움도 모르고 매국 행위를 하겠다는 매국노들을 철저히 단죄하는 것 말고는 다른 길이 없다는 것입니다.

## 4) 한국의 정치권은 주권을 되찾아 애국정권을 세우는 길로 나서야 한다*

한국 사회는 민생이 파탄 나고 민주주의가 위기에 처하며 심지어 한반도의 전쟁 위기까지 격화되면서 총체적 난국에 빠져들고 있습니다. 그로 인해 윤석열 정권에 대한 탄핵 열풍이 불어닥치고 있습니다. 윤석열 정권을 탄핵해야만 이런 총체적인 난국에서 벗어날 수 있

---

* 우리겨레연구소 카페, 한국의 정치권은 주권을 되찾아 애국정권을 세우는 길로 나서야 한다(2024. 11. 18), 참조 자료: 우리겨레연구소 카페, 새 술은 새 부대에 담아야 한다?(2024. 12. 02)

다는 결론에 이르게 되었다는 것입니다.

　그러면 윤석열 정권을 탄핵만 한다면 모든 문제가 풀어지느냐 하는 것입니다. 지난날 박근혜 정권을 탄핵하여 문재인 정권이 등장했지만, 결코 한국의 본질적 문제는 해결되지 못했습니다. 도리어 지금의 총체적인 난국을 불러오는 윤석열 정권의 등장까지 가져왔습니다. 이런 우를 또다시 범해서는 안 될 것입니다. 그렇다고 한다면 윤석열 정권을 탄핵한 다음에 어떻게 해야 한국 사회를 개혁할 수 있는지에 대한 해답까지 분명하게 제시해야만 할 것입니다.

　그 해답을 제시하자면 윤석열 정권이 한국 사회를 총체적인 난국에 빠지게 한 원인이 무엇인지에 대해 명확하게 규명해야 할 것입니다. 그래야만 그로부터 해결책이 나올 수 있기 때문입니다.

　윤석열 정권이 한국 사회를 총체적인 위기로 빠지게 한 근원적인 원인은 미국과의 불평등한 관계를 뜯어고쳐 주권을 올바로 행사하려고 하지 않고 도리어 미국의 정책적 요구를 철저히 추종한 데에 있습니다.

　미국은 세계 유일의 패권적 지위가 위기에 처하자 이를 모면하기 위해 국제 정세를 대립 대결적 분위기로 조성해 나갔습니다. 여기서 한국의 국익을 추구하자면 미국의 대립, 대결적 정책을 추종할 것이 아니라 한국의 주권적 입장에서 판단하여 풀어가려고 노력해야 할 것입니다. 더구나 한국의 경제는 자립적 경제구조를 갖추고 있지 못한 관계로 다른 여타 나라와의 대외적 관계를 원만하게 형성하는 것이 매우 중요한 문제로 다가옵니다. 그런데 윤석열 정권은 미국의 대립, 대결적 정책을 추종함으로써 대외 경제적 관계도 영향을 받게 되었습니다. 당장 중국과 러시아의 관계가 껄끄럽게 되어 그로 인한 경제적 어려움을 겪게 되었습니다. 그로 인해 민생 또한 어려운 상황으로 빠져들게 되었습니다.

민생이 어려워지니 윤석열 정권이 취한 대외정책과 경제정책에 대한 비판이 나오게 됩니다. 하지만 윤석열 정권은 미국의 정책을 한사코 추종하려고 하면서 민의 요구를 받아들이지 않고, 도리어 강압적 통치를 전개하는 방향으로 나갑니다. 윤석열 정권이 공안탄압을 대대적으로 자행하고, 제1 야당의 대표를 무자비하게 탄압하는 모습을 보이는 것은 그 때문입니다. 한마디로 경제 위기가 가중되고 민생이 파탄 나게 된 것은 주권을 올바로 행사하려고 하지 않고 미국의 대립, 대결 정책을 추종함으로써 발생하고 있는데, 이를 고치려는 것이 아니라 그 무슨 공안세력과 제1일 야당의 대표가 방탄 국회를 벌이고 있기 때문이라고 책임을 전가하는 방식으로 나왔던 것입니다.

　하지만 아무리 책임을 전가해 모면하려고 해도 미일의 앞잡이 노릇을 하면서 민족적 자존심에 심히 상처를 주는 측면과 함께 민생이 파탄 나는 원인이 미국의 추종 정책에 있다는 사실 자체를 숨길 수 없게 됩니다. 그 결과로 나타나는 것은 윤석열 정권을 지지하는 사람이 줄어듭니다. 지지율이 줄곧 20%대에 머물다가 10%대로 떨어지는 것이 이를 증명합니다. 그러니 능력 있는 인사들이 윤석열 정권에 들어가서 일하려고 하지 않습니다. 이런 상황에서 취할 수 있는 길은 결국 민의 요구를 철저히 부정하면서 자기 말만 듣고 따르는 인사를 등용하는 방식일 것입니다. 윤석열 정권하에서 자기와 안면이 있는 사람을 등용하거나 뉴라이트 사고방식을 가진 사람이 대거 등장하고 있는 것은 이로부터 필연적으로 나타나는 모습입니다. 이렇게 민의 요구를 철저히 외면하고 자기 말만 듣고 따르는 사람을 등용하는 방식으로 되니 결국 민주주의가 위기에 처할 수밖에 없게 됩니다.

　그 결과 윤석열 정권에 반대한 사람들이 자연 증가하는 것은 당연한 추세가 될 것입니다. 그러니 그 비판을 원천적으로 봉쇄하면서 위기를 모면하는 방식을 찾다 보니 결국 한반도에 전쟁 위기까지 불러일으키는 길로 나아가게 됩니다.

이렇듯 그 근본 원인이 주권을 제대로 행사하지 못하는 데에 있는데도 이를 올바로 시정하려고 노력하지 않고서는 마치 파탄 난 민생 문제를 해결할 수 있는 듯이 얘기하고 있습니다. 이런 잘못된 사고방식이 나타나는 이유는 대외정책과 대내정책은 동전의 양면 관계인데, 마치 서로 분리될 수 있는 것처럼 생각하기 때문입니다. 주권을 고수하지 못하는 상황을 고치려고 하지 않는 이상 그에 맞추어서 대내정책을 추진할 수밖에 없는데, 그런 상황에서 어떻게 민생 문제가 참답게 해결될 수 있겠느냐 하는 것입니다.

물론 민생 문제를 해결하자면 경제를 살려야 하고, 또 기업이 잘 돌아가게 해야 합니다. 하지만 문제는 기업이 돈을 잘 번다고 해서 파탄 난 민생 문제가 꼭 해결되느냐는 것입니다. 민생이 파탄 나게 된 가장 큰 원인은 빈부격차가 극심해서 발생하고 있습니다. 빈부격차가 극심하게 되니 소비 활동이 원활하게 이뤄지지 못하고, 그로 인해 생산활동 또한 위축되고 결국 기업도 이의 영향을 받게 됩니다.

이런 빈익빈 부익부의 현상은 한국만이 아니라 국제사회에서 나타나고 있습니다. 이렇게 된 근본 이유는 미국이 세계제국주의 정책을 펴면서 세계적 경제 관계를 세계거대독점자본의 이해와 요구를 관철시키는 방식으로 전개하였기 때문입니다. 그래서 이런 경제 방식의 구조를 그대로 수용하는 조건에서 경제를 살리거나 민생 문제를 해결하겠다고 하는 것은 결국 세계거대독점자본의 이해와 요구를 대변하는 방식으로 귀결될 수밖에 없으니 참다운 민생 문제를 해결하는 것과는 상관관계가 거의 없다고 봐야 합니다.

단적으로 한국의 삼성과 현대자동차가 돈을 벌기 위해 미국의 압력에 굴복해 미국에 투자하는 것은 이들 기업이 살아나는 방편일 수는 있겠으나 이것이 한국의 민생 문제를 해결하는 것과 어떤 관계가 있느냐는 것입니다. 그 때문에 국제사회에서는 미국식의 경제 방식 및 구조와 연계되어서는 민생문제와 경제문제를 해결할 수 없다고 보고 각 나라가 모두 이익을 보는 새로운 국제 경제 관계를 형성해 가려고 노력하고 있습니다. 브릭스가 미국과 다른 방식의 경제적 관계를 확립하려고 하는 것도 이런 모습의 일환이라고 할 수 있습니다.

이것은 결국 대외 경제정책과 대내 경제정책이 서로 밀접하게 연결되어 있다는 것을 의미합니다. 그러니까 주권을 고수하지 못한 대외 경제정책을 그대로 유지하는 속에서 대내 경제정책이 추진된다면 참다운 의미에서 파탄 난 민생을 살리는 길이 열릴 수 없다는 것을 의미합니다. 어차피 기업이 돈을 번다고 해도 빈익빈 부익부의 현상을 심화시키는 과정으로 귀결될 것이기에 민생 문제의 해결로 직접 연결되지 않는다는 것입니다. 이것은 국가정책을 펴가는 데 있어서 대외정책과 대내정책이 서로 동전의 양면 관계에 있다는 데에서 자연스러운 귀결입니다.

한마디로 주권을 고수하려는 입장에서 대외정책을 추진한다면 대내정책 또한 주권을 실현하려는 입장에서 전개될 것이고, 반면에 외세에 굴복하는 입장에서 대외정책이 추진된다면 대내정책 또한 외세와 매국노들이 이익을 보는 방식으로 전개된다는 것입니다. 그 때문에 윤석열 정권이 민생 문제를 해결하겠다면서 들고나온 방식이 결국 부자 감세였던 것입니다. 금융투자소득세(금투세)를 유예하자고 주장했던 것도 그런 연장선상입니다. 미국과 불평등한 관계를 고쳐 주권을 올바르게 행사하지 않고 그것을 인정한 조건에서 민생 문제를 해결하겠다고 한다면 결국 외세와 매국노들의 이해와 요구를 실현하는 방식으로 귀결된다는 것입니다.

이렇게 한국 사회가 총체적으로 파탄 난 근본 원인이 미국으로부터 주권을 올바르게 행사하지 못한 것에 기인하는데 이를 고치려고 하지 않는다면 민생 문제를 해결할 수 없음에도 불구하고 민생 문제를 해결할 수 있는 듯이 여기는 현상은 더불어민주당의 모습에서도 나타나고 있습니다. 더불어민주당이 진정 민생 문제를 해결하려고 한다면 주동적으로 미국과 평등한 관계를 만들어가자고 주장하면서 주권을 올바르게 행사할 것을 요구해야 할 것입니다.

하지만 더불어민주당은 미국과의 동맹 관계를 부정하지 못한 결과 주권을 제대로 행사하지 못하는 부분을 명확하게 지적하지 않습니다. 국익을 위해 동맹을 맺으려고 한다면 주권을 행사하는 것을 전제로 해야지 주권도 행사하지 못하면서 동맹관계라는 것이 도대체 무슨 쓸모가 있겠습니까? 결국 주권을 제대로 행사하지 못한 부분을 지적하고 고쳐 가지 못하면 문제의 근원을 회피하게 된 모습일 터인데 거기서 무슨 대책이 올바르게 세워지겠느냐 하는 것입니다. 그 때문에 더불어민주당 또한 주권 문제를 외면하면서 미국과의 불평등한 관계를 인정하게 되니 그 결과로 민생 문제를 해결하겠다고 고심 끝에 내온 것이 금투세 폐지라는 주장으로 귀결되고 윤석열 정권과 피장파장인 대책을 들고나오게 되는 것입니다. 이렇게 윤석열 정권과 큰 차별성이 없으니 국회의원의 과반 의석 이상을 가지고 있으면서도 그 지지율이 과반에도 한참 못 미치는 지지를 받고 있는 것입니다.

이제 더불어민주당을 비롯한 정치권은 분명하게 자신들의 입장을 표명해야 합니다. 윤석열 정권이 한국 사회를 총체적인 난국으로 빠지게 한 근본 원인이 주권을 고수하지 못한 데 있음이 분명한 이상 이를 고쳐 가는 방향으로 나아갈 것인지에 대해 명확한 태도를 취해야 한다는 것입니다. 지금 한국 사회의 민심은 윤석열 정권을 탄핵하는 데 모아지고 있습니다. 이렇게 된 이유는 주권을 고수하지 않고 미국에 추종하는 정책을 견지하는 이상 윤석열 정권에게 더 이상 기대할 것이 없기 때문입니다. 그래서 나라의 주인인 민은 철저히 주권을 고수하는 애국정권을 세워내어 파탄 난 민생 문제와 민주주의 위기, 한반도 전쟁 위기를 근원적으로 해결할 것을 요구하고 있습니다.

그런데 현 정치권은 이런 민심을 외면하고 있습니다. 윤석열 정권과 여당은 야당에 대해 방탄 국회를 전개하고 있다는 식으로 공격하며 책임을 전가하고 있고, 야당인 더불어민주당은 윤석열 정권에 대한 민심 이반을 이용해 어부지리로 정권을 잡으려는 모습에서 벗어나지 못하고 있습니다. 한마디로 한국 사회가 총체적인 파국에 처한 원인을 해결하려는 것이 아니라 서로에게 책임을 전가하면서 권력 투쟁이나 벌이고 있다는 것입니다.

이런 정치권의 현상을 나라의 주인인 민은 결코 묵과하지 않을 것입니다. 박근혜 정권을 탄핵한 결과로 어부지리로 권력을 잡아 문재인 정권이 등장했지만 한국 사회의 문제를 실질적으로 해결하기 위한 개혁을 수행하지 못한 결과로 그 어떤 정권보다도 무능한 윤석열 정권을 탄생시켰듯이 이번에도 윤석열 정권에 대한 어부지리로 권력을 얻는 형식이 진행될 것이라고 바라본다면 큰 오산이라는 것입니다. 민은 지난날의 쓰디쓴 실패의 교훈을 결코 되풀이하지 않을 것입니다.

정치권이 한국 사회의 총체적인 난국에 처하게 된 근본 원인이 주권을 제대로 행사하지 못했던 데에 그 원인이 있기에 이를 해결하는 방향으로 정치권이 나아가지 않는다면 기성의 정치권은 역사의 무대에서 사라지고 새로운 정치세력이 등장하는 계기로 될 것이라는 점입니다. 이런 점에서 지금의 정치권은, 특히 야당은 주권을 명실상부하게 행사할 수 있는 애국정권을 세우는 길로 적극 나서야 합니다. 이것이 구태 정치세력으로 낙인찍히지 않고 민의 충복으로서 살아남는 길이라는 것을 분명하게 직시해야 한다는 것입니다.

# 3. 애민, 애국의 기치와
## 자주, 민주, 통일 및 반미와의 관계

### 1) 애민, 애국의 기치와 자주, 민주, 통일과의 관계*

지금껏 한국 사회의 본질적 개혁 과제로 제시되어 온 자주, 민주, 통일과 애민, 애국의 기치는 어떤 관계에 있는 것일까요? 본질적으로 똑같은 것일까요? 아니면 일정한 차이가 있는 것일까요?

이런 문제를 제기하는 것은 단순히 이론적인 유희 놀음을 하자는 것이 아니라 현 시대적 사회 발전 속에서 어떻게 하면 한국 사회의 개혁 과제를 분명히 드러내면서 해결해낼 것인가의 문제와 직결되어 있기 때문입니다. 왜냐하면 시대의 변화에 맞게 각각의 이론을 계속 심화 발전시켜가지 않으면 결국 개혁의 과제를 해결할 수 없기 때문입니다.

80년 광주민주항쟁과 87년 6월항쟁을 거치면서 자주와 민주, 통일의 과제가 명확히 제시된 것은 민이 주인의 권리를 실현해가는 데 있어서 획기적인 진전이었습니다. 자주와 민주, 통일의 과업이 제시됨

---

* 우리겨레연구소 카페, 애민, 애국의 기치와 자주, 민주, 통일과의 관계(2024. 07. 08) 참조 자료: 우리겨레연구소 카페, 시대사적 요청이 곧 개혁인 만큼 애국, 애민의 기치에 의한 자주, 민주, 통일이 개혁의 핵심 과제이다(2023. 05. 15)

으로써 한국 사회를 어떻게 실질적으로 개혁해 갈 수 있는지가 명확히 드러났기 때문입니다.

하지만 6월항쟁 이후 민주화 세력이 하나로 단결하지 못하고 분열함으로써 군사독재세력이 연장되었고, 거기에다가 한때 민주화운동을 함께했던 일부 세력이 민을 배신하고 군사독재세력과 야합한 관계로 자주와 민주, 통일의 과제가 실현되지 못하고 일정한 좌절을 겪게 되었습니다.

그렇지만 민은 거기에 안주하지 않고 군사독재 세력을 청산하기 위해 끊임없이 투쟁하였습니다. 그 결과로 한국 사회에서 군사독재 세력은 더 이상 맥을 출 수 없게 되었습니다. 그러면 자연스럽게 자주와 민주, 통일의 과제가 실현되어야 할 것인데, 여전히 한국 사회에서 자주와 민주, 통일의 과제는 실현되지 못했습니다.

도대체 그 연유가 어디에 있는 것일까요? 상식적인 이치로 따져볼 때 누군가 군사독재세력을 대신해서 그 역할을 하고 있다고 봐야 할 것입니다. 가로막는 세력이 없다면 실현되지 않을 이유가 없으니 말입니다. 여기서 군사독재세력을 대신해서 가로막는 세력이 등장했고, 바로 그들이 배신세력이었다는 것입니다.

이들 배신세력들은 문민정부니, 국민의 정부니, 참여정부니 하면서 한국 사회의 민주화와 개혁의 과제를 수행할 것처럼 요란하게 소리치며 처신했습니다. 하지만 그들이 수행한 것은 형식적인 자유와 평등의 실현 차원으로 제한을 둔 것이었습니다. 물론 자유와 평등 그 자체를 짓밟았던 군사독재 세력과 달리 형식적인 차원이지만 자유와 평등을 인정했다는 것은 민의 권리 실현에서 큰 진전이라고 볼 수 있습니다. 하지만 자유와 평등이 형식적인 차원에서만 인정되고 실질적으로 누리지 못하면 별반 의미가 없습니다. 그 때문에 민은 형식적인 차원이 아니라 실질적으로 자유와 평등을 누리기 위해 적극 투쟁에 나섰습니다.

바로 여기서 한국 사회의 대립 전선은 형식적인 자유와 평등의 수립 차원으로 제한을 두는 것과 그것을 뛰어넘어 실질적인 자유와 평등을 누리며 살려고 하는 입장으로 새롭게 대치 전선이 형성되기에 이르렀습니다.

실상 배신세력이 등장한 이후 개혁은 수없이 외쳐졌고, 또 여러 방면에서 사회복지 정책도 실시되었습니다. 그 형식들만 보면 대단한 개혁인 것처럼 보이고, 언뜻 보면 선진국으로 진입한 것처럼 보이기도 합니다. 그런데 그 내막을 살펴보면 대부분은 형식적인 측면에 그치고 있습니다. 그런 차원에서 자주와 민주, 통일도 형식적인 차원에서 다 해낼 것처럼 주장되었지만 실질적으로는 실현되지 못했던 것입니다.

이렇게 실질적인 개혁이 이루어지지 못하고, 자주와 민주, 통일의 과제도 실현되지 못하자 배신세력은 민으로부터 지지를 받지 못하게 되었고, 그 틈을 타 배신세력을 공격하면서 시대적 흐름을 뒤로 되돌리려는 반동세력마저 등장하였습니다. 그리고 이들 반동세력은 새롭게 권력을 장악하기까지 하였습니다.

한국 사회를 개혁하자면 형식적인 자유와 평등이 아니라 실질적인 자유와 평등을 누릴 수 있어야 하는데, 이 문제가 명확히 해결되지 못하니 배신세력만이 아니라 시대적 흐름을 되돌리려는 반동세력까지 나타나게 되었다는 것입니다. 그로 인해 한국 사회는 매우 복잡한 양상으로 흘러가게 되었습니다.

이런 상황에서 형식적인 자유와 평등 차원이 아니라 실질적인 자유와 평등을 누리고, 한국 사회의 본질적인 과제인 자주, 민주, 통일을 실현하기 위해서는 어떻게 해야 할까요? 그것은 지금의 시대적 흐름이 실질적인 자유와 평등을 누리고 사는 것임을 명확히 하고, 이런 각도에서 자주, 민주, 통일의 과제를 더욱 풍부화시켜 내는 것입니다. 지난날에 주장되었던 자주, 민주, 통일의 내용만으로는 시대적 발전 과정에 맞게 담아낼 수 없는 부분이 너무도 많이 나타나기 때문입니다.

단적으로 지난날의 자주는 주되게 민족 자주를 의미했습니다. 하지만 지금 시기에서의 자주는 민이 개성을 가진 존재로서 집단을 구성하여 나라와 민족 단위로 살아가고 있기에 나라와 민족 단위뿐만이 아니라 개인과 집단의 영역에서도 당연히 주인의 권리를 누리고 살아야 합니다. 한국 사회에서 개성이 짓밟히는 부분을 고치기 위한 여러 활동이 전개되는 것이나 여러 계급, 계층과 집단이 자기 권리를 실현하기 위해 다양한 요구를 내걸고 투쟁을 벌이는 것은 개성의 영역은 물론이고 집단의 영역에서도 주인의 권리를 누리고 살아야 한다는 것을 명확히 보여주고 있습니다.

민주도 마찬가지입니다. 지난날의 민주는 주되게 반독재 민주였습니다. 하지만 지금 시기에는 검찰개혁이나 언론개혁, 국민연금 개혁이니 하는 것에서 보듯 수많은 비민주적 제도와 질서 체계를 고쳐 가야 한다는 주장으로 확대되고 있습니다. 이것은 단순히 독재에 반대한다는 것과 비교해서 얼마나 민주의 내용이 풍부화되었는가를 보여줍니다.

통일도 지난날에는 분단된 나라로부터 통일하자는 것이었습니다. 하지만 지금은 한반도 차원에서 민의 권리를 실현하는 차원으로 풍부화되었습니다. 그뿐만 아니라 통일은 한 나라에 있어서 광범위한 정치세력을 단합하는 것으로까지 그 내용이 심화되고 있습니다. 물론 그렇다고 해서 통일은 한국의 제반 정치세력의 단합 차원으로만 끝나지 않고 남북이 분단되어 있기에 한반도 차원에서의 정치 역량을 단합시키는 것까지 포함하게 됩니다.

이렇듯 자주, 민주, 통일의 내용은 지난날에 단순하게 제기되었던 차원에서 벗어나 더욱 풍부화되고 있다는 것입니다. 그렇다면 자주, 민주, 통일의 과제도 이렇게 풍부화되고 심화되는 내용을 갖는 것으로 만들어야 할 것입니다.

그러면 왜 자주와 민주, 통일을 이렇게 풍부화되고 심화된 내용으로 이해해야 할 이유는 무엇일까요? 그것은 시대적 흐름이 형식적인 자유와 평등이 아니라 실질적인 자유와 평등을 요구하고 있고, 그래서 이 요구를 받아안을 수 있어야만 이를 실현할 수가 있기 때문입니다.

실질적인 자유와 평등을 누리고 산다는 것은 누구나 다 주인의 권리를 누리고 산다는 것을 의미합니다. 왜냐하면 주인의 권리를 누리고 살 수 있어야 실질적인 자유와 평등이 이루어질 것이기 때문입니다. 그래서 실질적인 자유와 평등을 누리고 살자면 자유와 평등 차원으로 접근해서는 풀리지 않고, 어떻게 하면 주인의 권리를 누리고 살 것인가의 문제로 접근해야 합니다.

여기서 주인의 권리를 누리고 살자면 인간이 삶을 살아가는 존재 방식의 모든 영역에서 그 내용이 관철되어야 합니다. 그런데 인간은 누구나 다 개성을 가진 존재로서 집단을 구성하여 나라와 민족 단위로 살아가고 있습니다. 그 때문에 이 모든 부분에서 주인의 권리가 실현되어야 합니다.

그렇다면 이 모든 부분에서 주인의 권리를 누리고 살자면 어떤 과제를 내걸어야 실현할 수 있는 길이 열릴 수 있을까요? 그것은 우선 주인의 권리를 누리고 살아야 한다는 주장이 당연시되어야 할 것이고, 그다음에는 그 주장을 실현할 수 있는 제도와 질서 체계를 세우는 과제가 제기될 것입니다. 제도와 질서 체계가 세워지지 않으면 그저 빈말에 지나지 않으니까요. 이렇게 주인의 권리를 누리고 살아야 한다는 주장과 함께 그에 맞는 제도와 질서 체계를 세워야 한다는 과제까지 나왔다고 한다면 그다음에는 이것이 빈말로 그치지 않게 실현할 수 있는 정치적 역량을 담보하는 과제가 제기될 것입니다.

바로 여기서 자주는 민족 자주에 한정하지 않고 민이 주인의 권리를 누리고 살아야 한다는 내용으로 풍부화됩니다. 마찬가지로 민주도 독재정치에 반대하는 것으로 한정되지 않고 주인의 권리를 실현하기 위한 제도와 질서 체계를 세우는 것으로 풍부화됩니다. 통일도 광범위한 세력을 하나로 단합시키는, 즉 정치적 역량을 마련해서 담보하는 내용으로 풍부화됩니다.

그러면 왜 이렇게 자주와 민주, 통일의 과제를 풍부화하고 심화시키는 내용으로 되어야 하는 이유는 무엇일까요? 그것은 형식적인 부분으로 끝낼 것이 아니라 실질적인 내용을 확보하자는 것입니다. 배신세력과 반동세력이 형식적인 측면을 들고나와 기만하는 상황에서 이를 극복해야만 하기 때문입니다. 형식적인 차원에서 멈추게 되면 민이 주인의 권리를 누리고 살 수 없다는 것입니다.

자주, 민주, 통일이 이렇게 실질적인 자유와 평등을 누리고 살아야 한다는 시대적 흐름을 반영하여 그 내용이 풍부화되는 이유는 그 어디에 있는 것이 아니라 민이 사회와 역사의 실질적인 주체가 되었음을 반영하고 있습니다. 지금껏 민은 추상적인 존재로 여겨져 왔지만 지금의 시대적 흐름은 이제 실질적으로 풀어가는 주체가 되었다는 뜻입니다. 그 때문에 이 모든 것의 논리 전개와 판단의 척도는 민에게 달려 있게 됩니다. 바로 여기서 사회와 역사의 주체이자 나라의 주인이 민임을 확고히 하고, 나아가 개성을 가진 존재로서 집단을 구성하여 나라와 민족 단위로 살아가고 있기에 이 모든 부분에서 주인의 권리를 실현하고자 한다는 것입니다.

이런 각도에서 보면 자주, 민주, 통일을 풍부화시키는 입장은 민이 개인과 집단, 나라와 민족 단위의 모든 부분에서 주인이 권리를 누리고 살아야 하는지에 대한 완벽한 해답으로 됩니다. 그 때문에 이런 논리적 구조에서는 낮은 차원뿐만이 아니라 아주 높은 차원까지 다 포함하게 됩니다. 한마디로 어떤 합법칙적인 발전 과정을 통해서 민이 주인의 권리를 완벽하게 실현해가는지가 설명된다는 것입니다.

바로 여기서 자주와 민주, 통일의 과제를 풀어가는 데 있어서 합법칙적인 발전 과정에 대한 이해가 필요합니다. 다시 말해 민이 주인의 권리를 전면적으로 누리고 살자면 먼저 그것을 가로막는 최대의 세력부터 먼저 청산해야 할 것입니다. 그다음에 억압과 착취를 없애는 부분으로 나가야 할 것이고, 그다음으로는 전면적으로 누구나 다 주인의 권리를 실현하는 단계로 나아가야 할 것입니다. 이처럼 자주와 민주, 통일의 과제는 민이 주인의 권리를 실현해 가는 합법칙적인 발전 과정의 모든 부분을 다 포함하게 된다는 것입니다.

그렇다고 한다면 자주와 민주, 통일의 과제를 해결하자고 할 때 어떻게 해야 풀릴 수 있겠습니까? 각 단계마다 해결해야 할 핵심적 기치가 요구될 것입니다. 바로 여기서 현시기에 가장 중요한 것은 외세와 매국노가 주인 행세하고 있는 사회이기에 그들에게 제일 먼저 화력을 집중해서 청산하기 위한 목표를 내거는 것입니다. 그 실현의 기치가 바로 애민과 애국입니다. 민이 주인의 권리를 누리고 사는 세상을 실질적으로 만들자면 외세와 매국노가 주인 행세하는 세상부터 바꿔야 한다고 말하는 것입니다.

그러면 애민, 애국의 기치와 자주, 민주, 통일과의 관계는 어떻게 되겠습니까? 자주와 민주, 통일은 민이 주인의 권리를 실현해 가는 데 있어서 그 합법칙적인 발전의 전 과정을 다 보여주는 것이라고 할 수 있습니다. 하지만 이를 실현하자면 각 단계에 맞게 해결해야 할 것이 요구됩니다. 바로 여기서 애민과 애국의 기치는 가장 일차적으로 해결해야 할 과제가 무엇인지에 대한 해답으로 됩니다.

지금 한국 사회에서 수구세력이니 수박이니 하는 말이 나오고 있습니다. 이것은 한국 사회의 실질적인 개혁을 가로막고 있는 세력이 반동세력과 배신세력이라는 말에 다름 아닙니다. 바로 이를 명확히 하는 것이 애민과 애국의 기치입니다. 한마디로 외세와 매국노가 주인 행세하는 한국 사회에서 지난날에는 군사독재세력이 매국노의 핵심 역할을 담당했다고 한다면 지금은 반동세력과 배신세력이 이 역할을 담당하고 있다는 것입니다. 바로 이 부분을 명확히 하고자 애민과 애국의 기치가 제기되었고, 이를 해결해야만 자주, 민주, 통일의 과제를 합법칙적 발전 과정에 맞게 풀어갈 수 있게 된다는 것입니다.

그래서 애민, 애국의 기치는 자주와 민주, 통일의 목표를 합법칙적으로 실현해가는 데 있어서 일차적 과제의 해결을 담당하는 핵심 기치로 됩니다. 하지만 자주와 민주, 통일의 과제는 계속 합법칙적 발전 과정에 맞게 전개되어야 합니다. 그 때문에 애민, 애국의 기치는 자주, 민주, 통일의 과제가 해결되어 가는 시대적 발전 과정에 맞게 계속 풍부화되어야 합니다.

## 2) 애민, 애국의 기치와 반미 자주와의 관계*

한국 사회에서 애민, 애국의 기치와 반미 자주와의 관계를 논하는 것은 참으로 난감한 문제라고 할 수 있습니다. 한국 사회를 실질적으로 개혁하자면 주권을 찾아야 하고, 주권을 찾자면 반미 자주의 기치를 내걸어야 합니다. 그런데 애민, 애국의 기치와 반미 자주의 관계에서 반미 자주가 일정한 제한성을 가진다고 말하면 반미 자주를 하

---

* 우리겨레연구소 카페, 애민, 애국의 기치와 반미 자주의 관계(2024. 07. 29)

지 말자는 것으로 오해할 가능성이 매우 크기 때문입니다.

더욱이 한국 사회에서는 반미 자주를 주장하면 국가보안법에 의해 미국과의 동맹관계를 해쳐 북을 이롭게 하는 것으로 오도되어 탄압받는 관계로 반미 자주를 대놓고 주장하기가 어렵게 되어 있습니다. 이런 상황에서 반미 자주의 제한성을 거론한다면 더욱 반미 자주 투쟁을 위축시킬 가능성이 큽니다. 그리되면 결국 한국 사회의 개혁은 사실상 불가능하게 될 것입니다.

이런 위험성 때문에 주저되기는 하지만 한국 사회가 나아갈 상을 분명히 밝히면서 실질적으로 개혁을 성공시키기 위해서는 애민, 애국의 기치와 반미 자주의 관계를 명확히 정립시켜 내야만 합니다. 어떤 구호를 핵심적 기치로 내거느냐에 따라 그 대안 사회의 정책적 과제가 결정되기 때문입니다.

이것은 군사독재정권 이후 한국 사회에서 어떤 정부가 수립되었는가를 살펴보면 확인할 수 있습니다. 한국 사회에서 군사독재에 반대한다는 구호를 내걸었을 때 그다음에 세워진 정권은 문민정부였습니다. 이 문민정부에 대해 문민독재라고 비판했을 때 그다음에 탄생한 정권은 문민이 아닌 국민의정부와 참여정부였습니다.

물론 군사독재나 문민독재 등의 구호가 전적으로 틀렸다는 것은 아닙니다. 부분적인 현상을 설명해주기는 하였으나 본질적인 규명으로 전개되지 못했다는 것입니다. 그래서 국민의정부와 참여정부가 사실상 문민정권처럼 배신정권으로 전락되어 민의 지지를 받지 못하게 되자 반동정권마저 등장하기에 이르렀고, 그 이후 여러 번의 정권 교체가 일어났어도 실질적인 개혁이 이루어지지 못했던 것입니다. 지금도 윤석열 정권에 대해 검찰독재라고 하는데, 이것이 과연 본질적인 규정으로 될 수 있겠느냐 하는 것입니다. 그러면 검찰독재가 아닌 비검찰정부가 세워지면 개혁이 성공적으로 실현될 수 있는 것일까요?

바로 이런 점에서 어떤 구호를 내거느냐는 단순히 정권을 비판하는 차원에서 머물지 않고 그 이후 어떤 정권이 들어설 것인지에 대해 결정적인 영향을 미치기 때문에 그저 사소한 문제로 치부해 넘어갈 수 없고, 어떤 정권이 들어설 것인지를 분명히 드러낼 수 있는 기치를 찾아내야 합니다. 한마디로 나라의 주인이 민이기에 애민과 애국의 기치를 전면에 내걸어야 한다는 것입니다.

그러면 애민, 애국의 기치와 반미 자주는 어떤 관계에 있는 것일까요?

한국 사회는 외세와 매국노가 주인 행세하는 식민지매국사회입니다. 그 때문에 한국 사회는 사회와 역사의 주체이자 나라의 주인인 민을 한편으로 하고, 외세와 매국노를 다른 한편으로 하는, 즉 애국과 매국의 대립전선이 형성되어야 합니다.

여기서 한국 사회의 주권을 제약하는 외세의 핵심은 미 제국주의입니다. 미국은 불평등한 한미상호방위조약과 한미행정협정을 매개로 하여 사실상 한국의 주권을 제약하고 좌지우지하고 있습니다. 그 때문에 반미 자주의 구호는 한국 사회의 실태를 명확하게 제기하고, 이를 해결할 수 있는 입장을 드러낸 것이라고 볼 수 있습니다. 그래서 반미 자주 투쟁을 얼마나 대중적으로 벌여 가느냐는 한국 사회를 실질적으로 개혁하느냐, 개혁하지 못하느냐를 가름하는 관건적 문제가 됩니다.

그러면 결국 요점은 어떻게 해야 한국 사회에서 반미 자주 투쟁을 대중적으로 전개할 수 있겠느냐의 문제로 귀결된다고 볼 수 있습니다. 그런데 이 문제 해결의 핵심은 반미 자주 투쟁을 벌이는 주체가 바로 민이라는 것입니다. 그 때문은 민을 발동시켜 내야 합니다.

그런데 한국 사회에서 미국을 대하는 입장은 반미로만 형성되어 있지 않다는 것입니다. 실질적인 매국노를 제외한다고 하더라도 친미도 있고, 용미도 있고, 탈미, 반미도 있습니다. 한마디로 나라의 주권을 찾아야 한다는 목적에는 동감하지만, 그것을 이루기 위한 수단과 방법론에서 일정한 차이가 있을 수 있습니다. 이런 상황에서 매국노의 길을 가지 않고 주권을 찾으려는 데에 동의한다면 이 모든 세력을 단합시켜 내야 합니다.

물론 이 모든 세력을 단합시켜 낸다고 하여 반미 투쟁을 벌이지 말자는 것은 아닙니다. 하지만 반미 자체가 목적이 될 수는 없습니다. 나라의 주권을 찾는 데에 있어서 그 수단과 방법론에 대한 차이가 일정하게 존재하고 있는 조건에서 어떤 수단 자체를 절대화하지 말자는 것입니다. 반미 투쟁을 벌이는 것은 미국이 불평등한 조약과 협정을 통해 한국을 지배하려고 하기 때문입니다. 미국이 지금까지와 달리 한국의 주권을 인정하고 자주적이고 평등하며 친선적인 관계를 가지려고 한다면 반미적 입장을 가질 필요가 없을 것입니다.

하지만 미국이 여전히 한국의 주권을 제약하면서 지배권을 행사하려 든다면 반미 투쟁을 대중적으로 전개해서 이겨내야 합니다. 바로 이것을 실질적으로 가능하게 하는 것이 애민, 애국의 기치라는 것입니다. 애민, 애국의 기치는 나라의 주인인 민을 발동시켜 친미든, 용미든, 탈미든, 반미든 이 모든 세력을 하나로 단합시켜 주권을 명실상부하게 되찾아 한국 민의 생명과 재산, 권리를 지켜내자는 입장을 철저히 견지하게 하면서 미국이 한국에 대한 지배권을 여전히 행사하려고 한다면 대중적인 힘으로 극복하게 하는 길이라는 것입니다.


애민, 애국의 기치를 핵심으로 내걸어야 하는 이유는 한국의 주권을 제약하는 나라가 미국만이 아니기 때문이기도 합니다. 일본은 조선을 식민 지배했으면서도 사과하고 반성하기는커녕 여전히 군국주의적 야망을 품으며 한반도를 재침하려고 꿈꾸고 있습니다.

이런 상황에서 미국은 자신의 유일 패권적 지배 체제를 어떻게든 유지하고자 중국과 러시아에 대한 대립 대결의 정책을 펴면서 한미일 군사동맹을 기본으로 하여 아시아판 나토체제를 구축하려고 광분하고 있습니다. 이 때문에 일본의 군국주의적 한반도 침략 야망은 그저 우려 상황으로 그치지 않고 실질적인 위협으로 다가오고 있습니다. 이를 해결하기 위해서는 반일 투쟁 또한 대중적으로 전개되어야 하는데, 이를 위한 기초와 근거가 바로 애민, 애국의 기치가 된다는 것입니다.

애민과 애국을 핵심적 기치로 내걸어야 하는 것은 또한 식민지매국사회가 유지되게 하는 한 축인 매국노를 응징하지 않고서는 한국 사회를 결코 개혁시킬 수 없기 때문입니다.

한국 사회에서 매국노를 성장시키고 엄호, 비호하는 세력이 외세인 것은 분명합니다. 하지만 그들을 선택하는가, 선택하지 않는가는 한국 민에게 달려 있습니다. 이것은 식민 지배를 실현하는 데서 민의 힘이 성장함으로 인해 형식적인 차원에서는 각 나라의 주권을 인정할 수밖에 없는 상황과 결부되어 있습니다. 제국주의 세력은 매국노를 적극 비호하고 내세워서 불평등한 협정과 조약을 통해 신식민지적 지배 방식을 취하고 있다는 것입니다. 그래서 외세와 매국노가 주인 행세하는 식민지매국사회에서는 매국노 또한 한 축을 담당하고 있습니다.

이 매국노들을 응징하지 않고서는 불평등한 협정과 조약을 파기할 수 없고, 그러니 주권을 제대로 행사할 수 없고, 식민 지배가 계속 관철된다는 것입니다. 그 때문에 매국노들이 한국 땅에 발붙이지 못하도록 만들어야 합니다. 그러자면 매국노를 응징하는 기치가 있어야 하는데 바로 그것이 애민과 애국의 기치라는 것입니다.

윤석열 정권이 미국의 이해와 요구에 철저히 추동하여 한반도에 긴장을 격화시켜 핵 참화가 일어날 수 있게 하는 것이라든가, 말로는 민생을 거론하지만 실질적으로는 부자 감세나 진행하면서 외세와 함께 이와 결탁, 기생하는 세력들의 이익을 실현하는 정책을 대외적으로나 국내적으로 추진하는 것을 보면 철저히 반민생적이고 매국적인 정권이라는 것을 확인할 수 있습니다. 이렇게 반민생적이고 매국적인 행위를 하니 민의 저항을 받게 되고, 그러자 검찰을 이용해 탄압해 나서고 있는데, 어찌 그 형태만 보고 검찰독재로만 한정해서 규정할 수 있겠습니까? 이로 볼 때 애민과 애국의 기치로 보아야 정권의 본질적 성격을 명확히 규정할 수 있고, 그래야만 애국적 입장에 의해 매국노를 단호히 응징할 수 있다는 것을 알 수 있습니다.

애민과 애국을 핵심적 기치로 내걸어야 하는 것은 또한 앞으로 한국 사회가 나아갈 상에 대한 대안 사회의 정책적 과제를 일정하게 제시해 주기 때문입니다.

앞에서 얘기했듯이 어떤 정권에 대한 비판은 단순히 비판 차원으로 끝나지 않고 그 정권을 대신해서 새로 탄생할 정권에 대한 상을 일정하게 드러내 줍니다. 그 때문에 진실로 한국 사회를 개혁하자면 단순히 정권을 비판하는 수준에서 머물러서는 안 되고, 앞으로 한국 사회가 나아가야 할 상에 대해서도 일정한 대안을 제시할 수 있는 내용을 핵심적 기치로 내걸어야 합니다. 바로 여기서 애민과 애국의 기치는 앞으로 탄생해야 할 정권과 사회상이 철저히 애국정권의 수립이어야 하고, 정치와 경제, 사회 문화의 제반 상이 애국적인 기치가 분명하게 관철되는 사회라는 것을 명확하게 제시해 주게 된다는 것입니다.

결국 애민과 애국을 핵심적 기치로 들고 나서야만 사회와 역사의 주체이자 나라의 주인인 민을 발동시켜 반미 자주 투쟁을 대중적으로 전개해 갈 수 있도록 하면서도, 또 다른 한편으로 한국의 주권을 제약하고 있는 일본에 대한 반일 투쟁 또한 적극적으로 벌일 수 있게 하고, 나아가 식민지매국사회의 한 축으로 되고 있는 매국노를 한국 땅에서 발붙일 수 없도록 응징함으로써, 궁극적으로 한국 사회에서 주권을 회복하여 정치와 경제, 사회 문화의 제반 상이 철두철미 애국적 기상이 확립되고 활력이 넘쳐나는 사회로 전변되어 갈 것임을 분명하게 드러내 줄 수 있다는 것입니다.

### 3) 반미 애국투쟁을 질적으로 비약시켜 거국적으로 전개하기 위해서는 어떻게 해야 할까?*

한반도에서의 전쟁 위기는 지금껏 계속 거론되어 온 말이기도 합니다. 그러다 보니 지금 상황에서도 우려가 되는 것은 사실이지만 그래도 지난날처럼 스쳐 지나갈 것으로 여기는 사람도 많이 있을 수 있습니다. 하지만 작금의 분위기는 그저 단순한 기우로 넘기기에는 상황이 매우 심각해져 가고 있습니다. 어느덧 많은 사람들의 입에서는 세계 3차대전을 심히 걱정하는 목소리까지 울려 나오고 있습니다.

중동에서의 전쟁, 러시아와 우크라이나의 전쟁 등은 언제 멈출 것이라는 기약도 없이 계속 진행되고 있습니다. 이런 상황이 지속되면 세계 정세는 전쟁이 더욱 확전되는 양상으로 되어 갈 것은 불을 보듯 뻔합니다. 이런 대립, 대결의 분위기가 중동과 러시아─우크라이나 간의 상황으로만 끝나지 않고 있기 때문입니다. 게다가 미국은 세계 유일의 패권적 지위가 위기에 처하자 이를 저지해 내려고 세계적 차

---

* 우리겨레연구소 카페, 반미 애국투쟁을 새롭게 질적으로 비약시켜 거국적으로 전개하기 위해서는 어떻게 해야 할까?(2024. 09. 25)

원에서 그런 분위기로 만들어 가고 있는데, 그 대표적인 초점이 결국 동북아와 한반도로 모아지고 있기 때문입니다. 미국이 동북아에서 아시아판 나토를 구축하려고 하는 것은 그런 모습의 명확한 움직임이라고 볼 수 있습니다.

물론 미국이 세계 분위기를 그렇게 만들어 가려고 해도 한반도에서 이를 막기 위한 노력이 이뤄진다면 전쟁을 막아낼 수 있습니다. 하지만 지금은 전쟁을 막아내기 위한 제어장치가 점차 사라지고 있다는 사실입니다. 남북 간은 물론이고 북미 간에도 전쟁을 방지할 수 있는 그 어떤 제어장치도 사라지고 서로를 굴복, 제압하려는 대결의 분위기만이 감돌고 있습니다.

더욱이 비극적인 사실은 이렇게 한반도 정세가 전쟁 분위기로 흘러가면 이를 막아내기 위해 노력해야 하건만, 윤석열 정권은 이런 상식적인 이치에 어긋나게 남북 간을 더욱 대립, 대결의 상황으로 밀고 가고 있다는 것입니다. 이것은 미국이 아시아판 나토를 만들기 위해 한미일 군사동맹을 추진하는 데에 추종하고 있는 것뿐만이 아니라 미국이 한국을 군사적으로 지배하고자 만든 유엔사의 기능을 더욱 확대 강화하려고 하는 데에 적극 동참하고 있다는 사실에서 드러납니다.

미국과의 관계에서 군사적 주권을 행사할 수 없는 상황에서 군사동맹을 맺는 것은 미국의 식민 용병군대로 전락되어 이용될 뿐인데, 거기에다가 군국주의적 야망을 품고 한반도를 재침하려는 일본까지 끌어들여 군사동맹을 형성한다면 한반도에 대한 군사적 주권의 행사는 더더욱 어려울 것입니다. 게다가 유엔사는 유엔과 관계가 없기에 1975년 30차 유엔총회에서 해체하라고 만장일치로 결의한 것인데, 미국은 미국 주도의 다국적 군사 조직인 유엔사를 지금껏 해체하지 않고 한국을 군사적으로 지배하는 데 이용해 오고 있습니다. 이것은 다른 것도 아닌 주한미군 사령관이 유엔사 사령관과 한미연합 사령관을 겸임하고 있는 사실에서 단적으로 확인됩니다.

한마디로 한미일 군사동맹의 구축과 유엔사의 기능을 더욱 확대 강화하는 것은 일본의 자위대와 유엔사 참전국들이 한국 국회의 동의도 받지 않고 한반도에 상륙하여 전쟁을 일으켜도 이를 막을 수 없는 파국으로 치닫게 한다는 것입니다. 이렇게 윤석열 정권이 철저히 미국에 추종함으로써 나타난 결과는 한국의 운명을 미국에 송두리째 맡겨 버리는 꼴이라는 것입니다.

그러면 한국의 운명을 미국에 송두리째 맡겨 버림으로써 나타난 결과는 무엇이겠습니까? 그것은 우크라이나의 젤렌스키 모습에서 우크라이나인이 겪는 참상을 보면 쉽게 이해할 수 있습니다. 젤렌스키는 자신의 집권을 유지하기 위해서 러시아와 협상을 통해 전쟁하지 않고도 풀 수도 있었건만 그런 노력을 기울이지 않고 미국을 추종한 결과 러시아의 공격을 받아 결국 국토가 황폐화되고 수많은 인명이 살상당하고 있습니다.

도대체 우크라이나인은 왜 이런 불행과 고통을 겪어야 합니까? 과연 젤렌스키는 이렇게 우크라이나를 재난의 수렁으로 빠뜨릴 수 있는 그런 권한이라도 있었다는 말입니까? 젤렌스키의 알량한 집권욕 때문에 수많은 우크라이나인이 도대체 왜 죽어야만 하고, 국토가 파괴되는 전란을 겪어야 하느냐 하는 것입니다. 이런 젤렌스키 같은 사람이 한국에서 나오게 해서는 결단코 안 된다는 것입니다.

한반도에서 전쟁이 일어나면 우리 민족의 입장에서 볼 때 승자도 패자도 없고, 사실상 모두가 전쟁의 피해 당사자가 될 뿐입니다. 게다가 핵전쟁의 참화를 겪을 수도 있습니다. 그렇다고 한다면 한국의 운명을 미국에 맡기는 그런 어리석은 짓을 하지 말아야 할 것입니다. 그런데 윤석열 정권은 한국의 운명을 우리가 결정할 수 있는 길을 찾

기 위해 노력해야 할 것이건만 도리어 일본까지 끌어들인 한미일 군
사동맹을 추진하고 있고, 미국의 다국적군에 불과한 유엔사의 기능
을 강화하여 한반도에 전쟁의 불꽃을 이는 길을 열어주고 있으니 어
찌 이것이 한국 민의 이해와 요구를 받아들이는 대통령의 모습이라고
할 수 있겠습니까?

거듭 말하지만 한국의 운명이 미국과 일본의 손에 좌우되는 상황
으로 흘러간다면 결국 한반도에서의 전쟁은 막을 길이 없습니다. 바
람이 잦으면 끝내 비가 내리듯이 그 분위기로 치닫게 되면 나중에는
도무지 손을 쓸 수 없는 파국적 상황이 발생하게 된다는 것입니다.
그 때문에 지난날과 다른 매우 엄혹한 절체절명의 상황이라고 말할
수 있습니다. 왜 우리가 미국과 일본 때문에 전쟁의 피해와 고통을
고스란히 겪어야만 한다는 것입니까? 설사 남북이 서로 다투고 싸우
더라도 우리가 판단하고 결정해야지 우리의 의사와 관계없이 남의 나
라에 의해 결정되고 농락당하는 현상은 기필코 막아야 한다는 것입니
다. 이를 위해서는 무엇보다 군사적 주권을 찾아야 합니다.

진실로 동맹다운 동맹을 맺으려고 해도 군사적 주권부터 찾고 하
라는 것입니다. 군사적 주권이 없는 동맹은 아무리 미화 분식하더라
도 그것은 식민지 속국에 불과할 뿐입니다. 군사적 주권을 찾지 못한
다면 한국의 운명을 우리가 결정할 수 없고, 미국이 자신들의 세계
유일 패권을 유지하려는 욕심 때문에 한반도에서 전쟁의 파국으로 치
닫는 것을 막을 수 없게 된다는 것입니다. 바로 여기서 미국으로부터
군사적 주권을 되찾기 위해 반미 애국투쟁을 거국적으로 전개해야 할
과제가 절박하게 요청되고 있습니다.

한반도에서 전쟁의 파국을 막으면서 군사적 주권을 찾고자 한다면
이를 제약하는 요소들을 단호히 청산해야 합니다. 한미일 군사동맹
과 유엔사 기능 강화는 우리의 의사와 관계없이 미국에 의해 일본의

자위대와 유엔사 참전국들이 한반도에 상륙해 군사적으로 개입하는 것을 허용하는 것이니만큼 단호히 반대해야 할 것입니다. 그런데 이 모든 근원은 바로 미국과 맺은 불평등한 한미상호방위조약에 근거하고 있습니다. 따라서 한미일 군사동맹 추진과 유엔사의 기능 강화에 반대해야 할 뿐만이 아니라 이 근간이 되는 이 불평등한 조약부터 당장 파기해야 합니다. 그래야 미국에 농락당하지 않고 한국의 운명을 우리가 결정할 수 있게 된다는 것입니다.

그런데 한미상호방위조약을 파기하자면 이를 윤석열 정권이 수행해야 하는데, 도리어 그러기는커녕 한미일 군사동맹까지 추진하고, 유엔사의 기능까지 강화하려고 하고 있으니 이를 해결하자면 결국 윤석열 정권에 대한 반대 투쟁을 전개해야 한다는 것입니다. 그것도 단순히 윤석열 정권에 대한 반대 투쟁이 아니라 군사적 주권을 되찾으려고 하지 않고 미국에 우리의 운명을 맡겨버림으로써 풍전등화의 길로 빠지게 한 매국정권임을 분명히 한 속에서 반대 투쟁을 전개해야 한다는 것입니다.

윤석열 정권에 대한 단순한 반대 투쟁이 아니라 윤석열 매국정권에 대한 반대 투쟁을 전개해야 한다는 것은 그렇게 해야만 반미 애국 투쟁을 거국적으로 전개할 수 있고, 그 힘으로 주권을 되찾아 한국의 운명을 우리 스스로 결정할 수 있기 때문입니다.

지금껏 정권교체도 이뤄지고 탄핵도 이뤄졌습니다. 그런데도 세상은 질적으로 바뀌지 않았고, 군사적 주권조차도 찾지 못했습니다. 그 이유는 정권교체가 이루어져도 피장파장인 정권이 등장했기 때문입니다. 그렇다면 세상을 바꾸고 명실상부하게 주권을 찾자고 한다면 모양만 다른 정권이 아니라 진짜 무엇을 원하는지를 명확히 하는 정권이 필요하다는 것입니다. 바로 이 부분에서 매국정권이 아니어야 한다는 것, 매국정권이 들어서면 한국 사회는 바뀌지 않는다는 것을 명확히 하자는 것입니다.

지금껏 권력을 잡으려고 할 때 위정자들은 무엇이든 다해 줄 것처럼 목소리를 높였습니다. 그런데 말로만이 아니라 진실로 세상을 바꾸려고 한다면 그리할 수 있는 근거가 있어야 합니다. 그 근거에는 여러 가지가 있을 수 있겠으나 가장 일차적인 기본 과제는 주권을 회복하는 것입니다. 주권도 행사할 수 없는데 거기서 무엇을 하겠다고 한다면 도대체 무엇을 근거로 믿을 수 있겠느냐 하는 것입니다. 그래서 한국 사회를 바꾸려고 하는가, 하지 않는가의 그 가름선은 미국으로부터 주권을 회복하려고 하느냐, 하지 않느냐가 될 수밖에 없습니다. 한마디로 주권을 찾으려고 하지 않는다면 그들의 모든 말은 믿을 수가 없다는 것입니다. 왜냐하면 주권을 행사하지 못한 조건에서는 백약이 무효이기 때문입니다. 그 때문에 또다시 모양만 다른 매국정권이 들어서게 해서는 안 됩니다.

매국정권에 대한 반대 투쟁의 기치를 명확히 해야 하는 이유는 그렇게 해야만 정권의 본질적 문제를 제기할 수 있을 뿐만이 아니라 진정한 반미 애국투쟁을 새롭게 질적으로 비약시켜 거국적으로 벌일 수 있느냐, 없느냐와 연결되어 있기 때문이기도 합니다.

미국으로부터 주권을 되찾기 위해서는 반미 애국투쟁을 거국적으로 전개해야 합니다. 여기에 모든 승패가 달려 있습니다. 지금껏 광주민주항쟁 이래 40년 이상을 반미 애국투쟁을 줄기차게 벌여왔습니다. 그 노력은 치열했고 처절했습니다. 그렇다고 해도 미국이 한국의 주권을 유린하고 있다는 것을 전혀 모르는 상황이라면 여전히 이를 알리는 작업이 필요할 것입니다. 하지만 40여 년의 투쟁 과정에서 그 성과는 크게 진척되었습니다. 그렇다고 한다면 이제 이 성과물을 이

어받아 반미 애국투쟁을 거국적으로 전개해야 합니다. 반미 애국투쟁을 새롭게 질적으로 비약시켜 내자는 것입니다.

솔직히 말해서 대중화는 끝이 없습니다. 정권을 잡아도 나라와 민족을 배반하는 놈이 나오는데 이런 현상이 전혀 나오지 않는 때에 이르러야만 진정한 대중화가 이뤄졌다고 판단한다면 이것은 밑도 끝도 없는 싸움이 될 뿐입니다. 바로 여기서 더 많은 사람이 반미 애국투쟁에 거국적으로 동참하게 하자면 이 새로운 질적 요구에 대답해야만 한다는 것입니다.

이 새로운 질적 요구에 대답하는 길은 정권의 본질적 문제에 집중시켜 내는 것입니다. 정권의 본질적 문제로 집중시켜 제기해야 하는 이유는 정권의 문제야말로 가장 광범위한 대중의 이해와 요구를 대변하는 특성을 지니고 있기 때문입니다. 실상 이치로 따져 보면 대중의 이해와 요구를 가장 광범위하게 대변하는 조직이 대중단체이고, 대중단체의 통일 단결된 조직이 통일전선체 조직이며, 이 통일전선체가 대중단체의 통일 단결된 조직이기에 정권을 담당하게 됩니다. 그러니까 정권의 문제가 대중단체의 이해와 요구를 가장 광범위하게 대변하는 것이 되기 때문에 정권의 본질적 문제를 제기해야만 반미 애국투쟁을 새롭게 질적으로 비약시켜 거국적인 대중 투쟁으로 전개할 수 있게 한다는 것입니다.

그런데 참으로 난감한 것은 정권의 문제를 제기하면 대중단체의 이해와 요구를 대변하지 못한다고 바라보는 경향이 있다는 점입니다. 하지만 이는 잘못된 이해입니다. 정권을 잡자면 광범위한 대중은 물론 민의 이해와 요구를 대변해야 할 것입니다. 그런데 정권의 문제를 제기하면 대중단체의 이해와 요구가 아니라는 생각을 어떻게 이해할 수 있느냐는 것입니다. 실상 정권을 잡자면 가장 광범위한 사람의 지지를 받아야 합니다. 게다가 한국 사회에서 어떤 정권이 들어서느냐에 따라 대중의 참다운 이해와 요구를 반영하는 정도가 다를 수밖에 없기에 미국에 대한 선호도도 달라집니다. 이것은 정권 문제가 가장 광범위한 대중의 이해와 요구를 반영하고 있다는 것이고, 그 때문에 반미 애국투쟁을 질적으로 비약시켜 거국적으로 발전시키자면 정권의 본질적 문제를 회피할 것이 아니라 집중시켜 제기해야 하고, 그것도 매국정권을 몰아내고 애국정권을 세우는 것임을 분명히 해야 한다는 것입니다.

거듭 말하지만 광범위한 대중의 이해와 요구를 반영하자면 대중단체의 통일 단결체인 통전조직을 건설하기 위해서 노력해야 하고, 그런 통전단체가 정권을 장악하게 되면 가장 광범위한 대중의 이해와 요구를 옹호하게 된다는 것입니다. 그런데도 정권의 문제, 즉 매국정권을 몰아내고 애국정권을 세워야 하는 부분을 명확히 하지 않는다면 이를 어떻게 봐야 하겠습니까? 광범위한 대중의 진실된 이해와 요구를 사실상 부정하는 것으로 봐도 무방할 것입니다.

그 때문에 진정한 대중단체의 이해와 요구를 받아안고 반미 애국투쟁을 새롭게 질적으로 비약시켜 거국적으로 전개하기 위해서는 정권의 본질적 문제에 집중해야 하고, 그것도 매국정권에 대한 반대 투쟁을 벌여서 몰아내고 애국정권을 세우는 문제라는 것을 단호하게 제기해야 합니다. 그래야만 지금까지의 반미 애국투쟁의 성과를 바탕으로 새롭게 질적으로 비약시켜 낼 수 있습니다. 이것이 바로 지금까지의 반미 애국투쟁을 성과적으로 이어받아 거국적으로 전개할 수 있는 해결 방안이라는 것입니다. 그 때문에 이 문제를 회피한다면 광범위한 대중, 즉 민의 이해와 요구를 받아안아 풀려고 하는 것이 아니라 실질적으로는 지난날의 투쟁 방식에 안주하면서 새로운 질적 발전을 저해하고 언제까지나 민은 정권의 주인이 되지 못하고 곁가지의 삶을 살아야 한다고 주장하는 것과 하등 다를 바 없다는 것입니다.

이것이야말로 민이 주인의 권리를 누리고 살아야 한다는 것을 부정하는 것이 아니고 무엇이겠습니까?

반미 애국투쟁을 새롭게 질적으로 비약시켜 거국적으로 전개하기 위해서는 정권에 대한 본질적 문제를 명확히 제기해야 할 뿐만이 아니라 한국 사회의 문제를 해결할 수 있는 계선, 즉 대립전선의 문제를 명확히 설정해야 합니다. 지금의 한국 사회는 대립전선이 매우 혼란스럽습니다. 이런 문제를 바로잡지 않으면 혼돈을 야기할 수밖에 없을 것입니다. 이 대립전선을 올바로 세워야 합니다.

한국의 운명을 우리 스스로 결정하기 위해서 주권을 찾아야 하고, 그러기 위해서는 반미 애국투쟁을 새롭게 질적으로 비약시켜 거국적으로 전개해야 하고, 그러자면 정권의 본질적 문제를 제기하면서 애국정권을 수립해야 한다고 했는데, 이것이 명확하다면 대립전선의 문제도 여기에 맞춰 세워야 할 것입니다. 매국정권을 몰아내고 애국정권을 세우려고 하는데, 그 대립전선이 이에 맞춰지지 않는다면 어떻게 그 목표를 달성할 수 있겠습니까? 주권이 없는데도 주권을 찾는 것이 가장 중요하지 않다고 한다면 도대체 주권을 잃고도 할 수 있는 일이 무엇이 있다는 말입니까? 망국노의 설움을 지금껏 겪었다고 한다면 더 이상 주저해서는 안 됩니다. 그렇다고 한다면 이제 대립전선을 똑바로 세워야 합니다.

그 전선은 여야의 대결도 아니고, 진보와 보수의 대결도 아닙니다. 애민, 애국의 기치는 여야의 대결을 뛰어넘는 것이고, 진보와 보수의 대결을 뛰어넘는 것입니다. 왜냐하면 주권도 못 찾는 상황에서 여야의 대결은 물론 진보와 보수의 대결도 아무런 의미가 없기 때문입니다. 한국의 운명을 우리 스스로 결정할 수 있어야 여야 대결도, 진보와 보수의 대결도 의미가 있다는 것입니다. 그래서 여야의 대결이나 진보와 보수의 대결이 아니라 애국이냐, 매국이냐의 대결로 그 대립전선을 분명하게 설정해야 한다는 것입니다.

여야의 대결이나 진보와 보수의 대결로 대립전선을 설정해서는 안 되는 이유는 이런 대결 속에서 관철되는 방식이 결국은 외세와 매국노가 한국 사회에서 주인 행세하는 방식으로 귀결되기 때문입니다. 진짜 보수가 아니라 매국노 짓거리를 하면서도 보수라는 탈을 쓰고, 매국노 짓거리를 하면서도 진보라는 탈을 쓰니 매국노가 단호하게 응징되지 못했던 것입니다. 한마디로 한국 사회에서 민이 나라와 민족 단위에서 자기 운명을 결정하려면 주권을 행사할 수 있어야 하는데, 이 문제를 방기하게 함으로써 매국노 짓거리를 해도 용납될 수 있는 방식이 통용되었다는 것입니다.

진실로 보수의 길을 가든, 아니면 진보의 길을 가든, 그도 아니고 여당으로 가든, 야당으로 가든 상관없이 한국의 운명을 스스로 결정하려면 주권부터 행사할 수 있게 만드는 것이 너무도 당연한데, 어찌 이를 외면하면서 자신이 여당이니 야당이니, 아니면 진보니 보수니 하는 말로 매국노의 길을 정당화할 수 있다는 말입니까? 이것이 통용되어서는 한국 사회는 절대 바뀌지 않습니다. 바로 이 대목에서 애민과 애국의 길에 있어서는 여야는 물론이고 진보와 보수도 중요하지 않다는 것입니다. 주권을 되찾는 길에 동참하지 않고 끝내 방해한다면 그것이 바로 매국노의 길임을 명확히 함으로써 단호히 응징하자는 것입니다. 그래서 대립전선을 여야도 아니고, 진보와 보수도 아니고 애국이냐 매국이냐의 길임을 명확히 하자는 것입니다. 그래야만 반미 애국투쟁을 새롭게 질적으로 비약시켜 거국적으로 전개할 수 있다는 것입니다.

반미 애국투쟁을 질적으로 비약시켜 거국적으로 전개하려면 정권의 문제를 본질적으로 제기하면서 애국과 매국으로 대립전선을 형성 해야 할 뿐만이 아니라 이를 광범위한 사람들에게 설파할 수 있는 장 을 열어젖혀야 합니다.

지금껏 반미 애국투쟁을 전개해 오면서 초창기에는 사람들을 찾아 가 유인물을 돌렸습니다. 그리고 인터넷을 통해 자신의 이야기를 전 달하기 위해 노력해 왔습니다. 하지만 이 또한 지금의 상황에서는 한 계에 부닥치고 있습니다. 사람이 찾아와서 보러오는 방식이 아니라 막힘이 없이 저절로 전달되도록 해야 하는데, 그 수단이 너무나 협소 하기 때문입니다. 바로 이 부분을 해결해야 합니다.

이 문제를 해결하자면 광범위한 사람이 어떤 장애도 받지 않고 전 국 어디에 있더라도 자연스레 전달되도록 해야 하니만큼 민이 주인 이 되어 자체의 힘으로 전국적인 언론망과 방송만을 갖추어 가야 합 니다. 이리해야 하는 이유는 민이 주인의 권리를 실현하는 데 있어서 자체의 전국적인 언론망과 방송망을 갖추고 자신의 주장을 설파할 수 있는 그런 선전망과 조직망이 없어서는 정권의 문제도 해결되지 않을 뿐만이 아니라 애국과 매국의 대립전선을 그으려고 해도 거의 불가능 하기 때문입니다.

이것은 지금껏 헌신적으로 애국적인 언론과 방송 활동을 해온 인 사가 있다는 것을 부정하자는 것도 아니고, 또 무시하자는 것도 아닙 니다. 그런 소중한 성과가 있었기에 이제 하나로 힘을 합쳐 자체의 전국적인 언론망과 방송망을 구축하는 대로 나아감으로써 질적 비약 을 이루자는 것입니다. 그 때문에 이를 해결하기 위해 집체적인 지혜 와 힘을 쏟아야 합니다.

물론 자체의 전국적인 언론망과 방송망을 갖추었다고 해서 모든 문제가 다 해결되었다고 말할 수도 없을 것입니다. 이것은 한겨레 신 문도 국민 주주로 만들었지만 결국 제 역할을 했는지에 대해 자문해 볼 때 결코 호의적인 대답이 나오지 않기 때문입니다. 그 때문에 자체의 전국적인 언론망과 방송망을 세우면서 제 역할을 하지 못하는 경우를 미연에 방지하기 위한 방책도 세워야 합니다. 그것은 한국의 운명을 스스로 결정하기 위해서 주권을 찾아야 한다는 것, 그래서 애국의 길은 고무하고 찬양하지만 매국 행위는 철저히 규탄하고 응징해야 한다는 것, 그리고 이를 실현하기 위해 매국정권을 몰아내고 애국정권을 세워낸다는 것을 철저히 견지하게 하는 것입니다.

아울러 자체의 전국적인 언론망과 방송망의 경우에는 거기에서 일하는 사람뿐만이 아니라 이에 참여하는 사람들의 요구를 반영할 수 있는 구조를 갖추어야 합니다. 참여를 보장하는 방식이 중요한 이유는 지금의 시대사적 요청이 그 누가 대신해 주는 방식이 아니라 민 스스로가 직접 주인의 권리를 누리고 행사하는 것이기 때문입니다. 그래서 대신해 주는 방식이 되어서는 절대 안 되고 철저히 참여를 보장하면서 그 요구를 반영할 수 있는 장치가 꼭 마련되어야 한다는 것입니다.

애민, 애국세력이 자체의 전국적인 언론망과 방송망을 세우려고 하면 그 위력을 알기에 외세와 매국노의 방해 책동도 이루어질 것입니다. 하지만 한국의 운명을 우리 스스로 결정하고자 하는 것은 너무도 당연한 이치일 뿐만이 아니라 지금 시기는 실질적인 자유와 평등을 누리는 것이고, 개인과 집단, 나라와 민족 단위의 모든 부분에서 주인의 권리를 그 누가 대신해 주는 방식이 아니라 직접 누리고 사는 것이 시대적 요청으로 되는 조건에서 거국적인 방식으로 추진한다면 충분히 난관을 뚫고 해결할 수 있을 것입니다.

결국 반미 애국투쟁을 질적으로 비약시켜 거국적으로 전개하자는 것은 한국의 운명을 미국에 송두리째 내던지는 것이 아니라 우리의 운명을 우리 스스로 결정하자는 것입니다. 그리한다면 한반도에서 전쟁이 일어나는 파국도 분명코 막아낼 수 있습니다. 이런 마음가짐으로 애국정권을 세우는 문제를 거국적으로 전개하고, 그 밑바탕으로 애국과 매국의 대립전선을 형성해서 애민과 애국의 기치를 광범위한 사람들에게 알리기 위한 방향으로 나아간다면 처음엔 다소 난관이 있을 수 있겠지만 점차 광범위한 사람들의 호응을 얻게 될 것이고, 그러면 그 힘으로 제기했던 목표들을 해결하는 방향으로 나아가게 될 것은 필연의 수순일 것입니다.

### 4) 현시기 애민, 애국의 핵심적 기조는 반미, 반일 애국투쟁을 적극 벌이면서 윤석열 매국정권을 응징하는 것이다*

한국은 OECD 국가 중에서 자살률 1위이고, 출산율은 세계에서 가장 낮습니다. 자살률이 높고 출산율이 낮은 것은 한국에서 삶을 살아간다는 것이 얼마나 고달픈 것인지를 단적으로 보여줍니다.

이렇게 된 이유는 한국 사회가 식민지매국사회로서 외세와 매국노가 주인 행세하면서 그들만이 부를 독점하고, 나머지 대다수 사람들은 궁핍화되어 가기 때문입니다. 이것은 빈부격차가 해소되기는커녕 더욱 확대되어 가고 있는 것에서 드러납니다. 그 때문인지 많은 사람들은 미래의 희망을 찾지 못하고 좌절과 절망을 넘어 자포자기하며 삶을 살아가고 있습니다.

이런 상태가 오래 지속된다면 사람들을 더욱 고통으로 몰아넣으니만큼 하루빨리 이를 극복해 가야 합니다. 그렇다면 민의 삶을 획기

---

\* 우리겨레연구소 카페, 현시기 애민, 애국의 핵심적 기조는 반미, 반일 애국투쟁을 적극 벌이는 것과 함께 윤석열 매국정권을 응징하는 것이다(2024. 08. 12) 참조 자료: 우리겨레연구소 카페, 역사를 바로 세우자면 애민, 애국의 기치에 의거해야 한다(2024. 08. 26)

적으로 개선할 수 있는 근본적인 대책을 세워 풀어가야 할 것입니다. 그런데 한국의 경제는 식민지매국경제의 구조를 띠고 있기에 이를 근본적으로 바꿔내지 않고서는 민의 삶을 획기적으로 개선시킬 수 없습니다.

이것은 지금 민생이라고 하면서 금투세(금융투자소득세)의 실시를 놓고 유예 내지는 폐지하느니 마느니 하며 논쟁하는 것에서 그 실상이 드러납니다. 금투세는 여야가 합의한 것이고, 그것도 금융에 투자해 5,000만 원 이상의 소득이 발생하면 22.5%(20%+지방세 2.5%), 그리고 3억 원 이상의 소득이 발생하면 27.5%(25%+지방세 2.5%)의 세금을 걷자고 하는 것입니다. 금융에 투자해 이런 정도의 수익을 내는 정도라면 아무리 봐도 서민과 관련이 없다고 봐야 할 것입니다. 그런데 이것을 어떻게 서민과 연결시켜 민생을 살리기 위해서라고 견강부회하면서 그 세금을 폐지하자고 말할 수 있는지 도무지 이해할 수 없습니다.

그렇다면 금투세를 유예 내지는 폐지하자는 목소리가 나오는 이유는 무엇이겠습니까? 그것은 바로 한국의 경제 구조가 이런 정도의 수익을 낼 수 있을 만큼 투자할 수 있는 사람들에게 세금을 걷으면 바로 그런 돈이 한국에서 빠져나감으로써 투자가 위축될 수 있다는 논리 아니겠습니까? 돈이 빠져나가면 결국 경제가 잘 돌아가지 못하게 된다는 것입니다. 그렇다면 금투세를 유예 내지는 폐지하자고 하는 주장의 본질은 한국 경제가 서민을 위한 경제 구조로 되어 있지 못한 관계로 외세와 매국노들을 위한 정책을 취할 수밖에 없기 때문일 것입니다. 그런데 여기에다 대고 솔직하게 한국 경제가 식민지매국 경제 구조의 취약성을 갖고 있기 때문이라고 말할 것이지 어떻게 민생을 위해서라고 둘러댈 수 있다는 것입니까?

바로 이것은 한국 경제가 민생을 위한 정책을 취하려고 해도 그럴 수 없는 취약한 경제 구조로 되어 있음을 보여주고 있습니다. 그렇다면 결국 민생을 위한 정책을 취하자면 이런 경제 구조를 바꿔야 한다는 결론밖에 나오지 않을 것입니다. 그런데 이를 외면하고 실질적으로는 외세와 매국노들을 위한 정책을 펴면서도 조삼모사식으로 서민을 위한다고 둘러대며 민을 기만한다면 어떻게 해결책이 나올 수 있겠느냐 하는 것입니다. 그 때문에 민생을 위한 정책을 펴려면 식민성과 매국성의 경제 구조부터 바꿔가야 한다고 단호하게 말하는 것입니다.

그런데 식민성과 매국성의 경제 구조를 바꿔가자면 정치에서 민의 목소리를 귀담아듣는 모습을 보여야 할 것입니다. 한국의 경제 구조를 바꾸는 것도 정치적으로 해결하는 과정으로 될 수밖에 없기 때문입니다. 그런데 윤석열 정권은 민의 목소리에 귀 기울이는 것이 아니라 한사코 거부하고 있습니다. 이것은 여러 특검법과 법안에 대해 거부권을 행사하고 있는 것에서 드러나고 있습니다. 그래 놓고는 야권이 정쟁을 위해서 다수의 힘으로 법안을 가결한다고 주장합니다. 하지만 민의 절대다수가 요구한다면 받아들이는 것이 최소한 정치적 해결을 할 수 있는 방식이 아니겠습니까? 그런데 이것조차 거부하니 정치 자체가 실종되고 있는 것입니다.

이렇게 윤석열 정권이 정치 자체를 실종시키고 있으니 그 어떤 희망도 걸 수 없게 되는 것입니다. 그 때문에 3년이 아니라 3개월도 길다고 하면서 탄핵 요구가 빗발치고 있습니다. 그러다 보니 윤석열 정권은 이런 정치적 위기에서 벗어나고자 남북 간에 대립, 대결의 분위기를 조성하면서 위기를 극복하려고 하고 있습니다.

바로 이것이 한국의 실상입니다. 한마디로 식민성과 매국성을 갖는 식민지매국사회인 관계로 이를 타파하지 않고서는 민생의 문제가 해결되지 않는다는 것입니다. 그 때문에 이를 해결하기 위해 애민과 애국의 기치를 요구하게 된 것입니다.

현시기에 애민과 애국의 기치를 절박하게 요구하는 것은 단순히 이런 원론적인 차원에서만 기인하지 않습니다. 한반도에 전쟁 위기가 가중되면서 민족이 핵 참화를 겪고 공멸할 수도 있는 위기에 처해 있기 때문입니다. 러시아와 우크라이나 간의 전쟁, 이스라엘과 하마스 간의 전쟁은 미국이 패권을 유지하기 위해 세계 정세를 대립과 대결의 분위기로 몰아갔기 때문에 파생한 것입니다. 바로 여기서 한반도도 예외일 수 없습니다.

물론 미국이 그런 정책을 추구한다고 해도 한국이 그에 추종하지 않으면 상관없을 것입니다. 하지만 한국은 미국과 맺은 한미상호방위조약과 한미행정협정에 의해 사실상 주권을 제대로 행사하지 못하고 있습니다. 미국은 이런 불평등한 조약과 협정을 통해 한국의 주권을 유린하면서 한반도 또한 전쟁 분위기로 몰아가고 있습니다. 이것은 다름 아닌 한미일 군사동맹의 구축에서 드러납니다. 한미일 군사동맹의 구축은 우리 민족의 의지와 상관없이 한반도가 전쟁에 휩싸일 수 있음을 명확히 보여주고 있습니다. 한반도에서 전쟁이 일어나면 핵전쟁이 될 가능성이 높고, 그러면 우리 민족이 공멸할 수도 있습니다. 이를 기필코 막아야 합니다.

이를 막기 위해서는 한반도에 전쟁 분위기를 몰아오고 있는 미국에 대해 일차적으로 반대해서 싸워야 합니다. 한마디로 반미 애국투쟁을 불러일으켜야 한다는 것입니다. 그리하여 미국과 맺은 불평등한 조약과 협정을 파기하고 주권을 되찾아야 합니다. 아울러 미국이 일본을 끌어들이고 있고, 일본은 미국의 정책에 추종하면서 또다시 한반도 재침을 꿈꾸는 상황이기에 반일 애국투쟁 또한 불러일으켜야 합니다. 한마디로 한미동맹과 한미일 군사동맹에 반대하는 반미, 반일 애국투쟁을 거국적으로 불러일으킴으로써 주권을 되찾아 제대로 행사해야만 한반도의 전쟁을 막을 수 있다는 것입니다.

반미, 반일 애국투쟁의 성과를 내오자면 윤석열 매국정권을 우선적으로 응징해야 합니다. 미국과 맺은 불평등한 조약과 협정 때문에 주권을 제대로 행사하지 못하고 있다면 그것을 파기하고 주권을 되찾기 위해 노력해야 할 것이고, 또 일본이 식민 지배에 대해 사과도 하지 않고 한반도 재침을 꿈꾸고 있다면 이에 대해 단호히 배격하는 모습을 보여야 할 것입니다. 이것이 한 나라의 수반인 대통령으로서의 당연한 책무일 것입니다. 그런데 윤석열 정권은 이와 달리 미국의 정책을 철저히 추종하며 일본까지 끌어들여 한반도를 전쟁 분위기로 몰아감으로써 반민(중)적이며 매국정권이라는 것을 보여주고 있습니다. 그 때문에 윤석열 매국정권을 철저히 응징해야 합니다.

반미, 반일 애국투쟁을 전개하면서도 윤석열 매국정권을 우선적으로 응징해야 하는 것은 그렇게 해야만 반미, 반일 애국투쟁이 소기의 성과를 내올 수 있기 때문입니다. 미국과 일본과의 관계에서 주권을 제대로 행사하는 관계로 만드느냐는 결국 국가적 차원에서 해결해야 합니다. 한마디로 미국과 맺은 불평등한 조약과 협정을 파기하는 것은 한국의 정권이 담당해서 수행해야 한다는 것입니다. 그 때문에 한국 정권의 본질적 문제에 대해 명확한 입장을 밝혀야 합니다. 다시 말해 미국과 일본을 추종하는 매국정권을 그대로 놔둔다면 미국과 일본과 맺은 불평등한 조약과 협정을 파기하면서 주권을 되찾을 수 없다는 것입니다. 한국의 정권 문제를 올바로 풀어야만 주권 문제도 해결할 수 있습니다. 바로 여기서 윤석열 정권이 매국정권임을 분명히 하면서 응징하여 애국정권을 수립하는 길로 나가야만 반미, 반일 애국투쟁도 소기의 성과를 내오면서 주권을 확고히 되찾는 길로 나아갈 수 있다는 것입니다.

## 5) 남북 간에 맺은 합의가 파산된 데로부터 무슨 교훈을 얻어야 할까?*

지금껏 남북 간에는 무수히 많은 합의를 맺었습니다. 7·4공동성명에서부터 6·15공동선언, 9월 평양선언 등에 이르기까지 실로 광범위합니다. 하지만 결국 언제 그랬냐는 듯 도돌이표를 겪다가 끝내 휴지 조각으로 변해가기 일쑤였습니다.

도대체 왜 이런 현상이 벌어지는 것일까요? 만약 앞으로도 이런 일이 계속 벌어진다면 남북이 서로 합의하여 통일하기는 매우 어려워질 것입니다. 도리어 서로 간에 감정의 골만 깊어지면서 적대적 대립, 대결만이 난무하게 될 것이고, 그러다가 잘못하면 민족이 공멸할 수도 있는 전쟁의 참화를 겪을 수도 있습니다. 지금 윤석열 정권이 등장한 이래 남북이 강 대 강의 대결 구도를 겪으면서 실질적으로 전쟁이 발생할 수 있는 심각한 위기 상황을 겪고 있는 것 자체가 남북 간의 전쟁이 단순히 우려 사항으로 그치지 않고 있음을 명확하게 보여주고 있습니다.

이런 파국적 상황을 피하자면 남북 간에 맺은 합의가 파산된 데로부터 심각한 교훈을 찾아야 합니다. 그래야만 이런 일을 되풀이하지 않음으로써 전쟁 위기에서 벗어날 수 있을 뿐만 아니라 서로가 맺은 합의 사항을 잘 지켜내면서 통일의 길로 나아갈 수 있습니다.

그러면 남북이 서로 합의된 사항이 지켜지지 않고 휴지 조각으로 변화하는 원인이 어디에 있는 것일까요? 남북이 원래부터 합의 사항을 지킬 생각을 갖지 않았기 때문일까요? 아니면 합의 사항 자체가

---

* 우리겨레연구소 카페, 남북 간에 맺은 합의가 파산된 데로부터 무슨 교훈을 얻어야 할까?(2024. 06. 24)

남북이 서로 지킬 수 없는 어떤 한계를 지니고 있었기 때문일까요?

여기서 첫 번째, 즉 처음부터 지킬 생각을 갖지 않았음을 그 원인으로 삼는다면 이것은 하나 마나 하는 대답으로 될 것입니다. 왜냐하면 앞으로도 합의 사항을 지킬 생각이 없을 것이니 합의하지 말자는 것으로 될 것이고, 이것은 결국 서로 합의하는 그런 방식으로는 통일하지 말자는 것으로 귀결되기 때문입니다. 하지만 같은 민족인 남북이 통일해야 하는 것은 너무도 지당하니만큼 어떻게든 서로 합의를 이룰 수 있도록 만들어 가야 합니다. 그렇다면 그 해답은 서로 합의했다고 하면 그것을 지키도록 강제하는 방식에서 찾아야 할 것입니다. 이것은 이 문제에 대한 원인을 지금껏 남북이 합의한 내용 자체가 서로 그것을 지킬 수 없는 어떤 한계를 지니고 있었는가에서 찾아야 한다는 것이 되기에 결국 두 번째 대답으로 귀결됩니다.

그러면 지금껏 남북이 서로 합의했는데, 어떤 한계를 가짐으로써 합의 사항을 지킬 수 없는 원인으로 귀결되었던 것일까요? 그것은 바로 합의 사항을 지키도록 강제하는 전제 조건이 불명확했기 때문입니다. 그래서 합의 사항을 지켜도 되고, 안 지켜도 되는 상황이 발생했고, 끝내 휴지 조각으로 변하게 되었던 것입니다. 한마디로 말해서 조국통일은 애국적 행위이자 기치이기에 이에 상반되는 매국적 행위와 매국노에 대한 응징이 전제 조건으로 명확하게 고수되어야 하는데, 이 부분이 불명확하게 전제되고 있었다는 것입니다.

흔히 서로 합의를 이루어 단결하자면 구동존이의 입장을 견지하자고 합니다. 참으로 좋은 말입니다. 하지만 쌍방이 서로 진실로 합의를 이루어서 단결하자면 구동존이의 입장만으로는 한계를 가집니다. 왜냐하면 구동존이는 상대방이 서로 다른 상대방을 억압하고 지배하려는 마음을 품고 있지 않은 선의의 상대자를 전제하고 있기 때문입니다. 하지만 상대방이 악의를 품고 있는 경우라면 상황은 전혀 달라집니다.

예를 들어 두 사람이 서로 싸우다가 이제부터 친구가 되기로 합의 했다고 칩시다. 물론 그 합의는 서로 공통점을 기반으로 존중하면서 이루어졌습니다. 그런데 그 합의를 해 놓고도 상대방이 친구를 헐뜯 고 비방하면서 계속 못살게 구는 악의적인 짓거리를 계속한다면 어떻 게 되겠습니까? 보지 않아도 그 합의 사항은 무용지물로 전락할 것입 니다. 그 때문에 합의를 지키자면 그 전제 조건, 즉 친구가 되기로 한 목적에 맞게 친구로선 해서는 안 되는 사항이 일차적으로 꼭 금지되 도록 명시해야 합니다. 물론 진정한 친구가 되자면 이런 전제 조건의 고수와 함께 공통점의 추구가 지켜져야 하고, 동시에 참된 친구로 발 전, 전개되는 과정 또한 서로 모순되거나 배치되는 현상이 나타나서 는 안 될 것입니다. 그래야 혼란을 겪지 않고 통일적인 전망성을 가 지고 참된 친구 관계로 발전시켜 갈 수 있게 될 것입니다.

이것은 결국 쌍방이 서로 합의, 단결하여 성과를 내자면 일치와 입 체, 통일의 방법론이 적용되어야 한다는 것을 말해줍니다. 다시 말해 서로 간에 꼭 지켜야 할 전제 조건인 일치 사항을 일차적으로 지키도 록 하는 그런 전제하에, 서로의 차이를 존중하여 입체적으로 풀어가 면서, 서로 모순되거나 배치되는 현상이 발생하여 혼란이 일어나지 않도록 통일적인 전망성을 세워 해결해 가야 한다는 것입니다.

이런 이치로 볼 때 남북이 서로 합의하여 조국통일을 이루 어가는 과정 또한 일치와 입체, 통일의 방법론이 적용되어야 합니다. 그런 데 지금껏 남북 간의 합의는 구동존이라고 하여 주로 입체적 입장만 이 적용되었고, 그 전제 조건인 일치의 지점이 불명확한 형태로 전개 되었던 것입니다. 조국통일은 애국의 기치에 의해 진행되는 것인데, 조국통일 하자고 합의해 놓고는 애국의 기치에 반하게 매국적 행위 를 하고 매국노 짓거리를 벌인다면 그 합의가 지켜지겠느냐는 것입니다. 자주와 평화, 민족대단결의 원칙으로 조국통일을 이루자거나 연방연합제 방식으로 서로 존중하여 조국을 통일하자고 해 놓고서는 통일하려면 꼭 지켜야 할 기본 전제 조건인 매국 행위와 매국노 짓거리를 해서는 안 되는 것인데, 그 짓을 버젓이 행한다면 어떻게 합의 사항이 지켜질 것이며, 통일의 전망성을 가지고 풀어갈 수 있겠느냐 하는 것입니다.

아무리 서로 존중하여 공통점을 추구하여 백날 합의해도 일치된 지점을 지키지 않고 그에 반하는 행위가 버젓이 벌어지고 용인된다면 그 합의는 언제든지 무용지물로 화하게 된다는 것입니다. 그 때문에 남북이 서로 합의하여 조국통일을 이루자면 일차적으로 일치된 지점을 고수해야 하기에 매국 행위와 매국노 짓거리에 대해서는 단호히 응징해야 한다는 원칙을 명확히 확립해야 합니다. 매국 행위와 매국노 짓거리를 응징하는 전제 조건이 고수되어야만 그다음으로 서로 존중하여 공통 합의된 사항이 지켜질 수 있고, 나아가 혼란이 발생하지 않도록 통일적인 전망성을 세워 풀어감으로써 끝내 조국통일을 이룰 수 있게 된다는 것입니다.

매국 행위와 매국노를 응징하는 것은 일치와 입체, 통일의 방법론으로 풀어갈 때 일차적으로 지켜야 할 전제 조건이 된다는 점에서 꼭 견지되어야 할 뿐만이 아니라 민족 문제를 풀어가는 주체가 누구인가를 놓고 보면 그 정당성이 더욱 명확하게 확인됩니다.

지금껏 민족 문제를 풀어가는 주체를 논할 때 흔히 "우리 민족끼리"라고 말해왔습니다. 하지만 현시기에서 우리 민족끼리의 구호는 그 한계가 명확해지고 있습니다. 왜냐하면 한국 사회에서 검은머리 미국인들의 모습이 너무도 많이 목격되고 있기 때문입니다. 단적으로 겉모습은 우리 민족의 형태를 띠고 있는데, 실상은 미국의 이해와 요구를 앞장서서 대변하고 있다면 이런 사람을 어떻게 보아야 하겠습니까? 여전히 우리 민족 성원으로 봐야 할까요? 아니면 미국의 앞잡이라고 봐야 할까요?

바로 여기서 민족 문제를 풀어가는 주체는 단지 객관적 조건에서 찾는 데 머물러서는 안 되고 주체적 징표를 더 중시해야 한다는 것을 알 수 있습니다. 즉 핏줄과 언어, 지역과 문화의 공통성은 민족의 특성을 찾는 데 있어서 일정한 객관적 징표를 의미할 뿐이지 그 자체가 민족 성원으로 되느냐, 되지 못하느냐를 결정하는 주된 요소가 되지 못한다는 것입니다. 이 객관적 요소보다는 하나의 운명공동체 집단으로 살아가려고 하느냐, 하지 않느냐 하는 주체적 요구와 징표가 더 중시될 수밖에 없게 된다는 것입니다. 다시 말해 운명공동체 집단으로 살아가려고 하지 않고 나라와 민족을 배반하면서 매국노 짓거리를 벌인다면 민족 문제를 풀려고 할 때 도리어 방해만 되는데 어떻게 이런 자들을 민족 문제를 풀어가는 데 있어서 주체로 설정하여 받아들일 수 있느냐 하는 것입니다.

바로 이런 점에서 이제 민족 문제를 풀어가려고 하는 주체는 객관적 징표만을 일정하게 드러내는 데 머물러서는 안 되고, 주체적 징표를 더 중시하는 방향으로 설정되어야 합니다. 그렇다고 한다면 우리 민족끼리라고 표현하여 주체적 징표를 명확히 드러내지 못하는 측면에서 벗어나야 할 것입니다. 그래서 민족 문제를 풀어가는 주체는 나라와 민족 단위에서 하나의 운명공동체 집단으로 살아가려고 하는 민이라고 분명하게 설정해야 하고, 동시에 외세뿐만이 아니라 매국노 또한 민족 문제를 풀어가는 데에서는 응징해야만 하는 대상임을 명확히 해야 합니다. 다시 말해 민족 문제를 풀어가자면 매국 행위와 매국노 짓거리를 벌인 자들은 민족 성원으로 볼 수도 없고, 주체인 양 여겨져서도 안 되며, 철저히 응징되어야 하는 대상으로 명확히 설정되어야 한다는 것입니다.

　매국 행위와 매국노 짓거리를 벌이는 자들을 단호히 응징해야 한다는 것은 조국통일의 목적으로 놓고 볼 때도 그 정당성이 명확히 확인됩니다. 조국통일을 이룩하려는 것은 한반도 차원에서 민의 권리를 실현하기 위해서입니다. 한반도 차원에서 민의 권리를 실현하기 위해서이니만큼 조국통일을 이루는 데에 있어서는 처음부터 높은 수준의 차원에서 이뤄질 수도 있고, 낮은 수준의 차원에서 이뤄질 수도 있습니다.

　하지만 한반도 차원에서 민의 권리를 실현하는 데에 있어서 가장 먼저 해결해야 할 일차적 과제는 한반도 차원에서 주권 문제를 해결하여 한반도 전체 민의 생명과 재산, 권리를 지켜내는 것입니다. 그 때문에 한반도 차원에서의 애민과 애국의 기치로 접근해야 합니다. 다시 말해 일차적으로 한반도 차원에서의 민족적 문제를 해결해야 하기 때문에 우선적으로 한반도 차원에서의 매국 행위와 매국노 짓거리가 벌어지게 해서는 안 된다는 것입니다.

　한반도 차원에서 애민과 애국의 기치로 접근해야 한다는 것은 조국통일을 이룩하는 데 있어서 남 내부에서 제기되는 잣대나 북 내부에서 제기되는 잣대로 보는 것 같은 이중적인 잣대가 허용되어서는 안 된다는 것을 말합니다. 물론 이중적인 잣대가 허용되어서는 안 된다는 것은 남과 북이 각기 자신의 정책을 추구하지 말라는 뜻은 아닙니다. 얼마든지 남과 북은 자기 내부 성원의 이해와 요구에 따라 정책을 구사하고 실현해 갈 수 있습니다. 하지만 그렇다고 하더라도 한반도 차원에서 놓고 보았을 때 그것이 매국 행위와 매국노 짓거리에 해당되는 부분 만큼은 행해져서는 안 되고, 만약 그리 행한다면 단호히 응징하는 원칙이 확립되어야 한다는 것입니다.

한반도 차원에서 매국 행위와 매국노 짓거리가 벌어지게 되면 그것은 결국 한반도 차원에서의 애국 행위가 부정되면서 주권을 찾지 말자는, 즉 한반도 차원에서 민의 생명과 재산, 권리를 지키지 말자는 것으로 되고, 이것은 필연코 조국통일을 이룩하지 못하는 것으로 귀결됩니다.

남과 북이라는 각각의 잣대, 즉 이중잣대로 보아서는 안 된다는 것은 조국통일 자체가 한반도 차원에서의 통일을 상정하고 있기 때문입니다. 그런데 그런 통일을 상정하지 않고 여전히 분단된 상황으로 놓고 바라본다면 어떻게 조국통일이 이루어질 수 있겠느냐는 것입니다.

지금껏 남북이 합의했던 상황이 다 무산된 요인이 어디에 있었습니까? 한국은 군사적 주권도 제대로 행사하지 못하면서 외세를 끌어들여 군사훈련을 벌였습니다. 이것은 한반도 차원에서 주권이 유린되게 한다는 점에서 명백히 매국 행위이자 매국노 짓거리라고 할 수 있습니다. 그런데도 남한의 시각으로 놓고 방어적인 훈련일 뿐이라고 변명하면서 그런 매국 행위와 매국노 짓거리를 정당화한다면 한반도 차원에서의 애국의 기치가 견지되지 못할 것이고, 그러면 어떻게 한반도 차원에서 주권이 고수되고 민의 생명과 재산, 권리가 수호될 수 있겠습니까? 이렇게 한반도 차원에서 애국의 기치가 견지되지 못하는 조건에서 필경 남북 간에 합의 자체가 지켜질 리 없을 것입니다.

상대방을 비판하려면 자신부터 한반도 차원에서의 매국 행위와 매국노 짓거리를 하지 않는 가운데 상대방이 그런 짓을 하면 그때 가서 비판하는 것이 합당할 것입니다. 그런데 자기는 한반도 차원에서의 매국 행위와 매국노 짓거리를 버젓이 벌이면서 상대방이 외세의 힘을 동원하는 것도 아니고 자기 힘으로 그에 맞대응하는 모습을 비난한다면 도대체 이게 제정신이 있는 사람의 주장이라고 볼 수 있겠습니까? 내로남불이라고 해도 이런 내로남불의 모습은 찾아보기 힘들 것입니다.

그 때문에 이런 현상을 막자면 남의 잣대나 북의 잣대로 바라보는 이중잣대가 아니라 철두철미 한반도 차원에서 애국의 기치로 살펴보면서 한반도 차원의 주권을 제약하고 유린하는 매국적 행위에 해당되는가, 해당되지 않는가를 기준으로 설정하여 바라보아야 합니다. 여기서 한반도 차원에서의 애국 행위에 벗어나는 매국 행위와 매국노 짓거리에 해당된다면 단호히 반대하고 응징하는 원칙을 견지해야 한다는 것입니다. 그래야만 남북은 한반도 차원에서의 애국적 기치를 일치점으로 하여 조국을 통일하는 길로 나아갈 수 있다는 것입니다.

게다가 한국적 상황만 놓고 보면 개혁의 과제나 조국통일의 과업은 다 애민과 애국의 기치로 전개된다는 점에서 동일한 내용을 갖게 됩니다. 그 때문에 한국에서는 사회 개혁의 과제와 조국통일의 과업을 수행하는 주체는 민으로 똑같고, 그 대상 또한 외세와 매국노로 동일하게 적용됩니다. 그래서 한국의 상황에서는 매국 행위와 매국노 짓거리를 벌이는 행위에 대해서는 무엇보다 단호히 응징해야 할 필요성이 더더욱 절실하게 요구됩니다.

그 때문에 한국에서는 매국 행위와 매국노를 응징하기 위한 부분에 힘을 집중해야 하고, 그것을 실현하기 위한 방법으로 애국법과 조국통일법을 제정하기 위해 적극 노력해야 합니다.

한국 사회에서 애국법과 조국통일법을 제정하여 매국 행위를 저지르고 매국노 짓거리를 벌이는 자들을 단호히 응징해 한국 땅에서 발붙이지 못하게 만든다면 한국 사회의 개혁은 그만큼 앞당겨질 것입니다.

조국통일 또한 지금껏 남북이 합의된 바가 무용지물로 되는 것으로 보였지만 명실상부하게 되살아나면서 다시금 효력을 발휘하는 상황으로 진전되어 나갈 것입니다. 즉 매국노에 대한 응징이 이뤄져야 한다는 전제 조건이 확실하게 고수되고 견지되는 길로 나아간다면 한국 사회의 개혁적 과제도 명확하게 수행될 것이고, 조국통일에 있어서도 자주와 평화, 민족대단결의 원칙이나 연방연합제의 통일 방식 등도 폐기되는 형태로 머물러 있지 않고 다시금 실질적인 효력을 발휘하는 합의 사항으로 자리 잡을 수 있게 될 것입니다. 그뿐만 아니라 남북은 일치와 입체, 통일의 방법론을 철저히 구사하여 가장 멋진 방식으로 조국통일을 이룩하는 방향으로 나아가게 될 것입니다.

# 4. 애민, 애국의 기치와 각종 선거운동

## 1) 승자독식의 선거가 아닌 모두의 축제가 되는 선거의 길은 없을까?*

선거는 민주주의 꽃이라고 하지만 한국의 대선이나 총선의 과정을 보면 전혀 이와 어울리지 않습니다. 모 아니면 도인 것처럼 서로 죽기 살기로 싸우는 꼴입니다.

이것은 서로 다른 당과의 싸움에서만이 아니라 각 당 내부 과정에서도 그런 모습이 드러나고 있습니다. 최근 대통령 당선 가능성이 높게 나타나는 이재명과 윤석열 후보에 대해, 더불어민주당과 국민의힘 간의 공방은 물론이고, 더불어민주당과 국민의힘 내부에서조차 서로의 이해관계에 따라 혈전이 벌어지는 것은 이를 적나라하게 보여 주고 있습니다.

도대체 왜 선거 때만 되면 이렇게 싸워야 합니까? 그리고 민은 언제까지 이런 모습을 계속 지켜보아야만 합니까? 정말 민의 충복으로

---

* 우리겨레연구소 카페, 승자독식의 선거가 아닌 모두의 축제가 되는 선거의 길은 없을까?(2021. 09. 27), 참조 자료: 우리겨레연구소 카페, 정치세력의 역관계를 개혁을 위한 구도와 흐름으로 바꿔내자면 언제나 민을 주체로 내세우는 원칙적 입장에 충실해야 한다(2022. 03. 07)

나라를 이끌어가는 지도자를 뽑는다면 모두의 기쁨이 되어야 할 터인데, 왜 이렇게 사생결단식의 싸움이 되어야 합니까?

물론 한 나라의 지도자를 뽑는 데에 있어서 그 사람의 지난날의 행적을 살펴보는 것은 중요합니다. 정말로 지도자감인지를 확인하는 절차이기도 하니까요. 그런 점에서 현재 유력 주자인 이재명과 윤석열 대선 후보에 대해 문제를 제기하는 것은 어쩌면 당연할 수도 있습니다. 이재명에 대해 대장동 의혹 사건을, 윤석열에 대해 검찰의 고발 사주 사건을 제기하는 것이 그것입니다.

하지만 그 진행 과정을 보면 지도자감인지 아닌지 확인하는 차원이 아닙니다. 윤석열의 검찰 고발 사주 의혹 사건은 어찌 보면 큰 범죄 행위라고 볼 수 있습니다. 하지만 이것은 한때 윤석열 후보가 대통령에 당선될 가능성이 가장 높게 나타나자 그걸 견제하려다 보니 정쟁 방식으로 전락되어 버렸습니다. 즉 윤석열이 검찰총장 재직 당시 전 대검 수사정보정책관이었던 손준성이 지난 4월 총선을 앞두고 미래통합당(현 국민의힘) 김웅 의원에게 범여권 인사와 언론인에 대해 고발을 사주했다는 의혹이 인터넷 뉴스 매체인 뉴스버스에 의해 보도되자, 이를 계기로 공론화되었습니다. 더불어민주당은 기다렸다는 듯 검찰이 정치적 중립성의 의무를 저버린 중대 범죄라고 주장하며 수사를 요구했습니다. 이에 대해 윤석열 측에서는 전혀 사실무근이라며 제보했던 조성은이 국정원장이던 박지원을 만났다는 사실을 기초로 고발 사주 의혹 사건이 아니라 도리어 박지원 게이트의 정치공작이라고 주장하고 나왔습니다.

대장동 의혹 사건은 윤석열 후보가 집중적인 공격을 받고, 또 활동 과정에서 여러 번 실수를 범하면서 그 지지율이 주춤하고, 대신에 이재명 후보가 대통령에 당선될 가능성이 높은 것으로 나타나자, 집중 공격 대상이 되면서 공론화되었습니다. 이재명 경기지사가 성남시장이었을 당시 대장동 개발로 투자자들이 엄청난 고액의 배당금을 받았다는 의혹이 제기된 것입니다. 이에 대해 이재명 측에서는 단 1원도 받은 적이 없다면서 조사를 정식으로 의뢰하겠다고 하면서 이렇게 허위 사실을 유포한 국민의힘 의원들을 고발했습니다. 국민의힘에서는 이에 아랑곳하지 않고 이재명 경기지사와 대장동 개발로 고액의 배당금을 받은 투자자들과의 관계에 대해 조사가 필요하다고 주장하며 국정조사와 특검법안을 제출하였습니다. 이에 더불어민주당에서는 정식 조사를 하게 되니만큼 지금으로선 정쟁만 불러일으키는 불필요한 특검과 국정조사의 요구에는 검토하고 있지 않다고 밝혔습니다.

고발 사주 의혹 사건과 대장동 의혹 사건은 더불어민주당과 국민의힘과의 싸움으로만 끝나지 않고 있습니다. 각 당 안에서도 서로 이기기 위해 난투극을 벌이고 있습니다.

국민의힘 안의 또 다른 홍준표 후보는, 윤석열의 검찰 내부 고발 의혹 사건이 터지는 것을 기화로 윤석열이 검찰총장 시절 조국 사태가 불거졌을 때, 검찰이 보통 가족 수사를 할 때는 가족 중 대표자만 수사하는데, 딸 문제 등 가족까지 건드리며 과잉수사를 했다고 주장했습니다. 그리고 요즘에 와서 윤 전 총장이 고발도 스물몇 건 당하고 자기 처, 장모 다 걸렸는데, 자업자득이라면서 자기는 적폐 수사하고, 조국 수사할 때 강력하게 수사해 놓고는 지금 본인의 가족 수사에 대해 "나는 아니다"라는 식으로 하면 안 된다면서 그 자신도 극복하고 나가야 한다고 밝혔습니다. 하지만 홍준표 후보는 온라인에서 "조국수홍"(조국을 수호하는 홍준표)이라며 비판을 받게 되자, 조국 전 법무부 장관의 가족 수사가 가혹하지 않았다고 국민들이 생각한다면 제 생각을 바꿀 수밖에 없다면서 자신의 입장을 바꾸고 나왔습니다. 그러면서 자신이 가장 싫어하는 사람은 조국 전 장관이라고까지 밝혔습니다.

더불어민주당의 또 다른 대선 후보인 이낙연은 대장동 의혹 사건에 대해 개발이익으로 1,100배 이익을 얻는 것은 납득이 되지 않는다며 상식적이지 않은 일이 드러나고 있다고 밝혔습니다. 이에 대해 이재명 후보는 야당에서 주장하는 허위 사실을 그대로 유포하는 것과 하등 다를 바 없을 뿐이며, 사실 그 내막을 따져봤을 때 이낙연 후보가 총리로 있을 때 부동산 정책을 잘못 시행해서 예상 개발이익을 두 배 이상으로 만든 당자자가 할 얘기는 아니라고 반박하고 나왔습니다.

이 진행 과정을 보면, 정말 한심스럽기 짝이 없습니다. 나라를 이끌어 갈 지도자감을 찾고자 하는지 의문이 들기 때문입니다. 누구나 할 것 없이 동지도 적도 없이 서로 물어뜯으면서 어떻게 해서든지 당선 가능성이 높은 상대 후보를 구렁텅이에 빠뜨려 오로지 자신의 승리만을 위해 처절히 싸우는 모습만 보여주고 있습니다. 물론 서로 주장하는 의혹에 대해 한 점 의혹 없이 수사해서 풀어야 한다는 점을 부정하기 위해서가 아닙니다. 당연히 명명백백하게 밝혀내야 할 것입니다. 하지만 무조건 의문을 제기해 놓고는 아니면 말고 식으로 상대방에게 상처를 주는 방식으로 행동한다면 과연 그런 속에서 건전한 논의가 이뤄지겠으며, 그에 대한 정책적 대안을 찾으면서 올바른 지도자를 찾는 방식이 되겠느냐 하는 것입니다.

그러면 왜 선거 때마다 이런 방식의 싸움이 벌어지느냐 하는 것입니다. 그것은 한국의 사회 구조가 모든 사회 구성원의 힘을 하나로 모아 내어 사회적으로 풀어가는 방식으로 되어 있는 것이 아니라 각자도생하고 승자가 독식하는 구도로 되어 있기 때문입니다.

실상 정치는 사람을 조절 통제하며 지휘하는 기능을 가지고 있습니다. 한마디로 사람에 대한 조절 통제권을 행사한다는 것입니다. 그 때문에 정치적 양태가 어떻게 나타나는가는 한 나라의 사회적 수준과 모습을 가장 적나라하게 드러낸다고 말할 수 있습니다. 사회가 돌아가는 모든 방식은 사람에 의해 수행되는데, 그것은 결국 정치에 의해 결정되기 때문입니다. 그래서 정치가 어떻게 진행되는가를 파악하면 기본적으로 그 사회가 어떤 방식으로 돌아가는지 대략 이해할 수 있습니다.

따라서 사회를 고치자면 무엇보다 우선 정치가 바로 서도록 해야 합니다. 즉 모든 사회 구성원의 요구를 하나로 모아 내어 사회적인 힘으로 풀어가도록 해야 한다는 것입니다. 대선이나 총선에 관심을 기울이는 것도 그 때문입니다.

그런데 한국 사회의 정치 현실을 보면 이런 정치적 요구와는 전혀 거리가 멉니다. 도리어 정치권이 가장 개혁되어야 할 부분으로 지목되는 것처럼 후진적인 모습을 보이고 있습니다. 그 이유는 정치권이 가장 큰 이익집단으로 전락하여 자신들의 이익을 추구하는 방식으로 되어 있기 때문입니다. 크게는 여당과 야당, 즉 더불어민주당과 국민의힘으로 나뉘어 있고, 그 속에서도 각 당의 파벌 집단으로 형성되어 있습니다. 그래서 이들은 각기 자신들의 이익을 실현하기 위해 피도 눈물도 없는 싸움을 벌이는 격입니다. 승자가 모든 것을 독식하는 구조로 되어 있다는 것입니다.

원래 정당이라고 하면 정권 획득을 위해 움직이는 정치집단이라고 할 수 있습니다. 그래서 정권 획득을 위해 노력하는 것을 무조건 탓할 수는 없습니다. 하지만 정치 활동을 벌이는 정당이 이익집단과 전혀 구별되지 않게 활동한다면 정당으로서의 자격 요건을 결하는 것이라고 할 수 있습니다. 그래서 정당은 어떻게 해서든지 사회 구성원의 요구를 일정하게 들고나와야 합니다. 그래서 정책과 노선을 명확하게 제시해야 합니다. 이것이 이익집단과 차별이 되는 지점입니다.

그런데 이런 정책과 노선에 관한 내용은 온데간데없고 오로지 상대방을 공격하여 흠집 내면서 정책적 대안과 노선을 실종시켜 버린다면 어떻게 사회적 문제를 해결할 수 있겠습니까? 실상 각 정당들이 이렇게 서로 난투극을 벌이게 되면 패싸움으로 전화되고, 그러면 극한 대립구조가 형성됩니다. 그러니 사생결단식의 싸움이 되고, 여기에서 어느 한 편의 진영으로 가담하게 되는 것입니다.

이렇게 되면 정치를 올바로 세워 참다운 개혁을 이룩하려는 세력은 형성되지도 못할뿐더러 관전꾼, 구경꾼으로 전락해 버립니다. 이로써 정치는 희화화되고, 이익집단이 서로 돈을 걸고 돈을 먹는 투기장 같은 형태로 변해 버립니다. 이런 모습이야말로 한국의 각 정당이 제 역할을 하지 못하고 이익집단으로 전화된 모습을 보여주는 꼴이라고 말하지 않을 수 없습니다.


그렇다면 이런 정치 지형과 선거 방식을 고치기 위해 어떻게 해야 하겠습니까? 여기에는 개혁의 담당자인 민이 주체로 나서는 길 외에는 다른 방법이 없습니다.

흔히들 선거에서 표는 1인 1표로 동등하다고 말합니다. 하지만 이익집단으로 세를 형성하는 경우와 그렇지 않고 흩어진 사람의 표는 결코 동등하지 않습니다. 이익집단을 형성하고 있으면 그만큼 더 많은 표로 인식됩니다.

실질적으로 삼성 이재용과 일반 범인이 가진 한 사람의 표가 서로 동등하다고 말할 수 있을까요? 이재용 뒤에는 삼성이라는 엄청난 표가 몰려 있습니다. 그들을 의식하지 않을 수 없습니다. 그러니 이익집단으로 형성된 세력의 눈치를 보지 않을 수가 없는 것입니다. 그렇다면 결국 개혁을 원하는 세력 또한 선거에서 영향력을 행사하고 개혁을 실질적으로 이룩하자면 스스로 세력을 형성하기 위해 나서는 길밖에 없습니다.

개혁을 원하는 세력이 하나로 단합해야 한다고 말하면, 더불어민주당은 자신들이 개혁을 추구하는 정당이라고 주장합니다. 그러면서 개혁이 추진되지 못하는 이유는 국민의힘이 한사코 발목을 잡기 때문이라고 변명합니다. 하지만 대통령과 국회의원의 다수를 점하고 있는데도, 즉 개혁을 추진할 수 있는 실질적인 힘을 주었는데도 전혀 달라진 부분이 없다고 한다면 어떻게 보아야 하겠습니까? 진짜로 개혁을 추진할 의사가 없거나, 아니면 하려고 했지만 못했다면 무능한 정당이라고밖에 말할 수 없을 것입니다. 실상 더불어민주당과 국민의힘의 정치적 입장을 보면 소소한 부분에서 차이가 있긴 하지만 큰 부분에서 보면 큰 정책적 차이도 없습니다. 그래서 더불어민주당 안의 일부 인사들이 정말 개혁을 원한다면 개혁을 원하는 세력과 그렇지 않은 세력과의 대립 전선으로 정치권의 지형을 바꾸는 방향으로 나와야 한다고 말하는 것입니다. 마찬가지로 국민의힘 내부의 인사들 중에서도 정말 개혁을 원한다면 이런 정치 지형으로 바꾸자는 주장에 반대할 이유는 없을 것입니다.

실상 이번에 난투극을 벌이고 있는 검찰의 고발 사주 의혹 사건과 대장동 개발 의혹 사건에 대해 개혁하려는 입장에서 바라볼 때 그 정치적 입장은 너무나 명확하다고 말할 수 있습니다. 어떻게 하면 검찰 개혁을 철저하게 추진해 갈 수 있는지, 또 부동산 개발 정책을 어떻게 풀어가야 할지에 대해 분명하게 정책적 입장과 노선을 밝히는 것으로 되어야 한다는 것입니다. 그래야 개혁하겠다는 자세와 입장을 보이는 모습이라고 할 수 있습니다. 그런데 그에 대해서는 적극적으로 그 대책을 내놓지 않고 있습니다.

어떤 사람에 대해서 법적으로 처벌하고자 하는 것은 그 사람을 파렴치범으로 낙인시켜 사회에서 얼굴을 들고 살지 못하게 하기 위해서가 아닙니다. 사회적으로 각인시키면서 다시는 그런 범죄가 일어나지 않도록 하기 위해서입니다. 그래서 그 죄인의 처벌을 통해 사회적 경각심을 불러일으킴과 동시에 불합리하고 미비한 부분 때문에 그런 범죄가 발생했다면 그에 대해 적절한 대응책을 마련하는 방향으로 나아가야 합니다.

그런데 대응책을 마련하는 데에 주력하지 않고 현재의 눈으로 과거의 행위를 문제 삼는 방식으로만 나온다면 어떻게 되겠습니까? 예수는 부자가 천국 가는 것은 낙타가 바늘구멍에 들어가기만큼이나 어렵다고 말했습니다. 부자가 되는 과정에서 그만큼 많은 죄를 저지를 수밖에 없다는 것을 상징적으로 표현한 말이라고 할 수 있습니다. 게다가 대통령을 뽑는 선거는 개혁을 참답게 수행하여 한국 사회에서 민의 권리가 전면적으로 실현되도록 하는 지도자를 선출하는 과정이라고 할 수 있습니다. 그 때문에 저지른 범죄 행위에 대해서는 엄격하게 조사해서 처벌해야 하지만, 단순히 사람을 범죄자로 낙인시키는 방식이 아니라 주되게 개혁을 위한 정책과 대안을 제시하는 과정으로 되어야 합니다.

그렇다면 검찰의 고발 사주 의혹 사건에 대해서도 결국 검찰개혁을 어떻게 해야 철저하게 추진할 수 있는지에 대한 대응책 마련이 핵심적인 요체라고 할 수 있을 것입니다. 즉 검찰개혁을 정말로 이룩하자면 검찰조직이 과연 견제와 균형의 원리에 입각해 있으며 민의 이해와 요구가 반영될 수 있는 구조로 되어 있는지를 살펴보아야 할 것입니다. 하지만 모두가 알다시피 검찰조직은 기소독점권과 기소편의주의 등 무소불위의 힘을 가지고 있으면서도 사실상 견제와 통제를 받지 않는 구조로 되어 있습니다. 그렇다면 바로 이 부분을 그에 맞게 고치면 될 것입니다. 그런데 이에 대해서는 실질적으로 노력하지 않고 단지 검찰 일반이 죄인이라는 식으로 몰아붙이고 비난하기만 한다면 과연 그것이 검찰개혁을 실질적으로 이룩하려는 진정성 있는 모습이라고 볼 수 있겠습니까?

실상 검찹개혁을 이룩하자면 사회 전반의 정치 구조가 견제와 균형의 원리에 입각하면서도 민의 권리가 직접 반영될 수 있는 구조로 바꿔내야 합니다. 왜냐하면 단순히 검찰조직의 개편만으로 해결되지 않기 때문입니다.

현대의 정치 구조에서 입법과 사법, 행정 체계로 분리된 것은 견제와 균형의 원리를 실현하기 위해서입니다. 그래야 어느 일방에서 독단적인 전횡을 일삼는 것을 막음으로써 민의 권리가 가장 잘 실현될 수 있다고 보았기 때문입니다. 하지만 입법과 사법, 행정으로 분리시키고 서로 견제하고 균형을 이루게 하는 것만으로 민의 요구를 실현하기에는 턱없이 부족하게 되었습니다.

그래서 민의 요구를 직접적으로 반영하기 위한 노력이 진행되었습니다. 즉 입법과 사법, 행정의 수반과 고위공직자들이 민의 요구를 받아들이지 않고 독단적인 방식으로 전횡을 일삼는다면 그에 대해 압력을 가할 수단이 필요해졌다는 것입니다. 그래서 국민소환권을 요구하여 파면할 수 있게 하고, 또 국민발안권을 제기하여 민의 요구를 직접 반영할 수 있는 법을 제정하게 하고, 또 그것을 직접 국민이 투표로 결정할 수 있는 국민투표권을 요구하게 된 것입니다. 그래서 정말 검찰개혁을 이룩하고자 한다면 이처럼 민의 요구를 직접 한국 사회의 정치에 반영할 수 있도록 국민소환권과 국민발안권, 국민투표권 등을 실시하자는 정치적 입장부터 제시해야 할 것입니다.

이런 가운데 검찰 조직에 있어서도 견제와 균형의 원리가 이뤄지도록 하면서 민의 요구가 반영되는 방식으로 개혁하면 되는 것입니다. 견제와 균형의 원리에 의할 때 검찰조직은 우선 모든 조직이 그러하듯 그 집행력이 보장되어야 합니다. 집행력이 보장되지 않고서는 검찰조직이 필요 없기 때문입니다. 그런데 그 집행이 법에 의해 제대로 이뤄지는지 감시하고 감독하는 기능이 확보되어야 합니다. 감시, 감독 기능은 검찰 내부에서도 필요하겠지만 기본적으로 검찰 외부 조직에 의해서 시행되어야 할 것입니다. 아울러 법에 의해 집행이 이뤄지더라도 사회에 걸맞지 않은 불합리한 법이라고 한다면 이를 시정할 수 있는 대책이 담보되어야 할 것입니다. 아무리 법에 의해 집행되더라도 시대에 맞지 않는 법이 존재한다면 검찰은 그 법을 집행할 수밖에 없고, 그로 인해 그 피해는 온전히 민에게로 다가오기 때문입니다. 그런데 그 대책 제시를 검찰 내부에 맡기게 되면 검찰조직의 편의에 따라 채택될 수 있습니다. 그러면 견제와 균형이 잘 이뤄질 수 없기에 이 또한 검찰 외부 기구에서 맡도록 해야 할 것입니다.

이렇듯 검찰조직의 개혁은 그 집행력을 확고하게 행사할 수 있도록 하되, 그 감시 감독 기능은 중앙정부나 법무부에서 이뤄지도록 하고, 검찰의 법 집행을 위한 정책적 대안 제시 기능은 민의 이해와 요구를 대변할 수 있는 사회적 합의 기구에서 담당하도록 하면 될 것입니다. 이것이 검찰조직에 대한 견제와 균형의 원리가 구현되는 방식이라고 할 수 있습니다.

하지만 앞서도 말했듯이 민이 사회와 역사의 주체로 등장한 시대에서는 민의 이해와 요구가 직접 반영되는 방식이 검찰조직에도 적극적으로 이뤄지도록 해야 합니다. 그래서 검찰총장의 경우는 민이 직접선거로 선출하는 방식이 되지는 못할지라도 최소한 국회의 동의를 받아야만 임명되도록 하면서 민의 소환권도 부여되어야 합니다. 아울러 검사의 기소독점주의와 기소편의주의에 대해서도 민의 이해와 요구가 직접 반영되는 방식을 포함시켜야 합니다. 바로 이 부분에서 검사가 기소하지 않는 경우 이에 대응할 수 있는 재정신청제도가 활용되는 것과 함께 기소를 하느냐, 하지 않느냐의 문제에 대해서도 대배심 제도를 도입하여야 합니다. 판사의 재판 과정에서 소배심 제도를 활용하는 것처럼 검사의 기소에 대해서도 민의 요구를 반영할 수 있는 방식으로 확립되어야 한다는 것입니다. 아울러 검사의 기소를 검사가 담당한다는 것은 합당하지 않기 때문에 이 부분에 있어서는 이번에 도입한 공수처 내지는 새로 신설될 국가 기관에서 검·판사를 기소할 수 있도록 해야 합니다.

여기서 공수처 내지는 새로 신설될 국가 기관에서 검·판사의 경우만 기소하도록 해야지 대통령을 비롯해 고위공직자까지 담당하도록 하는 것은 올바르다고 할 수 없습니다. 조직과 인원이 얼마 되지도 않는 공수처로 하여금 대통령의 친인척을 비롯한 고위공직자들을 전담하게 한 것은 사실상 공수처의 윗선을 장악하게 되면 결국 처벌이 불가능하게 될 수 있기 때문입니다. 따라서 검·판사에 대한 부분만 담당해서 기소할 수 있는 기관이 필요하고 그 외의 부분은 마땅히 검사가 담당해서 기소하게 해야 할 것입니다.

대장동 개발 의혹에 대해서도 마찬가지입니다. 물론 이재명 후보는 이번 의혹 사건을 계기로 공영개발을 시행하면서 부동산 개발로 인한 이익을 환수하기 위해 개발이익환수제를 도입하겠다고 밝혔습니다. 이런 정책적 대안을 제시한 것은 진일보한 모습이라고 볼 수 있습니다. 하지만 그 또한 곽상돈 의원의 아들이 퇴직금으로 50억 원을 수령한 것을 기화로 대장동 의혹 사건은 국민의힘과 토건 비리 세력이 서로 협작한 게이트가 그 핵심 내용이라고 하면서 국민의힘으로 책임을 전가시키고 나왔습니다.

실상 지금의 부동산 정책은 돈이 있는 자들이 개발하는 방식으로 되어 있습니다. 그 때문에 돈이 없는 사람들은 지역 개발에 대해 의견을 제안할 수 있는 구조가 성립되어 있지 않을 뿐만이 아니라 도리어 그 개발로 해서 전세나 월세 사는 사람들은 그 지역을 떠나야 하는 방식으로 되어 있습니다. 이런 도시개발과 부동산 정책이 계속 시행된다면 어떻게 지역민의 이익이 보장되는 방식으로 이뤄질 수 있겠습니까?

그래서 이를 해결하자면, 도시개발과 부동산 정책은 돈으로 돈을 벌어들이는 방식을 원천적으로 차단시켜야 합니다. 돈이 없다고 해서 그 지역에 사는 사람들이 다른 데로 떠나야 하는 것이 아니라 그 개발된 지역에서 살도록 하자면 국가가 책임을 지고 개발하는 것 외에는 다른 방식이 있을 수 없다는 것입니다. 이런 방식으로 나아가지 않고 개발이익환수제를 도입한다고 해도 돈 없는 사람들을 위한 개발은 이뤄지기가 힘들다는 것입니다. 그래서 국토의 종합적이고 균형적인 발전 전략에 따른 사회적 합의 속에서 국가적 차원의 개발이 이뤄지도록 해야 합니다. 그래야만 돈 있는 사람만이 아니라 돈 없는 사람들도 그 혜택을 보는 방식으로 진행될 수 있습니다. 그렇다면 대장동 개발 의혹 사건으로부터 국가적인 개발 방식, 즉 중앙정부와 지방정부, 그리고 지역 주민 등의 사회적인 합의에 의한 개발 방식이라는 방향으로 전환하는 정책을 명백히 제시해야 할 것입니다.

이처럼 상식적인 이치에서 따져 볼 때 어떻게 하면 개혁이 될 수 있는지 그 요체가 명확함에도, 각 정당들은 서로 의혹만 제시하면서 파렴치범으로 몰고 가려고만 할 뿐 그에 대한 분명한 대책을 적극적으로 제시하고 있지 않습니다. 이런 모습은 결국 실질적으로 개혁하려는 의사가 없고, 서로 사생결단식 싸움의 지형을 통해 자신들의 기득권과 이익을 지키려는 모습으로밖에 달리 볼 수 없습니다. 바로 여기서 승자독식과 같은 선거 과정으로 몰두하게 되면 결코 개혁이 성공적으로 이뤄질 수 없는 구조가 형성되는 이유가 드러납니다. 그래서 개혁을 원하는 세력은 정책적 대안과 노선을 명확히 제시하면서 주체로 확고히 나서야 합니다. 그래야 이익집단으로 전락한 정당들이 사생결단식의 선거 틀 구조를 이용해 승자 독식하려는 방식을 막아낼 수 있습니다.

실상 민의 충복으로 산다는 것은 매우 힘들다고 할 수 있습니다. 헌신적으로 산다는 것이 말처럼 쉽지 않기 때문입니다. 어쩌면 진짜 개혁을 원하는 사람들은 그 고난과 고통을 알기에 나서려고 하지 않는 경우도 있다고 할 수 있습니다. 그 때문에 개혁세력의 대오가 형성되기 어려운 측면도 존재한다고 볼 수 있습니다.

하지만 개혁을 하자고 한다면 그 어려움을 딛고 나서는 수밖에 없습니다. 개혁은 그 누가 대신해 줄 수 없기 때문입니다.

개혁은 모두가 상생할 수 있는 길입니다. 그 때문에 정책적 입장과 노선에 따라 개혁세력을 하나로 모아내야 합니다. 그리한다면 결코 지금과 같은 사생결단식의 선거 방식과 승자독식의 형태가 되지 않을 것입니다. 그러면 모두가 승자가 됨으로써 환희와 축제가 되는 방식이 될 수 있습니다. 민이 개혁에 대한 정책과 대안을 제시하면서 주체로 나서는 것만이 그 해결책이라는 것입니다.


## * 대통령 선거

### 1) 20대 대선에서 개혁세력의 목표는 무엇이고 어떻게 대응해야 할까?

(1) 민을 주체로 내세워 애국의 기치로 개혁세력을 하나의 전선으로 강력하게 구축해야 한다*

---

* 우리겨레연구소 카페, 20대 대선에서 개혁세력의 목표는 무엇이어야 할까?(2021. 09.

20대 대선을 위해 각 당이 분주히 움직이고 있습니다. 여당인 더불어민주당과 야당인 국민의힘을 필두로 군소정당까지 자신들의 대선후보를 확정 짓기 위해 경선을 벌이고 있는 것은 그 일환이라고 볼 수 있습니다.

이렇게 거대 양당에서부터 수많은 군소정당까지 대선준비를 위해 나서고 있는 것은 대통령선거가 차지하고 있는 위상 때문입니다. 민주주의 사회에서 선거는 꽃이라고 하지만, 특히 대통령선거는 그동안의 정치 지형과 권력 관계의 변화를 동반합니다. 그래서 누가 대통령에 당선되는가는 향후 5년간의 대통령 임기 내에서의 정치 지형과 권력 구조를 결정짓게 됩니다. 특히 한국의 정치 형태는 대통령제를 기본으로, 그것도 제왕적 대통령제를 특징으로 갖고 있기에 더더욱 그 의미가 중대하게 다가옵니다.

대선이 이런 중대한 의미를 갖고 있는 관계로, 개혁을 원하는 세력 또한 결코 무심하게 대할 수 없습니다. 방관자로 전락해서는 안 되며 어떻게 해서든지 개혁을 실질적으로 실현하기 위해 유리한 정치 지형을 형성시켜야 할 것입니다. 그러기 위해서는 대선 과정에서 적극적인 활동을 왕성하게 벌여가야 합니다.

우선 이번 대선에서 개혁세력의 목표가 무엇이며, 그 목표를 실현하기 위해서 어떤 원칙을 견지해 가야 하는지에 대해서 살펴보고자 합니다.

개혁세력의 목표가 무엇이며 어떤 원칙을 견지해야 하는지를 밝혀내기 위해서는 한국의 정치 지형이 어떻게 형성되어 있고, 왜 개혁이 실현되지 못했는지에 대해서 먼저 파악해야 합니다.

실상 한국 사회의 절대다수는 개혁을 열렬히 원하고 있습니다. 이것은 촛불항쟁을 통해서 증명되었습니다. 또 여러 군소정당이 있지만, 사실상 양당체제인 한국 사회에서 여당인 더불어민주당이나 야당인 국민의힘에서 경선 후보로 출마한 인사들의 지지율을 봐도 기존 주류 세력이 아닌 후보들이 높은 지지를 받고 있다는 것에서도 드러납니다. 더불어민주당에서 이재명 후보가, 그리고 국민의힘에서 윤석열 후보가 높은 지지율을 보이는 것은 양당체제의 내부에서마저 기존 정당의 주류 세력이 불신받고 개혁을 위한 방향이 흐름으로 전개되고 있음을 보여주고 있습니다.

물론 이것은 이미지 차원에서 각색된 개혁적 색채라는 것이지 실질적으로 개혁을 추진하려는 의사와 능력을 보여주고 있다는 뜻은 아닙니다. 개혁적 색채 이미지가 깨질 경우 그 지지가 철회되고 있는 모습도 나타나고 있습니다. 국민의힘에서 처음엔 윤석열 후보의 지지율이 압도적이었으나 점차 홍준표 후보가 추격하며 그 격차를 줄이고 있는 것은 이런 추이를 보여준 것이라고 하겠습니다.

하여튼 이 거대 양당체제에서 여당인 더불어민주당은 여러 후보가 난립하고 있으나, 그들의 주된 주장은 정권 재창출을 통해 개혁을 계속 추진하겠다는 것이고, 야당인 국민의힘은 정권교체야말로 국민의 열망이라고 주장하며 또다시 정권 획득을 위해 나서고 있습니다.

하지만 더불어민주당이 권력을 잡지 못해서 개혁이 실종되었습니까? 지금도 대통령직과 국회의원의 과반수 이상을 점하고 있습니다. 진실로 개혁하고자 한다면 지금이라고 충분히 추진할 수 있는 힘을 가지고 있습니다. 하지만 그렇게 하지 않고 있습니다. 그런데 개혁을 계속하기 위해서 정권 재창출을 주장한다면 그게 얼마나 어불성설입니까?

반면에 국민의힘은 문재인 정권에 대한 심판이야말로 국민의 열망이라고 하면서 그 길이 개혁인 것처럼 호도하고 있습니다. 문재인 정권에 대한 심판은 촛불항쟁의 정신을 배반하고 개혁을 위해 철저히 나서지 않았던 부분에 대한 실망에서 비롯된 것이라고 할 수 있습니다. 그런데 국민의힘은 개혁을 위한 움직임에 사사건건 제동을 걸면서 자신들의 기득권을 지키기 위해서 움직였습니다. 이런 세력에게 개혁을 기대한다는 것은 나무에서 물고기를 구하는, 즉 연목구어의 격이라고 할 수 있을 것입니다.

이 거대 양당체제에서 개혁이 허망하다는 것은 제3당 내지, 제3지대론이 등장하는 것에서도 확인할 수 있습니다. 제3당 내지 제3지대론은 안철수와 같은 인사들이나 이미 기존의 양당체제에서 활동을 한 정치인들이 서로 이합집산하여 세운 정당들이라고 할 수 있습니다.

하지만 이들 세력은 말로는 새정치나 새시대에 걸맞은 정치를 하겠다고 구호를 내걸었지만, 주로 중도세력의 통합을 내걸었던 측면을 보면 기존 양당체제의 정책과 질적으로 차이가 나지 않는다고 볼 수 있습니다. 이미 기존 양당체제의 정책과 노선으로는 개혁이 추진되지 못했는데, 그와 별반 차이도 없는 정책과 노선으로 개혁을 실현하겠다고 한다면 그 실현이 불가능하다는 것은 불문가지일 것입니다. 그래서 처음엔 일정한 세력을 형성하기도 하였지만, 점차 그 실체가 드러남에 따라 그 지지율이 떨어지고 있는 형국입니다. 그 결과 한때 제3세력을 형성한다며 우후죽순 격으로 나섰던 정당의 세력들은 다시 거대 양당체제에 포섭되어 통합을 시도해 가기도 하고, 또 이해관계의 갈등으로 어쩔 수 없이 제3당으로 남아 있기도 하는 형국입니다. 이렇게 거대 양당체제와 별반 차이도 없이 제3당이 나오면서 이합집산의 형태가 지속되다 보니 국가혁명당의 허경영 명예대표 같은 경우는 정치를 희화화하기도 합니다.

또 한편 박근혜 정권 시기의 새누리당은 촛불항쟁을 통한 박근혜 탄핵을 계기로 서로 분열하였고, 여기서 지금까지의 기득권을 절대 내려놓지 않고 수호하려던 세력들은 새롭게 정치 세력을 구축하여 일명 강성보수(?) 형태의 군소정당을 세워 나갔습니다. 허나 촛불항쟁에 의해 심판받았던 측면을 부정하려 한다는 점에서 이들은 개혁의 추진과는 거리가 멀다고 하겠습니다.

이와 달리 사회의 혁신을 내거는 여러 군소정당 또한 존재합니다. 이들은 원내 정당인 정의당과 기본소득당을 비롯해 원외 정당인 진보당, 민중민주당, 사회변혁노동자당, 노동당, 녹색당, 미래당 등이라고 할 수 있습니다. 정의당은 전 노회찬 의원이 삼겹살 불판을 바꿔야 한다고 주장했던 것처럼 판갈이 하자고 나서고 있고, 기본소득당은 기본소득의 관철을 주의제로 설정하고 있습니다. 진보당은 보수에 비견되는 진보 정책의 시행을 주장하고 있고, 민중민주당은 반미자주·민중민주·조국통일 투쟁을 벌이고 있으며, 사회변혁노동자당과 노동당은 노동계급의 정치 세력화를 추진하면서 사회주의 및 생태주의, 여성주의, 평화주의, 소수자운동 등을 채택하고 있습니다. 그리고 녹색당은 기후 위기를 공론의 장으로 만들려고 하고 있으며, 미래당은 청년들의 미래를 보장하는 것을 주된 의제로 주장하고 있습니다.

이런 주장들을 보면, 이들 군소정당은 개혁을 위해 나름의 정책들을 제시하면서 대안 세력으로 자리매김하려는 것을 목표로 삼고 있다고 볼 수 있습니다. 하지만 거대 양당체제에서 이미 대권의 향배가 사실상 두 양당 후보 중 한 사람으로 거의 결정되어 있는 격이나 마찬가지 상황에서 과연 이들 군소정당이 각개 약진하여 전개한다고 한들 위력한 힘을 불러일으키기는 어려울 것입니다.

이런 한국의 정치 지형으로부터 개혁세력이 참답게 개혁을 성공적으로 이룩하기 위해서는 어떻게 해야 하겠습니까?

여기서 먼저 분명히 해야 할 것은 이런 한국의 정치 지형을 바꾸지 않고서는 절대 개혁이 무망하다는 사실입니다. 개혁을 하자면 어떻게 해서든지 개혁의 걸림돌이 되는 이런 거대 양당체제의 정치 지형을 바꿔내서 개혁을 원하는 모든 세력을 하나의 강력한 전선으로 구축해 내야만 한다는 것입니다. 그러자면 우선 한국의 정치 지형에 거대한 바람을 불러일으켜야 합니다.

실상 개혁은 촛불항쟁에서 증명된 바와 같이 민의 절대적인 지지를 받고 있습니다. 그리고 개혁은 압도적인 역량에 의거해야만 성공적으로 실현할 수 있습니다. 그러자면 민을 주체로 내세우는 개혁이 되어야 한다는 점을 명확히 해야 합니다.

지금껏 개혁이 수많이 거론되었지만 추진되지 못했던 데에는 주체의 문제가 빠져 있기 때문입니다. 개혁은 그 누가 대신해 주는 것도 아니고, 또 몇 가지 정책 공약을 통해 실현되는 것도 아닙니다. 그 무엇을 하든 민을 개혁의 주체로 내세우느냐 하는 문제에 달려 있다는 것을 명확히 하고, 이 부분에 강력한 사상전과 여론전을 전개하여 강한 바람을 불러일으켜야 합니다.

사실 정권 재창출, 정권교체, 제3세력의 대안 세력론 등은 엄밀히 말하면 자신들의 정치 세력의 형성이나 유지를 위해 투표로 지지해 달라고 요청하는 격입니다. 한마디로 민을 방관자로 바라본다는 점에서 크게 벗어나지 않습니다. 이렇게 방관자로 계속 전락시킨 방식으로서는 절대 개혁의 바람을 크게 불러일으킬 수 없습니다.

촛불항쟁에서 보듯 민이 주체로 나섰을 때 위력한 힘을 발휘할 수 있었으며, 반개혁 세력의 반대를 극복할 수 있습니다. 그 때문에 무엇보다 중요한 것은 개혁의 주체로 민을 내세우는 원칙을 철저히 견지해야 합니다. 개혁은 민 자신이 수행해야 한다는 점을 분명히 해야 한다는 것입니다. 그래야 광범위한 세력이 떨쳐나설 수 있으며, 그 힘만이 거대한 바람을 일으킬 수 있고 정치 지형을 바꿔 갈 수 있습니다.

한국 사회의 정치 지형을 바꾸고 하나의 강력한 대오로 개혁세력을 형성시켜 내기 위해서는 또한 애국을 기치로 하는 개혁임을 분명히 해야 합니다.

개혁은 총체적이고 입체적이며 통일적으로 풀어가야 성공할 수 있습니다. 그래서 개혁을 추진하자면 이 모든 것들을 포괄할 수 있는 기치를 내걸어야 합니다. 부분적이고 일면적인 구호로서는 광범위한 세력을 포괄할 수 없습니다.

개혁은 민이 개인과 집단, 나라와 민족 단위로 살아가고 있는 조건에서 이 모든 부분에서 주인의 권리를 실현하고자 하는 것입니다. 그래서 이 모든 것을 포괄하면서 한국 사회를 질적으로 새롭게 혁신시켜 낼 수 있는 기치가 되어야 합니다. 그런데 그것은 바로 애국의 기치로 될 수밖에 없습니다. 애국의 기치는 개인과 집단, 나라와 민족 단위의 모든 부분에서 주인의 권리를 실현할 수 있는 길을 담보하고 있습니다. 왜냐하면 애국은 나라와 민족 단위로 주권이 행사되고 있는 조건에서 자기 나라와 민족 부분에서 민의 권리를 실현하겠다는 의지와 열정을 드러내는 사상적 기치이기 때문입니다.

이것은 결국, 개혁은 민을 주체로 내세워야 하고, 민을 주체로 하는 개혁은 민을 사랑하는 애민사상에 의거하고, 애민사상은 애국의 기치로 드러난다는 점을 명확히 한다는 것입니다.

그저 단순한 정책상의 차이나 갈등이 있다면 여러모로 심사숙고하고 다시 생각해 볼 수 있지만, 개혁의 과제를 부분적이고 일면적으로 제시하게 되면 결코 성공할 수 없다는 뜻입니다. 그래서 개혁을 하나의 흐름으로 만들어 내기 위해서는 민을 최상의 존엄 있는 존재로 만들고 그 권리를 보장한다는 애국의 기치를 분명하게 내세워야 합니다. 그래야 개혁은 절대 무산시킬 수 없는 과제로 될 수 있습니다. 다시 말해 민을 개혁의 주체로 세워 개인과 집단, 나라와 민족 단위의 이해와 요구를 일치시키고 입체적으로 적용하여 통일적으로 풀어나가는 애국의 기치를 분명하게 내세워야 그 어떤 난관에도 불구하고 풀어갈 수 있게 된다는 것입니다.

실상 한국 사회에서 개혁이 좌초되는 상황을 보면 대내외적인 조건을 핑계로 대고 있는 경우가 많습니다. 대외적 관계에서 미국의 압력에 굴복한다거나, 아니면 내부의 반개혁 세력의 반대가 격렬하게 표출되며 그걸 핑계로 삼아 내걸었던 공약을 후퇴시키거나 유야무야시켜 버렸던 경우가 다반사였습니다. 노무현 전 대통령이 미국에 할 말은 하겠다고 해놓고선 거의 대부분 미국의 압력에 굴복하였고, 문재인 대통령이 적폐세력의 청산을 거론하였지만, 반개혁 세력의 반발에 부딪히자 철저한 개혁의 길로 나서지 않았던 것은 이런 모습들이라고 할 수 있습니다.

그 때문에 광범위한 세력을 포괄하여 압도적인 역량을 구축해 개혁을 추진하기 위해서는 애국의 기치를 분명하게 내걸어야 한다는 것입니다. 애국의 기치를 내걸고 개혁을 추진해 나간다면 그 기치의 포괄성과 정당성의 확보로 인해 모든 대내외적인 온갖 압력과 방해를 극복해내고 개혁을 시대의 흐름으로 만들어 실질적으로 수행해 갈 수 있는 길이 열리게 될 것입니다.


한국 사회의 정치 지형을 바꿔내고 개혁세력을 하나의 강력한 대오로 구축하기 위해서는 또한 정치 전선을 개혁과 반개혁 세력의 전선으로 확립시켜 가야 합니다.

정치 세력의 형성은 대립 전선을 분명히 하였을 때 그에 따라 성장해 갑니다. 개혁하자는 것과 개혁세력의 성장은 동전의 양면이지 따로따로 노는 것이 아닙니다. 개혁은 반개혁 세력을 약화시키고 극복해 가는 과정에서 이뤄집니다. 그래서 개혁과 반개혁 세력으로 대치

전선을 형성하여 개혁세력을 하나로 모아가야 합니다.

물론 개혁세력은 하나의 대오로 형성되어 있지도 않고 모든 세력이 하나의 일치된 의견으로 통일되어 있지도 못합니다. 하지만 개혁이라는 것 자체가 고정된 목표를 해결해 나가는 방식이 아니라 부조리하고 불합리한 부분을 새롭게 혁신시키고 창조해 가는 과정입니다. 그 때문에 개혁은 서로 이해관계를 같이하는 부분에서는 일치시켜 내고, 차이가 있는 부분에서는 입체적으로 적용하여 통일적으로 풀어가는 과정이라고 할 수 있습니다.

지금 각 정당들은 대선 후보를 선출해 나감으로써 20대 대선에 대한 준비를 착착 해 나가고 있습니다. 이런 움직임들은 우선 각기 입장을 분명히 제시하도록 해 준다는 점에서 실질적으로 정치 지형의 새판짜기를 위한 시작점이 되는 것이라고 할 수 있습니다. 어떤 계선을 놓고 단결하고 단합할 수 있는지 알기 위해서는 각각의 입장이 분명해져야 하기 때문입니다.

이제 서로의 입장들을 분명히 하는 가운데, 진실로 민을 주체로 하여 애국의 기치에 따른 개혁을 이뤄가기 위해서는 그 대치 전선을 명확히 해야 하니만큼 기필코 개혁을 원하는 모든 세력은 궁극적으로 이번 대선 과정에서 개혁과 반개혁의 전선으로 만들어 가야 합니다. 그리하여 개혁만이 한국을 새롭게 살릴 것이라는 흐름을 만들어 내야 합니다.

그 흐름에 맞게 풀어가기 위해서는 개혁을 진실로 원하는 세력은, 서로 일치하는 부분은 함께하고 몇몇 차이에 있어서는 그 부분을 인정하고 입체적으로 적용하여 궁극적으로 통일적으로 풀어가는 방식을 세워가면서 하나의 강력한 대오로 형성시켜 가야 합니다. 이것은 이후 한국 사회를 개혁해 갈 수 있는 진지의 구축을 강력하게 마련해 주는 것이라고 할 수 있습니다.

이렇게 민을 개혁의 주체로 내세워 애국의 기치를 내걸고 개혁의 전선을 형성시켜 낸다면 한국 사회의 정치 지형을 새롭게 바꿔낼 수 있을 것이며, 그에 따라 개혁세력은 강력한 대오를 구축할 수 있게 될 것입니다. 그러면 그 힘을 바탕으로 개혁을 시대적 흐름으로 만들어 개혁을 실질적으로 추진할 수 있게 될 것입니다. 비록 상황이 녹록지 않지만 개혁을 바라는 모든 세력들은 기필코 이번 대선에서 성과를 내오기 위해 적극 노력해야 할 것입니다.

**(2) 개혁 대 반개혁 세력의 대립 전선을 구축하면서 진보 진영만이 아니라 모든 개혁세력의 정치 세력화와 단일후보 운동을 전개함으로써 민을 주체로 세워냄과 함께 개혁을 실현하기 위한 실질적인 밑바탕을 마련해야 한다***

각 당의 후보가 선출되는 등 대선 정국이 무르익어가면서 대선을 향한 각 당의 움직임이 점차 구체적으로 가시화되고 있습니다. 그중에서 후보 전술도 점차 그 모습을 드러내고 있습니다.

이런 가운데 일명 진보 진영이라는 곳에서도 단일후보를 성사시키기 위해 적극 활동하고 있습니다. 민주노총은 물론이고 정의당과 진보당, 녹색당, 노동당, 사회변혁노동자당은 "불평등체제 타파를 위한 대선 공동대응기구"에서 12월 12일 회의를 열고 진보 후보 단일화에 대해 합의하였고, 그 방식은 서로 논의하여 연말까지 마련하겠다고 하였습니다.

실상 한국의 대선 정국에서 독자적인 정치 세력화와 단일후보 추대론은 오랜 기간의 논쟁과 논란을 불러일으킨 주제입니다. 이 부분

---

* 우리겨레연구소 카페, 20대 대선을 맞아 개혁세력은 어떻게 대응해야 할까?(2021. 12. 20)

이 구체적으로 모습을 드러낸 것은 87년 6월 항쟁의 성과물로 대통령 직선제가 관철되어 87년 민정당의 노태우 후보, 통일민주당의 김영삼 후보, 평화민주당의 김대중 후보, 신민주공화당의 김종필 후보가 나오면서 어떻게 대선에 임하는 것이 자주와 민주, 통일의 길에 이바지할 수 있는가의 문제에서 출발하였습니다.

　여기서 독자적인 정치 세력화는 당시 야당 세력이었던 김영삼 후보와 김대중 후보에 대한 지지는 그들 야당 세력에게 정권을 헌납할 뿐이며, 변혁운동의 실현에 크게 기여하지 못할 것이니만큼 민중의 정치 세력화를 위해 독자 후보를 내세워야 한다는 입장이었습니다. 반면에 단일후보 추대론은 비록 김영삼과 김대중 야당 후보가 자주와 민주, 통일의 입장에 볼 때 불철저한 것은 사실이지만, 서로 단결하여 단일후보를 내세우지 못하면 군사독재 세력의 출신인 노태우 후보가 당선될 것이 분명한 만큼 최악을 피하기 위해서는 차선의 입장을 취해야 한다는 것이었습니다.

　결국 두 입장은 서로 합의를 보지 못하고 분열하였고, 단일후보를 추대하는 입장은 김영삼 후보와 김대중 후보에게 단일후보를 종용하였으나 실패하였습니다. 실패하게 된 이유는 앞에서 보다시피 분열에 있었습니다. 합의를 이뤄가자면 강력한 정치적 역량으로 강제할 수 있어야 하는데, 먼저 독자적인 정치 세력화 입장과 단일후보 추대론으로 분열하였으며, 거기에다가 단일후보론 또한 김영삼과 김대중의 야당 후보를 놓고 또다시 분열하였습니다. 김대중을 단일후보로 생각하는 측은 아무래도 김대중 야당 후보의 입장이 변혁적 노선에 가까우니 그게 더 유리하다는 입장이었고, 김영삼을 단일후보로 여기는 측은 좀 더 선진적인 관점에 서 있는 김대중 후보가 김영삼 후보에게 양보해야만 단일후보가 성사될 수 있다는 입장이었습니다.

　이렇게 사분오열되었으니 정치 세력화와 단일후보를 추대하지 못하고 결국 4파전으로 대선이 치러짐으로써 노태우가 당선되는 쓰라린 결과가 도출되었습니다.

이런 실패의 과정을 겪었지만, 그 이후의 대선 정국 때마다 이런 논쟁과 분란을 어김없이 겪으면서 이어져 왔습니다. 이로부터 이번 대선에서는 그런 우를 범하지 말고 개혁세력이 승리할 수 있는 길을 만들어 가야 할 과제가 중차대한 문제로 다가서고 있습니다.

사실 정치 세력화와 단일후보 추대는 어느 한 편 입장만 관철되어야 할 것이 아니라 다 같이 추진되어야 할 과제입니다.

민이 개혁을 이룩하기 위해서는 주체로 나서서 정치 세력화가 되어야 합니다. 또 선거에 이기기 위해서는 당연히 단일후보를 성사시켜야 합니다. 바로 여기서 누구를 위한 정치 세력화이자, 단일후보의 추대이냐가 중대한 문제로 나섭니다. 어떤 경우이든 간에 사회와 역사의 주체이자 개혁의 주체인 민의 이해와 요구를 중심으로 놓고 판단해야 한다는 것입니다.

세상을 바꾸고 개혁을 성공시키기 위해서는 압도적인 정치역량을 구축하여야 합니다. 촛불항쟁에서 승리했던 것은 한국 사회의 적폐 세력을 청산하고 개혁하기를 바랐던 모든 세력을 하나로 모아냈기 때문입니다. 하지만 촛불항쟁으로 문재인 정권이 등장한 이후, 개혁이 참담게 추진되지 못하고 실패하게 된 것은 촛불항쟁 세력이 해산함으로써 개혁 세력 대 반개혁 세력으로 대립 전선이 조성되지 못하고 더불어민주당과 국민의힘으로 제1당과 제2당의 대립축이 형성되어 갔기 때문입니다.

이로 볼 때 정치 세력화와 단일후보론은 사회와 역사의 주체이자 개혁의 주체인 민을 중심으로 놓고 단합할 수 있는 계선을 설정하여 단결하지 못하면 큰 성과를 내올 수 없다는 것입니다. 즉 각기 자기 집단이나 정치 세력만의 이해와 요구를 놓고 추진하는 방식으로 되면 민은 분열되고, 사실상 선거 정국에서 영향력을 상실함으로써 차악을 택하거나, 아니면 제1당과 제2당의 대통령 후보를 놓고 뽑아야만 하는 상황에 직면하게 된다는 것입니다.

여기에서 벗어나자면 이런 정치 지형의 구도를 바꿔내야만 합니다. 실상 지금 한국의 정치 정세는 김영삼 정권 이후 배신세력이 권력의 중추를 장악하면서 제1당 아니면 제2당이 권력을 잡게 되는 구도로 형성되어 있습니다. 이 구도를 바꿔내지 못하면 대통령 선거는 하나 마나 하고 개혁은 물 건너가게 됩니다.

지금 진보 진영에서 우선적으로 진보 진영 간의 단일후보를 만들고자 노력하는 것은 매우 고무적인 일입니다. 하지만 거기에서 멈춰서는 안 됩니다. 그리하면 제1당과 제2당의 후보가 당선되는 구도를 사실상 인정하는 것이니만큼 대통령 선거는 하나 마나 한 결과를 가져올 뿐입니다. 그 때문에 진보 진영 세력은 자신들의 입장과 요구에 따라 단일후보를 만들어가면서도 개혁 세력 대 반개혁 세력으로 대립전선을 구축하기 위해 적극 노력해야 합니다.

개혁 세력 대 반개혁 세력으로 대립전선을 세워나가야 하는 이유는 모든 개혁세력을 단합시켜 가야 하기 때문입니다. 그러자면 실질적으로 개혁을 추진할 수 있느냐, 없느냐의 갈림길을 그 척도로 삼고 계선을 설정해야 합니다.

그런데 그 계선은 사회와 역사의 주체가 민이니만큼 개혁의 주체도 민이기에 민을 주체로 내세우느냐, 내세우지 못하느냐에 달려 있게 됩니다. 여기서 민을 주체로 내세운다는 것은 계급, 계층은 물론이고 의제와 사안별로 형성된 대중단체에 대한 국가적인 지원 체계를 수립하겠다는 입장을 제시하는 것입니다.

이 입장을 견지한다면 실질적으로 개혁의 의지가 있다는 것을 드러내는 것이니만큼 이들 세력과는 적극 단합해야 하고, 또 단일후보를 내세우기 위해 노력해야 합니다. 하지만 이 입장에 동의하지 않는다면 개혁할 의사가 없는 것으로 간주하고 반개혁 세력의 편으로 섰다는 것을 분명하게 지적해야 합니다.

각종 대중단체에 대한 국가적인 지원 체계를 수립하겠다는 것이 개혁 추진의 계선이 되는 만큼 그것을 중심으로 모든 개혁세력이 단합해 간다면 개혁과 반개혁 세력 간의 대립전선을 구축할 수 있을 것이며, 지금껏 제1당 아니면 제2당의 후보가 당선되어 정권을 잡는 정치 지형을 바꿔내면서 개혁의 활로를 열어갈 수 있습니다.

물론 이 입장에서 단일후보를 성사시켰다고 할지라도 그 후보가 아니라 민과 개혁을 중심으로 선거운동을 전개해야 합니다. 개혁의 주체가 민이니만큼 민을 내세워야 하고, 그 결과 선거에서 승리하게 되면 민의 승리이자 개혁세력의 승리가 되어야 하기 때문입니다. 그래야만 선거 이후에 대선에서의 승리를 밑받침으로 삼아 개혁을 실질적으로 추진할 수 있습니다.

실상 각종 대중단체에 대한 국가적인 지원 체계를 수립하면서 민이 정치적 권리를 적극적으로 행사하게 하자면 헌법 또한 그에 맞게 수정할 것이 요구됩니다. 단적으로 (국)민 소환권이나 (국)민 발안권, (국)민 투표권 등이 보장되어야 합니다.

또 대중단체가 개인과 집단, 나라와 민족의 이익에 부합하도록 활동할 수 있는 지침도 법률로 제정되어야 합니다. 즉 나라와 민족의 이익에 반하는 활동은 물론이고 다른 집단의 권리를 침해하거나 개인의 인권을 짓밟는 행위를 드러내놓고 벌인다면 그것을 용인할 수는 없지 않겠습니까? 한마디로 애국법과 통일법의 제정이 필요하다는 것입니다.

하지만 이 모든 것들을 풀어나가는 그 기본 축은 바로 사회와 역사의 주체이자 개혁의 주체인 민의 활동을 적극 지원하고 보장하는 것입니다. 그래서 각종 대중단체에 대한 국가적인 지원 체계의 수립을 모든 개혁세력이 단합해 가기 위한 핵심 계선으로 설정되어야 한다고 말하는 것입니다.

이번 대선에서 각종 대중단체에 대한 국가적인 지원 체계 수립을 모든 개혁세력이 견지해야 할 원칙적이고 기본적인 입장이자 계선으로 설정하면서 단합하여 풀어가려고 노력한다면 비록 여러 우여곡절은 있을지라도 분명코 대선에서 승리를 이룩하여 개혁의 활로를 열어갈 수 있는 그 밑바탕을 마련할 수 있을 것입니다.

## 2) 대선에서 개혁세력이 승리하려면 후보나 정권교체 중심이 아니라 개혁 정책 중심의 선거운동을 펼쳐가야 한다

(1) 개혁이 대선에서 화두가 되지 못하는 이유는 한국 사회의 시대적 과제에 관통되어 있는 본질적인 문제를 외면하기 때문이다. 이런 대선 분위기를 쇄신시키자면 애민사상과 애국의 기치를 들고 나서야 한다.*

승자독식으로 전락된 대선의 열기는 뜨거워지고 있습니다. 그런 가운데 이기기 위해서는 어떻게 해야 하는지 여러 해법이 제시되고 있습니다. 후보 단일화가 거론되는 것도 그런 맥락입니다.

하지만 개혁에 대한 화두는 이미 사라진 지 오래입니다. 그러다 보

---

* 우리겨레연구소 카페, 왜 개혁이 대선 정국에서 화두가 되지 못하고 있을까?(2022. 02. 14), 참조 자료: 우리겨레연구소 카페, 대선의 열기는 더욱 치열해지는데, 왜 개혁에 대한 믿음과 감흥이 일어나지 않는 것일까?(2022. 02. 07)

니 세상이 바뀔 것이라는 희망은 잘 보이지 않습니다. 도리어 사회와 역사의 주체인 민은 방관자로 전락하고 있는 느낌입니다. 왜 대선 정국이 이렇게 흘러가게 된 것일까요?

원래 대선이라는 것이 권력 교체기이고, 주되게 기득권 세력이 집권을 놓고 다투는 기간입니다. 그래서 기득권 세력끼리 싸움을 벌이는 것은 당연한 이치이기도 합니다. 하지만 아무리 기득권 세력 간의 권력 교체기라고 해도 사회와 역사의 주체는 민이기에 민의 눈치를 보지 않을 수 없습니다. 대선 후보들이 선거 때마다 여러 공약을 제시하는 것은 이 때문입니다.

여기서 대선 후보들이 어떤 정책과 공약을 제시하느냐는 민의 힘이 얼마나 장성했느냐를 보여주는 척도라고 할 수 있습니다. 앞서 말한 것처럼 대선이라는 것 자체가 권력 교체기이니만큼 그 힘의 역학 관계를 가장 집중적으로 보여주는 시기라서 그렇습니다.

그런데 지금 나오는 정책과 공약들을 보면 몇몇 떡고물을 주겠다고 하는 것은 보이지만, 사회와 역사의 주체인 민에게 주인의 권리를 실현하는 방향으로 실질적으로 개혁하겠다는 모습은 보이지 않고 있습니다.

물론 개혁하는 데 있어서 여러 입장과 정책이 나올 수는 있습니다. 어떻게 하는 것이 가장 옳은 길인지 명확하게 잘 모를 수 있기에 무엇이 옳다고 단정 짓지 말고 여러 방법을 강구해야 할 것입니다. 하지만 개혁하겠다는 대의가 묻혀서는 안 됩니다. 이 대의가 사라지면 개혁되지 않고 세상이 바뀌지 않을 것이기 때문입니다.

개혁에 대한 대의가 묻히지 않게 하자면 한국 사회의 시대적 과제에 관통되어 있는 본질적인 문제를 적극적으로 제기해야 합니다.

한국 사회의 시대적 과제는 자주, 민주, 통일입니다. 그런데 자주와 민주, 통일의 시대적 과제는 본질적으로 애민사상이자 애국의 기치로 관통되어 있다고 볼 수 있습니다. 민이 개인과 집단, 나라와 민족 단위로 살아가고 있는 조건에서, 이 모든 부분에서 주인의 권리를 실현하자면 일치시켜 입체적으로 적용하여 통일적으로 풀어가야 하는데, 바로 여기서 애민사상과 애국의 기치가 일치된 부분이고, 가장 우선해서 견지해야 할 입장이기 때문입니다. 그래서 애민사상과 애국의 기치를 견지하는가의 문제는 결국 개혁하려고 하는가, 그렇지 않은가의 문제와 직결된다고 할 수 있습니다.

이것은 지난번 지상파 방송 3사가 공동주최했던 대선후보의 4자 토론회에서 "대통령 취임 후 미·중·일·북 정상 중 만날 우선순위에 대한" 질문에 각 후보들이 대답한 내용에서 일정 부분 확인할 수 있습니다.

이재명 후보는 국익 중심, 실용외교가 중요하다면서 상황에 맞춰 상대를 만나겠다고 말했고, 윤석열 후보는 한미, 한일 간 정상외교를 회복하는 게 우선이기 때문에 미, 일, 중, 북의 순서로 만나겠다고 했으며, 심상정 후보는 북이 모라토리움 파괴하겠다며 데드라인을 반 발짝 넘어섰으니 우선 남북정상회담을 갖고 그 바탕으로 한미정상회담 내지는 4자 정상회담을 갖겠다고 했으며, 안철수 후보는 한미동맹이 가장 중요하기에 미국과 먼저 해결책을 찾고, 그다음은 중국, 북한, 일본 순이라고 밝혔습니다.

각 후보의 대답 속에는 분명 각자의 입장이 담겨 있습니다. 그리고 그에 대한 수단과 방법이 제시되어 있습니다. 하지만 그 어떤 후보의 대답 속에도 애민사상과 애국의 기치가 분명하게 드러나지 않고 있습니다. 바로 이 점에서는 큰 차이가 없다는 것입니다.

외교는 각 나라의 정치적 입장을 가장 극명하게 드러냅니다. 그 때문에 각국은 주권의 행사를 무엇보다 중시하는 것이고, 그래서 주권을 올바로 행사하지 못하면 제대로 된 나라로 취급받지 못하게 됩니다.

여러 나라와 외교를 펼치는 데서 중요한 것은 민의 이익을 중시하고 애국의 기치를 견지하는 것입니다.

국익을 중시하고 실용외교를 펼치든, 동맹관계를 중시하든 그것은 본질적인 문제가 될 수 없습니다. 민의 이익과 애국의 기치에 맞지 않으면 국익이나 실용외교로 포장하고 동맹관계를 맺어도 아무런 의미가 없을뿐더러 도리어 해가 될 뿐입니다.

지금까지 우리나라가 다른 나라와 맺은 외교 관계에서 문제가 발생하게 되었던 이유는 국익이나 실용외교로 포장하지 않았거나 동맹관계를 중시하지 않았기 때문이 아닙니다. 국익이나 실용외교로 포장하고 동맹관계를 중시했지만 민의 이익과 애국의 기치에 어긋났기 때문입니다. 그래서 외교 문제를 올바로 풀자면 철두철미하게 애민사상과 애국의 기치를 분명하게 견지해야 합니다.

그런데 외교 관계에서 애민사상과 애국의 기치를 견지하지 못하면 국내 정책에서도 애민사상과 애국의 기치를 견지할 수 없습니다. 독재자가 권력을 잡으면 민의 이익이 아니라 독재자의 욕심을 채우기 위한 방도로 외교를 펼쳤던 것은 다 이런 이치에 기인합니다.

애민사상과 애국의 기치는 외교전에서만 견지해야 할 입장이 아니라는 것입니다. 도리어 국내 정책에서 애민사상과 애국의 기치를 분명하게 견지하게 되면 외교 관계에서도 이 입장을 확고하게 고수할 수 있습니다.

애민사상과 애국은 개혁의 본질적인 내용이자 자주, 민주, 통일의 시대적 과제에 핵심적으로 관통되어 있는 기치입니다.

그런데 대선 정국에서 이 부분이 본질적으로 다뤄지지 못하고 있습니다. 대선 후보들이 사실상 이를 외면하고 있다는 것입니다.

이 부분이 그대로 방치된다면 개혁에 대해 희망을 품지 못하게 될 뿐만이 아니라 사회와 역사의 주체인 민이 계속 방관자로 전락당하게 될 것입니다. 그 때문에 개혁을 진심으로 원하는 세력들은 애민사상과 애국의 기치를 적극적으로 들고 나서야 합니다. 그래야만 지금까지의 기득권 세력들이 서로 권력을 놓고 다툼을 벌이고 있는 대선 정국의 분위기를 확고히 쇄신시키면서 실질적으로 개혁을 추진할 수 있는 길을 열어젖힐 수 있습니다.

### (2) 대선에서 개혁세력이 승리하려면 후보나 정권교체 중심이 아니라 개혁 정책 중심의 선거운동을 펼쳐가야 한다*

이제 대통령 선거를 2달여 남겨 놓은 상황에서 대략적인 판세의 윤곽이 어느 정도 드러나고 있습니다.

지금껏 정권교체의 여론이 높은 상황에서 제1야당의 국민의힘 윤석열 후보가 줄곧 앞서나가다가 후보 개인의 실언과 내부 분란으로 민심을 잃으면서 여당인 더불어민주당의 이재명 후보가 앞서나가고 있는 상황입니다. 하지만 윤석열 후보에 대한 실망이 이재명 후보로 흡수되지 못하고 제3지대에 존재하는 안철수 후보로 몰리면서 그 지지율이 어느덧 한 자리 숫자에서 두 자리 숫자로 상승하고 있는 형국입니다.

상황이 이렇게 되다 보니 각 대선 후보와 각 당의 선거대책 본부에서는 어떻게 하면 선거에서 이길 수 있는가에 대해 각가지 방안을 모색하고 있습니다. 그런 가운데 각 후보들은 표심을 얻기 위해 적극적으로 공약을 발표하기도 하고, 또 다른 한편에서는 후보끼리의 연합

---

* 우리겨레연구소 카페, 대선에서 개혁세력이 승리하려면 후보나 정권교체 중심이 아니라 개혁 정책 중심의 선거운동을 펼쳐나가야 한다(2022. 01. 10), 참조 자료: 우리겨레연구소 카페, 선거 하나 마나 한 결과가 나오게 된 대선 정국의 분위기를 어떻게 하면 개혁을 실현하기 위한 방향으로 돌려세울 수 있을까?(2022. 01. 24)

을 성사시켜 선거 판세를 완전히 바꿔 버리기 위한 방안도 제기되고 있습니다.

어차피 승자독식의 선거판이 형성되어 있는 조건에서 각 대선 후보와 선거대책 본부에서 어떻게 해서든지 승리하기 위해 사활을 거는 것은 어쩌면 당연하다 할 것입니다. 각 후보 측에서야 무엇보다 이기는 것이 급선무이겠지만 한국 사회의 실질적인 개혁을 바라는 입장에서는 이런 정치공학적인 선거 방식은 하등에 도움이 되지 않습니다. 도리어 누가 이기든 관계없이 세상이 절대 바뀌지 않는 상황으로 귀결된다는 점에서 절대 그대로 두고 넘어가서는 안 되는 지점이라고 할 수 있습니다.

대통령 선거는 분명 나라를 새롭게 이끌어나갈 지도자를 뽑는 과정임과 동시에 권력 교체기이기도 합니다. 하지만 지금껏 정권교체와 정권 재창출도 되었지만 개혁이 이뤄지지 못해 본질적으로 세상은 바뀌지 않았습니다. 새로운 인물이 나왔다고 했지만 결국은 제1당 아니면 제2당이 권력을 잡는 방식으로 진행되어 한국 사회의 제반 문제점을 해결할 수 있는 참다운 지도자를 뽑는 과정과는 거리가 먼 대선판이 되었다고 봐도 무방할 것입니다.

이렇게 되어 온 데에는 여러 요인이 있겠지만 가장 큰 이유는 후보 중심이나 정권교체, 정권 재창출 등으로 선거운동이 진행되어 온 것을 방치해 왔기 때문입니다.

분명 한 사회의 대통령감이 되자면 인물이 출중해야 할 것입니다. 하지만 한 인간의 능력이 아무리 뛰어나다고 해도 민의 집체적인 지혜와 힘을 뛰어넘을 수는 없습니다.

이것은 당시 바둑에서 세계 1인자라고 할 수 있는 이세돌이 인공지능으로 무장한 알파고와의 대결에서 졌다는 것에서 확인되었습니다. 4차 산업혁명의 핵심 기술이라고 할 수 있는 인공지능의 힘은 기본적으로 빅데이터, 즉 다중의 지혜와 힘에 근거하고 있습니다. 그래서 지금은 한 인간이 인공지능을 이길 수 없다는 점을 거의 인정하고 있는 상황입니다. 한마디로 민의 집체적인 지혜와 힘이 이 세상을 발전시키는 원동력이라는 것입니다.

이것은 왜 민이 사회와 역사의 주체이고, 개혁의 실질적인 담당자라고 말하는지를 분명하게 이해하게 합니다. 그런데 후보의 인물이 출중하다 하여 민을 대신해서 개혁을 수행하겠다고 하고, 또 정권교체와 정권 재창출을 위한다는 명목으로 민을 배제시키면서 정치공학적인 이해타산에 근거하여 후보들끼리 단합하는 방식으로 승리를 거머쥐겠다고 한다면 과연 그렇게 해서 개혁이 참답게 이뤄질 것이며, 또 그런 식으로 선거판을 몰아간 인물을 과연 능력이 출중한 사람으로 보는 것이 맞겠습니까?

실상 지금껏 한국 사회에서 배신정권의 서막을 열었던 김영삼 정권부터 시작해 현 문재인 정권에 이르기까지 대통령에 당선된 인물들의 면면을 보면 매우 훌륭하기까지 합니다. 김영삼과 김대중은 생명까지 위협받으며 반독재 민주화 투쟁을 열렬히 전개했던 사람이며, 노무현은 지역갈등을 극복하기 위해 누구보다 앞장섰던 사람이고, 문재인 또한 노무현의 평생 동지이면서 동시에 촛불항쟁에서 적폐청산을 하겠다며 당선된 대통령이기도 합니다.

하지만 그렇게 쟁쟁한 인물들이 대통령에 당선되었고, 또 정권교체는 물론이고 정권 재창출까지 진행되었지만, 실질적인 개혁이 이뤄졌습니까? 도리어 한국 사회는 빈부격차가 확대 심화되는 형국이되어 인생의 시기에서 정신적으로나 신체적으로 가장 왕성한 활동력을 자랑하는 청년층마저 그 어떤 희망을 보지 못하고 좌절과 절망으로 신음하고 있는 상황으로 귀결되었습니다.

그러면 왜 이렇게 되었겠습니까? 그것은 바로 대선이 후보 중심 내지는 정권교체와 정권 재창출을 해야 한다는 방식으로 선거가 진행되면서 정책이 실종되고 궁극적으로는 민이 배제되어 나갔기 때문입니다. 그들이 내건 몇몇 정책 또한 선거 기간엔 당선되기 위해 민을 대신해서 수행할 것처럼 행동했지만 당선된 이후엔 온갖 핑계를 대며 약속도 지키지 않은 것은 물론이고, 민이 자신의 사회정치적 상황을 개선하려고 나서면 도리어 그것을 가로막고 나섰습니다. 민의 사회정치적 진출을 가로막고 있는 조건에서 실질적인 개혁이 진행될 수 없다는 것은 불문가지입니다.

개혁이 성공하자면 민의 집체적인 지혜와 힘을 적극 동원해야 하고, 또 그렇게 하자면 무엇보다 민이 자신의 이해와 요구를 제기할 수 있는 사회 정치적 조건부터 조성시켜 가야 합니다. 그런 사회 정치적 조건 자체가 형성되지 않으면 대통령의 인물이 출중하든, 정권교체와 정권 재창출이 되든 민의 집체적인 지혜와 힘을 발휘할 수 없는 것은 당연하니까요. 그래서 진정 개혁하려는 의지가 있다면 민을 대신해서 수행하겠다고 말하지 말고 민이 주체로 나설 수 있도록 각종 대중단체에 대한 국가적인 지원 체계를 수립하는 방향으로 나서라고 말하는 것입니다.

실상 문재인 정권에 대해 실망하고 정권교체의 여론이 높은 이유는 다른 데에 있지 않습니다. 자신들이 민을 대신해서 적폐세력을 청산하겠다고 말해 놓고선 그 약속을 지키지 않고 기만했기 때문입니다. 민을 기만하게 된 이유는 자신들이 처음부터 원했든, 그렇지 않았든 관계없이 민이 자신들의 이해와 요구 조건을 제기할 수 있는 사회 정치적 여건을 조성하는 방향으로 적극 밀고 나아가지 않았던 데에 그 원인이 있습니다. 민이 자신의 요구를 제기할 수 있는 사회 정치적 조건 자체를 형성시키려고 노력하지 않으니 개혁이 제대로 될 리 만무하지요. 그래 놓고서는 남 탓을 한 것입니다. 그 때문에 개혁을 방해하는 세력도 밉지만 실질적으로 개혁하는 척 시늉만 내면서 남 탓으로 핑계 대는 모습이 더욱 얄밉게 보인 것입니다.

민이 자신의 이해와 요구를 적극 제기할 수 있는 사회 정치적 조건을 창출하지 않으면 그 어떤 상황에서도 민의 집체적인 지혜와 힘을 발휘할 수 없습니다.

물론 민의 집체적인 지혜와 힘을 발휘하게 하자면 사회 정치적 조건의 창출에만 머물러서는 안 됩니다. 민이 개성을 가진 존재로서 집단을 구성하여 나라와 민족 단위로 살아가고 있는 조건에서는 일치와 입체, 통일의 사상과 방법론을 적용하는 데까지 나아가야 합니다. 한마디로 민이 사회와 역사의 주체로 나선 시대적 흐름에서는 참다운 지도자감으로 갖춰야 할 가장 중요한 덕목은 일치와 입체, 통일의 사상과 방법론을 적용시켜 나갈 수 있는 능력과 자질이라는 것입니다. 허나 그런 능력과 자질을 발휘하자면 먼저 그런 사회 정치적 환경부터 조성시켜 가야 한다는 것입니다.

결국 지금까지의 방식과 같이 민을 배제시키고선 인물이 출중하다거나 정권교체를 위해서라면서 어떤 후보가 당선되어야 한다는 식의 선거운동 형태가 통용되어 버린다면 결코 세상이 바뀌지 않는다는 것입니다.

현시기 한국 정치사에서 필요한 것은 화려한 경력의 소유자가 대통령에 당선되는 것도, 또 정권교체 자체를 위한 것도 아닙니다. 한국 사회를 실질적으로 개혁하기 위해 민의 집체적인 지혜와 힘을 발휘할 수 있도록 사회 정치적 조건을 조성시켜 가는 것입니다. 각종 대중단체에 대한 지원 체계를 구축하는 방향으로 나아가게 만드는 것이 무엇보다 절실하다는 것입니다. 아무리 경력이 화려하다거나 정권교체의 목소리를 소리 높여 주장한다고 해도 민의 집체적인 지혜와 힘을 발휘할 수 있는 사회 정치적 조건을 만들어 가는 방향으로 나아가지 않으면 그런 것들은 사회와 역사의 전진은 물론이고 개혁에도 전혀 도움이 안 되기 때문입니다.

그 때문에 이번 대선의 선거운동에서는 후보나 정권교체, 또는 정권 재창출 중심으로 접근하지 말고 철저히 개혁을 실행할 수 있느냐의 정책 중심으로, 직접적으로는 각종 대중단체에 대한 국가적인 지원 체계의 수립을 핵심적 쟁점 사안으로 놓고 접근해야 한다고 말하는 것입니다. 민이 자신의 요구를 적극 제기할 수 있는 사회 정치적 환경이 조성되어야만 그 속에서 참답게 일치와 입체, 통일의 사상과 방법론으로 개혁을 성공시켜 갈 수 있기 때문입니다.


### 3) 20대 대선에서 표출된 민심을 교훈으로 삼아 개혁세력의 정치적 근거지를 만들어 나가자!*

이번 대선에서 국민의힘 윤석열 후보가 대통령으로 당선되었습니다. 하지만 선거로 표출된 민심은 단순히 정권교체만 요구하지 않았습니다. 정치교체도 동시에 요구하였습니다. 하지만 정권교체와 정치교체를 주장했던 어떤 후보에 대해서도 과반 이상의 표를 몰아주지 않았습니다. 그것도 0.7%라는 아주 근소한 표차였습니다. 이로부터 참다운 의미의 정권교체와 정치교체가 되어야 한다는 것이 민심이었다는 것을 알 수 있습니다.

이것은 대선 기간 내내 여론조사에서 정권교체 여론이 줄곧 과반을 넘어섰지만, 대선 후반에 들어 이재명 후보가 정치교체를 들고나

---

\* 우리겨레연구소 카페, 대선에서 표출된 민심을 교훈으로 삼아 개혁세력의 정치적 근거지를 만들어나가자!(2022. 03. 14)

오면서 부족하나마 일정하게 개혁의 요구를 받아 안은 모습을 보이자 그 차이가 줄어들면서 어떤 후보도 결코 과반을 넘지 못했다는 것에서 확인됩니다.

과반을 넘어 압도적인 지지를 받는 후보가 없었다는 건 중대한 의미가 있습니다. 아시다시피 한국 사회의 정치 지형은 제1당과 제2당이 권력을 나눠 먹기 하는 방식으로 되어 있습니다. 이런 구도에서는 제1당과 제2당으로 표가 집중되어 나타날 수밖에 없습니다.

그런데도 어떤 후보도 과반을 넘지 못했다는 것은 제1당과 제2당 중의 한 세력으로 정권교체와 정치교체가 이뤄진다면 형식적인 차원으로만 해당될 뿐이지 참다운 의미에서의 정권교체와 정치교체가 될 수 없다는 것을 보여준 격이라고 할 수 있습니다. 다시 말해 정권교체와 정치교체의 참의미가 실현되는 형태로 되자면 한국 사회를 현상 유지시킬 것이 아니라 근본적으로 개혁시키기 위한 과정에서 이루어져야 한다는 게 민심이었다는 것입니다.

한국 사회의 본질적 과제이자 시대적 요구는 민이 주인의 권리를 직접적이고 전면적으로 누리고 사는 것입니다.

그런데 민은 개성을 가진 존재로서 집단을 구성하여 나라와 민족 단위로 살아가고 있습니다. 그 때문에 이 모든 부분에서 주인의 권리를 누리고 살아야 합니다. 이의 해결을 위한 시대적 과제가 새롭게 풍부화된 자주, 민주, 통일입니다. 자주, 민주, 통일이 한국 사회를 본질적으로 개혁하기 위한 핵심적 과제라는 것입니다. 그래서 이 본질적 과제를 해결하기 위한 방향으로 나아가지 않고 외면한 상태에서의 정권교체와 정치교체는 참의미를 가질 수 없고, 결국 한국 사회를 참답게 개혁시키는 방향으로 나아갈 수 없게 합니다. 따라서 참다운 의미의 정권교체와 정치교체가 이뤄지자면 새롭게 풍부화된 자주, 민주, 통일의 과제를 수행하는 방향에서 이뤄져야 합니다. 그렇지 않으면 참다운 의미에서의 개혁이 이뤄질 수 없다는 것입니다.

새롭게 풍부화된 자주, 민주, 통일의 핵심적 과제를 해결하기 위한 개혁을 수행하자면 애민의 사상과 애국의 기치를 전면에 내걸고 정치 사상적 공세를 강화하여 대의명분부터 명확히 확립하여야 합니다. 대의명분을 명확히 확립하려면 애국법과 조국통일법의 제정을 적극적으로 제기해야 합니다.

애국법과 조국통일법은 민이 주인의 권리를 직접적이고 전면적으로 누리고 살게 하는 자주, 민주, 통일의 핵심적 내용을 담고 있습니다. 아울러 민이 개인과 집단, 나라와 민족 단위로 살아가고 있는 조건에서 우선적으로 일치되는 내용으로 됩니다.

민의 이해와 요구에 우선적으로 일치되는 지점부터 명확하게 대의 명분을 확보해야 개혁의 실행 과정에서 나타날 수 있는 갈등과 대결 및 혼란스러운 양상을 극복하고 민을 하나로 단합시켜 그 과제를 흔들림 없이 수행할 수 있습니다.

한국 사회를 본질적으로 개혁시키기 위한 자주, 민주, 통일의 핵심 내용, 즉 애국법과 조국통일법을 제정하기 위한 과제를 수행하자면 무엇보다 개혁세력을 하나로 단합하여 정치세력을 형성할 수 있는 정치적 근거지가 필요합니다.

이번 대선에서 나타난 민심은 개혁세력에게 정치적 근거지를 마련할 필요성을 명확하게 제기하고 있습니다.

한국 사회에서 제1당과 제2당이 권력을 나눠 먹기 하는 방식이 성립된 것은 기득권 세력이 양당정치의 구도를 만들었던 데에만 있지 않고 제3지대론을 주장하는 입장에도 그 원인이 있습니다.

제3지대론은 제1당과 제2당이 아닌 제3지대에서 정치세력의 형성을 도모하자는 것입니다만, 그 실상은 양당의 권력 나눠 먹기에 식상해하는 사람들의 표심을 얻어 제3지대 영역에서 또 다른 기득권을 누리려는 모습으로 전락한 것입니다.

제3지대론자들에 의해 이들이 제3지대에서 또 다른 형태의 기득권을 누리려는 모습으로 진행됨으로 하여 참담게 개혁을 이루려고 하는 세력들의 단합에 커다란 걸림돌이 되고 있습니다. 한마디로 자신이 속한 당의 주도권을 우선시하는 형태로 나타나고 있습니다. 그 결과 개혁을 바라는 사람들이 정치세력으로 진입하여 성장하는 데에 매우 큰 난관을 초래하고 있습니다. 그 때문에 번번이 개혁이 좌초되고 기득권 세력이 권력을 나눠 먹기 하는 정치 형태가 지속되게 하는 요인이 된 것입니다.

이번 대선 과정에서 바로 이런 이치를, 즉 제3지대론의 허구성을 명확하게 확인시켜 주었습니다.

안철수의 국민의당은 제3지대에서 정치세력의 형성을 도모하겠다고 하였지만, 본질적인 측면에서 제1당과 제2당과 정책적 차이도 별반 없었는데, 결국 윤석열 후보와 단일화함으로써 제3지대론의 허구성을 여실히 보여주었습니다.

아울러 제3지대론을 통해 또 다른 형태로 기득권을 누리려는 세력에게도 지난 대선보다 훨씬 더 적은 표를 줌으로써 심판을 내렸습니다. 그래서 진보를 내걸거나 제3지대론을 내걸었던 정치세력이 지난 대선보다도 더 못한 지지율을 기록했던 것입니다.

일각에서 제3지대론을 주장하는 핵심적 요체는 정치세력 관계를 보수와 중도, 진보의 3파 세력 관계 내지는 보수와 진보의 대립 관계로 설정하여 진보세력의 형성을 도모하자는 것입니다. 물론 각각의 정치세력은 자신의 정치적 입장을 분명하게 제시할 수 있습니다. 하지만 개혁을 이루자면 결국 개혁의 대의에 굳게 단합해 가야 합니다. 개혁의 길로 가야만 자신의 정치적 입장 또한 실질적으로 실현할 수 있기 때문입니다.

개혁의 대의로 굳게 단합하지 못하고 제3세력이나 보수와 진보의 관계로 대립 구도를 형성하게 되면 개혁세력이 압도적인 역량을 구축할 수 없기에 결코 정권을 잡을 수도 없을뿐더러 개혁의 과제를 수행할 수도 없습니다.

촛불항쟁에서 보여준 것처럼 개혁과 반개혁의 대립 전선으로 구축되어야만 압도적인 정치 역량을 구축할 수 있고, 그래야만 반개혁 세력의 방해를 극복하면서 개혁의 과제를 수행할 수 있습니다.

개혁세력에게 제3지대가 필요한 것은 보수와 중도, 진보라는 3파전 내지는 보수와 진보라는 대립 전선을 구축하기 위해서가 아니라 개혁세력이 정치세력을 형성해서 성장할 수 있는 정치적 근거지가 필요하기 때문입니다.

개혁세력이 하나로 단합할 수 있는 정치적 근거지가 형성되어야 민이 직접적이고 전면적으로 권리를 누리고 살아야 한다는 정치 사상적 공세를 진행하여 대의명분을 명확히 확립할 수 있습니다. 그리고 이 성과를 토대로 개혁과 반개혁 세력 간의 대립 관계를 구축할 수 있습니다.

한마디로 진실로 개혁할 수 있는 구도를 만들자면 제3지대론을 통해 또 다른 형태로 기득권을 누리려고 하는 세력들의 걸림돌을 극복하고 모든 개혁세력이 단합하여 커다란 정치세력으로 성장할 수 있는 정치적 근거지부터 우선적으로 구축해야만 한다는 것입니다.

민은 여느 때와 달리 이번 대선에서 표심을 통해 집체적인 지혜와 힘을 보여주었습니다.

민심이 보여준 대로 참다운 개혁을 수행하자면 단순히 제1당과 제2당으로의 정권교체와 정치교체와 같은 형태로서의 형식적인 측면에서 그칠 것이 아니라 한국 사회의 본질적 문제를 해결하기 위한 방향으로 나아가야만 가능하다는 것이고, 이를 실현하자면 개혁세력이 단합된 입장으로 정치권에 진입하는 데에 걸림돌이 되고 되는 제3지대론의 허구적 입장을 극복해야 합니다. 그리하여 개혁세력이 정치세력을 형성하고 성장할 수 있는 정치적 근거지부터 우선적으로 확보하면서 개혁과 반개혁의 대립 전선을 구축해 가야 합니다.

비록 이번 대선에서 개혁과 반개혁의 대립 구도를 만들지 못함으로써 많은 아쉬움을 남겼지만, 한국 사회의 본질적 문제를 해결하기 위한 방향에서 모든 개혁세력이 단합하여 정치세력을 형성하고 성장할 수 있는 그 근거지부터 우선적으로 확보해 가야 승리할 수 있다는 것이 명확히 밝혀진 이상, 그 방향으로 나아간다면 개혁세력은 전망성 있게 크나큰 정치세력을 형성할 수 있을 것이며, 그러면 개혁의 과제를 전도양양하게 수행할 수 있게 될 것입니다.

## * 총선

### 1) 윤석열 탄핵과 총선에 대한 참다운 개혁세력의 입장*

지금 한국 사회 곳곳에서는 윤석열 정권에 대한 탄핵의 목소리가 울려 퍼지고 있습니다. 그럴 수밖에 없는 게 윤석열 정권이 등장함으로 인해 그 어느 때보다 한반도에서의 전쟁 위기가 점점 높아지고 있습니다. 러시아와 우크라이나, 팔레스타인과 이스라엘 간에 벌어지는 전쟁을 보면 무고한 생명이 살상되고 땀으로 일군 창조물과 강토가 무참히 파괴되고 있습니다. 이런 처참한 모습이 한반도에서 전개

---

* 우리겨레연구소 카페, 윤석열 탄핵과 총선에 대한 참다운 개혁세력의 입장(2023. 11. 20)

된다면 어떻게 되겠는지 정말 생각만 해도 끔찍합니다.

　게다가 윤석열 정권은 말로는 민생을 거론하지만, 실질적으론 민생을 외면하면서 도탄에 빠지게 하고 있습니다. 그리고는 그 비판을 막고자 언론과 방송마저 통제하려고 시도하고 있습니다. 민주주의가 위기에 처하고 있다는 것입니다. 그 때문에 윤석열 정권에 대한 탄핵이 이루어져야 평화와 민주, 민생 문제를 해결할 수 있다고 바라보는 것입니다.

　하지만 윤석열 정권을 탄핵한다고 해서 개혁이 저절로 이뤄지는 것이 아니라 그 출발점이 될 뿐입니다. 지금 더불어민주당이 국회의 다수당이지만 윤석열 대통령이 거부권을 행사하는 관계로 그 어느 것 하나 제대로 되는 것이 없습니다. 그래서 개혁을 성공시키기 위해서는 탄핵과 함께 총선에서 승리해야 합니다. 한마디로 참다운 개혁세력이 대통령과 국회를 압도적으로 장악해야 개혁을 성공시킬 수 있다는 것입니다.

　그런데 이미 한국에서는 탄핵을 성공시켜 대통령은 물론이고 국회에 다수당을 확보해 준 사례가 있습니다. 그런데도 개혁은 성공하지 못했습니다. 도대체 그 원인이 어디에 있는가를 분명히 확인해야 합니다. 정말 개혁을 원했다고 한다면 왜 대통령과 국회를 장악하고 있을 때 개혁을 추진하지 않았냐 하는 것입니다. 지금 더불어민주당이 여러 개혁법안을 발의하고 있지만 정말 그것을 원하고 있다고 볼 수 있는지 의문을 갖게 합니다. 정말 원했다면 해결할 수 있을 때 할 것이지, 윤석열 정권이 거부권을 행사할 것이 너무도 분명한 상황에서 행한다는 것이 무엇을 의미하겠습니까? 어차피 안 될 것이니까 면책을 받기 위해서 하는 행위가 아니냐 하는 것입니다.

　이런 우를 다시 되풀이하지 않기 위해서는 지금과 같은 거대양당 체제가 아니라 개혁과 반개혁의 대립전선을 형성함으로써 참다운 개혁세력이 대통령과 국회를 사실상 다 장악하게 하면서도 개혁을 지체 없이 추진할 수 있는 대책을 수립해 가야 합니다. 한마디로 개혁하겠다고 해 놓고선 실질적으로 이행하지 않음으로써 민을 기만하고 우롱하는 행위가 다시 재발하지 않을 대책이 절실하다는 것입니다.

그 대책을 마련하자면 먼저 대립 구도를 단순, 명쾌하게 확립해야 합니다. 지금 한국의 정치 지형의 분포를 보면 매우 복잡합니다. 국민의힘 내부에서도 반대 세력이 형성되고, 더불어민주당 내부에서도 반이재명계가 형성된 것은 물론이고 제3당은 수많은 당으로 난립하고 있습니다. 이런 조건에서 참다운 개혁세력이 탄핵도 성공하고 총선에서 압도적으로 승리하여 실질적인 개혁의 길로 나가자면 어떻게 해서든지 이런 이합집산의 상황을 극복하고 개혁과 반개혁의 대립 구도를 분명하게 형성시켜야 합니다. 개혁과 반개혁의 대립 구도가 불분명해지고 이합집산의 구도가 형성되면 대부분 기득권 세력에 유리한 형태가 될 뿐입니다. 그러면 기존과 똑같은 거대양당 체제가 형성될 것이고, 그러면 사실상 개혁은 물 건너가게 됩니다.

거대양당 체제에서 벗어나 개혁과 반개혁의 대립 구도를 단순, 명쾌하게 형성하는 데서 중요한 것 중의 하나는 진보와 보수의 문제를 어떻게 하나의 개혁 전선으로 합류시키는가의 문제입니다. 진보 따로, 보수 따로 해서는 개혁세력을 하나로 합칠 수 없고, 그러면 개혁의 동력은 상실되기 때문입니다.

보수 세력을 개혁 세력으로 합류시키기 위해서는 참다운 보수가 무엇을 견지해야 하는지를 분명하게 정립해야 합니다. 보수 세력은 무엇보다 국가관과 조국관, 안보관이 투철해야 합니다. 나라와 민족의 이익을 견결히 옹호하는 것이 참다운 보수이지 나라와 민족을 저버리거나 팔아먹는 매국 세력이 보수일 수는 없습니다. 그 때문에 참다운 보수라고 한다면 매국 행위에 대해서는 철저히 반대하고 나서야 합니다. 한마디로 애국과 조국통일을 옹호하는 것이 참다운 보수이고 개혁에 동참하는 길이라는 것입니다.

진보 세력이 개혁 세력과 함께하기 위해서는 계급적 관점으로만 접근할 것이 아니라 빈부격차의 해소 문제를 해결하는 데로 적극 나서야 합니다. 세상을 바꾸기 위해서는 광범위한 사람을 끌어안아야 해결할 수 있습니다. 지금 한국 사회에서의 가장 큰 문제점은 80 대 20을 넘어서 90 대 10으로 더욱 악화되어 가는 빈부격차의 심화입니다. 자본주의 사회의 문제점을 외면하거나 부정하자는 것이 아니라 빈부격차 문제가 우선적으로 해결되어야 점차적으로 그런 문제 또한 해결되는 방향으로 나아갈 수 있다는 것입니다.

보수 세력에게 애국과 조국통일을 위해서 나서게 하고, 진보 세력에게 빈부격차의 해소 문제에 대해 적극 나서도록 하는 것은 진보와 보수 세력이 각기 자기 입장을 견지하지 말라는 뜻이 아닙니다. 개혁을 하자면 이 부분에서의 일치된 지점을 견지해야 한다는 것이고, 이것을 견지하는 조건에서 자기 정책을 추진하면 됩니다. 그래야만 개혁과 반개혁의 구도가 시대적 추세로 분명하게 형성될 수 있다는 것이고, 이런 시대적 흐름 속에서 일치와 입체, 통일의 방법론이 실현될 수 있다는 것입니다. 쉽게 말해 지금껏 후보 단일화론과 독자적 정치 세력화라는 입장 차이를 좁히지 못하고 난립함으로써 실패했던 지난날의 우를 극복하고 참답게 두 마리의 토끼를 다 잡아보자는 것입니다.

그런데 진보든, 보수든 진실로 개혁을 바란다면 그것의 궁극적인 목적은 사회와 역사의 주체이자 나라의 주인인 민이 주인의 권리를 누리고 살게 하는 것에 있다고 볼 수 있습니다. 그래서 개혁을 진실로 바란다면 그것을 실질적으로 실현할 수 있는 정치적 역량의 담보물을 마련하는 길로 가야 합니다.

그 정치적 역량의 담보물은 대중단체에 대한 국가적인 지원 체계는 물론이고 그 이해와 요구를 국가 정책에 반영할 수 있는 제도를 세워내는 것입니다.

진실로 개혁을 바란다면 민이 주인의 권리를 행사할 수 있도록 해야 합니다. 그러자면 그 이해와 요구가 국가 정책에 반영되도록 해야 하는데, 그것은 개인적으로가 아니라 집단의 힘으로 행사될 수밖에 없고, 그 실질적인 담당 세력은 대중단체일 수밖에 없습니다. 대중단체야말로 가장 광범위한 각종의 세력이 모여 있는 곳이고, 이들의 이해와 요구가 실현되면 사실상 민이 주인의 권리를 실현할 수 있는 기본적 구조가 형성되기 때문입니다.

지금껏 개혁하겠다고 하면서도 항상 시혜를 베풀 듯이 진행했습니다. 시혜라고 여기니까 해도 그만, 안 해도 그만이었고, 결국 민을 기만하고 우롱하는 행위가 벌어졌던 것입니다. 이런 현상이 되풀이되지 않게 하자면 민이 주인의 권리를 실질적으로 행사할 수 있도록 대중단체의 이해와 요구가 국가 정책에 반영할 수 있는 질서 체계를 세워야 한다는 것이고, 바로 이에 대한 제도 마련이 정치적 역량을 형성할 수 있는 담보물이 된다는 것입니다. 그래서 이를 받아들이지 않는다면 또다시 말로만 개혁하겠다고 해 놓고선 행하지 않고 기만하겠다는 뜻이니 반개혁 세력으로 봐도 무방하다는 것입니다.

애국법과 조국통일법 제정, 빈부격차의 해소, 그리고 대중단체의 이해와 요구를 국가 정책에 반영하는 질서 체계의 수립으로 모든 개혁세력이 함께할 수 있는 그 바탕을 마련했다고 한다면 이를 총선과 대통령 선거에서 실질적으로 반영하여 실현해 내야 합니다.

그런데 모든 개혁세력이 함께할 수 있는 그 기반은 결국 애국적이고 민주적인 제도와 질서 체계를 세워내는 것이라고 말할 수 있습니다. 그렇다면 애국적이고 대중적인 정당으로 모든 개혁세력이 하나로 결집된 상태라면 이 문제는 손쉽게 해결될 수 있을 것입니다. 하지만 안타깝게도 지금 한국 사회는 그런 형편이 되지 못하고 있습니다. 그러기에 지금 상태에서는 연합전선을 형성해서 이런 정책적 입장에 함께하는 세력을 단합시켜 내야 합니다.

연합전선을 형성해 개혁세력을 단합시켜 내기 위해서는 후보군을 제대로 세워야 합니다. 당연히 그 후보군은 앞서 밝혔던 대로 애국법과 조국통일법의 제정, 빈부격차의 해소, 그리고 각종 대중단체의 이해와 요구를 국가 정책에 반영하는 질서 체계를 세우는 것을 자신의 입장으로 받아들이는 사람이어야 합니다. 그것도 공개적으로 밝히는 것을 전제로 해야 합니다. 그렇지 않으면 사실상 또다시 민을 기만하고 우롱하겠다는 뜻으로 받아들이고 반개혁 세력으로 낙인찍어도 무방할 것입니다.

여기서 이런 정책을 받아들이는 후보군이 여럿 나올 경우에도 이를 해결할 수 있어야 할 것입니다. 난립할 경우 사실상 분열을 의미하고, 분열이 이뤄지면 승리할 수 없기 때문입니다. 그래서 개혁세력 후보군의 단일화를 이룩하기 위해 전국적 차원은 물론이고 지역구 차원에서도 합의를 이루도록 노력해야 합니다.

여기서 개혁 후보군의 단일화에 동참하지 않거나 분열 행위를 벌이는 자라면 반개혁 세력으로 여겨도 무방할 것입니다. 한마디로 전국적인 차원은 물론이고 각 지방 차원에서 개혁적 계선을 받아들이는 후보군을 사실상 단일화하는 방향으로 나아간다면 현 시기에서 여러 당이 난립하고 있는 조건에서 자신의 정책을 독자적으로 주장하면서도 모든 개혁세력이 단결할 수 있는 실질적인 방안이 된다는 것입니다.

이렇게 반개혁과 개혁의 대립 구도로 해서 참다운 개혁세력이 압도적으로 다수를 차지하게 되면 개혁세력이 요구했던 애국법과 조국통일법의 제정, 빈부격차의 해소, 그리고 대중단체의 이해와 요구를 국가 정책에 반영할 수 있는 질서 체계를 즉각적으로 세워내야 합니다. 그러자면 헌법을 개정해야 합니다. 헌법을 개정하지 않고서는 이런 개혁의 목표를 실현할 수 없기 때문입니다. 그래서 개혁세력이 헌법을 개정해 실질적으로 개혁을 추진하기 위해서는 탄핵과 함께 총선에서 압도적으로 승리를 이끌어 내야 한다고 말하는 것입니다.

헌법 개정의 핵심에는 반민특위(반민족행위특별조사위원회)와 4·19혁명을 비롯해 광주민주항쟁, 6월항쟁, 역사바로세우기, 진실화해위원회 등은 물론이고 남북 간에 합의된 7·4공동성명, 남북합의서, 6·15공동선언, 10·4선언, 4·27판문점선언, 9·19평양선언 등을 이어받는 것으로 되어야 하고, 동시에 민의 요구를 따르지 않고 잘못된 행위를 한다면 언제 어디서든지 책임을 추궁할 수 있도록 권력자를 소환할 수 있는 (국)민 소환제는 물론이고, 법이 마련되지 못해 책임을 추궁할 수 없다면 언제든지 새로운 법을 발안하여 (국)민투표로 결정할 수 있는 (국)민 발안제, (국)민 투표제 등을 도입해야 합니다. 그래야 그에 근거하여 애국법과 조국통일법의 제정, 빈부격차의 해소, 그리고 대중단체의 이해와 요구를 국가 정책에 반영할 수 있는 질서 체계를 세울 수 있기 때문입니다.

이렇게 모든 개혁세력이 단합하여 반개혁 세력을 심판하면서 탄핵과 총선을 압도적인 승리로 이끌어 냄과 동시에 지체하지 않고 헌법을 개정하는 길로 나아간다면 지금껏 개혁이 말로만으로 그치면서 민을 기만하고 우롱했던 모습은 사라지게 될 것입니다. 그리고 일치와 입체, 통일의 방법론을 통해 사회에 혼란을 일으키지 않고도 개인과 집단, 나라와 민족 단위의 모든 부분에서 주인의 권리를 누리고 사는 세상을 실현할 수 있을 것입니다.

## 2) 22대 총선에서 개혁세력이 왜 승리해야 하는가?*

　지금 한국 사회는 심각한 위기 상황에 빠져 있습니다. 한반도의 전쟁 위기, 민생 파탄, 민주주의 위기 등이 바로 그것입니다.

　지금 총선 정국이 펼쳐지고 있는데, 과연 이를 해결할 수 있는 길이 열리고 있는 것일까요? 과연 어떻게 해야 이 위기를 극복하고 개혁을 성공시켜 세상을 바꿀 수 있을까요?

　사회는 각기 자기의 독자적인 사회 운영 원리와 원칙에 의해 돌아갑니다. 노예제 사회는 노예제의 운영 원리와 원칙에 의해서, 신분제 사회는 신분제의 운영 원리와 원칙에 의해서, 자본제 사회는 자본의 운영 원리와 원칙에 의해서 돌아갑니다. 그 때문에 세상을 바꾸자면 이런 사회 운영 원리와 원칙을 바꿔야 합니다. 한마디로 현시기의 시대사적 요청의 핵심 사항을 받아들여 한국 사회의 확고한 보편적 운영 원리이자 원칙으로 확립시켜 내야 한다는 것입니다.

　시대사적 요청이라는 것은 지난날 사회가 운영되는 원리와 원칙과는 질적으로 구분되는 새로운 사회 운영 원리와 원칙을 말합니다. 그 때문에 지난날의 사회를 부분적이고 일면적으로 비판하는 차원에서 멈춰 서는 것이 아니라 총체적인 차원에서 바꿔낼 수 있는 핵심 원리를 표현해야 합니다. 부분적이고 일면적인 차원의 비판으로서는 지난날의 사회 운영 원리가 대부분 관철된다는 것인데, 그런 상황에서 어떻게 질적으로 다른 새로운 세상이 탄생할 수 있겠습니까?

　한국 사회에서 군사독재 세력이 더 이상 맥을 추지 못하게 된 이후 여러 번의 정권교체가 이뤄졌지만, 개혁이 실질적으로 이루어지지 못하고 도리어 심각한 위기 상황으로 빠져들고 있는 것은 시대사적

---

* 우리겨레연구소 카페, 이번 총선에서 개혁세력이 왜 승리해야 하는가?(2024. 03. 25)

요청을 총체적으로 받아들이는 것이 아니라 전 정권들에 대한 일면적이고 부분적인 비판 차원에 머물러 있었기 때문입니다.

이렇게 일면적이고 부분적인 측면으로 접근해서는 백날 가도 개혁을 실현할 수 없습니다. 이들이 지향하는 바가 이미 한국 사회를 부분적이고 일면적으로만 조금 바꾸고 나머지 대부분은 그대로 유지하겠다는 것인데, 거기서 전면적인 개혁이 실현되기를 바라는 것은 썩은 씨앗에서 싹이 트기를 바라는 것과 마찬가지입니다. 그래서 지금 한국 사회를 위기로 몰아넣은 사회 운영 원리와 원칙을 질적으로 바꿔내야 합니다. 한마디로 새로운 시대사적 요청의 핵심 사항을 받아들여 사회의 보편적인 운영 원리이자 원칙으로 확고히 수립해 가야 하고, 그래야만 한국 사회의 개혁을 실질적으로 성공시켜 낼 수 있다는 것입니다. 실상 새로운 세상이 어떻게 운영되느냐가 분명해야 그에 따라 주체 역량을 강화하면서 세상을 새롭게 바꿀 수 있는 제반 조건을 마련해 갈 수 있습니다.

그러면 시대사적 요청의 핵심 사항을 들고 나서야 하겠는데, 어떻게 해야 그 요구를 파악할 수 있을까요? 한마디로 세상을 바라보는데에는 여러 관점과 입장이 있을 수 있는데, 과연 그 속에서 모두가 인정하고 합의할 수 있는 그 정당성과 명분을 어떻게 확보할 수 있느냐 하는 문제입니다.

그런데 인간이 인간으로 세상에 태어난 이상, 이 세계에서 인간 자신의 이해관계와 요구에 따라 살아가는 것은 피할 수 없는 운명입니다. 인간으로 태어났기에 인간이 아닐 수 없으므로 여기에서 벗어날 수는 없습니다. 그렇다면 시대사적 요청에 대한 파악은 결국 인간의 주체적 요구가 무엇인가의 문제로 귀결됩니다. 그런데 문제는 인간의 주체적 요구가 수만 가지나 존재할 수 있다는 것입니다. 하지만 중요한 것은 그 요구가 무엇이든 간에 원리적으로 볼 때 사람과 세계와의 관계에서 주인답게 삶을 살아가려 한다는 이 주체적 요구의 원리와 원칙보다 더 높은 경지는 없습니다.

돈을 벌든, 과학기술을 발전시키든, 쾌적한 환경을 조성하든 그 모든 것은 다 사람이 세계와의 관계에서 주인답게 삶을 살아가기 위해서입니다. 한마디로 인간의 모든 행동은 세계와의 관계에서 주인답게 삶을 살아가려는 근본 목적을 필연코 지향할 수밖에 없다는 것입니다. 만약 그렇지 않고 돈을 버는 것과 과학기술 자체가 목적으로 된다면 인간이 주인답게 삶을 살아가게 되는 것이 아니라 도리어 돈의 노예가 되고 과학기술에 부속되어 고통받는 존재로 전락하게 될 것입니다.

이렇게 인간이 주인답게 삶을 살아가려고 한다는 주체적 요구가 최상의 경지이자 근본 목적으로 된다면 결국 이 각도에서 세상과 사회를 바라보아야 할 것입니다. 그래야 시대적 요청이 무엇인지 명확하게 이해할 수 있다는 것입니다.

그런데 인간이 주인답게 삶을 살아가려는 이 주체적 요구는 단번에 실현될 수 없었습니다. 여러 시대적 발전 단계를 겪었습니다. 이것이 인류 역사의 발전 과정입니다. 원시사회에서 노예제, 신분제, 자본제 사회로 발전해 온 것이 바로 그것입니다.

여기서 신분제 사회라고 하지 않고 봉토를 주었다는 점에서 봉건제 사회라고 말하는 주장도 있습니다. 하지만 봉토와 신분과의 관계에서 무엇이 주된 역할을 했는가를 따져볼 때 봉토가 아니라 신분이 주된 역할을 했다는 것은 분명합니다. 즉 제후나 대신, 백작이나 후작 등의 신분이나 관직을 부여하면 그에 따라 봉록이 따라왔고, 신분적인 자격이 박탈당하게 되면 그에 따라 봉록도 빼앗기거나 받지 못하게 되었다는 것입니다. 이로 보면 봉건제 사회라기보다는 신분제 사회라고 규정하는 것이 더 포괄적인 개념이라고 할 수 있습니다. 이것은 인류 역사를 다른 무엇이 아닌 인간의 주체적 요구를 중심 원리로 놓고 바라보아야 한다는 점에서 당연한 귀결이기도 합니다.

하여튼 신분제 사회를 지나 자본주의 사회에 들어와 인간은 누구나 자유롭고 평등한 존재라고 인정받게 되었습니다. 하지만 자본가들은 자본을 소유하고 있는 것을 이용해 일자리를 제공하면서 노동자를 맘대로 부려먹게 되었습니다. 서로 평등하게 계약한다고 하지만 노동력이라는 것이 어디 다른 데서가 아니라 인간의 몸에서 나오는 것이고, 또 먹고 살기 위해서는 일하지 않을 수 없기에 불공정한 게임이 벌어졌기 때문입니다.

이렇게 불공정한 게임의 규칙이 적용되는 이유는 인간이 소유하고 있는 인간 외적 조건이 불평등하게 형성되어 있기 때문입니다. 인간이 외적 조건에 제약받게 되면 누구나 자유롭고 평등하다는 주장은 형식적인 측면으로 물러나고 사실상 자유와 평등을 누리지 못하게 됩니다.

바로 여기서 이 인간 외적인 조건을 어떻게든지 풀어야만 실질적인 자유와 평등을 누릴 수 있습니다. 그런데 이 외적 조건을 푸는 문제는 자유와 평등의 문제로 접근해서는 풀리지 않습니다. 자유와 평등은 인간 간의 관계에 대해 말하는 것인데, 이 외적 조건은 사람 간의 관계가 아니라 인간과 외적 조건, 더 크게는 인간과 세계와의 관계 차원의 문제로 제기되기 때문입니다. 그래서 이 문제를 풀려면 결국 인간의 주체적 요구가 전면적으로 제기될 수밖에 없고, 여기서 인간이 세상에서 주인답게 삶을 누리고 살아가는 존재로 되느냐, 그렇지 않으냐의 문제로 접근해야만 풀리게 됩니다.

여기에서 현시기의 시대사적 요청이 드러납니다. 인간 외적 조건을 비롯해 인간과 세계와의 모든 관계에서 인간이 주인의 권리를 실질적이고 전면적으로 행사하고 누리는 단계로 나아가야 한다는 것입니다. 다시 말해 인간 간의 관계 원리가 지난날의 자유와 평등의 수준에서 멈추는 것이 아니라 주인의 권리를 실현하는 문제로, 즉 인간과 자연 간의 관계는 물론이고, 인간과 사회, 나아가 인간이 개인과 집단, 나라와 민족 단위로 살아가고 있는 조건에서 이 모든 부분에서 주인의 권리를 누리고 사는 단계로 발전해 가고 있다는 것입니다. 인간 간의 관계가 주인의 권리를 누리고 사는 관계로 접근되면 당연히 자유와 평등은 실질적으로 누리게 됩니다. 이로 볼 때 현시기의 시대사적 요청은 사람이 주인의 권리를 직접적이고 실질적으로 누리고 살 수 있게 하는 것이니만큼, 바로 이 시대적 요청의 핵심 사항이 사회의 보편적인 운영 원리이자 원칙으로 수립되어야 한다는 것입니다.

그 때문에 지금 시대적 발전 단계에서는 모든 부분에서 직접적이고 실질적으로 주인의 권리를 누리고 행사해야 하기에 부분적이고 일면적으로 접근해서는 안 됩니다. 부분적이고 일면적으로 접근한다는 것 자체가 모든 사람이 주인의 권리를 누리고 행사해야 한다는 현시기의 시대적 요청을 거부하고 지난날처럼 권력자들의 시혜나 받거나, 그렇지 않으면 여전히 지배를 받고 살아야 한다는 식의 낡은 사고방식에 빠져 있다는 것입니다.

지금 한국 사회는 형식적인 자유와 평등을 보장하고 있습니다만, 실질적으로는 누리고 있지 못하고 있습니다. 그뿐만 아니라 더 이상 한국 사회가 지탱될 수 없는 위기 상황에 처해 있습니다.

이런 위기를 극복하기 위해서는 앞에서 살펴본 것처럼 부분적이고 일면적으로 접근해서도 안 되고, 또 윤석열 정권에 대한 반대와 탄핵 차원에서 멈춰서도 안 됩니다. 시대사적 요청에 맞는 새로운 사회 운영 원리가 사회의 보편적 원칙이자 원리로 확고히 수립되도록 해야 합니다. 바로 개인과 집단, 나라와 민족 단위의 모든 부분에서 주인의 권리를 직접적이고 실질적으로 누리고 행사할 수 있도록 해야 한다는 것입니다.

그렇게 하기 위해서는 무엇보다 애국법과 조국통일법의 제정, 빈부 격차의 해소, 각종 대중단체의 이해와 요구를 국가 정책에 반영할 수 있는 제도와 질서 체계 수립 등을 그 핵심적 요구 사안으로 들고 풀어나가야 합니다. 이 핵심적 요구 사항을 도도한 흐름의 물결로 만들어 가느냐, 못 하느냐가 결국 한국 사회를 실질적으로 개혁할 수 있느냐, 못 하느냐의 관건이 된다는 것입니다.

이런 목표를 실현하기 위해 적극 노력한다면 이번 총선에서 개혁 세력이 왜 승리해야 하는지의 이유가 더욱 분명해지면서 그 성과를 바탕으로 한국 사회를 실질적으로 개혁할 수 있는 길로 나아가게 될 것입니다.


### 3) 이번 22대 총선 결과로부터 무슨 교훈을 얻어야 할까?*

이번 총선의 결과를 두고 이렇게 저렇게 평가할 수 있습니다. 그 평가들에는 각기 다양한 관점과 입장이 녹아들어 있습니다. 각기 이해관계를 가진 세력들이 자기들의 목표와 목적을 실현하기 위한 평가의 내용이 담겨 있다는 것입니다. 그렇다고 한다면 개혁을 바라는 사람들 또한 개혁을 실현하기 위한 관점과 입장에 의거해서 평가해야 할 것입니다. 다시 말해 개혁의 목표와 목적, 그리고 이를 실현하는 방도 등을 중심으로 놓고 판단해야 한다는 것입니다.

그러면 개혁의 총적 목표와 방도 등은 무엇이었습니까? 개혁의 총적 목표와 목적은 지금의 시대사적 요구에 맞게 민이 직접적이고 전

---

* 우리겨레연구소 카페, 이번 총선 결과로부터 무슨 교훈을 얻어야 할까?(2024. 04. 15)

면적으로 주인의 권리를 누리고 행사하자는 것입니다. 한마디로 형식적인 자유와 평등이 아니라 실질적으로 자유와 평등을 누리자는 것이고, 그러자면 개인과 집단, 나라와 민족 단위의 모든 부분에서 주인의 권리를 누리고 행사해야 한다는 것입니다.

이 모든 부분에서 주인의 권리를 누리고 행사하기 위한 방도의 핵심으로 우선 주권을 제대로 행사하기 위해 외세와의 불평등한 조약을 파기하고 애국법과 조국통일법을 제정하자는 것이고, 또 하나는 악화되는 민생 문제를 해결하기 위해 빈부 격차를 해소하는 정책을 일면적이고 부분적으로가 아니라 총체적인 방향에서 내오자는 것입니다. 아울러 민이 권력자의 시혜를 받거나 지배받는 대상으로 전락되어 있는 상황을 극복하고 직접적이고 전면적으로 주인의 권리를 행사하기 위한 방안으로 (국)민 소환제와 (국)민 발안제, (국)민 투표제의 도입과 함께 각종 대중단체의 이해와 요구를 국가 정책으로 반영하는 제도와 질서 체계를 세우자는 것입니다.

그렇다면 이번 총선에서의 평가 또한 이런 부분이 얼마나 실현되었는가를 놓고 평가해야 할 것입니다.

이런 입장에서 평가할 때 이번 총선은 우선 반윤 싸움이 그 핵심으로 전개되었습니다. 물론 반윤 싸움 자체가 잘못된 것은 아닙니다. 개혁을 가로막는 가장 큰 걸림돌이 윤석열 정권이기에 이에 대한 싸움을 벌이는 것은 당연합니다.

하지만 거기에 그쳐서는 안 됩니다. 그러면 개혁의 실현을 실질적으로 보장해주지 못합니다. 반윤은 글자 그대로 윤석열 정권에 반대한다는 것만을 보여줄 뿐, 그다음에 무엇을 할 것인지를 말해주지 않기 때문입니다.

실상 윤석열 정권에 대해 반대하는 이유에는 여러 가지가 있을 수 있습니다. 개혁을 바라는 사람들이야 당연히 개혁 실현의 유리한 조건을 창출하기 위해서이지만, 다른 이해관계를 가진 사람들은 그렇지 않을 수도 있습니다. 자신의 권력 욕심을 채우거나 정계에 진출하는 것 자체를 목표로 삼을 수도 있습니다. 이런 세력들은 반윤의 정서를 단지 자신들의 목적을 실현하기 위한 수단으로 이용할 뿐입니다.

이런 상황이라면 결코 개혁이 실현될 수 없습니다. 이런 결과는 다른 것을 볼 필요도 없이 한국 사회에서 여러 번 정권교체가 이뤄졌지만, 그때마다 제대로 된 개혁이 이루어지지 못했다는 사실에서 분명하게 드러납니다. 상대방에 대한 반대급부로 권력을 잡아놓고는 참다운 개혁 실현에는 나 몰라라 했다는 것입니다. 이런 형태가 벌어진다면 아무리 정권 심판이 이뤄지고 권력이 바뀐다고 한들 실질적인 개혁은 이뤄지지 못할 것입니다.

이런 상황을 극복하자면 상대방에 대한 비판 차원을 넘어 자신의 목표와 목적을 분명하게 밝히도록 해야 합니다.

초등학교 반장을 뽑더라도 자신이 무엇을 하겠다고 그 목표와 목적을 밝히는데, 하물며 나라를 이끌어가는 정치인이 되겠다고 하는 사람이 자신의 목표와 목적을 분명히 밝히지 않는다면 도리어 이상한 일일 것입니다.

여기서 단순한 반대급부가 아니라 자신의 목표와 목적을 분명히 밝히는 쪽과 그렇지 않은 쪽의 차이는 매우 중요합니다. 이번 총선에서 창당된 지 얼마 되지도 않는 조국혁신당이 더불어민주당보다 더 큰 반향을 일으켰던 것은 바로 이런 차이에서 비롯됩니다.

여기서 자신의 목표와 목적을 분명히 밝히지 않는 모습은 반윤 정서에 기대어서 한자리 차지해 먹겠다는 속셈일 것이니 더 이상 따져 볼 필요도 없습니다. 그러면 자신의 목표와 목적을 제시하는 경우인데, 여기에서 그 목표와 목적의 내용이 얼마나 참다운 개혁 실현에 부합하느냐가 중대한 문제로 따져지게 됩니다.

그러면 반윤 정서가 형성된 그 기본 바탕이 무엇이었습니까? 여러 이유가 있겠지만 한마디로 말하면 민심과 소통하려고 하지 않았을 뿐만이 아니라 민의 이해와 요구를 한사코 거부하며 제 맘대로 권력을 행사했다는 것입니다. 그렇다면 이제야말로 민심을 받아들이고 민이 주인의 권리를 직접 누리고 행사할 수 있도록 하면 될 것입니다. 민심을 진정으로 받아들이려고 한다면, 결국 민이 주인의 권리를 누리고 행사할 수 있도록 하겠다는 목표를 제시하면 모든 문제가 해결될 것이기 때문입니다.

그런데 이런 총적 목표와 목적을 제시하지 않고 단순히 일면적인 측면에서 정권 심판 차원에 머문다면 개혁이 참답게 실현될 수 있느냐 하는 것입니다. 민이 주인의 권리를 누리고 행사할 수 있도록 제도적 방안이 마련되지 않는다면 단지 사람만 바뀔 뿐이지 그 이상의 변화를 가져오기가 어렵습니다. 참다운 개혁은 사람만 다른 사람으로 바뀌는 것이 아니라, 민을 단지 시혜나 받는 존재나 지배의 대상으로 여기는 사람들이 더는 정치인으로 활동할 수 없도록 만드는 데에 있기 때문입니다. 바로 여기서 참다운 개혁을 실현하자면 어떤 경우에서도 민이 주인의 권리를 직접적이고 전면적으로 행사할 수 있도록 한다는 총적 목표와 목적을 분명하게 제시해야만 한다는 것입니다.

참다운 개혁을 실현하자면 총적 목표와 목적을 제시해야 할 뿐만이 아니라 그 방도에 대해서도 분명히 밝혀야 합니다.

민이 주인의 권리를 누리는 총적 좌표는 단순한 구호나 주장으로서는 실현될 수 없습니다. 그 구체적인 방도까지 제시해야 합니다. 윤석열 정권에 의해 한반도의 전쟁 위기와 민생 파탄, 민주주의의 위기가 왜 발생했습니까? 주권을 제대로 행사하려고 하지 않았을 뿐만 아니라 빈부격차를 해소하려는 길로 나아가지 않고, 민의 요구 자체를 집단 이기주의로 몰아 가로막고 나섰기 때문입니다.

그렇다면 이를 해결할 수 있는 방안을 제시해야 할 것입니다. 그것이 바로 주권 행사의 제약이 되는 외세와의 불평등한 조약을 파기하고 애국법과 조국통일법을 제정하는 것이고, 또 일면적이고 부분적으로가 아니라 총체적인 방향에서 빈부 격차를 해소하는 길로 나아가는 것이고, 나아가 민이 직접적이고 전면적으로 주인의 권리를 행사할 수 있는 제도와 질서 체계를 세우는 것입니다.

한마디로 이런 방안이 마련되지 않는다면 윤석열 정권에 의해 벌어지고 있는 한반도의 전쟁 위기와 민생 파탄, 민주주의의 위기가 해결되지 않는다는 것입니다. 그렇다면 이런 방안을 직접 제기하고 풀어가야 하건만, 그렇지 못함으로써 이번 총선 결과는 참으로 미흡한 부분들을 노출하게 되었습니다. 그 때문에 바로 이런 위기들을 불러오는 데 앞장섰던 세력들에 대해서는 그 누구보다 기필코 낙선시켰어야 했지만, 그렇지 못한 결과들을 가져왔던 것입니다.

개혁의 실현은 개혁을 앞장서서 가로막는 세력들을 청산해야만 가능한데, 그런 세력이 계속 정계에 살아남는다면 어떻게 개혁이 실현되겠습니까? 그 때문에 개혁을 실현하자면 총적 좌표를 분명히 드러내야 할 뿐만이 아니라 그것을 실현할 수 있는 방도까지 제시하면서 이를 앞장서서 가로막고 있는 세력에 대해서는 일차적으로 청산해야 합니다. 하지만 이번 총선에서는 이를 분명히 하지 않음으로써 이들이 살아남는 한계를 노출하게 되었다는 것입니다.

개혁을 실현하자면 개혁의 총적 좌표와 목표는 물론이고 그 방도까지 제시해야 할 뿐만이 아니라, 이를 적극적으로 알려냄으로써 그 정당성과 명분을 확보하고 개혁세력의 압도적인 역량을 구축해야 합니다.

개혁은 그 누가 대신해 주지 않습니다. 개혁을 원하는 사람들이 하는 것입니다. 그것도 개혁을 방해하는 세력들의 청산과 함께 그 역량을 확대 강화하는 과정을 통해서 진행됩니다. 그렇다고 한다면 개혁 세력은 끊임없이 자기 대오를 늘려야 하고, 반면에 반개혁 세력을 계속 약화시켜 가야 합니다. 이런 과정을 통해 압도적인 역량을 구축해야 합니다.

이를 실현하자면 개혁 실현의 총적 목표와 그 방도에 대해서 적극적으로 알려냄으로써 그 정당성과 명분을 확보해야 합니다. 그런데 이에 대해 공격이 들어오자 제대로 반격하지 않는다면 그 정당성과 명분을 어떻게 확보할 수 있겠습니까? 이런 식으로 전개되어서는 개혁에 공감하는 사람들을 확보할 수도 없을 것입니다.

더욱이 개혁하자면 압도적인 역량이 필요한데, 즉 현실적인 계선으로만 보자면 대통령과 국회의원의 3분의 2를 얻는 것이지만, 반개혁 세력의 방해 움직임을 생각할 때 이를 훨씬 더 뛰어넘은 압도적인 역량을 구축해야만 가능할 것입니다. 그렇다면 방법은 단 하나 개혁의 정당성과 명분을 기필코 확보하면서 압도적인 역량을 형성하기 위해 끊임없이 노력해야만 한다는 것입니다.

그런데 이번 선거에서 나타났던 몇 가지의 모습은 참으로 한심스러운 것이었습니다. 그것은 바로 역풍을 우려해서 개혁의 정당성과 명분을 훼손하는 반개혁 세력의 공격에 대해 적극적으로 대응하지 않는 모습이라든가 과반 의석의 달성을 목표로 제시했던 것에서 드러났습니다. 이미 윤석열 정권에 대해 지금껏 60% 이상이 반대하고 있는 상황에서 단지 과반 의석 달성을 목표로 한다는 것이 말이 되는 소리입니까?

게다가 개혁의 입장을 공격하고 나오고 있는데 역풍을 우려할 정도로 개혁에 대한 확신이 없다면 도대체 그런 신념 정도로 무슨 개혁을 이룩할 수 있다는 것입니까? 거듭 말하지만 개혁은 개혁을 바라는 사람들이 그 총적 목표와 방도에 대해 확신하고서 광범위한 사람들로부터 그 정당성과 명분을 확보해야만 가능하다는 것입니다. 그 때문에 반개혁 세력의 공격에 대해서는 언제 어디서나 적극적으로 반격함으로써 개혁의 정당성과 명분을 확보해서 압도적인 역량을 구축해 가야 한다는 것입니다.

물론 이번 총선의 결과가 미흡한 부분만 있는 것은 아닙니다. 참답게 개혁을 바라는 세력들이 연대 연합을, 그것도 정책 부분으로까지 실현하려고 노력했던 점은 매우 유의미한 성과라고 할 수 있습니다.

하지만 이번 총선 결과를 토대로 참다운 개혁을 실현하자면 이런 미흡한 부분을 해결해 가야만 합니다. 한마디로 개혁 실현의 총적 목표와 방도에 대해 항상 적극적으로 알려내는 노력이 수행되어야만 한다는 것입니다.

이를 위해서는 우선 윤석열 정권이 이번 선거 결과에 대해 민의 준엄한 심판을 수용하겠다고 밝히고 있으니 과연 그러한지, 그렇지 않은지를 확인할 필요가 있습니다. 그래서 지금까지 불합리하게 운영되고 있는 방송통신심의위원회를 올바로 세우기 위해 방송3법 개정안(방송법, 방송문화진흥법, 한국교육방송공사법)을 비롯해 노란봉투법(노동조합 및 노동관계조정법 개정안), 이태원참사특별법(10·29 이태원 참사 진상 규명과 재발 방지 및 피해자 권리를 위한 특별법) 등 윤석열 대통령이 거부권을 행사한 특별 법안들을 다시 상정할 필요가 있습니다.

물론 법안을 상정할 때 미흡한 부분이 있다면 더 보충해서 참답게 개혁이 실현되는 방향으로 고쳐서 재상정해야 할 것입니다.

이런 과정을 통해 윤석열 정권이 진정 민의 준엄한 심판을 제대로 받아들이는지를 확인할 수 있게 될 것입니다. 아울러 이 과정에서 개혁 실현의 유리한 조건을 마련함과 동시에 그 목표와 방도에 대한 정당성과 명분을 광범위한 사람들로부터 공감과 지지를 확보해 나감으로써 개혁세력의 역량을 끊임없이 확대해 가야 합니다.

# * 지방선거

## 1) 지방선거에서 개혁 전선을 확립하자면 공정한 선거법의 개정을 요구하면서 정책적 연합공천을 적극 전개해 가야 한다*

20대 대선에서의 교훈은 자기 당이나 계파 중심으로 접근하게 되면 제1당 아니면 제2당이 서로 권력 나눠 먹기 하는 형태로 귀결될 뿐만이 아니라 개혁세력 또한 더 낮은 지지율을 얻게 된다는 사실입니다. 제1당과 제2당의 대립 전선으로 확립되면 개혁세력은 서로 분열되어 단합하지 못하고 차악 내지는 차선의 선택을 강요받을 수밖에 없기 때문입니다.

차악과 차선을 선택하는 방식으로 귀결되면 지금껏 반동정권과 배신정권의 등장에서 보듯 개혁은 물 건너가게 됩니다.

개혁의 흐름을 형성하자면 촛불항쟁에서 보듯 압도적인 역량을 구축해야 합니다. 그래서 개혁을 반대하는 세력들은 그러지 못하도록 끊임없이 반대되는 행동을 합니다.

그중의 하나가 입으로는 개혁을 내세우지만 실상은 자기 당이나 계파 중심으로 접근하는 것입니다. 그렇게 되면 서로 더 기득권을 누리려는 싸움으로 전락되기에 결코 개혁의 길로 나아갈 수 없습니다.

검찰개혁과 언론개혁이 그토록 주창되었지만 참담게 이뤄지지 못한 본질적인 이유도 거기에 있습니다. 그 때문에 개혁을 성공시키느냐, 못 하느냐는 사실상 개혁을 원하는 모든 세력을 하나로 단합시킬 수 있는 개혁 전선을 확립하느냐, 못 하느냐에 달려 있다고 해도 과언이 아닙니다.

---

* 우리겨레연구소 카페, 지방선거에서 개혁 전선을 확고히 구축하자!(2022. 04. 04)

이번 지방선거에서는 모든 개혁세력이 어떻게 해서든 하나로 단합할 수 있는 개혁 전선을 확립해야 합니다.

개혁 전선을 확립하기 위해서는 불공정한 게임의 규칙부터 바꿔나가야 합니다.

공정한 규칙을 마련하자는 것은 민의가 제대로 반영될 수 있는 구조를 수립하자는 뜻입니다. 민의가 제대로 반영되지 않는 조건에서는 개혁이 될 수 없을뿐더러 참답게 세상이 바뀔 수 없습니다.

실상 현실 정치권에서 개혁세력이 하나로 단합하지 못하고 기득권 세력들이 계속 그 기득권을 누리려고 함으로써 난장판으로 전락하는 이유도 따지고 보면 민의가 제대로 반영되지 못하게 되어 있는 구조 때문이라고 볼 수 있습니다. 불공정한 규칙을 바꾸지 않는 상태에서 게임이 진행되다 보니 참답게 민의를 반영하려고 노력하기보다는 어떻게 해서든지 자신들의 기득권을 더 누리고 보자는 양태로 진행된다는 것입니다.

민의를 제대로 반영하자면 무엇보다 단체들의 정치 활동과 선거 활동을 전면적으로 보장해야 합니다. 입이 막힌 상태라면 자신들의 요구 사항을 제대로 밝힐 수 없을 것이기에 민의 참뜻이 제대로 제기될 리 만무합니다. 입이 적극 열리도록 해야만 다양한 민의 이해와 요구가 제기될 수 있습니다. 그 때문에 전교조나 전국공무원노동조합을 비롯해 각종 단체들의 정치 활동과 선거 활동에 제약을 가하는 요소들을 최소한으로 줄이고 전면적으로 보장해야 합니다.

각종 단체의 정치 활동과 선거 활동을 전면적으로 보장한 다음에는 민의 표심이 제대로 반영되어야 합니다. 자기 뜻을 분명히 표현했는데도 왜곡되어 버린 구조라면 뭔가 잘못되어도 한참 잘못되었다고 말하지 않을 수 없습니다.

그런 점에서 보면 선거법에 있어서 비례대표의 기능을 형식적으로가 아니라 질적으로 강화해야 합니다. 그러자면 지역구와 비례대표가 1:1이 되도록 비례대표의 수를 질적으로 늘려야 합니다. 그러지 않고서는 민의를 제대로 반영하는 데 한계를 가질 수밖에 없습니다. 지난 총선에서 위성 정당의 꼼수와 편법이 통용되었던 것도 사실 따지고 보면 비례대표의 수가 너무 적은 데다 비례대표 47석 중 30석에 대해서만 연동률 50% 상한제를 적용했기 때문입니다.

민심을 제대로 반영하는 데 있어서 또한 중요한 것은 결선 투표제와 함께 정책적 연합공천이 이뤄지도록 해야 합니다.

어떤 정책이 힘있게 집행되자면 압도적인 지지를 받아야 합니다. 그런데 과반도 얻지 못한 당선자가 비일비재하게 나오게 되는 현상으로 인해 매 정책을 실시하려고 할 때마다 갈등과 대립이 일어나며 혼란스러운 상황이 벌어지고 있습니다. 이런 현상을 막기 위해서는 최소한 대통령 선거만큼은 과반을 넘도록 결선 투표제가 이뤄져야 합니다.

아울러 민의를 하나로 모아내어 정책을 일관성 있게 추진하자면 서로 공통적인 부분은 일치시켜 풀어가야 합니다.

각 정당이 서로 지향하는 바가 다르더라도 공통의 정책 부분이 존재할 수 있습니다. 이 부분을 일치시켜 풀어가는 것이 민을 하나로 단합시켜 나가는 길이기도 합니다.

그런데 한국 사회의 선거법은 정책적 연합공천을 하면 각 당들은 자기 당의 이름을 내걸고 연합공천 후보의 선거 운동을 할 수 없게 되어 있습니다. 정책적 연합공천이 사실상 제약을 받고 있다는 것입니다.

공통의 정책에 대해 서로 단합하여 나가도록 적극 유도하지는 못할망정 많은 제약을 가한다면 어떻게 되겠습니까? 이것이야말로 민의 단합을 가로막는 역할을 함으로써 세상을 실질적으로 바꿔내지 못하게 할 뿐만이 아니라 기득권 세력이 계속 자신들의 기득권을 누리는 구조로 유지되게 할 것입니다.

민이 직접적이고 전면적으로 권리를 누리자면 민을 하나로 단합시켜 가야 합니다. 그런 점에서 결선 투표제와 함께 각 당들이 자기 정당을 유지하면서도 정책적 연합공천을 적극 전개할 수 있도록 만들어가야 합니다. 그래야 민의 다양한 이해와 요구가 적극 제기되는 가운데 공통의 정책 부분에서는 실질적으로 집행해 나갈 수 있습니다.

이번 지방선거에서부터 개혁을 바라는 모든 세력이 자기 당과 자기 계파 중심으로 접근할 것이 아니라 불공정한 게임의 규칙을 바꿔내기 위해 노력하면서 정책적 연합공천을 적극 추진해 간다면 개혁 전선은 차차 확립되어 갈 것이며, 그러면 개혁을 성공적으로 추진할 수 있는 길이 열리게 될 것입니다.

## 2) 2022년 6.1 지방선거의 결과를 어떻게 평가해야 할까?*

6.1 지방선거에서 국민의힘이 압승을 거뒀지만, 중요한 승부처의 하나였던 경기도에서 민주당의 김동연 후보가 당선되었고, 제3의 정치세력으로 정의당의 성적은 저조한 반면에 진보당은 일정한 성과를 거뒀습니다.

이런 지방선거의 결과를 두고 각 정당마다 나름대로 평가를 내리고 있습니다. 윤석열 대통령은 이번 선거는 경제를 살리고 민생을 더 잘 챙기라는 국민의 뜻으로 받아들이고 있다고 말했습니다. 민주당은 이번 선거의 참패를 놓고 내분에 휩싸이고 있습니다. 한편에서는 그 패배의 책임이 이재명의 출마에 있다고 주장하고, 다른 한편에서

---

* 우리겨레연구소 카페, 2022년 6.1 지방선거의 결과를 어떻게 평가하여야 할까?(2022. 06. 07)

는 그런 책임 공방은 이재명 죽이기의 의도적인 기획이라고 반발하고 있습니다.

정의당은 지난 2018년 선거 당시 37명을 당선시켰으나 이번엔 9명을 당선시킨 초라한 성적을 두고, 지방선거의 결과에 승복하며 당 대표를 비롯해 대표단 전원이 총사퇴한다고 발표했습니다. 반면에 원외정당인 진보당은 김종훈 울산 구청장을 포함해 광역의원 3명, 기초의원 17명 등 21명의 당선자를 배출했던 성과를 바탕으로 대안정당으로서 도약의 발판을 마련했다는 의미가 있다고 밝혔습니다.

각기 정당이 선거에 임해 그 결과를 놓고 평가한 것이야 자유이겠으나 한국 민의 입장으로 놓고 볼 때 이런 식의 평가가 어떤 의미가 있는지 잘 모를 지경입니다. 한마디로 각기 자기 정당의 입장에서 평가를 내리고 있는 것에 불과하다는 것입니다.

실상 이번 선거의 결과에서 가장 초점을 두어야 할 평가 지점은 투표율이 50.9%로 매우 저조하다는 점입니다. 투표율이 저조하다는 건 이번 선거가 민의 입장에서 볼 때 적극적으로 참여해야 할 만큼 관심을 가질 수 없는 선거였다는 뜻입니다.

이번 지방선거는 투표를 하기도 전에 이미 그 결과가 예정되어 있었기 때문입니다. 선거의 쟁점이 없을뿐더러 정치권이 이미 섞어찌개, 잡탕찌개가 되어 있는지라 도무지 무슨 차이가 있는지 알 수 없을 정도였습니다.

자기 정당과 입장에서야 무엇보다 선거에서 당선되고 이기는 것이 중요하겠으나 민의 입장에서 볼 때 그놈이 그놈인 상황에서는 누가 당선되고 이기는 게 무슨 의미가 있겠습니까? 한국 사회를 본질적으로 바꾸자는 것이 아니라 어차피 기득권 세력이 서로 권력 나눠 먹기의 결과에 불과한데 말입니다.

물론 제3세력으로 진보정당이 있기는 합니다. 하지만 거대 양당이 서로 권력 나눠 먹기가 되어 있는 정치 지형에서 그 몇몇 사람이 당선된다고 한들 한국 사회의 실질적인 변화에 얼마나 도움이 되겠습니까? 한마디로 현 정치권의 지형을 그대로 두고서는 한국 사회가 절대 바뀔 수 없는 구조로 되어 있다는 게 한국 정치의 현주소라는 것입니다. 그 때문에 진보정당은 자신들의 정치적 입장을 실현하기 위해서라도 무엇보다 개혁세력을 한데 모아내는 데 앞장서야 합니다.

이런 한국 사회의 정치 지형을 새롭게 바꿔내면서 본질적인 과제를 해결하는 방향으로 나아가지 않으면 개혁이 실패할 수밖에 없다는 사실은 4월혁명과 6월항쟁, 박근혜의 탄핵 과정에서 분명하게 드러났습니다.

4월혁명과 6월항쟁, 박근혜 탄핵의 과정을 보면 폭넓게 말해서 개혁을 바라는 모든 세력을 하나로 모아냈기에 성공했다는 것입니다. 하지만 그 성공의 결실을 보지 못하고 미완의 과제로 남기게 된 것은 그 의미에 맞게 본질적 과제를 제기하면서 개혁을 추진하는 것이 아니라 새롭게 권력을 장악한 정치 세력이 또다시 기득권 세력으로 전락하여 자신들만의 권력 장악 내지는 권력 나눠 먹기를 추구하였기 때문입니다.

4월혁명 이후에 이승만의 자유당 정권을 대신하여 등장한 민주당 정권이 그러하였고, 6월항쟁 이후 김대중과 김영삼 후보가 서로 대통령이 되겠다고 권력다툼을 벌여 노태우의 군사정권 후보에게 권력을 넘겨준 것이 그랬고, 박근혜 탄핵 이후 등장한 문재인 정권이 그러했습니다.

특히 문재인 정권은 사회를 개혁하면서 본질적인 과제를 해결하라고 국회의 다수당까지 주었는데, 도무지 무엇을 했는지 알 수 없는 지경입니다. 말로는 개혁을 수없이 외쳐댔지만, 본질적인 과제의 해결을 철저히 외면하고서 일면적이고 부분적인 측면에 떡고물을 던져주며 개혁하는 것처럼 기만하였습니다. 개혁할 힘을 주었는데도 그렇게 하지 않고 그 책임을 남 탓으로 돌린다면 과연 그런 모습을 어떻게 보아야 하겠습니까? 그에 대한 심판이 바로 20대 대선에서의 패배였고, 윤석열 후보가 대통령으로 당선된 것으로 귀착되었습니다.

그렇다면 이로부터 교훈을 얻고 참다운 개혁의 모습을 보여야 하건만, 또다시 아랫돌 빼서 윗돌을 막는 방식으로, 즉 돌려막기 방식으로 진행한다면 그 결과는 뻔하지 않겠습니까?

이제 다람쥐 쳇바퀴 돌 수밖에 없는 정치 구도를 바꿔야 합니다. 여기에는 다른 뾰족한 방법이 없습니다. 지금의 정치 지형을 바꿔내야 한다는 것입니다.

4월혁명이나 6월항쟁, 박근혜 탄핵 과정에서 보여준 것처럼 개혁을 원하는 모든 세력을 한편으로 모아내어 개혁 대 반개혁의 전선으로 새롭게 형성해 내야 합니다. 그러면서 민이 역사의 전면에 등장한 시대적 물줄기에 맞게 주인의 권리를 실질적으로 누리도록 해야 합니다.

여기서 특히 민이 주인의 권리를 누리는 데 근본 담보가 되는 각종 대중단체에 대한 국가적인 지원 체계를 세우기 위해 무엇보다 노력해야 합니다. 노동조합을 비롯한 각종 대중단체에 대한 국가적인 지원 체계를 수립하게 되면 그 담보로부터 개인과 집단, 나라와 민족 단위의 모든 부분에서 민이 주인의 권리를 실현하기 위한 방향으로 확고히 나아갈 수 있게 되기 때문입니다.

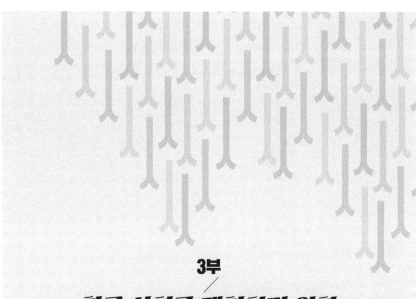

3부
/
한국 사회를 개혁하기 위한
방법론의 확립

# 1. 총체적인 개혁의 상

### 1) 참다운 개혁은 인간 간의 사회적 관계를 평등하게 만들고, 누구나 주인의 권리를 누리게 해야 한다*

지금껏 한국 사회에서 등장한 정권은 거의 예외 없이 민생안정과 개혁을 들고 나왔습니다. 그러나 여전히 한국 사회는 본질적으로 변화되지 못했고, 개혁되지 못했습니다.

도대체 그 원인이 어디에 있는 것일까요? 그것은 개혁의 본질적인 내용이 무엇을 함축하고 있는지를 명백히 밝히지 못한 데에 기인한다고 볼 수 있습니다.

현시기는 민이 사회와 역사의 주체로 등장한 시기인 만큼 개혁의 본질적인 내용은 누구나 주인의 권리를 평등하게 누리고 살 수 있도록 인간 간의 사회적 관계를 바꿔내는 것에 있습니다.

---

\* 우리겨레연구소 카페, 참다운 개혁은 다른 무엇이 아닌 인간 간의 사회적 관계를 평등하게 만드는 것이고, 이를 실현하자면 누구나 주인의 권리를 평등하게 누리게 해야 한다(2022. 08. 29) 참조 자료: 우리겨레연구소 카페, (국)민을 위해서라고 주장하면 모든 행위가 다 정당화되는가?(2022. 05. 02), 우리겨레연구소 카페, 개혁은 다른 무엇이 아닌 개혁의 싹에서 자라나고 실현된다(2022. 09. 05)

사회적 관계를 바꿔내어 평등하게 주인의 권리를 누리고 살게 하는 것이 개혁의 본질적인 내용인데, 그렇게 보지 않고 주되게 물질적 재부의 분배를 일정 부분 개선시키는 것으로 바라보았다는 것입니다.

그 때문에 인간 간에 맺어진 불평등한 사회적 관계의 변화를 도모하지 않았고, 물질적 관계의 일정한 개선을 위해 민을 대신해서 시혜를 베풀어준다는 방식으로 접근해 오게 되었던 것입니다. 그러다 보니 개혁할 뜻과 의지가 없고, 단지 민을 기만하기 위한 방편으로 민생안정과 개혁을 거론해도 정말로 그렇게 하려고 마음은 먹고 있지만, 상황이 여의찮아 잘 안되고 있다는 식의 오도된 인식이 형성되기도 하였습니다.

인간이 삶을 영위해 가자면 자연환경과 관계를 맺는 것은 물론이고 인간 간에도 사회적 관계를 맺고, 또 인간이 창출해 낸 사회적 재부와도 관계를 맺어갑니다. 그런데 여기서 가장 중요한 것은 인간 간에 맺는 사회적 관계입니다.

인간 간의 사회적 관계를 어떻게 맺고 있느냐에 따라 인간이 자연환경과 맺는 관계나 인간이 창출해 낸 사회적 재부와의 관계가 결정되기 때문입니다. 인간이 자연환경과 맺는 관계나 인간이 창출해 낸 사회적 재부와의 관계가 인간 간의 사회적 관계 형성에 일부 영향을 주는 것은 사실이지만, 그것은 매우 제한적이고 인간 간에 맺은 사회적 관계가 어떠하냐에 따라 주되게 영향을 받는다는 것입니다.

인간 간에 맺은 사회적 관계가 불평등하게 형성되어 있으면 인간과 자연환경과의 관계나 인간이 창출해 낸 사회적 재부와의 관계도 불평등하게 형성되고, 인간 간에 맺은 사회적 관계가 평등하게 형성되어 있으면 그 나머지 관계도 그에 영향을 받아 점차 평등한 양상으로 발전되어 갑니다.

지금껏 인간 간에 맺은 사회적 관계를 변화시키지 않고도 경제를 성장시키면 그 성과물을 누구나 누릴 수 있을 듯이 말해 왔습니다. 하지만 인간 간에 맺은 관계가 불평등하면 도리어 빈부격차가 더 확대되었습니다. 아무리 경제 성장이 이뤄진다고 해도 인간 간에 맺은 사회적 관계가 평등하게 바뀌지 않으면 인간이 창출해 낸 사회적 재부와의 불평등한 관계가 극복되지 않는다는 것입니다.

인간 간에 맺은 사회적 관계가 불평등한 곳에서는 지역개발과 자연환경과의 관계도 불평등하게 이뤄집니다. 지역개발과 자연환경 개발 과정에서 수많은 분란이 일어나고 자연환경이 심각하게 훼손되는 그 원인도 따지고 보면 그 본질은 인간 간의 사회적 관계가 불평등하게 맺어졌던 데에 기인한다는 것입니다.

솔직히 누구나 평등하게 주인의 권리를 행사할 수 있는 상황이라면 어느 일방이 이익을 보거나 손해를 보는 방식의 지역개발이나 환경개발이 이뤄질 수 있겠습니까? 당연히 반대하고 나서기 때문에 그런 방식의 개발이 이뤄질 수 없을 것입니다.

바로 여기서 개혁의 본질이 함축하고 있는 의미는 불평등하게 맺어진 인간 간의 사회적 관계를 평등한 관계로 바꿔내어 누구나 다 주인의 권리를 행사하도록 하는 것임을 알 수 있습니다. 그래서 인간 간의 사회적 관계를 평등하게 바꿔내려고 하지 않는 입장은 실질적으로 개혁을 원하지 않는 것임을 알 수 있습니다.

그러면 인간 간의 사회적 관계를 평등하게 바꿔내려면 어떻게 해야 하겠습니까? 그것은 민이 평등하게 주인의 권리를 행사할 수 있도록 하면 될 것이기에, 각종 대중단체에 대한 국가적인 지원 체계를 수립하면 될 것입니다.

민이 계급, 계층 및 여러 현안에 대해 자신의 이해와 요구를 제기할 수 있는 가장 광범위하고 포괄적인 조직 형태가 대중단체이므로 각종 대중단체에 대한 국가적인 지원 체계가 수립되면 누구나 평등하게 자신의 권리를 분명하게 제기할 수 있기 때문입니다.

다시 말해 어려운 조건에 놓여 있는 계급, 계층의 사람일수록 자신의 권리를 실현하기 위해 나서야 할 것이건만, 도리어 생존의 위협 같은 제약 조건으로 인해 적극 나서지 못해 그 잘못된 관계가 고쳐지지 못하고 있습니다. 그 때문에 불평등하게 형성된 인간 간의 사회적 관계를 고치기 위해서는 우선적으로 국가적인 지원 체계를 수립하여 누구나 다 평등하게 주인의 권리를 행사할 수 있도록 그 조건부터 만들어 가자는 것입니다.

물론 국가적인 지원 체계가 수립되었다고 해도 각종 대중단체가 자신의 이해와 요구를 제대로 행사하려면 일치와 입체, 통일의 사상과 방법론까지 적용해야 할 것입니다. 각각의 권리가 배척되지 않고 공정하게 행사할 수 있도록 하자면 일치와 입체, 통일의 사상과 방법론을 적용해야 하기 때문입니다.

그런데 우선적인 것은 각종 대중단체에 대한 국가적인 지원 체계가 수립되어야만 인간 간의 사회적 관계를 평등하게 바꿔내면서 주인의 권리를 실현할 수 있는 그 근거 지점이 마련될 수 있다는 것입니다.

따라서 각종 대중단체에 대한 국가적인 지원 체계를 수립하는 방향으로 나아가지 않는다면 실질적으로 인간 간의 사회적 관계를 공정하게 바꾸려고 하지 않는다고 판단해도 무방할 것입니다. 그 때문에 개혁이나 민생안정 등을 정말로 바란다면 말로만 하지 말고 그 본질이 불평등하게 형성되어 있는 인간 간의 사회적 관계를 평등하게 바꿔내면서 주인의 권리를 누리게 하는 데에 있다는 점을 분명히 직시하면서 각종 대중단체에 대한 국가적인 지원 체계를 수립하도록 적극적으로 요구해 가야 합니다.

각종 대중단체에 대한 국가적인 지원 체계가 수립되어 간다면 누구나 다 자신들의 이해와 요구를 적극 제기할 수 있게 됨으로써 점차 인간 간의 사회적 관계를 평등하게 바꿔가게 할 것이고, 그에 따라 물질적인 재부의 불공정한 분배 문제 또한 점차 극복되면서 궁극적으로 주인의 권리를 누리고 사는 세상으로 발전해 가게 될 것입니다.


## 2) 사회를 올바로 고치자면 보편적인 원리, 원칙을 보장하는 방향으로 나아가야 한다*

세상의 평가 기준은 말이 아니라 실천에 있습니다. 실천이야말로 그렇게 되느냐, 안 되느냐를 실질적으로 결정하기 때문입니다. 실천하지 않는데 어떤 성과를 낼 리 만무합니다. 말로써 모든 일이 이뤄질 것 같으면 어느 누군들 그 무슨 일을 못 하겠습니까? 아마 어떤 이는 지구를 들었다 났다 할 수 있다고 허풍을 칠 수도 있을 것입니다. 그래서 말과 실천은 분리해서 봐야 합니다.

그런데 실천하자면 이론이 있어야 하고, 그 이론에 따라 어떻게 하겠다는 말을 하게 됩니다. 그래서 말을 하게 되면 그것은 일정하게 실천한다는 의미를 담게 됩니다. 그런데 현실은 그렇게 말해 놓고 실천하지 않는다는 것입니다. 농락한다는 것입니다.

그러면 정치인들의 말을 믿게 되면 민은 항상 농락당하게 되는 것일까요? 도대체 농락당하지 않으려면 어떻게 해야 할까요?

바로 여기서 말의 진정성을 따져 볼 필요성이 제기됩니다. 말의 진정성이 없다면 처음부터 민을 기만하고 농락하기 위해서라고 보면 될 것이고, 그 진정성이 있다면 일정하게 믿어도 될 것입니다.

---

* 우리겨레연구소 카페, 사회를 올바로 고치자면 말로서가 아니라 보편적인 원리, 원칙을 실질적으로 보장하는 방향으로 나아가야 한다(2022. 08. 22)

그 진정성을 믿으려면 자신이 언급한 말의 원리, 원칙을 실현할 수 있는 내용을 담고 있어야 하고, 또 그에 따라 실제로 추진해 가야 합니다. 그런데 추진하려고 해도 우선 실현할 수 있는 내용 자체를 담고 있지 못하다면 실행에 옮길 수 없을 것입니다. 이런 경우에 그 말의 진정성을 의심할 수밖에 없습니다. 한마디로 여러 핑계를 대고 기만하기 위해서라고 판단할 수밖에 없다는 것입니다.

물론 말의 범주에 따라 그 구체적인 실현 내용은 다를 수 있습니다. 그런데 자신의 입으로 (국)민의 이익을 중심에 놓고 자유를 보장하겠다고 말했으니 여기에서의 내용으로 본다면 민이 직접 주인의 권리와 자유를 누리도록 하겠다는 뜻이 될 것입니다.

그런데 (국)민 중심, 자유를 말해 놓고 그 내용을 볼 때 자신들이 대신해서 수행하겠다고 한다면 어떻게 보아야 하겠습니까? 이것은 말로는 (국)민 중심이고 자유이지만 실질적으로는 그들이 중심이고 그들의 자유가 아니겠습니까?

앞에서 말했듯, 그 진정성은 (국)민 중심, 자유라는 말을 사용했다는 데 있지 않습니다. 그것을 어떻게 실현할 것인가에 대한 내용까지 담고 있어야 합니다. 그렇다면 당연히 민이 주인의 권리와 자유를 누리고 살 수 있도록 직접 보장해주면 됩니다. 이것만큼 단순하고 확실한 방안은 없습니다.

그런데 이 단순하고 확실한 방안에 의거해 보편적인 권리로 보장하려는 방향으로 추진하지 않고 자신이 대신해서 하겠다는 식으로 나온다면 이것은 처음부터 실현할 의사가 없고 민을 기만하겠다는 뜻으로 봐도 무방할 것입니다. 자신이 대신 수행하겠다는 것은 민이 주인이 아니라 자신들이 주인이기에, 그래서 시혜를 베풀 듯이 하겠다는 뜻과 다름없기 때문입니다.

역사의 확고한 발전은 시혜가 아니라 보편적인 원리, 원칙이 확고

부동한 보편적 권리로 보장받는 방향에서 이뤄졌습니다. 시혜는 권리가 아니기에 해도 되고, 안 해도 상관없고, 그래서 반드시 해야 할 이유가 없습니다. 그러기에 설사 한때 이뤄졌다 하더라도 언제든지 다시 없었던 일로 되돌아갈 수 있습니다. 그 때문에 필연적인 이치로 만들자면 시혜적인 방식이 아니라 보편적인 권리로 자리 잡도록 만들어야 합니다.

예를 들면 누가 가난하게 살고 싶어서 그렇게 사는 것은 아니지 않습니까? 잘살고 있더라도 어느 순간 상황이 여의치 않아서 생존이 위협받는 상황으로 굴러떨어질 수 있습니다. 이럴 때 누구나 생존에 위협받지 않고 살 수 있는 방식, 즉 최저임금과 주거, 교육, 보건의료, 연금 등에서 보편적인 복지정책이 마련되었다면 다시 힘을 내서 일어설 수 있을 것입니다. 그 때문에 복지정책은 선별적이고 차별적이거나 시혜적인 것이 아니라 누구에게나 적용되는 보편적 권리로서 확고히 보장되는 방식으로 나아가야 합니다.

그런데 윤석열 정부는 민이 주인의 권리를 직접 행사하도록 그 권리를 보편적으로 보장하겠다는 것이 아니라 주되게 자신들이 대신해서 시혜를 베푸는 방식으로 풀겠다고 하고 있습니다. 민이 주인이기에 직접 권리를 행사하도록 각종 대중단체에 대해 국가적인 지원 체계를 수립해 가면 민의 권리가 너무도 분명하게 확립될 것입니다. 그런데 한사코 이를 외면하고 그 자신들이 대신해서 수행하겠다는 것입니다. 여기서 바로 민이 주인의 권리를 누리도록 어떻게 실현하겠다는 것인지의 내용을 갖고 있지 않음은 물론이고 한사코 외면하는 관계로 해서 필연코 민을 기만하고 농락하는 방식이 펼쳐지는 이유가 밝혀지게 됩니다.

국익을 추구하겠다는 것도 그렇습니다. 한반도에서 국익이 실현되지 못하고 있는 이유가 어디에 있습니까? 남북이 분단되어 서로 힘을 합치지 못하고 힘의 대결을 벌이고 있기 때문 아닙니까? 그로 인해 남북 모두가 일정하게 외세에 이용당하는 모습이 나타나게 되는 것입니다.

그래서 국익을 실현하자면 남북 간에 힘의 대결 방식을 버리고 서로 단합하여 통일의 길로 나아가야 합니다. 한반도에서의 근본적인 국익 추구의 원리, 원칙은 남북 간의 힘의 대결이 아니라 서로 화합하여 통일의 길로 나아가는 데에 있기 때문입니다.

따라서 힘의 대결 방식을 통해 어느 한쪽에게 굴복을 요구해서는 안 됩니다. 더욱이 한반도 주변에는 여러 강대국들이 자리 잡고 있기에 국익을 추구한다면 고래 싸움에 새우 등 터지지 않는 방도를 적극 찾아야 할 것입니다.

그런데 윤석열 정부는 여전히 실질적인 힘의 대결을 추구하고 있습니다. 그것도 미국의 신냉전 체제의 대결 정책을 추종함으로써 그 싸움의 한복판에 끼어들어 희생양이 될 위험성마저 높이고 있습니다.

이런 정책은 현시기 신냉전 체제의 대결 양상으로 인해 실제 전쟁으로 비화되어 한반도 전체 민에게 엄청난 고통을 안겨줄 수 있습니다. 이런 상황의 전개야말로 국익을 실종시키고 있는 모습이 아니고 무엇이겠습니까? 그런데도 외교 정책에서 국익을 우선하겠다고 말한다면 어떻게 봐야 하겠습니까? 국익을 실종시킨다는 비판을 면해보고자 사용하는 말로밖에 볼 수 없을 것입니다. 민에 대한 기만용이라는 것입니다.

사람에 대한 평가가 행동을 통해 이뤄지듯 정권에 대한 평가 또한 실천성에 달려 있고, 그 실천성은 보편적인 원리와 원칙을 보편적인 권리로 실제로 실현하느냐, 실현하지 않느냐에 달려 있습니다. 그래서 보편적인 원리, 원칙을 구현하여 권리를 보장하는 방향으로 나가지 않는다면 민을 기만하기 위해서라고 단호하게 평가 내리고 적극 반대해 싸워가야 합니다. 보편적인 원리, 원칙에 따라 그 권리가 확고히 보장되게 만드는 방식이야말로 한국 사회를 실질적으로 개혁할 수 있는 문을 활짝 열어주기 때문입니다.

## 3) 한국 사회를 총체적으로 수술하자면 사회 개혁의 전제 조건이 되는 문제부터 풀어야 한다*

한국 사회에서는 여러 번에 걸쳐 정권교체가 이루어졌으나 참담게 개혁되지 못함으로써 민의 삶은 더욱 고달파지고 있습니다. 이렇게 된 이유는 총체적인 대수술이 진행되어야 했으나 지엽적 문제에 대해 땜질식 처방을 하면서 마치 그것이 민생을 위한 것처럼 기만해 왔기 때문입니다.

상식적인 이치로 볼 때 총체적인 개혁을 추진하자면 민이 나라와 민족 단위로 살아가고 있기에 가장 먼저 일차적으로 풀어야 할 과제는 주권의 문제입니다. 주권을 제대로 행사하지 못하면 망국노의 취급을 받는지라 아무리 개혁하려고 해도 나라의 주인인 민의 이익에 맞게 개혁할 수 없을 것은 너무도 당연한 이치일 것입니다.

그렇다면 일차적으로 주권부터 찾아야 할 것입니다. 그런데 아직도 주권을 찾지 못하는 가장 큰 이유는 외세의 앞잡이 역할을 하는 매국노가 그것을 가로막고 있기 때문입니다. 결국 매국노 문제를 어떻게 처리하느냐는 총체적으로 개혁하느냐, 그렇지 못하느냐의 성패를 가르는 문제라 할 수 있습니다.

---

* 우리겨레연구소 카페, 한국 사회를 총체적으로 대수술하자면 우선 사회 개혁의 전제 조건이 되는 문제부터 풀어야 한다(2024 09. 02)

그런데 개혁을 반대하는 세력은 매국노를 응징하는 문제를 놓고 죽창가를 읊어대면서 정쟁을 유발한다는 식으로 매도하고 있습니다. 나라가 위기에 처하면 죽창이라도 들고 싸우는 것이 애국의 한마음일 것입니다. 그런데 이것이 어찌 정쟁의 유발이라는 것입니까? 나라의 주권을 찾는 데에는 여·야는 물론 보수와 진보가 따로 없고, 더욱이 민의를 대표하는 정치인이라면 매국적 주장에 대해서는 절대 용인해서는 안 될 터인데, 이것을 정쟁의 유발이라고 한다면 이들의 주장은 결국 매국노의 행위를 인정하자는 것과 다를 바가 없을 것입니다.

개혁은 정의와 진실에 의거해야 가능한데, 이렇게 나라와 민족 단위에서 매국이 정당화되는 불의한 사회에서 어떻게 참다운 개혁이 가능하겠습니까? 그 때문에 총체적으로 사회 개혁을 추진하기 위해서는 가장 우선적으로 매국노를 철저히 응징하는 원칙을 견지해야만 합니다. 한마디로 매국노를 응징하는 원칙을 거부하는 것은 바로 그들이 매국노임을 자임하는 것이자 반개혁적 세력임을 드러낸 것과 하등 다르지 않습니다.

한국 사회를 총체적으로 개혁하기 위해서는 매국노를 응징해야 한다는 원칙을 견지해야 할 뿐만이 아니라 반민(중)적인 사회 개혁 방안에 적극 반대하는 원칙을 견지해야 합니다.

개혁하는 이유는 나라의 주인인 민의 삶이 점점 더 어려워지고 있으니 이를 해결하여 더욱 잘 살게 하면서 참답게 주인의 권리를 누리고 살 수 있게 하기 위해서입니다. 그런데 말만 개혁이요, 민생이요 소리치지만 사실상 민생 문제 해결에 반하는 사이비 개혁 방안을 들고나온다면 어떻게 되겠습니까? 이것은 결국 개혁하지 말자는 것과 다름없을 것입니다.

그런데 이렇게 사이비 개혁 방안을 제시해 놓고도 대화와 협의를 통해 풀어가자고 말하고, 여기서 대화와 협의를 하지 않으면 마치 서로 협력해서 개혁하지 않으려는 입장인 것처럼 매도합니다. 원래부터 협상할 수 있는 조건 자체를 차단해 놓고서 대화와 협의를 주장하는 게 무슨 뜻이겠습니까? 시간을 질질 끌어 개혁하지 말자는 것이고, 대화와 협의를 진행했을 경우엔 사실상 개혁이 실현되지 못한다고 해도 온전히 자신들만의 책임이 아니라는 식으로 회피하게 될 것입니다. 바로 여기서 한국 사회를 참답게 총체적으로 개혁하자면 반민적인 사이비 개혁 방안에 대해 원칙적으로 반대하는 투쟁을 분명하게 전개할 것이 요구됩니다.

그러면 참된 개혁 방안과 사이비 개혁 방안을 가르는 기준이 무엇이겠습니까? 그것은 나라의 주인이 민이니만큼 사회 개혁의 주체를 민으로 인정하고 그 참여를 적극 보장하면서 민의 요구에 무조건 따르는 것입니다. 그런데 민의 요구에 따르지 않고 어떤 조건과 토를 다는 식으로 나온다면 그런 모습을 참답게 개혁하려는 입장으로 볼 수 있겠습니까? 그런 모습이라면 민을 개혁의 주체로 인정하고 적극적인 참여를 보장하는 길로 나올 수 있겠느냐 하는 것입니다. 왜냐하면 개혁을 진짜 원하는가, 원하지 않는가의 기준은 개혁의 주체를 민으로 인정하고 적극적인 참여를 보장하느냐, 보장하지 않느냐에 달려 있기 때문입니다.

정말로 한국 사회의 개혁을 바란다면 절대다수가 요구하는 특검과 특별 법안들을 그냥 받아들이면 될 것입니다. 그렇지 않는다면 개혁이나 민생이라는 말로 민을 현혹하면서 사실상 개혁을 가로막는 반개혁적 입장을 들고나온 것에 불과하다는 것입니다. 이런 반개혁적인 입장이 통용되어서는 한국 사회의 실질적인 개혁은 요원하게 될 것입니다.

한마디로 한국 사회를 총체적으로 개혁하기 위해서는 대수술을 진행해야 하는데, 그러자면 그 전제 조건부터 풀어가야 한다는 것입니다. 전제 조건이 해결되지 않았는데, 개혁될 리 만무합니다. 그 때문에 나라의 주권을 찾는 문제에서 매국적 입장을 견지하는 것과 사실상 개혁을 가로막는 반개혁적 입장에 대해서는 우선해서 반대하는 투쟁을 적극적으로 벌여 응징해 가야 합니다.

## 4) 개혁을 수행하자면 전면적이고 총체적으로 접근해야 한다*

개혁은 한국 사회의 지상 과제가 되었습니다. 그런데 개혁을 실현하기 위해 정책과 노선을 일면적이거나 부분적으로 제시한다면 성공적으로 이룩할 수가 없습니다. 지금껏 한국 사회를 새롭게 개혁시키겠다는 구호를 내걸고 대통령이나 국회의원에 당선되었지만, 자신들이 내건 공약을 지키지도 못하고 중도반단하거나 후퇴하였던 데에는 이에 대한 이해를 명확히 하지 못했기 때문이기도 합니다.

한국 사회에서 개혁이 지상 과제로 된 것은 어느 한 부분의 일면적인 측면에서 문제가 발생되어서가 아니라 총체적인 난맥상에 빠져 있기 때문입니다. 그래서 어느 한 부분만 해결하려고 해도 그 부분으로만 끝나지 않습니다. 그와 연관된 부분에 영향을 미치고, 그리고 그것은 계속 연계되어 결국 한국 사회를 앞으로 어떤 방향과 입장에서 고쳐 나갈 것인가에 대한 철학과 사상적 입장으로까지 이어집니다.

실상 세상은 서로 밀접하게 연관되어 있습니다. 지구만 해도 중국

---

* 우리겨레연구소 카페, 개혁을 수행하자면 전면적이고 총체적으로 접근하여야 한다(2021. 10. 25), 참조 자료: 우리겨레연구소 카페, 개혁을 성공시키기 위해서는 총적 좌표를 견지해야 한다(2023. 10. 10), 우리겨레연구소 카페, 개혁은 보여주기식 땜질식 처방과 같은 개량으로 실현될 수 없다(2022. 08. 16), 우리겨레연구소 카페, 현시기의 개혁은 한국 사회의 본질적 문제의 해결을 요한다(2022. 04. 11)

북경의 나비 한 마리의 날갯짓이 그 반대편인 뉴욕에서 폭풍을 일으킬 수 있다고 말하고 있습니다. 그만큼 세계가 밀접하게 연결되어 있어 아주 사소한 작용 하나가 결과적으로 엄청난 파장을 가져올 수 있다고 말하고 있는 격입니다.

세상이 밀접하게 연결되어 있는 측면은 당연히 개혁에 관해서도 똑같이 나타난다고 말할 수 있습니다. 어떤 하나의 변화가 그 자체로만 끝나지 않고 서로 연결되어 지대한 영향을 미친다고 할 수 있습니다. 그렇다면 그 연결된 부분을 파악하고 어떤 영향을 미치는지 이해해야 합니다. 그런데 그렇게 하지 않고 달랑 어떤 정책 하나만을 내세워 실현하겠다고 한다면 그게 가능하겠습니까? 그래서 사이비 개혁주의자들에게 농락당하지 않으려면 그런 주장이 얼마나 허황된 것인지 명백하게 이해해야 합니다.

단적으로 문재인 정부는 최저임금을 1만원으로 하겠다고 공약을 하고 그것을 나름대로 실현하겠다고 하면서 노력하였습니다. 그래서 최저임금을 점차 올리려고 시도하였습니다. 그 노력을 인정합니다. 그런데 그 결과는 어떻게 되었습니까? 소득주도성장이라고 하여 자신들의 방식대로 될 것이라고 여겼지만, 도리어 그 결과는 정말로 최저임금의 수혜를 받아야 할 사람들에게 그 혜택이 돌아간 것이 아니라 일자리가 줄어든 결과를 초래했습니다. 대신에 직장이 튼튼한 사람들은 그 최저임금의 상승으로 더 많은 임금을 받는 방식으로 귀결되었습니다. 더욱 소득 격차가 벌어지는 상황으로 전개되었습니다. 그 결과로 문재인 정부는 결국 최저임금을 1만원으로 올리겠다는 자신의 정책을 추진하지 못하고, 그다음부터는 더 올리지도 못하고 자신의 입장을 철회하는 방식으로 나왔습니다.

그러면 왜 이런 현상이 발생하였느냐 하는 것입니다. 최저임금 1만원을 받게 한다는 것은 누구나 일한다면 그 임금으로 충분히 인간다운 삶을 살 수 있어야 한다는 것을 목표로 했다고 할 수 있습니다. 이런 의도와 의지를 부정할 필요는 없습니다. 그런데 최저임금을 올렸을 때 그와 연관된 부분이 어떤 영향을 미치는지 고민하지 않았다는 것입니다.

최저임금을 올렸을 때 사업장이 튼튼한 대기업이나 공기업은 큰 영향을 받지 않습니다. 어차피 이곳의 노동자들은 최저임금의 문제가 크게 중요하지 않으니까요. 그 최저임금을 받아야 할 사람은 그런 대기업이나 공기업과 같은 곳에서 일하는 노동자들이 아닙니다. 중소기업이나 비정규직, 아니면 아르바이트 같은 일자리에서 일하는 사람입니다. 그러면 과연 이런 기업이나 사업자가 그 최저임금을 지불할 수 있는 여건이 되었는지를 파악해야 합니다. 그 여건이 조성되지 않으면 하려고 해도 불가능한 것이니까요.

그래서 최저임금의 인상을 정말로 시행하려고 했다면 당연히 그 부분을 고민했어야 할 것입니다. 중소기업이나 비정규직, 영세기업이 최저임금의 인상을 감당할 수 있는 여건이 될 수 있는 방식이 무엇이냐 하는 것입니다. 그렇다면 그에 대한 지원정책이나 대책을 마련했어야 할 것입니다. 그것은 결국 최저임금에 대한 부분이 그 자체로 끝나지 않고 중소기업이나 영세기업에 대한 국가적인 지원책과 연결되기에 그에 대한 재원을 마련해야 하는데, 그 부분을 어디서 어떤 원칙과 근거에 의해 조성해야 하는 것과 관련되는 문제로 이어집니다. 아울러 미래 사회는 과학기술이 선도하게 될 것이니만큼 한국 사회의 모든 구성원들을 어떻게 더욱 힘 있고 능력 있는 존재로 키워낼 것인가에 대한 방안도 강구했어야 할 것입니다. 그런데 이에 대해 아무런 원칙도 없고, 그 대책을 마련하지 않았다면 과연 최저임금의 인상이 쉽사리 시행될 수 있겠습니까?

이에 대해 국민의힘은 정말 수혜를 받아야 할 사람들이 혜택을 받지 못하고 있다고 지적하였습니다. 그러면서 실질적으로 혜택을 받아야 할 사람들이 그 혜택을 받는 방식으로 되어야 한다고 주장하였습니다. 그래서 정작 가장 구제되어야 할 사람들에게 중요한 것은 최저임금의 인상이 아니라 돈을 적게 받더라도 일할 수 있는 일자리 창출이 더 절박하다고 일갈하고 나왔습니다. 그리고 결국 최저임금의 인상을 부정하는 주장으로 논리를 전개하면서 더 이상 그 정책의 추진을 가로막았습니다.

이 과정을 보면 무엇을 느껴야 하겠습니까? 보편적으로 보았을 때 최저임금의 인상은 인간 모두에게 도움이 되는 것으로 생각할 수 있지만, 그것이 구체적으로 시행되었을 때 그에 대한 대책을 세우지 못하면 전혀 엉뚱한 결과가 나오고, 도리어 그것을 부정하는 방식으로 귀결된다는 것입니다.

국민의힘이 주장한 대로 정말 수혜를 받아야 할 사람이 받는 구조가 되어야 한다는 점을 부정할 이유는 없습니다. 그런데 그들은 실질적인 혜택을 받아야 할 사람이 받아야 한다면서 더 많은 일자리를 창출해야 한다고 주장만 할 뿐 그 이상의 말은 하지 않습니다. 그런 생각을 했다고 한다면 누가 실질적인 혜택을 봐야 하고, 또 그러기 위해서는 그에 대한 재원을 어떻게 마련해야 할지도 밝혀야 할 것입니다. 단순히 최저임금을 올리려는 방식만으로 진행되어서는 안 된다는 것을 비판했다고 한다면 그것을 어떻게 하면 실현할 수 있는지 고민하고 대책을 내놓아야 한다는 것이지요. 그런데 그들은 실질적인 최저임금 인상의 시행을 부정하고 가로막는 논리로만 이용할 뿐입니다. 그리고는 문재인 정부에 대해 공격하는 방식으로만 이용했다는 것입니다.

상식적인 이치로 봐서 일하지 않는다면 몰라도 일하고 있다면 그로 인해 생활고를 겪지 않고 살아갈 수 있는 상황이 되어야 한다는 것은 매우 당연하다 할 수 있습니다. 그런데 이를 위해 최저임금을 인상할 때 가장 어려운 처지에 놓인 부분은 중소기업이나 영세상공인 등이라고 할 수 있습니다. 그러면 이에 대해 대책을 세워야 할 것이고, 그 재원을 어떻게 마련할 것인지에 대해 고민하는 것은 너무 당연하다 할 것입니다.

그러면 그 원리로 봐서 일하는 사람들은 존중받아야 하지만 일하지 않고 불로소득을 취하는 형태는 고치는 부분으로 확대되어 이해되어야 할 것입니다. 그래서 그런 사람들로부터 세금을 더 많이 물게 하여 그 재원을 마련하는 부분으로 나가야 할 것입니다. 일해도 더 이상 먹고 사는 것이 힘들 수밖에 없고, 도리어 돈이 있는 사람들은 투기로 불로소득을 얻어 떵떵거리고 사는 세상이라고 한다면 이건 한참 잘못되었다고 말할 수 있을 것입니다. 바로 이 부분에 대해 원리와 원칙을 정하고 그로부터 재원을 마련하여 최저임금의 인상을 시행하였다면 지금껏 벌어졌던 부작용은 어느 정도 막을 수 있었을 것입니다.

그런데 국민의힘은 비판만 할 뿐이었지 아무런 대책을 말하지 않았습니다. 여기서 왜 개혁을 하자면 총체적이고 전면적으로 접근해야 하고, 나아가 미래 사회에 대한 전망과 철학까지 필요한지를 이해할 수 있을 것입니다. 이를 보면 더불어민주당은 물론이고 국민의힘 또한 이 세상을 어떻게 개혁시켜 가야 하는지에 대한 총체적이고 전면적인 비전이 없다는 것을 파악할 수 있습니다.

지금 국민의힘과 더불어민주당은 대장동게이트나 검찰 고발 사주 의혹 등에 대해 서론 논쟁을 벌이지만 어떻게 검찰개혁과 부동산 정책을 옳게 수립하여 이 사회를 이끌어 갈지에 대한 총체적인 정책과 노선은 물론이고 전망에 대해서도 적극적으로 거론하지 않고 있습니다. 단지 일면적이고 부분적인 측면을 언급함으로써 자신들에게 유리한 논리 구조를 만들어 상대방에게 책임을 전가하고 그 결과로 대선에 당선되면 그만이라는 식의 모습을 보이고 있습니다.

　이런 식으로는 백날 가도 개혁을 수행할 수가 없습니다. 정말 개혁을 시행하려고 한다면 총체적이고 전면적인 방향에서 개혁을 수행해야만 가능하다는 것을 명확히 해야만 합니다. 그래서 과연 어떻게 하면 개혁이 가능할 것인지, 이를 분명 확인하는 과정으로 되어야 합니다. 그 때문에 단순히 일면적이고 부분적인 공약을 제시하는 방식으로 진행되어서는 절대 개혁이 성공할 수 없으니만큼 총체적이고 전면적인 방향에서 살펴보아야 한다고 말하는 것입니다.

# 2. 일치와 입체, 통일의 방법론

### 1) 왜 예수는 잃어버린 양 한 마리를 그토록 소중히 여겼을까?*

　윤석열 정부가 들어서면서 유난히 법과 원칙이 강조되고 강경 대응 방식의 국정 기조가 펼쳐지고 있습니다. 지금껏 사회가 잘못되고 개혁이 되지 않았던 이유가 법과 원칙은 올바로 세워졌지만, 마치 그것이 제대로 집행되지 않았기 때문인 것처럼 여기는 듯합니다.

　하지만 윤석열 정부의 법 집행에 대해 내로남불이라는 비판이 일고 있는 것을 보면 법 집행에서의 공정성마저 제대로 지켜지지 않고 있는 듯합니다. 10.29 이태원 참사만 놓고 보더라도 그 책임자를 문책하는 것이 너무나 당연한 조치인데도 조사 결과에 따라 책임을 묻겠다고 하고 있습니다. 그런데 참다운 조사가 되기 위해서라도 그 참사의 책임자를 먼저 배제시키는 것이 법 적용의 원칙에서 볼 때 더 공정하지 않겠습니까?

　게다가 더욱 문제가 되는 것은 노동자들의 파업에 대한 대응 과정

---

\* 우리겨레연구소 카페, 왜 예수는 잃어버린 양 한 마리를 그토록 소중히 여겼을까?(2022. 12. 12)

에서 드러났듯이 유난히 사회적 약자들에 대해 강경한 대응이 벌어지고 있다는 점입니다. 화물연대의 파업에 대해 사실상 사문화되다시피 해 한 번도 법이 적용되지 않았던 업무개시 명령을 단호히 집행하는 것을 보면 이를 확인할 수 있습니다.

상식적인 이치로 볼 때 안전운임제는 화물 노동자들의 생존권 확보를 위해 확대 시행하는 것이 맞을 것입니다. 그렇다면 이를 해결하는 방향에서 머리를 맞대고 풀어가야 할 것이건만, 그에는 노력하지 않고 파업하자마자 강경 대응으로 맞서는 것이 올바른 처사이겠습니까?

법이 시대에 맞지 않으면 고쳐야 합니다. 법을 위해 사람이 살아가는 것이 아니라 사람을 위해 법이 존재하기 때문입니다. 바로 여기서 어떻게 법을 적용하고, 또 미비한 법을 어떻게 새롭게 고쳐 갈 것인가의 문제가 발생합니다. 그런데 이것은 결국 어떻게 사회적 문제를 해결해 갈 것인가의 입장에 따라 그 대처 방법이 달라집니다.

이 대목에서 예수가 99마리보다 잃어버린 양 한 마리를 왜 그토록 소중히 여겼는지에 대해 생각해보게 됩니다.

분명 양 한 마리는 99마리보다 훨씬 그 수가 적습니다. 그런데 예수는 99마리가 아니라 길을 잃어버린 양 한 마리를 더 소중히 여기고 끝끝내 찾아내기 위해 노력합니다. 그 이유는 가장 약하고 병든 자가 살아남으면 나머지 모든 양이 건강하게 살 수 있기 때문이었습니다.

언뜻 보았을 때, 한 마리보다는 99마리가 더 많기에 99마리 위주로 대응하는 것이 당연하게 여겨집니다. 그래서 99마리라는 대의를 위해 한 마리를 희생시키는 것이 정당화됩니다. 하지만 가장 연약한 한 마리를 희생시키는 것이 정당화될 때 그다음에 펼쳐질 상황은 그다음의 약자가 희생되는 것이 당연시될 것입니다.

이런 상황이 계속 펼쳐지게 되면 결국 그 사회는 희생자가 계속 나와야만 할 것이고, 그로 인해 항상 갈등과 반목 속에 대결이 펼쳐지는 세상이 될 것입니다. 이런 현상을 막자면 방법은 단 하나, 가장 연약한 자가 희생되는 상황이 원천적으로 발생하지 않도록 만드는 것입니다. 가장 힘없고 연약한 자가 살아남을 수 있다면 나머지 모든 양은 건강하게 살 수 있기 때문입니다. 이것이 사회를 통합시키고 개혁해 가는 방식입니다.

실상 99마리를 위해 한 마리를 희생시키는 원리는 약육강식의 논리일 뿐입니다. 약육강식의 논리는 짐승의 법칙이지 인간 사회에서 통용되는 법칙이 아닙니다. 그래서 국조 단군 할아버지께서는 인류 최초로 그런 짐승 같은 사회에서 벗어나 참다운 인간세상을 열어나가고자 홍익인간의 정신에 입각에 단군조선을 건국하였습니다.

가장 힘없고 연약한 약자가 살아갈 수 있도록 배려하는 것이 인간세상의 운영 원리에 맞고, 바로 그것이 홍익인간의 정신이라는 것입니다. 반면에 힘없는 약자를 배척하고 제거하면서 희생을 강요하는 행위는 약육강식의 법칙이 통용되는 짐승 같은 세계에서나 적용되어야 한다는 것입니다.

그렇다면 약육강식이 통용되는 짐승 같은 원리에 의거해 서로 반목, 대결하는 세상을 지향함으로써 고통을 받고 살아가야 하겠습니까? 아니면 약자가 건강하게 살 수 있도록 배려함으로써 모두가 인간다운 삶을 사는 세상을 만드는 방향으로 나아가야 하겠습니까? 여기에서의 답은 자명하다고 할 수 있을 것입니다.

이렇게 약자를 배려하고 모두가 더불어 사는 사회를 만들어가는 것이 개혁입니다.

그러면 약자를 배려하고 모두가 더불어 사는 사회로 개혁하자면 어떻게 해야 하겠습니까? 우선적으로 약자를 배척하고 제거하는 행위가 벌어지지 못하도록 막아야 합니다. 이런 원리가 통용되면 그때로부터 어느 누구도 사회적 희생물의 당사자가 되지 않을 이유가 없기 때문입니다. 우리가 왜 그런 불안과 근심을 안고 살아가야 합니까? 그렇게 살 이유가 하나도 없습니다.

또한 약자를 배려하고 더불어 사는 사회로 개혁하자면 약자들이 더욱 자신들의 이해와 요구를 적극 제기하도록 하면서 일치와 입체, 통일의 사상과 방법론으로 풀어가야 합니다.

사회적 약자가 희생물이 되지 않게 하자면 그들을 배척하지 않고 제기한 요구들을 적극 받아 안아야 합니다. 그러자면 서로 공통된 부분은 일치시켜서 풀어가고, 차이가 있는 부분은 서로 존중하면서 입체적으로 적용하여 누구나 다 주인의 권리를 누릴 수 있도록 전망성 있게 통일적으로 풀어가야 합니다. 여러 각각의 사람들이 제기한 요구들을 모두 받아안고 실현하자면 일치와 입체, 통일의 방식 이외에는 다른 길이 없기 때문입니다.

이렇게 일치와 입체, 통일의 사상과 방법론을 적용하여 민이 개인과 집단, 나라와 민족 단위의 모든 부분에서 주인의 권리를 온전히 누리는 사회가 바로 애민사회입니다.

일치와 입체, 통일의 사상과 방법론을 적용하여 사회적 문제를 풀어간다면 처음엔 비록 일시적인 혼란은 있을 수 있겠지만, 어느 누구도 사회에서 배제되지 않게 됨으로써 사회의 모든 구성원들을 통합하여 개혁의 길로 나갈 수 있게 할 것이고, 그러면 궁극적으로 모두가 주인의 권리를 누리고 사는 애민사회의 세상이 펼쳐지게 될 것입니다.


## 2) 협치의 목적과 원칙을 거부하는 자는 협치의 상대가 아니라 응징의 대상이다*

---

* 우리겨레연구소 카페, 협치의 목적과 원칙을 거부하는 자는 협치가 아니라 응징의 대상

정치권에서는 수시로 협치하자는 말을 거론합니다. 협치하자고 주장하니 이제 서로 힘을 합쳐 풀어가려는 모습처럼 보입니다. 하지만 협치하자는 그 말 자체가 옳은 것도 아니고, 또 협치를 실질적으로 보장하는 것도 아닙니다. 예를 들어 날강도가 일상생활을 꾸려가는 사람에게 협력하자고 하면 그 협력이 옳은 것이라고 볼 수 있겠으며, 또 협력이 실질적으로 이뤄질 수 있겠습니까?

지금껏 윤석열 대통령은 더불어민주당의 이재명 대표와 만나지도 않고 계속 거부하다가 총선을 통해 민의 심판을 받자 겨우 한 번 만나 놓고는 협치를 무척 강조하고 있습니다. 마치 정말로 협치를 바라는 것 같은 모습입니다. 그런데 협치 운운이 정말 민심을 받아들여 협치하려고 하는 모습일까요?

그러면 지금껏 민심은 무엇이었습니까? 한국 민의 이익을 고수하기 위해 이제야말로 미·일에 추종하지 말고 올바로 주권을 행사하라는 것이었고, 또 한반도에 핵전쟁이 일어나면 민족이 공멸할 수 있으니 한반도의 평화와 조국통일의 길로 나서라는 것이었습니다. 아울러 빈부의 격차가 확대되어 민생이 파탄되어 가고 있으니 이를 해소하기 위해 총체적으로 접근하여 일관된 정책으로 풀어가라는 것이었습니다. 게다가 민이 직접적이고 전면적으로 주인의 권리를 행사하는 시대적 요구에 맞게 각종 대중단체의 이해와 요구를 국가 정책에 반영하도록 노력하라는 것이었습니다.

그런데 윤석열 정권은 어떻게 행동했습니까? 주권을 행사하기는커녕 철두철미 미·일에 추종함으로써 올바른 주권 행사를 가로막아 외세로부터 민의 생명과 재산을 제대로 지켜낼 수 없게 하였을 뿐만 아

---

이다(2024. 05. 07), 참조 자료: 우리겨레연구소 카페, 어떻게 해야 진정한 민의 통합을 이룰 수 있을까?(2022. 02. 28)

니라 한반도에 전쟁 위기만 심화시켰습니다. 또한 비정상적으로 작동되는 한국 사회의 잘못된 모습을 올바로 시정하려는 움직임에 대해서는 언론과 방송을 장악하여 입틀막 하면서 검찰을 동원하여 탄압함으로써 민주주의 자체를 위기에 빠뜨렸습니다. 아울러 각종 대중단체의 요구에 대해서는 집단 이기주의로 몰아붙여 탄압하였으며, 사회적 요구가 담긴 여러 법안에 대해서는 한사코 거부권을 행사하여 가로막아 왔고, 어려워진 민생 문제를 해결하라는 요구에도 선별적인 시혜를 적용해야 한다고 목소리 높여 주장하더니만 그조차도 제대로 시행하지 않고 부자 감세만 진행함으로써 사실상 외면하였습니다.

이것이 윤석열 정권의 모습이었고, 바로 이것을 총선에서 심판하였던 것입니다. 그래서 민심을 받아들인다고 한다면 이런 행동을 고치겠다고 해야 할 것 아니겠습니까? 그런데 이런 잘못된 모습들을 이제라도 고치겠다고 하지 않는다면 도대체 무슨 민심을 받아들였다고 하는 것이고, 그런 조건에서 과연 협치가 이루어질 수 있겠느냐 하는 것입니다.

사실이 이렇게 명확한데도 윤석열 정권은 마치 자신들이 협치를 바라는 것처럼 보이기 위해 정부와 야당 간의 차이점은 일단 보류하고 합의될 수 있는 부분부터 처리해 가는 것이 협치할 수 있는 기본적인 방식이라고 주장합니다. 이것만 보면 제법 그럴듯한 주장으로 보입니다. 그런데 여기에는 누구를 위해서, 무엇을 위해서 협치하느냐 하는 주체와 목적이 빠져 있습니다.

앞서 말했던 바와 같이 강도가 계속 강도질을 포기하지 않겠다는 조건에서 협력한다면 누구를 위한 것이고, 무엇을 위한 것이겠습니까? 이거야말로 날강도에게 이용당하는 것이 아니고 무엇이겠습니까? 강도와 협력하려면 이제부턴 강도질을 안 하겠다고 해야 가능한데 말입니다.

그러면 왜 이런 현상이 발생하는 것이겠습니까? 그것은 누구를 위해, 무엇을 위해 협치하는지, 즉 협치의 주체가 누구이고, 그 목적이 빠져 있기 때문입니다. 협치의 주체가 누가 되어야 하는지가 빠지게 되면 그것을 기화로 해서 누구나 다 자기 목적을 실현하기 위해 그 협치의 주체로 둔갑될 수 있게 됩니다.

바로 여기서 한국의 거대 양당제도에서 협치가 이뤄지면 세상이 질적으로 바뀌지 않는 이유가 드러납니다. 거대 양당은 민이 나라의 주인이라고 하지만 그것은 빈말에 지나지 않고 사실상 협치의 주체는 두 거대 양당 세력이 되었던 것입니다. 지금껏 한국 사회에서 여러 번에 걸쳐 정권교체가 이루어졌지만, 개혁이 성공하지 못했던 것은 민이 주체가 아니라 바로 이 두 양당 세력이 주체인 양 행세했기 때문이라는 것입니다. 이런 우를 다시금 범하지 않으려면 협치하자고 할 때 누구를 위해, 무엇을 위해서인지 분명하게 따져 물어야 합니다. 그래야만 날강도에게 농락당하지 않는다는 것입니다.

바로 여기서 나라의 주인이 민이니만큼 민을 위해 협치해야 하고, 그 목적 또한 민의 이해와 요구를 실현하기 위해서라는 것을 명확히 해야 합니다. 한마디로 정치는 민의 이해와 요구를 실현하는 데에 있으니만큼 협치의 목적은 결국 민이 주인의 권리를 누리게 하는 데에 있다는 것입니다. 이것은 정치 지도자나 공무원을 두고 명확히 민의 충복이 되어야 한다고 말하는 데서 드러납니다. 다름 아닌 민이 나라의 주인이라는 것입니다.

결국 민이 주인의 권리를 누리고 행사하게 하려고 협치하는 것이라고 할 수 있습니다. 그런데 그 협치의 목적을 달성하자면 협치의 원칙을 바로 세워야 합니다. 그래야 여러 혼란된 상황에서도 중도반단하지 않고 원칙을 지키면서 끝까지 광범위한 세력을 모아내어 한국 사회를 개혁할 수 있고, 그럼으로써 민이 주인의 권리를 누리고 행사할 수 있게 되기 때문입니다.

협치 내지는 협력의 원칙은 일치와 입체, 통일의 방법론을 구사하는 것입니다. 이것은 민이 누구나 다 개성을 가진 존재로서 집단을 구성하여 나라와 민족 단위로 살아가고 있기 때문입니다. 이렇게 개인과 집단, 나라와 민족 단위로 살아가고 있는 조건에서 이 모든 부분에서 주인의 권리를 누리고 행사하자면 일치된 부분에 대해서는 그 계선을 철저히 견지하게 해야 하고, 그 계선을 고수한다는 전제 조건하에서 차이가 있는 부분에 대해서는 입체적으로 서로 존중해야 하고, 나아가 총체적인 전망에 맞게 통일적으로 풀어가야 하기 때문입니다.

그런데 여기에서 일차적으로 중요한 것은 일치된 부분의 지점을 찾는 것입니다. 일치된 부분이 마련되어야 입체적으로 존중하면서 통일적으로 풀어갈 수 있는 고리가 열리기 때문입니다. 일치된 부분이 마련되지 않으면 입체와 통일의 방법은 고사하고 함께할 수 있는 길 자체가 열리지 않는다는 것입니다. 그 때문에 일치와 입체, 통일의 방법론을 통해 해결하자면 일치된 지점부터 먼저 찾아야 합니다.

그러면 한국 사회에서 일치된 지점은 무엇이겠습니까? 우선 민이 나라와 민족 단위로 살아간다는 점에서 주권을 고수하고 올바로 행사하는 것입니다. 주권을 제대로 행사하지 못하면 국제사회에서 한국민의 권리를 지켜낼 수 없습니다. 그 때문에 주권을 고수하려고 하지 않고 외세의 이익을 추종하거나 매국노 행위를 벌이는 자는 단호히 응징해야 합니다. 한마디로 애국의 기치야말로 국제사회에서 한국민의 권리를 지켜내는 일치된 지점이라는 것입니다. 그래서 애국법과 조국통일법을 제정하여 애국적 행위는 적극 발양하도록 하고, 매국적 행위는 철저히 단죄하도록 해야 합니다.

또한 자기 생각과 처지가 다르다는 이유로 다른 사람이나 집단, 민족을 억압하고 차별하는 행위는 철저히 거부하고 그런 법안들은 폐기해야 합니다. 개인과 집단, 나라와 민족 단위의 모든 부분에서 주인의 권리를 누리고 행사하려고 하는데, 자기 생각과 처지가 다르다는 이유로 다른 사람과 집단, 민족을 억압하고 차별하려고 해서야 어떻게 민이 그 모든 부분에서 주인의 권리를 누리고 살 수 있겠습니까?

자신의 권리가 소중하면 다른 사람과 집단, 나라와 민족도 소중합니다. 게다가 차별과 패권이 행해지게 되면 결코 누구나 다 주인의 권리를 누릴 수 없게 됩니다. 이것은 차별과 패권 자체를 일차적으로 반대하고 폐지해야만 누구나 다 주인의 권리를 누릴 수 있게 된다는 당연한 이치에서 비롯되는 일치된 지점입니다. 그 때문에 개인과 집단, 나라와 민족 단위의 모든 부분에서 주인의 권리를 누리고 행사하자면 자신의 권리를 주장해도 좋으나 자기 생각과 처지가 다르다는 이유로 다른 사람과 집단, 민족적 권리를 억압하고 차별하는 행위에 대해서는 단호히 반대해야 할 뿐만이 아니라 그런 법안들을 당연히 폐기해야 합니다. 한마디로 한국 사회에서 자기 생각과 다르다는 이유로 다른 사람의 사상을 탄압하는 국가보안법이나 근로하는 처지가 다르다는 이유로 비정규직 노동자가 중대산업재해에서 차별을 당하는 것처럼 이렇게 보편적 권리를 인정하지 않고 차별을 가하는 제반 법들은 폐지되어야 한다는 것입니다.

또한 빈부격차를 해소해 가야 합니다. 빈부격차가 심화되어 대다수 사람이 경제적으로 빈궁한 처지에 빠지게 되면 주인의 권리를 제대로 행사할 수 없게 됩니다. 그 때문에 주인의 권리를 제대로 행사할 수 있게 하자면 빈부격차를 해소해 가는 것이 일치된 지점으로 됩니다. 그런데 빈부격차의 해소는 부분적이고 일면적으로 진행해서는 해결될 수 없으니 총체적인 전망을 세워 일관된 정책으로 꾸준히 추진해 가야 합니다.

또한 민이 주인의 권리를 누리고 행사하자면 민의 이해와 요구가 직접적이고 전면적으로 반영될 수 있는 제도와 질서 체계를 수립해야 합니다. 민의 이해와 요구가 직접적이고 전면적으로 반영될 수 있는 길이 없다면 민이 나라의 주인이라는 것은 빈말에 지나지 않게 않게 됩니다. 그런 점에서 민이 주인의 권리를 직접적이고 전면적으로 반영할 수 있는 제도와 질서 체계를 세워내는 과제 또한 일치된 지점으로 됩니다. 그런데 이의 가장 확실한 방법은 각종 대중단체의 이해와 요구를 국가 정책에 반영할 수 있는 제도와 질서 체계를 세워내는 것입니다.

이상의 네 가지 요구, 즉 주권을 고수하고 올바로 행사하면서 애국적 행위는 고무하지만 매국적 행위는 응징하는 것, 자기 생각과 처지가 다르다는 이유로 상대방의 권리를 억압하고 차별하는 행위를 철저히 거부하고 그런 법안들을 폐기하는 것, 빈부격차의 해소를 총체적이고 일관된 정책으로 추진하는 것, 각종 대중단체의 이해와 요구를 국가 정책에 반영할 수 있는 제도와 질서 체계를 세워내는 것은 현시기에서 한국 사회를 개혁해 가느냐, 개혁해 가지 않느냐를 가름하는 일치된 지점으로 된다는 것입니다.

그렇다면 이 일치된 지점을 내용으로 하여 협력해야 합니다. 만약 이를 수용하지 않는다면 민의 이해와 요구를 거부하겠다는 것이니만큼 협치가 아니라 응징의 대상이 되어야 한다는 것입니다.

이런 점에서 윤석열 정권이 진정 협치할 생각이 있다면 말로만 협치를 운운할 것이 아니라 지금까지의 잘못된 행위를 반성한다는 차원에서 거부권을 행사했던 특별법안을 수용해야 할 것이고, 아울러 이 일치된 지점들을 해결하는 방향으로 정책을 근본적으로 전환시켜 가야 할 것입니다. 그렇지 않는다면 협치 운운으로 민을 기만하고자 하는 데에 그 저의가 있다고 볼 수밖에 없으니만큼 그에 따른 응당한 응징이 이루어질 것이라는 걸 명심해야 할 것입니다.

아울러 한국 사회를 참답게 개혁하려는 세력들은 우선적으로 협력해야 할 일치된 지점들이 마련되었으니만큼 이를 중심으로 굳건히 단합해 가면서도 동시에 그 일치된 지점들을 가로막고 방해하는 세력들을 응징해 가야 합니다.

## 3) 개혁을 실현하는 데서 일치와 입체, 통일성을 보장하기 위하여*

현시기의 개혁은 민이 주체로 등장한 시대적 요청에 따라 개인과 집단, 나라와 민족 단위의 모든 부분에서 주인의 권리를 누리고 사는 것으로 되어야 합니다. 그러자면 개혁은 일치와 입체, 통일의 사상과 방법론에 따라 진행되어야 합니다. 민이 개성을 가진 존재로서 집단을 구성하여 나라와 민족 단위로 살아가고 있기 때문입니다.

아시다시피 민은 우선 개성을 가진 존재로 살아갑니다. 누구도 여기에서 예외일 수는 없습니다. 그 때문에 개성을 가진 존재로서 대접받으려면 인간으로서의 보편적인 권리를 누리고 살아가야 합니다. 바로 이 지점이 개성을 가진 존재로서의 일치성입니다.

아울러 민은 집단을 구성하여 살아갑니다. 왜냐하면 인간의 힘은 집단적 지혜와 힘에 의거해야만 발휘될 수 있기 때문입니다. 어떤 뛰어난 천재에 의해 창조와 개발이 이뤄진 것도 그 내막을 살펴보면 그때까지 축적되거나 형성되어 왔던 집단적 지혜와 힘이 그 밑천으로 작용했습니다. 한 개인이 아니라 집단의 힘이야말로 인류의 역사가 발전되어 온 과정이라는 것입니다. 그래서 인류 역사의 과정에서 인간은 집단을 구성하고 살아간다고 말하는 것입니다.

이 집단의 구성은 기본적으로 계급, 계층으로 이뤄지지만, 거기에

---

* 우리겨레연구소 카페, 개혁을 실현하는 데서 일치와 입체, 통일성을 보장하기 위하여 (2022. 08. 01)

만 그치지 않고 정치적 결사체는 물론이고 여러 다양한 형태와 단위가 속하게 됩니다. 그런데 여기에서 어떤 집단은 자신의 요구를 제맘대로 행사할 수 있지만, 그 외 다른 집단은 제약을 받게 된다면 어떻게 되겠습니까? 바로 여기서 누구나 다 집단의 권리를 누리고 살아야 한다는 일치성이 요구되는 것입니다.

또한 민은 나라와 민족 단위로 살아갑니다. 나라와 민족 단위로 살아가게 되는 것은 인류의 역사가 나라와 민족 단위로 정권이 형성되고 주권이 행사되고 있기 때문입니다. 그 때문에 나라와 민족 단위에서 철저히 주권이 보장되어야 하는 것은 일치성의 요구입니다.

그러니까 개성을 가진 존재로서 인간의 보편적인 권리 보장을 비롯해 집단을 구성하고 살아간다는 측면에서의 권리 보장, 그리고 나라와 민족 단위에서의 주권 보장은 각기 일치되는 측면이라는 것입니다.

반면에 사람마다 개성이 다 다르고, 집단의 특성 또한 차이가 있으며, 나라와 민족의 특성 또한 일정한 차이가 있을 수 있습니다. 바로 여기에서 그 차이에 대한 존중이 필요하기에 입체성이 요구되는 것입니다. 그러니까 입체성은 일치성을 전제로 하는 조건에서 개인과 집단, 나라와 민족 단위에서 각기 참다운 특성을 찾아가도록 하는 것입니다. 그래서 일치성을 부정하는 조건에서는 입체성이 실현될 수 없습니다. 당연한 게 일치성이 부정된다는 것은 그 존재성을 인정받지 못한다는 것인데, 그런 상황에서 어떻게 각 존재의 특성이 발휘될 수 있는 입체성이 나올 수 있겠습니까?

바로 여기서 일치성을 부정하지 않으면서 입체성을 인정하고 풀어가자면 각기 모든 부분에서 참답게 주인의 권리를 누릴 수 있는 전망성을 보장해야 합니다. 바로 이것이 통일성의 추구입니다. 따라서 일치와 입체, 통일은 하나로 연결되어 있는 것이지 일치와 입체, 통일이 각기 따로따로 전개되는 방식으로 이해되어서는 안 됩니다.

그런데 이런 일치와 입체, 통일성을 능숙하게 전개하여 풀어가는 데에 있어서 일정한 혼란이 존재하고 있습니다. 그로 인해 일치와 입체, 통일의 사상과 방법론으로 개혁을 힘 있게 밀고 가지 못하는 안타까운 상황이 벌어지고 있습니다.

그런 관계로 개인 따로, 집단 따로, 나라와 민족 따로 있는 듯 여기는 경향이 완전히 사라지지 않고 있습니다. 그러다 보니 민족적 입장을 강조하는 입장과 개인 및 집단의 권리를 주장하는 입장 등 개혁세력이 하나가 아니라 서로 각기 따로따로 존재하는 듯이 여겨지는 현상이 쉽사리 극복되지 않고 있습니다.

이런 현상이 쉽사리 극복되지 않게 만드는 대표적인 입장 중의 하나가 인간 사회를 개인과 전체의 관계로 놓고 살펴보는 방식입니다. 민이 개성을 가진 존재로서 집단을 구성하여 나라와 민족 단위로 살아가고 있기에 이를 놓고 인간 사회를 살펴보아야 하건만, 이를 내던져버리고 개인과 전체의 관계로 설정해 살펴본다는 것입니다.

그런데 개인과 전체의 관계로 놓고 살펴보면 여기에서 나올 수 있는 대답은 두 가지 입장밖에 없습니다. 개인주의 아니면 전체주의 입장이 그것입니다. 사회를 개인과 전체의 관계로 보는 이상 개인의 권리를 보장받는 것이 중요하다고 본다면 전체의 입장보다는 개인의 입장이 우선해야 하겠고, 전체의 이익이 우선한다고 보는 입장에서는 개인의 권리가 유보되어야 한다고 볼 수밖에 없기 때문입니다.

물론 개인과 전체의 관계로 보면서도 개인과 전체의 이해관계가 일치되었다는 식으로 본다면 해결되는 방식으로 보일 수도 있을 것입니다. 그러나 말로야 일치라고 하지만 개인과 전체의 관계로 보는 이상 실상은 전체의 이익을 개인에게 강요하면서 일치라고 주장하는 것에 불과하다고 보는 것이 더 정확할 것입니다. 한마디로 개인과 전체 중 그 어디에 강조점을 두느냐는 피할 수 없게 되느니만큼 결국엔 두

가지 방식 중 하나의 입장으로 귀결될 수밖에 없다는 것입니다.

일치성은 강요나 강박이 아닙니다. 민이 주인의 권리를 누리고 살아가야 한다는 입장에서 나온 이해관계의 동일성입니다. 그래서 지키면 좋고 안 지켜도 상관없는 것이 아니라 무조건 우선적으로 견지되어야 할 원칙입니다.

그러면 왜 개인과 전체의 관계로 보는 게 잘못되었겠습니까? 그것은 우선 대등하지 않은 범주를 서로 비교하고 있다는 데에 있습니다. 개인과 전체는 범주가 각기 다르기에 애초 서로 대등하게 비교할 수 없습니다.

이치로 따져봐도 개인은 전체 속에 포함되어 있습니다. 그래서 대등한 비교를 하자면 개인은 개인 간에 비교하고, 전체는 그 범주와 대등한 특성에 비교해 보면서 그 구성원들의 권리를 보장하기 위해 어떤 내용과 특성들이 갖춰져야 하는지 따져보아야 할 것입니다. 그런데 그렇게 하지 않고 대등한 관계인 양 바라보고 그 관계에서 중요도를 따졌다는 것입니다. 그러니 개인주의 아니면 전체주의에 귀결되는 것입니다.

개인과 전체의 관계로 보는 문제점은 또한 민이 집단을 구성하여 살아가고 있는 측면을 간과하게 만든다는 것입니다.

집단의 위력한 힘이야말로 인류 역사를 발전시켜 왔던 원동력이었으니만큼 각 집단의 권리를 어떻게 보장하느냐는 매우 중대한 문제라고 할 수 있습니다.

그런데 개인과 전체로 관계를 설정하면 이 측면이 어물쩍 간과되어 넘어가게 됩니다. 하지만 사회가 얼마나 차별적이고 억압적인가는 집단의 권리가 어떻게 취급되고 있는가에 본질적으로 달려 있습니다. 그 때문에 집단의 권리가 보장되지 못하면 아무리 개인의 자질이 뛰어나더라도 그 집단의 굴레와 제약을 벗어나기는 결코 쉽지 않습니다. 그래서 민이 참답게 주인의 권리를 누리고 살자면 집단적 측면을 간과해서는 안 되는데, 개인과 전체의 관계로 놓고 보면 그에 대해 그 어떤 해답을 들을 수 없게 됩니다.

이렇듯 잘못된 개인과 전체의 관계로 보지 않고 집단의 범주까지 집어넣어 각각의 대등한 범주에 따라 비교하면서 나라와 민족적 단위에서는 무엇이 견지되어야 하는지를 살펴본다면 어떻게 파악되겠습니까? 앞서 살펴보았던 것처럼 우선 각기 개인과 집단의 대등한 비교로부터 추론되어 나온 권리 일치성이 나라와 민족 단위에서 철저히 보장되어야 한다는 것으로 귀결될 것이고, 이를 담보하자면 다른 나라와 민족 간의 관계에서 주권이 확보되어야 한다는 것이 명확하게 밝혀지게 될 것입니다.

그러니까 인간의 보편적 권리와 집단의 권리 보장, 그리고 나라와 민족의 주권 보장은 일치의 측면으로 나타나게 된다는 것입니다. 당연히 민이 살아가는 모든 부분에서의 주인의 권리를 실현하자면 일치성뿐만이 아니라 입체와 통일의 방법까지 견지해 가야 할 것입니다.

민이 개성을 가진 존재로서 집단을 구성하여 나라와 민족 단위로 살아가고 있기에 이 모든 측면을 살펴서 보는 게 당연할 것이건만, 아직도 개인과 전체의 관계로 봄으로써 일치와 입체, 통일의 방법론을 적용하는 데서 큰 혼란이 발생하고 있습니다.

그중의 하나가 나라와 민족적 측면을 강조하거나 애국의 기치를 내걸면 국수주의 내지는 패권주의로 치달을 것이라고 여기는 경향입니다. 한마디로 나라와 민족을 전체라고 전제하고 개인과 전체의 관계로 바라보니 개인주의를 주장하지 못하게 되면 전체주의로 귀결될 것이니 결국 민족의 강조와 애국의 기치는 국수주의나 패권주의로 치닫게 될 것이라고 보는 것입니다.

허나 전체주의의 표상이라고 할 수 있는 나치의 파시즘이나 일본의 군국주의가 펼쳐지게 된 그 뿌리가 어디에 있었습니까? 바로 개인과 집단적 측면에서의 권리를 보장하지 않고 철저히 차별하고 억압을 가했던 데에 있었던 것이며, 그런 차별과 억압의 연장선상에서 다른 나라와 민족을 침략하는 길로까지 들어섰던 것입니다. 바로 개인과 전체의 관계로 설정하여 바라봄으로써 개성을 가진 측면과 집단의 권리 측면을 철저히 간과하게 했던 데에 그 원인이 있었다는 것입니다.

이치적으로 따져보더라도 개인과 집단의 부분에서 권리가 보장되어야 한다고 보는 조건이라면 어떻게 다른 나라와 민족을 침략해서 주권을 억압해야 한다는 주장이 성립될 수 있겠습니까? 도리어 세계의 모든 나라와 민족은 주권에 어떤 제약을 받지 않고 정당하게 권리를 행사하면서 자국의 특성을 발전시켜 나가는 게 당연하다는 결론이 나올 것입니다. 바로 이것이 애국의 기치입니다. 다른 나라와 민족을 지배해야 한다는 주장이 성립되려면 개인과 집단에서의 차별과 억압이 이뤄져야 한다는 입장에 근거해야만 합니다. 그래서 파시즘의 경우엔 개인과 집단의 부분에서 하나같이 차별적이고 억압적인 사회였던 것입니다.

이렇듯 파시즘과 패권주의는 철저히 개인과 집단의 권리를 부정했던 것에서 기인합니다. 바로 이 점이 본질적인 문제였다는 것을 통찰하지 못하고 개인과 전체로 바라보면서 나라와 민족을 강조하거나 애국의 기치를 주장하게 되면 국수주의나 패권주의로 전락하게 된다는 식으로 여기게 되다 보니 일치와 입체, 통일의 방식으로 개혁을 풀어가는 데에 엄중한 혼란 상황이 벌어지고 있는 것입니다.

우선 먼저 따져보아야 할 것은 개혁세력과 애국세력이 각기 따로 있는 것처럼 여겨지게 되는 점입니다. 개혁을 성공시키자면 더욱 단합하여 풀어가야 하는데 이렇게 각기 세력이 따로 있는 것처럼 여겨 분열한다면 어떻게 성공시킬 수 있겠습니까?

그뿐만이 아닙니다. 나라와 민족 단위로 주권이 행사되는 조건에서 애국의 기치에 의거하지 않는다면 그 무슨 힘으로 주권을 되찾을 수 있겠으며, 주권도 행사하지 못한 조건에서 어떻게 민이 개인과 집단의 부분에서 권리를 누리고 살 수 있겠습니까?

한마디로 개혁의 실현을 보장하고 강력하게 밀고 나갈 수 있는 그 힘은 주권을 철저히 고수하는 것에 의해서 마련되는데, 민족적 권리와 애국을 강조하면 그 무슨 국수주의나 패권주의로 나아가기 위해서라고 주장하는 것을 방치한다면 어떻게 되겠습니까? 이것은 사실상 개혁을 실현할 수 있는 강력한 무기를 손에 쥐지 못하게 만드는 것과 다름없을 터 그런 조건에서 어떻게 개혁을 이룩할 수 있겠습니까?

거듭 말하지만 민이 주인의 권리를 누리고 살자면 개인과 집단, 나라와 민족 단위의 모든 부분에서 주인의 권리를 누리고 살아야 합니다.

자신이 소중하면 남도 소중하고, 자기 집단의 권리가 소중하면 다른 집단의 권리도 소중하고, 자기 나라와 민족이 소중하면 다른 나라와 민족도 소중한 것입니다. 참다운 애국의 기치는 국수주의와 패권주의와는 하등 관계가 없습니다. 개인과 집단, 나라와 민족 단위의 모든 부분에서 주인의 권리를 실현하는 데서의 일치된 요구라는 것입니다.

또한 일치와 입체, 통일의 방법론을 적용하는데 혼란을 주는 것 중의 하나가 자유와 평등을 실현하는 과제와 주인의 권리를 누리는 과제와의 관계 문제를 명확히 갈라보지 못하는 점입니다.

자유와 평등을 실현하는 과제와 주인의 권리를 누리는 과제는 우선 각기 제기하는 시대적 위치가 다릅니다. 자유와 평등은 신분제 사회의 문제를 극복하기 위해 제기된 것입니다. 즉 사람 간에 양반과 상놈, 귀족과 평민으로 나뉘어 차별하는 신분제 사회의 본질적 문제를 해결하기 위해 인간은 누구나 다 자유를 누리고 평등하게 살아야 한다는 것입니다. 인간관계를 놓고 볼 때 누구나 다 평등하게 자유를 누리고 살아야 한다는 것 이상의 해답이 나올 수 없습니다. 그래서 인간은 누구나 다 자유를 누리고 평등하게 살 수 있는 존재가 되었습니다.

하지만 말로야 인간은 누구나 다 자유롭고 평등하다고 하는데, 실질적인 자유와 평등을 누리며 살고 있습니까? 그렇지 못하다는 것은 지금의 시대가 더욱 빈부격차가 심화되고 있다는 것에서 드러납니다. 인간관계에서는 자유롭고 평등하다고 하지만, 인간이 실질적으로 사회생활을 하며 살아가고 있는 부분, 즉 재부를 비롯해 여러 인간 외적 부분에서의 차별이 존재함으로 인해 구속을 받고 있다는 것입니다. 바로 이런 문제를 해결하기 위해 인간이 주인으로서의 권리를 누리고 살아야 한다는 시대적 과제가 제기되었던 것입니다.

그래서 인간이 주인의 권리를 누리고 살아야 한다는 방식으로 접근하면 당연히 자유와 평등을 실질적으로 해결할 수 있게 됩니다. 반면에 자유와 평등의 과제를 해결하는 방식으로 접근하면 주인의 권리를 실현할 수 없는 것은 물론이고 실질적인 자유와 평등조차도 누리고 살 수 없게 되는 것입니다.

바로 이런 관계에 서 있기에 사회를 개혁하는 데 있어서 자유와 평등의 과제로 접근하는 입장은 그저 언사로 그치고 마는 경우가 태반입니다. 반면에 주인의 권리를 누리고 살아야 한다는 입장으로 접근하게 되면 이를 실질적으로 해결하기 위한 해답을 찾게 됩니다. 바로 여기서 민이 개성을 가진 존재로서 집단을 구성하여 나라와 민족 단위로 살아가고 있기에 이 모든 부분에서 주인의 권리를 누리고 살아야 한다는 대답이 나오게 된 것입니다.

그래서 개성을 가진 존재라는 측면에서 일치성을 찾을 때 인간으로서의 보편적인 권리가 보장받도록 해야 하는데, 그러자면 그 핵심이 우선적으로 노동을 하는 경우엔 누구나 다 인간적인 생활을 기본적으로 누릴 수 있도록 최저임금을 질적으로 대폭 상향시키면서 각종 사회복지 혜택 수준을 높여 나가는 것이라고 말하는 것입니다.

아울러 집단을 구성하고 살아간다는 측면에서는 누구나 다 집단적 권리를 보장받도록 해야 하는데, 그러자면 노동조합을 비롯해 각종 대중단체에 대한 국가적인 지원 체계를 수립하는 것이 그 일치성의 핵심을 차지한다고 주장하는 것입니다.

또 나라와 민족적 단위로 살아간다는 측면에서는 정부 구성과 주권 행사와 관련되어 있기에 개인과 집단의 권리를 철저히 보장하도록 담보하게 하면서 동시에 애국의 기치를 분명하게 내걸어 주권을 철저히 고수해 가는 것이 일치성의 요구라고 말하는 것입니다.

그 때문에 개혁의 노선은 애국의 노선이자 애민의 기치라고 단호하게 말하는 것이고, 일치시켜 입체적으로 적용하여 통일적으로 풀어가야 한다고 주장하는 것입니다. 그런데도 개혁 따로, 애국 따로, 애민 따로 있는 것처럼 이해한다면 결코 개혁을 성공시킬 수 없습니다.

그런 점에서 일치와 입체, 통일의 사상과 방법론으로 풀어가자면 이에 대해 혼란을 조성하는 입장부터 극복해 가야 합니다. 우선적으로 사회를 개인과 전체의 관계로 살펴보면서 마치 애국의 기치가 국수주의나 패권주의로 흐르게 되는 것처럼 주장하는 입장은 물론이고, 아직도 한국 사회의 문제를 자유와 평등의 차원으로 접근하여 해결할 수 있는 것처럼 바라보는 입장의 문제점을 철저히 극복해 가야 합니다. 그래야만 일치와 입체, 통일의 사상과 방법론으로 개혁의 과제를 능숙하게 풀어갈 수 있고, 그럼으로써 개혁세력과 애국세력, 애민세력이 각기 따로따로 놀지 않고 하나로 단합해 가면서 끝내 개혁을 성공시킬 수 있게 될 것입니다.

# 3. 새로운 민주적 제도와 질서 체계의 수립

## 1) 선거 투표만이 민주주의의 꽃일까?*

국회의원 선거 운동이 진행되고 투표일이 다가오면서 평상시 한국 사회에서 나타나지 못했던 진일보한 모습이 펼쳐지고 있습니다. 각종 공약이 발표되고 (국)민의 눈높이가 강조되고 있는 모습이 그것입니다. 윤석열 정권이 그토록 완강하게 버티더니만 황상무 전 대통령실 시민사회수석과 이종섭 전 호주 대사의 거취 문제를 정리하고, 여야에서 국회의원으로 출마했던 당사자들의 흠집이 나타나자 즉각 다른 후보로 교체시키는 것도 지금이 바로 총선 시기이기에 나타나는 모습들입니다.

이런 현상들을 보고 흔히 선거는 민주주의의 꽃이라고 말합니다. 그런데 이런 현상들이 왜 평상시에는 보이지 않고 선거 시기에만 나타나는 것일까요? 바로 여기에 참다운 민주주의가 실현되지 못하고 있는 내막이 담겨 있습니다.

* 우리겨레연구소 카페, 선거 투표만이 민주주의의 꽃일까?(2024. 04. 01) 참조 자료: 우리겨레연구소 카페, 선거제도도 민이 주인의 권리를 실현하기 위한 차원으로 개혁되어야 한다(2023. 12. 04)

민주주의는 민이 주인의 권리를 누리고 행사하는 것입니다. 그렇다면 선거 때만이 아니라 언제 누구이든 간에 민이 주인의 권리를 직접 행사할 수 있게 제도와 질서 체계가 세워져야 합니다. 그런데 그런 제도와 질서 체계가 마련되어 있지 않으니 투표 시기를 제외하고는 민이 주인의 권리를 제대로 행사할 수 없는 허점이 발생하게 됩니다.

이 허점은 단순한 게 아닙니다. 사실상 민주주의를 형해화할 뿐만이 아니라 사회적 혼란과 낭비를 초래하는 기본 바탕이 되고 있습니다.

선거 때만 되면 일단 당선되고 보자면서 각종 공약을 남발해 놓고 지키지 않습니다. 실상 지금껏 남발해 놓은 공약만 제대로 이행했어도 오늘날처럼 한국 사회가 심각한 위기 상황으로 내몰리지는 않았을 것입니다. 그런데 하는 시늉만 보이다가 그냥 넘어갑니다. 게다가 당선되고 나서 민의 이해와 요구에 저촉되는 행동을 해도 사실상 그 책임을 물을 길이 거의 없습니다.

이것은 윤석열 정권이 등장하면서 적나라하게 드러났습니다. 한국 사회의 여러 제반의 문제를 해결하기 위해 야당은 여러 특별 법안들을 발의했습니다. 하지만 윤석열 대통령은 번번이 거부권을 행사했습니다. 그러니 길이 막히게 됩니다. 그래서 나오는 것이 탄핵 요구입니다. 3년을 더 기다릴 수 없다는 것입니다. 그러자면 200석 이상을 얻어야 합니다.

그런데 문제는 설사 200석 이상을 얻어 탄핵했다고 할지라도 그 권력의 자리를 대신 차지해 놓고서 한국 사회를 참답게 개혁하는 길로 가지 않는다면 어떻게 되느냐는 것입니다. 이것은 단순한 기우가 아닙니다. 지난날 박근혜 대통령을 탄핵했지만 참답게 개혁이 이루어지지 못함으로써 세상이 별반 달라지지 않았던 경험이 있기 때문입니다. 한마디로 대통령이 잘못해도 국회 정원의 3분의 2가 되지 못하면 어떻게 하지 못하는 것처럼, 또 국회의원들이 잘못해도 그에 대해 어떻게 책임을 물을 수 있는 길이 없다면 또다시 3년, 4년, 5년을 기다려야만 한다는 것입니다. 이게 얼마나 사회적 혼란이고 시간 낭비입니까?

이런 사회적 혼란과 낭비를 줄이는 방법은 언제 누구이든지 간에 민이 주인의 권리를 직접 누리고 행사할 수 있도록 해야 합니다.

실상 민주주의를 바란다면 대신해 주겠다고 하는 사고방식을 버려야 합니다. 대신해 주겠다는 모습이야말로 민이 주인이 아니라 자신이 주인이기에 시혜를 베풀어주겠다는 낡은 사고방식에 다름 아닙니다. 정말 민주주의를 원한다면 대신해 주려고 하지 말고 민이 주인의 권리를 직접 행사할 수 있도록 그 여건을 만들어주면 됩니다. 이것이 참다운 민주주의의 실현이고 지금 시기의 시대사적 요청입니다.

한마디로 민이 언제 누구이든지 간에 권력자를 소환해서 탄핵할 수 있도록 (국)민 소환제는 물론이고 새로운 법안을 발의하고 투표할 수 있는 (국)민 발안제와 (국)민 투표제를 도입하라는 것이고, 아울러 각종 대중단체의 이해와 요구를 국가 정책에 반영할 수 있는 제도와 질서 체계를 마련하라는 것입니다. 그러면 몇 년 기다릴 필요도 없이 곧바로 해결할 수 있게 될 것입니다.

이렇게 그 답안이 명확한데도 이를 외면한다면 어떻게 보아야 하겠습니까? 그 때문에 이번 총선에서 기필코 개혁세력이 압도적 다수를 차지하여 탄핵을 성공시켜 내면서도 그 힘을 기초로 해서 이제야말로 민이 언제 어디서든지 주인의 권리를 직접 행사할 수 있는 제도적 방안들을 적극 들고 나서라는 것입니다. 그리하면 빈말로 그치지 않고 진짜로 한국 사회를 개혁하고자 하는 진정성을 확인할 수 있을 것이고, 그에 따라 실질적으로 개혁할 수 있는 길이 열리게 될 것입니다.

## 2) 개혁의 시대적 요구를 반영하자면 정권교체와 적폐청산, 국민통합이라는 구도에서 벗어나야 한다*

대선의 선거운동이 본격적으로 개시되면서 각 대선 후보들은 서로 승리하기 위해 안간힘을 쓰고 있습니다. 그런 가운데 지역과 세대, 계층 등에 대해 맞춤형 공약이 계속 제시되고 있고, 또 앞으로 한국 사회를 어떤 방향으로 이끌고 갈 것인지에 대해 정권교체와 적폐청산, 국민통합이라는 구호가 등장하고 있기도 합니다.

하지만 그 어떤 공약과 구호를 제시해도 커다란 감흥을 주지 못하고 있습니다. 각 대선후보들이 제시하는 공약이나 주장이 한국 사회를 획기적으로 개혁시켜 살 만한 세상으로 바꿔줄 것으로 기대되지 않기 때문입니다.

그러면 왜 이렇게 되었을까요? 그것은 바로 어떤 정책이나 공약을 제시해도 그것을 실행하도록 할 담보가 확실하게 보장되어 있지 못하기 때문입니다.

실상 문재인 정권만 놓고 보더라도 자신들이 자칭 촛불정부라고 말하고 있는데, 그렇다면 왜 지금에 이르러서 정권교체의 여론이 더 높은 이유가 어디에 있겠습니까? 한마디로 자신들이 대선후보로 나올 때 제시했던 공약을 제대로 이행하지 않았기 때문입니다.

아무리 남 탓으로 핑계를 대더라도 대통령과 국회의 다수당을 확보해 주었는데도 못했다는 것은 무능하거나 그렇지 않으면 이행하려

---

\* 우리겨레연구소 카페, 개혁이라는 시대적 요구를 반영하자면 정권교체와 적폐청산, 국민통합이라는 구도에서 벗어나야 한다(2022. 02. 21), 참조 자료: 우리겨레연구소 카페, (국)민 소통과 (국)민통합을 이루자면 무엇보다 각종 대중단체에 대한 국가적인 지원 체계를 수립해야 한다(2022. 03. 28), 우리겨레연구소 카페, 박근혜에 대한 사면 복권이 통합과 화합, 새시대의 개막을 위해서라니?(2021. 12. 27)

는 의지가 없었다고 보는 것이 합당할 것입니다.

이런 점은 비단 문재인 정권에만 해당되는 것이 아닙니다. 이전 정권인 이명박과 박근혜 정부는 물론이고 한국 사회에서 군사독재세력이 더 이상 맥을 못 추고 배신세력이 권력의 실세를 장악하게 된 김영삼 정권 이래로부터 김대중 정권과 노무현 정권 모두에게 해당된다고 봐도 거의 과언이 아닙니다. 공약을 안 지켜도 그만이었다는 것입니다.

바로 여기서 대선후보로 나섰을 때 약속한 바를 명확히 지키게 할 수 있는 확고한 담보가 필요하게 됩니다. 그 담보가 없었기에 하는 척 시늉만 내고는 적극적으로 실행하려고 하지 않았던 것입니다.

그런데 그 담보는 사회와 역사의 주체인 민이 주인의 권리를 직접적이고 전면적으로 누리고 살아가야 한다는 시대적 흐름을 반영했을 때 명확해지게 됩니다.

정권교체와 적폐청산, 국민통합이라는 구호를 놓고 볼 때 이 주장들이 감흥을 주지 못하는 이유는 거기에 민이 주인의 권리를 누리고 살아야 한다는 시대적 흐름을 반영하여 개혁하겠다는 본질적인 내용을 담아내지 못하고 있기 때문입니다.

사실 정권교체와 적폐청산, 국민통합이라는 주장 자체가 틀린 게 아닙니다. 사회 발전과 전진을 가로막는 정권이라면 교체해야 하고, 적폐세력도 청산해야 합니다. 당연히 국론을 분열시켜서는 안 되니 통합도 이뤄가야 합니다. 하지만 정작 중요한 것은 무엇을 위한 정권교체이고 적폐세력의 청산이며, 국민통합이냐는 것입니다.

원래 정권교체와 적폐청산의 구호는 사회를 개혁하려는 정치세력이 주되게 들고나오고, 국민통합은 소수의 상층 기득권 세력이 국론을 분열시키고 갈등을 부추겨서는 안 된다는 명분을 내세워 자신들의 지위를 계속 보전하기 위한 방편에서 들고나오는 구호입니다.

그런데 한국 대선 과정에서 진행되는 양상을 보면 이와 배치되는 현상이 발생하고 있습니다. 즉 형식적으로나마 개혁을 내걸었던 정치세력에서 국민통합을 내세우고 있고, 도리어 소수의 상층 기득권 세력의 이익을 주되게 옹호했던 정치세력이 정권교체와 적폐청산을 주장하고 있으니 말입니다.

그러면 이런 현상을 어떻게 보아야 하겠습니까? 여러 방식으로 해석할 수 있겠지만 일반적으로 보자면 한국 사회에서 제1당과 제2당의 정치세력이 본질적으로 큰 차이가 없다는 사실을 보여주는 격이라고 할 수 있습니다.

그러니까 문재인 정권이 적폐청산을 들고나왔으나 실질적으로 개혁을 실현하기 위해서가 아니라 자신들의 권력 안정을 위한 방편으로 이용했다고 보기에 그 반대 세력이 비판하며 나오고 있는 것이고, 또 집권 세력의 후보자가 국민통합을 주장하고 나오는 것은 이제 그 자신들 또한 기득권 세력으로 전락했다고 여기기에 그 자리를 보전하겠다는 식으로 나오는 격이라고 볼 수 있다는 것입니다.

이처럼 정권교체와 적폐청산, 국민통합이라는 주장이 서로 기득권 세력끼리 권력 다툼을 벌이면서 자신들의 권력 안정과 자리보전을 위한 방식으로 전락한다면 여기서 어떻게 개혁이 실현될 수 있겠으며, 세상이 참되게 바뀔 것이라는 희망을 발견할 수 있겠습니까?

지금의 대선 정국이 기득권 세력끼리 자리보전을 위한 권력 다툼으로 전락하게 된 근본적인 이유는 지금 정치인들의 세력 관계가 참답게 민의 이해와 요구를 대변할 수 있는 형태로 편제되지 못하고 있기 때문입니다.

단적으로 노동자와 농민, 중소상공인, 중소기업 등에 관계된 사람들이 우리나라에서 절대다수를 차지하고 있습니다. 하지만 현실 정치계에서 이들의 이해와 요구를 대변할 수 있는 정치인들은 극소수에 불과합니다. 이런 세력 관계를 근본적으로 바꿔가지 않고서는 아무리 정권교체와 적폐청산, 국민통합을 주장한다고 한들 개혁이 이뤄질 수 없을 것이며, 그로 인해 세상이 실질적으로 바뀔 것이라는 희망을 발견할 수 없을 것입니다.

실상 어렵고 힘든 처지에 놓여 있는 사람일수록 이들의 이해와 요구를 대변해 줄 수 있는 정치인들이 더욱 필요합니다. 노동자들만 놓고 보더라도 노동조합 활동과 노동자의 권리가 정말 절실하게 필요한 데는 5인 미만의 사업장이나 비정규직이라고 할 수 있습니다. 그런데 도리어 이곳의 노동자들이 노동조합 활동과 노동자의 권리를 더 제약당하고 있습니다. 이런 불평등과 불공정함을 해결하는 방향으로 나가지 않는 조건에서 개혁이라는 것은 허구에 불과합니다.

지금의 시대적 요구와 흐름은 사회와 역사의 주체인 민이 주인의 권리를 직접적이고 전면적으로 누리고 사는 것입니다. 그러자면 절대다수의 이해와 요구를 대변할 수 있는 방식을 찾아야 합니다.

바로 이 문제를 해결하자면 그 어떤 방식이 되든지 간에 그 본질적인 핵심은 각종 대중단체에 대한 국가적인 지원 체계를 수립하는 방향으로 나아가도록 만드는 것입니다. 이 방향으로 나아가지 않고서는 지금까지의 진행되어 온 정치 행태가 근본적으로 바뀌기 어렵다는 것입니다.

각종 대중단체에 대한 국가적인 지원 체계의 수립은 사회와 역사의 주체인 민이 주인의 권리를 누리고 살아야 한다는 시대적 요구에 전적으로 부합할 뿐만이 아니라 대선 후보들이 스스로 내걸었던 공약들을 제대로 이행하도록 확고히 담보하게 해 줄 것입니다.

그래서 개혁을 바라는 정치세력들은 여러 개혁안 중에서도 각종 대중단체에 대한 국가적인 지원 체계의 수립을 핵심적인 기치로 들고 나가야 합니다. 그리한다면 대선 정국의 분위기를 새롭게 쇄신시켜 실질적으로 개혁을 실현할 수 있는 방향으로 다시 나아가도록 만들 수 있을 것입니다.


### 3) 한국이 나아갈 길은 한국 민의 권리 실현이지 북이나 정적을 반대 하는 데에 있지 않다*

윤석열 정권이 정치를 풀어가는 총체적인 모습을 살펴보면 자기 맘에 들지 않는 상대방을 적으로 만들어 대결 정책을 펴 가는 형태라고 볼 수 있습니다.

이렇게 적대관계를 형성해 칼날을 휘두르니 언뜻 보기엔 자신의 신념이 확고하고 철학적 입장이 분명한 듯 보입니다. 그래서 일부에서는 이런 외면적인 모습을 보고 정치를 잘하는 양 지지하는 모습도 있습니다.

그런데 중요한 것은 윤석열 정권이 이런 정책을 계속 펴면서 그 지지율이 당선된 지지율을 회복하지 못하고 대부분 20~30%대에 머물고, 그 반대편이 과반을 항상 넘어간다는 사실입니다. 이것은 아무리 미화분식해도 그 존립 근거를 상대방에서 찾으려고 한다면 통하지 않는다는 것을 보여줍니다.

실상 존립 근거를 자신에게서 찾지 않고 상대방에서 찾는 것은 자신의 철학이 부재하기 때문입니다. 상대방과 싸우는 것 자체가 목적이 아닙니다. 그 반대로 목적을 위해 싸우는 것입니다. 함께했을 때 서로에게 이익이 되면 공동으로 행동하고, 자신의 이익이 침해당하면 더 이상 함께할 수 없어 싸우는 것입니다.

---

* 우리겨레연구소 카페, 한국이 나아갈 길은 한국 민의 권리를 실현하는 것이지 북이나 정적을 반대하는 데에 있지 않다(2023. 07. 17)

그런데도 무조건 상대방하고 싸워야 한다고 주장한다면 도대체 이런 사람을 어떻게 봐야 할까요? 이런 방식에서는 상대방이 사라지면 더 이상 그 자신 또한 존속할 수 없는 자들이라고 봐야 할 것입니다. 왜냐하면 자기 자신에게서 존립 근거를 찾지 않고 상대방에게 의존하고 있기 때문입니다.

그러면 상대방이 사라지면 자신의 존립 근거도 없어지는데, 왜 상대방과의 대립, 대결에서 찾는 이유가 뭘까요? 그게 바로 기생생물의 특징입니다.

기생생물은 기생해서 살아갈 수밖에 없기에 숙주의 피를 빨아먹는 방식을 취할 수밖에 없습니다. 숙주가 죽으면 자신의 운명도 끝나는데 말입니다.

기생생물이 그러하듯 사회 역사에서도 제 발로 자기 존립 근거를 세우지 못하는 착취와 억압 세력은 민을 수탈하는 데에서 자신의 생명을 부지하려 합니다. 그래서 이를 정당화하기 위해 끊임없이 적대 정책을 양산합니다.

미국이 2차 세계대전 이후 냉전체제를 형성하면서 적대 세력을 만들었고, 그 이후 동구권이 망하여 세계 유일 패권 국가로 등극하자 또다시 자신의 말을 들지 않는 제3세계의 약소국을 적으로 만들어 끊임없이 침략했으며, 이제 세계 유일의 패권적 지위가 흔들리자 신냉전체제를 형성해 또다시 중국과 러시아, 북 등을 적대 세력으로 만들어 가는 것이 그 모습입니다.

그런데 미국이야 세계 유일의 패권적 지위를 유지하기 위해서라고 하겠지만, 도대체 윤석열 정권은 무엇 때문에 상대방과의 대결 정책으로 자신의 존립 근거를 찾으려고 하는 것일까요? 바로 여기서 윤석열 정권의 참모습이 드러납니다. 한마디로 기생생물이 숙주를 빨아먹는 행위에 추종함으로써 그 자신의 살길을 찾고 있다는 것입니다.

그런데 윤석열 정권이 미국의 정책을 추종함으로써 한반도의 상황이 어떻게 전개되고 있습니까? 미국으로부터 하루빨리 군사적 주권을 찾아야 하는데 그러기는커녕, 도리어 중국과 러시아와의 대결에 돌격대 역할을 맡아 경제적 곤란은 물론이고 한반도의 긴장과 대결을 더욱 자초하고 있으며, 남북 간에는 그 어떤 대화는커녕 언제든지 전쟁으로 비화될 수 있는 상황으로 흘러가고 있습니다.

당연히 일본과의 관계도 지난날의 식민 지배의 사과를 받아내는 것은 물론이고 앞으로 한반도를 재침하지 않겠다는 것을 분명히 해야 하거늘, 도리어 사과조차도 제대로 받아내지 못하고 있고, 후쿠시마 방사능 오염수를 바다에 방류하는 행위는 인류에게 범죄를 저지르는 것인데도 그것을 앞장서서 변호해 주는 앞잡이 역할을 하고 있는 격입니다.

윤석열 정권이 이런 외교적 행보를 보이는 것은 북과의 대결 정책에서 그 존립 근거를 찾고 있기 때문입니다. 이런 이유 외에는 다른 합당한 이유를 찾을 길이 없다는 것입니다.

이런 연장선상에서 국내 정책도 여기에 다 의존해 전개하고 있습니다. 자신의 맘에 들지 않는 상대방이라면 여야를 가리지 않을 뿐만 아니라, 심지어 한국 민의 절대다수를 차지하고 있는 노동자, 농민의 대중단체와 시민단체에까지 대결 정책을 적용하고 있습니다.

허나 아무리 적대관계에서 자신의 존립 근거를 찾으며 그것을 진리라고 우긴다고 해서 통용될 수는 없습니다. 한국에서 나라의 주인은 민이기 때문입니다. 그래서 싸우는 것 자체가 목적이 아니라 한국 민의 이익을 위해서 정책을 추진해야 하는 것은 너무나 당연한 이치입니다.

미국과 일본과의 동맹 자체가 중요한 것이 아니라 한국 민의 이익을 위해서 주권을 고수하고 민의 생명과 재산을 지켜내는 것이 우선이라는 건 삼척동자도 다 알 수 있습니다. 그 때문에 민의 이익에 저촉되는 동맹은 파기해야 하고, 마찬가지로 한국 민의 권리 실현을 위해서 절대다수를 차지하고 있는 노동자와 농민을 탄압할 것이 아니라 그 이해와 요구를 반영하는 길로 나가야 합니다.

이렇게 사실이 분명한데도 윤석열 정권이 계속 상대방을 적대적 관계로 만들어 싸우는 것이 진리인 양 주장하며 계속 그런 정책을 펴 간다면 어떻게 해야 하겠습니까? 여기에는 다른 방법이 없습니다. 응징하는 수밖에 없습니다. 기생생물이 숙주의 피를 계속 빨아먹는다면 숙주 또한 죽을 수밖에 없듯이, 기생해서 자신의 생존을 추구하는 행위가 허용된다면 민의 삶은 고통에 신음하며 살 수밖에 없기 때문입니다.

실상 세계 인류가 서로 싸우지 않고 단합해 가는 것이 세계 평화는 물론이고 인류의 삶에 더 이로움을 가져다줄 것은 너무 당연합니다. 마찬가지로 남북이 서로 대립하여 싸우기보다는 함께할 수 있는 부분에서 단합해 간다면 더 좋으면 좋았지 나빠질 이유는 없을 것입니다. 또 한국 민의 절대다수를 차지하고 있는 노동자와 농민의 요구를 받아들이는 것이 사회의 개혁이자 전진일 텐데 그 무슨 해악이 된다는 것입니까? 도리어 이것을 막는 것이 인류의 죄악이고, 한국 민에 대한 반역이 아니고 무엇이겠습니까?

거듭 말하지만, 한국 민의 이익을 위해서 동맹이 필요하면 맺는 것이고, 그렇지 않은 동맹은 파기하는 것입니다. 남북관계 또한 서로 이익이 되는 방향에서 추진하면 되는 것이지 싸우는 것 자체가 목적이 될 수는 없습니다. 한국 내부 문제 또한 절대다수를 차지하고 있는 노동자와 농민의 요구를 받아들이면 됩니다.

한국 민은 자신의 권리를 찾기 위해서 제 발로 걸어가는 것이지 상대방과의 대결에서 그 존립 근거를 찾지 않습니다. 상대방과의 대립에서 그 존립 근거를 찾는 기생정책이야말로 한국 민의 존엄을 짓밟는 행위입니다. 한국 민이 그 자체로 존립하며 자신의 권리를 추구한다는 것을 부정하는 행위이기 때문입니다. 그뿐만 아니라 그런 기생정책은 한국 민의 삶을 헤아릴 수 없는 고통 속에 몰아넣으니만큼 분명코 응징해 가야 합니다.

한마디로 나라의 주인인 민이 제 발로 서서 주인의 권리를 실현하는 것을 철저히 부정하고 기생정책을 추진하는 윤석열 정권을 응징하지 않고서는 결코 나라의 활로가 열리지 않는다는 것입니다. 그 때문에 그런 기생정책을 추구하는 윤석열 정권을 우선적으로 응징함으로써 삶의 활로를 열어가면서 동시에 개인과 집단, 나라와 민족 단위의 모든 부분에서 주인의 권리를 행사하는 차원으로 개혁시켜 가야 합니다. 바로 여기에 한국 사회의 문제를 풀어갈 수 있는 길이 있다고 할수 있습니다.


## 4) 개혁하자면 낡은 제도를 없애고 새로운 제도를 수립해야 한다*

윤석열 정권은 개혁하라는 민의 거듭된 요구에 부응하지 못하고 있습니다. 아니 못 하는 게 아니라 안 하는 것처럼 보입니다. 정권의 지지율이 거의 20~30%에 불과한데도, 그렇게 된 요인이 자기 책임이 아니라 남 탓인 것처럼 하면서 민의 요구에 전혀 귀 기울이지 않는 모습처럼 보이니 말입니다.

---

* 우리겨레연구소 카페, 개혁하자면 낡은 제도를 없애고 새로운 제도를 수립해야 한다 (2022. 11. 21), 참조 자료: 우리겨레연구소 카페, 한국 사회를 실질적으로 개혁하려면 각종 대중단체에 대한 국가적인 지원책을 세워내고 그 이해와 요구를 국가 정책에 반영하는 제도와 질서 체계를 수립해야 한다!!!(2024. 02. 19), 우리겨레연구소 카페, 고위 공직자들이 임명될 때마다 (국)민의 눈높이와 다르다는 말이 계속 등장하는 까닭은 무엇 때문일까?(2022. 04. 25)

한 사회와 나라가 잘못되면 그렇게 된 가장 큰 책임이 정권 담당자와 집권당에 있다는 것은 상식입니다. 책임을 지지 않으려면 물러나면 됩니다. 그런데 물러나지도 않고 책임도 지지 않겠다고 한다면 어떻게 되겠습니까? 이거야말로 이율배반적인 모습으로써 기필코 응징되어야 할 대상이 됩니다.

이런 점에서 볼 때, 민이 윤석열 정권의 책임을 추궁하기 위해 항거에 나서는 것은 지극히 정당하다 할 것입니다.

허나 윤석열 정권에 대한 책임을 묻는 것만으로 멈춘다면 개혁을 성공시킬 수 없습니다. 정권 심판으로 될 것 같았으면 이미 정권교체가 여러 번 되었으니 한국 사회는 마땅히 개혁되었어야 했을 것입니다. 하지만 정권교체와 정권 심판이 이뤄졌음에도 그 본질적인 측면이 전혀 변화되지 않고 있습니다.

이렇게 된 것은 민의 권리 행사를 가로막는 기존의 낡은 제도를 없애면서 새 시대에 걸맞게 새로운 법과 제도를 명확히 세워내지 못했기 때문입니다.

창조는 파괴의 과정을 수반합니다. 물론 창조는 파괴와는 다릅니다. 하지만 파괴 과정이 없이는 새로운 것을 창조할 수 없습니다. 파괴하지 않는다면 그전의 방식이 계속 통용된다는 것인데, 거기에서 어떻게 새로운 창조적인 방안이 나올 수 있겠습니까?

지금껏 정권 심판과 정권교체가 이뤄졌음에도 한국 사회가 개혁되지 않고 바뀌지 않았던 것은 낡은 법과 제도가 계속 존속되었기 때문입니다.

낡은 법과 제도가 존속한 조건에서 경쟁한다면 누가 이기겠습니까? 당연히 기득권 세력일 것입니다. 지금껏 한국 사회에서 개혁세력이 새롭게 성장하지 못하고, 제1당과 제2당이 계속 나눠 먹기 식의 방식이 되풀이된 것은 이런 이유 때문입니다.

이런 현상이 되풀이되지 않도록 하자면 민의 권리 행사를 가로막는 낡은 법과 제도를 우선 폐기해야 합니다. 물론 여기에서 멈춰서는 안 됩니다. 낡은 법과 제도를 없애는 것은 사회를 혼란 상태로 빠뜨리자는 것이 아니라 참답게 개혁을 이룩해 민이 주인의 권리를 누리고 살기 위해서입니다. 그래서 새시대에 걸맞은 새로운 대안까지 마련해야 합니다.

그러면 한국 사회에는 어떤 낡은 법과 제도가 존재하고 있으며, 이를 어떻게 바꿔가야 하겠습니까?

단적으로 모든 권력은 (국)민으로부터 나온다고 하지만, 실질적으로는 대선이나 총선 시기의 투표권 행사에 불과한지라, 당선되고 나면 권력자가 설사 잘못을 범한다고 해도 그 책임을 물을 수 있는 길이 대단히 한정되어 있습니다. 이런 상황이라면 민이 참답게 권리를 행사할 수 있다고 말할 수 있겠습니까? 그래서 민이 언제 어디서든지 주인의 권리를 행사하여 그 책임을 물을 수 있도록 (국)민 소환제, (국)민 발안제, (국)민 투표권 등의 제도를 적극 반영해 실시하여야 합니다.

또 노동조합과 대중단체의 활동을 보장한다고 하지만, 그 내막을 보면 가장 필요한 비정규직 노동자나 5인 미만의 사업장은 사실상 노동조합 활동이 제약당하고 있고, 또 그나마 단체행동을 통해 파업하는 경우에 징벌적 손해배상을 가하고 있습니다.

게다가 노동조합과 대중단체의 요구 중에는 사회적으로 해결되어야 할 문제가 분명히 존재합니다. 그런데 개별 사업장으로 한정시켜 버리는 관계로 사회적으로 반영할 수 있는 길이 마련되어 있지 못합니다. 대중단체의 활동을 하는 것은 자신의 이해와 요구를 관철시키기 위해서인데, 사회적으로 반영할 길이 막혀 있다고 한다면 참다운 의미에서 각종 대중단체의 활동이 보장되었다고 말할 수 없을 것입니다. 그래서 노동조합을 비롯한 대중단체에 대해 국가적인 지원 체계를 수립해 가면서 그 이해와 요구 사항이 사회적으로 반영되도록 해야 합니다.

또 민생 문제와 빈부격차를 해결하겠다고 말하지만, 일하는 사람은 누구나 인간다운 생활을 할 정도로 최저임금을 질적으로 상향시키지도 않고, 아울러 법인세와 종합부동산세의 세금 제도와 주택, 교육, 보건복지 정책 등에 있어서도 기득권 세력들을 위한 정책을 위주로 펴면서 어렵고 힘든 환경에 처한 사람들을 위한 실질적인 대책을 펴지 않는다면 과연 민생과 빈부격차의 문제가 해결될 수 있겠습니까? 그래서 임금과 세금, 주택, 교육, 복지 정책 등 제반 방면이 정말로 민생 문제와 빈부격차를 해결하는 방향하에서 이뤄지도록 정책적 대안이 적극적으로 마련되고 수립되어야 합니다.

또 나라와 민족의 이익을 고수하고 한반도의 평화와 통일을 추구한다고 하지만, 실상은 미국의 압력에 굴복하거나 영합하면서 남북 간에 대립과 대결 정책을 추구하고, 그것도 모자라 외세까지 끌어들여 전쟁 위기로까지 몰아간다면 과연 그리해서 나라와 민족의 이익이 고수되겠으며 평화와 통일이 이뤄지겠습니까? 그래서 외세에 빌붙어 주권을 유린당하게 함과 동시에 평화와 통일을 저해하는 매국적인 행위는 단호히 단죄할 수 있도록 애국법과 통일법을 제정해 가야 합니다.

결국, 한국 상황의 실정을 보면 겉으로는 민이 주인인 것처럼 말하지만, 그것은 형식적인 빈말에 지나지 않고, 실상은 그것을 시행하는 과정에서 실질적으로 가로막는 낡은 법이 존재하고 있거나, 아니면 민의 권리를 실현하는 데에 미비한 영역이 상당 부분 존재한다는 사실입니다.

바로 여기서 한국 사회를 참답게 개혁하자면 형식적으로만 민이 주인이라는 것에서 그칠 것이 아니라 실질적으로 주인의 권리를 행사할 수 있도록 만들어야 합니다. 그래서 민생 문제, 빈부격차, 나라와 민족 단위에서의 주권 행사는 물론이고 한반도의 평화와 통일의 추구까지 형식적인 측면으로만 내세우고, 실질적으로는 그 실현 가능성을 사실상 가로막고 있는 낡은 법과 제도를 우선적으로 폐기해야 합니다. 아울러 민이 주인의 권리를 명백히 행사하는 데에 미비하고 부족한 부분은 명확하게 대안적인 제도와 법을 마련하여 채워 넣어야 합니다.

### 5) 내란 사태로 인한 혼란을 극복하자면 민의 이해와 요구를 국가 정책에 반영할 수 있는 민주적 제도와 질서 체계가 필요하다*

(1) 왜 내란 사태로 심각한 대립, 대결의 양상이 벌어지며 혼란이 일어나고 있는가?

윤석열의 내란 사태가 아직도 해결되지 못하고 있습니다. 도리어 정쟁 양상인 양 왜곡되어 각 진영 간의 심각한 대립, 대결의 모습이 펼쳐지는 것 같은 상황이 발생하고 있습니다. 이것은 매우 잘못되고 왜곡된 현상이라 할 수 있습니다.

이런 오도된 상황을 해결하자면 지금과 같은 상황이 발생하게 된 문제의 근원이 어디에 있는지 분명히 파악하면서 이를 하루빨리 바로잡고 국정을 안정시켜야 합니다. 지금처럼 진영 간의 대립인 양 혼란스러운 양상이 계속 전개되어 그 대결이 더욱 격화된다면 혼란이 극복되기는커녕 그야말로 아비규환 같은 양상으로 확대되어 갈 것이

---

\* 우리겨레연구소 카페, 내란 사태로 인한 혼란 상황을 극복하기 위해서는 민의 이해와 요구를 국가 정책에 반영할 수 있는 민주적 제도와 질서 체계가 필요하다(2025. 01. 14)

며, 그러다 보면 정말로 우려하는 내전 양상으로까지 발전할 수 있기 때문입니다.

내란 사태는 정쟁의 문제가 아니라 법질서를 바로 세우는 문제입니다. 나라의 주인인 민에게 총부리를 겨누는 행위는 대역죄이자 국가 반역죄이기에 결코 용서해서는 안 되고 단호하고 신속하게 처벌해야 합니다. 이것이 하루빨리 법질서를 바로 세워 국정을 안정시키는 길입니다.

법질서가 세워지면 내란 사태의 문제는 자연스레 해결될 것입니다. 그런데 이런 법질서의 집행은 국가의 공권력을 통해서 이뤄지는데 그 집행을 가로막고 있으니 법질서가 세워질 리 만무합니다. 그것도 국가 기관에 속하는 대통령 권한대행의 행정부와 경호처, 국민의 힘이 국가의 공권력을 통한 내란 범죄자들의 처벌을 한사코 가로막고 있습니다. 이들이 앞장서서 내란 수괴의 처벌을 가로막으면서 헌법과 법률을 유린하고 있으니 공권력이 제대로 작동할 수 없게 되는 것은 당연한 이치입니다.

그러면 도대체 이들을 어떻게 보아야 할까요? 이들은 자기 패거리 집단의 이익을 위해서라면 민이 어떻게 되든, 나라와 민족의 운명이 어떻게 되든, 헌법과 법률이 유린되고 사회의 법질서가 파괴되든 상관하지 않겠다는 모습이라고 봐야 할 것입니다. 그렇다면 이들은 헌법과 법률을 유린하는 사회 질서의 파괴자, 국정의 혼란자들이라고 봐도 무방할 것입니다.

한시바삐 국정의 혼란을 수습하고 법질서를 세워야 하는데, 도리어 국가 기관에 틀어 앉아 가로막으면서 그 무슨 정쟁 대결인 양 왜곡하고 있으니 사회적 혼란이 수습될 수 있겠느냐 하는 것입니다. 이들의 범죄적 행위가 용인되고 있는 관계로 그에 부화뇌동하는 세력까지 이에 가담해 적극 움직임으로써 여야 간의 정쟁 대결인 양 잘못 왜곡되는 현상이 사회적으로 퍼지게 되었다는 것입니다.

### (2) 한국 사회의 혼란 상황을 극복하기 위한 기본적 원칙을 어떻게 수립할까?

지금의 내란 사태가 한시바삐 해결되지 못하고 있는 근원적 원인이 국가 기관에 속해 있는 자들의 방해 때문이라면 이들을 국가 기관에서 퇴출시키는 방식 이외에는 다른 해결 방안이 있을 수 없습니다.

국가 기관이라고 한다면 그 어떤 곳보다도 헌법과 법률을 준수해야 합니다. 그런데 그러기는커녕 이들이 국가 기관에 앉아 있다는 이유만으로 자기 패거리 집단의 이익을 위해 헌법과 법률을 유린하는 행위를 허용한다면 공권력은 제대로 행사될 수 없고, 공권력이 무력화되면 법질서가 제대로 세워질 수 없습니다. 그래서 지금의 사회적 혼란을 수습하자면 국가 기관에서 내란 범죄자들의 처벌을 방해하는 자들을 퇴출시키는 것이 우선적으로 요구됩니다.

국가 기관에 틀어 앉아 내란 범죄자들의 처벌을 반대하는 자들을 퇴출시키는 것이 일차적으로 요구되지만, 그렇게 한다고 해서 모든 문제가 해결되지는 않습니다. 왜냐하면 이들 세력과 부화뇌동하여 여야나 진영 간의 정쟁인 양 호도하는 세력이 여전히 존재하고 있기 때문입니다. 실상 내란 범죄자들을 처벌하는 것은 헌법과 법률에 기반하여 국정을 바로 세우려는 것이기에, 여야는 물론 진보와 보수라는 진영 간의 대립, 대결이 아닙니다. 그런데도 이런 방식으로 호도하는 세력이 존재하는 조건에서는 이를 해결하기 위한 기본적인 원칙의 수립이 필요합니다.

물론 한국 사람이라면 누구나 자신의 주장과 정견을 자유롭게 발표할 수 있어야 합니다. 민이 주인의 권리를 누리고 살자면 이것은 필수적으로 요구되기 때문입니다. 자신의 주장과 정견을 자유롭게 표현하지 못하는 조건에서 주인의 권리를 누리고 산다는 것은 허망한 소리에 불과할 것입니다.

그런데 자신의 주장과 정견을 자유롭게 표출한다고 해서 모든 것이 용인된다는 뜻은 아닙니다. 스포츠 경기나 게임을 할 때 정당하게 진행되려면 그 규칙을 지켜야 합니다. 규칙을 지키지 않으면 스포츠 경기나 게임은 제대로 진행될 수 없고 난장판이 되어버릴 것입니다. 이와 마찬가지로 자신의 주장과 정견을 누구나 자유롭게 표현할 수 있는 사회가 되려면 기본적으로 지켜야 할 규칙이 존재한다는 것입니다.

자신의 주장과 정견을 자유롭게 표현하는 사회가 되기 위해 기본적으로 지켜야 할 규칙의 하나는 남의 권리를 억압할 자유는 없다는 것입니다. 남의 권리를 억압할 자유를 허용하게 되면 자유가 지켜질 수 없기 때문입니다. 그래서 누구나 자유롭게 자신의 주장과 정견을 표현할 수 있는 사회가 되려면 남의 권리를 억압할 자유는 결단코 허용해서는 안 됩니다. 한마디로 개인과 집단 간의 문제에서 다른 사람이나 다른 집단의 권리를 억압하는 주장을 펼쳐서는 안 되고, 만약 그런 주장을 펼친다면 법적으로 처벌받게 해야 한다는 것입니다.

이 문제의 해결이 지금 한국 상황에서 중요한 과제로 나서는 이유는 내란 범죄자들의 처벌을 반대하는 자들이 마치 자유를 행사하듯 내세우는 방식이 그 무슨 진영 간의 대결인 것처럼 왜곡하면서 상대방의 권리를 억압하는 모습으로 나타나고 있기 때문입니다.

이것은 윤석열이 내란 사태를 일으키면서 내세웠던 말이 그 무슨 종북좌파 세력을 척결하려고 했다는 데에서 드러나듯, 내란 범죄자들의 처벌을 반대하는 자들 또한 자기주장의 정당성을 종북좌파 세력의 척결에서 찾고 있기 때문입니다. 자신의 이해와 요구가 있으면 자기주장을 펼치면 될 것입니다. 그런데도 남의 권리를 억압하는 방식에서 찾는 것은 진정한 자유를 누리려고 하는 것이 아니라 남을 지배하고 군림하려고 하기 때문입니다. 남의 권리를 억압하면서 지배하고 군림하려는 주장이 통용되면 진정한 자유의 행사는 불가능하게 됩니다. 한마디로 매카시즘의 선풍이 일어나게 되면 나라의 주인인 민의 권리 실현은 온데간데없이 사라져 버리고 오직 권력자가 자신의 집권 욕망을 위해 적이라고 규정한 상대방을 척결하자는 주장만 통용되고, 그 밖의 다른 의견이나 주장은 자유롭게 펼쳐질 수 없게 됩니다. 다른 의견이나 주장을 펼치면 적과 내통하거나 동조한 세력으로 내몰리게 되기 때문입니다. 그러니 누구나 진정한 자유를 누릴 수 없게 됩니다.

진정한 자유는 누구나 자신의 주장과 정견을 펼칠 수 있어야 하고, 그런 가운데 서로 합의하는 과정을 통해서 이루어져야 합니다. 그 때문에 그 어떤 주장과 정견을 펼칠 수 있다고 해도 다른 사람이나 다른 집단의 자유를 억압하는 주장을 용인해서는 안 되고, 이는 법적으로 처벌받게 해야 합니다. 한마디로 모두가 자유를 누리고 살자면 자유롭게 자기 의견을 표출할 수는 있지만 다른 사람의 권리를 억압해서는 안 된다는 점을 기본 원칙의 하나로 견지해야 한다는 것입니다.

또한 누구나 자유롭게 자신의 주장과 정견을 펼칠 수 있는 사회를 만들자면 나라와 민족 단위에서의 주권을 고수해야 한다는 입장을 견지해야 합니다. 나라와 민족 단위에서 주권을 행사하느냐 못하느냐는 한국의 민이 운명공동체 집단으로 살아가면서 존속되느냐, 사멸되느냐의 문제와 직결됩니다.

주권을 제대로 행사하지 못하게 되면 나라의 주인인 민의 생명과 재산, 권리를 지킬 수 없으며, 상갓집 개만도 못한 비참한 생활에서 벗어날 수 없습니다. 그 때문에 나라와 민족 단위에서 애국적 행위는 고무하지만 매국적 행위와 언사는 허용해서는 안 됩니다. 매국적 행위와 언사가 용인되면 운명공동체 집단은 무너지고, 그로 인해 한국의 민은 주권 행사는 고사하고 민이 주인의 권리를 누리고 사는 사회로 개혁해 갈 수도 없습니다. 그래서 나라와 민족의 주권을 팔아먹고 외세의 앞잡이 역할을 하는 행위와 언사는 단호하게 법적으로 처벌할 수 있게 해야 합니다.

이 밖에도 자유를 지키기 위한 기본 원칙은 여러 사안이 있을 수 있습니다. 게다가 스포츠 경기나 게임에서 더 실감 나게 하도록 규칙을 새롭게 개정, 보충하는 데에서 보듯 사회가 발전함에 따라 권리를 더욱 높은 차원에서 누릴 수 있도록 기본 원칙을 더욱 새롭게 풍부화해 갈 수 있을 것입니다.

하지만 작금의 한국 상황에서 내란 범죄자들의 법적 처벌을 가로막으며 그 무슨 진영 간의 대립, 대결인 양 호도하는 상황이 발생하고 있는 조건에서 우선 시급하게 요구되는 것은 남의 권리를 억압할 자유는 허용할 수 없다는 점과 애국 행위는 고무하지만 매국적 행위와 언사는 허용해서는 안 된다는 점만큼은 분명하게 견지되어야 한다는 것입니다. 그래야 한국의 민이 주권을 제대로 행사하면서 모두가 자유를 누릴 수 있는 사회로 나아가게 된다는 것입니다.

### (3) 각종 대중단체의 이해와 요구를 국가 정책에 반영할 수 있는 민주적 제도와 질서 체계가 필요하다

모두가 자유를 맘껏 누리고 살 수 있는 사회로 나아가면서 민이 실질적으로 주인의 권리를 누리고 살자면 각종 대중단체의 이해와 요구가 국가 정책에 반영될 수 있는 민주적 제도와 질서 체계를 세워가야 합니다.

물론 각종 대중단체라고 해서 모든 모임들을 인정한다는 것은 아닙니다. 앞에서 말했듯 다른 사람이나 다른 집단의 권리를 억압해서는 안 된다는 것, 매국적인 언사와 행위는 하지 말고 애국의 기치를 견지한다는 것을 전제로 합니다. 이런 전제 조건이 없다면 서로 화합하고 단합할 수 있는 길이 없기 때문입니다.

이런 전제 조건이 지켜지는 가운데 민이 주인의 권리를 누리고 살자면 자신의 주장과 요구가 국가 정책에 반영되도록 해야 합니다. 아무리 옳은 주장을 요구하고 펼친다고 해도 국가 정책에 반영되지 못한다면 아무런 쓸모가 없을 것입니다. 지금껏 윤석열 처벌을 그렇게 요구했지만 받아들이지 않기에 민의 분노가 표출되고 결국 거리로 나와 싸워야만 했습니다. 이런 모습을 언제까지 반복해야 하겠습니까?

국가 정책에 반영될 수 있는 제도와 질서 체계를 수립한다면 거리에 나와 서로 간의 대립과 대결로 인한 국력 낭비를 할 필요도 없고, 국가적인 제도와 질서 체계 속에서 자유롭게 의견을 표출하며 서로 합의하여 풀어갈 수 있는 방식이 세워지게 될 것입니다.

그 때문에 이번 기회에 윤석열 탄핵을 위해 거리로 나와 서로 손을 맞잡았던 세력들은 다양한 형식과 방법으로 자체의 모임을 적극적으로 꾸려나가고, 그 힘으로 자신들의 이해와 요구가 국가 정책에 반영될 수 있는 민주적 제도와 질서 체계를 수립하기 위해 나서야 합니다. 한마디로 (국)민소환제, (국)민발안제, (국)민투표제 등을 비롯해 각종 대중단체의 이해와 요구가 국가 정책에 직접적으로 반영될 수 있는 민주적 제도와 질서 체계를 수립하기 위한 방향으로 나아가야 한다는 것입니다. 그러면 국가적인 제도와 질서 체계 속에서 일치와 입체, 통일의 방법론을 통해 서로 합의를 이뤄가는 가운데 궁극적으로 개인과 집단, 나라와 민족 단위의 모든 부분에서 주인의 권리를 누리고 살 수 있게 될 것입니다.

# 4. 주권 문제의 해결이 왜 중요한가?

### 1) 현 한반도 위기 상황을 조장하는 도발자와 침략자는 누구인가?*

하루빨리 한국 사회를 개혁해 민이 주인의 권리를 누리고 살도록 해야 하는데, 한반도 상황이 갈수록 대립과 대결의 방향으로 치달아가고 있습니다.

러시아와 우크라이나의 전쟁, 대만 문제로 인한 중미 간의 대결, 그리고 한반도의 긴장 격화와 전쟁 위기 상황 같은 신냉전 분위기의 세계 정세는 모두 미국이 무너져가는 세계 유일의 패권 체제를 유지하기 위한 움직임 때문에 발생하고 있습니다. 미국의 대결적 자세로 인해서 세계는 점점 3차 세계대전이 일어날 것 같은 전쟁 분위기가 형성되고 있으며, 그런 가운데 세계 모든 나라의 민은 물가고와 원자재, 에너지난 등 어려운 삶을 살고 있습니다.

그런데 여기서 특히 우려스러운 점은 이런 신냉전의 대결 초점이 점차 한반도로 옮겨지고 있다는 점입니다.

---

* 우리겨레연구소 카페, 현 한반도 위기 상황을 조장하는 도발자와 침략자는 누구인가?(2022. 11. 07), 참조 자료: 우리겨레연구소 카페, 개혁은 물론 민족 생존을 위해서는 한반도의 긴장 격화와 전쟁 분위기의 형성을 결단코 막아야 한다(2022. 09. 19)

한반도에서 북미 간의 대결은 분단된 때로부터 지속되어 왔으며, 이제껏 북은 미국의 압도적인 무력 앞에서 수시로 전쟁 위협과 압박을 받아 왔습니다. 허나 이제 시대는 변했습니다. 미국은 제국주의의 우두머리 국가로서 영향력을 행사하는 단계를 넘어 세계 유일의 패권적 자리까지 차지했으나 북을 붕괴시키지 못했고, 이제 그 유일 체제의 패권적 지위마저 무너져가고 있기 때문입니다.

반면에 북은 정권의 붕괴를 획책했던 미국의 공격을 버텨내면서 핵 무력의 완성까지 선언하기에 이르렀습니다.

이를 보면 북미 간의 대결에서 누가 승리했고, 패배했는지를 대략 판단할 수 있습니다. 허나 미국은 이런 시대적 추세를 외면하고 무너져가는 유일 패권의 지위를 유지하고자 마지막 발악하는 방향으로 나아가고 있습니다. 여기서 물러선다면 유일 패권적 지위가 붕괴된다고 보기 때문입니다.

이에 반해 북은 핵이 없는 상황에서도 버텨냈는데, 핵 무력과 대륙간 탄도미사일까지 무장해 미 본토까지 공략할 수 있는 상황이 되었다고 한다면 어떻게 나오겠습니까? 북은 이제 자신들의 정권 붕괴를 획책하는 미국의 행위를 단연코 묵과하지 않으려 할 것입니다.

핵을 가진 상황에서도 지난날과 똑같이 정권 붕괴를 획책하는 상황이 벌어진다면 도대체 무엇 때문에 핵 무력과 대륙간 탄도미사일을 가지려고 했을 것이며, 그 과정에서 미국의 압박과 붕괴 정책에 의한 모진 고통을 그토록 감내해야 할 이유가 어디에 있었겠습니까? 이로부터 북은 미국으로부터 군사적 위협을 더 이상 받는 상황 자체를 아예 타파하려는 방향으로 나올 것이 분명합니다. 이것이 지극히 당연한 이치입니다.

이렇듯 미국은 불에 타 죽을지도 모르고 덤벼드는 불나방처럼 자신의 유일 패권적 지배 체제를 유지하려고 획책하고 있고, 북 또한 핵 무력의 완성을 선언한 조건에서 더는 미국에 의한 핵 공격을 비롯해 자신의 정권에 대한 침략적 행동을 묵과하지 않는 상황이라면 한반도의 향후 정세는 어떤 방향으로 전개되겠습니까?

이런 형편이라면 한반도에서 북미 간의 관계는 필연코 강 대 강의 대결 구도를 피할 수 없을 것입니다. 그로 인해 세계 정세의 주요 초점이 한반도로 몰리게 된 것입니다. 그러니까 단순히 긴장이 격화되는 정도가 아니라 조금만 잘못해도 전쟁이 발발한 가능성이 매우 커지게 되었다는 뜻입니다. 서로가 결코 물러설 수 없는 상황에 처해 있다는 것입니다.

물론 지금 세계의 시대적 흐름은 민이 주인의 권리를 누리고 사는 것이니만큼, 나라와 민족 단위에서 주권을 행사하는 방향으로 나아가는 것은 지극히 당연하고, 지난날처럼 다른 나라의 주권을 간섭하고 유린해 왔던 세계 유일의 패권적 지배 체제가 더는 유지될 수 없는 방향으로 나아갈 것은 불을 보듯 뻔합니다.

하지만 그 방식이 한반도에서 전쟁으로 귀결되어서는 안 됩니다. 그러자면 한반도에서 긴장을 격화시키고 전쟁 분위기를 불러일으키는 주범이 누구인지를 명확히 하고, 이들을 반대하기 위한 싸움을 적극적으로 벌여야 합니다. 이것이 우리의 소중한 생명과 재산을 지키기 위한 유일한 길이기 때문입니다.

그러려면 현 한반도 상황을 위기로 몰아가는 도발자와 침략자의 주범을 찾아야 하겠는데, 한국의 언론에선 한미 간의 공동 군사훈련은 연례적인 훈련이고 방어적이지만, 북의 군사적 조치는 무조건 도발이라고 말하고 있습니다. 하지만 과연 이런 보도가 맞는 것이겠습니까?

공자는 세상을 바로잡기 위해서 가장 우선하는 것은 정명(正名)이라고 말했습니다. 이름을 똑바로 사용해야 세상이 바로잡힌다는 것입니다. 그렇듯이 한반도의 위기 상황을 극복하고 조국통일을 이룩하자면 누가 도발자이고 침략자인지 명확히 파악하고, 그에 걸맞게 명칭부터 바로 사용해야 합니다.

흔히 도발자와 침략자를 판단할 때, 누가 먼저 총을 쏘았느냐 내지는 군사적 훈련의 성격이 어떠하냐에 따라 구분하는 경향이 있습니다. 물론 이런 판단이 전혀 쓸모없는 것은 아니지만 본질적으로 누가 침략자이고 도발자인지를 구분하는 데는 일정한 한계가 존재합니다.

총을 누가 먼저 쏘았느냐만을 가지고 따진다면 침략자가 그 명분을 삼기 위해 유도하는 방법도 있기 때문입니다. 이것은 미국이 북베트남을 침략할 때 통킹만 사건을 조작하여 침공의 명분으로 삼았던 것에서 확연히 드러납니다.

또 군사적 훈련의 특성을 가지고 자신의 훈련은 연례적이고 방어적이지만, 상대방의 군사적 조치는 침략적이고 도발이라고 규정한다면 이것은 매우 자의적인 판단이라고 말할 수밖에 없습니다. 더욱이 공격이 최선의 방어라고 하는 조건에서 방어적 훈련이 공격적이지 않다고 어떻게 담보할 수 있겠습니까?

이로부터 누가 도발자이고 침략자인지 분명하게 살펴보자면 그 기준과 잣대가 명확히 해야 한다는 것을 알 수 있습니다. 그런데 그 기준과 잣대는 결국 사람이 전쟁을 벌인다는 점에서 누가 누구와 싸우느냐에 따라 가름이 됩니다. 한마디로 싸움의 주체, 즉 누가 누구를 상대해서 싸우느냐를 보면 전쟁의 성격이나 원인은 물론이고, 누가 침략자이고 도발자인가를 파악할 수 있다는 것입니다.

그러면 한반도에서 싸우는 당사자는 누구입니까? 누구나 상식적으로 대답할 수 있듯이 북과 한미입니다. 그런데 한국은 미국과의 관계에서 전시작전권을 온전히 행사하지 못하고 있기에 실질적인 싸움의 당사자는 북과 미국이라고 할 수 있습니다.

그러면 북과 미국과의 관계에서 누가 도발자이고 침략자가 되겠습니까? 이를 파악하자면 우선 두 나라 중에서 누가 힘센 나라인가를 살펴보면 됩니다. 왜냐하면 힘이 약한 나라가 도발하고 침략하는 사례는 없기 때문입니다.

힘이 약한데, 강한 나라를 침략하려고 어떻게 도발할 수 있겠습니까? 물론 힘이 강하다고 해서 무조건 도발하고 침략적 성격을 갖는 것은 아닙니다. 하지만 서로 대결적 관계를 형성하고 있다면 도발적이고 침략적 특성은 힘이 강한 나라에 있다고 보는 것이 맞을 것입니다. 이로부터 북과 미국과의 관계에서 누가 힘이 센가를 놓고 볼 때 당연히 미국이기에 미국이 도발적이고 침략적인 특성을 가지게 된다고 보는 것이 상식일 것입니다.

다음으로 누가 도발자이고 침략자의 특성을 가지는지를 살펴보자면 그 당사자들이 어디에서 싸움을 벌이는가를 보면 알 수 있습니다. 도발자이자 침략자가 자신의 영토에서 싸움을 벌이지는 않습니다. 그래서 자신의 영토가 아닌 타국의 영토에서 싸움을 벌인다면 그들이 바로 도발자이고 침략자라고 할 수 있습니다.

다른 나라의 사상과 제도가 마음에 들지 않는다면 그에 대해 비판하거나 단교하면 될 것이지, 그것을 뛰어넘어 다른 나라의 영토에 개입하여 간섭한다면 그것은 아무리 속임수를 쓰더라도 침략자에서 벗어날 수 없습니다.

그런데 미국은 자신의 본토에서 전쟁 자산을 한반도로 끌고 와 전쟁 연습을 벌이고 있습니다. 때문에 개입하여 간섭하고 위협을 가하는 주된 당사자는 미국이지 북이 아닙니다. 북이 미국의 영토에 개입해 간섭하는 것은 아니지 않습니까? 이것을 보면 미국이 한반도에서 현 위기 상황을 일으키는 도발자이자 침략자라고 할 수 있습니다. 이것은 일제가 조선을 식민지화할 때 자신의 군사 무력을 끌고 와서 전쟁을 벌였고, 그로부터 일제가 바로 도발자이자 침략자로 규정되는 것과 같은 이치입니다.

 이상의 이치를 보면 한반도에서 긴장 격화와 전쟁 분위기를 조성하여 현 위기 상황을 불러일으키는 도발의 주범은 미국이라는 것이 분명합니다.

 그런데 이를 희석하고 속이기 위해 한미동맹이라고 언급하면서 공동의 군사훈련을 벌이고 있습니다. 허나 그런 모양새를 취한다고 해서 미국의 침략적이고 도발적인 특성이 없어지는 것은 아닙니다.

 왜냐하면 비록 동족 간에 서로 생각이 달라 싸울 수는 있지만, 그 방식이 외국의 군사를 한반도에 끌어들여 전쟁터로 화하게 만드는 행위는 민족 성원과 조국 강토를 외세의 군홧발에 짓밟히게 한다는 점에서 바로 그때로부터 민족의 이익에 반하는 매국적 행위가 되는 것이고, 이런 이치의 연장선상에서 매국노들의 반역 행위를 이용해 자기 땅이 아닌 우리 한반도에 군사를 끌고 와서 개입, 간섭한다면 그게 바로 침략자적인 모습과 하등 다름없다는 사실이 전혀 달라지지 않기 때문입니다.

 더욱이 한국은 미국으로부터 전시작전권도 행사하지 못하고 있는데, 이렇게 군사적 주권도 확보하지 못한 상태에서 한미동맹이라고 말한다면 그것이 참다운 의미의 동맹 관계라고 말할 수 있겠습니까? 바로 여기에서 한미 군사동맹이라는 말은 사실상 외세와 공모 협잡해 한반도에서 전쟁 놀음판을 벌이는 짓을 정당화하기 위한 위장된 표현이라고 보아야 합니다. 그렇다면 한미동맹의 군사훈련이라는 말은 결국 외세를 추종해서 그들과 군사적 공모 내지는 협잡하는 행위라고 표현해야 할 것입니다.

 이것은 일제가 을사오적의 매국노들을 이용해 침략적 행위를 정당화했던 것에서 명확히 확인할 수 있습니다. 다시 말해 군사적 주권도 없으면서 한미 군사동맹을 거론하는 것은, 일제가 조선을 식민지화하려고 할 때 그에 추종해 일제와 공모 협잡한 매국노들이 자신들의 민족 반역적 행위를 정당화하기 위해 조선과 일본 간의 동맹이 필요하다느니, 민족을 살리기 위해서 그랬다느니 하면서 헛소리를 늘어놓은 것과 하등 다를 바 없는 모습입니다.

진정한 의미의 한미동맹을 거론하자면 먼저 미국으로부터 군사적 주권부터 확보하기 위해 노력하라는 것입니다. 군대는 자국의 생명과 재산을 지키기 위해서인데, 자기 군대에 대한 지휘권도 없는 상태라면 거기서 무슨 말이 더 필요하겠습니까? 그래서 군사적 주권도 확보하지 못한 상태에서 한미동맹이 올바른 것처럼 주장하는 것은 외세와 공모 협잡하는 자신들의 매국적 행위를 변명하기 위한 핑곗거리에 지나지 않습니다. 그럼 미국이 우리 민족과의 관계에서 볼 때 외세가 아닌 나라라는 말입니까? 그러면 식민지 시기에 일제는 외세가 아니었다는 말입니까?

그 어떠한 경우에도 외국 군대를 한반도에 끌어들여 전쟁터로 화하게 만드는 행위는 매국적 행위에서 벗어날 수 없고, 이런 매국노들을 이용해 우리 민족이 아닌 타국이 한반도 영토에 군사를 끌고 와서 위협하고 강박한다면 그런 나라는 외세이고, 우리 민족에 대한 도발자이자 침략자에 해당된다는 것입니다.

이제 모든 것이 분명해졌습니다. 한반도에서 긴장 격화와 전쟁 분위기로 현 위기 상황을 고조시키는 주범은 바로 미국이라는 것입니다. 그리고 미국으로부터 군사적 주권을 찾으려고 노력하지도 않으면서 한미동맹을 거론하며 공동 군사훈련의 전개를 주장하는 것은 외세와의 공모 협잡을 일삼는 행위를 정당화하기 위한 매국노들의 변명거리에 지나지 않는다는 것입니다.

이런 변명에 속아 넘어가 만에 하나라도 한반도에서 전쟁이 일어난다면 그 참상은 이루 말할 수 없을 것입니다. 지금 현 상황은 그 어느 때보다 전쟁 위험이 높아지는 상태로 치닫고 있습니다. 이를 수수 방관한다면 돌이킬 수 없는 전쟁의 참상이 벌어질 수 있습니다.

그 때문에 침략적이고 도발적인 특성을 가진 외세인 미국과 공동의 군사훈련을 벌이지 못하도록 결단코 막으면서, 외세와의 군사적 공모 결탁 행위를 추진하고 있는 세력을 단호히 매국노로 규정하고 단죄함과 동시에, 미국으로부터 군사적 주권을 확립하는 방향으로 나아가야 합니다.

이리한다면 한반도에서 긴장 격화와 전쟁 분위기로 고조되고 있는 위기 상황을 극복할 수 있을 뿐만이 아니라, 이를 기회로 삼아 남북이 애국의 기치하에 서로 단합하여 조국을 통일할 수 있는 길도 점차 열리게 될 것입니다.

## 2) 안보는 자기 힘으로 지켜야지 한미일 군사동맹의 추구는 한반도 문제를 해결할 수 없다*

자국의 방위를 자신의 힘으로 이뤄내야 하는 것은 지극히 상식적인 이치입니다. 그런데도 한국 사회에서는 다른 나라와 동맹을 맺거나 의존해서 지키는 것이 옳은 것처럼 받아들이는, 도무지 웃지 못할 비극적 현상이 벌어지고 있습니다. 한미일 동맹을 강화하겠다는 주장이 바로 그것입니다.

모든 나라가 주권을 고수하려고 하는 것은 다른 어떤 데에 목적이

---

* 우리겨레연구소 카페, 안보는 자기 힘으로 지켜야 한다. 한미일 동맹의 추구는 한반도 문제를 해결할 수 없고, 도리어 긴장 격화와 전쟁 위기의 근원이 될 뿐이다(2022. 10. 11), 참조 자료: 우리겨레연구소 카페, 한미동맹의 우선적 추구는 민의 권리 실현에 어떤 영향을 미칠까?(2022. 05. 23)

있는 것이 아니라 자국의 정당한 권리를 지켜내고자 하기 때문입니다. 지난날 일제의 식민 지배에서 벗어나기 위해 독립 투사들이 피눈물 나는 독립운동을 벌였던 것도 그 때문입니다.

나라와 민족 단위에서의 주권을 고수하는 데에 있어서 군사적 자위권의 확보는 이의 핵심적인 사안이라고 할 수 있습니다. 나라와 민족의 주권을 고수하는 최후의 보루는 군사적으로 담보되어야 하기 때문입니다. 군사적 힘으로 담보되지 못하면 침략자의 힘 앞에서 나라가 망국의 길로 치달아도 막을 수가 없습니다.

지구상의 각 나라는 주권을 고수하면서 자신들의 영토와 민의 생명을 지켜내기 위해 군대를 두고 있습니다. 그러기 때문에 각국의 군대는 다른 무엇이 아니라 철두철미 자국의 이익을 지키기 위한 방향에서 움직입니다. 그런데 다른 나라의 군대가 자신들을 방위해 줄 것이라고 믿고, 다른 나라와의 군사동맹에 근거해서 지켜내려는 발상을 가진다면 얼마나 가당치 않고 한심한 짓이겠습니까?

외국 군대가 선의에 의해서 우리를 방위해 줄 것이라고 믿는 것은 거의 환상에 가까운 일입니다. 세상에 자국의 이익이 생기지도 않는데, 생때같은 자국 젊은이들을 다른 나라의 전쟁터에 보내는 나라가 어디에 있겠습니까? 이치로 따져 보더라도 그런 일은 있을 수 없습니다.

설사 선의로 도와주러 왔다고 하더라도 외국 군대가 자기 영토에 발을 내딛는 순간, 바로 그때로부터 백성들은 엄청난 고통을 수반하게 됩니다. 이것은 임진왜란 시기에 조선을 도와주겠다는 명분으로 명의 군대를 이끌고 온 이여송 제독이 어떤 행동을 했는가를 보면 명확히 알 수 있습니다.

명이 조선에 지원병을 파견한 이유는 왜가 조선을 치고 올라와 명까지 공격할까 봐 그것을 막기 위한 사전 조치였습니다. 그런데 조선에 와서 행한 짓을 보면 백제관 전투에서 패한 이후엔, 거의 왜군과 싸우지 않으면서 백성들의 고혈로 마련한 군량이나 마초를 소비하였고, 그것이 조금만 지연되면 그에 따라 책임을 물어 처벌한 것은 물론이고, 왜와 철저하게 싸우기를 주장했던 유성룡을 비롯해 권율 장군과 변양준을 군법에 회부하는 등 치욕을 안겨 주었습니다. 심지어 경주성 탈환에 큰 공을 세운 병조판사 박진은 명의 장수 누승선에게 맞서서 죽임까지 당했습니다.

조선의 정승과 장수들이 이 정도의 치욕과 괴롭힘을 당했다면 백성들이 겪는 고통은 어느 정도였겠는지 상상이 갈 것입니다. 전쟁 기간 내내 명군은 틈만 나면 약탈과 강간을 일삼았습니다. 그래서 당시 조선 백성들은 일본군을 얼레빗이라고 했지만, 명군은 참빗이라고 빗대어 말했던 것입니다. 도와주러 왔다고 해도 일단 외국 군대가 자기 땅에 발을 내딛게 되면 얼마나 큰 고통을 당하게 되는지 명백히 보여주는 사례입니다.

물론 피치 못해 외국의 군사적 도움을 받을 수는 있습니다. 만반의 대비를 못한 국정 담당자의 책임이야 면책될 수 없겠지만, 하여튼 대비하지 못한 관계로 어쩔 수 없이 그런 상황이 발생할 수는 있습니다. 원칙적으로 도와주러 왔다면 요구한 나라의 부탁을 들어주는 게 맞겠지만, 그런 경우는 세상에 없습니다. 그리했을 경우 어떤 나라도 선뜻 지원해 주지 않을 것입니다. 바로 여기서 그 어떤 나라도 자국의 이익이나 이해관계가 결부되어 있지 않으면 도와주지 않는다는 것을 명백히 확인할 수 있습니다.

그래서 외국 군대의 도움을 받을 때, 최소한의 안전책으로 자국 군대에 대한 지휘권과 작전권은 절대 포기할 수 없습니다. 만약 자국의 군사권을 포기하고서 다른 나라의 도움을 받고자 한다면 이것은 도대체 누구의 생명과 안보를 지키겠다는 것인지 의문스러울 수밖에 없습니다. 이리를 피하려고 호랑이 아가리에 자국의 영토와 백성을 처넣는 것이 과연 옳은 처사라 할 수 있겠습니까? 그 후과가 얼마나 고통스러운가는 이미 임진왜란 시기에 명확히 확인되었다는 것입니다.

지금 한미일 군사동맹을 강화해야 한다고 말하는 자들이, 진정 한국의 안보와 민의 생명을 지키고자 한다면 먼저 한국의 군사적 지휘권과 작전권을 확보하자는 주장부터 펼쳐야 합니다. 그렇지 않다면 이리를 피하기 위해 호랑이 아가리에 처넣어도 상관없다는 것인데, 정말로 나라의 안보와 민의 생명을 소중히 여긴다면 과연 그렇게 해도 되는 것이겠습니까? 이것은 결국 백성들이 어떤 고통을 당하든 관계없이 자신들의 권력 유지와 기득권만 지키면 된다는 것이고, 그 목적 때문에 외세가 군대를 파견해 우리 땅에서 이득을 보고자 하는 장단에 놀아나는 매국노 짓거리를 하면서도 별반 가책을 받지 않고 군사동맹을 추구하자는 주장을 감히 펼치고 있다는 것입니다.

실상 한미일 군사동맹을 살펴볼 때, 우선 한미 관계에서는 군사적인 지휘권과 작전권을 확보하지 못하고 있습니다. 평시에 작전권과 지휘권을 갖고 있다고 하나, 군사라는 것은 전쟁 시기에 그 권한을 행사할 수 있는 것이 중요하기에, 전시에 작전권과 지휘권을 행사하지 못하는 군대는 알맹이 없는 껍데기에 불과하므로 사실상 군사적 주권을 가지고 있다고 말할 수 없습니다. 자국 군대에 대해 미국으로부터 지휘권과 작전권을 확보하지도 못한 상황에서 동맹을 거론한다는 것이 얼마나 웃기는 짓거리입니까?

게다가 한일 관계를 볼 때 일제는 아직도 식민 지배에 대한 사과도 제대로 하지 않고 독도도 자기 땅이라고 우기고 있는 상황입니다. 이것은 일본이 언제든지 한반도를 재침할 기회를 노리고 있음을 드러낸 것이라고 볼 수 있습니다. 그런데 그런 나라와 군사동맹 관계를 맺자고 얘기한다면 이것은 일본에 재침의 기회를 준다는 것인데, 이것이야말로 매국노가 아니고서는 말할 수 없는 주장일 것입니다.

군사동맹 추구의 맹점은 동맹관계를 맺으면 외세의 힘으로 나라가 지켜질 것이라고 여기는 생각이 얼마나 환상에 빠진 것인지를 살펴보면 쉽게 이해할 수 있습니다.

임진왜란 시기 전세가 역전된 것은 명에서 이여송의 군대가 와서가 아니라 의병장들의 투쟁과 이순신 장군의 해전 승리로 이룩되었습니다. 이여송의 군대는 왜군이 더 이상 진격할 수 없게 약화되었는데도 철저히 왜구를 격멸하려고 하지 않았습니다. 도리어 살아남아 돌아가려는 왜구와 협상만 진행하려고 하면서 철저히 응징하려는 조선의 입장을 가로막고 방해하는 모습으로 나왔습니다.

이런 상황을 보면 자국의 방위는 철두철미 자신의 힘으로 지키는 것이 원칙이고, 그러기 위해서는 그 어떤 경우에도 자국의 군사적 지휘권과 작전권을 다른 나라에 넘겨주어서는 안 된다는 것을 알 수 있습니다. 솔직히 자신의 힘으로 나라를 방위하지 못하고서 다른 나라에 의존해서 간신히 버티는 나라라면 그런 나라가 얼마나 오래 지탱될 수가 있겠습니까? 그 때문에 어떤 경우에도 다른 나라에 의존해서 해결하려는 사고방식 자체를 가져서는 안 됩니다.

자국의 방위를 자신의 힘으로 지키지 않고 외세와의 동맹으로 지키려는 주장의 문제점은 비록 여기에만 그치지 않습니다. 외세와의 군사동맹 추구는 우리 민족의 분단 문제를 영원히 해결하지 못하게 만든다는 것에 그 결함이 더욱 크게 나타납니다.

남북 간의 분단 문제가 해결되지 않는 것은 서로 대립, 대결하기 때문입니다. 서로 협력하는 관계로 만들면 풀어집니다. 그러면 결국 협력하는 관계로 나가느냐, 나가지 않느냐가 실질적으로 남북 간의 문제를 풀려고 하느냐, 하지 않느냐의 갈림길이 된다는 것을 알 수 있습니다.

그런데 여기서 남북문제를 푸는 데 있어서 외세를 개입시키려 한다면 어떻게 봐야 하겠습니까? 외세까지 끌어들여 해결하고자 하는 모습은 언뜻 보면 군사동맹까지 이용해 한국의 안보를 지키려는 것처럼 보이지만, 실상은 내부 문제를 국제적인 분쟁거리로 확대시킴으로써 분단 문제를 더욱 어렵게 만들거나 해결할 수 없게 만드는 것에 다름 아닙니다.

　실상 한반도 주위의 어떤 나라가 진정으로 우리의 통일이 이뤄지기를 바란다고 볼 수 있겠습니까? 통일이 되면 우리의 힘이 그만큼 커지고, 그러면 발언권도 세질 것인데 우리 주변에 있는 나라가 그것을 환영하겠습니까? 도리어 남북이 분단되어 서로 계속 싸우면 그만큼 요리하기가 쉬울 것입니다. 그래서 주변국들은 외교적 언사로서야 통일을 환영한다고 말하겠지만 일단 우리의 민족 통일에 그렇게 긍정적으로 나오지 않을 것입니다. 그것이 냉혹한 국제관계이고, 또 통일에 절실한 이해관계를 가진 나라는 우리 민족뿐이라는 것입니다.

　남북이 협력하는 관계가 되면 풀어지기에 민족 내부 문제로 놓고, 남북이 서로 그 방안을 찾고자 노력하면 그 길이 열릴 것입니다. 그런데 군사동맹을 추구하게 되면 바로 거기서부터 외세가 개입할 수 있는 여지가 만들어지게 되는 것입니다. 군사동맹을 맺는 그때로부터 외세는 자국의 이해관계로 한반도 문제를 바라보게 됩니다. 자국의 손해가 되는 한반도 정책은 절대 묵과하려고 하지 않을 것입니다.

　이런 상황이라면 어떻게 통일이 되겠습니까? 통일은커녕 한반도는 외세가 서로 싸움을 벌이는 각축장이 되고 말 것입니다. 그래서 통일을 이룩하려면 외세와 외부의 영향력을 철저히 차단해야만 합니다. 그 때문에 외세와 군사동맹을 주장하는 세력은 민족의 문제를 서로 협력해 풀려고 하지 않음으로써, 어렵고 꼬이게 할 뿐만이 아니라 외세의 농간에 놀아나게 만들어 조국통일을 가로막는 훼방꾼이라고 말하지 않을 수 없습니다.

그런데 더욱 가관인 것은 외세와 동맹을 추구하는 자들은 바로 그 외세의 힘으로 조국통일을 이룩할 수 있을 것처럼 여기는 환상에 빠져 있다는 것입니다. 미국의 힘을 빌려 한반도 통일이 가능하다는 사고방식이 그러합니다.

우리가 통일하자는 것은 하나로 더욱 커지자는 것이지 작아지자는 것이 아닙니다. 그런데 외세와의 군사동맹을 맺고 통일을 추구하게 되면 민족적 역량이 커지는 것이 아니라 더 작아진다는 것입니다.

외세의 힘으로 통일하여 민족적 역량이 강화될 것이라고 여기는 주장이 얼마나 허무맹랑한 사고방식인지는 신라 시기 김춘추와 김유신에 의해 당나라와의 연합에 의해 나타난 결과에서 확인됩니다. 신라는 자신의 땅을 좀 넓히기 위해 고구려를 멸망시켰지만, 대동강 너머의 땅은 당나라의 지배를 받는 지역으로 잃게 되었습니다. 물론 그 이후 고구려의 유민 대조영에 의해 발해가 건국되어 다시 그 영토의 대부분을 회복하게 되었지만, 외세의 힘을 빌려 통일을 이룩한다는 것이 어떻게 영토를 잃고 민족적 역량을 약화시키는지 확인할 수 있습니다. 그런데 이런 김춘추와 김유신과 같은 단군민족에 대한 매국 반역행위가 오늘날 21세기에 이른 시점에서도 또다시 되풀이되어야 하겠습니까?

결코 외세와의 군사동맹 관계에 의해서는 민족적 역량이 강화될 수도 없을뿐더러 조국통일 자체가 이뤄질 수 없습니다. 그런 방식은 신라 시기에 이미 증명된 바와 같이 영토를 잃고 우리 민족의 힘을 약화시키는 방향으로 귀결됩니다. 우리 민족의 힘을 하나로 모아 더욱 강화해야 하는데, 도리어 외세를 끌어들여 더 약화시키는 방향으로 만든다면 이런 자를 매국노이자 민족 반역자라고 말하지 않고 도대체 누구를 매국노이자 민족 반역자라고 말해야 하겠습니까?

거듭 얘기하지만, 자국의 방위는 자기 힘으로 지켜내야 하고, 북의 위협이 염려스럽다면 자체의 힘으로 훈련하라는 것입니다. 그래도 근심스러우면 북과 대화하여 위협받지 않을 방안을 마련하라는 것입니다. 절대 다른 외세와의 군사동맹 관계를 맺어 해결하는 방식을 취하지 말라는 것입니다.

외세와의 동맹관계를 추구하는 것은 또한 실질적인 국가 안보를 약화시킬 뿐만이 아니라 민의 삶에도 악영향을 준다는 것입니다.

자국의 군사력이 얼마나 강하냐는 제반의 군사적 역량을 얼마나 자체로 조달할 수 있느냐에 달려 있습니다. 외세의 힘이 아니라는 것입니다. 그런데 미국과의 군사동맹 관계를 맺고 그에 따른 여러 협약에 의해 한국에 매우 필요로 하는 자체의 무기 개발에 제약을 받는다면 그게 결국 안보를 약화시키는 것이 아니고 무엇이겠습니까?

더욱이 우리 민족이 외침을 받는 경우는 대부분 주변의 강대국이었습니다. 그렇다면 외세의 침입을 받지 않게 만들거나 막아내자면 이 부분에 대한 대비가 매우 중요하다고 할 수 있습니다. 그런데 남북 간의 대립과 대결 정책에서 벗어나지 못하여 서로 싸우는 부분에만 힘을 쏟는 상황이라면 결과적으로 외세의 침입에 대한 대비가 부족하게 되니, 이것이 바로 안보 공백이 생기는 것이 아니고 뭐겠습니까?

이렇게 실질적인 대비를 하지 못하고 남북 간에 대립, 대결하는 방향으로 나가면 결국 협력하는 관계가 형성되었을 때 대비하지 않아도 되는 것들마저 준비해야만 되니 이게 바로 쓸데없는 비용 부담이 되고, 그로 인해 민의 삶을 향상시키는 데에도 부정적 영향을 주게 되는 것입니다. 단적으로 남북이 협력하는 관계로 나아간다면 지금과 같이 많은 군인이 필요하지도 않을 것이고, 그렇다면 더 적은 비용으로도 실질적인 외세의 침입에 대비하는 정예 강군으로 키워낼 수 있을 것입니다. 동시에 군에 입대하지 않아도 되는 젊은이들이 산업 전선에 서게 됨으로써 경제 발전에도 기여하는 길이 더욱 열리게 될 것입니다. 그 때문에 실질적인 외세의 침입을 막기 위한 안보 강화는 물론 민의 삶을 향상시키기 위해서도 한미일 군사동맹의 추구로 해결하려는 사고방식을 버려야 한다는 것입니다.

외세와의 군사동맹 관계를 추구하는 세력들이 실질적으로 통일을 원하지 않는다는 것은 은근슬쩍 통일비용을 거론하는 것에서도 드러납니다. 통일비용을 거론하니 언뜻 보면 통일을 하려는 의지가 있는 것처럼 보이지만, 실질적으로 통일하지 말자는 것과 하등 다를 바 없는 주장입니다. 비용이 많이 들고 손해가 되는데 도대체 통일할 이유가 어디 있습니까? 바로 여기서 외세와의 군사동맹을 주장하는 세력의 속셈이 드러나는 것입니다.

원래 외세와의 동맹을 추구하게 되면 외세의 개입으로 통일이 어려워지는 상황으로 귀결되는데, 인제 와서는 통일비용을 거론하고 있으니 이 얼마나 기가 막히는 눈가림식 주장입니까?

다른 것은 다 차치하고 조국통일의 문제를 단지 돈 문제로만 접근해 보더라도, 통일비용이 든다는 것은 도무지 이해할 수 없는 논리입니다. 분단됨으로 하여 서로 대립 대결하게 되니 쓸데없는 낭비가 벌어집니다. 바로 이 부분을 없애자는 것입니다. 서로 대립 대결로 인해서 낭비되는 부분을 없애서 애국의 기치로 그 공통점을 계속 강화하여 서로가 이득을 보자는 것입니다. 서로 이득을 보는데 그 무슨 통일비용이 필요하다는 말입니까?

통일비용이 든다고 얘기하는 주장은 결국 남북 간에 애국의 기치라는 그 공통점을 확대 강화하여 통일하자는 것이 아니라 힘으로 먹겠다는 발상이고, 그래서 거기에 대항하는 세력을 탄압하는 데 소요

되는 비용이 그렇게 들게 될 것이라고 주장하는 것에 다름 아닙니다. 바로 이것이야말로 같은 민족으로 애국의 기치라는 공통성을 기초로 해서 통일하자는 것이 아니라, 외세의 지배 논리에 기초해 북까지 먹겠다는 논리가 아니고 무엇이겠습니까?

통일의 방식은 애국의 공통성을 기초로 하여 서로 이득을 보는 관계로 되어야지 힘으로 제압하는 방식으로 이루어지는 것이 아닙니다. 서로 힘으로 제압하는 방식 때문에 분단이 극복되지 않고 있는데, 어떻게 그런 방식으로 통일이 이뤄질 수 있다고 볼 수 있겠습니까? 결국 통일비용을 거론하는 것은 대립, 대결 정책을 계속 추구하겠다는 것이고, 대립 대결 정책을 추구한 이상 서로 공통성에 근거해 협력하는 방식으로 통일하지 않겠다는 것이고, 그런 논리는 바로 외세에 기반하여 한반도 자체를 외세가 지배하고 농락하도록 하자는 매국노의 주장과 하나도 다를 바가 없습니다.

이제부터 한반도의 긴장 격화와 대립, 대결의 상태를 해소하자면 자체로 안보를 지켜낸다는 굳건한 입장에 서서 군사적 주권을 우선적으로 확보하면서 외세와의 군사동맹을 추구하는 정책을 청산해야 합니다.

군사적 주권을 확보해야 한다고 주장하지도 않으면서 외세와의 군사동맹 관계만이 살길이라고 주장하는 것은 통일을 바라지 않을 뿐만 아니라, 한반도 분위기를 대립 대결의 연장선상에서 긴장을 격화시키고, 끝내는 전쟁 위기로 몰아가 민족을 공멸시킬 수 있는 매우 위험천만한 행위일 뿐입니다. 그러기에 이런 주장을 펼치는 자들은 반민족적인 매국노로 규정하고 단죄하고 청산해 가야 합니다.

아울러 남북 간에는 서로 먹고 먹히는 관계가 아니라 애국의 기치라는 공통성에 의해 서로 이득을 보는 관계로 전환해 가야 합니다. 그리한다면 쓸데없는 대립, 대결로 인한 낭비는 없어질 것이고, 서로 끊임없이 이득을 보는 관계 속에서 끝내는 통일이 이루어지는 방향으로 나아가게 될 것입니다.

### 3) 나라의 주권을 제대로 행사하지 못하면 망국노의 취급을 당한다*

한국 사회는 헌법도 있고, 그에 의해 대통령과 국회의원도 직접 뽑고, 또 나라를 지키기 위한 군대도 있습니다. 이것만 보면 한국은 온전히 자기 권리를 행사하고 있는 나라처럼 보입니다. 하지만 그 실상은 이와 전혀 다른 양상이 펼쳐지고 있습니다.

국제 외교 관계에서 한국 민의 이해와 요구가 반영되는 것이 아니라 미국의 이해와 요구가 관철되고 있고, 군대 또한 미국이 전시작전권을 행사하고 있습니다. 그러다 보니 한국 민의 생명과 재산을 국제사회에서 제대로 지켜내지 못하고 있을 뿐만이 아니라, 1945년 외세에 의해 민족이 분단된 이래 조국통일이 이뤄지기는커녕 지금에 이르러서는 남보다도 못한 적대관계가 형성되어 심각한 전쟁 위기까지 겪고 있는 상황이 펼쳐지고 있습니다.

그러면 도대체 한국의 법과 제도, 군대 등이 의연히 존재하고 있는데도, 그것이 제 기능을 다하지 못하는 이유가 어디에 있는 것일까요? 한마디로 한국 사람에 의해 뽑혔다면 한국 민의 이해와 요구를 대변하는 것이 맞을 것인데, 그렇지 못하고 왜 외세와 매국노가 주인 행세하는 사회가 펼쳐지고 있느냐 하는 것입니다.

그것은 한국이 대외관계에서 주권을 온전히 행사할 수 없는 상황

---

* 우리겨레연구소 카페, 나라의 주권을 제대로 행사하지 못하면 망국노의 취급을 당한다 (2024. 02. 05), 참조 자료: 우리겨레연구소 카페, 자유와 평화, 번영을 이루려면 주권을 고수하고 올바로 행사해야 한다(2024. 03. 04), 우리겨레연구소 카페, 트럼프 정권의 등장에 올바르게 대처하려면 하루빨리 한국의 주권을 되찾아야 한다(2024. 11. 11)

에 처해 있기 때문입니다. 한마디로 한국이 미국과 한미상호방위조약과 한미행정협정을 맺고 있고, 또 일본과 한일기본협정을 맺고 있는 관계로 하여 주권을 제약받아 온전히 행사할 수 없는 상황 때문에 발생하고 있다는 것입니다.

주권 행사가 얼마나 중요한가는 국제사회에서 한 나라와 민족의 권리를 보장하는 길은 다른 그 무엇이 아니라 오직 주권을 통해서만 이루어진다는 것에서 드러납니다. 주권을 제대로 행사하지 못하면 나라와 민족의 권리를 주장할 수 있는 길이 없습니다.

그 때문에 국가적 형태와 모습을 갖추고 있느냐가 중요하지 않고 실질적으로 주권을 제대로 행사하고 있느냐가 그 핵심이 된다는 것입니다. 이것은 현시기에 있어서 실질적인 자유와 평등을 누리지 못하면 자유와 평등권의 행사는 빈껍데기에 불과한 것과 같은 이치입니다. 그래서 실질적으로 주권을 행사하지 못하는 부분에 대해 결코 간과하고 넘어가서는 안 됩니다.

실질적인 주권을 행사하지 못하는 상황을 간과하지 말아야 하는 이유는 그 자체가 나라와 민족 단위에서 식민지의 노예적 삶을 강요당하기 때문입니다.

이것은 일제가 조선을 어떻게 식민 지배했는가의 과정을 살펴보면 알 수 있습니다. 일제는 1905년 을사늑약을 체결하여 외교권을 박탈하였으며, 그 이후 1907년에는 군대를 해산하였고, 끝내 1910년에는 강제로 합방하는 길로 나왔습니다. 한마디로 나라와 민족이 국제사회에서 존속을 인정받느냐, 받지 못하느냐는 우선 외교권, 즉 주권을 행사할 수 있느냐, 그렇지 못하느냐에 달려 있게 된다는 것입니다. 주권을 행사할 수 없게 되면 그로부터 식민지 노예로 전락하게 된다는 것입니다.

미국, 일본과 맺은 불평등한 조약을 하루빨리 파기하고 실질적인 주권을 행사할 수 있게 만드는 것은 현시기에 첨예화되고 있는 한반도의 전쟁 위기를 국제적인 분쟁거리로 확대시키는 것을 막으며 조국통일을 이룩하기 위해서도 절실한 과제로 등장합니다.

남북 간에 전쟁이 발생하면 사실상 핵전쟁이 될 것이 분명한데, 그러면 민족의 존망도 장담할 수 없게 될 것입니다. 그래서 어떻게든 전쟁을 막아야 하고, 궁극적으로 조국통일을 이루어야 하는데, 주권을 제대로 행사하지 못하면 그렇게 할 수 있는 길이 차단당하게 됩니다. 주권을 제대로 행사하지 못하고 외세와 매국노에 의해 유린당하는 상황이 되면 망국노로 전락하기 때문입니다. 국제사회에서 자신의 권리를 주장할 수 있는 길은 철저한 주권 행사에 달려 있는데, 망국노가 되었으니 어디에 하소연할 수 있겠느냐는 것입니다. 한마디로 국제사회에서 한국의 입장을 제대로 행사할 길은 주권을 제대로 행사하는 것 외에 다른 방법이 없다는 것입니다.

주권을 제약하는 불평등한 협정을 하루빨리 파기하고 주권을 제대로 행사하는 것이 중요한 과제로 등장하는 것은 현시기의 시대사적 요청 속에서 견지해야 할 민족관과 조국통일에 대한 이해와도 밀접히 관련되어 있습니다.

사회 역사의 주체인 민은 개성을 가진 존재로서 집단을 구성하여 나라와 민족 단위로 살아가고 있습니다. 그래서 개인과 집단, 나라와 민족 단위의 모든 부분에서 권리를 행사해야만 참답게 주인의 권리를 누리고 산다고 할 수 있습니다.

바로 여기서 민족에 대한 이해에서도 주체적 요구가 더욱 중시되게 됩니다. 시대적 발전은 민족의 특성에 대해 핏줄과 언어, 지역과 문화의 공통성이라는 객관적 징표만을 잣대로 사용할 것이 아니라 주체적 요구가 더 부각되는 방향으로 나갈 것을 요구하고 있습니다. 즉 민족의식을 갖고 운명공동체로 살아가려고 하는가, 하지 않는가가 참다운 민족 성원으로 되느냐, 되지 못하느냐의 가름선이 되기에 이르렀다는 것입니다.

다시 말해 검은머리 미국인, 즉 매국노는 참다운 민족 성원으로 볼 수 없다는 것입니다. 민족의식을 견지하며 운명공동체 집단으로서 생사고락을 함께하려고 하지 않고, 오직 자기 혼자만의 욕심을 채우기 위해 외세의 요구에 추종하며 빌붙어 살아가려고 하는 자들을 어떻게 같은 민족 성원으로 볼 수 있겠느냐 하는 것입니다. 민족의식도 없고 운명공동체 의식도 없는 매국노들을 용인하게 되면 나라와 민족 단위에서 주권을 제대로 행사할 수도 없고, 그런 관계로 주인의 권리를 누리고 살 수도 없게 된다는 것입니다. 그 때문에 외세와 매국노는 대화와 협력의 상대가 아니라 응징의 대상이 될 수밖에 없습니다.

민족에 대한 이해에서 민이 나라와 민족 단위에서 운명공동체로 살아가려는 주체적 징표가 중시되는 조건에서, 조국통일 또한 단순히 객관적 징표에서 그치는 것이 아니라 주체적 요구가 중시되어야 하고, 그런 관계로 조국통일은 한반도 차원에서 민의 권리를 실현하려는 내용으로 더욱 풍부화되기에 이르렀습니다. 그 때문에 조국통일을 실현하는 데서도 외세와 매국노는 대화와 협력의 상대가 아니라 응징이 대상이 되고, 민족의식과 운명공동체 의식을 견지하는 사람, 즉 민이 애민과 애국의 기치에 의해 조국통일을 이룩하는 과정으로 전개되어야 한다는 것입니다.

민족에 대한 이해에서 주체적 징표를 중시하는 것은 나라와 민족 단위에서의 객관적 특성을 무시하자는 것이 아닙니다. 도리어 객관적 특성을 가지고 살아가는 모든 단위에서 민족의 참다운 징표가 실현되도록 하자는 데에 그 목적이 있습니다. 그 때문에 주체적 징표를 강조한다고 해서 나라와 민족 단위에서의 분단된 상황을 그대로 용인하자는 것으로 될 수는 없습니다. 도리어 주체적 징표를 강조해야만 민족의 객관적 특성이 나타나는 모든 삶의 단위에서 주체적 요구가 원만히 실현될 수 있도록 보장해 주게 됩니다. 분단된 상황을 하루빨리 극복하고 조국을 통일해야 할 주체적 요구의 절박함도 바로 여기에 근거합니다.

한반도의 전쟁 참화를 막고 하루빨리 조국통일을 이룩하기 위해서는 무엇보다 한국에서 기필코 주권을 제대로 행사할 수 있게 만드는 것이 절실한 과제로 등장하고 있습니다. 그러자면 그에 대한 근거가 있어야 할 것인데, 바로 그것이 애국법과 조국통일법의 제정이라고 할 수 있습니다.

애국법과 조국통일법을 제정하는 길로 나아가야 이에 근거하여 미국, 일본과 맺고 있는 불평등한 협정을 파기할 수 있고, 제대로 주권을 행사할 수 있게 된다는 것입니다.

주권을 제대로 행사할 수 없으면 망국노의 신세나 다름없게 되는데, 여기서 어떻게 한반도의 전쟁 위기를 막고 조국통일을 이룩할 수 있을 것이며, 개혁을 성공시킬 수 있겠느냐 하는 것입니다.

그러니까 도대체 무엇 때문에 미국, 일본과 맺고 있는 불평등한 조약 자체를 파기하지 못함으로 인해 주권을 제대로 행사하지도 못하고 망국노 같은 신세로 전락해 모멸감과 서러움을 안고 계속 살아가야 할 이유가 어디에 있느냐 하는 것입니다. 이런 상황을 더는 지속시켜서는 안 됩니다.

그 때문에 한국 사회를 실질적으로 개혁하여 한반도에서의 전쟁 참화를 막고 조국통일을 이룩하려는 개혁세력들은 이번 총선에서 애국법과 조국통일법의 제정을 핵심적인 기치로 들고 나서야 한다고 거듭 강조해서 말하는 것입니다.

## 4) 민생 문제를 해결하자면 대외정책의 기조부터 애민과 애국의 입장으로 전환시켜야 한다*

흔히 대외정책과 국내정책은 일정한 차이가 있을 것이라고 손쉽게들 생각합니다. 그래서 정치권에서는 심각한 민생 문제를 해결하겠다고 주장하면서도 대외정책의 기조에 대해서는 사실상 외면하는 모습이 나타납니다. 그런데 대외정책 기조 자체가 주권도 제대로 행사하지 못하면서 민생에 반하는 방식으로 추진된다면 어떻게 민생 문제를 해결할 수 있는 길이 열리겠느냐 하는 것입니다.

실상 한 나라의 대외정책과 국내정책의 내막을 살펴보면 서로 밀접한 연관 관계가 있음을 알 수 있습니다. 대외정책의 기조가 패권의 추구나 제국주의 수탈 정책이 추진되면 국내정책 또한 거대독점자본의 이해와 요구를 실현하기 위한 정책이 실시됩니다. 그래서 제국주의 나라들을 보면 군수산업이 비대하게 성장하고, 경제가 발전해도 빈부격차가 해소되지 않고 심화되어 갑니다.

반면에 대외정책의 기조가 대등한 주권 관계를 바라는 나라들을 보면 그런 나라의 국내정책은 주로 자립적인 경제 구조를 세우기 위해 노력하는 모습들을 띱니다. 그 이유는 대외정책과 국내정책을 추진하는 주체가 서로 무관하지 않고 거의 대부분 일치하기 때문입니다. 그 주체가 일치한 관계로 대외정책과 국내정책이 서로 밀접하게 연결되어 그들의 이해와 요구를 실현하기 위한 방식으로 전개된다는 것입니다.

그러면 이렇게 밀접하게 연결되어 진행되는 데도 대외정책과 국내

---

* 우리겨레연구소 카페, 심각한 민생 문제를 해결하자면 대외정책의 기조부터 애민과 애국의 입장으로 전환시켜야 한다(2024. 07. 22), 참조 자료: 우리겨레연구소 카페, 윤석열 정부는 외교정책의 기본목표를 전면 수정해야 한다(2023. 4. 24)

정책은 일정한 차이가 있는 것처럼 이해되는 이유는 무엇일까요? 그
것은 국내정책의 추진에서도 여러 정치세력 간의 역량 관계에 의해
결정되는 것처럼 대외정책도 각 국가 간의 역량 관계에 따라 영향을
받기 때문입니다. 여기서 국내정책은 얼마든지 내부의 세력 관계에
의해서 바꿀 수 있으나 대외정책은 국가 간의 역량 관계 때문에 어쩔
수 없다는 식의 사고방식이 전개된다는 것입니다.

그런데 한국에서 세계화 정책을 추진하는 과정을 보면 단순히 세
계거대독점자본세력에 굴복했기 때문이라고만 손쉽게 속단할 수는
없습니다. 그 내막을 보면 단순한 굴복이 아니라 세계거대독점자본
에 결탁하거나 기생하는 세력이 적극 나서서 세계화 정책을 집행했다
는 사실입니다. IMF의 지배를 받는 과정이나 그 이후에 있어서 끊임
없이 공기업을 민영화하고, 비정규직 노동자를 대대적으로 양산하는
정책이 계속 추진되고 있는 것이 바로 그런 모습들입니다.

물론 한국에서 세계거대독점자본과 결탁하거나 기생하는 세력이
갑자기 하늘에서 뚝 떨어진 것은 아닙니다. 그 세력은 미국의 의해
끊임없이 키워지면서 성장되어 왔습니다. 미국은 한미 간의 불평등
한 협정과 조약을 통해 한국의 대외정책의 기조를 사실상 좌지우지해
왔습니다. 원조와 차관, 수출 지향주의 정책, 직접투자의 유치 등은
바로 그런 과정이었습니다. 이를 통해 힘을 키워온 세력들은 미국이
동구권의 몰락을 통해 세계적 차원에서 유일 패권 정책을 추진하면서
국가적 장벽조차 무력화시키며 직접적이고 전면적인 수탈 체제를 수
립하려고 할 때 그에 발맞춰 한국 사회에서 세계화 정책을 적극 추진
하였던 것입니다.

이렇게 대외정책의 기조가 세계거대독점자본과 이와 결탁, 기생하
는 세력들의 이해와 요구가 실현되는 방식으로 전개되면 국내정책 또
한 이로부터 영향을 받지 않을 수 없습니다. 대외정책과 국내정책이

따로따로 존재할 수 없기 때문입니다. 그래서 이런 대외정책의 기조가 성립되면 국내의 정책도 결국 세계거대독점자본과 이와 결탁, 기생하는 세력들이 이익을 보는 관계로 정립됩니다. 세계화 정책이 추진되자 빈부격차가 더욱 확대되면서 세계거대독점자본과 이와 결탁, 기생한 세력들은 더욱 비대해지고 나머지 대다수는 더욱더 궁핍화되는 이유가 여기에 있습니다.

하지만 이런 세계화 정책도 미국의 유일 패권적 지위가 위협당하자 쓸모없게 되었습니다. 미국이 바로 국익 우선주의 정책을 추진하고 있기 때문입니다. 미국은 유일 패권의 지위를 어떻게든 유지하고자 중국과 러시아와의 대립, 대결과 전쟁 분위기를 조성하면서 중국과 러시아와의 경제 협력과 교류의 진행마저 가로막으려 하고 있습니다. 여기에 윤석열 정권은 한반도의 대외정책을 추진하는 데 있어서 중국과 러시아와 대립 관계를 형성할 필요가 없는데도 미국과 운명을 같이하겠다는 듯 미국의 대외정책 기조를 충실히 추종해 가고 있습니다.

윤석열 정권이 대립, 대결적인 미국의 대외정책을 철저히 추종함으로써 한반도는 전례 없이 긴장이 고조되고 언제든지 전쟁이 일어날 수 있는 상황으로 전변되고 있습니다. 그뿐만 아니라 지난날 수출 지향주의 정책으로 수출이 아무리 많이 이루어져도 저임금, 저곡가 정책이 시행되었기에 민의 삶이 나아지지 않았듯이, 세계화 정책으로 한국 경제가 아무리 성장해도 투기자본 세력에 의해 돈이 수시로 해외로 빠져나가고, 지금은 미국의 국익 우선주의 정책에 의해 한국 내에 투자하는 것이 아니라 미국 땅에 투자해야만 하는 웃지 못할 촌극이 벌어지고 있습니다.

이것을 보면 대외정책과 국내정책이 얼마나 서로 밀접하게 연결되어 진행되는지를 알 수 있습니다. 그렇다면 대외정책과 국내정책을 따로따로 볼 것이 아니라 어떤 기조에서 전개해야 하는지를 명백히 해야 할 것입니다. 그런데 이것은 결국 누구를 주체로 놓고 진행해야 하는지의 문제로 귀결됩니다. 지금껏 한국 사회에서는 외세와 이에 결탁 내지는 기생하는 세력이 주체가 되어 진행되었기에 그들의 입맛에 맞는 대외정책이 형성되었고, 또 그에 따라 국내정책도 전개되었다는 것입니다. 이를 보면 지금껏 한국의 대외정책과 국내정책은 외세와 이에 결탁 내지는 기생하는 세력들이 이익을 보는 형태로서 동전의 양면 관계로 진행되었음을 알 수 있습니다.

바로 여기서 민생 문제를 진정으로 해결하자면 이런 대외정책과 국내정책을 뜯어고쳐야 합니다. 그렇지 않으면 민생 문제가 해결되지 않는다는 것입니다. 한마디로 나라의 주인이 민이기에 민을 주체로 놓고 진행해야만 민생 문제가 해결된다는 것입니다. 그 때문에 민생 문제를 해결하기 위한 대외정책과 국내정책의 기조는 결국 애민과 애국의 기치가 될 수밖에 없습니다.

대외정책과 국내정책의 기조가 다 애민과 애국의 기치로 되는 것이야 당연하지만, 여기서 더 중요한 것은 대외정책을 우선해서 애민과 애국의 기치로 바꾸어야 합니다. 대외정책은 한 나라의 주권을 직접적으로 표현하기 때문입니다. 주권을 제약받는 조건에서는 국내정책에서 애민과 애국의 기치를 견지할 수 없습니다. 주권을 제대로 행사하지 못해 외세로부터 민의 생명과 재산, 권리를 지킬 수 없는데, 어떻게 국내정책에서 애민과 애국의 기치를 내걸 수 있겠으며, 민생 문제를 해결할 수 있느냐 하는 것입니다.

그 때문에 정치권에서 민생 문제를 해결하겠다고 말들을 많이 하는데, 진심으로 민생 문제를 해결하려는 의지가 있다면 대외정책의 기조부터 먼저 애민과 애국의 기치로 바꾸라는 것입니다. 대외정책의 기조를 애민과 애국의 기치로 바꾸어 주권을 제대로 행사하지 못하면 사실상 민생 문제가 해결되지 않는데, 이를 실현하려는 적극적인 노력도 기울이지 않으면서 민생 문제를 해결할 것처럼 주장한다면 그것은 민을 기만하고 조롱하는 행위에 지나지 않는다는 것입니다.

대외정책의 기조부터 애민과 애국의 기치로 바꾸어 주권을 제대로 행사해 간다면 외세로부터 민의 생명과 재산, 권리를 지켜내는 원칙이 확고히 정립될 것이고, 그러면 그에 맞춰 국내정책도 자연스레 애민과 애국의 기치에 맞게 바꾸어 갈 수 있을 것입니다.

# 5. 대립관계의 구도와 연합전선론

### 1) 한국 사회의 문제를 풀려면 시대적 과제를 해결하기 위한 방향에서 투쟁전선과 단결전선을 형성시켜 가야 한다*

한국 사회의 정치 지형을 보면 이합집산하고 정치 전선이 여러 개로 형성되어 있습니다. 정치 지형이 이렇게 복잡하니 사회적 문제가 해결되지 않고 여전히 기득권 세력이 권력을 행사하는 과정으로 이어지게 됩니다.

이런 문제를 해결하려면 투쟁전선과 단결전선을 단순 명쾌하게 정리해 가야 합니다. 그래야 단결된 정치 역량의 힘으로 사회적 문제를 하나하나씩 풀어나갈 수 있습니다.

그렇다면 무엇을 위해 투쟁하고 무엇을 위해 단결해 나갈 것인가의 목표를 분명하게 밝히는 것으로 되어야 하는데, 그것은 결국 시대적 과제가 무엇인가의 문제로 귀결됩니다. 왜냐하면 정의와 공정, 상식, 양심, 개혁 등 제반의 사회적 문제는 시대적 요청에 따라 제기

---

* 우리겨레연구소 카페, 한국 사회의 문제를 실질적으로 풀려면 시대적 과제를 해결하기 위한 방향에서 투쟁전선과 단결전선을 형성시켜 나가야 한다(2023. 12. 11)

되는 것이지 시대적 상황을 떠나서 성립될 수 없기 때문입니다.

지금의 시대적 요구는 형식적인 자유와 평등이 아니라 실질적인 자유와 평등을 누리고 사는 것이고, 형식적인 민주주의가 아니라 직접적 민주주의를 실현하는 것입니다. 지금의 한국 사회는 민의 완강한 투쟁에 의해 군사독재세력이 더는 맥을 추지 못하게 되면서 형식적인 자유와 평등, 형식적인 민주주의는 보장되고 있지만, 실질적인 측면에서 보면 참담게 이뤄지지 못하고 있습니다.

그런데 실질적인 자유와 평등을 누리고 직접적 민주주의를 실현하기 위해서는 자유와 평등의 관계로 바라보기보다는 사회와 역사의 주체이자 나라의 주인인 민이 어떻게 주인의 권리를 누리고 행사하느냐의 문제로 접근했을 때 그 시대사적 요구가 분명하게 드러납니다.

자유와 평등, 민주주의가 형식적으로는 보장된 것처럼 보이더라도 실질적으로 누리지 못하면 별반 의미가 없기 때문입니다. 여기서 실질적으로 누리게 하자면 그것은 결국 민이 어떻게 주인의 권리를 누리고 행사하느냐 하는 차원의 문제로 귀결됩니다. 그래서 이런 차원에서 제반 조건을 실질적으로 바꿔가야 합니다.

이렇게 보면 나라와 민족 단위에서 철저히 주권을 확보하고 고수하는 문제가 매우 중요한 요구로 제기된다는 깃 또한 일 수 있습니다. 민족적 주권이 제약당하고 정당하게 행사할 수 없다면 민이 나라와 민족 단위에서 주인의 권리를 누리고 살지 못할 것은 물론이고 직접적 민주주의의 실현 자체도 불가능하게 되기 때문입니다.

이런 시대사적 요청에 부응하기 위해 한국 사회에서 제기된 자주와 민주, 통일의 목표도 훨씬 더 풍부해졌습니다. 아울러 이를 실현하기 위한 핵심적인 기치로 애국법과 조국통일법의 제정, 빈부격차의 해소, 그리고 각종 대중단체에 대한 국가적인 지원 체계와 그 이해와 요구를 국가 정책에 반영하는 질서 체계의 수립과 함께 일치와 입체, 통일의 방법론도 제기되었습니다.

그런데 한국 사회의 정치권에서는 이런 시대사적 요구를 외면하고 자신들의 유불리에 따른 정치공학적 계산으로 접근하고 있습니다. 그 결과로 나타난 것이 거대양당체제이고 제3정당의 건설입니다.

실상 거대양당체제 자체만 놓고 보면 그것이 나쁘다고 말할 수는 없습니다. 예를 들어 개혁과 반개혁의 전선과 같은 양당체제가 성립된다면 이를 보고 나쁘다고 말할 수는 없는 것과 같은 이치입니다.

사실 이런 전선 구도가 성립되어야 개혁세력이 압도적인 역량을 형성해서 개혁을 실현할 수 있습니다. 한국 사회에서 거대양당제도가 문제가 되는 것은 개혁을 실현하기 위한, 즉 시대적 과제를 해결하기 위한 구도로 형성되어 있지 않기 때문입니다. 그 때문에 이런 거대양당체제에서는 기득권 세력이 서로 권력을 나눠 먹는 식으로 되어 한국 사회가 결코 바뀌지 않는 것입니다.

제3정당을 건설하는 것도 그 자체로만 놓고 보면 나쁘다고 말할 수는 없습니다. 거대양당이 계속 기득권을 누리려고 하는 조건에서 제3당을 건설하여 풀어가려는 것은 당연한 요구입니다. 하지만 제3당을 건설했는데 그 정책이 시대사적 요구를 외면하고 거대양당과 거의 엇비슷한 정책을 내놓는다면 무엇이 달라지겠습니까? 이 또한 정치공학적인 입장으로 접근해서 기존의 기득권에 편승해 한자리 차지해 먹으려는 것과 크게 다를 바 없습니다. 지금껏 제3당을 건설해 보았자 크게 바뀐 것도 없고, 거의 실패한 모습으로 귀결되었던 것도 그 때문입니다.

이를 놓고 보면 거대양당체제를 부정하거나 제3당의 길을 걷는다는 것 자체가 중요한 것이 아니라 얼마나 시대사적 요구를 철저히 견지해 가느냐가 관건으로 작용한다는 것을 알 수 있습니다.

물론 시대사적 요구를 실현하기 위한 계선이 설정되고, 그 핵심적인 기치가 제기되었다고 해서 이 모든 문제가 쉽사리 해결될 수는 없을 것입니다. 하지만 분명한 것은 이합집산하는 현상을 방치한다면 제반 세력이 참답게 단합할 수 있는 길은 열리지 않을 것이고, 그러면 한국 사회를 참답게 개혁할 수 없다는 점입니다.

이합집산하는 세력이 서로 손을 잡더라도 시대사적 과제를 해결하기 위한 차원에서 단합하는 것이 아니라 자신들의 정치공학적 계산에 따라 진행할 것이기 때문입니다. 지금 한국 사회에서 거대양당인 국민의힘과 더불어민주당에서 그 주류에 반발하는 세력이 나타나면서 제3정당 건설이 거론되는 것과 함께 여러 군소정당이 난립하는 모습을 보이며 정치공학적 계산에 따라 움직이는 것도 여기에 그 원인이 있습니다.

이런 상황으로 총선이 진행되어 봤자 나타날 결과는 보나 마나 기존 정치 지형의 답습인 거대양당과 군소정당의 모습일 것입니다. 그러면 백날 가도 세상은 실질적으로 바뀌지 않을 것입니다.

이런 상황을 극복하자면 다른 뾰족한 방법이 없습니다. 시대적 과제를 해결할 수 있는 계선으로 단합하여 투쟁할 수 있는 전선부터 확립해 가야 합니다. 비록 처음엔 그 수가 적게 보일지라도 그 근거 지전부터 명확히 확립해야 한다는 것입니다.

초기에 기득권 세력이 이런 전선 확립을 여러모로 방해하고 나오겠지만 시대적 과제를 해결할 수 있는 계선으로 단결하고 투쟁하는 입장을 확고히 견지해 가면서 각각의 정치 세력들이 이런 방향에 합류할 것인지, 그렇지 않을 것인지에 대한 정치적 입장을 분명하게 표명하게 해야 합니다. 그럼으로써 그들의 정치적 실체를 확인시키는 과정으로 나아간다면 시대적 과제를 해결하는 방향으로 흘러가는 추세를 결코 막을 수는 없을 것입니다. 실질적인 자유와 평등을 누리고 직접적 민주주의를 실현하는 것이 지금의 시대사적 요구로 되는 상황에서 이를 감히 대놓고 부정한다면 그런 반개혁적 세력이 앞으로도 여전히 거대 정치세력으로 그 존재를 유지한다는 것 자체가 거의 불가능해질 것이기 때문입니다.

그래서 처음 시기의 난관에 굴하지 않고 참다운 개혁세력이 단합하여 시대적 과제를 해결할 수 있는 그 근거 지점을 마련하는 입장을 초지일관해서 굳건히 견지해 간다면 그 정치적 대오는 급속히 확대되어 갈 것이고, 그에 따라 한국 사회는 거대양당체제와 군소정당의 구도가 아니라 시대적 과제를 해결하기 위한 개혁 세력과 반개혁 세력의 구도로 형성될 것이며, 마침내 압도적인 역량으로 개혁을 실질적으로 실현해 갈 수 있게 될 것입니다.


## 2) 개혁을 실현하자면 분리, 고립시켜 탄압하는 방식에 적극 대응해야 한다*

사회 역사를 보면, 사회의 지배 통치 세력들이 자신들의 통치 질서를 유지하고자 상투적으로 쓰는 수법 중의 하나가 분리, 고립시켜 탄압하는 것입니다.

흔히 사람들은 분리, 고립시켜 탄압할 때 자기 일이 아니라고 여기고 외면합니다. 하지만 그렇게 탄압받는 일이 벌어지면 그다음에는 그 자신이 탄압받는 길로 이어지게 됩니다. 왜냐하면 분리, 고립되어 탄압받는 것이 현실화되면 그다음부터는 누구도 탄압받는 길에서 벗어날 수 없는 분위기가 조성되기 때문입니다.

---

* 우리겨레연구소 카페, 개혁을 실현하자면 분리, 고립시켜 탄압하는 방식에 적극 대응해야 한다(2023. 06. 05)

폭력 세계에서 가장 연약하고 힘없는 놈을 본보기로 잔인하게 폭행하는 것이 무엇 때문이겠습니까? 당장 자기가 당한 것은 아니라고 하지만 결국 분위기 자체가 조폭 두목의 명령에 복종하는 상황으로 귀결됩니다. 그래서 조폭 두목에게 반항하는 것 자체가 불가능하고, 말을 고분고분 안 듣는 기미가 보일 것 같으면 그 누구를 막론하고 왕따 당하는 처지로 빠지게 됩니다.

미국이 세계 유일의 패권을 행사하면서 끊임없이 몇몇 나라를 왕따시켜 침략하고 탄압했던 것도 이런 맥락이었습니다. 그리고 그 칼날은 몇몇 왕따시킨 나라에 그치지 않고 이제 중국과 러시아까지 향하고 있습니다.

마찬가지 이치로 윤석열 정권은 처음에는 몇몇 세력을 공안의 칼날로 탄압하더니, 이제 건설노조에서 민주노총을 넘어 시민단체에까지 그 탄압의 칼끝을 겨누고 있습니다. 이런 상황에서 당장 자기 일이 아니라고 외면한다면 결국 어느 누구도 윤석열 정권의 탄압으로부터 자유로울 수 없게 될 것입니다.

개혁을 하자면 자신들의 이해와 요구를 적극 제기해야 하는데, 이렇게 칼날 위에 놓인 것 같은 분위기라면 어느 누가 맘 놓고 자신의 의견을 개진할 수 있겠습니까? 그 때문에 분리, 고립시켜 탄압하는 방식이 전개된다면 그것 자체가 개혁의 실종을 의미하게 됩니다. 그래서 개혁을 원하는 세력은 처음부터 이런 식의 탄압에 자기 일처럼 단합하여 적극 대응해 나서야 합니다. 이런 식의 탄압이 이루어지지 못하게 만드는 것이 바로 개혁이 실종되지 않고 진행될 수 있는 유일한 길이라는 것입니다.

닭 모가지를 비튼다고 해서 새벽이 오지 않는 것은 아닙니다. 개혁은 시대적 요구이고 민의 절대적 요구입니다.

지금 개혁의 길로 나아가느냐, 마느냐는 결국 분리, 고립시켜 탄압하는 방식을 이겨내느냐, 그렇지 못하느냐에 달려 있습니다. 바로 여기서 개혁을 바라는 세력이 분리, 고립시켜 탄압하는 방식에 자기 일처럼 나서서 서로 힘을 합쳐 적극 대응한다면 윤석열 정권의 개혁 방해 움직임을 이겨낼 수 있을 것이며, 그러면 개혁은 자연스러운 흐름으로 진행되어 민이 주인의 권리를 실현하는 길로 나아갈 수 있게 될 것입니다.


### 3) 개혁을 성공시키자면 진영 간의 세 대결 형태가 벌어지는 것을 하루빨리 극복해야 한다*

한국 사회는 개혁을 더는 미룰 수 없는 상황이 되었습니다. 국제 정세로 보나 한국의 내부 상황으로 보나 매우 절실한 상황입니다. 그런데 윤석열 정부는 이런 시대적 흐름에 호응하기보다는 도리어 더 후퇴시키는 방향으로 나아가고 있습니다.

민생 문제의 해결을 중시한다면 한반도의 긴장을 완화하는 분위기로 이끌어야 하고, 국내적으로도 서로 싸우기보다는 힘을 합쳐 해결하는 방향으로 나가는 것이 맞을 것입니다. 그런데 한반도의 현실은 긴장이 더 격화되고 심지어 전쟁 위기 상황으로까지 치달아 가고 있으며, 내부적으로도 윤석열 정부 내지는 윤핵관을 제외하고는 대다수가 비판적으로 문제를 제기하는 데도 전혀 귀 기울이려고 하지 않고 있습니다.

그로 인해 윤석열 정부가 들어선 이래 얼마 되지도 않았는데, 그

---

\* 우리겨레연구소 카페, 개혁을 성공시키자면 진영 간의 세 대결 형태가 벌어지는 것을 하루빨리 극복해 나가야 한다(2022. 10. 24), 참조 자료: 우리겨레연구소 카페, 각 당 계파들 간의 묻지마식 대결방식을 어떻게 보아야 할까?(2022. 06. 13)

지지율은 20~30%에 머물고 있고, 벌써 반정부 투쟁이 벌어지고 있습니다. 공정과 정의를 들먹였지만 내로남불의 모습을 보이니, 바로 그 부분에 대해 민으로부터 비판을 받기에 이른 것입니다. 그래서 끊임없이 문제 제기가 일어났고, 급기야 탄핵하자는 주장까지 나오기에 이르렀습니다.

  문재인 정부가 민으로부터 지탄받고 정권 재창출을 못 한 이유가 어디에 있었습니까? 한마디로 촛불 정신을 외면하고 실질적으로 개혁하지 않았기 때문입니다. 박근혜 정권을 탄핵한 촛불 정신으로 철저히 개혁했다면 어찌하여 정권 재창출이 안 되었겠습니까? 말로만 개혁을 주구창창 거론했을 뿐 도대체 세상이 뭐가 바뀌었습니까? 윤석열 정부가 탄생한 것도 실상은 그 지지가 높아서라기보다는 반문재인 정서가 높아서였습니다. 결국 윤석열 정부에 바란 것은 민을 기만하지 말고 철저히 개혁하라는 것이었습니다.

  윤석열 정부가 이런 상황에서 정권을 잡았다고 한다면 철저히 개혁하는 길로 나가는 것이 맞을 것입니다. 그런데 정권을 잡고 나서도 여전히 자신의 활로를 반문재인 정서에서 찾고, 거기에서 한 치도 벗어나지 못하고 있습니다.

  권력을 잡기 위해서 반문재인 정서를 이용하는 것이야 그럴 수 있다고 쳐도, 정권을 획득한 상태에서는 이제 자기 정권의 책임성으로 풀어가야 하지 않겠습니까? 그런데 자기 정체성을 드러내는 것이 개혁을 철저히 수행하는 방식이 아니라, 도리어 문재인 정권이 철저히 개혁하지 못한 부분을 더 후퇴시키는 모습을 보이니, 이것이야말로 역사를 거꾸로 돌리는 것이 아니고 무엇이겠습니까? 검찰개혁은 당연히 이루어져야 하기에, 부족하다면 그 부분을 채워야 할 것인데, 도리어 원천 무위로 돌려 그 옛날 시절로 돌아가려고 하고, 남녀평등이 만족할 만한 수준에 이르지도 못했는데, 여가부를 폐지하겠다고 한다면 도대체 이를 어떻게 보아야 하겠습니까?

문재인 정권이 개혁에 충실하지 못했기에 민의 심판을 받았다면 그 문제점이 어디에 있는지 살펴보면서 채워가려고 해야 하는 판국에, 아예 개혁 자체를 거부하며 옛날로 돌아가려고 하면서 거꾸로 가고 있으니 민의 비판이 나오는 것은 당연할 것입니다.

민의 비판이 제기되면 왜 그런가를 살펴보고 반성하면서 고치려고 해야 할 것입니다. 그런데 윤석열 정부는 윤핵관을 제외한 모든 세력에 대해 사정의 칼날을 내세우고 진영 논리로 세 대결 양상으로 이 위기를 모면하려 하고 있습니다. 그러다 보니 지금 한국 사회에서의 대립 전선이 심히 왜곡되어 진영 논리에 의한 세 대결 양상이 벌어지는 것 같은 형국이 일정하게 펼쳐지고 있습니다.

허나 이런 사정의 칼날과 진영 논리에 의한 세 대결 양상으로 위기를 모면하려는 것이야말로 더 이상 윤석열 정권에 대해 그 어떤 환상을 가질 수 없고, 극복해야만 하는 대상임을 분명히 확인시켜 주는 것이라고밖에 볼 수 없을 것입니다.

그 때문에 개혁세력 대 반개혁 세력의 형성을 방해하고 진영 간의 세 대결 양상으로 변질시키는 그 해악성을 극복해 가야 합니다. 그래야 개혁 전선이 명확히 세워지면서 개혁을 실현할 수 있기 때문입니다.

사정의 칼날과 진영 간의 세 대결을 불러일으키는 형태는 항상 역사에서 청산되어야 할 대상이 자신의 위기를 모면하고자 주로 써먹는 수법에 다름 아닙니다. 사정의 칼날과 진영의 논리로 세 대결을 불러일으키는 것이야말로 자신들의 잘못을 숨기거나 정당한 비판을 가하지 못하도록 옭아매면서 탄압하는 데에 아주 효과적인 방식이기 때문입니다.

그 때문에 사정 칼날과 진영 논리에 의한 세 대결의 양상이 벌어지게 되면 개혁은 물 건너가게 됩니다. 세 대결이 벌어지면 옳고 그름을 찾는 것이 아니라 세력 싸움이 되기 때문입니다. 그러기에 개혁을 성공시키자면 이런 현상을 단호하게 극복해 개혁 대 반개혁 세력의 대립 전선을 형성해 가야 합니다.

윤석열 정부가 사정 칼날과 진영 논리에 의한 세 대결 양상을 벌이는 대표적인 형태 중의 하나가 반이재명의 대립 구도로 판을 짜는 것입니다. 윤석열 정부에 대한 비판을 야당의 대표인 이재명에 대한 대립 전선으로 바꾸어 교묘하게 진영 간의 세 대결 양상으로 변질시키겠다는 것입니다.

이런 진영 대립의 문제점은 민을 배제시켜 버린다는 것입니다. 개혁의 주체는 민인데, 민을 배제하고, 정부 내지는 집권당과 야당의 대립 관계로 치환해 버린다는 것입니다.

게다가 정부와 집권당의 책임이 더 큼에도 불구하고 야당에게 들씌워 버린다는 것입니다. 한국 사회가 잘못되었을 때 그에 대한 가장 큰 책임이 정부와 집권당이라는 것은 너무도 당연한데, 도대체 그 책임을 지지 않으려고 한다면 무엇 때문에 정권을 차지하고 있으며 집권당으로 남아 있을 필요가 어디에 있겠습니까?

물론 야당이라고 해서 책임이 없다는 것도 아니고, 죄가 있으면 죗값을 받지 말라는 것도 아닙니다. 당연히 책임이 있으면 그 책임을 져야 하고, 죄가 있으면 벌을 받아야 합니다. 그런데 공정과 형평성에 문제가 있으면 안 되는 것이겠지요. 그 때문에 야당은 이에 대응해 싸우게 될 것입니다. 바로 여기서 이런 대립 전선의 본질적 문제점이 드러납니다.

민이 배제되고 여야 간의 진영 싸움이 되면 그로 인해 나타나는 결과는 어떻게 되겠습니까? 결국 누가 이기든 간에 두 세력 중의 하나가 될 것입니다. 그러니 한국 사회에서 여러 번 정권교체가 이뤄지고, 박근혜 정부를 탄핵했음에도 개혁되지 못했던 것입니다. 바로 여기서 진영 간의 대립 전선이 형성되면 한국 사회는 개혁이 이뤄질 수 없는 방향으로 나아가는 문제점이 발생하는 것입니다.

여야 진영 간의 세 대결 양상이 민을 배제하고, 기득권 세력이 권력을 나눠 먹는 양상으로 되어 개혁할 수 없는 구도로 되는 것처럼, 보수와 진보라는 진영 간의 세 대결 양상도 이와 마찬가지 결과를 가져옵니다.

보수와 진보라는 진영 간의 세 대결 구도의 문제점은 우선 윤석열 정부를 보수라는 탈로 덧씌움으로써, 반개혁적 특성을 간과하게 하거나 희석하는 형태를 띠게 한다는 것입니다. 한마디로 진정한 보수 세력을 진영 논리에 매몰되게 함으로써 개혁에 동참하는 것을 가로막는다는 것입니다.

지금에 있어서 윤석열과 윤핵관에 대해 비판적인 문제를 제기하는 것은 바로 공정과 상식을 저버리고 있기 때문입니다. 그래서 이 부분을 비판하는 것인데, 이를 보수와 진보라는 진영 간의 세 대결 양상으로 변질시키게 되니, 한국 사회에서 건전한 보수가 설 땅이 없어지고, 개혁에 동참하는 길도 원천 봉쇄된다는 것입니다. 그 때문에 건전한 보수가 윤석열 정부에 대해 비판하면 배신자라고 딱지를 붙여 공격하는 현상이 발생하는 것입니다.

이런 상황이라면 개혁이 제대로 추진될 수 있겠습니까? 실상 사회에서 보수와 진보의 기준으로 나누게 되면 보편적으로 보수 세력이 많다고 보는 것이 자연스럽습니다. 이것은 사람이 자신의 생활 환경을 급속하게 바꾸는 것이 그만큼 어렵고 힘들기 때문입니다.

그 때문에 보수와 진보로 나누는 상황에서 세 대결을 벌이면 대부분 보수가 유리합니다. 그래서 진보 세력은 그 불리한 측면을 극복하기 위해 사실상 진보가 아닌 모습을 보이게 됩니다. 그러니 이 세 대결 양태로 진행되어서는 가짜 진보이거나, 아니면 가짜 보수가 정권을 잡게 되어 사회는 개혁되지 않고 바뀌지 않았던 것입니다. 그래서 이런 내막을 이해하는 기득권 세력들은 항상 사회의 대립 전선을 보수와 진보라는 대립 구도로 형성하고자 시도합니다.

상식적으로 사회를 개혁시키자면 압도적인 다수 역량을 확보해야 할 것입니다. 그런데 이렇게 참다운 보수가 설 땅을 없애버리고 개혁에 동참할 길을 막아버린다면 어떻게 압도적인 역량을 구축할 수 있겠습니까? 이런 점에서 보수와 진보라는 형태로 진영 간의 대립 관계를 구축하려는 것은 사실상 사회의 현 상태를 계속 유지하자는 주장과 다름없기에 실질적으로 개혁하자면 이런 구도의 형성을 극복해 가야 합니다.

사정의 칼날을 겨누면서 진영 간의 세 대결 구도를 형성하는 또 하나의 방식이 색깔론의 전개입니다.

보수와 진보라는 진영 간의 세 대결 대립 구도가 자신의 반개혁적 색채를 희석하고 간과하게 하는 데에 있다면, 색깔론의 대립 구도는 그 정도를 뛰어넘어 아예 정당한 비판 자체를 하지 못하도록 막으면서 탄압하는 방식입니다.

윤석열 정부가 종북세력을 거론하면서 색깔론을 제기하고 있는데, 이것은 윤석열 정부에 대한 비판 자체를 하지 못하도록 하겠다는 것에 다름 아닙니다.

색깔론은 사실상 매카시즘과 하등 다를 바 없는 것으로 민주주의의 종말을 의미합니다. 정당한 비판 자체를 색깔론을 덧씌워 탄압하는 조건에서 어느 누가 그에 구애받지 않고 자신의 사상과 정견을 자유롭게 발언할 수 있겠습니까? 그 때문에 매카시즘과 색깔론을 제기하는 자들은 민주주의에 대한 가장 큰 걸림돌이라고 할 수 있습니다.

그래서 색깔론과 매카시즘을 제기하는 세력은 민주주의의 암적 존재로 여기고 절대 허용해서는 안 됩니다.

자신의 사상과 정신이 소중하면 다른 사람의 사상과 정신도 소중합니다. 그래서 자신의 사상과 정신을 주장할 수는 있으나, 그 어떤 경우에도 다른 사람의 사상과 정신을 폭압적으로 억압하는 방식을 허용해서는 안 됩니다. 민주주의 사회에서 여러 자유가 허용되지만, 다른 사람의 권리를 억압하고 탄압할 자유를 허용하지 않고, 법적인 처벌을 가하는 것은 바로 이것이 민주주의를 지키기 위한 최후 보루이기 때문입니다.

이처럼 사정의 칼날을 내세우고 진영 논리 형태로 세 대결 양상으로 대립 관계를 변질시키려는 세력은 정의와 양심을 세우려는 것이 아니라, 정의와 진리가 세 대결로 결정된다고 본다는 점에서 그 입장 자체부터가 개혁의 걸림돌이 될 뿐입니다.

그 때문에 개혁을 성공시키자면 이런 진영 논리에 의한 세 대결의 대립 구도가 얼마나 기만적이고 허구에 찬 것인가를 분명히 직시하면서, 반윤석열 전선을 형성하면서도 동시에 개혁 전선을 분명히 확립하는 방향으로 나아가야 합니다.

반윤석열 전선을 확립해야 하는 이유는 개혁을 추진하는 데에 있어서 윤석열이 현 정권의 담당자로서 가장 큰 책임이 있음과 동시에 가장 큰 걸림돌이 되기 때문입니다. 허나 반윤석열 전선에서 멈추면 안 됩니다. 여기서 멈추게 되면 보수와 진보의 진영 논리와 색깔론의 진영 논리로 변질시키게 될 때 이에 분명하게 맞설 수 있는 길이 없게 됩니다. 그 때문에 개혁을 성공시키자면 그 내용이 개혁 전선이라는 것을 명확히 해야 합니다.

여야 간의 진영이 대립 전선으로 형성되면 지금껏 한국 사회에서 수많은 정권이 바뀌었어도 개혁이 이뤄지지 못했던 것처럼 또다시 그런 현상이 되풀이되지 않는다고 장담할 수 없을 것이고, 보수와 진보 간의 진영 대립이 이뤄지면 개혁세력이 압도적인 역량을 가질 수 없는 형태가 되기에 가짜 진보가 나오게 되든가, 그렇지 않으면 가짜 보수 세력이 선거에서 이기기에 결코 개혁이 이뤄질 수 없을 것이며, 색깔론이 횡행하게 되면 개혁은커녕 민주주의 자체가 종말을 맞게 된다는 것입니다.

이런 모든 상황을 극복하자면 진영 간의 세 대결 양상으로 벌어지는 형태가 이뤄지지 못하게 함과 동시에 반윤석열 전선이자 개혁 전선을 확립하는 방향으로 굳건히 나아가야 합니다.

그리고 개혁의 전선을 확립하는 데서 가장 중요한 원칙을 내세워야 합니다. 화장실 들어갈 때와 나올 때가 다르다고 하듯이, 말로는 개혁하겠다고 해 놓고 나중에 정권을 잡게 되면 개혁하지 않는 모습을 익히 보아왔기에 진정으로 개혁할 의지가 있는지의 기준 잣대를 분명하게 확립해야 하기 때문입니다.

바로 여기서 개혁은 민이 주인의 권리를 실현하자고 하는 것이니만큼, 그 기준을 노동조합을 비롯한 각종 대중단체에 대한 국가적인 지원 체계를 수립하는 것에 두어야 합니다. 민이 스스로 개혁을 수행할 수 있는 그 권리를 우선 보장하라는 것입니다. 이것을 보장하지 않고 자신이 대신하겠다고 하는 것은 진정으로 개혁을 바라지 않는다는 것임을 명확히 해야 한다는 것입니다.

솔직히 개혁하겠다고 해 놓고서 민이 주인의 권리를 행사할 수 있는 그 기본적인 요구조차도 수행하지 않는다면 도대체 무엇을 개혁하겠다는 것입니까? 그리고 그런 입장을 가진 사람이라면 개혁의 진정성을 어떻게 믿을 수가 있겠습니까?

반윤석열 전선이자 개혁 전선을 형성하면서도 그 개혁의 가장 기본적인 잣대가 대중단체에 대한 국가적인 지원 체계를 수립하는 것에 있다는 것을 분명히 한다면 여러 우여곡절은 있을 수 있겠지만, 그 기본적인 담보가 마련되기에 필연코 한국 사회를 참답게 개혁하여 모두가 주인의 권리를 누리고 살 수 있는 세상이 열리게 될 것입니다.

### 4) 개혁세력이 압도적인 역량을 형성하려면 정책을 중심으로 개혁과 반개혁 전선을 확립하면서 제3정당과 군소정당의 문제를 옳게 풀어가야 한다*

한반도의 전쟁 위기와 민생 파탄, 민주주의 위기를 극복하자면 한국 사회를 개혁의 물결로 흘러가도록 만들어야 합니다. 그런데 개혁의 물결은 저절로 형성되는 것이 아니라 그러한 사회 구조적 조건, 특히 정치 지형을 그렇게 만들었을 때 가능합니다. 정치 지형이 개혁할 수 없는 구조로 되면 아무리 개혁을 소망해도 사회는 그런 방향으로 나아가지 못합니다.

지금껏 한국 사회에서 개혁이 간절히 소망 되었는데도 그 바람대로 실질적인 개혁이 되지 못했던 것은 개혁할 수 없는 정치 지형으로 형성되어 있기 때문입니다. 한마디로 반개혁 세력이 개혁세력보다 더 많은 세력을 확보할 수 있는 구조로 되어 있다는 것입니다. 반

---

\* 우리겨레연구소 카페, 총선에서 개혁세력이 압도적인 다수를 차지하기 위해서는 반개혁 세력이 청산되지 않고 유지될 수밖에 없는 정치 지형과 구조를 반드시 극복해야 한다. 그러자면 정책을 중심으로 개혁과 반개혁 전선을 확립하면서 제3정당과 군소정당의 문제를 옳게 풀어가야 한다(2024. 01. 08), 참조 자료: 우리겨레연구소 카페, 개혁과 반개혁으로 대치전선을 형성시켜야 하는 이유에 대한 단상(2023. 10. 16), 우리겨레연구소 카페, 개혁의 주체를 세우자면 반개혁 세력과 투쟁하고, 개혁에 함께하는 세력과는 단합해야 한다(2022. 09. 26)

개혁 세력이 더 많이 확보된 구조 속에서 사회가 개혁된다는 것은 썩은 씨앗에서 새싹이 돋아나기를 바라는 것과 같습니다. 그러니 개혁될 리 만무했던 것입니다.

반개혁 세력이 개혁세력보다 더 많게 분포하게 만든 그 대표적인 정치 지형이 바로 거대양당제입니다. 거대양당제를 보면 두 당이 정책적 차이가 전혀 없는 것은 아니지만, 본질적인 측면으로 볼 때 개혁적인 정책을 추진하지 않는다는 점에서 별반 차이가 없습니다. 게다가 섞어찌개와 잡탕찌개로 되어 있기에 개혁세력보다 반개혁 세력이 항상 더 많은 수를 차지하게 되어 있습니다. 이런 차원에서 놓고 살펴보면 거대양당제의 본질적인 정치 지형은 외세와 매국노가 주인 행세하는 세력이 한편을 차지하고, 또 다른 세력은 그 이중대 역할을 하는 구조가 된다는 것입니다.

물론 그렇다고 해서 두 거대양당 안에 개혁을 바라는 사람이 전혀 없다는 뜻은 아닙니다. 하지만 소수이기에 그런 정치 지형에서는 큰 힘을 발휘할 수 없습니다. 게다가 개혁을 주장하는 사람이 일단 존재하고 있는지라 이런 정치 지형과 구조에서도 개혁이 이뤄질 수 있을 것이란 환상을 심어줄 수 있기에 그 이용 가치가 존재하게 됩니다.

하지만 이런 거대양당체제는 개혁을 추진할 수 없게 된다는 점에서 민의 반대에 직면하게 됩니다. 그래서 자연스럽게 두 거대양당을 비판하며 제3지대에서 개혁세력을 형성하려는 노력이 전개됩니다. 제3지대에서 개혁세력이 형성되면 시대적 흐름은 자연스럽게 한국 사회를 개혁하는 길로 나아가게 될 것입니다. 그 때문에 두 거대양당 세력은 제3지대에서 개혁세력이 형성될 것 같으면 이를 가로막고자 나섭니다. 개혁세력의 형성을 초창기부터 깨부순다는 것입니다. 이것은 지난날 두 거대양당이 서로 협잡해서 조봉암의 진보당은 물론 통합진보당을 해산시켜 버렸던 모습에서 명확히 확인됩니다.

개혁세력의 형성을 깨부수면서 거대양당제의 위기를 모면하려 하지만, 한국 사회에서 형성된 거대양당체제는 개혁을 추진할 수 없는 구조인지라 그 위기는 계속 몰려오게 됩니다. 두 거대양당 자체가 민으로부터 외면을 받게 되는 상황이 된다는 것입니다. 바로 여기서 두 거대양당을 싸잡아 비판하면서 새롭게 제3정당의 건설이 추진됩니다.

그런데 개혁적 정당이 아닌 제3정당 건설 과정을 보면 이 또한 두 거대양당을 비판만 했지 그 정책적 내용은 본질적으로 큰 차이가 없습니다. 이로 미루어보면 제3당이 형성되는 그 본질적인 정치 지형은 바로 그 제3당이 한국 사회에서 주인 행세하는 외세와 매국노의 이중대 역할을 떠맡는 형태로 전개된다는 것입니다. 지금껏 제3당이 여러 번 만들어졌으나 한국 사회가 참답게 개혁의 방향으로 나가지 못했던 것은 바로 여기에 원인이 있었던 것입니다.

그 때문에 한국 사회를 실질적인 개혁의 방향으로 나아가게 하려면 이렇게 개혁할 수 없는 정치 지형을 바꿔내야만 합니다. 한마디로 외세와 매국노를 한편으로 하고, 또 다른 한편 세력이 그 이중대 역할을 하는 정치 지형이 형성되면 반개혁 세력이 절대적 다수를 차지하게 됨으로써 개혁할 수 없는 구조가 되기 때문에 개혁세력이 압도적인 다수를 차지하는 방향으로 그 정치 지형을 바꿔내야만 한다는 것입니다.

개혁세력이 압도적인 다수를 차지하는 정치 지형을 형성하자면 개혁 정책을 중심으로 개혁과 반개혁 세력 간의 대립 전선을 만들어 가야 합니다. 양당제도냐 제3정당이냐와 같은 형식적 차이가 아니라 진실로 개혁의 길로 가느냐, 가지 않느냐가 중요하다는 것입니다. 양당제도가 되었든, 제3정당이 탄생했든 그것이 외세와 매국노의 이중대 역할을 하는 방식으로 통용된다면 개혁은 절대 불가능하다는 것입니다. 그래서 실질적인 개혁 정책을 중심으로 한국 사회의 정치 지형을 개혁이냐, 반개혁이냐의 대립 전선을 형성해야만 개혁세력이 궁극적으로 압도적인 다수를 형성하는 시대적 흐름으로 만들어 낼 수 있다는 것입니다.

개혁 정책을 중심으로 모든 개혁세력이 단합하여 가야만 이번 총선에서 압도적인 다수를 차지할 수 있는데, 지금의 한국 현실 상황은 그것이 결코 녹록지 않음을 보여주고 있습니다. 정치 지형이 단순하지 않고 매우 복잡하기 때문입니다. 집권당과 제1야당이 존재하는 것은 물론이고 이에 반대하는 세력이 제3당을 건설하려고 하고 있을 뿐만이 아니라 여러 군소정당으로 나뉘어 있다는 것입니다.

여기서 제3당을 건설하려는 세력과 군소정당에 대한 문제를 어떻게 슬기롭게 풀어가느냐가 매우 중대한 과제로 제기되고 있습니다. 그런데 한국 사회의 정치세력을 이해하는 데서 윤석열 정권을 어떻게 대하느냐는 일차적인 판단 척도가 됩니다.

이런 의미로 볼 때 윤석열 정권에 반대하며 나와서 제3당을 건설하려는 이준석 신당과, 반이재명 기치를 내걸거나, 거기서 더 나아가 제3당을 건설하려는 이낙연의 신당 추진은 그 의미가 사뭇 다를 수밖에 없습니다. 형식적으로는 똑같은 제3당 건설 추진으로 보이더라도 결코 똑같은 역할과 의미를 갖는 것이 아니라는 것입니다.

이준석 신당은 기본적으로 윤석열 정권에 반대하며 나왔다는 사실이 중요합니다. 이것은 큰 흐름으로 볼 때 개혁의 방향으로 나아가게 만드는 것이 요구됩니다. 반면에 반이재명을 내걸고 나서는 것은 윤석열 정권에 대한 반대가 아니라 반이재명이라는 것입니다.

물론 이재명의 정책 노선에 대해 반대하는 것 자체가 틀렸다고 말하는 것이 아닙니다. 중요한 것은 참다운 개혁을 바란다면 이재명 노선이 개혁의 길로 가지 않는 부분에 대해 비판하면서 개혁적 정책을 추구하도록 요구하는 것이 기본으로 되어야 한다는 것입니다. 그래야 더불어민주당으로 하여금 윤석열 정권에 대한 반대 투쟁을 더 힘차게 전개하게 할 수 있고, 또 실질적인 개혁 정책을 더욱 적극적으로 받아안게 함으로써 개혁세력의 연합전선을 더 유리한 환경에서 전개할 수 있습니다.

그런데 반이재명 기치를 주장하는 사람들이 이런 방향으로 나아가는 것이 아니라 정책에서도 더 개혁적이지 못하고, 도리어 윤석열 정권에 대한 투쟁성을 약화시키는 형태의 모습을 보인다면 어떻게 판단해야 하겠습니까?

이것은 어찌 보든지 간에 반이재명 기치를 내건 사람들은 자기 정파적 이익을 우선적으로 추구하면서 분열을 획책하는 것이 되느니만큼 개혁의 흐름에 역행하는 형태를 띠게 된다는 것입니다.

이렇게 개혁의 최대 걸림돌이 되는 윤석열 정권에 대한 싸움을 약화시키면서 개혁의 흐름을 차단한다면 바로 이것이 한국 사회의 정치 지형에서 반개혁적 모습이 아니고 무엇이겠습니까? 반이재명 기치 자체가 개혁이냐, 아니냐의 계선이 될 수는 없습니다. 정말로 자신들이 개혁적 입장을 견지하려고 한다면 이재명의 정책 노선보다 더 선명하게 개혁적 정책을 제시하라는 것입니다. 그렇지도 않으면서 반이재명 기치 자체가 개혁적인 모습인 것처럼 호도하는 모습이야말로 민을 기만하고 우롱하는 처사이면서 동시에 개혁세력의 단합을 가로막는 행위가 된다는 것입니다.

이준석의 신당과 반이재명을 기치로 한 제3정당 추진 세력을 서로 갈라보아야 하는 이유는 두 세력을 똑같이 여기게 되면 그 두 세력 자체가 서로 협잡하여 진짜로 제3당을 건설해 외세와 매국노의 이중대 역할을 하는 형태로 귀결될 수 있기 때문입니다.

제3당이 형성되더라도 개혁세력이 형성되는 방식으로 되는가, 아니면 외세와 매국노의 이중대 역할을 하는 형태로 되는가는 정치 지형에서 매우 중요한 의미를 띄게 됩니다.

외세와 매국노의 이중대 역할을 하는 형태의 제3당이 건설되면 개혁은 물 건너가게 됩니다. 반면에 개혁세력을 중심으로 제3당이 형성되면 시대적 흐름은 개혁의 물결로 흘러가게 됩니다. 바로 여기서 제3당이 형성되더라도 개혁의 물결로 흘러가도록 하기 위해서는 윤석열 정권에 대한 투쟁을 약화시키면서 개혁세력의 분열을 획책하는 세력들을 반개혁 세력으로 낙인찍고 이들이 강력한 정치세력으로 형성되지 못하게 만드는 것이 절실히 요구됩니다.

한마디로 외세와 매국노의 이중대 역할을 하는 제3당의 형성을 가로막기 위해서는 개혁세력의 분열을 획책하는 세력이 기필코 정치세력을 형성하지 못하게 만드는 것이 관건이 된다는 것입니다. 이들을 반개혁 세력으로 낙인찍고 그 자리를 개혁세력이 차지하게 된다면 이준석 신당 또한 반윤석열 정권에 대한 싸움을 적극 벌이도록 유도할 수 있는 길이 열리게 될 것입니다. 이것은 참다운 보수세력이 개혁에 동참할 수 있게 하는 밑거름이 될 수 있다는 점에서 매우 중요한 정치적 의미를 가집니다.

개혁과 반개혁 세력 간의 대립 전선을 형성하여 개혁세력을 압도적인 지지로 당선시키기 위해서는 또한 군소정당의 문제를 올바르게 해결하여야 합니다.

여러 군소정당이 등장해 자기 정책을 주장하며 정치 활동을 하는 것은 매우 환영할 만한 일입니다. 하지만 군소정당이 단합하지 못하고 뿔뿔이 흩어져 있으면 결코 커다란 정치세력을 형성할 수 없고, 그러면 자신의 정책을 실현할 길이 막히게 됩니다. 그 때문에 자신들이 주장하는 정책을 추진하기 위해서라도 여러 군소정당이 단합할 방안을 마련해야 합니다.

군소정당의 단합을 적극 제기하는 것은 이 문제를 해결하지 못하면 단합할 수 없는 이유 때문이기도 하지만, 여기에는 왜 지금껏 군소정당이 단합되지 못했는가에 대한 그 내막에 대한 분석도 담겨 있습니다.

실상 한국 사회에서 여러 선진적인 정책을 제기하고 나온 세력이 군소정당인 조건에서 자신들이 주장하는 정책을 추진하자면 우선적으로 그 정치적 조건을 만드는 것이 중요하다는 것은 상식적인 이치일 것입니다. 그렇다면 자연스럽게 서로 협력할 것이 요청됩니다. 그런데도 이런 흐름이 형성되지 않는 이유가 어디에 있느냐 하는 것입니다.

그것은 군소정당에서도 외세와 매국노의 이중대 역할을 하는 세력이 존재했기 때문입니다. 이중대 역할을 하는 세력이 형성되어 있으면 거대양당제나 제3정당의 형태를 띠었다고 해도 결코 개혁세력이 단합하지 못했던 것처럼 군소정당에서도 결코 단합할 수 없는 구조가 된다는 것입니다. 바로 여기서 군소정당에서도 외세와 매국노의 이중대 역할을 하는 세력에 대해서는 반개혁 세력으로 낙인찍고 극복해 가야 한다는 것입니다.

바로 이 문제를 해결하기 위해서는 군소정당이 정말로 자신의 정책을 실현하자면 우선 그런 정치적 지형과 조건 자체를 만드는 것이 시급히 요구되는바 개혁의 계선으로 단합해 가야 한다고 말하는 것입니다.

일부에서 군소정당의 단합 문제를 해결하기 위해 가치 연대를 중심으로 단합해 가야 한다고 주장하는데, 이것은 현시기에선 잘못된 입장이라고 볼 수 있습니다.

가치 연대를 중심으로 단합하자고 하는 것 자체가 잘못된 것은 아닙니다. 하지만 가치 연대를 중심으로 단합하자는 주장이 성립하자면 사회가 어느 정도 합리적으로 돌아가고 있을 때 제기해야 합니다. 그런데 지금 한국 사회는 상식과 양심이 짓밟히고 있으며, 언제든 전쟁이 발생해 민족이 공멸할 수도 있고, 또 빈부격차의 심화로 민생이 파탄 나고 있으며, 민주주의 자체가 위기에 처하는 상황으로 치닫고 있습니다.

이런 상황에서 가치 연대를 주장한다는 것이 얼마나 사치스럽고 한가한 말이겠습니까? 당장 생존의 위기가 닥치는 조건에서 이를 해결하는 방향으로 단결하는 것이 급선무이고, 이를 해결한 연후에 가치 연대를 하는 방향으로 나아가는 것이 합리적인 순서라는 것입니다. 그런데 가치 연대를 주장하게 되면 당장 시급하게 제기되는 문제 해결을 방기하는 것만이 아니라 사실상 가치가 달라서 연대하지 않겠다는 것도 허용되니만큼 단합하지 않아도 된다는 논리가 성립될 것입니다. 이래서야 어떻게 개혁세력이 단합할 수 있겠으며, 개혁세력이 단합할 수 없는 조건에서 어떻게 한국 사회를 바꿔 갈 수 있는 길이 열리겠느냐 하는 것입니다.

지금 한국 사회는 심각한 위기 상황에 처해 있습니다. 이를 슬기롭게 해결하자면 반개혁 세력이 다수를 차지하는 형태의 정치 지형을 기필코 부숴나가면서 동시에 제3당과 군소정당에서도 개혁의 핵심적 가치를 중심으로 연합전선을 형성해 풀어가야 합니다.


**5) 한국 사회의 혼란을 수습하자면 탄핵의 연합전선을 통해 이번 내란 사태의 가담자와 공범들을 철저히 체포 수사하여 죄의 경중에 맞게 처벌해야 한다!\***

---

\* 우리겨레연구소 카페, 한국 사회의 혼란을 한시바삐 수습하고 국정을 안정시키자면 일차적으로 탄핵을 통과시킨 연합전선을 통해 이번 내란 폭동의 가담자와 공범들을 철저히 체포 수사하여 죄의 경중에 맞게 처벌하고, 나아가 탄핵의 연합전선을 사회 대개혁의 연합전선이자 애국의 연합전선으로 발전시켜 나가야 한다(2024. 12. 06)

윤석열이 12·3 내란 사태를 일으킨 이래 한국 사회는 혼란에 휩싸였고, 민은 1980년 광주시민의 학살극을 다시금 겪을 수 있다는 공포와 불안감에 떨어야 했습니다. 그래서 이를 막아내기 위해 추위에도 아랑곳하지 않고 하나같이 떨쳐 나섰습니다. 그 결과로 12월 14일 탄핵을 가결하여 일단 윤석열 대통령의 권한을 정지시켜 놓음으로써 한시름 놓게 되었습니다.

하지만 이것만으로 모든 것은 끝나지 않았습니다. 이제부터가 시작입니다. 이 문제를 해결하자면 우선적으로 내란 폭동의 관련자들을 죗값에 맞게 처벌해야 할 뿐만이 아니라 다시는 이런 일이 재발되지 않도록 확고한 조치를 취해야 하기 때문입니다.

사회 혼란을 수습하고 국정을 안정시키기 위해서는 우선적으로 내란 사태의 관련자들을 죗값에 맞게 모두 처벌해야 합니다. 흔히 사람들이 많이 처벌받으면 사회 혼란이 야기될 것이라고 여기는 경향이 있습니다. 그렇게 생각하는 이유는 공정한 법에 기초해서 처벌하지 않고 권력을 동원해서 강압적으로 탄압하니 많은 사람들이 고통을 겪게 되었기 때문입니다. 그래서 법질서가 공고하게 세워지는 것이 아니라 도리어 사회적 혼란이 일어났던 것입니다. 윤석열 정권에 대해 검찰독재라고 일컬었던 것도 많은 부분 검찰의 기소권을 이용해서 무리하게 탄압했기 때문입니다. 이번 내란 사태만 보더라도 비상계엄을 선포할 그 어떤 조건도 갖추지 못했는데도 자신의 집권 유지와 정적을 제거하기 위해 권력을 부당하게 동원했기에 벌어진 사건입니다.

이것을 보면 사회적 혼란이 일어나게 되었던 원인은 얼마나 많은 사람이 처벌받느냐가 아니라 법질서가 제대로 작동되지 못한 데에 있었다는 것을 알 수 있습니다. 그래서 사회적 혼란을 수습하고 국정을 안정시키자면 얼마나 많은 사람들이 처벌받느냐를 생각하지 말고 정의로운 법질서를 확고히 세워낸다는 기본 원칙을 지켜야 합니다.

그러면 어떻게 해야 법질서를 확고히 세워낼 수 있을까요? 그것은 누구에게나 예외 없이 법질서를 적용하는 것입니다. 예외가 인정되면 그때로부터 편법이 통용되면서 법질서는 있으나 마나 하는 것으로 전락하기 때문입니다. 그래서 사회적 혼란을 수습하자면 누구든 예외를 두지 말고 죗값에 맞게 처벌해야 합니다.

이런 각도에서 보았을 때 하루빨리 사회 혼란을 수습하자면 이번 내란 폭동의 관련자들을 누구든 예외를 두지 말고 죄의 경중에 맞게 처벌해야 합니다. 예외를 두면 법질서는 세워질 수 없습니다. 물을 흐리게 하는 데에는 미꾸라지 한 마리만 있어도 충분하듯 한 번의 예외를 두면 정의는 세워지지 못하고 무너지게 됩니다. 왜냐하면, 어떤 사람은 봐주고 다른 누구는 봐주지 않는다면 그 불공정함으로 인해 그때로부터 정의는 유명무실하게 될 수밖에 없기 때문입니다.

그런데 예외를 두지 않고 죄의 경중에 맞게 처벌하자면 그 공범자들을 단호하게 단죄해야 합니다. 공범들을 단죄하지 않고서는 예외 없이 처벌할 수 없다는 것입니다. 공범들이 한사코 방해하고 나오면 그에 따라 죄를 지은 범죄자도 뉘우치고 반성하기는커녕 계속 저항해 옵니다. 이번 윤석열의 내란 폭동 사태의 진행 과정만 보더라도 국민의힘이 탄핵에 반대함으로써 얼마나 지체되었으며 혼란이 가중되었습니까? 이렇게 된 요인은 공범인 국민의힘이 탄핵 반대라는 당론을 정해놓고 계속 훼방을 놓았기 때문입니다. 그러니 법질서의 확립이 그만큼 지체되고 사회적 혼란이 가중되었습니다. 그래서 예외 없이 처벌하느냐, 그렇지 못하느냐의 관건은 공범들을 단죄하느냐, 못 하느냐에 달려 있게 됩니다.

죄를 지었으면 그 죗값을 받게 하는 것이 정의를 수호하고 법질서를 확립하는 것일 터인데, 이를 계속 가로막는다면 그것은 공범이라고 볼 수밖에 없을 것입니다. 더구나 다른 범죄도 아니고 나라의 주인인 민에게 총부리를 겨누었던 대역죄이자 나라의 근간을 허무는 국가 반역죄인데, 이를 두둔한다면 그 공범 또한 대역죄이자 국가 반역죄를 짓는 행위라고 볼 수밖에 없습니다.

그런데 이들은 탄핵을 반대하는 논리로 만약 탄핵이 가결되면 국민의힘이 무너지고 민주당의 이재명 대표에게 정권을 헌납하게 되기 때문이라고 밝히고 있습니다. 그리고는 탄핵에 동참하는 사람들을 배신자라는 허울을 씌워 강박함으로써 동참하는 것을 가로막았습니다.

하지만 국민의힘 일부 성원들이 여러 우여곡절을 겪었지만 궁극적으로 나라와 국민만 보고 판단해야 한다고 말하고, 또 보수를 배신한 사람이 윤석열이라고 밝혔듯이 윤석열은 내란 폭동의 수괴에 불과합니다. 그런데 어떻게 내란 범죄의 수괴를 옹호하고 두둔할 수 있다는 말입니까? 이것은 윤석열과 같은 공범이 아니고서는 할 수 없는 행위라 할 것입니다.

내란 수괴 윤석열과 공범임이 밝혀진 조건에서 국민의힘은 해산되어야 하고, 끝까지 탄핵에 반대했던 자들은 응당한 죗값을 받게 해야 합니다. 물론 누구나 정당을 통해 정치 활동을 할 수는 있습니다. 하지만 나라의 주인인 민에게 총부리를 겨누거나 나라와 민족을 팔아먹는 매국 행위는 용납될 수 없습니다. 이런 이치에서 국민의힘은 내란 폭동의 수괴와 공범의 역할을 했으니만큼 마땅히 해산되어야 하고, 그 행위에 걸맞게 응당한 죗값을 받게 해야 합니다.

국민의힘을 해산시키고, 공범의 역할을 한 행위에 걸맞게 죗값을 받게 하는 것은 이들을 그대로 놔두게 되면 누구나 예외 없이 그 죄의 경중에 맞게 처벌하지 못하게 할 뿐만이 아니라 참다운 보수세력이 제대로 정치 활동을 하지 못하는 결과를 초래하기 때문이기도 합니다. 참다운 보수세력이 자리를 잡지 못함으로써 한국의 정치는 후진성을 면치 못하고 있습니다.

얼마나 한국의 정치가 후진성을 면치 못하고 있는가는 단적으로 보수의 배신자로 전락한 윤석열의 죄를 묻겠다고 나선 용기 있는 일부 국민의힘 성원들을 배신자라는 허울을 씌워 공격하는 것에서 나타납니다. 아무리 봐도 배신자는 민에게 총부리를 겨누었던 윤석열이지 민의 요구에 부응하여 윤석열을 탄핵하는 데 동참했던 사람들이 배신자가 될 수는 없을 것입니다. 그런데도 용기 있는 국민의힘 일부 성원들을 배신자라고 덧씌우는 행위가 통용되는 형국이니 거기서 무슨 정치를 논할 수 있겠습니까? 이런 속에서는 결코 참다운 정치적 발전을 기대할 수 없을 것입니다.

그러면 도대체 말도 되지 않는 그런 배신자라는 허울과 겁박이 통하고 있는 것은 무엇 때문이겠습니까? 이들은 박근혜의 탄핵을 겪음으로써 보수가 한동안 궤멸되었다고 하면서 차기 집권을 위해서는 탄핵에 반대해야 하고, 또 지역 여론을 반영해야 한다는 등의 궤변을 늘어놓습니다. 하지만 박근혜의 탄핵도 민의 절대다수가 찬성하였고, 지금의 윤석열 탄핵도 압도적으로 찬성하고 있습니다. 그렇다면 이런 민의 요구를 따르지 않고 탄핵을 거부했다면 공범의 역할을 자임한 격이니 지지를 받기가 어려운 것이 당연해야 할 것입니다. 그 때문에 탄핵에 반대했던 공범 세력들이 궤멸하는 것이 상식적인 이치가 되어야 할 것입니다. 반면에 민의 요구에 따라 용기를 냈던 사람들이 더 많은 지지를 받는 것으로 나타나고, 이들이 지지기반을 넓혀가는 것이 자연스러워야 할 것입니다.

하지만 박근혜 탄핵 이후 나타났던 현상은 그런 용기 있는 사람들이 힘을 쓰지 못하고 도리어 고립되는 모습이었습니다. 한마디로 참다운 보수의 가치를 내걸려고 하는 사람들이 도리어 배척되는 양상으로 전개되었다는 것입니다. 이렇게 된 이유는 박근혜의 탄핵에 반대했던 세력들이 패거리를 지어 다시 살아남아 조직과 자금을 장악했기 때문입니다. 정당 활동을 하자면 조직과 자금이 필수적입니다. 그런데 이들 패거리들이 무리를 지어 장악하고 있으니 소신 있는 정치적 활동을 하려고 해도 그렇게 하기가 힘듭니다. 이번에도 내란 폭동의 수괴 윤석열의 탄핵에 동참하기 힘들어하고 이들의 눈치를 보았던 것도 여기에 그 원인이 있습니다.

지금도 내란 폭동의 수괴와 공범 세력들은 또다시 살아남기 위해 국민의힘 내부에서 지도권을 탈취하고자 분주히 움직이고 있습니다. 이들의 행위가 성공한다면 이들은 한사코 내란 폭동의 관련자들을 예외 없이 처벌하는 데 계속 방해하고 나올 것이 분명하고, 그러면 그만큼 사회는 혼란에 휩싸이게 될 것입니다. 그뿐만이 아니라 앞으로 또다시 국정농단과 내란 폭동의 범죄를 일으키지 않는다고 장담할 수도 없게 될 것입니다.

그 때문에 이런 현상이 일어나지 않도록 단호히 그 대책을 세워야 한다는 것입니다. 한마디로 지금 국민의힘의 지도권 문제는 단순히 국민의힘 내부 문제가 아니라 국정농단 세력과 내란 범죄자들이 자라날 수 있는 뿌리를 잘라내느냐, 잘라내지 못하느냐의 문제로 연결된다는 것입니다. 다시 말해 국민의힘을 해산시키고 공범의 역할을 한 사람들을 그 경중에 맞게 처벌받게 하느냐, 못 하느냐는 한국의 정치적 발전과 민주주의의 발전을 이룩하느냐, 그렇지 않고 또다시 퇴보하느냐와 직결된 중차대한 문제라는 것입니다.

이를 해결하자면 민에 총부리를 겨누며 매국 행위를 자행하는 정당은 존립할 수 없도록 만들어야 합니다. 민을 배신하고 매국 행위를 자행하는 정당이 국가로부터 정당 보조금을 받는다는 것은 있을 수 없고, 그런 정당 자체가 존립해서는 안 되기 때문입니다. 그뿐만 아니라 민을 배신하고 매국 행위를 일삼으면서 보수세력인 척 위장하여 그 패거리의 힘으로 밀어붙이기에 참다운 보수세력이 자리를 잡을 수 없었습니다. 그 때문에 한국의 정치는 그만큼 형해화되고 정치적 발전이 이루어질 수 없었던 것입니다.

그래서 한국에서 정당 활동이 합리적으로 전개되어 민주주의의 발전을 이룩하자면 참다운 보수세력이 자신의 소신을 펴고 정치 활동을 할 수 있게 만들어야 합니다. 이번에 민심에 귀 기울이며 용기를 내어 탄핵에 동참했던 세력들이 참다운 보수세력으로서 자리를 잡고 정당 활동을 할 수 있는 정치적 환경을 새롭게 조성시켜 갈 필요성이 매우 중대하게 제기된다는 것입니다. 이를 해결하는 방법이 바로 내란 폭동 수괴의 공범 역할을 자행했던 국민의힘을 해체하고, 자신들이 저지른 죗값에 맞게 처벌받도록 만드는 것입니다. 그렇게 되면 공범의 패거리들이 강권을 행사할 수 있었던 조직과 자금이 해체될 것이고, 이를 대신해서 나라와 민족을 사랑하는 참다운 보수세력이 형성될 수 있는 조건이 갖춰지게 될 것입니다. 그리하여 참다운 보수세력이 형성되면 한국 사회를 개혁하기 위한 연합전선이 구축될 수 있을 것이고, 그러면 그만큼 한국의 정치와 민주주의는 더욱 진전되어 나갈 수 있게 될 것입니다.

내란 폭동의 수괴와 공범 역할을 한 국민의힘을 해체하고 누구나 예외 없이 경중에 맞게 죗값을 받게 만들어야 하는 이유는 한국 사회를 어떻게 합법칙적으로 개혁해 갈 것인가의 문제와 관련되어 있기 때문이기도 합니다.

한국 사회는 총체적인 위기에 빠져 있습니다. 이 위기를 극복하자면 사회 대개혁을 추진해 가야 합니다. 그러자면 합법칙적인 발전에 맞게 전개해 가야 하는데, 그 관건은 주체를 어떻게 마련하느냐의 문제와 관련됩니다. 그런데 그 주체는 결국 사회를 고치려고 노력하는 과정에서 형성됩니다.

이런 각도에서 놓고 보았을 때 개혁의 주체는 이번 내란 폭동을 극복하기 위해 나섰던 모든 사람들이라고 할 수 있습니다. 한마디로 윤석열을 탄핵하는 데 동참했던 모든 세력이라고 할 수 있습니다. 반면에 윤석열의 탄핵을 거부하면서 가로막았던 세력들은 사회 개혁의 주체가 될 수 없다는 것입니다. 사회 개혁은 정의를 세워 법질서를 확립해 가는 과정에서 진행되는데, 이를 한사코 방해하는 자들이 어떻게 사회 개혁의 주체가 될 수 있겠느냐 하는 것입니다. 도리어 이들을 응징하지 않으면 정의로운 법질서가 세워질 수 없으므로 사회 개혁 자체가 불가능하게 됩니다. 그 때문에 우선적으로 죄진 자들을 그 경중에 맞게 누구나 예외 없이 처벌하자는 것이고, 그러기 위해 이를 앞장서서 한사코 가로막고 방해했던 공범 세력인 국민의힘을 해체하고 죗값에 맞게 처벌하자는 것입니다.

이렇게 탄핵에 동참했던 연합전선의 세력들은 이번 내란 폭동의 관련자들이 죄의 경중에 맞게 누구나 다 예외 없이 처벌받게 만든 다음에는 사회 대개혁을 위한 연합전선을 구축하여 개혁의 주체로 나서도록 해야 합니다. 그리하여 사회 대개혁의 연합전선을 구축한 힘으로 사회와 국정을 한시바삐 안정화해야 한다는 것입니다. 그러자면 거국적 중립내각이 구성되어야 합니다.

거국적 중립내각이 구성되어야 하는 이유는 그래야 사회 대개혁의 연합전선이 유지될 수 있기 때문입니다. 누구나 사회 대개혁을 위한 요구들을 제기하고 해결할 수 있어야 하는데, 만약 거국적인 중립내각이 되지 못하고 편파적으로 수립된다면 자신들의 개혁 요구는 해결될 수 없다고 보고 떨어져 나가게 되어 사회 대개혁의 연합전선은 깨져버리고 분열될 수 있기 때문입니다. 그러면 이를 기화로 또다시 사회 역사를 뒤로 되돌리려는 반동세력이 등장하여 사회 대개혁을 훼방 놓고 나설 것이 뻔합니다. 한마디로 사회 대개혁을 성공적으로 완수하자면 어떤 경우에서도 개혁세력이 압도적인 힘으로 그 방해 세력의 책동을 극복해야 하는데 분열이 되면 그리할 수가 없게 되기 때문입니다.

이렇게 사회 대개혁 세력의 연합전선을 통해 거국 중립내각을 수립한 다음에는 사회 대개혁을 위한 방안들을 강구해 가야 합니다. 여기에는 직접 민주주의의 실현을 강화하기 위해 (국)민 소환제나 (국)민 발안제, (국)민 투표제를 도입하거나 각종 대중단체에 대한 국가적인 지원 체계 및 그 이해와 요구를 국가 정책에 대한 반영하는 제도 마련을 비롯해 대통령 선거에서의 결선 투표제 도입, 빈부격차를 완화하고 민생 문제를 해결하기 위한 대책 등 여러 방안들이 강구될 수 있을 것입니다.

하지만 이 모든 개혁 과제들을 성공시키기 위해서는 어떤 경우에서도 주권을 제대로 행사할 수 있어야 합니다. 주권을 제대로 행사할 수 없는 조건에서는 그 어떤 개혁도 성공시킬 수 없기 때문입니다. 그래서 사회 대개혁을 추진하려고 하는 연합전선의 세력들은 각기 자신의 입장을 견지할 수 있으나 주권 문제에서만큼은 확실하게 해결할 수 있도록 서로 합의를 도출해 내야 합니다.

주권 문제를 해결하기 위해서는 나라의 주인이 민이기에 애민과 애국의 기치를 견지해야 합니다. 그런데 애민과 애국의 기치의 핵심은 애국법과 조국통일법을 제정하는 것에서 드러납니다. 그 때문에 사회 대개혁을 추진하려는 세력은 하나같이 애국법과 조국통일법을 제정하는 데에 힘을 모아야 하고, 그런 가운에 애국법과 조국통일법의 제정에 근거하여 대통령 선거를 실시해야 합니다. 그리한다면 어떤 정권이 등장하더라도 최소한 외세의 압력을 극복하고 매국노를 응징하는 애국정권을 지향하게 되니만큼, 그 정권을 기초로 한국 사회의 대개혁을 계속 진행할 수 있게 될 것입니다.

## 6) 이중권력 상태를 해소하자면 탄핵에 동참했던 국회가 권력을 행사하도록 해야 한다*

### (1) 이중권력 상태가 지속되어서는 국정을 수습할 수 없다

내란 폭동 사태가 도무지 해결될 기미가 보이지 않고 있습니다. 도리어 이중권력 같은 상태가 벌어지고 있습니다. 이렇게 된 것은 내란 폭동의 범죄자들과 공범들이 여전히 행정부와 국회에 남아 훼방을 놓고 있기 때문입니다. 그래서 공권력이 무력화되어 내란 폭동 사태가 해결되지 못하고 있으며, 그로 인해 한국의 민은 불안에 떨며 추위 속에서도 거리에 나와 싸우고 있습니다.

죄를 지었으면 뉘우치고 반성하며 그 죗값을 받는 것이 당연하건만 내란 폭동의 범죄자들과 공범들은 자신들이 저지른 죄를 뉘우치고 반성하기는커녕 자신들의 행위를 정당화하기 위해 법을 운운하며 정쟁 싸움인 양 호도하고 있습니다.

물론 죄를 지었다고 하더라도 법에 의해 처벌되어야 합니다. 그리고 법적으로 처벌하는 데에 있어서 일정 부분 미비점이 드러날 수 있습니다. 단적으로 내란 범죄자들에 대한 수사권의 주체를 두고 경찰, 검찰, 공수처, 특검 등이 있는데 어디에서 진행할 것인가? 또 헌법재

---

* 우리겨레연구소 카페, 이중권력 상태를 해소하자면 탄핵에 동참했던 국회가 권력을 행사하도록 해야 한다(2025. 01. 08)

판소에서 탄핵 심판을 할 때 내란범죄에 대해 헌법 위반 재판으로 진행할 것인지, 아니면 형사재판 방식으로까지 다툴 것인지를 놓고 의견 차이가 있을 수 있습니다.

하지만 분명한 건 12·3 내란 사태는 여야의 정쟁이나 진보와 보수의 대결 같은 정치적 입장 차이의 문제가 아니라는 것입니다. 나라의 주인인 민에게 총부리를 겨눈 대역죄이자 국가 반역죄이기에 결코 용서할 수 없고 한시바삐 수습되어야 한다는 사실입니다. 그렇지 않으면 사회를 지탱하는 근본 질서가 무너져 사회 자체가 유지될 수 없기 때문입니다.

실상 윤석열의 불법적이고 반헌법적인 내란 범죄 행위를 막고자 민이 거리에 나서면서 야권은 물론이고 일부 여당 의원도 동참하여 국회에서 비상계엄을 해제하고 탄핵을 가결했습니다. 그 때문에 법이 미비하다고 해서 그 해결을 가로막는 핑계로 작용할 수는 없습니다. 미비한 부분이 있다면 보완하여 새롭게 법을 제정해서 해결하면 됩니다. 법이라는 것은 나라의 주인인 민의 권리 실현을 위해서 끊임없이 보완되고 보충되어야 하기 때문입니다.

그런데 이렇게 풀어가기 위한 노력을 내란 폭동의 범죄자들과 공범들이 행정부와 국회에 남아 훼방을 놓고 있는 관계로 그 어떤 해결도 이뤄지지 못하고 있습니다. 행정부와 국회는 헌법 기관으로 그 어떤 곳보다 헌법을 수호해야 할 책무가 있습니다. 그런데 내란 폭동의 가담자들과 공범들이 행정부와 국회에 계속 남아 헌법을 유린하면서 내란 범죄자들의 처벌을 가로막고 있으니 공권력이 무력화될 수밖에 없고, 공권력이 무력화되는 조건에서는 그 어떤 사태의 수습도 불가능하게 될 것은 당연한 이치이기 때문입니다. 그래서 이를 해결하자면 죄진 자는 죗값을 받아야 한다는 원칙을 철저히 견지하면서 이중 권력이 형성되는 것 같은 작금의 상황을 극복해 가야 합니다.

## (2) 탄핵에 동참했던 국회가 권력을 행사하도록 하는 정치적 결단이 필요하다

그러면 지금의 이중권력 같은 상황을 수습하자면 어떻게 해야 할까요? 이를 해결하자면 왜 이중권력 같은 상황이 발생하고 있느냐 하는 것입니다. 그것은 내란 폭동의 가담자들과 공범들이 행정부와 국회에 여전히 남아 있으면서 내란 폭동 사태의 해결을 가로막기 위해 그 권한을 행사하고 있기 때문입니다. 그래서 이들이 그런 권한을 행사하지 못하도록 해야 합니다. 한마디로 내란 폭동의 가담자들과 공범들을 행정부와 국회에서 배제시켜야 한다는 것입니다.

내란 폭동의 가담자들과 공범들을 행정부와 의회에서 배제해야 하는 이유는 죄진 자들을 권력 행사 기관에서 배제하지 않고서는 사태를 수습할 길이 없기 때문입니다. 이것은 죄진 자가 그 자신을 스스로 처벌할 수 없다는 점에서 당연한 이치입니다. 그래서 내란 폭동 사태를 수습하자면 탄핵에 동참했던 세력이 중심이 되어 처리해 가야 합니다.

윤석열을 탄핵한 것은 사실상 윤석열 내각에 대한 불신임이나 마찬가지 의미라고 할 수 있습니다. 그런데도 국정의 혼란을 우려하여 한덕수 국무총리에게 권한대행을 맡겼는데, 헌법재판관의 임명도 미루면서 사실상 내란 폭동 사태의 수습을 방해하였고, 그 뒤를 이은 최상목 권한대행도 윤석열의 체포영장 집행에 도움을 주지 않고 사실상 훼방을 놓았습니다. 게다가 국민의힘은 탄핵 반대를 당론으로 정해놓고 계속 방해했으며, 심지어 국민의힘 일부 국회의원은 윤석열의 체포를 가로막기 위해 한남동까지 찾아가기도 하였습니다.

이렇게 행정부와 국회에 남아 내란 범죄자들의 처벌을 가로막고 있는 조건에서 공권력이 제대로 작동할 수 없는 것은 당연할 것입니다. 바로 이 문제를 해결하자면 사실상 대통령에 대한 탄핵은 내각에 대한 불신임이나 마찬가지이기에 이를 대신해서 새롭게 국가 권력을 행사할 수 있는 대책이 필요합니다. 행정부가 불신임을 받았다면 이를 대처할 수 있는 기관은 국회가 될 수밖에 없을 것입니다. 바로 여기서 탄핵에 동참했던 국회가 사실상 권력을 행사할 수 있도록 하는 정치적 결단이 필요합니다. 한마디로 내란 폭동 범죄자들에 대한 처벌을 가로막는 세력은 배제하고 탄핵에 동참했던 연합 세력이 새롭게 국가 권력을 장악해 가는 방식으로 처리해 가야 한다는 것입니다.

**(3) 국회는 내란 범죄자들의 처벌에 찬성하는 국무위원을 대통령 권한대행으로 추대하고 국회의 추천을 통해 새롭게 거국중립내각을 구성해야 한다**

탄핵에 동참했던 국회가 권력을 장악하도록 하는 정치적 결단을 내렸다고 한다면 이에 근거해서 행정부를 새롭게 꾸려야 합니다. 한마디로 지금의 국무위원 중에서 내란 범죄자들의 처벌에 반대하며 이를 방해하는 국무위원은 모두 탄핵해 버려야 합니다. 왜냐하면 그런 입장을 견지하는 사람을 국무위원으로서 행정부에 계속 남아 있게 놔둔다면 어떤 방식으로든 훼방을 놓을 것이 분명하기 때문입니다.

그래서 지금의 국무위원들에게 내란 범죄자들의 처벌에 동참할 것인지, 그렇지 않을 것인가에 대해 정치적 입장을 물어야 합니다. 여기서 내란 범죄자들의 처벌에 반대하는 국무위원은 탄핵해 버리고, 찬성하는 국무위원 중에서 순서에 따라 대통령 권한대행과 국무위원으로 놔두고, 탄핵당한 장관의 직은 국회의 추천을 통해 새롭게 추대된 대통령 권한대행이 임명하게 함으로써 거국중립내각을 구성하자는 것입니다.

거국중립내각을 구성하자고 하는 이유는 12·3 사태를 내란 폭동으로 규정한다는 점에서는 탄핵에 찬성했던 세력들이 서로 의견을 같이

하고 있지만, 그 외의 정치적 입장에서는 아직 서로 간에 차이가 존재하고 있기 때문입니다. 더욱이 내란 범죄자들을 처벌하게 되면 이후 대통령 선거도 진행될 것인데, 이를 올바로 관리하자면 거국적 중립내각의 형태를 띠어야 하기 때문입니다. 만약 그렇지 못하고 어느 일방의 요구에 의해 편향적으로 내각이 형성된다면 불협화음이 발생하게 될 것입니다. 그러면 내란 범죄자들에 대한 처벌 또한 단호하게 이루어지기가 힘들게 될 것입니다. 그래서 탄핵에 동참했던 국회가 내란 범죄자들의 처벌에 찬성한다는 입장을 전제로 해서 서로 간의 합의를 통해 거국적 중립내각을 구성하도록 해야 한다는 것입니다. 한마디로 거국적 중립내각을 구성하는 것이 탄핵에 동참했던 모든 세력들이 서로 합의하여 내란 범죄자들을 단호하게 처벌할 수 있는 가장 공명정대한 방식이 될 수 있다는 것입니다.

거국중립내각을 구성하기 위해 내란 범죄자들의 처벌에 반대하는 국무위원을 모두 탄핵해 버린다면 행정부가 마비되어 국정의 혼란을 일으킬 것이라고 여기겠지만 사실은 그 반대입니다. 지금의 국정이 수습되지 못하고 혼란이 일어나고 있는 것은 내란 폭동 범죄자들을 한시바삐 처벌해야 하는데, 그렇게 하지 못하고 있기 때문입니다. 그래서 이들을 행정부에서 배제해 버리고, 내란 범죄자들의 처벌에 동참하겠다고 밝힌 대통령 권한대행이 탄핵에 동참했던 국회의 동의를 받아 새롭게 거국중립내각을 구성한다면 도리어 내란 범죄자들을 단호히 처벌할 수 있게 되니만큼 국정도 그만큼 빨리 안정될 수 있을 것입니다.

마찬가지 이치로 국회에서 내란 폭동 범죄자들의 처벌을 방해하면서 공범의 역할을 하는 국민의힘은 해체시켜 버리고 응당한 죗값을 받게 만들어야 합니다.

**(4) 국회와 거국중립내각은 이 모든 문제의 근원을 해결하기 위해 애국법과 조국통일법을 제정해야 한다**

탄핵에 동참했던 국회와 새롭게 형성된 거국중립내각은 내란 폭동의 가담자들과 공범들을 철저히 처벌해야 할 뿐만 아니라 이번 기회에 내란 폭동이 일어나게 된 근원적인 문제까지 해결할 수 있도록 법적 조치를 취해야 합니다.

내란 폭동이 일어나게 된 근원적인 원인은 애국 행위는 고무하고 매국 행위는 응징되어야 하는데, 도리어 매국 행위가 용인되고 있었기 때문입니다. 나라의 주권을 행사하지 못하고 있다면 주권을 찾으려고 해야 하고, 민족이 분단되어 있다면 조국통일을 이루려고 하는 것이 애국적 행위일 것입니다. 그런데 미국의 앞잡이 역할을 하면서 같은 민족 간에 전쟁이나 일으키려 하고, 심지어 나라의 주인인 민에게 총부리까지 겨누는 어처구니없는 짓이 벌어지게 된 것은 결국 매국 행위가 제대로 응징되지 못했던 데에 있습니다.

미국과 동맹을 맺으려고 해도 나라의 주권부터 찾고 나서 행하는 것이 이치에 맞을 것입니다. 주권도 제대로 행사하지 못하고 민의 생명과 재산, 권리도 지키지 못하면서 그렇게 맺는 동맹 관계라는 것이 도대체 무슨 필요가 있겠습니까? 그 때문에 주권을 제대로 행사하면서 민의 생명과 재산, 권리를 제대로 지키자면 애국 행위는 고무하고 매국 행위는 단호히 단죄하는 법을 제정해야 합니다. 바로 이를 법적으로 보장하는 것이 애국법과 조국통일법의 제정입니다. 한마디로 애국법과 조국통일법이 제정되어야 주권을 제대로 행사할 수 있는 길이 열리면서 한국 사회를 참답게 개혁할 수 있는 길이 열리게 된다는 것입니다.

(5) 애국연합전선을 형성하는 가운데 대통령 선거를 실시하고 사회 대개혁을 추진해야 한다

애국법과 조국통일법이 제정된다면 사회 대개혁을 추진해 갈 수 있는 기본적 토대를 갖추었다고 할 수 있습니다. 하지만 사회 대개혁을 성과적으로 실현해 가자면 압도적인 역량을 구축해서 풀어가야 합니다. 여기서 광범위한 애국 세력의 연합전선을 구축해 갈 필요성이 요구됩니다.

물론 사회 대개혁을 추진하는 데 있어서 여러 입장 차이가 있을 수 있습니다. 하지만 아무리 입장 차이가 있다고 하더라도 애국 행위는 고무하고 매국 행위는 응징한다는 부분만큼은 견지되어야 합니다. 이 부분이 견지되지 못한다면 서로 협력할 수 있는 고리가 끊어질 뿐만 아니라 참답게 개혁할 수 있는 길이 막히기 때문입니다. 주권도 제대로 행사하지 못하는데 거기서 무슨 개혁이 가능하겠느냐는 것입니다.

그런 점에서 한국 사회의 대개혁을 바라는 세력들은 애국의 연합전선을 구축하여 대통령 선거에서 승리를 이룩한 다음 그 힘으로 사회 대개혁을 추진해 가야 합니다. 그리한다면 애국이라는 기치에 협력하면서도 차이가 있는 부분에서는 서로 존중하면서 통일적인 전망성을 가지고 사회 대개혁을 본격적으로 추진할 수 있게 될 것입니다.


**7) 탄핵의 연합전선을 어떻게 확대 강화해 갈 것인가?***

---

* 우리겨레연구소 카페, 탄핵의 연합전선을 어떻게 확대 강화해 갈 것인가?(2024. 12. 23)

## (1) 연합전선의 문제가 왜 제기되는가?

12·3 내란 사태가 일어난 지 벌써 20여 일이 지나가고 있는데도 한국 사회는 수습되지 못하고 여전히 혼란 상황에 놓여 있습니다. 이렇게 된 이유는 정의로운 법질서가 제대로 작동되지 못하고 있기 때문입니다.

그러면 정의로운 법질서가 작동되지 못하는 이유는 무엇일까요? 그것은 정의로운 법질서의 통용을 한사코 가로막는 세력이 존재하고 있기 때문입니다.

사회를 이상적으로, 또는 순수한 마음으로 바라보면 정의로운 법질서는 올바르니만큼 누구나 따를 것이고, 그래서 자연스럽게 통용될 것이라고 여기기 쉽습니다. 하지만 역사적 과정을 살펴보면 결코 그렇지 못합니다. 민주주의는 피를 먹고 자란다는 말에서 상징되듯 정의는 정의를 수호하는 세력들의 강고한 투쟁을 통해 세워집니다.

한마디로 민을 억압하고 지배하려는 세력들은 스스로 물러나지 않고 끝까지 권좌를 지키려 한다는 것입니다. 그 때문에 정의로운 법질서를 세워내는 것 자체가 민을 억압하고 지배하려는 세력들과의 투쟁을 동반하게 됩니다. 12·3 내란 폭동 사태만 보더라도 나라의 주인인 민에게 총부리를 겨누었다는 점에서 결코 용납할 수 없는 대역죄이자 국가 반역죄입니다. 그런데 윤석열은 이런 엄중한 죄를 범하다가 저지되고서도 반성하기는커녕 누구에게 경고하기 위해서 그랬다는 둥, 그것 또한 권력자의 통치 행위라는 둥 도무지 이해할 수 없는 궤변을 늘어놓고 있습니다.

이렇게 궤변을 늘어놓고 반항해 오는 조건에서 정의를 세우자면 단호히 응징해야 합니다. 그런데 문제는 이들과 한통속이 된 세력들이 공범의 역할을 자임하면서 내란 폭동 범죄자들의 응징을 한사코 훼방하고 나온다는 것입니다. 국민의힘이 탄핵 반대를 당론으로 결정하고 나왔던 행위가 바로 그것입니다. 이런 상황에서 내란 폭동 범죄자들을 응징하기 위해서라도 이를 훼방하고 나온 공범들까지 처벌해야만 합니다. 그 공범들을 그대로 놔두고서는 내란 폭동의 범죄자들을 처벌할 수 없고, 그 때문에 정의로운 법질서는커녕 사회적 혼란마저 수습할 수 없기 때문입니다.

바로 여기서 내란 폭동의 범죄자들을 정의로운 법질서에 의해 처벌하자면 압도적인 역량의 형성이 필수 불가결하게 요구됩니다. 압도적인 역량이 형성되어야 방해 세력의 책동을 극복하고 정의로운 법질서를 세워낼 수 있다는 것입니다. 한마디로 연합전선을 얼마나 강고하게 형성해 내느냐가 한국 사회에 정의로운 법질서를 세워내고 사회 혼란을 수습해 낼 수 있느냐의 문제와 직결되고 있다는 것입니다.

### (2) 탄핵의 연합전선을 어떻게 형성할 것인가?

한국 사회에 정의를 세워내고 혼란을 수습하자면 압도적인 역량을 형성해야 하는데, 그러자면 연대 연합의 계선을 잘 설정해야 합니다. 연대 연합의 계선이 잘못 설정되면 정의가 옳게 세워지지 못하고, 그로 인해 연대 연합도 공고하게 형성될 수 없습니다. 단적으로 내란 폭동의 범죄를 저질렀다면 법질서에 의해 처벌받게 해야 할 것인데, 이를 방해하고 훼방하는 것을 허용한다면 어떻게 되겠습니까? 정의로운 법질서 자체가 유린되는 격이니 그 무엇으로 정의를 세울 수 있을 것이며, 또 정의를 유린하는 세력이 준동하는 조건에서 연대 연합도 강고하게 형성되지 못할 것이고, 그 결과로 사회적 문제는 해결되지 못하고 계속 혼란만 겪게 될 것입니다.

지금 12·3 내란 사태가 하루빨리 수습되지 못하고 혼란 상태가 지속되고 있는 것도 그 연대 연합의 계선이 명확하게 확립되어 있지 못한 것과 관련이 있습니다. 그 때문에 이를 하루빨리 해결하자면 연대 연합의 계선을 분명하게 설정하고, 이를 통해 압도적인 역량을 구축해야 합니다. 한마디로 탄핵의 연합전선을 확고히 구축하고 강화해 가야 한다는 것입니다. 윤석열이 나라의 주인인 민에게 총부리를 겨눈 것은 내란 폭동이니만큼 이는 마땅히 단죄되어야 하고, 그 때문에 탄핵되고 파면되어야 합니다. 그래서 연대 연합의 전선은 탄핵에 동참하느냐, 동참하지 않느냐에 따라 결정되어야 합니다. 그래야만 탄핵에 동참하는 광범위한 세력들을 포괄하면서 압도적인 역량을 형성할 수 있고, 그 단합된 힘으로 윤석열을 파면할 수 있습니다.

탄핵에 동참하는 광범위한 세력들을 포괄하여 압도적인 역량을 형성하기 위한 원칙을 확고하게 견지하자면 우선 국민의힘이 탄핵에 반대하는 것과 국민의힘 일부 성원이 탄핵에 동참하는 행위를 명확히 갈라보아야 합니다.

국민의힘은 윤석열이 내란 폭동의 범죄를 저질렀음에도 탄핵 반대를 당론으로 결정하고 한사코 가로막았습니다. 이것은 내란 범죄자를 처벌하지 말고 용인하자는 것인데, 이는 공범에 해당된다고 봐야 합니다. 그 때문에 국민의힘은 공범으로서 해체되어야 하고, 그 행위에 걸맞게 처벌을 받게 해야 합니다. 반면에 국민의힘 일부 성원이 탄핵에 동참한 것은 내란 범죄자를 용인하지 않고 처벌해야 한다는 점에서 헌정 질서를 수호했을 뿐만이 아니라 애국적인 행위에 해당된다고 볼 수 있습니다.

국민의힘이 탄핵을 반대했던 것과 국민의힘 일부 성원이 탄핵에 동참하는 행위를 명확히 갈라보아야 하는 이유는 누구와 연대 연합을 이루어야 하는지에 대한 계선을 명확하게 설정해 주는 문제와 관련되어 있기 때문입니다.

내란 범죄자를 용인하고 처벌을 가로막는 행위는 공범이니만큼 연대 연합의 대상이 될 수 없고 응징의 대상이 되어야 합니다. 그 때문에 국민의힘과 국정을 협의하려고 해서는 안 됩니다. 내란 공범과 국정을 협의하게 되면 그 자체로 범죄자들을 용인하는 꼴이 되는데, 그렇게 해서 어떻게 정의가 세워질 수 있겠느냐는 것입니다. 만약 이들과 국정을 협의하게 되면 내란 폭동 범죄자들의 처벌을 계속 방해할 것이 분명한데, 그런 속에서 한국 사회의 혼란을 어떻게 수습할 수 있겠습니까? 그런 점에서 국민의힘은 국정의 협의 상대가 아니라 응징하고 그 죗값에 맞게 처벌해야 하는 대상이 되어야 한다는 것입니다.

반면에 국민의힘 일부 성원이 윤석열의 내란 폭동의 범죄를 응징하기 위해 탄핵에 동참한 것은 나라와 민을 소중히 여기고 판단한 애국적 행위에 해당되는 것이니만큼 연대 연합의 주체가 된다는 것입니다. 한마디로 탄핵에 동참했던 세력들은 모두 정의로운 법질서를 세워야 하는 주체로서 연대 연합을 확고하게 구축해야 한다는 것입니다.

이렇게 국민의힘이 탄핵을 반대했던 것과 국민의힘 일부 성원이 탄핵에 동참하는 행위를 명확히 갈라보게 되면 한국 사회에서 정의로운 법질서를 세우는 데에 확고한 기준을 세워줄 수 있습니다. 정의로운 법질서가 세워지자면 그 기준이 애매 모호해서는 안 되고 명확하고 분명해야 합니다. 바로 여기서 탄핵에 반대했던 세력들은 사실상 공범에 해당하니만큼 응징의 대상으로 되어 처벌을 받아야 한다는 것으로 명확하게 확립되면 내란 폭동의 관계자들은 그 누구를 막론하고 죄의 경중에 맞게 처벌될 것이니 정의로운 법질서가 자연스레 세워진다는 것입니다.

그런데 탄핵에 동참했던 세력 모두가 주체가 되어 연대 연합을 확고하게 구축하자면 내란 폭동의 가담자들과 공범들을 우선적으로 철저히 처벌하는 과제를 기초로 해서 단합해야 합니다. 물론 탄핵에 동참했던 세력 모두가 각기 지향하는 바가 다 똑같을 수는 없습니다. 그 차이가 존재할 수 있습니다. 하지만 현시기에 탄핵에 동참했던 세력 모두에게 중요한 것은 일단 내란 폭동의 가담자들과 공범들을 처벌하는 것입니다. 그 때문에 탄핵에 동참한 세력 간에 입장 차이가 다소 있다손 치더라도 그 차이는 뒤로하고 내란 폭동의 가담자들과 공범들을 처벌하는 데에 우선적으로 힘을 합쳐야 합니다.

내란 폭동의 가담자들과 공범들을 처벌하는 데에 우선적으로 힘을 합치는 것이 중요한 이유는 내란 폭동의 범죄자들이 그 법적 처벌을 회피하고자 자신들의 범죄 행위를 야당의 이재명 대표가 권력을 잡기 위한 과정에서 파생된 정쟁 행위인 양 호도하고 있기 때문이기도 합니다. 내란 폭동은 민에게 총칼을 겨누었다는 점에서 대역죄이자 국가 반역죄인 것이지 정쟁으로 볼 수 없습니다.

물론 이재명 대표도 법적 절차를 받고 그에 따라 합당하게 처신해야 할 것입니다. 하지만 내란 폭동으로 사회적 혼란이 야기되었으니 이를 한시바삐 수습하는 것이 요구되고, 그러자면 내란의 범죄자들이 최대한 빨리 정의로운 법질서에 의해 처벌받게 해야 할 것입니다. 시간을 주면 그만큼 사회는 계속 혼란에 휩싸일 것이 분명합니다. 그래서 사회적 혼란을 수습하기 위해 법적 처벌을 하루빨리 받게 하자는 것인데, 그것이 어떻게 야당 대표가 대권을 잡기 위한 목적인 양 호도하는 게 정당화될 수 있겠느냐는 것입니다.

그런데도 내란 범죄의 가담자들과 공범들을 한시바삐 청산해야 한다는 주장을 정쟁의 문제인 양 받아들이게 되면 어떻게 되겠습니까? 탄핵에 동참한 세력들은 각자의 이해관계에 따라 분열될 것이고, 그러면 그것을 기화로 내란 범죄의 가담자들과 공범들은 또다시 반항하고 나올 것이 분명합니다. 그러면 그만큼 정의로운 법적 질서는 세워지지 못하고 사회는 계속 혼란에 휩싸이게 될 것입니다. 그 때문에 탄핵에 동참한 세력들은 서로 간의 이해관계가 다를 수 있으나 한시 바삐 내란 범죄의 가담자들과 공범들 모두가 법적 처벌을 받게 만드는 데 힘을 모아야 합니다. 이것이 탄핵의 연합전선을 공고하게 형성 시키면서 한국 사회의 혼란을 하루빨리 수습하고 정의로운 법적 질서를 세워가는 길이라는 것입니다.

### (3) 주권 문제는 사회 대개혁을 이룩하기 위한 핵심 전제 사안이다

탄핵의 연합전선을 강고하게 형성하여 내란 범죄의 가담자들과 공범들을 우선적으로 처벌한 다음에는 사회 대개혁을 이룩해가야 합니다. 그런데 사회 대개혁을 성공적으로 완수하자면 정권의 문제를 원만하게 해결해야 합니다. 한마디로 광범위한 세력들을 하나로 모아내어 연합전선 형태의 정권을 강고하게 형성해 내야 한다는 것입니다. 그래야 압도적인 역량으로 사회 대개혁을 이룩할 수 있습니다. 바로 여기서 연대 연합의 문제가 제기됩니다.

물론 탄핵의 연합전선 내에는 서로 지향하는 바가 각기 다를 수 있습니다. 또 그 차이가 작다고 할 수도 없습니다. 하지만 아무리 정권 문제를 대하는 데서 그 차이가 크다고 하더라도 주권 문제를 해결해야 한다는 데에는 차이가 있어서는 안 됩니다. 왜냐하면 주권을 제대로 행사하지 못하는 조건에서는 아무리 자신들이 지향하는 개혁의 상이 있다고 하더라도 그 목표를 실현할 수 없기 때문입니다.

민이 나라와 민족 단위로 살아가고 있는 조건에서 주권의 행사는 민이 주인의 권리를 누리고 사느냐의 관건적 문제입니다. 주권을 행사하지 못하면 상갓집 개만도 못하는 식민지 노예로 살아갈 뿐입니다. 그 때문에 민이 주인의 권리를 누리고 살아가자면 가장 일차적으로 주권부터 제대로 행사할 수 있어야 한다는 것입니다.

다시 말해 주권 문제를 해결하지 않고서는 자신이 지향하는 개혁을 이룩할 수 없다는 것입니다. 그래서 주권 문제는 여야 간은 물론 진보와 보수 간의 대결 문제가 아니라 한국에서 살고 있는 사람이라면 누구나 마땅히 해결하기 위해 나서야 할 과제이자 의무라는 것입니다. 그 때문에 주권 문제를 해결하려고 노력하지 않고 외면하면서 개혁을 이룩하겠다고 말하는 것은 민을 우롱하는 사이비 개혁에 지나지 않습니다. 그래서 사회 대개혁을 위한 연대 연합을 이룩하는 데서 관건은 주권 문제를 해결해 간다는 입장에서 단합해 가는 것입니다.

그런데 주권 문제를 풀어내자면 그 과제의 해결을 일차적인 당면 목표로 직접 내걸어야 합니다. 다시 말해 주권 문제는 단계론적 사고 방식으로 접근해서는 해결되지 않는다는 것입니다. 지금껏 한국 사회에서 탄핵도 이뤄지고 정권교체도 이루어졌지만, 근본적으로 개혁되지 못했던 것은 주권의 문제를 외면하면서 단계론적으로 접근하여 해결하려고 했기 때문입니다.

하지만 상식적인 이치에서 볼 때 불평등한 조약과 협정으로 주권을 제약받고 있는데, 이런 문제를 외면한다면 어떻게 주권을 찾을 수 있겠느냐 하는 것입니다. 한마디로 주권의 회복은 주권을 제약하고 있는 나라와 정면으로 맞붙어 싸워야 찾을 수 있지 이를 피하고서는 찾을 길이 없다는 것입니다. 지금껏 전개된 역사적 과정을 살펴보더라도 나라를 잃는 민족에게 선의로 주권을 되돌려준 사례는 없었습니다. 그 때문에 나라를 잃은 민족은 일차적으로 주권을 되찾기 위해 싸웠습니다. 한마디로 단계론적으로 접근하여 나라를 찾는 방식이 아니었다는 것입니다.

제국주의 시기에도 식민지에서는 일차적으로 민족해방전선을 형성하고 나라의 독립을 이룩하기 위해 싸웠습니다. 결코 단계론적 입장을 견지하지 않았습니다. 물론 다른 한편에선 반파시즘 연합전선을 구축하기도 하였습니다. 하지만 이것은 나치즘과 군국주의 정책을 추구하는 파시스트에 대항하기 위한 것이었습니다. 즉 반파시즘 연합전선은 제국주의 국가 중 파시즘으로 전락한 국가에 대해 세계 여러 나라와 민이 광범위한 통일전선을 결성하기 위한 방식이었을 뿐입니다.

이들 파시스트는 주권을 행사하고 있는 나라이지 주권을 잃은 나라가 아니었고, 도리어 자국 민을 억압하면서 다른 나라를 침략한 나라였습니다. 그 때문에 이들 나라의 민은 반파시즘 연합전선을 형성하여 극복하고자 했던 것이고, 식민지에서는 그와 같은 반파시스트 연합전선과 같은 격으로 민족해방전선을 구축하였던 것입니다. 즉 반파시스트 연합전선과 민족해방전선은 단계론적으로 접근된 것이 아니라 파시스트 세력이 집권하고 있는 제국주의 나라냐, 아니면 식민지 상황에 처해 있느냐의 차이에 따라 연대 연합의 틀이 달랐을 뿐입니다. 식민지에서는 일차적으로 민족해방을 이룩하기 위해 싸웠던 것이지 단계론적 접근 방식을 취한 형태가 아니었다는 것입니다.

한국 사회에서도 자주와 민주, 통일의 기치가 제기되었지만 여기서도 한결같이 강조되었던 것은 자주 없이 민주 없다는 구호였습니다. 더욱이 지금 시기의 자주, 민주, 통일은 개인과 집단, 나라와 민족 단위의 모든 부분에서 민이 주인의 권리를 누리고 살아야 한다는 시대적 흐름에 맞게 더욱 풍부화되었습니다.

게다가 윤석열 정권의 본질은 제국주의 국가의 파시스트가 아니라 나라와 민족을 배신한 매국파쇼 세력임이 확인되었습니다. 그렇다고 한다면 매국파쇼 세력을 응징하고 그 뿌리를 뽑기 위해서는 미국과 불평등한 협정과 조약을 파기하고 주권을 회복해야 할 것입니다. 그런데 어떻게 나라와 민족을 배신하고 외세의 이익을 앞장서서 추종한 매국파쇼 세력을 제국주의 파시스트와 같은 동격으로 놓으면서 반파쇼 민주화가 이루어지고 난 다음에 주권을 찾을 수 있다는 단계론적 사고방식으로 접근할 수 있느냐 하는 것입니다. 나라의 주권 문제를 직접적으로 제기하고 풀어가지 않으면 아무리 독재정권을 청산하더라도 또 다른 매국파쇼 세력이 등장하게 될 뿐입니다. 이것은 박근혜 정권을 탄핵했음에도 불구하고 주권을 찾지 못한 관계로 윤석열 정권 같은 극악한 매국파쇼 세력이 또다시 등장했다는 것에서 명확히 확증됩니다. 그 때문에 나라의 주권을 찾고자 한다면 단계론적으로 접근하지 말고 주권 문제를 정면으로 직접 제기하고 불평등한 조약과 협정을 파기할 것임을 명확히 하면서 싸워가야 한다는 것입니다.

이런 각도에서 보았을 때 이번 윤석열 탄핵을 계기로 연대 연합을 형성했던 세력들은 여러 입장 차이가 있을 수 있으나 사회 대개혁을 성공시키느냐의 핵심 사안이 주권 문제의 해결에 달려 있으니만큼 이에 대해서는 확고하게 합의를 이루어야 합니다. 한마디로 미국과 불평등한 조약과 협정 때문에 주권을 제대로 행사하지 못하고 있는 관계로 그 어떤 개혁도 성공적으로 이룩할 수 없으니 주권 문제만큼은 외면하거나 회피해서는 안 되고, 기필코 합의를 도출해서 직접적이고 전면적으로 제기하고 풀어가도록 해야 한다는 것입니다.

**(4) 탄핵의 연합전선을 사회 대개혁이자 애민, 애국의 연합전선으로 확대 강화해 가야 한다**

사회 대개혁의 과제를 성공시키느냐의 관건이 주권 문제를 해결하는 데 있으니만큼 탄핵의 연합전선을 사회 대개혁이자 애민, 애국의 연합전선으로 확대 강화해 가야 합니다.

애민, 애국의 연합전선을 강고하게 구축한다면 애국 행위는 고무하고 매국 행위는 벌이지 못하게 하는 분위기가 형성될 것입니다. 그러면 한국 사회에서 미국의 앞잡이 역할을 하는 매국노들을 단호히 응징할 수 있게 될 것입니다. 이렇게 매국노들이 응징되면 애민, 애국의 세력들은 더욱 확고하게 단합할 수 있게 될 것이며, 그리하여 그 단합된 힘으로 싸워간다면 미국과 불평등한 조약과 협정에 의해 주권을 제대로 행사할 수 없었던 상황을 극복하고 분명코 주권을 되찾을 수 있게 될 것입니다.

애민, 애국의 연합전선에 의해 주권을 회복한 다음에는 한국 사회를 개혁하는 방향에서 서로의 입장 차이가 있다손 치더라도 애민, 애국의 기치를 견지한다는 전제하에 일치와 입체, 통일의 방법론을 적용하여 사회 대개혁을 계속 추진해 간다면 여러 우여곡절은 있을 수 있겠지만 민은 궁극적으로 개인과 집단, 나라와 민족 단위의 모든 부분에서 주인의 권리를 누리고 살 수 있게 될 것입니다.

# 6. 대중단체와 사회적 합의 기구 신설

### 1) 민주노총의 10월 총파업을 적극 지지하고 지원함으로써 개혁 전선을 구축해 가자!*

민주노총은 오는 10월 총파업을 예고했습니다. 총파업의 요구안으로 5인 미만 사업장에도 근로기준법 전면 적용을 비롯해 노동법 전면 개정, 재난 시기 노동자들의 해고 금지, 보건의료 분야의 인력 확충, 주택·의료·교육·돌봄·교통의 공공성 강화 등을 제기하였습니다. 그리고 이를 위해 총파업을 준비해 가겠다고 선언하였습니다.

이에 대해 정부에서는 코로나19 대유행이 좀처럼 꺾이지 않고 있는 상황에서 코로나19의 유행을 더욱 확산시켜 사회를 위험에 빠뜨릴 것이라고 주장하며 총파업의 자제를 거듭 압박하고 있는 형국입니다. 급기야 총파업을 공언하고 독려하고 있는 양경수 민주노총 위원장을, 세계 노동절 대회를 개최한 지난 5월부터 서울 종로 일대에서 전국노동자대회를 연 지난 7월까지의 행위를 문제 삼아 감염병예

---

* 우리겨레연구소 카페, 개혁세력은 민주노총의 10월 총파업을 적극 지지하고 지원하자!(2021. 09. 13)

방법과 집회시위법 위반 혐의로 구속영장을 발부받아 민주노총 사무실을 급습하여 체포함으로써 검찰에 구속 송치하였습니다. 어떻게 해서든 10월에 진행될 총파업의 위력을 약화시키기 위한 술책이라고 할 수 있을 것입니다.

누구나 알다시피 노동조합은 단결권과 단체교섭권, 단체행동권 등의 노동3권이 있기에 파업할 권리를 가지고 있습니다. 그래서 당연히 자신들의 요구를 실현하고자 총파업을 할 수 있습니다. 물론 그렇다고 해서 자신들의 이익만을 관철시키기 위해 사회적 상황을 전혀 고려하지 않고 무조건 파업이라는 물리력을 행사해도 된다는 뜻은 아닙니다. 사회적 분위기를 고려하지 않는다면 도리어 역풍을 맞고 그 요구 자체를 실현할 수도 없을 것입니다.

하지만 과연 한국 사회에서 노동자들이 파업을 하지 않고 자신들의 요구를 알리거나 실현할 수 있는 길이 있을까요? 실상 문재인 정부는 국제노동기구(ILO) 핵심협약을 비준하기 위해 노동조합법을 개정했습니다. 하지만 거기에는 파업 시에 사업장의 주요 시설 점거를 금지하고, 단체협약의 유효기간 상한을 연장하고 있으며, 사업장 소속이 아닌 조합원의 사업장 출입을 제한하고 있습니다. 이런 노동조합법 개정에 대해 민주노총은 노동조합의 쟁의 활동을 사실상 무력화시키는 개악이라고 하면서 반대 입장을 분명하게 표명하였습니다. 아울러 민주노총은 국제노동기구에 가입하는 위상에 맞게 노동법의 사각지대인 5인 미만 사업장에 대한 근로기준법의 전면 적용과 특수고용직 종사자들의 노조 결성의 권리 보장 및 중대 재해를 낸 기업과 경영 책임자에 대한 처벌을 위한 전태일 3법의 입법을 요구하였습니다.

하지만 문재인 정부와 국회는 이에 대해 그 해결책을 찾고자 적극 노력하는 것이 아니라 거의 무시하였습니다. 그뿐만이 아닙니다. 코로나19 대유행의 장기화로 의료계 종사자들은 극도의 피로감 누적을 호소하면서 인력 확충과 그 대비책을 지속적으로 요구하였습니다. 하지만 결국 보건의료노조는 대비책을 마련하지 않았기에 파업에 돌입하였고, 그때에서야 노정 합의가 이뤄지며 총파업이 철회되었습니다. 왜 이미 문제를 제기했는데도 해결하려는 본격적인 노력을 벌이지 않고 총파업이 이뤄져서야 합의를 보려고 하냐는 것입니다. 이것은 우는 아이 떡 하나 더 준다는 격인데, 그렇다면 그런 자세야말로 총파업을 조장하는 것이 아니고 무엇일까요?

그럼 왜 이런 현상이 예나 지금이나 하나도 달라지지 않고 계속 벌어지냐는 것입니다. 그것은 정부와 국회가 스스로 나서서 적극적으로 해결하려는 의사가 없기 때문입니다. 그래서 물리력을 행사하는 극한적인 투쟁 방식을 동원하고 나섰을 때에서야 어쩔 수 없다는 듯 임시 봉합책으로 풀어가려고 하는 것입니다. 그 때문에 무슨 문제가 생겼을 때 합리적인 과정을 통해서 해결하기보다는 물리력을 동원하는 방식이 일상사가 되기에 이르렀다고 할 수 있습니다.

이렇게 되자 자신들의 목소리를 낼 수 있는 힘 있는 사람들은 더욱 기득권을 잃지 않기 위해 움직이게 되었고, 도리어 힘없어서 어떻게 하소연할 길이 없는 사람들은 아무리 국가 정책에서 소외되고 배제되어도 자신들의 목소리조차 낼 수 없는 구조가 되었습니다. 의약분쟁 과정에서 사회의 힘 있는 의사들은 어떻게 해야 종합적인 의료복지 체계가 더 잘 작동할 수 있는지에 대해 걱정하기보다는 자신들의 기득권을 잃지 않기 위해 집회를 열어 자신들의 요구 사항을 내걸었고, 결국 의료 수가를 올리는 방향으로 관철시켜 나갔습니다. 반면에, 임시직이나 파견직으로 일하다가 죽음에 이른 노동자는 그 어디에 하소연할 길이 없어 그저 통곡만 하는 상황이 되어 버렸습니다. 그러니 더욱 많은 사람들이 생존권의 위협을 받게 되었고, 사회는 더욱 빈부 격차가 확대 심화되기에 이르렀습니다. 이런 이율배반적이고 기이한 형국은 기필코 바로잡아야 합니다.

그런데도 노동자들은 파업하지 말고 언제까지나 입을 다물고만 있어야 합니까? 물론 코로나19의 대유행이 꺾이지 않고 있는 상황에서 총파업으로 인해 여러 우려스러운 현상이 발생할 수 있습니다. 그래서 그에 대해 걱정하는 것은 어쩌면 당연한 일일 수 있습니다. 하지만 면밀하게 생각해야 할 것은 코로나19의 대유행이 벌어지기 전에도 영세상공인과 중소기업은 수시로 파산 몰락하고 있었고, 비정규직과 파견직 노동자들은 지속적으로 일자리를 잃어가고 있었다는 사실입니다. 그 때문에 생존권의 문제와 극심한 빈부격차의 문제를 해결해야 한다는 목소리가 드높았고, 이를 위해 한국 사회를 개혁해야 한다는 목소리가 전국적으로 빗발쳤던 것입니다.

그래서 코로나19의 대유행 때문에, 영세상공인과 중소기업을 비롯해 비정규직과 파견직 노동자들이 갑자기 못살게 된 게 아니라는 것입니다. 전쟁이 발생하고 전염병이 유행했을 때 사회에서 제일 취약한 사람들이 가장 큰 타격을 받을 수밖에 없는 것처럼 코로나19의 대유행을 맞아 더욱 급속도록 몰락해 가고 있는 현상이라고 볼 수 있습니다. 이런 코로나19의 대유행 상황을 보면 도리어 개혁을 멈춰서는 안 되고, 더욱 박차를 가해야 한다는 것을 명확히 증거해 주는 것이라고 할 수 있습니다. 개혁의 방향으로 나가는 것만이 이 위기를 극복하고 모두가 상생할 수 있는 길이 되기 때문입니다.

바로 여기서 이번 민주노총이 10월 총파업을 선언하는 정당한 근거를 찾을 수 있습니다. 물론 총파업까지 가지 않고 해결된다면 더욱 좋을 것입니다. 하지만 지금까지 진행되어 온 관행으로 미루어볼 때 결코 그렇게 되지 않을 가능성이 큽니다. 만약 그때까지 해결의 움직임을 보이지 않는다면 개혁의 방향으로 나아가기 위해 반드시 풀어야 할 과제들이기에 기필코 관철시켜 가야 합니다. 이번에 민주노총은 총파업의 요구안으로 여러 정책적 방향을 주장하고 있는데, 그중에 특히 관심을 기울여야 하는 것은 동일노동에는 동일임금 적용, 5인 미만의 사업장과 특수고용직 종사자들의 근로기준법 적용, 그리고 공무원과 교원노조에도 정치 활동의 자유가 보장되어야 한다는 내용들입니다.

한국의 노동자는 1,800만을 상회하는 가장 많은 수의 압도적인 집단을 구성하고 있습니다. 그런데 한국의 노동자들이야말로 가장 큰 차별을 받고 있습니다. 특수고용직 종사자나 5인 미만 사업장의 노동자는 노동자이면서도 노동자로서의 대우를 받지 못하고 있습니다. 근로기준법의 적용을 받지 못하기 때문입니다. 비정규직 노동자는 똑같이 일하면서도 동일임금을 받지 못하고 있습니다. 공무원노조와 교원노조는 한국 사회의 구성원이면서도 정치 활동의 자유를 누리지 못하고 있습니다. 이거야말로 홍길동이 아비를 아비라고 부르지 못하는 것과 무엇이 다르다고 할 수 있겠습니까?

정말 노동조합이 필요하고 근로기준법의 적용을 받고 법적으로 보호받아야 할 사람은 특수고용직 종사자와 5인 미만의 사업장의 노동자들입니다. 한국 사회에서 불평등과 차별을 없애기 위한 가장 기본적인 원칙은 성별이나 나이, 어느 직장에 소속해 있는지에 관계없이 똑같은 일을 하면 똑같은 임금을 받는 것입니다. 또 정치 권력의 압력으로부터 벗어나 나라의 미래를 열어나가기 위한 교육의 실행과 민의 충복으로서의 공무 집행이 이뤄져야 하는데, 그 실현을 위해 가장 정치 활동의 자유가 보장되어야 할 곳은 교원노조와 공무원노조라고 할 수 있습니다. 그런데 노동법의 보호가 가장 시급하고, 임금 차별이 없어져야 하며, 정치 활동의 자유가 정당하게 보장되어야 할 곳에 그것을 시행하려고 하지 않고 가로막으려 하고 있다는 것입니다.

한국 사회에서 가장 압도적인 다수를 차지하고 있는 노동자 집단에 이처럼 부당한 차별이 가해진다면 과연 개혁이 이뤄질 수 있겠습니까?

코로나19의 대유행은 더 이상 개혁을 미룰 수 없는 상황으로 몰아넣고 있습니다. 개혁은 서로 상생할 수 있는 길을 찾는 것입니다. 혼자만 살겠다고 하는 식으로는 모두 다 죽을 수 있기 때문입니다. 그래서 상생할 수 있는 개혁의 길은 사회적 약자가 쓰러지지 않고 같이 일어서도록 길을 열어주어야 한다는 것과 똑같은 말이라고 할 수 있습니다. 그런데 이렇게 노동자들에게 부당한 차별이 가해지고 있는 것을 해결하려고 하지 않는다면, 그것이 과연 상생의 길이 될 것이며, 생존권적 해결과 빈부격차의 해소가 이뤄질 수 있겠습니까? 이를 수용하지 않겠다는 것은 한국 사회를 개혁하지 않겠다는 것이나 다름이 없습니다. 더구나 개혁의 실현 과정에서 중요한 것은 그 해결 방식이 일시적이거나 시혜적인 형태로 진행되어서는 안 된다는 것입니다. 부당한 차별 자체를 폐지하는 것처럼 원칙적이고 보편적인 방식으로 해결되어야 한다는 것입니다.

그 때문에 민주노총의 10월 총파업 의지는, 양경수 위원장이 메시지를 통해 밝혔던 것처럼 전체 민을 위한 투쟁이라고 할 수 있습니다. 그렇다면 이번 총파업 투쟁을 처음부터 민주노총만의 싸움이 아니라, 전체 노동자는 물론이고 나아가 한국 민의 투쟁이라는 것을 분명히 하고 사상전과 여론전을 적극 펼쳐가야 합니다. 그렇지 못하면 강력한 동력을 얻지 못하게 될 것이고, 결국 지난날의 총파업 투쟁이 그러했던 것처럼 임금을 몇 푼 인상하는 방식으로 그치고 말 것입니다. 그렇게 되면 민주노총이 명분은 그럴싸하게 내세웠지만, 실상은 자신들의 밥그릇 챙기기 위해서 민을 볼모로 삼아 총파업을 감행했다는 비난에서 벗어날 수 없을 것입니다. 민주노총은 더는 그런 모습을 보여서는 안 될 것입니다. 그리해서는 노동자들의 참권익을 지킬 수도 없을뿐더러 개혁 세력을 하나로 단합시킬 수도 없고, 실질적으로 실현할 수도 없습니다.

민주노총이 이번에 한국 사회에서 압도적인 집단을 구성하고 있는 노동자 내부에서부터 불평등과 차별을 극복해 가야 한다고 주장하였고, 또 그것이 전체 민을 위한 투쟁이라고 밝힌 만큼 적극적으로 사상전과 여론전을 벌여나가 제기했던 주장들을 기필코 관철시키기 위해 적극 노력해 간다면 한국 사회에서의 개혁은 흔들릴 수 없는 흐름으로 귀착될 것입니다.

개혁을 원하는 세력 또한 이번 10월 총파업 투쟁이 단지 민주노총만의 투쟁이 아니라 바로 자신들의 싸움으로 받아들여야 합니다. 그리해야 하는 이유는 사회의 가장 압도적인 집단을 구성하고 있는 노동자 부분에서 불평등과 차별이 사라지게 되면 당연히 사회 전반적 분위기 또한 그런 흐름으로 흘러가기 때문입니다.

실상 민주노총에서 제기하고 있는 동일노동에 동일임금, 특수고용직 종사자와 5인 미만의 사업장에서의 근로기준법 적용, 교원노조와 공무원노조의 정치 활동의 자유 보장, 주택·의료·교육·돌봄·교통의 공공성 강화 문제는 사회적 합의를 끌어내야만 가능합니다. 단적으로 동일노동에 동일임금을 적용하고, 5인 미만의 단위 사업장에서의 근로기준법을 적용한다면 영세상공인이나 중소기업 등은 그것을 감당할 수 없는 형편이니 거의 폐업하라는 것과 마찬가지가 될 것입니다. 그렇다면 이들이 살아남을 수 있는 길을 열어주어야 할 것입니다. 즉 모든 노동자가 법적 보호를 받고 정당한 임금을 받을 수 있는 정도가 되어야 할 것이기에 이를 위해서는 영세상공인이나 중소기업에 대한 국가적 지원 체계를 확립해야 할 것입니다. 그런데 국가적인 지원 체계를 확립하자면 어떻게 그 재원을 마련할 것인가와 연관됩니다. 그것은 다시 조세 체계를 어떻게 확립할 것인가의 문제와 관련된다고 볼 수 있습니다.

이처럼 민주노총이 주장하는 사안이 해결되자면 이와 밀접하게 연관된 부분에서의 사회적 합의가 필요하게 됩니다. 그래서 민주노총이 제기한 실현 과제는 한국 사회를 전반적인 개혁의 길로 나아가게 하느냐, 나아가지 못하느냐의 갈림길이 될 수밖에 없습니다. 그 때문에 개혁을 원하는 세력은 10월 총파업을 단지 민주노총만의 투쟁으로 봐서는 안 되고, 개혁을 위한 자신의 문제로 받아들이고 적극 지지하고 지원해야 합니다.

민주노총의 10월 총파업 투쟁을 적극 지지하고 지원해야 하는 이유는 또한 그 사안들이 철저히 민을 사랑하는 애민사상과 애국의 기치에 근거하고 있기 때문입니다.

실상 개혁을 하고자 하는 이유는 다른 데 있지 않습니다. 사회와 역사의 주체인 민을 사랑하기 때문입니다. 그런데 민은 개인과 집단, 나라와 민족 단위로 살아가고 있습니다. 그래서 민을 사랑하는 사람들은 이 모든 부분에서 주인의 권리를 누리도록 해야 합니다. 그런데 현시기 주권의 행사는 나라와 민족 단위로 이뤄지고 있습니다. 그 때문에 애민의 정신은 애국의 기치로 표현되는 것입니다.

만약 민을 사랑하고 애국의 기치에 의거하지 않는다면 개혁을 할 이유가 없습니다. 자기 혼자 잘 먹고 잘살자고 하는데 구태여 개혁을 거론할 이유가 없지 않습니까? 이것은 결국 한국 사회에서 개혁이 적극적으로 추진되지 못하는 이유가 어디 다른 데에 있는 것이 아니라, 이 나라를 이끌어가는 정부와 국회가 민을 소중히 여기는 애민사상과 애국의 기치에 철저히 기초하지 않기 때문이라는 것입니다.

애국의 기치는 자기 나라와 민족을 소중하다고 여기기에 무엇보다 자기 나라와 민족 단위에서 민의 권리를 실현하고자 합니다. 그래서 민족적 감성을 도용해 자기 나라와 민족만 소중하다고 여기고 다른 나라와 민족을 지배하고 패권을 행사하고자 하는 것과는 아무런 관련이 없습니다. 자기 나라와 민족이 소중하다고 여기는 것처럼 다른 나라와 민족 또한 소중하다고 여기기 때문입니다. 그래서 다른 나라와 민족에 대한 지배와 침략을 반대할뿐더러 자기 나라의 주권을 고수하기 위해 적극 노력하게 됩니다.

애국의 기치는 또한 자기 나라와 민족의 성원에게 모두 주인으로서의 권리를 누리게 하는 것이기에 개인과 집단 간에 불평등과 차별을 가하는 것과는 전혀 관련이 없습니다. 도리어 민족적 감성을 이용해 힘 있는 자나 집단만의 특권과 패권를 행사하고자 할 때에도 절대 용인하지 않을뿐더러 모든 개인과 집단에 대한 불평등과 차별 자체를 반대합니다. 그래야 민이 개인과 집단, 나라와 민족 단위의 전 부분에서 주인의 권리를 실현할 수 있기 때문입니다.

이런 점에서 볼 때 민주노총이 이번 10월 총파업을 통해 실현하고자 하는 제 요구안들은 바로 한국 사회에서 기본적으로 만연해 있는 불평등과 차별을 없애기 위한 조치이고, 동시에 그 뿌리가 애민사상과 애국의 기치에 근거하고 있는 것이라고 볼 수 있습니다.

실제로 애민사상과 애국의 기치에 근거하지 않는다면, 지금 국제 사회가 세계화로 거미줄 망처럼 연결되어 있는 조건에서 개혁을 진행하려 해도 세계거대독점자본이 여러 압력을 가해올 것이 분명한데, 그때 무슨 근거와 힘으로 막아낼 수 있겠습니까? 민의 이익을 지켜내야 한다는 애민사상과 애국의 기치라는 단호한 입장 아래 민을 하나의 세력으로 단합시켜 내야만 그 위협과 압박을 극복해 낼 수 있을 것입니다.

마찬가지로 누구나 차별 없이 평등한 권리를 누리도록 개혁하려고 하는데, 반개혁 세력이 자신들의 기득권을 지키고자 불평등과 차별을 감수하도록 강박하고 나온다면 그 무슨 근거와 힘으로 대항하면서 개혁을 이루어 갈 수 있겠습니까? 단호하게 말하건대, 반개혁 세력의 훼방을 극복하기 위해서는 사회와 역사의 주체인 민이 개인과 집단, 나라와 민족 단위로 살아가고 있기 때문에 이 모든 부분에서의 불평등과 차별을 없애야 한다는 주장에 근거할 수밖에 없습니다.

그 때문에 한국 사회에서 개혁을 추진하기 위해서는 이번 총파업 투쟁을 단지 노동자의 권리 확보라는 차원으로 머물지 말고, 애국이라는 거대한 기치에서 전방위적으로 확대하여 개혁을 실현해 가야 한다는 입장을 분명하게 견지해야 합니다. 앞에서 살펴보았듯이 민주노총이 제기했던 주장들이 풀어지자면 일면적인 측면으로 접근해서는 해결이 요원합니다. 영세상공인이나 조세 정책, 주택·의료·교육·돌봄·교통 등의 공공성 강화 등과 서로 밀접하게 연결되어 있으니만큼 전 부분을 살펴보아야 합니다. 그 때문에 애국의 기치라는 커다란 방향으로 나아가야만 한국 사회를 전면적으로 개혁해 갈 수 있는 길이 열리게 된다는 것을 명확히 해야 합니다. 즉 개혁을 더 이상 거스를 수 없는 시대적 흐름으로 만들어내기 위해서는 이번 총파업 투쟁을 계기로 해서 애국의 기치라는 종합적인 해결 방식으로까지 더욱 확대해 가야만 한다는 것입니다.

개혁세력이 민주노총의 10월 총파업 투쟁을 적극 지지하고 지원해야 하는 이유는, 또한 이런 싸움의 계기를 통해서 개혁세력이 강력하게 구축될 수 있기 때문입니다.

개혁세력의 구축은 저절로 형성되지 않습니다. 수많은 계기와 과정을 통해서 이뤄집니다. 일치된 부분은 함께하고, 차이가 있는 부분에서는 입체적으로 적용하여 전망성 있게 통일적으로 풀어가야 합니다. 그 과정에서는 여러 우여곡절을 겪을 수 있습니다. 하지만 이 부분을 성과 있게 이뤄내자면 종합적인 정책이 제시되면서 정치 활동이 가장 왕성하게 이뤄질 때 진행하는 것이 효과적입니다.

지금 한국 사회는 대선 정국으로 흘러가고 있습니다. 대통령 선거는 한국 사회에서 가장 크게 정치 지형과 권력 관계의 변화를 함축하고 있습니다. 따라서 이때 각각의 정치 세력은 대선을 맞아 자신들의 입장을 적극 드러내게 됩니다.

하지만 사실상 거대 양당체제인 한국 사회에서 단순히 선거운동 과정에 몰입하게 되면 결코 이 양당체제에서 벗어날 수 없습니다. 어차피 이 거대 양당 중 한 후보가 대통령에 당선될 것이 뻔하기 때문입니다. 바로 이 부분에서 정치 지형과 권력 관계의 변화에 파열구를 열어젖혀야만 합니다. 양당체제의 싸움이 아니라 개혁을 할 것인가, 말 것인가의 대치 전선으로 바꿔내야 한다는 것입니다. 이번 총파업과 대선 시기의 정국을 맞아, 개혁세력은 개혁을 원하는 모든 세력을 하나로 모아내어 개혁 전선을 강력히 구축해 가야 합니다. 말로만 개혁하겠다고 하면서 기만하는 세력이 아니라 진심으로 개혁의 길에 같이할 수 있는 세력을 모아내야 한다는 것입니다. 그리하지 않는다면 이번 대선 또한 단순히 거대 양당 세력 중 한 명의 후보를 뽑는 대통령 선거로 전락되어 또다시 개혁이 실종되는 상황으로 귀결되고 말 것입니다.

바로 이 점에서 대선 정국은 좋은 기회로 되고, 민주노총의 10월 총파업 투쟁은 이를 활용할 수 있는 좋은 계기가 될 것입니다. 모든 개혁세력은 민주노총이 총파업 투쟁에서 내건 목표가 이루어지면서 모든 개혁세력을 하나의 대오로 구축할 수 있는 기회로 삼기 위해 적극 지지하고 지원하는 데 최선을 다해 나가야 합니다. 그리한다면 한국 사회에서 개혁을 원하는 모든 세력을 하나의 대오로 구축하여 개혁과 반개혁 세력 간의 대치 전선을 형성시켜 내는 데에 커다란 성과를 이룩할 수 있을 것입니다. 그러면 그 힘이 형성된 만큼 실질적으로 개혁할 수 있는 길이 더욱더 빨리 다가오게 될 것입니다.

## 2) 청년들이 주체로 나설 수 있는 사회 정치적 환경을 마련하고 빈부 격차와 불평등을 해소할 수 있는 개혁의 원리, 원칙을 제시해야 한다*

윤석열 후보는 여성가족부 폐지와 병사 월급 200만 원을 지급하겠다는 공약을 발표했습니다. 여론조사에 의하면 이로 인해 청년층의 표심이 얼마간 올라갔다고 합니다. 그런데 과연 이런 현상을 어떻게 봐야 할까요?

이에 대해 이재명 후보 측은 병사 월급 200만 원 지급은 국방 5대 공약을 발표할 때 이미 들어 있던 내용으로써 병사들을 위한 훌륭한 정책, 좋은 정책에 저작권이 따로 있다고 생각하지 않는다며 환영의 입장을 밝혔습니다. 그리고 이제 여야가 생산적인 정책 경쟁을 본격화하면 좋겠다고 덧붙이기까지 하였습니다.

이것만 보면, 구체적인 내용은 사상하고 단지 병사 월급 200만 원 지급이라는 측면만 놓고 볼 때 제1당과 제2당의 후보가 공통적으로 들고나온 격이니 거의 실시될 것 같은 느낌이 들기까지 합니다.

그런데 왜 도무지 시행될 것이라는 믿음이 가지 않는 것일까요? 단

---

* 우리겨레연구소 카페, 이대남의 표심을 얻겠다고 여성가족부 폐지와 병사 월급 200만 원 지급 공약을 제시하는 게 과연 맞겠는가?(2022. 01. 17), 참조 자료: 우리겨레연구소 카페, 홍준표의 온라인 커뮤니티인 "청년의 꿈"이 청년들로부터 폭발적인 인기를 끄는 현상을 어떻게 보아야 할까?(2021. 11. 22)

지 정치인들에 대한 불신이 너무 커서 그런 것일까요?

사회와 역사가 발전하려면 권력 교체기인 대통령의 선거 시기에서 대선 후보가 유권자에게 제시하는 공약은 반드시 지켜져야 할 것입니다. 지키지 못할 공약이라면 하지 않는 것만 못합니다.

하지만 한국 사회에서 대통령 선거가 승자독식의 선거판이 되다 보니 우선 어떻게든 이기고 보자는 심리로 지키지도 못할 공약을 남발하곤 하였습니다. 그리고 당선된 이후엔 하는 척하다가 핑계를 대고 어기는 경우가 다반사였습니다.

지금 청년층 내지는 이대남에 대해 맞춤형이라는 공약 형태로 여성가족부 폐지와 병사 월급 200만 원 지급 공약을 제시하는 것도 이런 모습의 한 예라고 할 수 있습니다.

어떤 후보의 공약을 믿으려면 그 진정성이 확인되어야 합니다. 그 진정성은 왜 그런 상황에 이르렀는가에 대해 원인을 진단하고 그에 대한 해답을 제시하는 것으로 되어야 할 것입니다. 그런데 원인에 대한 진단도 없이 뜬금없이 어떤 정책을 제시한다면 그것을 어떻게 믿을 수 있겠습니까?

그러면 지금 청년들이 왜 어떤 희망도 보지 못하고 절망과 좌절감에 빠진 이유가 무엇이겠습니까? 빈부격차와 불평등이 해소되지 않고서는 아무리 노력해도 현재의 불행과 고통에서 벗어날 수 없는 처지에 빠져 있기 때문입니다. 그러니까 지금 한국 사회는 빈부격차와 불평등이 극도로 심화되어 있어서 이를 어떤 방식으로서든 해결하는 방향으로 나아가지 않고서는 그 해답이 보이지 않는다는 것입니다. 그 때문에 청년층만 고통을 겪고 있는 게 아니라 인생의 시기에서 가장 신체적으로나 정신적으로 왕성한 활동력을 자랑하는 청년들마저 그 어떤 희망을 찾지 못하고 있는 것입니다.

실상 빈부격차와 불평등이 극심해져 있는데, 이를 해소하는 방향으로 나아가지 않고 현재 자신이 가진 재산과 부로 해결하라는 식으로 개인에게 전가한다면 어떻게 되겠습니까? 재산과 부를 가지고 있지 못한 사람은 아무리 노력해도 희망을 찾지 못할 것입니다. 한평생 일을 해도 그 소득으로는 집 한 채 마련하기가 힘드니까요. 이를 세대 간의 구도로 놓고 보았을 때 당연히 사회 활동을 처음 시작하는 청년들이 재산과 부가 가장 적을 것이니 그 불평등 구조가 바뀌지 않을 것입니다. 부모 찬스가 없다면 말입니다.

그렇다면 빈부격차와 불평등을 해소하는 방향으로 나아가는 게 맞을 것인데, 도리어 거기에다 대고 여성가족부 폐지와 병사 월급 200만 원 지급과 같이 남녀 간의 성적 갈등을 조장하고, 청년 세대와 기성세대 간의 갈라치기를 한다면 어떻게 되겠습니까? 그러면 남녀 관계가 여전히 불평등하다고 여기는 여성들은 어떻게 나오겠으며, 또 5인 미만의 사업장이나 비정규직 노동자, 플랫폼 노동자 등 월 200만 원도 받지 못하고 일하는 사람들은 어떻게 되겠습니까? 이로 인해 중구난방 싸우게 될 것이고, 사회엔 엄청난 혼란이 가중될 것은 불을 보듯 뻔하게 될 것입니다.

서로 간의 갈등을 조장하는 방식으로는 개혁이 진행될 수 없고, 세상을 바꿀 수는 없습니다. 사회가 혼란스러운 상태에서는 그 어떤 정책도 힘을 받지 못하고 실행될 수 없는 것은 당연한 이치입니다. 지금껏 당선되고 보자는 식으로 남발된 공약이 제대로 실행에 옮겨지지 못했던 건 다 이런 이치 때문입니다. 여성가족부 폐지와 병사 월급 200만 원 지급이 정책적으로 실행되기 어렵고 사회적 혼란만을 부채질할 것이라고 미루어 짐작하는 것도 이런 이유에서입니다.

개혁을 추진하여 세상을 바꾸자면 오로지 일치와 입체, 통일의 사상과 방법론에 의해 진행되어야 합니다. 그런데 이에 맞게 풀어가자면 무엇보다 개혁을 바라는 대다수 사람이 함께하면서 단합할 수 있는 근본적인 개혁의 원리, 원칙이 제시되어야 합니다. 그래야 혼란을 막고 단합된 힘으로 개혁을 힘있게 밀고 갈 수 있기 때문입니다.

그 때문에 정말로 청년층의 고민을 해결할 의지가 있다면 남녀 간이나 세대 간의 갈등을 조장해서 자신들이 대신 해결해 줄 것처럼 할 것이 아니라 청년층이 주체로 나서서 자신의 이해와 요구를 제기할 수 있는 사회 정치적 환경과 조건부터 마련하라는 것입니다.

아울러 청년층마저 그 어떤 희망을 보지 못하고 좌절과 절망에 휩싸이게 하는 근원이 극심한 빈부격차와 불평등에 있는 것이니만큼 이를 해소할 수 있는 대책부터 마련하라는 것입니다. 그리하여 5인 미만의 사업장에서 일하든, 비정규직이든, 플랫폼 노동자이든, 아니면 영세사업자이든 관계없이 일하는 사람은 누구든지 그 수입만으로도 근심 걱정하지 않고 당연하게 인간적인 생활을 꾸려갈 수 있도록 그 대책부터 세우라는 것입니다. 그러면 청년들 또한 한국 사회에서 꿈과 희망을 찾을 수 있게 될 것이고, 그러면 그게 바로 청년층에 대한 최소한의 대책이 세워지는 것으로 될 것입니다.


### 3) 사회적 합의 기구의 신설과 함께 각종 대중단체의 정치 투쟁을 보장해야 한다*

최근 벌어지고 있는 노동자의 파업을 두고 윤석열 정부는 마치 파업 자체가 불법인 양 몰아가고 있습니다. 정부와 여당 내에서 노동자들의 파업을 두고 마치 법치주의가 위협받고 있는 것처럼 말하거나,

---

* 우리겨레연구소 카페, 사전에 합의할 수 있는 사회적 합의 기구의 신설과 함께 각종 대중단체에 대한 정치 투쟁을 전면적으로 보장해야 한다(2022. 12. 05)

정치파업을 벌이고 있기에 잘못되었다는 식으로 얘기하는 모습은 이를 여실히 보여주고 있습니다.

노동자들은 노동3권으로 단결권과 단체교섭권, 단체행동권을 보장받을 권리가 있으므로 그러한 전제에서 보면 당연히 단체행동권의 행사로서 파업은 정당합니다. 그런데도 파업을 하면 뭔가 잘못된 행위인 양 여기면서 단체행동권의 행사는 물론이고 자신들의 권리를 실현하기 위한 움직임 자체를 벌이지 못하게 막으려고 합니다.

정부와 여당이 이런 식으로 움직인다면 과연 노동자들의 권리가 실현될 수 있겠으며, 이렇게 노동자의 권리를 가로막는 정권을 계속 놔두어야 할 이유가 어디에 있겠습니까?

물론 노동자가 파업을 하면 그 해당 노동자와 기업은 물론이고 사회적으로도 큰 손실이 발생합니다. 그래서 노동자들 또한 자신들의 권리 실현을 위한 최후 보루로 파업을 활용합니다.

그런데 한국 사회에서는 이상하게도 우는 아이 떡 하나 주는 식으로 되어 울기 전에는 거의 관심을 기울이지 않습니다. 온갖 떼를 써야만 그때 가서야 들어주는 척 시늉을 좀 낼 뿐입니다. 그러다 보니 파업을 하기 전에 조금만 사회적으로 관심을 기울였다면 손쉽게 해결할 수 있는 사안임에도, 결국엔 파업과 같은 극한 대결의 양상으로까지 진행되어 사회적 손실이 엄청나게 발생하고 있습니다.

이번 화물연대 파업만 봐도 그렇습니다. 이미 화물연대 노동자들의 최저 생계 보장과 안전 운행을 위해 안전운임제 적용에 대해 요구안이 이미 제기되었고, 그 적용 대상을 확대해 가는 방향에서 일정한 합의가 이뤄졌습니다. 그러니까 올해 6월 14일에 이미 국토교통부와 화물연대는 안전운임제를 지속 추진하고 품목 확대 등을 논의하기로 하였고, 유가보조금 제도 확대를 검토하기로 한다고 합의하였던 사안입니다.

그렇다면 이런 합의에 기초해 진행하여야 할 것이건만, 국토교통부를 비롯한 유관 기관과 사용자 단체는 이를 합의하기 위한 진정성 있는 노력은 물론이고, 이전에 합의한 사항조차 지키려 하지 않았습니다. 이런 상황이라면 이번 화물연대가 파업하게 된 원인이 어디에 있는지 명백하다고 할 수 있을 것입니다.

　합의를 보려는 성의도 보이지 않고, 더욱이 지난 합의 사항마저 파기하려는 상황이라면 마지막 남은 방법으로 실력 행사가 벌어지는 것은 당연합니다. 그래서 파업이 진행되는 것인데, 거기에다 놓고 파업이 벌어지자마자 불법인 양 법치주의를 위협하는 행위로 몰아가고, 또 정치 투쟁이 벌어지고 있기에 받아들일 수 없다는 식으로 여론몰이하고 있습니다. 그리고는 업무개시 명령을 내리고, 또 유가보조금까지 폐지하여 불이익을 안겨주겠다는 식으로 강경한 입장만을 내세우고 있습니다.

　이런 식으로 나온다면 결국 극한적인 대결 양상으로 치닫는 것은 필연적일 것입니다.

　이렇게 된 이유는 사전에 사회적으로 합의할 수 있는 제도와 법 등이 미비하기 때문입니다. 그래서 요구안에 대해 적극적으로 나서지 않아도 책임질 사람이 없으니 구태여 나설 이유도 없고, 또 설사 중재하려 했다가 잘못되면 양쪽 진영으로부터 욕먹기 십상이니 적극적으로 나설 필요도 없는 것입니다. 이런 상황이라면 결국 실력대결의 양상으로 나타날 것은 불을 보듯 뻔할 것입니다. 지금껏 한국 사회에서 대부분 극단적 대결의 양상으로 번져나간 것은 이런 이유 때문이었습니다.

　이로부터 실력대결의 양상으로 번져 사회적 비용을 겪는 상황에서 벗어나자면 사전에 합의할 수 있는 제도와 법을 마련하는 것이 요구됩니다. 한마디로 극단적 대결이 이뤄지기 전에 국가의 유관 기관을 비롯한 이해 당사자들이 사전에 합의할 수 있는 법과 제도를 마련해야 하고, 만약 합의를 위한 움직임에 그 대응 기관이나 당사자들이 소극적인 모습을 보이거나 제대로 해결하려는 모습을 보이지 않는다면 그에 대해 마땅한 책임을 물을 수 있는 장치가 마련되어야 한다는 것입니다.

사전에 합의할 수 있는 제도와 법을 마련하는 것은 조금만 신경 쓰면 해결할 수 있는데, 그렇지 않음으로써 나타나는 쓸데없는 사회적 낭비를 줄이자는 것입니다.

이것은 사람이 법과 제도를 지키기 위해서 존재하는 것이 아니라, 사람을 위해서 법과 제도가 존재한다는 점에서 당연한 이치입니다. 법과 제도가 미비해서 여러 문제가 발생한다면 그것에 대해서 보완하고 그 대책을 마련하는 것은 마땅합니다.

악법은 잘못된 법이기에 고치자는 것이지, 법이니까 지켜야 한다는 뜻으로 될 수는 없습니다. 그런 사고방식은 민이 사회의 주인이 아니라 통치자들이 사회의 주인인 것처럼 행세하는 낡은 구시대적 사회에서나 통용되는 논리일 뿐입니다. 그런 점에서 노동자와 농민 등으로부터 제반의 요구가 제안되면 그 유관 기관을 비롯한 각각의 당사자들이 그 요구 사항을 적극적으로 받아안고 사전에 합의할 수 있는 법과 제도를 세워내는 것은 지극히 당연하다고 할 것입니다.

물론 사전에 합의할 수 있는 제도와 법을 마련했다고 해서 사회적 문제가 이런 방식으로 전부 다 해결되지는 않을 것입니다. 서로의 입장 차이가 큰 탓에 쉽게 합의를 볼 수 없는 부분도 있을 것입니다.

게다가 그 합의해야 할 목록에는 단순히 노사나 정부의 몇몇 유관 기관 차원의 사안으로 끝나지 않고, 사회적 차원에서 합의를 봐야 하는 내용도 들어 있습니다. 한마디로 노동이나 농민에 대한 포괄적인 정책 사안도 포함될 수 있습니다. 그렇다면 당연히 사회적 합의를 볼 수 있는 방식의 활동이 진행되어야 할 것입니다. 그런데 그것은 노동자와 농민에 대한 정책적 내용을 담고 있는 정치적 요구일 수밖에 없습니다. 그래서 당연히 노동자나 농민 등은 정치적 이해와 요구를 제기하는 정치 투쟁을 적극적으로 벌여야 합니다.

그런데 노동자나 농민 등이 정치 투쟁을 벌여서는 안 되고, 그런 내용을 담는 주장을 펼친다면 불법이라 여기는 한심한 사고방식이 놓여 있습니다.

노동자와 농민에 대한 정책이 원천적으로 잘못되어 있으면 자기가 소속된 부분에서 아무리 열심히 일하더라도 어렵게 살 수밖에 없을 것입니다. 그래서 그런 정책을 바꾸기 위해 요구해야 하는데, 그리 행동하지 못하게 한다면 어떻게 노동자와 농민의 삶이 나아질 수 있겠습니까? 바로 여기서 노동자와 농민이 정치적 이해와 요구를 내거는 것을 불법이라고 여기는 주장이 무엇을 의미하겠습니까? 그것은 결국 정부의 정책이 잘못되어 있기에 힘들게 살 수밖에 없어도 감수하고 살라는 독재자들의 통치 논리와 무엇이 다르다는 말입니까? 이렇게 민의 요구를 받아들이지 않게 되니 극한 대결이 벌어지는 것이고, 그 결과로 쓸데없는 사회적 비용이 소모되는 것입니다.

나라의 주인은 민입니다. 당연히 정치의 주인도 민이고, 그래서 정치 또한 민의 권리를 실현하는 방향에서 이뤄져야 합니다. 민이 적극적으로 정치적 권리를 행사하고 사는 것은 너무나도 당연한 이치입니다.

게다가 노동자와 농민은 한국 사회에서 절대다수를 차지하고 있습니다. 그런데 절대다수를 차지하고 있는 노동자와 농민들에게 정치 투쟁을 하지 말라고 하면 도대체 누가 정치 활동을 해야 한다는 말입니까? 그것은 결국 나라의 주인은 통치를 행하는 권력자들이기에 노동자와 농민을 포함한 민은 그런 권력자들의 통치나 받고 살아야 하는 존재라는 말과 하등 다름없는 주장입니다. 이런 입장이야말로 독재자들의 통치 논리로서 민주적인 제도와 질서를 세우자면 우선적으로 이들이 더는 권력자로 행세하지 못하도록 만들어야 할 것입니다.

그 때문에 노동자와 농민의 권리를 실현하기 위해서는 정치적 이해와 요구를 스스럼없이 제기하도록 고무해야 하고, 그런 차원에서 정치 투쟁을 적극적으로 보장해야 합니다.

이를 보장하지 않는다면 말로는 민생 문제를 해결할 것처럼 하지만 실질적으로는 독재자로서 통치하겠다는 것과 하등 다름없습니다. 절대다수를 차지하는 노동자와 농민들에게 정치 투쟁을 허용하지 않는다면 절대다수인 노동자와 농민의 삶이 나아지지 않는데, 거기에서 무슨 민생 문제가 해결될 수 있겠습니까?

그래서 쓸데없이 국력이 낭비되지 않도록 사전에 사회적으로 합의할 수 있는 제도와 법을 만들어내면서 노동조합을 비롯한 대중단체의 정치적 요구를 적극 받아들이도록 하기 위해서는 각종 대중단체에 대한 국가적인 지원 체계를 명확히 수립해야 합니다.

이제부터라도 각종 대중단체에 대한 국가적인 지원 체계가 수립되어 나간다면 사전에 합의할 수 있는 제도와 법이 새롭게 마련됨으로써 쓸데없는 사회적 낭비를 줄일 수 있을 것이고, 아울러 각종 대중단체로부터 정책적 대안이 적극 제기됨으로써 사회적으로 합의할 수 있는 여건이 활짝 열리게 되어 민생 문제 또한 더욱 해결되는 방향으로 나아가게 될 것입니다.

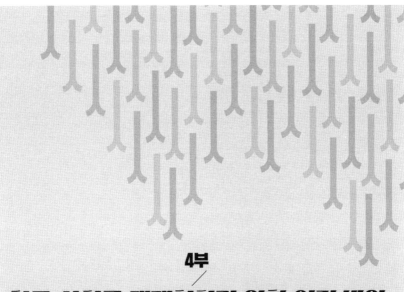

4부

# 한국 사회를 대개혁하기 위한 여러 방안

# 1. 정치개혁 방안

### 1) 국회는 제1호 안건으로 국회의 표결 방식을 기명 투표로 바꾸고, 투명하게 공개화하는 법안을 우선해서 통과시켜야 한다*

국회가 민심을 제대로 대변해야 한다는 데에 어느 누구도 이의를 제기하지 않을 것입니다. 그런데 21대 국회는 그렇지 못했습니다. 이 것은 단적으로 채 해병 특검법에 대해 대통령의 거부권이 행사되자 재의결을 거치는 과정에서 드러났습니다. 분명 채 해병 특검은 민의 절대다수가 찬성하기에 민의가 제대로 반영되었다면 마땅히 통과되 어야 했건만 그러지 못한 결과가 나타났습니다.

그러면 왜 이런 결과가 나왔을까요? 한마디로 민의와 배치되는 현 상이 왜 발생했냐는 것입니다. 여기에는 여러 이유가 있겠지만, 그 내막을 따지고 보면 결국 나라의 주인인 민에게 책임을 지지 않아도

---

* 우리겨레연구소 카페, 22대 국회는 민심을 반영하는 국회가 되어야 한다(2024. 06. 03), 참조 자료: 우리겨레연구소 카페, 한국 사회를 개혁하려면 개혁할 수 있는 정치 지형부터 조성해야 한다(2023. 09. 25), 우리겨레연구소 카페, 이번 총선에서는 국회의원 전체 출마 자들에게 윤석열 탄핵과 사회 대개혁에 대한 입장 표명을 공개적으로 밝히도록 요구해야 한다(2024. 01. 15)

되는 상황과 조건이 가로놓여 있습니다. 한마디로 누가 어떤 입장을 취했는지 정확히 알 수 없는 구조로 되어 있다는 것입니다. 이번 채 해병 특검 법안에 대한 재의결 과정만 보더라도 도대체 누가 찬성하고 반대했으며, 기권표를 행사했는지 도무지 알 수 없습니다. 한마디로 겉말과 속 행동이 달라도 확인할 길이 없습니다. 그 때문에 추측만 무성할 뿐입니다.

그런데 추측만 할 수 있고, 정확히 알 수 없으면 그 행동에 대해 책임을 물을 길이 없습니다. 그리고 잘못 추측해서 판단할 경우 선의의 피해자가 나올 수도 있습니다. 그 때문에 결과적으로 누가 어떤 입장을 취했는지 투명화되고 공개화되지 않는 상황이 계속 유지된다면 책임을 물을 수 없는 구조가 되어 민의를 제대로 대변할 수 없게 된다는 것입니다.

의사 결정의 표결 방식을 말할 때 흔히 직접선거와 비밀선거가 공정하다고 손쉽게 생각합니다. 하지만 이것은 민이 정치 대표자들을 뽑을 때 권력자들의 강압과 회유에서 벗어나 누구나 자유롭고 평등하게 투표권을 행사하도록 하기 위한 것이지, 민의를 대변해야 하는 대표자들에게 해당되는 것은 아닙니다. 민의를 대변해야 하는 대표자인 경우에는 그 사람이 정말 민심을 대변하고 있는지, 그렇지 않은지를 떳떳하게 공개적으로 입장을 밝히고 그에 따라 심판을 받는 것이 도리입니다.

대표자가 자신의 입장과 행동을 떳떳하게 밝히지 못하고 숨기려는 이유가 뭐겠습니까? 그것은 자신의 행동에 대해 그 어떤 책임을 지지 않겠다는 뜻입니다. 더 노골적으로 말한다면 나라의 주인인 민의 눈치를 보지 않겠다는 것이고, 그건 결국 끼리끼리 내지는 자기 패거리들의 이권을 추구하겠다는 것으로밖에 볼 수 없을 것입니다.

이렇게 민심으로부터 책임을 지지 않아도 되는 현상이 유지되어서는 백날 가도 민의를 제대로 반영할 수 있는 길이 열릴 수 없습니다. 민의를 반영하지 않는 자가 누구인지 분명하게 드러나야 심판을 통해 응징할 수 있을 터인데, 그것이 안개 속에 파묻혀 드러나지 않으니 어떻게 그럴 수 있는 길이 만들어질 수 있겠느냐 하는 것입니다.

이렇게 책임을 지지 않아도 되는 구조를 먼저 바꿔야 민의를 대변할 수 있는 길이 열린다는 것입니다. 그 때문에 22대 국회에서는 다른 무엇보다 민의를 제대로 대변하는지, 그렇지 않은지에 대해 책임을 지게 하는 조건부터 마련해야 합니다. 다시 말해 국회의원이 어떤 입장을 취했는지 투명하고 공개적으로 알 수 있도록 만들어야 한다는 것입니다.

여기서 투명화와 공개화를 반대한다면 여전히 21대 국회에서처럼 자신들의 정치적 입장과 행동을 숨기겠다는 것이고, 그 행동에 대해 책임을 지지 않고 두루뭉술하게 넘어가겠다는 뜻일 것입니다. 그런데 그렇게 자신의 입장을 떳떳하게 밝히지도 못할 만큼 소신도 없다면 왜 민의를 대표한다고 하면서 정치를 하려고 하는지 알 수가 없습니다. 이런 사람은 한국 정치사의 발전을 위해서도 정치 활동을 안 하는 것이 도리일 것입니다.

그 때문에 정말로 22대 국회가 민심을 제대로 반영하는 길로 나아가려면 그럴 수 있는 조건부터 마련하기 위해 노력해야 한다는 것이고, 그것은 바로 제1호 법안으로 국회의 표결 방식을 무기명과 비밀투표 방식이 아니라 기명으로 바꾸면서 투명하게 공개화하는 법안을 제일 먼저 통과시켜야 한다는 것입니다.

이렇게 22대 국회가 처음 시작할 때부터 민에게 책임을 진다는 자세로 자신들의 정치적 입장을 투명하게 공개화하는 길로 나아간다면 이제야말로 어느 누가 민의를 제대로 대변하려고 하고, 그렇지 않은지가 분명하게 드러남으로써 민의를 왜곡하려고 하는 자들을 청산할 수 있는 길이 열리게 될 것이고, 그러면 한국 사회는 점차 민의를 제대로 대변하는 사회로 나아가게 될 것입니다.

## 2) 참다운 정치개혁은 정치의 기능을 높이는 차원에서 전개되어야 한다*

김기현 국민의힘 대표는 국회 교섭단체 대표연설에서 국회의원의 정수를 10% 감축하자고 주장했습니다. 민심이라는 전제를 달긴 했지만, 마치 국회의원의 수를 줄이는 것이 진짜 정치개혁인 양 주장하는 격입니다. 그런데 과연 국회의원 정수를 줄이는 것이 참다운 정치개혁의 모습이라고 볼 수 있을까요?

국회의원의 수를 감축하자는 주장이 나오는 것은 그만큼 한국 사회에서 정치가 실종된 사실을 반증해줍니다. 정치인의 역할이 없어지니 그 수를 줄이자는 방안이 제시된 것입니다. 허나 이것은 빈대 잡자고 초가집까지 다 태워 먹는 격이라고 말할 수 있습니다. 빈대를 잡으면 될 것이지 왜 초가삼간을 태워 없앤다는 말입니까?

정치가 실종되었으면 그 연유가 어디에 기인하는지 진단하고 그에 대한 대처 방안을 제시해야 합니다. 그러자면 정치의 역할을 더 높여야 할 것인데, 도리어 정치의 기능 자체까지 축소시켜 버린다면 어떻게 한국 사회의 문제를 풀어갈 수 있겠습니까? 이거야말로 정치의 기능을 살리는 방안이 아니라 정치를 영영 실종시키는 방안이라고 말하지 않을 수 없습니다.

정치가 실종된 것은 다른 데에 원인이 있지 않습니다. 민의 이해와 요구를 반영하려고 하지 않고 정쟁만을 일삼았기 때문입니다. 한마

---

* 우리겨레연구소 카페, 국회의원의 정수를 줄이는 것이 정치개혁이란 말인가?(2023. 06. 26), 참조 자료: 우리겨레연구소 카페, 정치공학적 선거 전술에 어떻게 대응해야 할까?(2021. 12. 13)

디로 민의 이해와 요구를 반영할 길이 막혀 있다는 것입니다.

민의 이해와 요구를 반영하자면 각종 대중단체와 시민단체에 대한 국가적인 지원 체계를 수립해야 하고, 그것을 정책에 반영할 수 있는 제도와 질서 체계를 수립해야 합니다. 그런데 각종 대중단체와 시민단체의 이해와 요구를 반영하려고 노력하기는커녕 탄압하려고 하는데, 거기에서 무슨 정치가 필요하겠습니까? 이런 각도에서 효율성을 따지게 되면 제왕적 대통령이나 권력자의 말을 충실히 집행하는 사람만 필요할 뿐 나머지 사람들은 쓸모없게 되는 것입니다.

하지만 민의 이해와 요구를 제대로 반영하려는 차원으로 접근하면 상황은 전혀 달라집니다. 도리어 정치의 기능이 높아져야 하기에 더 많은 국회의원이 필요하게 됩니다. 각종 대중단체와 시민단체의 요구를 제대로 반영하자면 그 이해관계를 조정하는 역할이 매우 중요해지기 때문입니다.

한마디로 각종 대중단체와 집단의 요구에 대해 서로 이해관계가 일치된 측면에서는 협력해서 진행해 가고, 차이가 존재하는 부분에서는 일치된 지점을 견지한다는 전제 아래 그 차이점을 존중하여 입체적으로 풀어가도록 하면서, 이 모든 것의 해결 전망성을 담보해 주는 통일의 방법을 적용해 풀어가야 한다는 것입니다. 그러자면 각 분야에 정통하면서도 일치와 입체, 통일의 방법으로 풀어갈 수 있는 능숙한 정치인이 더 많이 필요하게 될 것입니다.

이런 각도에서 살펴보면 지역구 국회의원과 비례대표 국회의원의 관계가 1:1 내지는 그에 걸맞게 비례대표 의원이 크게 확충되어야 한다는 것을 알 수 있습니다. 즉 각종 대중단체와 집단의 이해와 요구를 제대로 반영하자면 비례대표 의원의 확충이 절실하다는 것입니다.

실상 비례대표 의원의 확충이 민의 이해와 요구의 반영에 좋은 방안이라는 데에는 많은 사람이 동감합니다. 문제는 그렇게 국회의원수를 늘리면 그 세비와 재원을 어떻게 마련하느냐입니다. 하지만 이 또한 크게 걱정할 필요가 없습니다.

국회의원 정수를 늘리는 것은 민의 이해와 요구를 제대로 반영하기 위해서이니만큼, 이런 각도에서 세비와 재원을 조정하면 되기 때문입니다. 실상 국회의원이나 대통령은 민의 이해와 요구를 제대로 반영하는 민의 충복으로서 살기 위한 것으로 되어야지, 권력을 탐하거나 재산을 늘리려고 한다면 이런 사람은 대통령이나 국회의원이 되어서는 안 된다고 말할 수 있습니다.

그렇다면 이들의 임금을 사회적 평균 수준으로 하향하면 됩니다. 이렇게 해야 하는 이유는 지금 한국 사회의 실질적인 문제점은 빈부격차의 심화에 있기 때문입니다. 빈부격차가 심화됨으로써 실질적인 자유와 평등을 누리지 못하고 있습니다. 그 때문에 선출직 공무원과 정치인부터 빈부격차의 심화를 해결하는 데 앞장서야 하기 때문입니다.

선출직 공무원과 정치인들이 사회적인 평균 임금을 받는 방향으로 하향 조정되면 왜 최저임금이 질적으로 상향되어야 하는지, 반면에 고액의 돈을 챙겨가는 사람들의 금액이 왜 삭감되어야 하는지 이해하게 됨으로써 사회적 빈부격차를 해결하기 위한 방향으로 나아가기 위해 노력하게 될 것이고, 동시에 빈부격차의 해결은 국가의 역할을 높여 사회적 보장책을 전면적으로 실시하는 데 있다는 것을 알게 되면서 이 부분에서도 적극 노력하게 될 것이기 때문입니다.

결론적으로 정치 개혁하자면서 국회의원 정수나 줄이는 지엽적인 방식으로 해서는 해결되지 않습니다. 이것은 눈 가리고 아웅 하는 기만적 방식이라는 것입니다.

### 3) (국)민 발안제, (국)민 소환제, (국)민 투표제의 도입을 더 이상 미룰 수 없다*

10·29 참사, 한반도의 전쟁 위기, 더욱 악화되는 민생 문제 등을 해결하자면 하루빨리 한국 사회를 참답게 개혁해야 합니다. 하지만 이런 민의 절실한 바람과는 달리 윤석열 정권은 개혁하려는 모습을 전혀 보이지 않고 있습니다. 도리어 민의 비판이 쏟아지고 대통령의 지지율이 20~30%에 그치는데도 아랑곳하지 않는 독재자의 모습마저 나타나고 있습니다.

이렇게 된 데에는 여러 이유가 있겠지만, 그중에서도 대선이나 총선에서 한번 승리해 권력을 잡으면, 아무리 잘못이 있더라도 그 임기 중에 민이 직접적이고 즉각적으로 책임을 물을 수 있는 제도가 마련되어 있지 못한 점이 매우 큰 요인으로 작용하고 있습니다.

민이 사회와 역사의 주체로 전면에 등장한 시대적 상황에서, 대선이나 총선 등의 시기에 투표권을 행사하는 것만으로는 민이 주인의 권리를 온전히 행사할 수 없습니다. 언제 어디서든지 죄를 지은 자에게 죗값을 받도록 책임을 추궁할 수 있어야 합니다.

지금껏 한국 사회에서 개혁이 수없이 거론되었지만, 빈말로 그쳐버렸던 것은 당선되고 난 다음에 그들이 약속을 지키지 않거나 잘못을 저질러도 그 당선인을 통제할 수 있는 권리가 거의 없었던 데에 있었습니다.

그래서 선거 때에 우선 당선되고 보자는 욕심으로 지키지도 못할

---

\* 우리겨레연구소 카페, (국)민 발안제, (국)민 소환제, (국)민 투표제의 도입을 더 이상 미룰 수 없다(2022. 11. 14) 참조 자료: 민이 개혁의 주체로 서는 것은 불가능한 것일까?(2021. 11. 08), 우리겨레연구소 카페, 노태우의 장례식을 국가장으로 치르는 문제를 놓고 벌어졌던 논란에서 무슨 교훈을 얻어야 할까?(2021. 11. 01)

약속을 공약으로 내걸었습니다. 선거 시기에 이들의 말을 듣다 보면 한국 사회는 모든 것이 다 해결될 것처럼 보입니다. 하지만 그렇게 해서 당선되고 나면 민의 충복으로 정치를 이끌어 가기보다는 임기 내내 자기 맘대로 민을 통치하는 권력자의 모습으로 변신해 나갔습니다.

그런데도 그들에게 책임을 물을 수 있는 길이 거의 없었습니다. 그 결과로 나타난 것이 한국 사회는 어떻게 해도 개혁되지 않는다는 좌절감과 절망감이었습니다. 희망이 사라져 버린 것입니다.

이런 좌절과 절망에서 벗어나자면 민이 언제든지 직접적이고 즉각적으로 주인의 권리를 행사하여 책임을 추궁할 수 있는 제도가 시급히 마련되어야 합니다.

한국 사회를 개혁할 의사도 없고 무능해서 민의 삶을 더 어렵게 만들고 고통에서 신음하게 하는데, 그 책임을 추궁하지 않고 임기 내내 그 고통을 감내해야 할 이유가 도대체 어디에 있는 것입니까? 이미 고통을 다 겪거나 수많은 사람이 죽고 난 다음에 후회해 봐야 무슨 소용이 있겠습니까?

민이 사회와 역사의 주인이라면 당연히 언제 어느 때나 주인의 권리를 행사할 수 있도록 제도를 마련하는 것은 지극히 당연합니다.

민의 요구를 들어도 그만, 안 들어도 그만인 상태라고 한다면 어떻게 민이 주인의 권리를 누리는 세상이 실현될 수 있겠습니까? 그래서 민의 요구를 지상의 절대명령으로 받아들이도록 만들어야 합니다.

그 때문에 민의 요구를 따르지 않고 잘못된 행위를 한다면 언제 어디서든지 책임을 추궁할 수 있도록 권력자를 소환할 수 있는 (국)민 소환제는 물론이고, 법이 마련되지 못해 책임을 추궁할 수 없다면 언제든지 새로운 법을 발안하여 (국)민 투표로 결정할 수 있는 (국)민 발안제, (국)민 투표제 등을 즉각 도입해야 합니다.

(국)민 소환제, (국)민 발안제, (국)민 투표제 등의 즉각 도입에 반대

하는 자들은 그렇게 하면 각기 사람들이 자신들의 이익을 추구하는 현상이 발생할 것이기에 사회가 매우 혼란스러워질 것이라고 염려합니다. 하지만 이런 주장은 민이 사회와 역사의 주인이 아니라 무지, 무능하기에 통치받아야 할 대상이라고 여기는 독재자들의 논리와 하등 다르지 않습니다.

자기 스스로가 정당하게 판단할 수 있는 존재라고 여긴다면 다른 사람도 그럴 수 있다고 보아야 합니다. 자신은 할 수 있는데, 다른 사람은 할 수 없다고 보는 것 자체가 기만에 찬 독재자의 논리와 무엇이 다른 것입니까?

민이 주인의 권리를 누리고 살아가자면 당연히 그만한 실력을 갖춰야 합니다. 하지만 그 힘은 독재자로부터 통치받는 과정이 아니라 사회 정치적 활동을 충분히 행사하는 과정에서 키워집니다. 사회 정치적 권리를 충분히 행사하도록 한다면 처음엔 일정한 혼란이 일어날 수 있겠지만, 점차 민이 주인의 권리를 직접적이고 전면적으로 행사하는 방향으로 나아가게 될 것입니다.

결국 권력자들의 책임을 묻지 못하고 개혁이 이뤄지지 못한 관계로 계속 좌절과 절망 속에 고통을 받으며 살아가야 하겠습니까? 아니면 일시적으로 혼란을 겪을 수 있겠지만, 점차 한국 사회를 참답게 개혁하는 방향으로 나아갈 수 있다는 희망을 품고 살아야 하겠습니까? 이 두 측면을 놓고 비교해 본다면 어느 길로 나가야 할지 그 판단은 지극히 자명하다 할 것입니다.

이제부터라도 (국)민 소환제, (국)민 발안제, (국)민 투표제를 즉각 도입해 나간다면 민이 언제든지 권력자들을 통제할 수 있게 될 것입니다. 그러면 지금껏 당선되고 나면 민을 통치 대상으로 여기는 권력자들의 행위가 정치권에서 발을 붙이지 못하게 될 것입니다. 반면에 참답게 민의 충복으로 살아가려는 움직임이 자연스럽게 형성될 것입니다. 나아가 민이 주인의 권리를 행사하는 사회 정치적 활동을 활성화해 줌으로써 민의 사회 정치적 힘을 더욱 배가시켜 줄 것입니다.

## 4) 참답게 개혁을 수행할 정치 지도자의 자격 요건에 대하여*

정치가 잘못되면 사회가 혼란에 휩싸이고 그 사회 구성원의 대다수가 고통을 겪게 됩니다. 그렇다면 정치가 잘 이뤄지도록 해야 하는데, 그러자면 무엇보다 정치 지도자를 잘 뽑는 것이 매우 중요하다는 것을 알 수 있습니다.

상식적인 이치로 볼 때 참다운 정치 지도자가 되려면 그만한 자질과 식견, 능력을 갖추어야 할 것입니다. 정치란 게 다름 아닌 사람을 조절, 통제하고 지휘하는 기능을 수행하기 때문입니다. 그래서 정치는 사회 전반이 시대적 추세에 맞게 발전하도록 만드는 데에 관건적 역할을 하게 됩니다.

그런데 그런 자격 요건을 갖추지도 못한 사람들이 단지 자신의 야심을 실현하기 위해 정치를 하겠다고 나서는 상황이 수시로 전개되고 있습니다. 정치 지도자로서 자질과 능력도 없으면서 정치를 하려고 나선다면 그 자신만이 아니라 사회에도 혼란을 가져와 그 사회 구성원의 대다수가 고통을 겪게 되므로 정치가의 길로 가지 않는 것이 최소한의 양심을 지키는 것일 터인데, 그조차도 지키지 않는 모습이 비일비재하게 발생하고 있다는 것입니다.

이런 상황에서 정치 지도자로서 자격 요건을 명확히 하는 것은 매

---

* 우리겨레연구소 카페, 참답게 개혁을 수행할 정치 지도자의 자격 요건에 대하여(2023. 11. 28)

우 중대한 문제라고 할 수 있습니다. 그래야 자질도 없고 무능력한 사람들을 제때 알아보고 정치권에서 퇴출시키면서도 참다운 정치 지도자를 새롭게 뽑을 수 있기 때문입니다.

참다운 정치 지도자의 자격 요건을 세우는 데서 먼저 생각해야 할 것은 자질이 없고 무능력한 사람들이 어떻게 해서 정치인으로 행세해 나가는지를 파악해야 합니다. 한마디로 정치 지도자로서 자질과 능력도 없으면서도 정치인으로서 생명을 유지하고 있다면 우선적으로 그런 기만행위가 통용되지 않게 만드는 것이야말로 그런 무능한 정치인들을 정치권에서 축출하는 과정임과 동시에 참다운 정치인을 세우는 과정으로 귀착되기 때문입니다.

자격 요건을 갖추지 못한 자가 정치인으로 행세하는 방식을 보면 여러 가지가 있겠지만, 그 주된 모습은 이미지 연출을 통해 정치하려고 한다는 것입니다. 정치라는 것은 사람을 조절, 통제하고 지휘하는 기능을 갖기에 정치인이라면 분명하게 정책적 전망을 제시할 수 있어야 합니다.

그런데 정책적 전망을 제시하지도 못하면서 마치 정의, 개혁, 혁신, 민생 등과 같은 일반적이고 추상적 단어를 남발하면서 그 수호자가 되는 양 이미지 연출을 통해 정치를 하려고 한다는 것입니다. 한마디로 하나 마나 하는 소리를 지껄인다는 것입니다. 정의를 세워 모든 사람이 행복하고 잘 살게 하겠다면 이를 실현할 수 있는 정책적 전망을 구체적으로 밝히라는 것입니다. 그런데 그런 정치적 전망을 제시하지 못하기 때문에 이들이 사용하는 수법은 항상 부차적인 요소를 핵심 문제인 양 부각시키면서 그런 이미지 연출로 민을 현혹시키려 합니다. 지금 국민의힘에서 혁신위원회를 띄워 진짜 개혁할 것처럼 이미지 변신을 시도하는 형태가 바로 그런 모습들입니다. 혁신위원회에서 혁신안으로 제시하는 것이 무엇입니까? 영남권 중진 인사에게 험지 출마하라는 것인데, 이것이 무슨 혁신이고 개혁이라는 말입니까? 그런다고 해서 정책이 달라집니까? 당이 달라집니까? 이미지 세탁만 하려는 것일 뿐 크게 달라질 것이 없는데, 그게 무슨 혁신이고 개혁이라는 말입니까?

윤석열 정권 또한 정의와 안보, 민생을 수시로 외쳐댔습니다. 그런데 실상 부자들에게는 감세하고 서민들에겐 세금을 더 올리고는 민생예산마저 삭감해 버렸고, 남북 간의 극한 대결 정책의 추진으로 한반도의 긴장을 격화시켜 전쟁 위기까지 불러오고 있습니다. 처음 등장할 때 단지 정의를 세우고 안보와 민생을 해결할 수 있을 것 같은 이미지 연출에 혹해 넘어간 결과 이제야 얼마나 잘못 선택했는지를 절감하기에 이른 것입니다. 그래서 지금 사회 곳곳에서는 윤석열 대통령의 퇴진과 탄핵의 목소리가 울려 나오고 있는 것입니다.

이런 우를 다시금 되풀이하지 않으려면 자신의 정책적 전망을 분명하게 제시하지 않고 이미지 연출로 정치하려는 자는 실상 정의와 민생 같은 좋은 말들을 거론하지만, 실질적으로는 참답게 정의를 실현하여 민생 문제를 해결할 의사가 없거나 무능한 존재들이라는 것을 분명하게 인식해야 합니다. 그 때문에 문제 해결 의사가 없거나 무능한 자들은 그 치부를 감추고자 듣기 좋은 추상적인 말만 거론하여 이미지 세탁이나 이미지 만들기에 주력한다는 것입니다.

지금껏 한국 사회에서 개혁이라는 말이 그토록 수없이 주장되었지만 참답게 이뤄지지 못한 것에는 여러 요인이 있지만, 그중에서 정책적 전망을 내세워 개혁을 추진할 수 있는 능력이 없는 자들인데도 그것을 몰라보고 이미지 연출 놀음에 농락당했던 요인이 매우 큰 원인으로 작용했습니다. 실제로 광주 망월동에 가서 참배나 하는 식의 이미지를 연출했지만 광주민주항쟁의 정신을 계승하기 위해 법적으로 제도화하는 길로 나아가지 않는다면 어떻게 세상이 바뀌겠습니까?

그 때문에 광주 망월동에 가서 절을 하는 이미지 연출을 벌여도 광주민주항쟁을 폄훼하는 현상이 사라지지 않고 거듭 나타나는 것입니다. 그래서 정책적 전망을 밝히고 이를 법적으로 조치하여 제도화하지 않으면서 단지 이미지 연출로 정치하려는 자들은 정계에서 기필코 퇴출시켜야 합니다.

물론 이미지 연출로 정치하려는 자들이 전혀 정책을 제시하지 않았다는 뜻은 아닙니다. 하지만 그들이 제시하는 정책이라는 것은 지난날의 잘못된 정책을 반복하거나 시대적 추세에 맞지 않는 부차적인 문제를 내세우는 것에 지나지 않습니다.

정책이 시대적 추세에 맞지 않으면 아무런 쓸모가 없습니다. 도리어 사회의 발전에 더 역효과만 가져옵니다. 정의라는 것도 시대의 추세에 맞아야지, 맞지 않으면 정의가 아닌 것과 같은 이치입니다. 신분제 사회에서야 가부장적 질서를 세우는 것이 그 당시의 사회 질서 관념에는 맞을 줄 몰라도 지금 사회에서야 어찌 통용될 수 있겠습니까? 그 때문에 참다운 정치 지도자가 되려면 무엇보다 시대적 추세에 민감해야 하고 그에 걸맞은 정책적 전망을 구체적으로 내세울 수 있어야 합니다.

바로 여기서 참다운 정치 지도자로서 자격 요건은 시대적 추세를 반영한 정책을 내세울 수 있는가가 중요하다는 것을 알 수 있습니다. 그것도 부차적인 요소가 아니라 시대적 추세를 본질적으로 반영한 과제를 해결할 수 있는 정책을 내세울 줄 알아야 합니다.

다른 무엇보다 본질적인 과제를 해결할 수 있는 정책을 내세울 줄 알아야 하는 이유는 그래야만 사회적 문제를 실질적으로 해결할 수 있기 때문입니다. 아무리 민을 위해 복무하려는 마음을 먹고 있다고 해도 시대적 추세에 맞게 본질적인 과제를 해결하기 위한 정책적 전망을 제시할 수 없다면 지금의 시대적 과제를 해결할 수 없고, 그것은 곧 민을 위해 참답게 복무할 수 없게 될 것입니다.

본질적인 문제를 해결할 수 있는 정책적 전망을 구체적으로 내세울 수 있느냐는 곧 시대적 추세에 맞게 방향타를 옳게 설정하는 문제와 관련됩니다. 모로 가도 서울만 가면 된다고 말하지만, 서울로 향하는 방향을 견지해야만 서울에 갈 수 있습니다. 에돌아갈 수도 있겠지만, 중요한 것은 방향이 틀려버린다면 결코 서울에 도착할 수 없다는 뜻입니다. 그래서 본질적인 문제를 해결할 수 있는 정책을 내세우는가는 시대적 추세에 맞게 사회가 흘러가도록 방향타를 바로잡는 문제임과 동시에 계선을 올바로 세우는 문제라는 것을 알 수 있습니다. 한마디로 이 계선을 지키지 않으면 서울로 향하는 방향타, 즉 나침판을 잃어버려 서울에 도착하지 못하는 것처럼 시대적 과제를 결코 해결할 수 없게 된다는 것입니다. 그래서 참다운 정치 지도자로 자격 요건을 갖추는 사람은 이 본질적인 과제를 해결할 수 있는 계선을 분명하게 견지해야 합니다.

지금의 시대적 추세는 형식적인 자유와 평등이 아니라 실질적으로 자유와 평등을 누리고 사는 것입니다. 그런데 실질적으로 자유와 평등을 누리게 하는 부분으로 나아가지 않고 계속 형식적인 자유와 평등만 외친다면 어떻게 되겠습니까? 빈부의 격차가 더욱 확대되어 대다수 사람들이 실질적인 자유와 평등을 누리지 못하고 살게 될 것입니다. 윤석열 정권이 자유와 평등을 수없이 거론하지만, 시대적 추세를 반영하지 못하고 형식적인 자유와 평등에 멈춰 있기에 수많은 사람들이 고통 속에 살아가게 되는 현상이 나타나는 것도 그 때문입니다.

실질적인 자유와 평등을 누리고 산다는 것은 다른 말로 표현하면 민이 개성을 가진 존재로서 집단을 구성하여 나라와 민족 단위로 살아가고 있기에 이 모든 영역에서 주인의 권리를 누리고 살게 한다는 것입니다. 그 때문에 이런 시대적 추세를 본질적으로 반영하여 해결해 가자면 나라와 민족 단위에서 이해와 요구가 일치되는 지점인 애국법과 조국통일법의 제정에 나서야 합니다. 아울러 빈부격차가 확대되면 실질적인 자유와 평등을 누리는 데 제약이 되기 때문에 빈부격차를 해소하겠다는 정책적 입장을 일관되게 견지해야 합니다. 또 사회와 역사의 주체이자 나라의 주인인 민이 자신의 권리를 직접 행사하여 직접적 민주주의를 실현해 갈 수 있도록 각종 대중단체에 대한 국가적인 지원 체계는 물론이고 국가 정책으로 반영할 수 있는 질서 체계를 구축해 가야 합니다.

참다운 정치인이라면 애국법과 조국통일법의 제정, 빈부격차의 해소, 그리고 각종 대중단체에 대한 국가적인 지원 체계와 국가 정책에 반영할 수 있는 질서 체계를 세우는 것은 물론이고, 사회 구성원을 통합하기 위해 일치와 입체, 통일의 방법론을 능숙하게 구사할 수 있어야 할 것입니다. 하지만 무엇보다 중요한 것은 앞서 얘기했던 일치되는 지점만큼은 분명하게 자신의 정책적 입장으로 견지해야 합니다. 그렇지 않고 이미지 연출로 일관하면서 일치 지점에 대한 정책적 입장을 견지하지 않겠다고 한다면 또다시 민을 기만하면서 시대적 과제를 해결하지 않겠다는 것이나 다름없기에 이들을 분명코 심판하여 정계에서 퇴출시켜야 합니다.

### 5) 반개혁 세력의 정치적 공세에 대해 사상전, 정치전, 여론전을 적극 벌여야 한다*

---

\* 우리겨레연구소 카페, 이제부터라도 반개혁 세력의 정치적 공세에 대해 사상전, 정치전, 여론전을 적극 벌여야 한다(2024. 03. 18)

이번 총선에서 모든 개혁세력이 단합하여 윤석열 정권을 탄핵하고 개혁의 길로 나가자고 일정 부분 합의하였습니다. 그런데 이를 실현해 가는 과정에서 지난날 반미 활동 전력은 물론, 대법원에서 유죄 판결을 받는 한총련과 통합진보당의 활동 경력을 가진 사람들에 대해 함께할 수 없는 부적격인 세력이라고 몰아가면서 배척하는 기가 막힌 현상이 벌어지고 있습니다.

여기에서 가장 중요한 이유로 들고 있는 반미 활동 전력과 한총련, 통합진보당의 활동 경력은 지금 민의 정서상 받아들일 수 없기에 이들 세력과 함께하면 윤석열 정권에 대한 탄핵 정국으로 힘이 집중되지 않으니 윤석열 탄핵을 성공시키기 위해 배척하는 것이 불가피하다는 논리입니다.

참으로 어안이 벙벙할 따름입니다. 개혁세력이 단합하는 것은 한국 사회를 참답게 개혁하기 위해서입니다. 여기서 한국 사회를 개혁하는 데 최대의 걸림돌이 윤석열 정권이기에 탄핵하자는 입장이 나온 것입니다. 하지만 윤석열 정권에 대한 탄핵 자체가 목적일 수는 없습니다. 게다가 윤석열 정권에 대한 탄핵 자체가 개혁인 것도 아닙니다. 개혁을 실현하기 위한 유리한 조건을 만드는 것에 불과합니다.

이런 사실을 명백히 보여주는 것이 바로 박근혜 정권에 대한 탄핵이었습니다. 박근혜 정권에 대한 탄핵으로 문재인 정권이 등장했지만 개혁은 실현되지 못했습니다. 그래서 또다시 참다운 개혁을 이루기 위한 과제가 등장하고 있는데, 이것을 보고도 탄핵 자체가 목표인 것처럼 여긴다면 지난날 문재인 정권으로부터 도대체 무슨 교훈을 배웠다고 할 수 있겠습니까?

물론 개혁세력이 단합하는 과정에서 그 자격이 심히 의심스러운 행동이 드러난다면 배척할 수 있습니다. 하지만 반미 활동이나 한총련, 통합진보당에서 활동했던 경력이 배척할 수 있는 문제 사안으로 될 수는 없습니다.

윤석열 정권을 탄핵하는 이유에는 한반도의 전쟁 위기, 민생 파탄, 민주주의의 위기 등 여러 가지가 있지만, 그 핵심적인 원인에는 미국에 대한 추종에 있습니다. 군사적 주권을 제대로 확립하려고 하지 않고, 미국의 신냉전 정책을 추종함으로써 한반도의 전쟁 위기는 물론이고 민생이 파탄되고 민주주의의 위기가 발생하고 있는 것입니다. 그렇다고 한다면 주권을 제약하고 있는 미국에 대해 반대 활동을 하면서 한반도의 전쟁 위기 상황을 막아내고 민생 문제와 참다운 민주주의를 실현하려고 노력하는 것은 지극히 당연하다고 할 것입니다.

여기서 반미가 헌법에 어긋난다고 하는데 도대체 어디에 그런 조항이 있다는 말입니까? 헌법에서는 모든 권력은 (국)민으로부터 나온다고 하고, 아울러 민의 생명과 재산, 권리를 지키는 것은 당연한 요구로 거론되고 있습니다. 그런데 미국과의 관계에서 군사적 주권을 심히 제약받고 있기에 민의 생명과 재산, 권리가 지켜지지 못하고 있습니다. 그래서 이를 바로잡고자 미국에 대해 반대 입장을 표명하고 반미 활동을 벌이는 것인데, 이것이 어떻게 헌법적 기치에 어긋난다고 말할 수 있다는 것입니까?

그래서 또 하나의 배척 논리로 한총련과 통합진보당이 대법원판결에서 불법적인 단체로 규정되었다는 점을 그 근거로 들고 있습니다. 그러면 지금까지의 검찰의 처신과 사법부의 판결이 모두 옳고 적법했다는 것입니까? 그러면 역사 바로 세우기에 의해 4·3항쟁과 광주민주항쟁을 비롯해 그동안 여러 공안탄압 사건의 판결에 대해 그것이 잘못된 판결이었다고 인정하고 새롭게 바로잡아 가는 과정을 무엇으로 설명해야 하겠습니까?

역사가 발전하는 과정은 지난날의 잘못된 판결을 고쳐 가는 과정입니다. 그뿐만이 아니라 지난날의 법률은 물론 헌법마저 잘못된 부분이 있으면 고쳐 가는 것이 개혁입니다. 잘못된 것을 고쳐 가자는 것이 개혁인데, 그렇지 않는다면 어떻게 개혁이 이루어질 수 있겠습니까? 이로 미루어볼 때 자주, 민주, 통일을 주된 기치로 내건 한총련과 통합진보당에 대한 대법원의 판결은 분명 잘못된 것이고 이는 재고되어야 할 성질의 것이라고 할 수 있습니다.

더욱이 지금의 시대적 요구는 형식적인 자유와 평등이 아니라 실질적인 자유와 평등을 누리고 살게 하는 것입니다. 한마디로 개인과 집단, 나라와 민족 단위의 모든 부분에서 주인의 권리를 누리고 사는 것입니다. 그런데 이 모든 부분에서 주인의 권리를 실현하는 데 있어서 최대의 걸림돌은 바로 주권을 제약하고 있는 미국이기에 바로 이 부분을 해결하는 것이 관건으로 되고 있습니다. 바로 여기서 미국과의 불평등한 관계를 바로잡아 주권을 확고히 고수하도록 해야 한다는 주장을 배척한다면 어떻게 개혁을 실현할 수 있다는 말입니까?

그래서 이를 위한 핑계로 (국)민의 정서를 들고 있는데, 이것이야말로 얼마나 황당한 소리입니까? 한반도의 전쟁 위기와 민생 파탄, 민주주의의 위기를 극복하기 위해 그 핵심적 문제 해결의 주장으로 미국과의 불평등한 관계를 바로잡고 고치자는 것인데, 어찌 이것을 민이 반대한다는 것입니까?

주권을 침해하는 미국에 대해 반대 입장을 표명하고 명실상부하게 주권을 확립하자는 것은 개혁을 실현하기 위한 전제 조건에서 가장 핵심적인 요구 사항입니다. 그런데 이런 주장과 행동을 벌였던 것을 문제 삼는다면 개혁이 결코 실현될 리 없을 것인데, 어찌 민이 반대하고 나서겠습니까? 이제부터는 이런 반개혁적 정치 공세에 물러서서는 안 됩니다. 그래서는 백날 가도 개혁은 이뤄질 수 없을 것입니다.

참답게 개혁을 실현하자면 이제는 이런 반개혁적 정치 공세에 대해 과감하게 맞서 정치전과 사상전, 여론전을 적극적으로 벌여가야 합니다.

정치전과 사상전, 여론전을 불러일으키기 위해서는 무엇보다 개혁 세력이 광범위한 대중에게 자신의 입장을 적극적으로 알릴 수 있는 전국적인 언론망과 방송망을 자체로 가져야 합니다. 물론 이런 전국적인 언론망과 방송망을 설립하는 것은 그리 쉬운 일이 아닙니다. 하지만 개혁은 그 누가 대신해서 수행해 주지 않습니다. 개혁을 바라는 사람들이 수행하는 것입니다.

비록 어렵더라도 전국적인 언론망과 방송망을 설립하기 위해 노력하고, 그런 속에서 사상전과 정치전, 여론전을 적극적으로 전개한다면 개혁은 그저 희망 사항으로 그치지 않고 광범위한 사람들의 지지 속에서 확고하게 실현되는 방향으로 나아가게 될 것입니다.

# 2. 불평등 해소를 위한 민생 문제 해결과
## 제반 경제 개혁

### 1) 선별적인 시혜 방식과 보편성의 원리를 견지하는 방식과의 차이*

　정치권에서는 수시로 민생 문제의 해결을 주장하고 나옵니다. 언뜻 들으면 민생 문제를 시급하게 해결하겠다고 하니 매우 좋은 모습처럼 보입니다. 하지만 그 주장의 내막을 보면 참다운 민생 문제의 해결에는 관심이 없고, 자신들의 권력 유지를 위한 방편으로 이용하고 있다는 것을 알 수 있습니다. 이것은 민생 문제를 주되게 경제적 측면으로 한정하고 있을 뿐만이 아니라, 그것도 선별적으로 시혜를 베풀어주는 방식으로 풀어가려는 데에서 드러납니다.

　민생(民生)은 글자 그대로 민의 삶을 의미하니만큼 민생 문제를 해결한다는 것은 민의 삶을 획기적으로 개선시켜 풀어간다는 것을 말합니다.

　그런데 민의 삶을 획기적으로 개선해 가자면 일차적으로 무엇부터 해결해야 하겠습니까? 그것은 민이 나라와 민족 단위로 살아가고 있

---

* 우리겨레연구소 카페, 민생 문제를 진정으로 해결하자면 어떻게 해야 할까?(2024. 04. 29)

는 조건에서 민의 생명과 재산을 외세나 외부 세력으로부터 지켜낼 수 있어야 할 것입니다. 나라와 민족이 외세의 식민 지배를 받게 되면 그 구성원 모두가 상갓집 개만도 못한 취급을 받게 되는데, 그런 상황에서 그 무슨 민생을 논할 수 있겠습니까? 그 때문에 민생 문제의 해결을 정말로 원한다면 일차적으로 주권 문제부터 풀기 위해 나서야 합니다.

지금 한국 사회는 미국과 일본과의 불평등한 협정과 조약으로 인해 주권 행사에 심히 제약을 받고 있을 뿐만 아니라 이들 나라의 압력에 굴복하거나 추종함으로 인해 민의 생명과 재산이 지켜지지 못하고 있으며, 도리어 한반도에 긴장이 격화되어 전쟁 분위기가 형성되는 험악한 상황으로까지 치닫고 있습니다. 한반도에서 핵전쟁이 일어난다면 민족이 공멸할 수도 있는데, 이런 상황에서 민생 문제가 어떻게 해결될 수 있겠습니까?

그 때문에 주권 행사에 제약이 되는 불평등한 협정과 조약을 파기함과 동시에 주권을 올바로 행사하기 위해 노력하지 않는다는 것은 실질적으로 민생 문제의 해결에 관심이 없다는 것을 드러낼 뿐입니다.

주권 문제를 외면하는 것이 민생 문제를 풀 수 있는 일차적인 조건 마련 자체를 방기하는 것이라고 한다면, 민이 주인의 권리를 직접적이고 전면적으로 행사하기 위한 제도와 질서 체계를 마련하지 않는 것은 민생 문제의 본질적 해결을 외면하는 모습이라고 할 수 있습니다.

민의 삶이 민생이니만큼 그 처지를 가장 잘 아는 사람도 민입니다. 그렇다면 민생 문제를 해결하려고 할 때 그 처지를 가장 잘 알고 있는 민이 주인답게 풀어갈 수 있게 하면 될 것입니다. 그 때문에 민생 문제 해결의 본질은 민이 주인의 권리를 직접적이고 전면적으로 행사할 수 있도록 제도와 질서 체계를 세워가는 것이라고 할 수 있습니다.

그런데 민이 주인의 권리를 행사할 수 있는 제도와 질서 체계를 수립하는 것을 외면한다면 어떻게 민생 문제가 해결될 수 있겠습니까? 그 때문에 각종 대중단체의 이해와 요구가 국가 정책에 반영될 수 있는 제도와 질서 체계를 세우는 것을 외면한다는 것은 사실상 민생 문제 해결에 관심이 없을 뿐만 아니라 그 실질적인 해결을 방해하는 모습이라고 말할 수밖에 없습니다.

이렇듯 민생 문제 해결의 일차적인 조건 마련인 주권의 문제를 방기하거나, 민생 문제 해결의 본질적 내용으로서 민이 주인의 권리를 직접적이고 전면적으로 행사할 수 있도록 제도와 질서 체계를 세우는 것을 외면한다면 사실상 민생 문제 해결에 관심이 없다는 것을 뜻합니다. 그런데도 한국 정치권에서는 이런 본질적인 요구를 외면하면서도 마치 민생 문제에 관심이나 있는 듯 목소리 높여 주장하는 이율배반적인 모습이 비일비재하게 발생하고 있습니다.

이런 비정상적인 모습을 보이는 이들이 민생 문제 해결로 주장하는 내용을 보면 거의 대부분 경제적 측면에 한정되어 있고, 그것도 선별적으로 시혜를 베풀어주는 방식으로 되어 있습니다.

이들이 경제적 측면에 한정시키는 것은, 민은 선거 때만 정치권에 표나 찍어주고 정치엔 관심을 가지지 말라는 뜻이 담겨 있습니다. 나라의 주인이 민인데, 정치는 자기들이 하는 영역이니 나서지 말고 지켜보기만 하라는 것이 말이 되는 소리입니까? 게다가 경제 정책의 방향은 주로 정치에 의해서 결정되는데, 정치에서 주인의 권리를 행사하지 못한다면 어떻게 경제적 문제를 해결할 수 있겠습니까? 그 때문에 경제적 측면에 한정시키는 것 자체가 민생 문제의 해결에 관심이 없다는 것을 드러낼 뿐입니다.

더욱이 가관인 것은 민생 문제의 해결을 주되게 경제적 측면으로 한정시키면서도 그것 또한 선별적으로 시혜를 베풀어주는 방식으로 해결하려 한다는 것입니다. 선별적으로 시혜를 베풀어주는 방식으로 한다는 것은 민이 주인이 아니라 권력자가 주인이라는 것입니다. 그래서 권력자가 던져주는 떡고물이나 받아먹으면서 계속 지배를 받고 살아가야 한다는 뜻입니다. 그 때문에 선별적으로 시혜를 베풀어주는 방식으로 되어서는 민생 문제가 해결될 수 없습니다. 계속 권력자의 지배를 받는 대상으로 전락된 조건에서 민생 문제가 해결될 수는 없기 때문입니다.

그 때문에 경제적 측면에서 민생 문제를 해결하자면 보편성의 원리가 적용되도록 해야 합니다. 보편성의 원리는 구체적 조건을 적용해 선별하는 것이 아니라 일정한 조건에 해당되기만 하면 누구나 다 제한 없이 혜택을 받는 방식을 말합니다. 이 보편성의 원리는 민이 나라의 주인이라는 원리에서 기인합니다. 한마디로 누구는 되고, 누구는 안 되는 것이 아니라 민이라면 누구나 다 주인의 권리를 응당 누리고 행사해야 한다는 원칙에서 비롯된다는 것입니다.

경제적 측면에서 보편성의 원리가 견지되어야 하는 이유는 민이 경제 영역에서도 주인의 권리를 누리고 행사해야 하기 때문입니다. 주인의 권리를 누리고 행사하자면 일회성의 방식으로 끝낼 것이 아니라 언제 어느 때나 확고부동하게 적용되는 원칙으로 자리 잡아야 하는데, 그러자면 보편성의 원리가 견지되어야 한다는 것입니다.

그런데 보편성의 원리가 적용되려면 공동체적 재부가 늘어나야만 합니다. 민이 경제 영역에서 주인의 권리를 행사하게 되는 부분은 주되게 공동체적 재부와 관련되어 있기 때문입니다. 그래서 공동체적 재부가 적으면 그만큼 권리 행사가 줄어들고, 많아지면 그만큼 권리 행사의 영역이 넓어집니다. 따라서 사회가 발전해 감에 따라 민이 경제적 측면에서 주인의 권리 행사의 영역을 넓혀가자면 공동체적 재부를 늘려가야 합니다. 공동체적 재부를 늘려가야만 보편성의 원리가 적용될 수 있고, 보편성의 원리가 적용되어야만 민이 경제 영역에서 주인의 권리를 확고부동하게 행사하고 누릴 수 있게 된다는 것입니다.

예를 들어 지금 민생회복지원금을 놓고 일괄적으로 25만 원을 지급하느냐, 그렇지 않으면 선별적으로 얼마를 지원하느냐를 놓고 논란이 일고 있는데, 이를 통해 한번 살펴보도록 하겠습니다. 부자 감세를 하고 선별적으로 지원하는 방식과 누진세를 적용하면서 일괄적으로 일정 부분만큼 지원하는 방식을 놓고 보면 한 국가 안에서 여기에 들어가는 비용은 거의 엇비슷할 것입니다. 왜냐하면 부자 감세가 되는 것만큼 민생회복지원금을 안 받는 것이고, 또 누진세를 통해 더 냈지만 얼마 부분만큼 받는 것으로 되니 말입니다. 한마디로 이 두 경우를 비교해 볼 때 국가라는 큰 틀에서의 비용적인 측면은 별반 큰 차이가 없다는 것입니다.

하지만 그 내막을 살펴보면 중대한 차이가 있습니다. 즉 부자 감세하고 선별적으로 지원하는 안은 공동체적 재부가 거의 형성되지 않습니다. 반면에 누진세가 적용되면서 일괄적으로 지급하는 안은 공동체적 재부가 그만큼 형성되고 늘어납니다. 국가 안에서 공동체적 재부와 사적 재산을 합한 총액은 똑같지만, 공동체적 재부와 사적 재산과의 비율 관계는 크게 달라진다는 것입니다. 여기서 공동체적 재부가 늘어나야만 일괄적으로 지급하는 보편성의 원리가 적용될 수 있습니다. 하지만 부자 감세를 하니 공동체적 재산이 줄어들거나 형성되지 않기에 보편적인 원리를 적용할 수 없게 되어 선별적으로 시혜를 베풀어주는 방식으로 귀결된다는 것입니다.

이렇게 선별적으로 시혜를 베푸는 방식으로 되면 결과적으로 공동체적 재부가 늘어나지 않는 방식을 추구하게 될 것이고, 그러면 공동체적 재부가 없으니 그런 관계로 보편적인 원리가 적용되지 못하는 악순환이 전개될 것입니다. 그러면 결국 민은 언제 가더라도 경제 영역에서 주인의 권리를 누리고 행사할 수 없게 됩니다.

이런 이유로 해서 국가의 기간산업이나 민의 삶에 결정적이고 중대한 영향을 끼치는 부분은 결코 민영화의 길로 가서는 안 됩니다. 민영화의 길로 가면 공동체적 재부가 줄어들게 될 것이니 그만큼 경제 영역에서 주인의 권리 행사가 제한을 받게 된다는 것입니다. 바로 여기서 공공 부분에서 민영화만이 경제를 살리는 것처럼 주장하는 것이 얼마나 민을 기만하고 우롱하는 짓인지를 분명하게 이해할 수 있을 것입니다.

하여튼 선별적으로 시혜를 베풀어주는 방식으로 진행하는 것은 겉으로 보기에 민생을 위한 것처럼 보이지만, 실상은 민생 문제의 해결에는 관심이 없다는 것을 보여준다는 것입니다. 다시 말해 선별적으로 시혜를 베풀어주는 방식은 민이 경제 영역에서 주인의 권리를 누리고 행사하여 민생 문제를 해결하려는 노력을 근본적으로 가로막으면서 부와 권력을 장악한 자들이 계속 지배하고 통치하려는 목적에서 비롯되고 있다는 것입니다. 그 때문에 경제 영역에서 선별적이고 시혜를 베풀어주는 방식을 추구한다면 사실상 민생 문제 해결에 관심이 없는 입장이라는 것을 분명하게 이해해야 합니다.

결국 민생 문제를 참답게 해결하자면 일차적으로 민생 문제 해결의 전제 조건 마련, 즉 나라와 민족 단위에서 민의 생명과 재산을 지켜내기 위해 주권을 올바로 행사하는 것과 함께 민생 문제 해결의 본질적 내용으로써 민이 주인의 권리를 직접적이고 전면적으로 누리고 행사할 수 있도록 사회 제도와 질서 체계를 세워야 합니다. 아울러 경제적 측면의 적용에서도 선별적으로 시혜를 베풀어주는 일회성의 방식이 아니라 공동체적 재부를 늘려서 누구에게나 다 혜택을 누리는 보편성의 원리가 수립되도록 해야 합니다.


## 2) 부동산 정책이 투기를 통한 돈벌이 수단에서 벗어나 국가적인 공공개발 정책으로 전환되도록 해야 한다*

대장동 사건은 대선 기간 내내 쟁점이 되었고 선거가 끝난 후에도 특검의 내용을 놓고 논쟁이 벌어지고 있습니다.

분명 검찰 조사가 진행되고 있는데도 도무지 진척이 이뤄지지 않고 있으며, 그런 상황에서 그 무슨 녹취록이 보도되면 그 내용의 해석을 놓고 상대방 진영이 몸통이라는 식으로 몰아붙이고 있습니다. 그러다 보니 사건은 미궁에 빠진 듯하고 도무지 무엇 하나 제대로 해명되지 못하고 있습니다.

하지만 지금까지 보도된 것만 봐도 분명하게 드러난 것은 대장동 개발 과정에서 민간업자인 토건 세력이 엄청난 이득을 챙겼다는 사실입니다. 그 때문에 그 개발로 5,500억 원을 공공이익으로 환수했다고 하지만, 개발이익환수제를 철저히 적용하지 않음으로써 그걸 막지 못했던 책임이 성남시에 일정 부분 있었다는 것이고, 또 50억 클럽에서 보듯 토건 세력과 유착된 정관계 세력이 존재했다는 것입니다.

분명 편법을 통한 부정, 비리를 저질러 이득을 취하는 형태는 철저한 조사를 통해 엄히 처벌하여야 합니다.

그런데 이번 대장동 사건에서 보듯이, 분명 그 실체가 전부 밝혀진 것은 아니지만, 지방정부를 비롯해 중앙정부의 책임이 일정하게 존

---

* 우리겨레연구소 카페, 대장동 개발 비리 사건의 책임을 상대방에게 떠넘기려는 지루한 공방으로는 부동산 문제를 해결할 수 없다(2022. 03. 21), 참조 자료: 우리겨레연구소 카페, 윤희숙 의원의 사태로부터 무엇을 배워야 하는가?(2021. 09. 02)

재한다는 것, 또 그 개발 과정에서 토건 세력과 유착된 여러 형태의 부정, 비리가 저질러지고 뇌물수수와 같은 범죄적 행위가 벌어졌다는 것입니다. 지역 개발 과정에는 금융과 세제, 분양 정책 등 종합적인 부동산 정책이 수반되어 진행되기 때문입니다.

그렇다면 이 문제를 본질적으로 해결하기 위해서는 한국 사회의 부동산 정책을 종합적으로 따져 보아야 합니다. 부동산 정책 자체가 앞의 두 가지 문제를 파생시킬 수밖에 없는 구조라면 편법을 통한 부정, 비리에 대해 처벌하는 것은 당연한 것이지만, 그것만으로는 해결될 수 없기에 부동산 정책 자체를 전면적이고 종합적으로 검토해 바꿔가야 할 것이기 때문입니다.

한국의 지역 개발과 부동산 정책은 알다시피 기본적으로 국가에 의해 결정되지만, 그 과정에는 여러 민간업자가 참여해 진행되고 있습니다. 그리고 어떤 지역이 개발되면 그로 인해 부동산값이 상승함으로써 불로소득을 얻게 됩니다. 이로 인해 지역 개발 과정에는 항상 투기 열풍이 불고 있습니다.

이러한 부동산 문제에 대해 적극적인 대책을 수립해 나가게 된 계기는 노태우 정권에서 1989년 12월 토지공개념을 도입한 것이었습니다. 토지는 공공의 자산이기에 이로 인해 공공의 이익이나 복리 증진을 위해서는 일정하게 사적 재산권을 제한할 수 있다는 것이었습니다. 즉 택지소유상한제, 토지초과이득세, 개발이익환수제 등이 그것입니다.

토지공개념을 입법하게 된 것은 1987년 12월 대통령 선거에 의해 비록 군사독재가 연장되어 노태우 정권이 성립되었지만, 그 이듬해인 1988년 4월 총선에서 여소야대가 형성되어 군사독재 세력이 점차 맥을 추지 못하는 상황으로 변해갔기 때문입니다.

게다가 지난날 군사독재정권 시절엔 부동산을 통해 이득을 취하는

세력이 주되게 군사독재 세력의 실세와 재벌 등의 소수 세력에 한정
되어 있었지만, 점차 군사독재 세력이 맥을 추지 못하게 됨으로써 그
들뿐만 아니라 돈이 있는 사람은 누구나 다 부동산 투기를 할 수 있
게 되었고, 그로 인해 부동산 투기 문제가 사회적 문제로 대두되었기
때문입니다. 그 과정에서 지역 주민, 특히 세입자들의 주거와 생존권
문제가 심각하게 야기되었습니다.

물론 지역 개발 과정에서 군사독재 시절엔 군사독재식, 즉 강압적
으로 밀어붙이는 방식이 전개되었습니다. 전두환 정권 시기에 철거민
들의 투쟁이 치열하게 벌어졌던 것은 다 이런 이유 때문이었습니다.

하여튼 지역 개발 거주민의 주거와 생존권을 위한 투쟁이 치열하
게 벌어짐으로써 거주 이주비가 일정하게 지급되고, 1989년에는 국
민임대주택이 지어지면서 입주권이 부여되는 방향으로 나가게 되었
습니다.

하지만 이런 부분적인 지원책만으로 개발 지역 주민의 주거와 생
존권을 해결하기엔 턱없이 부족했기에 그 지역 주민의 대부분은 다른
곳으로 쫓겨나야 했습니다. 게다가 토지공개념은 차명 거래를 허용
하고 있었기에 별다른 실효성을 거두지 못했습니다.

그래서 김영삼 정부는 금융실명제(1993년 8월)와 부동산실명제
(1995년 1월)를 도입하였습니다. 하지만 김영삼 정부는 한국 경제를
IMF의 지배하에 놓이게 하였고, 그로 인해 이후 집권한 김대중 정부
는 완화 정책을 추진할 수밖에 없게 되었습니다. 1998년 토지초과이
득세가 헌법 불합치 판결을 받고, 택지소유상한제가 위헌 판결을 받
으면서 폐지된 것이나 개발이익환수제가 개정에 개정을 거듭하였던
것은 이런 연장선상에 있었다고 볼 수 있습니다.

지역 거주민의 주거와 생계 문제를 해결할 방안을 적절하게 마련
하지 못한 상태에서의 지역 개발 과정은 더욱 투기꾼들의 활동 무대

를 제공해 주었습니다. 게다가 세계화 정책의 적극적인 추진은 빈익빈 부익부의 양극화 상태를 심화시켰습니다.

그 때문에 아무리 지역 개발이 이뤄지고 주택이 공급되었지만, 실수요자의 주택 구입은 더욱 어려워지게 되었습니다. 한마디로 주택보급률은 점차 100%로 되어갔지만 주택소유율은 이에 한참 못 미치는 상황이 조성되었습니다. 집이 절대적으로 부족한 것이 아니라 소수가 다주택을 점유하는 극단화 현상이 발생하게 된 것입니다.

그래서 노무현 정권은 강력한 부동산 규제 정책을 폈습니다. 투기를 억제하기 위해 투기지역을 지정하는 주택거래신고제를 시행했으며, 분양권 전매 제한을 확대하였고, 다주택자에게 양도세를 중과하였습니다. 아울러 2005년에 종합부동산세를 신설하였고, 그 대상을 6억 원 초과로 늘렸으며, 1가구 2주택 비거주 양도세 또한 강화하였고 분양가 상한제도 확대하였습니다. 아울러 재건축 개발이익환수제를 시행하였으며 LTV(담보대출인정비율)와 DTI(총부채상환비율) 또한 강화하였습니다.

하지만 부동산 가격 상승은 잡히지 않았고, 도리어 수많은 혁신도시의 건설로 서울만이 아니라 수도권을 비롯해 전국으로까지 상승작용을 불러일으켰습니다.

이렇게 된 이유는 투기를 억제하는 데 초점을 두었지 주택이 필요한 실수요자의 주거 대책을 원만히 마련하지 못했기 때문이라고 볼 수 있습니다.

하지만 이명박 정권은 부동산 가격 상승이 공급의 부족에 있다고 보고 부동산 규제 완화 정책을 추진하였습니다. 투기지역 지정을 해소하고 양도세와 취득세, 등록세 등을 인하하고 LTV와 DTI 또한 완화하였습니다.

이렇게 부동산 경기를 진작시키기 위한 방향에서 진행되다 보니 그 지역 주민, 특히 상가 운영자들의 생계 대책을 적절히 세우지 않고 강제로 밀어붙이는 것과 같은 양상이 초래되었습니다. 그 과정에서 벌어진 사건이 용산 참사였습니다. 이렇게 지역 개발 주민의 주거와 생존권 보장이 아니라 부동산 건설업자와 집을 살 수 있는 투기 세력을 위주로 한 부동산 정책을 추진한 결과 그 양상은 전셋값만 더욱 올리는 상황으로 전개되었습니다.

이에 박근혜 정권은 부동산 시장을 활성화하면서 전셋값 해소를 위해 부동산 규제 완화 정책을 더욱 강화해 나갔습니다.

박근혜 정권에서 생애 최초 주택을 구입하는 사람에게 취득세를 일시 면제하는 것이나 DTI를 은행 자율에 맡기고, LTV를 70%까지 완화해 주는 것은 실수요자가 주택을 구입하는 데 일정한 역할을 했다고 볼 수 있습니다.

하지만 이 정책이 실효성을 보자면 다주택자의 보유세를 강화하면서 시행되어야 했습니다. 한마디로 부동산으로 인한 불로소득을 세금으로 적극 환수함으로써 더 이상 다주택을 소유할 필요성을 없게 만들어 빨리 팔도록 하면서도 더 구입하지 못하도록 해야 하기 때문입니다.

이명박과 박근혜 정권의 적극적인 부동산 규제 완화 정책은 투기로 불로소득을 추구하기 위한 열풍을 더욱 조장하였습니다.

이에 문재인 정권은 또다시 부동산 규제 정책을 강력하게 실시해 나갔습니다. 투기 조정 대상 지역을 지정하였으며, LTV와 DTI 및 양도세와 소득세, 취득세 또한 강화해 나갔습니다.

하지만 보유세를 강화하면서 다주택자들에게 집을 팔도록 해야 하는데, 양도세와 취득세, 소득세까지 강화하였고, 한때는 토지임대사업을 사실상 합법화해 주는 방식으로 나감으로써 다주택자가 집을 팔 이유가 없게 하였습니다. 아울러 실수요자들에게까지 LTV와 DTI의 규제를 강화함으로써 집이 필요한 실수요자들이 더욱 구하기 어렵게 만들었습니다. 그 결과 임차인들이 임대인에게 부담을 전가하는 문제점까지 발생하면서 전셋값을 더욱 상승시키는 결과를 가져왔습니다.

이에 문재인 정권은 2020년 7월 임대차보호법 개정과 임대차 3법을 시행하게 되었습니다. 계약갱신청구권과 전월세상한제, 전월세신고제가 바로 그것입니다.

이상에서 본 것처럼 한국의 부동산 정책은 규제와 완화를 거듭하였습니다. 그리고 대장동 개발 과정이 벌어지는 때는 바로 규제를 완화했던 이명박과 박근혜 정권 시기라고 볼 수 있습니다. 그런데 본질적인 문제는 규제를 강화하는 데 있어서도 주되게 투기를 억제하는 데에 초점을 두었다는 사실입니다. 투기 억제도 필요하지만, 투기 열풍이 조성될 수밖에 없는 근원적인 문제 해결을 외면해서는 안 된다는 것입니다. 한마디로 지역 개발 과정이 그 지역 주민 모두가 어떻게 주거 공간을 마련하여 생계를 안정적으로 꾸려갈 수 있는지에 대한 근본적인 문제에 대해서는 거의 적극적인 대책을 세우지 않았다는 것입니다.

물론 앞에서 살펴본 것처럼 지역 개발 과정에서 세입자들의 문제가 불거지자 국민임대주택 건설 정책을 편 것이라든가, 이명박 정권 시기에 벌어졌던 용산 참사를 계기로 상가 세입자들에게까지 보상책을 마련하는 방향으로 나아간 것은 일정한 성과라고 할 수 있습니다.

하지만 지역 개발 과정에서 건설되는 임대주택은 적은 평수를 기준으로 하고 있기에 가족이 많거나 더 넓은 평수가 필요한 세입자들은 들어갈 수가 없었기에 그 지역 거주민들의 대다수를 수용하기에는 한계를 가질 수밖에 없는 것이었고, 상가 세입자들 또한 그 이후 생계를 꾸려갈 수 있을 정도의 여건 조성에는 턱없이 못 미치는 것이었습니다.

부동산 정책에서 지역 개발이 투기를 일으키지 않는 방향으로 되려면 부동산을 소유했다는 이유만으로 불로소득을 얻는 현상을 철저히 차단해야 합니다. 그 때문에 보유세를 질적으로 강화해야 합니다. 즉 주택을 실제로 필요로 하는 1가구 1주택인 경우는 최대한 세금을 적게 내도록 해야 하지만 2주택 이상인 경우에는 투기를 목적으로 하는 것이 아님을 본인이 증명하지 않는 이상 강도 높게 보유세를 강화하여 세금으로 환수하도록 해야 합니다. 아울러 다가구 주택자들이 빨리 팔도록 양도세와 소득세, 취득세 등의 거래세는 적극적으로 낮춰야 합니다.

하지만 여기서 멈춰서는 안 됩니다. 그 지역에서 생계를 꾸려 왔던 사람들에 대해서는 생존권을 해결할 수 있는 대책은 물론이고, 그 지역 주민 대다수가 안정적으로 거주할 수 있는 주거 대책을 적극 강구해야 합니다. 여전히 주택을 필요로 하는 사람이 많은 조건에서는 아무리 투기를 근절하려고 해도 그것을 막을 수는 없습니다.

투기를 통해 돈을 벌 수 있는 정책적 구조를 만들어 놓고서 그것을 이용해 돈을 벌었다는 이유만으로 죄인으로 몰아세운다면 얼마나 가당치 않은 모습이겠습니까? 게다가 지역 개발을 한다고 해 놓고선 돈이 없다는 이유로 그 지역에서 살아왔던 사람을 다른 곳으로 쫓아내고, 반면에 지금껏 한 번도 살지 않았는데도 돈을 벌기 위한 이유만으로 소유하는 방식으로 된다면 도대체 이것이 이치에 맞는 일이겠습니까? 이런 지역 개발이라면 도대체 누구를 위한 지역 개발이냐고 묻지 않을 수 없습니다.

이제 부동산 정책과 지역 개발은 나라의 종합적이고 균형적인 발전 방향에서 이뤄지면서도 무엇보다 그 지역 주민 모두가 주거를 안정적으로 마련하고 생존권을 해결하여 더 쾌적한 환경에서 살 수 있는 방향에서 진행되어야 합니다. 그러자면 그 지역에서 생계 문제를 풀어왔던 사람들에게는 생존권을 해결할 수 있는 대책을 세워줘야 하고, 또 그 지역 주민 모두에게 주거 공간을 제공하기 위해 소유권이 필요 없는 장기임대주택이나 공공임대주택을 적극적으로 받아들이면서도 그 평수를 작은 것으로 일괄할 것이 아니라 가족 수나 더 넓은 평수에 맞춰 살 수 있도록 다양화해야 합니다.

물론 소유권이 아니라 임대 형식이라도 그에 따른 주거 비용을 지불할 수 있으려면 금융과 세제 혜택은 물론 최저임금 또한 지금보다 더 높은 수준으로 올려야 할 것입니다.

하지만 그렇다고 해도 이런 지역 개발 정책을 추진하자면 민간업자에게 맡겨서는 해결될 수 없기에 국가가 기본적으로 책임지고 공공적인 정책으로 전환하여 추진해 가야 합니다.

각 지역마다 지방정부나 중앙정부가 협력하여 그 개발 지역 주민 모두가 안정적으로 주거 공간을 마련하도록 하고, 그 지역에서 생계 문제를 풀어왔던 사람들에게 생존권을 해결할 수 있는 방향으로 나아간다면, 그 지역 주민들의 주거 문제는 해결될 것이고, 그러면 주택의 실수요자 문제가 점차 풀어질 것이기에 부동산 투기로 불로소득을 취하려는 현상도 궁극적으로 사라지게 될 것입니다.

이런 방향으로 나아가지 않았기에 대장동 개발 과정에서 보는 것처럼 지방 정부와 중앙 정부 내지는 정치권에 책임이 제기되는 것이고, 또 민간업자와 투기 세력이 불로소득을 얻으려고 편법을 이용하면서 정관계 세력과 유착관계가 형성되어 뇌물수수와 같은 부정, 비리가 발생하게 되었던 것입니다. 즉 대장동 개발 비리 사건의 본질이자 몸통은 정부의 부동산 정책에 있다고 볼 수 있습니다.

이를 보면 지역 개발 정책과 부동산 정책이 어떤 방향으로 나아가야 하는지가 명확하다고 할 수 있습니다. 다시 말해 지금껏 펼쳐지고 있던 부동산 정책 자체가 한계를 지니고 있었기 때문에 앞의 두 문제가 필연적으로 발생한 것인데도 단지 뇌물을 얼마나 받았는지, 관리 감독을 제대로 했는지에 대해서만 거론하며 서로 몸통이라 몰아붙이기만 하고, 그런 근본적 문제에 대해 눈감아 버린다면 부동산 문제의 해결은 요원하다고 할 수밖에 없을 것입니다.

지금 시대적 요구는 민이 직접적이고 전면적으로 주인의 권리를 누리고 사는 것이기에, 부동산 정책에서도 모든 사람이 주거권과 생존권을 누리고 살아야 합니다. 바로 이런 방향으로 나아가는 것이 참된 개혁이라고 할 수 있습니다.

실제로 경제를 발전시키는 것은 경제 성장 자체가 목적인 것이 아니라 사회와 역사의 주체인 민이 물질적으로 더 편안하고 유복한 삶을 살기 위해서입니다. 마찬가지로 지역을 개발하는 것은 그 땅과 주택을 소유했다는 이유만으로 불로소득을 얻기 위한 것이 아니라 그 지역 주민 모두가 안정적인 주거 공간을 마련하고 생존권을 해결하여 더 쾌적하고 편안한 삶을 누리기 위한 것입니다. 바로 이런 원칙에 맞게 지역 개발 정책을 바꾸는 것이 바로 개혁입니다.

이제부터라도 그 지역 주민 모두가 더 쾌적하고 안정적인 생활을 모두가 누리는 방향으로 부동산 정책을 전면 전환해 풀어간다면 그 고리를 기점으로 개혁은 여러 방향으로 확대되어 갈 것이며, 그러면 한국 사회는 더욱더 정의롭게 개조되어 나갈 것입니다.


### 3) 민생 안정을 거론하면서 시장 만능주의와 부자 감세 정책을 추진한다면 어떻게 보아야 할까?*

---

* 우리겨레연구소 카페, 민생 안정을 거론하면서 시장 만능주의와 부자 감세 정책을 추진한다면 어떻게 보아야 할까?(2022. 06. 20), 참조 자료: 우리겨레연구소 카페, 종부세 폭탄이라고 목소리 높이는 이들의 주장을 듣고 떠오르는 생각들(2021. 11. 29)

한국 사회에서 새로운 정권이 들어설 때마다 가장 많이 거론한 것 중의 하나가 민생 안정입니다. 민생을 안정시키는 게 정치의 기본 도리라고 할 수 있으니 어쩌면 당연하기도 합니다. 하지만 그토록 각각의 정부가 하나같이 민생 안정을 주장하고 나왔으니 민의 삶이 더 나아졌어야 할 터인데, 도리어 왜 갈수록 빈부격차가 심화되고 살기 힘든 사람이 늘어만 가는 것일까요? 도대체 그 원인이 어디에 있을까요?

그것은 한마디로 말로만 민생 안정을 주장하고 실질적으로는 그와 배치되는 정책을 추진하였기 때문입니다. 민을 기만하고 우롱해왔다는 것입니다.

윤석열 정부 또한 예외 없이 민생 안정을 거론하지만, 그 정권이 역점을 두는 것을 보면 시장경제 법칙을 철저히 추구하겠다는 것이고, 법인세 감면이나 종부세 완화 등 부자 감세 정책을 펴겠다는 것입니다.

권력이나 인맥에 의해 경제 흐름이 왜곡되어 그 효율성이 저해되는 곳에서 이를 바로잡고자 시장경제의 법칙을 준수하겠다고 한다면 이는 크게 문제 삼을 필요가 없을 것입니다. 실상 한국의 군사독재정권 치하에서는 권력자와 재벌의 로비에 의해 경제 흐름이 좌우되었습니다. 그런 점에서 이런 비효율적인 경제 흐름은 바로잡아야 하고, 쓸데없는 규제 또한 개혁해 없애야 합니다.

하지만 군사독재정권이 더 이상 맥을 추지 못하고 배신정권이 권력을 장악하면서 세계화 정책이 전면적으로 시행되기에 이르렀습니다.

세계화 정책은 국가적인 장벽까지 무력화하여 세계적 차원에서 자본의 자유를 철저히 보장하여 무차별적인 경쟁을 유도합니다. 이런 경쟁 상황 속에서는 세계 1등 기업이거나 그에 버금가는 기업만이 살아남을 수 있습니다.

이처럼 현시기는 권력과 인맥에 의해 경제 흐름이 왜곡되는 측면이 있기는 하지만, 그보다는 시장경제 법칙이 만능인 것처럼 여겨지는 세계화 정책이 추진됨으로써 더욱 큰 문제점이 발생하고 있습니다.

시장경제의 법칙을 만능의 해결책으로 여기는 자들은 그것이 잘 작동되기만 하면 경제의 모든 문제가 치유될 것처럼 주장합니다. 하지만 시장경제 법칙이 관철되는 과정을 보면 그 주장은 허구에 지나지 않습니다. 실상 시장경제의 법칙은 자본에 무한한 자유를 주는 것에 다름 아니기 때문입니다.

자본의 자유를 무한히 보장해 주면 무엇이든 다 해결될 것처럼 여기지만 그렇지 않습니다. 자본은 이윤 창출 자체가 목적입니다. 그래서 대다수 사람에게 아무리 절실하게 필요해도 이윤이 창출되지 않으면 투자하지 않습니다.

게다가 자본의 자유가 무한히 보장되는 곳에서 경쟁하게 되면 당연히 자본이 큰 쪽이 이기게 됩니다. 세계화 정책으로 세계적으로 1등 기업이나 그에 버금가는 기업이 세계적 차원에서 독점하는 방식으로 귀결되는 것은 그 때문입니다.

그런데 더욱 큰 문제가 되는 건 이렇게 세계거대독점자본이 되어도 그 배가 부르지 않다는 것입니다. 사자는 한 번 사냥에 성공해서 배가 부르면 더 이상 사냥하지 않는데, 이 세계거대독점자본이라는 놈은 절대 배가 부르지 않습니다. 그래서 계속 잡아먹어야 하고, 빈익빈 부익부의 극대화로 더 이상 잡아먹을 것이 없을 때가 되어서야 붕괴된다는 것입니다. 자본주의 사회에서 불황과 공황이 수시로 발생하는 것은 이 때문입니다.

이처럼 시장경제의 법칙에 전적으로 맡기게 되면, 나타나는 현상은 빈부격차의 극대화와 대다수 사람들의 궁핍화입니다.

바로 이런 문제점을 해결하기 위해 국가가 개입하는 것입니다. 최저임금을 올리고 공공복지 정책을 강화하는 게 그 일환입니다.

그렇다면 민생 안정을 진심으로 바란다면 당연히 시장경제의 문제점을 보완하는 방향으로 나가는 게 맞을 것입니다. 그런데 어떻게 민생의 안정을 말하면서 시장경제 법칙이 만능의 해결책인 것처럼 주장할 수 있다는 말입니까?

게다가 민생을 위한 정책을 추진하자면 세금이 더욱 필요할 터인데, 도리어 어떻게 법인세 감면이나 종부세 완화 등의 부자 감세를 주장한다는 것입니까?

이것은 민생 안정에는 아무런 관심이 없고 오직 돈이 많은 사람들에게 돈을 더 벌게 하는 행위로밖에 볼 수 없습니다.

이렇게 말로만 민생 안정을 주장하고 실질적으로는 부자들을 위한 정책을 펴면서 민을 기만하였기에 지금껏 민생이 나아지지 않았던 것입니다.

그 때문에 진정 민생의 안정을 바란다면 그것을 위한 실질적인 정책을 펴야만 할 뿐만이 아니라 반민생 정책에 대해 반대할 수 있도록 민의 정치적 권리를 적극 보장해야 합니다.

이와 유사한 사례들이 개혁의 진행 과정에서도 드러났습니다. 지금껏 한국 사회를 개혁하겠다고 입으로 수없이 떠들었지만, 실질적으로 개혁에 반하는 정책을 실시했던 모습과 전혀 다를 바 없었다는 것입니다.

진실로 개혁하려고 했다면 민이 사회와 역사의 주체이니만큼 민에게 주인의 권리를 행사하도록 하였으면 모든 게 해결될 문제였습니다. (국)민 소환권과 (국)민 발안권, (국)민 투표권을 철저히 보장하고, 노동조합을 비롯한 각종 대중단체가 적극적으로 활동할 수 있도록 국가적인 지원 체계를 수립하여 나갔다면 전반적으로 한국 사회를 개혁해 갈 수 있는 큰 틀이 잡혔을 것입니다. 그런데 민의 권리 보장에 적극적으로 행동하지 않으면서 입으로만 개혁을 외쳐댔으니 한국 사회가 개혁될 리 만무했던 것입니다.

이런 현실을 극복하자면 사람에 대한 평가는 말로써가 아니라 행동을 보고 판단해야 하듯 개혁에 반하는 정책을 실시하면 반개혁 세력으로 규정하고, 민생 안정에 반하는 정책을 실시하면 반민생 세력으로 규정하고 적극 반대해 싸워가야 합니다.

달콤한 말 몇 마디에 현혹되지 않고 정책적 입장에 의해 판단하면서 민생 안정에 반하는 세력을 반민생 정치세력으로 명확히 규정하고 투쟁해 간다면 민을 기만하고 우롱했던 세력이 더는 정치권에 발을 붙이지 못하게 될 것이며, 그러면 끝내 민이 주인의 권리를 누리고 사는 세상을 만들어 낼 수 있을 것입니다.


## 4) 한국 사회를 실질적으로 개혁하자면 각 정당은 빈부격차 해소를 주요 정책으로 수립해야 한다*

한국 사회 문제의 심각성은 자살률과 저출산율이 세계 1위라는 것에서 단적으로 드러나고 있습니다. 즉 한국 사회에서는 더 이상 인간적인 삶을 살 수 없는 지경인지라 스스로 자기 목숨을 끊는 현상이 비일비재하게 나타나고 있을 뿐만이 아니라, 이런 세상에서 자식을 키우는 것 자체가 어렵고, 설사 키웠다고 하더라도 고통스러운 삶을 물려줄 수밖에 없기에 아예 자식을 낳지 않는 상황으로 귀결되었다는 것입니다. 한마디로 지금의 한국 사회는 더는 재생산 구조가 유지될 수 없는 상황에 이르렀다는 것입니다. 여기엔 여러 요인이 있겠으나

---

* 우리겨레연구소 카페, 한국 사회를 실질적으로 개혁하자면 각 정당은 빈부격차의 해소를 주요한 정책으로 수립해야 할 것이다. 그렇다면 어떻게 해야 빈부격차를 정말로 해소할 수 있겠는가?(2023. 12. 26)

그 근본 원인은 빈부격차의 심화에 있습니다.

그 때문에 한국 사회를 실질적으로 개혁하자면 빈부격차의 해소를 주요한 정책으로 밀고 나가야 합니다. 빈부격차의 심화를 해소하는 입장에 서지 않는다면 사실상 한국 사회를 개혁하지 않겠다는 것이나 다름없다는 것입니다.

빈부격차를 해소하는 것이 개혁의 근본 입장으로 되는 이유는 우선 빈부격차가 확대되면 당장 인간의 가장 기본적인 생존권마저 끊임없이 위협받게 된다는 데 있습니다. 생존권 자체가 위협받는 조건에서 인간의 삶에 대해 더 논한다는 것 자체가 무의미합니다. 빈부격차가 심화되면 몇몇 소수에게 재부가 집중됨으로써 대다수 사람은 생존권의 위협을 받게 될 수밖에 없는 구조가 된다는 것입니다.

그뿐만이 아닙니다. 빈부격차는 인간의 삶 자체를 질곡 시키고 미래에 대한 희망 자체를 품을 수 없게 만듭니다.

비록, 지금 상황이 어렵더라도 미래에 희망이 보인다면 현재의 어려움을 극복하기 위해 노력할 수 있습니다. 그런데 그 희망 자체가 보이지 않는다면 그런 곳에서 어떻게 적극적으로 노력하려는 의지와 마음을 품을 수 있겠습니까? 자살률과 저출산율이 세계 1위가 된 것은 실상 한국 사회에서는 그 어떤 희망도 가질 수 없는 지경에 이르렀음을 단적으로 보여주는 징표에 다름 아닙니다.

인간이 미래에 대한 희망을 품으려면 무엇보다 바른말을 할 수 있는 구조를 만들어야 하고, 그에 따라 자신의 권리를 제대로 누리고 행사할 수 있어야 합니다. 그런데 목구멍이 포도청이라는 말에서 드러나듯, 빈부격차의 심화로 배고픔을 겪을 수밖에 없는 구조에서는 입바른 소리를 하거나 자기 권리를 제대로 행사할 수 없게 막아 버리는 결과를 초래합니다. 그러니 세상이 바뀌지 않는 것이고, 그 결과 희망 자체를 가질 수 없게 되어 버리는 현상이 발생하는 것입니다.

그 때문에 빈부격차를 해소하는 문제가 한국 사회의 실질적인 개혁의 내용이 된다는 데에 실상 그 누구도 대놓고 반대하지는 않습니다. 하지만 그 해결 방안에는 여러 입장 차이가 존재합니다. 심지어는 사실상 빈부격차를 해소하는 정책이 아닌데도 한국 사회의 문제를 푸는 방안이 되는 것처럼 주장하는 기이한 현상도 나타나고 있습니다.

그런 사례 중의 하나가 일명 노란봉투법을 둘러싸고 벌어지는 현상입니다. 실질적인 사용자이면서도 하청 근로자라고 하여 원청이 근로 협상에 임하지 않는다면 하청 노동자는 어디서 문제를 풀 수 있겠습니까? 게다가 노동자가 자신의 권리를 실현하기 위해 파업을 했는데, 거기에 대고 사용자가 여러 이유를 핑계 삼아 배상금을 엄청나게 물린다면 어떻게 되겠습니까? 그 결과는 한국 사회의 현실에서 나타난 바와 같이 노동자가 자기주장을 제대로 펼칠 수 없게 되고, 설사 그 부당함을 참지 못하고 파업했을 경우라도 그 배상금의 부담 때문에 견디지 못하고 자살에 이르는 형태로 귀결될 수밖에 없게 될 것입니다.

이처럼 부분적인 내용에 대해서 합의가 이뤄지지 못하고 논쟁만 일삼게 되거나, 심지어 빈부격차의 해소 방안이 아닌데도 기만하는 현상이 벌어진다면 빈부격차의 문제는 결코 해결되지 않을 것이고, 그로 인해 한국 사회는 실질적으로 개혁이 이뤄질 수 없는지라 미래의 전망이 암울해질 수밖에 없을 것입니다.

한마디로 진정으로 개혁을 원하는가, 그렇지 않은가는 빈부격차의 심화를 해소할 수 있는 정책적 입장을 진실로 견지하느냐, 견지하지 않느냐에 달려 있다는 것입니다. 아무리 이미지 세탁을 해도 빈부격차를 해소하는 정책적 입장을 견지하지 않는다면 그 본질은 개혁을 원하지 않는다고 봐도 무방하다는 것입니다. 바로 여기에서 빈부격차의 심화를 해소할 수 있는 정책적 입장을 분명히 밝히는 것이 중요한 문제로 대두됩니다.

민을 기만하는 기가 막힌 현실을 극복하면서 참답게 한국 사회를 개혁하자면 각 정당이나 후보들이 빈부격차의 해소를 진실로 원하는지, 원하지 않는지를 파악해야 합니다. 그러자면 빈부격차의 해소 문제를 단순히 일면적이나 부분적인 측면으로 바라볼 것이 아니라 총체적인 차원에서 접근해야 합니다.

인간의 삶 자체가 일면적이고 부분적인 것이 아니라 총체적으로 연결되어 있는데, 일면적이거나 부분적으로 접근한다면 어떻게 풀어지겠느냐는 것입니다. 한마디로 어느 한 부분 차원으로 접근해서는 해결될 수 없고, 총체적인 방향에서 접근하여 일관되게 풀어가야만 빈부격차의 문제가 해결될 수 있다는 것입니다.

빈부격차의 해소를 총체적으로 접근하여 일관된 입장에서 풀어가는 데에서 가장 중요한 원칙은 우선 일하는 사람들이라면 기본적으로 사회의 평균적인 사회 문화적 혜택을 누리고 삶을 살 수 있을 뿐만 아니라 더 나아질 수 있는 구조가 만들어져야 한다는 것입니다. 게으르고 일하기 싫어서 안 한다면 몰라도 성실히 노력했는데도 사회의 평균적인 삶을 살지 못하거나 더 나아질 수 없다면 이것은 빈부격차가 해결되지 않는 구조이고, 그런 사회적 조건에서는 그 어떤 희망을 찾을 수 없게 될 것입니다.

그렇다면 이것은 결국 최저임금을 질적으로 상향 조정해야 한다는 것을 의미합니다. 재산도 없는 조건에서 자신의 처지를 개선하려면 임금으로 해결할 수 있어야 하기 때문입니다. 그러니까 임금을 받아서는 죽었다 깨어나도 평균적인 삶마저도 누릴 수 없는 조건이라면 노력만으로는 자신의 삶을 개선할 수 없다는 뜻이 되고, 그건 결국 빈부격차가 심화되어 있는 사회적 조건을 고치려고 하지 않는다는 것을 의미하기 때문입니다. 그래서 빈부격차를 해결하려는 입장은 원칙적으로 최저임금을 질적으로 대폭 상향시키는 방향으로 나아가야 한다는 것입니다.

임금을 질적으로 상향하는 원칙을 지키는 데서 중요하게 제기되는 문제는 중소기업이나 중소상공인, 영세업자, 그리고 하청 노동자와 비정규직 노동자의 임금을 어떻게 해결할 수 있느냐의 문제입니다.

즉 중소기업이나 중소상공인, 영세업자가 질적으로 상향된 최저임금 수준을 감당할 수 있고, 하청 노동자와 비정규직 노동자가 질적으로 상향된 임금을 받을 수 있는 구조가 된다면 임금인상의 문제는 쉽게 해결될 수 있습니다. 그 때문에 최저임금의 질적 향상을 받아들이는가, 받아들이지 않는가는 실상 따지고 보면 하청 노동자와 비정규직 노동자는 물론이고 중소기업이나 중소상공인, 영세업자 등의 문제를 어떻게 대하느냐에 달려 있다고 보는 것이 맞습니다.

그런데 중소기업이나 중소상공인, 영세업자에게 질적으로 상향된 최저임금을 곧바로 적용하면 그 부담이 막중할 수밖에 없게 됩니다. 사업을 유지하지 못하고 접게 될 상황이 매우 높다는 것입니다. 바로 여기서 이를 해결할 수 있도록 하는 방안은 최저임금을 질적으로 상향하는 초기의 과정에서는 이들 기업에 상향된 최저임금의 일정 부분을 국가적인 차원에서 지원해 주는 정책을 펴는 것입니다.

그런데 이 문제를 국가적인 지원책을 통해 해결하려고 하지 않고 단지 최저임금을 인상한다면 이들 기업이 망할 것이라고 주장만 한다는 사실입니다. 그렇다면 그 해결 방안을 제시하면 될 것인데, 이를 외면하면서 이들 기업의 핑계만 댄다면 사실상 최저임금의 질적 인상을 통해 빈부격차를 해소하는 것을 사실상 반대하는 모습일 수밖에 없을 것입니다. 그래서 이들 기업에 질적으로 상향된 최저임금을 지급할 수 있도록 국가적인 지원책을 펴라는 것이고, 그러면 그 핑계의 근거가 사라지게 될 것이니 실질적으로 최저임금을 질적으로 상승시킬 수 있는 길로 나아갈 수 있다는 것입니다.

그런데도 계속 핑계를 대려고 한다면 실상 이들은 최저임금을 질적으로 높이는 정책을 반대한다는 것이고, 그건 결국 이들의 진짜 속셈은 인간의 참다운 노력으로 삶을 개척할 수 있는 사회를 만들려고 하는 것이 아니라 부유한 재산을 가진 사람들만 잘 살 수 있는 구조가 여전히 통용되기를 원하는 것이라고밖에 볼 수 없을 것입니다.

이런 입장이 통용되면 아무리 노력해도 사실상 자신의 삶을 개선시킬 수 없고, 빈부격차를 해소하는 길로 나아갈 수 없게 될 것입니다. 그래서 중소기업이나 중소상공인, 영세업자에게 최저임금을 질적으로 상향시킬 수 있도록 국가적인 지원책을 펴는 것을 인정하느냐, 인정하지 않느냐는 사실상 빈부격차의 해소를 진짜로 바라느냐, 바라지 않느냐의 판단 척도로 된다는 것입니다.

최저임금을 질적으로 상향하자면 중소기업과 중소상공인, 영세사업자에 대해 국가적인 지원책을 펴야 할 뿐만이 아니라 하청 노동자와 비정규직 노동자가 실질적으로 상향된 임금을 받을 수 있어야 합니다.

그러자면 임금의 차별이 이뤄져서는 안 됩니다. 이들 기업에 국가적인 지원책을 펴는 것은 누구나 질적으로 상향된 최저임금을 받게 하자는 데 있습니다. 그런데 임금의 차별이 이뤄진다면 어떻게 상향된 최저임금을 받을 수 있겠습니까?

바로 이런 점에서 비정규직과 함께 하도급을 주는 형태는 적극적으로 근절시켜 나가는 것이 기본 방향이라고 할 수 있습니다. 하지만 당장 이 모든 부분을 해결할 수 없다고 한다면 최소한 똑같은 근로 조건에서 일한다면 기본적으로 동일임금을 받게 하는 원칙만큼은 지켜가도록 해야 합니다.

똑같은 노동 조건에서 일하는데, 누구는 비정규직이고 하청 노동자라고 하여 임금을 적게 준다면 이것이야말로 매우 상식적인 이치에 어긋난다고 할 수 있습니다. 그뿐 아니라 똑같은 노동을 했는데 차별을 가하는 형태가 용인된다면 최저임금의 질적 상향을 이룩할 수 없게 됩니다.

그래서 어떤 형태가 되었든 빈부격차를 해소하는 원칙을 견지하자면 최저임금을 질적으로 상향해야 하고, 그렇게 하기 위해서는 중소기업과 중소상공인, 영세업자에 국가적인 지원책을 펴는 것과 함께 비정규직과 하도급의 형태를 근절시켜 나가는 것을 기본 방향으로 놓으면서 동일노동과 동일임금의 원칙을 지켜나가느냐가 핵심적 요소로 된다는 것입니다. 그 때문에 이런 기본 원칙을 지키지도 않으면서 빈부격차의 해소를 원하는 것처럼 주장하는 것은 사실상 민을 기만하는 행위라고 바라보고 적극 반대해 싸워가야 합니다.

빈부격차의 심화를 해소하기 위해서는 또한 건강을 유지하면서도 현대적인 과학 기술을 습득할 수 있도록 해야 합니다. 그러자면 제 방면에서 사회 복지 정책을 적극적으로 펼쳐가야 합니다.

열심히 일해서 자신의 삶을 개척하려고 하는데, 건강을 잃고 병이 들거나 현대적인 과학 기술을 습득하지 못한다면 그것은 꿈에 불과하게 될 것입니다. 바로 여기서 건강을 유지하면서 현대적인 과학 기술을 습득할 수 있는 사회적 조건의 마련이 필수적으로 요구됩니다.

그런데 이 문제는 한 개인의 차원으로 해결될 수 없습니다. 병이 들었는데 개인적 차원으로 전가하여 병원비를 감당할 수 없는 상태가 된다면 이런 사람은 결코 재기할 수 없는 상태가 될 것입니다. 그 때문에 국가적 차원에서 교육과 보건의료, 영유아의 돌봄 실시, 장애인과 노인 등에 대한 사회 전반적인 복지제도를 적극적으로 펼쳐가야 합니다. 한마디로 복지제도를 적극적으로 펼쳐가는 것은 시혜가 아니라 국가의 당연한 책무라는 것입니다.

그렇다면 이런 복지 문제를 국가적 차원에서 해결하려고 하느냐, 그렇지 않고 개인의 책임으로 전가하려고 하느냐는 사실상 빈부격차의 심화를 해소하는 입장에 서느냐, 서지 않느냐의 갈림길이 된다는 것을 알 수 있습니다. 그 때문에 국가적인 차원에서 복지 문제를 적극적으로 해결하려고 하지 않고 개인의 책임으로 전가하려는 주장은 결코 빈부격차를 해결하는 입장이 아니라는 것을 분명히 하고 이에 적극 반대해 싸워가야 할 것입니다.


빈부격차를 해소하는 데서 현시기 중요한 문제로 부각되는 것 중의 하나는 주택 문제를 원만히 해결하는 것입니다.

열심히 일해서 지금의 어려운 생활 여건을 극복해 가려고 하는데, 한 푼도 안 쓰고 30년 이상의 임금을 모아야만 간신히 주택을 마련할 수 있다고 한다면 어떻게 되겠습니까? 빈부격차가 해소되기는커녕 삶 자체가 파탄에 이르게 될 것입니다. 그 때문에 주거를 안정시킬 수 있는 적극적인 대책이 필요합니다.

그런데 한국에서 주택 문제가 크게 발생하는 요인은 집이 절대적으로 부족해서가 아니라 소수에게 땅과 집이 집중되어 있기 때문입니다. 한마디로 토지와 주택이 투기적 대상으로 전락되어 있다는 것입니다.

토지와 주택은 인간이 삶을 살아가는 데에 있어서 필수적으로 요구됩니다. 그 때문에 토지와 주택은 투기적 대상이 되어서는 안 되고, 실수요자의 필요성에 의해 접근되어야 합니다. 그러자면 자신이 실질적으로 필요한 것 이상의 소유에 대해서는 투기적 형태로 보고 이에 대해 중과세하는 원칙을 적용해야 합니다.

한마디로 1가구 1주택을 기본으로 하나 불가피한 경우 1가구 2주택을 가진 경우에 대해서는 가격의 한도를 정하고 그 이상의 가격이나 주택 소유에 대해서는 투기적 요소로 보고 중과세해야 한다는 것입니다. 즉 토지와 주택은 실수요의 소유가 아니라면 투기적 형태로 간주하는 것을 원칙으로 하고, 투기를 위해 소유하고 있다면 그 자체가 손해가 되도록 하는 정책을 펴가야 한다는 것입니다. 그러면 토지와 주택은 투기적 대상에서 벗어나 실수요자 정책으로 전환할 수 있는 길이 열리게 될 것입니다.

그렇더라도 집이 없는 사람이 곧바로 주택을 마련할 수는 없을 것입니다. 바로 이 문제를 풀어가자면 주택이 꼭 필요한 사람이 주택을 마련하여 안정적인 생활을 할 수 있도록 국가적인 대책을 적극 펴나가야 합니다.

이렇게 실수요자 정책의 추진과 함께 실수요자가 주택을 마련할 수 있는 국가적인 대책을 적극 펼쳐간다면 안정적인 공간에서 자신의 삶을 적극적으로 개선해 갈 수 있게 될 것입니다.

그런데 토지와 주택 문제에 대해 투기적 형태를 근절하려는 정책을 펴지 않고, 도리어 임대사업을 묵인하거나 확장하는 방향으로 나아간다면 그것은 사실상 주거 문제를 해결하지 않겠다는 것임과 동시에 빈부격차의 심화를 해소하지 않겠다는 것과 다름없기에 이에 대해서도 적극 반대해 가야 합니다.

이렇게 빈부격차의 심화를 해소하려는 입장을 견지해 가자면 이에 대한 물적 토대가 마련되어야 할 것입니다. 물적 토대가 마련되지 않으면 하려고 해도 할 수 없을 뿐만이 아니라 외부적 조건에 의해 휘

둘릴 수밖에 없고, 그러면 결국 중도반단되고 말 것입니다. 그 때문에 빈부격차의 해소를 일관된 입장으로 견지해 가려면 국가적 차원에서 자체로 풀어갈 수 있는 물적 담보를 분명코 마련하는 방향으로 나가야 합니다.

이것은 국가 정책이나 민의 삶에서 결정적 영향을 미치는 부분에 대해서는 국가가 책임지고 풀어갈 수 있도록 그 대비책을 마련한다는 것입니다. 이것은 결국 국가 정책과 민의 삶에서 결정적 영향을 미치는 은행이나 전력, 철도 등에 대해서는 국가적 사업으로 틀어쥐고 나가야 한다는 것을 의미합니다.

그런데 이런 대비책을 마련하는 것이 아니라 그 물적 토대의 마련을 방기하고 도리어 민영화의 방향으로 나아간다면 어떻게 되겠습니까? 국가적 차원으로 담보할 수 없는 상황이 발생할 수 있기에 결국 빈부격차의 해소를 포기하는 상황으로 귀결될 것입니다. 그래서 민영화가 그 무슨 경제 발전의 원동력이라도 되는 것처럼 주장한다면 이 또한 민을 기만하는 행위인 만큼 그에 대해서도 적극 반대하여 그런 주장 자체가 나오지 못하도록 만들어야 합니다.


빈부격차의 해소를 일관된 입장으로 풀어가자면 국가적 차원에서 물질적 담보를 마련해야 할 뿐만이 아니라 거기에 들어갈 재원을 적극적으로 마련해야 합니다. 예산이 마련되지 못한다면 이 모든 것은 단지 꿈이나 희망 사항으로 그치고 말 것입니다. 그 때문에 그 재원을 실질적으로 마련하는 방향으로 나아가느냐, 나아가지 않느냐는 빈부격차의 해소를 정말로 원하는가, 원하지 않는가를 갈라보는 척도가 됩니다.

그 재원을 마련하는 방식의 기본은 국가적 차원에서 해결해야 하기에 소득이 있는 곳에서는 원칙적으로 세금을 내도록 하는 것입니다.

소득의 발생에 대해 원칙적으로 세금을 내도록 하는 것은 조세 회피를 막을 수 있게 할 뿐만이 아니라 불공정한 차별을 없애주고, 나아가 조세의 투명성과 형평성을 이룩할 수 있는 확실한 방안입니다.

소득이 있는 곳에 원칙적으로 세금을 내도록 하는 것처럼 영세사업장과 그 노동자들 또한 4대 보험에 가입하도록 의무화하여야 합니다.

단적으로 영세사업장 등에서 4대 보험에 가입하지 않는 것은 현실적인 경제적 어려움 때문에 기인하는 것이겠지만, 그런 관계로 실업자가 되었는데도 실업급여를 받지 못하는 불리한 상황이 발생하게 됩니다.

실상 누구나 질적으로 상향된 최저임금을 받을 수 있도록 중소기업과 중소상공인, 영세업자에 국가적인 지원책을 펼치는 조건에서는 4대 보험에 가입하지 않을 이유는 없을 것입니다. 그래서 소득이 있는 곳에서는 원칙적으로 세금을 내도록 하는 것처럼 국가적 차원에서 실시하는 사회보험의 가입 또한 의무화해야 한다는 것입니다.

이렇게 소득과 세금, 4대 보험을 철저히 연계시켜 나가면 세금을 내지 않는 사각지대가 원천적으로 막히게 되어 조세의 투명성과 공정성이 더욱 확보될 수 있게 될 것입니다. 게다가 이런 현상이 보편화되면 그렇게 확보된 예산으로 더욱더 빈부격차를 해소하는 재원으로 사용할 수 있게 될 것입니다.

재원을 마련하는 데에 있어서 소득이 있는 곳에는 무조건 세금을 내도록 해야 할 뿐만이 아니라 조세 정책에서도 누진세를 적극적으로 적용함과 함께 특혜 제도를 가급적 없애 가야 합니다.

임금 격차가 크게 발생하는 현상은 어떻게 보든지 간에 빈부격차를 더욱 확대시키는 정책이라고 볼 수밖에 없습니다. 그 때문에 임금 격차를 줄이도록 하는 것이 당연하지만, 그것을 처음부터 인위적으로 할 수 없는 조건에서는 고액의 연봉을 받는 행위에 대해 그 격차를 줄이기 위해 지금보다 더 누진 세제를 적극적으로 적용해야 합니다. 지난날에야 모든 것을 개인적인 차원으로 책임을 전가했기에 일정 부분 고액 연봉을 받는 행위가 용인될 수 있었습니다. 하지만 이제 국가적인 차원에서 제반의 복지 문제를 책임지고 해결해 가려는 조건에서는 누진 세제를 엄격히 적용해 세금을 더 부과하는 것은 당연하다고 할 수 있습니다.

게다가 여러 특혜가 존재한다면 돈을 더 많이 벌면서도 세금을 적게 내는 현상이 발생할 수 있습니다. 단적으로 한국 사회에서 재벌에 대한 특혜가 여러 가지 형태로 이뤄지고 있는 관계로 사실상 중견기업이나 중소기업보다도 더 적은 세율로 세금을 내는 현상이 벌어지고 있습니다. 그로 인해 재벌이 더욱 비대해지는 결과가 되고 있습니다. 그 때문에 불가피한 조건이 아니라면 특혜를 없애버리고 조세 제도를 단순화하는 방식으로 바꿔가야 합니다. 그래야 조세의 투명성과 공정성이 명확하게 확보될 수 있다는 것입니다.

조세 정책을 추진하는 데 있어서 또한 중요한 것은 투기나 불로소득에 대해서는 중과세해야 한다는 것입니다.

누구나 일하면 사회 문화적 혜택을 충분히 누리고 살 수 있게 만들어 가자고 하는데, 여기서 일하지 않고도 투기나 불로소득을 통해 돈을 더 많이 벌어들이는 현상이 만연된다면 그런 사회적 분위기를 만들어 가는 것 자체가 불가능하게 될 것입니다. 그 때문에 투기나 불로소득에 대해서는 사회적인 평균 수입 정도에 대해서는 인정해 줄수는 있지만, 그 이상에 대해서는 중과세하는 원칙을 철저하게 견지해야 합니다.

마지막으로 한 가지 덧붙이고 싶은 것은 빈부격차의 심화를 해소하는 원칙적 문제에 대해 실업률을 낮추는 것을 그 대안으로 설정하지 않는다는 것입니다. 실업률을 낮추는 것이 개인의 삶을 개선하거나 빈부격차를 해소하는 방법이 되는 것처럼 주장한다면 이는 매우 잘못된 입장이라는 것입니다.

한국 사회에서 실업률이 높은 것은 다른 데에 원인이 있지 않습니다. 일해도 적정한 임금을 받지 못해 살기 힘들기에 감당할 만한 직장을 찾아보려고 하니 손쉽게 직장을 구할 수가 없습니다. 일해도 평균적인 사회 문화적 생활을 누릴 수 없다면 누가 그런 직장에 아무렇지 않게 들어가려고 하겠습니까? 게다가 일을 하지 않고도 투기나 불로소득을 통해 잘 먹고 산다면 과연 성실하게 일해서 자신의 삶을 개척하려는 의지나 마음이 일어날 수 있겠습니까?

한마디로 성실하게 일을 해도 평균적인 사회 문화적 삶을 누리기는커녕 자신의 어려운 처지를 극복할 수 있는 여건을 만들 수도 없는데, 도리어 일하는 것보다는 투기나 불로소득으로 잘 먹고 잘사는 현상이 비일비재하게 벌어지는 조건이라면 여기에서 실업률을 낮춘다는 것이 도대체 무엇을 의미하냐는 것입니다.

평균적인 사회 문화적 삶을 누릴 수 없는 임금을 받아야 한다는 것이고, 결국 이렇게 살아서는 아무리 노력해도 자신의 삶을 개척할 수 없다는 뜻이 될 것입니다. 그 때문에 취업률 제고에서 나오는 정책이라는 게 이런 임금 차별을 받아들일 수 있는 새로운 노동자를 유입시킨다는 것이고, 그건 결국 한국 사람이 아니라 외국인 노동자를 유입시킨다는 것을 의미하게 되는 것입니다.

이렇게 성실하게 일해도 자신의 삶을 개척할 수 없을 정도의 임금을 받고도 일하려는 외국 노동자가 유입된다면 그 결과는 어떻게 되겠습니까? 임금의 차별적 현상이 만연되어 최저임금을 질적으로 상향시키는 것이 더욱 불가능하게 될 것입니다.

실상 실업률을 낮춘다는 것이 참다운 의미가 있으려면 물건을 팔

수 있는데도 만들지 못하는 상황이어야 맞습니다. 하지만 지금의 사회는 물건을 만들지 못해서가 아니라 살 수 있는 유효수요가 부족해서 만들지 않는 형편입니다. 더욱이 현시대는 단순히 물건을 대량으로 만들어 내는 것 자체가 중요한 것이 아니라 현대적이고 선진적인 기술을 도입해 더 질 좋은 물건을 생산하는 방식이 기본 모습으로 되고 있습니다.

그렇다면 사회의 전 영역에서 취업률의 제고를 무조건 거부할 수 없기는 하지만, 그렇다고 해도 인간이 성실하게 일한다면 기본적으로 자신의 삶을 개선할 수 있는 부분으로 되는 것, 즉 빈부격차를 해소하는 차원으로 나가는 것이 사회의 기본 방향이자 시대적 추세로 된다는 것입니다. 그 때문에 현시기에서 경제 정책의 기본 방향은 실업률을 낮추는 단순한 방식에서가 아니라 빈부격차의 심화를 해소하는 방향에서 찾아야 한다고 분명하게 말하는 것입니다.

결국 빈부격차를 해소한다는 것은 개혁을 실현하는 데 있어서 매우 중요한 정책적 입장으로 된다는 것입니다. 즉 이미지 연출로 정치하면서 민을 기만하는 행위가 벌어지는 조건에서 이를 참답게 극복하자면 그들의 정책적 입장을 보고 그 진짜 모습을 가려볼 수 있어야만 한다는 것입니다. 바로 여기서 빈부격차의 심화를 해소하는 입장을 견지하지 않는 사람은 본질적으로 개혁을 원하지 않는다는 것을 명확히 해야만 한다는 것입니다.

이런 점에서 한국 사회를 참답게 개혁하려는 길로 나아가려고 한다면 빈부격차의 심화 문제를 총체적으로 접근해서 풀어가야 한다는 것을 분명히 해야 합니다.

물론 빈부격차의 심화를 해소해 나가는 데 있어서 앞서 언급한 문제만이 있는 것은 아닙니다. 하지만 이런 입장을 최소한 확고히 견지해야만 빈부격차를 해소하는 방향으로 나아갈 수 있다는 것입니다. 한마디로 이런 총체적인 입장에서 추진해 가야만 빈부격차의 문제가 해결 가능하고, 그래야 한국 사회가 참답게 개혁되는 방향으로 나아 갈 수 있고, 미래의 희망을 찾을 수 있게 된다는 것입니다.

이런 점에서 한국 사회의 참다운 개혁을 바라는 사람들은 개혁이 그저 말 잔치로 끝나지 않도록 이번 총선에서는 각 정당과 후보들이 어떤 공약을 제시하는지를 면밀히 살펴봄으로써 사이비 개혁가가 아니라 진짜배기 개혁세력들이 대거 당선되도록 적극 노력해야 할 것입니다.

### 5) 세계 질서의 대변동 속에서 경제 구조 또한 민을 위한 경제 체질로 바꿔가야 한다*

한국의 경제는 세계 경제의 영향, 특히 미국과 중국의 영향을 많이 받는 구조로 되어 있습니다. 그래서 미국과 중국의 관계가 좋게 풀어 지면 다행이지만 악화된다면 큰 타격을 받을 수밖에 없습니다. 그런데 미국과 중국과의 관계는 이미 한판 승부를 벌여야 하는 상황으로 치닫고 있습니다.

그런 흐름은 트럼프 정부에서부터 노골적으로 드러나기 시작했습니다. 소련과 동구권의 붕괴로 세계 유일 패권 체제를 형성한 미국은 그 지배 체제가 영원무궁할 것이라고 여기고 세계화 정책을 각 나라에 강요하였습니다. 세계화 정책은 단순히 세계적 경제 교류와 협력

---

\* 우리겨레연구소 카페, 우크라이나 사태 등을 통한 세계 경제 질서의 대변동 속에서 진정 민생을 위한 정치를 하자면 어떻게 해야 할까?(2022. 05. 09), 참조 자료: 우리겨레연구소 카페, 요소수의 대란으로부터 무슨 교훈을 얻어야 할까?(2021. 11. 15)

을 강화하자는 차원이 아닙니다. 한 나라의 국경마저 무력화시킴으로써 세계적 차원에서 무차별적인 경쟁을 유발하여 세계에서 1등 기업만이 살아남을 수 있는 구조이기 때문입니다.

허나 달이 차면 기울듯, 미국의 유일 패권적 지위는 미국의 경쟁력이 떨어지고, 특히 중국이 강력한 경쟁국으로 등장하자 점차 흔들리게 되었습니다. 그러자 미국은 자신들이 적극 강요했던 세계화 정책의 기조마저 파기하고 국익 우선주의 정책으로 전환해 나섰습니다. 약화된 미국의 힘을 우선 키워 중국 등의 경쟁 상대국을 제압함으로써 세계 유일의 패권적 지위를 계속 유지하겠다는 것이었습니다. 이것이 트럼프의 국익 우선주의 정책이었습니다.

하지만 이런 미국의 국익 우선주의 정책은 EU를 비롯한 미국의 동맹국으로부터도 지지를 받지 못하고 반발을 불러일으켰습니다. 게다가 미국 단독으로 중국을 상대하는 것마저 벅차게 되었습니다. 그래서 미국의 바이든 행정부는 트럼프의 정책을 기본적으로 이어받으면서도 일부 수정하여 자신의 동맹국을 끌어들여 세계 유일 패권 유지에 방해가 되는 중국, 러시아 등을 포위 압박하는 정책으로 전환하였습니다.

이렇게 미국이 무너져가는 세계 유일의 패권적 지위를 유지하고자 각 나라에 편 가르기를 강요하며 중국과 러시아 등을 포위, 압박하려는 방식으로 나오는 조건에서 세계 경제가 원활하게 돌아가지 않을 것은 불을 보듯 뻔할 것입니다.

우크라이나 전쟁도 그 본질적 내막을 보면 미국이 무너져가는 세계 유일의 패권적 지위를 어떻게 해서든지 유지하겠다는 흐름 속에서 발생하였다고 볼 수 있습니다. 세계 유일의 패권적 지위 유지에 걸림돌이 되는 중러 동맹에 대해, 그 한 축인 러시아를 우선적으로 약화 내지 붕괴시키면서 EU를 확고히 장악, 통제하는 가운데 반중전선을 확립하려는 미국의 의도를 읽어내지 않을 수 없기 때문입니다.

이것은 우크라이나 전쟁의 한 원인으로 작용하였던 우크라이나의 나토 가입 추진을 미국이 적극 요구하였다는 것에서 드러납니다. 미국이 의도하지 않았는데, 힘이 약한 우크라이나가 강국인 러시아의 중립 요구를 거부하면서 전쟁까지 불사하며 나토 가입을 추진해 간다는 것은 상식적인 이치로 이해할 수 없기 때문입니다. 실상 우크라이나 전쟁 사태로 인해 그 당사국인 우크라이나와 러시아는 물론이고 EU와 세계 절대다수 국가는 에너지난과 곡물난 등으로 큰 피해를 보고 있습니다. 그 반면에 미국은 반중러 전선 같은 신냉전 체제가 조성됨으로써 가장 큰 이득을 보고 있습니다.

이렇듯 미국이 무너져가는 세계 유일의 패권적 지위를 유지하기 위한 정책을 펴나감에 따라 미중 간의 한판 승부가 피할 수 없는 상황으로 치달아 가고 있다면 그에 맞는 대비책을 세워가는 것은 너무나 당연하다 할 것입니다.

한국은 지금껏 수출 지향주의 정책에 이어 세계화 정책을 적극 추진해왔던 결과로 커다란 경제 성장을 이뤄냈습니다.

그런데 이런 성과를 낸 배경에는 국제정세가 유리하게 작용했던 측면이 주효하였습니다. 냉전 체제 속에서 서구 선진자본주의 국가들은 제3세계 국가들에게 공업과 농업, 중공업과 경공업, 첨단산업과 중공업 등의 형태로 국제적인 분업 체계를 구축하려고 했는데, 이때 수출 지향주의 정책은 이에 잘 맞아떨어졌습니다. 이후 소련과 동구권이 붕괴된 이후 미국은 세계 유일의 패권적 지위를 확립하면서 세계화 정책을 각 나라에 강요했고, 이 또한 한국의 세계화 정책 추진에 좋은 국제적 환경을 제공하였습니다.

하지만 이제 미중 간에 한판 승부가 피할 수 없게 되어 있다면 그런 세계화 정책의 추진으로 인한 호조건은 사라지게 될 것입니다. 도리어 미국의 편 가르기의 강요로 세계 경제 질서가 교란됨으로써 가장 큰 피해를 볼 수 있는 구조로 전락되고 있습니다. 벌써 우크라이나 전쟁 사태를 계기로 곡물과 에너지 가격이 상승하고 있고, 세계 최대의 팜유 수출국인 인도네시아는 자국의 식용유 가격의 안정을 위해 그 수출을 금지하는 조치를 취하고 있습니다.

이렇듯 미국에 의해 편 가르기가 강요되면서 세계 경제 질서가 교란되는 속에 각 나라마저 자국의 이익을 위해 움직이는 상황이라면 우리 또한 이에 맞서 시급히 대비하지 않을 수 없습니다. 그 대비는 부분적인 방식이 아니라 식량 안보를 비롯해 경제 체질을 자립적인 경제 구조로 바꿔내는 것으로 되어야 합니다. 국제 질서가 교란되는 속에 자국의 이익 중심으로 움직이는 상황에서 다른 나라에 의존해서는 민의 이익을 지킬 수가 없을뿐더러 그 혼란으로 인한 고통을 고스란히 겪을 수밖에 없기 때문입니다. 이미 원자재 가격 상승, 금리 인상, 수출 둔화 등의 현상이 나타나고 있습니다. 그에 대비하지 않고 나중에 후회한들 무슨 소용이 있겠습니까?

물론 자립적인 경제 구조로 체질 전환하자고 해서 폐쇄적인 경제를 지향하자는 뜻이 아닙니다. 중요한 것은 식량과 같이 경제 구조에서 민의 삶에 중대한 영향을 미치는 것은 어떤 형태로든 국내적 차원에서 해결할 수 있도록 최대한 노력을 다해야 한다는 것입니다. 국제 질서가 교란되는 대변동기에 외부 환경의 영향을 받지 않고 국내적으로 해결할 수 있는 부분이 많아질수록 더 좋으면 좋았지 나쁘지는 않을 것입니다.

지금껏 수출 지향주의와 세계화 정책 추진으로 인해 자립적인 경제 구조를 갖지 못한 조건에서 그 체질을 근본적으로 바꿔나가는 건 결코 쉽지 않을 것입니다. 하지만 지난날 일본이 한국 대법원의 강제 노역 판결에 불만을 품고 반도체 핵심 부품인 불화수소, 불화폴리이미드 등의 수출 규제를 통해 압력을 가했지만, 도리어 국산화를 더욱 높이는 계기로 삼아 그 어려움을 극복했던 경험도 가지고 있습니다. 이렇듯 비록 쉬운 것은 아니지만 경제 체질을 바꿔가기 위해 꾸준히 노력한다면 분명코 이뤄낼 수 있을 것입니다.

급변하는 세계 경제의 질서 속에서 식량 안보를 비롯해 경제 구조를 자립적인 체질로 바꿔가는 이유는 경제 발전의 혜택이 민에게 돌아가도록 하기 위해서입니다. 아무리 경제가 성장해도 그 혜택이 민에게 돌아오지 않는다면 그 무슨 의미가 있겠습니까? 특히 경제가 붕괴되면 가장 어려운 사람들이 더 큰 고통을 겪게 됩니다.

그 때문에 진정 민을 위한다면 무엇보다 인간 생활의 기본이 되는 의식주만큼은 기본적으로 해결할 수 있도록 해야 합니다. 그러자면 이런 문제를 개개인에게 떠넘기는 방식으로 되어서는 안 됩니다. 주거의 안정을 위해서 집이 필요한 사람들에게 국가가 책임지고 주택을 공급하도록 하여야 할 것이며, 중소기업과 소상공인들을 적극 지원함으로써 비정규직이든, 5인 미만의 사업장의 노동자이든 일하는 사람이라면 누구나 다 인간으로서 기본적인 생활을 영위할 수 있도록 최저임금을 질적으로 상향시켜야 할 것입니다.

거듭 말하건대 민생을 위한 정치를 하자고 말로만 외치거나, 시혜를 베풀 듯 부분적인 조치를 취해 놓고 민생을 위한 정치를 펼친 것처럼 생색을 내려고 하지 말라는 것입니다. 세계 경제 질서가 교란되는 대변동기 속에서 경제 구조의 체질을 근본적으로 바꾸기 위한 조치를 취하면서 그 혜택을 민이 실질적으로 누릴 수 있게 하는 것이 진정 민생을 위한 정치라는 것입니다.

# 3. 언론개혁과 전국적인 언론망, 방송망 구축

### 1) "언론중재법"의 제정과 절차도 민을 주체로 세우는 방식으로 추진되어야 한다*

연일 개혁이 사회적 화두로 등장하고 있습니다. 실상 개혁하자면 지금까지의 불합리하고 미비한 부분에 대해 법적, 제도적 정비를 해야 합니다. 이 중의 하나가 언론개혁이고, 정치권에서도 언론중재법을 제정하려고 시도하고 있습니다.

언론개혁을 외치는 이유는 간단합니다. 지금까지 언론이 개혁을 향도해야 하건만, 제 역할을 하지 못하고 개혁의 걸림돌이 되어 왔기에 그에 대해 제 역할을 할 수 있도록 세워내겠다는 것입니다.

언론개혁이 중요한 이유는 언론의 기능 때문입니다. 언론과 방송은 사실상 사회적 의제를 결정합니다. 언론이 어떤 부분을 강조해서 보도하면 사회적 화두로 되고, 언론이 외면해버리면 아무리 사회적으로 중요하다고 하더라도 사회적 의제로 되지 못합니다. 그뿐 아니라 사회적 의제로 된다고 하더라도 편파 보도해버리면 그 사실을 정

---

* 우리겨레연구소 카페, 개혁의 성패는 민을 주체로 세우느냐에 달려 있다(2021. 08. 30)

확히 알기도 어렵고 잘못된 방향으로 흘러가 버립니다. 바로 이런 점 때문에 한국 사회에서 언론이 개혁되어야 한다는 주장이 힘을 얻게 되었습니다.

언론이 사회에서 수행하는 권한에 맞게 그 책임을 지도록 만들어야 한다는 것입니다. 더불어민주당이 징벌적 손해보상제도를 들고나오는 이유가 여기에 있습니다. 지금까지 언론이 지닌 사회적 권한에 비해 그 피해보상이 너무 미비함으로써 사실상 그 책임을 지지 않았다는 것입니다.

허나 징벌적 손해보상제도가 적법하게 되자면 그에 대한 책임을 지게 되는 방식 또한 적법해야 하고, 또 명백한 사실에 입각해서 진행되어야 합니다. 모호한 조항을 두어 처벌하는 방식으로 이뤄진다면 권력자의 입맛에 맞게 처리되고, 이것은 언론의 자유에 재갈을 물리는 방식으로 귀결될 것입니다. 바로 여기서 언론의 자유를 심히 우려하는 사람들은 이를 반대하여 나서고 있습니다.

이로 보면 두 주장에 일정 부분 타당성이 존재합니다. 언론의 권한에 합당하게 책임을 지도록 해야 하지만, 그것은 명백한 사실 조항에 의거해야 합니다.

그렇다면 언론의 자유를 주장하는 사람들은 여기서 심각하게 고민해야 합니다. 한국 사회에서 모호한 조항을 두어 언론과 사상의 자유를 제약하고 있는 가장 근간이 되는 법이 무엇이냐 하는 것입니다. 바로 국가보안법입니다.

국가보안법의 7조 1항을 보면 "국가의 존립·안정이나 자유민주적 질서를 위태롭게 한다는 정을 알면서"와 같이 모호한 주장으로 되어 있고, 이로 인해 수많은 사람들이 사실상 탄압받아 왔습니다. 이런 법을 그대로 놔두고서 언론의 자유를 누릴 수 있겠습니까? 언론중재법의 모호한 주장도 개정되어야 하지만, 이번 참에 국가보안법의 개정이나 폐지가 이뤄지지 않는다고 한다면 사실상 언론의 자유를 말할 정당성이 없게 될 것입니다. 그 때문에 언론중재법의 개정도 이뤄지면서도 국가보안법의 개정과 폐지가 되어야 한다는 것이 언론의 자유를 확보하느냐, 못 하느냐의 중심적인 문제라는 것을 분명히 해야 할 것입니다.

아울러 언론의 자유가 만발하도록 하자면 언론 자체가 독점적이어서는 안 됩니다. 언론이 사회적 의제를 결정할 수 있는 기능 때문입니다. 지금 한국의 상황은 언론재벌이 방송까지 진출하여 장악하고 있습니다. 이로 인해 언론 보도가 심히 편향되어 있습니다. 이렇게 된 이유는 이명박 정권 시기, 언론에 종편방송의 진출을 허용해 주었기 때문입니다. 이제 언론과 방송 중 하나를 선택하도록 해야 합니다. 이런 조건 자체를 수정하지 않고서는 참다운 언론의 자유를 말할 수 없습니다.

그러면 언론의 권한에 맞게 책임을 물어야 한다는 것, 그 책임을 물을 때는 명백하고 적법한 조항에 의거해야 한다는 것, 아울러 모호한 조항의 대명사인 국가보안법을 개정 내지는 폐지해야 한다는 것, 그리고 다각적인 언론 보도가 이뤄지자면 언론과 방송의 분리가 필요하다는 사실이 명백한데도 그렇게 시행되지 않고 혼란에 휩싸인 이유가 어디에 있겠습니까? 이 언론개혁의 진행 과정에 사회와 역사의 주체인 민이 배제되고 있기 때문입니다. 이런 이유로, 언론개혁이 권력 싸움인 양 변질되고 있습니다.

개혁이 권력 싸움으로 화하게 되면 그때로부터 개혁이 실종된다는 것은 검찰개혁이 화두로 진행된 조국 사태에서 명백히 확인되었습니다.

개혁은 권력 싸움이 아닙니다. 개혁은 사회의 불합리하고 미비한 부분을 수정하여 더욱 정의로운 사회로 바꿔 가는 과정입니다. 그래서 개혁을 진행할 때에는 철저히 사회와 역사의 주체인 민을 주체로 내세워야 합니다. 그렇지 않으면 개혁이라는 주장을 아무리 하더라도 권력 싸움으로 변질될 수밖에 없습니다.

그 때문에 개혁을 원하지 않는 일부 세력은 개혁을 화두로 내세워 권력 안정을 이루는 데에 이용하고, 다른 한편에서는 자신들의 기득권을 지키기 위해 반대하며 싸우게 됩니다. 이 과정에서 민은 단지 그 구경꾼으로 전락하게 되는 것입니다. 지금껏 검찰개혁을 위해 공수처의 출범을 놓고 수많은 논란이 이뤄졌지만 정말 검찰개혁이 이뤄졌습니까? 그 결과가 어떻게 되었습니까?

이제 그 어떤 개혁을 하더라도 그 진행 절차와 방식에 있어서도 철저히 민을 주체로 세우는 과정으로 되어야 합니다. 어떤 법을 제정하는 것 자체가 중요한 것이 아니라 그 모든 진행이 민을 주체로 내세우는 과정으로 되어야 합니다. 그래야 개혁을 반대하는 세력을 극복하고 실질적으로 개혁을 추진해 나갈 수 있습니다.

이번 언론중재법에서 논란이 일어난 것을 계기로 삼아 지금부터라도 그 모든 과정에 민을 주체로 내세우는 부분으로 전개해 나가야 합니다. 언론중재법 또한 민을 주체로 등장시켜 토론의 공론장을 만듦으로써 서로 합의하고 일치시켜 입체적이고 통일적으로 풀어나가는 방식으로 진행되어야 합니다. 그리하여 누구나 명실상부하게 언론의 자유를 누리면서 언론이 제 역할을 다해 나가는 부분으로 기필코 만들어 가야 할 것입니다.

## 2) 민의 권리 실현의 핵심 근간인 애민, 애국의 기치를 대중적으로 보도하는 전국적인 언론망, 방송망을 갖춰 가야 한다*

---

* 우리겨레연구소 카페, 의제 설정을 주도하려면 애민, 애국의 기치에 맞는 전국적인 선전망을 갖춰가야 한다(2023. 09. 18), 참조 자료: 우리겨레연구소 카페, 시대적 높이에 맞게 개혁을 이룩하기 위해서는 전국적인 선전망을 가져야 한다(2021. 10. 18), 민이 자신의 힘

민이 사회 역사의 주체로 등장한 시대에서 주인의 권리를 전면적으로 실현하자면 주체적 요구를 대중적으로 반영, 보도하는 전국적인 선전망을 갖춰야 합니다. 주체적 요구는 다른 것과 달리 객관적 상황에 의해 자연발생적으로 저절로 이뤄지는 것이 아니라 철저히 주체적 의지와 힘에 의해 실현되기 때문입니다.

그런데 지금 한국 사회에서 보도되는 언론과 방송을 보면 매우 불공정하게 형성되어 있습니다. 보도 내용만 보더라도 기득권 세력에 매우 유리한 방식으로 이뤄지고 있습니다.

실상 사회적 사건을 어떻게 보도하느냐 따라 그 의미가 사뭇 달라집니다. 한미일 군사동맹의 추진, 후쿠시마 방사능 오염수의 방류, 이재명 대표의 단식 등의 보도 내용만 봐도 확인할 수 있습니다. 어떻게 보도하느냐에 따라 긍정적으로 이해되기도 하고, 부정적으로 이해되기도 합니다.

그런데 문제는 한국 사회에서 전국적인 보도망을 가진 곳에서는 애민과 애국의 기치에 따라 보도하지 않는다는 것입니다.

보도되는 내용에 대해 자체의 편집 기준에 의해 보도했다고 하면 – 애국법과 조국통일법이 제정되지 않는 조건에서 – 뭐라고 하기가 참 난감합니다. 그렇다고 보도 내용을 가지고 울분을 토하고 한탄만 하고 있을 수는 없습니다. 이제부터라도 애민과 애국의 기치에 맞게 대중적으로 보도할 수 있는 전국적이고 집중적인 형태의 언론망과 방송망을 갖추어가야 합니다.

자체의 전국적인 언론, 방송망을 갖춰 가야 하는 이유는 우선 한국 사회에서 보도되는 언론, 방송이 얼마나 불공정하게 형성되어 있는

---

으로 개혁의 물꼬를 열어나가기 위해서는 무엇보다 자체의 전국적인 방송사와 언론사를 세워나가야 한다(2023. 05. 08)

가를 보면 단적으로 확인할 수 있습니다. 지금 한국 사회에서 전국적으로 구축된 언론, 방송망의 형태를 보면 공영과 민영 방식의 형식으로 진행되고 있습니다. 그런데 공영은 차치하더라도 민영의 언론사와 방송사를 보면 너무 기득권 세력에 유리하게 편파적으로 형성되어 있습니다.

언론, 방송에 의해서 주로 사회적 의제가 결정되는데, 이렇게 언론, 방송이 편파적으로 형성되어 있는 조건이라면 사회적 의제 또한 기득권 세력에 유리하게 설정될 것은 당연할 것입니다. 이것은 사실상 기득권 세력에 의해 의제가 설정되는 식인데, 이렇게 되면 백날 가도 민의 권리를 실현할 길이 없습니다.

바로 여기서 민의 권리 실현의 핵심적 기치가 애민, 애국이니만큼 이 기치에 의거한 전국적인 언론사와 방송사를 자체로 세워가는 것이 절실히 요청된다는 것을 알 수 있습니다.

자체의 전국적인 언론사, 방송사를 갖춰 가자는 것은 민의 권리 실현을 대변하여 보도할 수 있는 선전망을 갖춰 가자는 단순한 요구에만 기초한 것은 아닙니다. 민의 주체적 요구는 오직 주체적 의지와 힘에 의해서 실현됩니다. 그런데 주체적 의지와 힘은 자연발생적으로 저절로 형성되는 것이 아니라 철저히 주제적인 요구와 노력에 의해서 이뤄집니다. 여기서 전국적 차원에서 집중된 형태의 언론, 방송망이 절실히 요청됩니다. 애민과 애국의 기치에 의거한 전국적인 선전망이 구축된다면 민의 주체적 요구와 의지를 전국적으로 모아갈 수 있는 길이 열린다는 것입니다.

물론 민의 권리 실현을 위한 언론과 방송 활동이 전혀 이뤄지고 있지 않다는 뜻은 아닙니다. 각기 어려운 조건에서도 적극적으로 노력하고 있는 소수의 작은 언론과 방송이 존재하고 있습니다. 하지만 이런 작은 언론과 방송으로서는 전국적으로 힘을 집중시켜 내는 데에는 일정한 한계를 가집니다. 전국적으로 힘을 집중시켜 그 동력을 모으자면 전국적으로 집중시킨 형태의 언론망, 방송망이 필요하다는 것입니다.

물론 전국적인 언론망, 방송망을 갖추자고 주장한다고 해서 곧바로 실현되는 것도 아니고, 또 이것이 얼마나 중요한지를 모르는 사람도 거의 없을 것입니다. 그만큼 이 일이 어렵기도 합니다. 하지만 민의 권리를 실현하는 데 있어서 선차적으로 요구되는 것은 그 명분을 쥐는 것이고, 그 명분을 확고히 확보하면 의제 설정을 주도할 수 있습니다. 그러기에 이를 실현하기 위해 우선적으로 힘을 집중해야 합니다.

서로 다양한 입장과 요구가 존재한다는 것 자체가 전국적이고 집중적인 형태의 선전망을 갖추는 데에 불가능한 이유로 될 수는 없습니다. 민의 권리 실현에 일치되는 지점인 애민과 애국의 기치를 견지한다면 그 속에서는 여러 다양한 요구가 제기될 수 있고, 또 당연히 제기되어야 합니다. 애민과 애국의 기치를 견지한다면 여러 다양한 요구는 애민과 애국의 기치를 견지하는 세력을 분열시키는 것이 아니라 그 내용을 더욱 풍부화시켜 줌으로써 도리어 그 힘을 배가시켜 줄 것입니다. 창발적인 요구를 적극적으로 제기하는 데 그 힘이 강화될 것이지 약화되는 것으로는 될 수 없기 때문입니다.

거듭 말하지만 민이 주인의 권리를 실현하자면 그 정당성부터 우선적으로 확보해야 하고, 그 명분 획득으로 애민과 애국의 기치에 의한 의제 설정부터 확보해야 합니다. 그래서 무엇보다 애민과 애국의 기치에 입각해 대중적으로 보도할 수 있는 전국적 형태의 자체 선전망을 갖춰 가야 한다는 것입니다.

그러면 민의 주체적 요구를 전국적으로 집중시켜 실현할 수 있는 요새가 형성된 결과가 되기 때문에 주체적 의지와 힘을 높여 한국 사회를 실질적으로 개혁할 수 있는 승리의 길을 마련할 수 있습니다. 바로 여기서 무엇보다 우선해서 애민과 애국의 기치에 근거한 자체의 전국적인 언론망과 방송망을 갖추어가는 노력이 절실히 요구된다고 강조해서 말하는 것입니다.

# 4. 검찰과 경찰, 사법개혁

## 1) 검수완박만 하면 검찰개혁이 가능할까?*

한국 사회에서 검찰개혁이라는 화두는 매우 오랫동안 거론되어 왔습니다. 그런데 검찰개혁이 속 시원히 이루어지지 못하고 있습니다. 도리어 검찰공화국이라는 비판마저 등장하고 있습니다.

그러면 검찰개혁을 하려고 해서 진행했는데, 도대체 무엇 때문에 검찰이 참답게 개혁되지 못하고 도리어 검찰공화국이라는 목소리까지 울려 나오게 된 것일까요? 이렇게 된 데에는 검찰개혁을 한다고 하면서 수행했던 그 방향이 잘못되었을 뿐만이 아니라 수사권과 기소권의 분리라는 기능적이고 일면적인 방식으로 접근해서 추진했기 때문입니다.

흔히 검찰개혁을 말하면 그 핵심이 검수완박(검찰의 수사권을 완전

---

* 우리겨레연구소 카페, 검수완박만 하면 검찰개혁이 가능할까?(2024. 05. 13), 참조 자료: 우리겨레연구소 카페, 문재인 정부 막바지에 검수완박으로 검찰개혁 하겠다고 나선 것이 엊그제 같은데, 도리어 윤석열 정부 들어 검찰총장을 임명하지도 않는 상태에서 검찰 인사를 단행하고, 행안부에 경찰국을 설치하여 경찰을 통제하려 드는 현상이 왜 나타나는 것일까?(2022. 06. 27)

박탈)에 있는 것처럼 말하는데, 과연 이것만으로 검찰개혁이 제대로 이뤄질 수 있을까요? 분명 검찰이 수사권과 기소권이라는 무소불위의 힘을 행사하고 있는 상황은 견제와 균형의 원리는 물론이고 검찰이 제 역할을 잘 수행하도록 하는 데에 불합리한 측면으로 작용하는 것은 사실입니다. 그리고 지금도 검찰은 6대 중대범죄에 대해서는 여전히 수사권과 기소권을 다 행사하고 있습니다. 그런데 이렇게 수사권과 기소권을 완전히 분리하지 않는 측면이 존재하기 때문에만 검찰개혁이 되지 않았던 것일까요? 한마디로 검수완박만 철저히 수행하면 검찰개혁이 제대로 이뤄지느냐 하는 것입니다.

그러면 수사권과 기소권을 완전히 분리했는데, 경찰이 제대로 수사권을 행사하지 않을 경우엔 어떻게 할 것입니까? 또 검찰이 기소권을 제대로 행사하지 않는다면 어떻게 할 것인가요? 개혁하자는 것은 각 기관들이 제 역할을 잘 수행하도록 하기 위해서인데, 도리어 그 역할을 잘 수행하지 못하는 상황에 이르게 한다면 그것이 무슨 개혁이겠으며, 그런 개혁이 뭣 때문에 필요하겠습니까?

실상 지난날에도 정치검찰의 행태에 대해 소수이기는 하지만, 검찰 내부에서 비판의 목소리를 내면서 검찰이 제 역할을 수행해야 한다는 주장이 없었던 것도 아닙니다. 하지만 그런 몇몇 사람들이 소신을 펼쳤을 때 검찰 내부에서 왕따가 되거나 자리를 지키지 못하고 쫓겨나는 현상이 거의 대부분 비슷하게 일어났습니다. 그런데 이런 현상이 과연 검수완박이 이루어지지 않았기 때문이라고 보아야 할까요? 그렇지는 않을 것입니다. 이런 상황에서 검찰이 제 역할을 하지 못했던 이유는 검수완박이 아니라 검찰 개개인이 소신을 펼치면서 제 역할을 할 수 있는 조건 자체가 마련되지 못한 데에 더 큰 원인이 있었다고 봐야 할 것입니다.

그 때문에 검찰개혁을 제대로 성공시키자면 어떤 목적과 방향에서 검찰개혁이 이루어져야 하는지가 명확해야 하고, 그런 목적과 방향에서 검찰이 소신껏 제 역할을 다할 수 있도록 보장해 주어야 하며, 그렇게 보장해 주었는데도 제 역할을 다하지 못한다면 그에 대해 견제할 수 있는 장치까지 마련하는 등 총체적인 측면에서 접근해야 합니다. 그런데 단지 수사권과 기소권의 분리라는 기능적이고 일면적인 접근방식으로 진행했으니 검찰개혁이 성공할 수 없었던 것입니다.

그러면 검찰개혁의 목적과 방향은 무엇이겠습니까? 그것은 검찰이 법을 공정하게 적용해서 집행하도록 하는 것입니다. 그렇다고 한다면 검찰개혁을 성공시키기 위해서는 우선적으로 검찰력이 올바르고 공정하게 집행될 수 있도록 그런 조건부터 보장해 주어야 합니다.

개혁하려는 것은 제 역할을 잘하도록 하는 데에 있지 단죄하는 데에 그 목적이 있지 않습니다. 죄진 자에 대해 법적 처벌을 가하는 것은 한번 죄를 지었다고 사회로부터 영원히 격리하자는 것이 아니라 뉘우치고 반성하게 함으로써 다시 재생의 삶을 살도록 하기 위해서입니다. 그렇듯이 검찰개혁 또한 검찰을 단죄하려고만 하는 것이 아니라 지난날의 잘못된 형태를 청산하고 새롭게 자기 역할을 다하도록 하기 위해서입니다.

그런데 아무리 검찰이 자기 역할을 다하려고 해도 그런 조건이 마련되어 있지 않다면 그렇게 할 수 있겠습니까?

모두 아는 바와 같이 검찰은 법을 집행하는 기관입니다. 그래서 법 조항이 잘못되어 있다고 해도 검찰은 이 법을 적용하여 집행해야 합니다. 예를 들어 외세의 주권 침해에 대해 항의하고 이를 바로잡자고 주장한다거나 남북은 같은 민족이니 서로 협력하여 조국통일을 이루어야 한다고 주장할 때 북을 이롭게 하면 처벌해야 하는 국가보안법이 존재하는 조건에서 검사가 이런 행동을 방치할 수 없는 것 아닙니까? 애국적인 행위는 고무하고 매국적인 행위는 단죄해야 하는데, 도리어 이에 반하는 법이 존재하는 조건에서 어떻게 검찰이 양심의 가책을 받지 않고 제대로 법을 집행하면서 제 역할을 수행할 수 있겠느냐 하는 것입니다.

바로 여기서 검찰이 올바르고 공정하게 법을 집행하는 역할을 제대로 수행하게 하자면 우선적으로 시대에 맞지 않게 인간의 보편적 권리를 제약하는 낡은 법 자체를 폐기하고 시대적 흐름에 맞게 새로운 법을 제정해주어야 합니다. 그런데도 이를 행하지 않는다면 검찰이 올바르고 공정하게 법을 집행하려고 해도 제대로 수행할 수 없는 사태가 벌어질 것입니다. 그 때문에 검찰개혁을 제대로 수행하자면 우선적으로 시대에 맞지 않고 인간의 보편적인 권리를 제약하는 뒤떨어진 법들은 하루빨리 폐기하고 시대적 흐름에 맞게 새로운 법부터 제정하는 것이 우선이라는 것입니다.

또한 검찰이 법을 올바르고 공정하게 집행하는 제 역할을 다하게 하자면 철저히 독립성을 보장해 주어야 합니다. 권력자의 눈치를 보게 만들어놓고서 제 역할을 다하지 못한다고 비판한다면 그것은 이치에 맞지 않을 것입니다. 눈치 안 보고 소신껏 행하려고 했다가 왕따나 당하고 자기 자리도 보전하지 못하고 쫓겨나게 된다면 어느 누가 검찰의 소임을 다하기 위해 적극적으로 노력하겠습니까?

이 때문에 검찰의 독립성을 철저히 보장하여 제대로 제 역할을 다할 수 있는 조건을 만들어 주어야 합니다. 이를 해결하는 데에는 여러 방안이 있겠지만 가장 합리적인 방안은 감사원장처럼 검찰총장 또한 국회의 동의를 받아야만 대통령이 임명하게 하는 것입니다. 이에 대해 검찰총장만큼은 직선제로 뽑아야 한다는 의견도 있지만 이렇게 되면 독립성이 요구되는 그 모든 기관장들도 다 직선제로 뽑아야 한다는 주장이 나오게 될 것입니다. 그러면 선거가 매우 많아지는 난점이 발생합니다. 그 때문에 이를 원만히 해결하면서도 검찰의 독립성을 보장하자면 국회의 동의를 받아야만 대통령이 임명하는 방식이 합리적이라고 할 수 있을 것입니다.

이렇게 시대에 뒤떨어진 법들을 하루빨리 폐기하면서 시대에 맞게 새롭게 법을 제정하는 것과 함께 국회의 동의를 받아 대통령이 검찰총장을 임명하도록 하여 독립성을 보장해줌으로써 검찰이 제 역할을 할 수 있는 조건 자체를 마련해 주었다고 한다면 이제는 검찰이 제 역할을 실질적으로 수행할 수 있는 길을 명확하게 열어주어야 합니다.

검찰의 제1 역할은 기소권을 올바로 행사하게 하는 것입니다. 기소권을 올바로 행사하기 위해서는 기소권의 대상을 한정하지 않을 뿐만이 아니라 올바로 기소할 수 있도록 수사가 부실할 경우엔 경찰에 재수사를 요구할 수 있어야 합니다. 아울러 재수사를 요구했어도 그 재수사의 내용이 심히 부당하고 중대한 과실이 발견되었을 경우라는 제한된 범위에서는 검찰이 일정한 수사권을 행사할 수 있도록 해야 합니다.

아직 경찰이 6대 중대범죄에 대해서는 수사권을 가지고 있지 않지만, 기본적으로 검찰이 기소권을, 경찰이 수사권을 가져야 한다는 점에서, 얼마간의 예비와 준비 기간을 두어 경찰이 이 부분에서도 준비를 갖춰 가도록 하면서 나중엔 모든 부분에서 수사권을 행사할 수 있도록 해야 합니다.

그런데 이렇게 수사권과 기소권을 분리하여 경찰이 수사권을 독점한다면 그 힘은 막강할 것입니다. 게다가 경찰은 직접 대민과 접촉해서 일을 수행합니다. 이런 조건에서 막강한 경찰력을 견제할 수 있는 기구가 필요한데, 이는 사실상 검찰이 담당할 수밖에 없습니다.

그 때문에 수사권과 기소권의 분리를 기본으로 하면서도 검찰이 기소권을 올바로 행사하기 위해서는 경찰 수사에 대해 부족한 부분이 있을 시 재조사를 요구할 수 있어야 할 뿐만이 아니라 재조사에 대해 다시 한번 재조사를 요구했음에도 제대로 응하지 않는 등 심히 부당하고 중대한 과실이 드러날 경우에는 일정하게 수사권을 행사할 수 있어야 한다는 것입니다. 아울러 경찰 또한 독립된 기관으로 올바로 수사할 수 있는 조건을 마련해 주기 위해 경찰청장 또한 국회의 동의를 받아야만 대통령이 임명하도록 해야 합니다.

이렇게 검찰에 법을 공정하게 집행할 수 있는 조건을 마련해 주면서 제 역할을 다하도록 하였는데, 그 역할을 제대로 수행하지 않는다면 이를 견제할 수 있는 장치가 요구됩니다. 경찰이 수사권을 부당하게 사용하거나 중대한 과실이 발견되었을 경우 견제할 수 있는 장치가 필요했던 것처럼, 검찰이 기소권을 올바르게 사용하지 않거나 중대한 과실이 발견되었을 경우에 이를 견제할 수 있는 장치가 필요하다는 것입니다. 바로 여기서 검찰의 기소 행위에 대해 재의를 요구할 수 있고, 그 재의에 대한 대응에 또다시 재의를 요구했는데도 제대로 이행하지 않으면서 중대한 과실이 발견되었을 경우에는 법률적 자격을 갖춘 이들에 의해 실질적으로 기소할 수 있는 장치가 마련되어야 합니다.

아울러 경찰이나 검찰이 수사권과 기소권을 가지고 있다는 것을 무기로 삼아 제 식구 감싸기를 행하는 것을 막아내기 위한 장치도 필요합니다. 바로 여기서 경찰과 검찰에 대해서는 수사권과 기소권을 모두 행사할 수 있는 기관이 필요합니다. 현시기의 법 적용에 의하면 법관이나 검찰, 경찰의 고위직에 대해서는 공수처가 수사권과 기소권을 행사하도록 하고 있습니다. 그런데 공수처는 이뿐만이 아니라 다른 고위공직자의 친, 인척 비리에 대해서도 수사권을 행사하도록 하고 있습니다.

하지만 그 얼마 되지도 않는 공수처 인력으로 수사를 진행하려고 하니 그 역량이 심히 부족한 관계로 제때 수사가 이뤄지지 못하고 있는 불합리한 현상이 발생되고 있습니다. 게다가 얼마 되지도 않는 공수처 인력으로 여러 고위공직자 등을 수사한다고 한다고 하는데, 이 거야말로 이 기구를 장악해 버리면 고위공직자가 처벌받지 않는 상황이 발생할 수도 있습니다. 그 때문에 이런 공수처는 폐지해 버리고 수사권과 기소권은 기본적으로 경찰과 검찰이 담당하도록 하고, 단지 법관이나 검찰, 경찰의 고위직에 한해서만 수사권과 기소권을 행사할 수 있는 새로운 기구나 부처를 신설해야 합니다. 그렇게 한정해 주어야 검찰과 경찰에 대해 견제하는 역할을 제대로 수행할 수 있습니다. 당연히 이 새로운 기관의 수장 또한 철저한 독립성이 요구되는 바 국회의 동의를 받아야만 대통령이 임명하도록 해야 할 것입니다.

이렇게 서로 견제할 수 있도록 했는데도 제 역할을 다하지 않는다면 검찰총장과 경찰청장, 그리고 새롭게 신설된 기관장을 당연히 제재할 수 있는 장치가 마련되어야 할 것입니다. 그래서 고위공직자들에 대해서는 탄핵할 수 있도록 한 것처럼 검찰총장과 경찰청장, 이를 견제할 새로운 기관의 장 등은 국회에서 탄핵할 수 있어야 할 것입니다. 그리고 국회에서도 이 일을 제대로 처리하지 않는다면 직접 민이 (국)민 소환권을 발동하여 응징할 수 있는 장치가 마련되어야 합니다.

이렇게 탄핵과 함께 (국)민 소환권까지 보장하도록 하는 것은 그 사람들을 응징하자는 것이 아니라 민의 이해와 요구의 실현에 철저히 복무하라는 데에 그 목적이 있습니다. 최종적으로 민의 심판과 응징을 받게 제도적으로 뒷받침해 놓아야 권력자의 눈치를 보지 않고 민의 이익 실현을 위해 움직이게 될 것이기 때문입니다.

이렇듯 검찰개혁을 제대로 성공시키자면 검수완박 차원, 즉 수사권과 기소권의 분리라는 기능적이고 일면적인 차원으로 접근할 것이 아니라 검찰이 소신껏 일할 수 있는 조건을 마련해 주면서 제 역할을 다할 수 있도록 보장해 주어야 하고, 그런 조건을 갖추어 주었는데도 제 역할을 다하지 못한다면 이에 대해 견제하고 응징할 수 있는 장치까지 마련하는 등 총체적으로 접근해야만 한다는 것입니다.

이런 총체적인 방향에서 검찰개혁이 추진되어 나간다면 검찰 또한 정치검찰이라는 오명에서 벗어나 검찰로서의 제 역할을 소신껏 수행하는 방향으로 나아가게 될 것이고, 그러면 그만큼 한국 사회의 잘못된 부분을 하루빨리 고치도록 개혁을 더욱 추동해 갈 것이며, 동시에 민의 이해와 요구가 제대로 실현되는 법적 제도와 질서 체계가 올바로 세워지고 정립되는 길로 나아가게 될 것입니다.


## 2) 거부권의 거부는 특권의식과 특권 행위를 용인하지 않고 참답게 민주주의를 실현하자는 것이다*

한국 사회에서는 한때 "무전유죄 유전무죄", "실패하면 반역, 성공하면 혁명"이라는 말이 유행했습니다. 지금도 이 유행어는 한국 사회가 참답게 민주주의가 실현되지 못하고 있는 본질적 측면을 일정하게 보여주고 있습니다.

이 말이 통용된다는 것은 뭔가 법이 잘못되어 있다는 뜻입니다. 권력과 돈이 있느냐에 따라 그 처벌이 달라진다는 것은 법 자체가 불공정하게 적용될 수 있는 소지를 안고 있다는 것입니다. 분명 더 큰 죄를 지었는데도 권력과 돈으로 법의 맹점을 파고들어 무죄가 되거나 형량이 더 낮은 처벌을 받는다면 누가 그런 법의 적용을 옳다고 여기겠습니까? 그 때문에 법적 제도와 질서를 준수하게 하면서 민주주의가 참답게 실현되게 하자면 법 자체가 불공정하게 적용될 수 있는 부

---

* 우리겨레연구소 카페, 거부권을 거부하는 것은 법을 유린하자는 것이 아니라 특권의식과 특권 행위를 용인하지 않음으로써 참답게 민주주의를 실현하자는 것이다(2024. 05. 27)

분을 고쳐감으로써 누구나 공정하고 공평한 처우를 받게 해야 할 것입니다.

이렇듯 법 자체가 불공정하게 적용될 수 있는 맹점을 갖고 있다면 당연히 그 잘못된 법을 하루빨리 고쳐야 할 것인데 그 법이 쉽사리 고쳐지지 못한다는 점입니다. 도대체 그 이유가 어디에 있는 것일까요? 이것은 누군가 그 법의 개정을 한사코 방해하기 때문이라는 것은 손쉽게 알 수 있을 것입니다. 바로 여기서 시대에 뒤떨어진 법의 개정 자체를 방해하는 방식이 무엇인지를 살펴볼 이유가 있습니다. 그 훼방 행위를 극복해야만 잘못된 법을 고치면서 참다운 민주주의가 실현될 수 있는 길이 열리기 때문입니다.

잘못된 법의 개정을 방해하는 방식에는 사익 추구 등 여러 가지가 있겠지만, 그 뿌리의 근원을 살펴보면 특권의식과 엘리트 의식이 숨겨져 있습니다.

현시기의 시대적 요청은 민이 직접적이고 전면적으로 주인의 권리를 누리고 행사하는 것입니다. 그렇다면 이 시대적 요청을 실현하기 위해 시대에 맞지 않는 법 자체를 고쳐서 민이 직접적이고 전면적으로 주인의 권리를 행사할 수 있도록 해야 할 것입니다. 그런데 이를 반대하는 세력들이 들고나오는 그 근거나 명분을 보면 그렇게 하면 사회가 혼란스럽게 된다는 것입니다. 나라의 주인인 민이 주인의 권리를 직접적이고 전면적으로 행사하면 민주주의가 그만큼 실현될 것이라고 바라보는 것이 정상적인 사고방식일 터인데, 도리어 참다운 민주주의의 실현 자체를 놓고 사회적 혼란이 발생할 것이라고 여긴다는 것입니다.

그러면 왜 사회적 혼란이 일어날 것이라고 보는 이유가 무엇일까요? 잘못된 법의 개정을 반대하는 것은 분명 자신들의 사익을 추구하자는 데에 그 목적이 있을 터인데, 그렇지 않은 척 위장하면서 나라와 민족을 위한 것처럼 주장할 수 있는 그 근원적 배경이 도대체 무엇이냐 하는 것입니다. 왜냐하면 사적 욕망을 채우겠다고 한다면 잘못된 법의 개정을 막을 수 있는 길이 없기 때문입니다. 그래서 교묘히 위장하고 나올 수 있는 그 근원을 명확히 파악해야 한다는 것입니다.

그런데 그 내막을 보면 결국 나라의 주인인 민이 무지렁이인 데다가 이기적 욕심만 채우려고 하는 존재라고 여긴다는 점에 있다는 것입니다. 그래서 이런 하찮고 비루한 존재들에게 판단을 맡겨서는 안 되고 항상 능력 있는 사람들의 지배를 받고 살아야만 하고, 그래야 사회적 혼란이 일어나지 않고 안정적으로 사회 질서가 유지될 수 있다는 논리입니다. 한마디로 자신들같이 능력 있는 특별한 존재만이 올바른 판단을 내리고 사회를 이끌어 갈 수 있다는 특권의식과 우월의식이 그 밑바닥에 숨겨져 있다는 것입니다. 그리고 이런 논리를 바탕으로 사적 욕망을 채우는 것을 정당화한다는 것입니다.

이런 특권의식과 엘리트적 사고방식이 얼마나 시대에 뒤떨어진 것인지는 말하지 않아도 다 알 것입니다. 자기 권리가 소중하면 다른 사람의 권리도 소중하고, 자신이 올바른 판단을 내릴 수 있다면 다른 사람도 능히 그렇게 할 수 있습니다. 자신은 할 수 있는데, 다른 사람은 못 할 것이라고 여기는 사고방식 자체가 벌써 잘못되어 있다는 것은 굳이 논증할 필요조차 없을 것입니다.

그래서 특권의식과 엘리트 의식의 소유자라고 해도 겉으로는 이렇게 직접적으로 표현하지는 않습니다. 하지만 그런 우월의식적 사고방식이 숨겨져 있기에 시대에 뒤떨어진 법을 고치려고 하지 않고 능력 있는 사람들은 어느 정도 특권을 누리고 사는 것이 당연하다는 사고방식을 갖게 된다는 것입니다. 그래서 무지렁이들이 주인의 권리를 직접 행사하도록 맡겨서는 안 되고, 단지 특권자들이 베풀어주는 시혜나 받고 살아야 한다고 주장하는 것입니다.

이런 특권의식과 우월의식에 빠진 자들은 자신이 하면 로맨스이고 다른 사람이 하면 불륜이라고 하는 것과 하등 다를 바가 없습니다. 그 때문에 이들은 국가 권력을 농단하면서 나라의 주권을 팔아먹고도 감히 우국충정을 들먹이고, 바로 그런 충직한 마음으로부터 자신들의 행동이 비롯되었다고 강변하고 나옵니다. 이를 보면 특권의식과 엘리트 의식을 용인할 때 특권을 용인하는 법 자체의 개정이 불가능하게 되어 사적 욕심을 채우려는 행위를 막을 수 없고, 그럼으로써 민주주의도 참답게 실현될 수 없게 된다는 것을 알 수 있습니다.

나라의 주인은 민이고, 공무원과 대통령은 민의 심부름꾼이자 충복이 되어야 한다고 합니다. 그렇다면 민이 직접적이고 전면적으로 주인의 권리를 누리고 행사하도록 법 자체를 고쳐 가는 것은 지극히 당연할 것입니다. 그런데도 이를 부정한다면 겉으로는 민을 위한다고 번지르르하게 말하지만, 실상은 자기의 특권을 누리겠다는 뜻으로 볼 수밖에 없습니다. 민이 주인의 권리를 직접적이고 전면적으로 행사할 수 있도록 법적으로, 제도적으로 완비해 가자는 것인데, 왜 이런 주장을 한사코 반대하며 가로막으려 하느냐는 것입니다. 그 이유는 결국 자신의 특권을 어떻게 해서든 누리면서 사적 욕망을 채우겠다는 뜻으로밖에 달리 해석할 수 없기 때문입니다.

지금 윤석열 정권은 거부권을 10번째 행사하고 있습니다. 윤석열 정권이 이리할 수 있는 이유는 법 자체가 권력자들의 특권을 여러모로 보장해주고 있지만, 그 반대로 권력자들의 잘못된 행위를 응징할 수 있는 부분이 충분히 갖추어져 있지 못하기 때문입니다. 이런 맹점이 있기에 민의 절대다수가 찬성하는데도 자신의 권력을 이용해 감히 거부권을 행사하면서 민의 이해와 요구를 실현하려는 법안의 적용을 한사코 가로막고 있는 것입니다. 그래 놓고도 권력자의 특권을 누리면서 사적 이익을 챙기려는 것을 부끄러워하기는커녕 도리어 그런 거부권의 행사가 매우 올바른 행위인 양 강변하고 있습니다.

그러면 민의 이해와 요구에 반하는 비상식적인 행동을 보이면서도 잘못되었다고 생각하지 않는 이유가 어디에 있는 것일까요? 이것은 아무리 봐도 자신같이 특별한 존재는 일반 무지렁이와 달리 특권을 누리고 사는 것이 당연하다는 사고방식을 가지고 있기 때문이라는 것 외에 달리 설명할 길이 없습니다.

하지만 분명한 것은 이런 특권의식과 특권 행위를 용인하게 되면 권력자들이 사적 욕심을 채우려는 행위를 막을 수 없고, 민주주의가 실현될 수 없다는 것입니다. 특권의 허용과 민주주의는 양립할 수 없기 때문입니다.

이런 점에서 보면 윤석열 대통령의 거부권 행사를 거부하는 문제는 현시기에서 민주주의를 참답게 실현하는 길로 나아가느냐 그렇지 못하느냐의 갈림길로 된다는 것을 알 수 있습니다. 왜냐하면 민이 직접적이고 전면적으로 주인의 권리를 행사하자면 법이 누구에게나 공평하고 공정하게 적용되어야 하는데, 그러자면 특권을 용인함으로써 사적 욕심을 채울 수 있도록 허용되고 있는 잘못된 법들부터 우선적으로 고쳐야 하기 때문입니다. 그래서 거부권을 거부하자는 것은 법을 유린하자는 것이 아니라 도리어 특권의식과 특권 행위를 용인하지 않음으로써 참답게 민주주의를 실현하자는 것입니다. 다시 말해 민이 직접적이고 전면적으로 주인의 권리를 행사할 수 있는 방향으로 나아가는 데 있어서 그 첫 신호탄이 될 수밖에 없는 상황에 처했다는 것입니다.

윤석열 대통령이 권력자의 특권을 이용해 한사코 거부권을 행사하고 있는 행위를 용인한다면 한국 사회에서 더 이상 민주주의의 발전을 기대할 수 없습니다. 특권을 용인해 법이 불공정하게 적용되어도 고칠 수 없다면 잘못된 사회를 고칠 수 있는 길이 없기 때문입니다.

그래서 이번 기회를 계기로 삼아 거부권의 행사를 단호히 거부함으로써 기필코 응징하는 길로 나가야 하며, 나아가 특권을 용인함으로써 사적 욕심을 채울 수 있게 허용된 시대에 뒤떨어진 제반의 법들 또한 우선해서 고쳐 가면서 누구에게나 법이 공정하게 적용될 수 있도록 만들어야 합니다.

### 3) 시대적 흐름에 맞게 헌법과 법률을 완비해 가야 한다*

사람이 사회생활을 원만히 영위하려면 올바른 법적 제도와 장치가 마련되어야 합니다. 법적 제도와 장치가 마련되어 있지 않다면 사회는 여러 혼란에 휩싸이고 말 것입니다. 그래서 법적 제도와 장치는 준수되어야 합니다. 특히 헌법과 법률은 나라의 정체성을 드러낼 뿐만이 아니라 그에 맞는 사회생활을 보장해 줍니다. 그래서 헌법과 법률의 준수는 매우 중요한 문제로 대두됩니다.

그런데 헌법과 법률이 시대적 흐름을 제대로 반영하지 못한다면 어떻게 되겠습니까? 그러면 그런 법의 준수 자체가 사회생활을 원만히 유지하게 하는 것이 아니라 도리어 사회적 혼란을 야기시킬 것입니다. 그 때문에 시대적 흐름에 맞지 않는 법은 폐지하고 부족한 부분을 채워가야 합니다. 아무리 헌법과 법률이 중요하다고 할지라도 나라의 주인인 민의 이익보다 앞설 수는 없기 때문입니다.

이런 이치에 따라 나라의 정체성 또한 헌법이나 법률에 한번 정해졌다고 해서 고정불변한 것으로 여겨서는 안 되고, 새로운 시대적 흐름에 맞게 재정립되어야 합니다. 한마디로 헌법과 법률은 민의 이해와

---

* 우리겨레연구소 카페, 시대적 흐름에 맞게 헌법과 법률을 완비해 가야 한다(2024. 05. 20)

요구를 반영하는 차원으로 끊임없이 개선해 가야만 한다는 것입니다.

그러면 시대적 흐름에 맞게 헌법과 법률을 완비시켜 나가기 위해서는 어떻게 해야 할까요? 그러자면 합법칙적 발전 과정에 맞게 진행해 가야 합니다. 그 이유는 합법칙적 과정에 맞게 진행하지 못하면 시대적 흐름에 맞게 헌법과 법률을 고쳐갈 수 없기 때문입니다.

지금껏 개헌하자거나 법률을 개정하자는 주장이 나오지 않았던 것은 아닙니다. 하지만 얼마 동안 입에 오르다가 언제 그랬냐는 듯 사라져 버리기 일쑤였습니다. 개헌이나 법률 개정 등은 목소리 높여 주장한다고 해서 해결되는 것이 아니고, 그만한 조건과 정치적 역량을 확보해야만 가능하기 때문입니다.

실상 법은 가장 보수적인 속성을 띠게 된다고 말합니다. 보수적이라는 것은 사회에서 가장 늦게 바뀌는 것이 법이라는 뜻입니다. 다시 말해 법이 바뀌어서 세상이 바뀌는 것이 아니라 사실상 사회의 여러 부분이 바뀐 다음에야 법이 나중에 바뀐다는 것입니다. 이미 변화된 사회 현상을 뒷받침해 주는 역할을 하게 된다는 것입니다.

물론 법의 이런 속성이 언제까지나 통용된다는 뜻은 아닙니다. 민이 주인의 권리를 직접적이고 전면적으로 행사하는 사회에서는 법이 보수적이지 않고 시대적 요구를 곧장 반영함으로써 도리어 시대의 선도적 역할을 할 수도 있을 것입니다. 하지만 권력자들이 주인 행세하는 세상에서는 이들이 시대에 맞는 새로운 법의 제정을 한사코 가로막고 나서기 때문에 시대적 요구에 곧장 반응하지 못하고 뒤늦게 바뀌게 될 것은 당연한 이치로 될 것입니다.

그렇다고 한다면 헌법과 법률을 시대적 흐름에 맞게 완비하기 위해서는 그럴 수 있는 조건과 역량을 갖춰 가야만 가능하다는 사실을 알 수 있습니다. 그런데 그런 조건과 역량을 구비하려고 하지 않고 무조건 개헌과 법률 개정을 주장한다면 그것이 가능하겠느냐 하는 것입니다.

지금 일각에서 부분적인 개헌이나 4년 중임의 권력 구조 변화 등이 거론되고 있습니다. 이것은 전체적인 차원에서 완성도 높게 헌법을 개정하기 힘들더라도 부분적인 개헌을 통해서라도 민의 이해와 요구를 실현할 수 있는 방식을 찾자는 취지에서 비롯되었을 것입니다. 하지만 헌법을 부분적으로 고치기 위해서라도 중요한 것은 그만한 조건과 정치적 역량을 갖추어야 한다는 것입니다. 그렇지 않은 조건에서 잘못 논의가 이루어진다면 지루한 논쟁만 벌이다가 결국 중도반단될 가능성이 매우 높습니다. 그 때문에 헌법과 법률을 부분적인 차원에서 고치려고 해도 무엇보다 그리할 수 있는 조건과 정치적 역량을 갖추어나가는 것을 항상 고려해야 합니다. 한마디로 정치적 역량을 확대 강화하면서 그 힘으로 헌법과 법률을 총체적으로 완비해 가는 차원에서 풀어가야 한다는 것입니다. 그렇지 않으면 선의의 취지에서 주장했지만 도리어 역량 분산과 혼란을 가져오는 후과를 가져올 수 있다는 것입니다.

더욱이 민은 이번 총선을 통해 윤석열 정권에 대해 준엄한 심판을 내리면서 실질적인 개혁을 수행하라고 엄명하고 있습니다. 이런 조건에서 지금의 이 소중한 기회를 결코 허투루 보낼 수는 없습니다. 게다가 국제 정세가 요동치면서 한반도의 분위기가 민족의 운명마저 심히 장담할 수 없는 전쟁 위기로 치닫는 상황에서 이를 슬기롭게 극복해 가자면 이번만큼은 헌법과 법률을 민의 이해와 요구에 맞게 완비시켜 간다는 총체적인 차원에서 접근함으로써 기필코 개혁을 성공시켜야 하고, 또 그럼으로써 민족의 번영과 조국통일을 이루어 가는 길로 나아가야 합니다.

헌법과 법률을 시대적 흐름에 맞게 합법칙적으로 완비해 가기 위해서는 일차적으로 지금의 헌법과 법률이 보장하는 권리마저 유린하는 세력부터 응징해야 합니다. 시대적 흐름에 맞게 헌법과 법률을 개선해 가기가 어려운 이유는 이를 가로막는 세력이 존재하기 때문입니다. 그런데 그 세력들이 보이는 주된 모습은 권력과 부를 이용해 헌법과 법률에 보장된 권리마저 유린하는 형태로 나타나는 경우가 대부분입니다. 헌법과 법률에 보장된 권리마저 행사하지 못한다면 그다음의 진전은 생각하기 어려울 것입니다.

그래서 헌법과 법률을 시대적 흐름에 맞게 완비하자면 헌법과 법률에 보장된 권리를 유린하는 세력부터 먼저 청산해야 합니다. 이들을 청산하는 절차를 통해야만 민의 권리를 실현하려는 세력이 그 과정에서 성장하게 됩니다. 동시에 시대적 흐름에 맞게 헌법과 법률을 완비하는 데 방해되는 세력이 그만큼 줄어들게 됩니다. 이런 점에서 일차적으로 권력과 부를 동원해 헌법과 법률을 유린하는 세력부터 응징하기 위해 특별법안을 상정해야 할 뿐만이 아니라, 나아가 민심을 반영하여 상정한 법안들을 거부권을 행사한 행위에 대해서도 또다시 그 법안들을 재상정함으로써 헌법과 법률에 보장된 권리를 감히 가로막으며 방해하지 못하도록 만들어야 합니다.

이렇게 헌법과 법률에 보장된 권리를 행사하는 과정을 통해 역량을 키워내면서 그 힘으로 민의 권리를 가로막고 방해하는 세력이 더 이상 유린하는 행위를 하지 못하게 한 다음에는 헌법 정신에 맞지 않는 법안들을 폐지하고 그 대체 법안들을 제정해 가야 합니다.

시대적 흐름에 맞게 헌법과 법률을 완비하는 것은 합법칙적인 과정에 맞게 진행되는 것이지 한꺼번에 즉각적으로 이뤄질 수는 없습니다. 그런데 시대적 흐름에 맞게 헌법과 법률을 완비하려고 할 때 큰 걸림돌로 나타나는 것은 헌법 정신에 맞지 않는 법들의 존재입니다. 왜냐하면 시대적 요구에 맞게 헌법과 법률을 완비해 가려고 할 때 이를 가로막는 세력들의 기본적인 형태가 기존의 법적 제도와 질서를 지키라고 강요하는 방식으로 나오기 때문입니다.

그런데 그런 법률 자체가 헌법 정신에 어긋나고 있는데 그런 법을 고치지 않는다면 어떻게 민의 권리를 실현할 수 있는 길이 열리겠습니까? 이들의 주장이 통용된다면 헌법과 법률의 개선은 결코 이뤄질 수 없을 것입니다. 게다가 헌법 정신에 어긋나는 법들은 민의 권리 실현을 막는 악법인 관계로 역량의 장성도 이룰 수 없게 합니다. 그러면 언제까지나 민의 이해와 요구를 실현할 수 있는 헌법과 법률을 완비할 수 없게 됩니다. 그 때문에 헌법 정신에 어긋나는 법들을 폐기하고 그 대체 법들을 제정하는 길로 나아가야 합니다.

이런 점에서 헌법 정신에는 보장하고 있는데 실질적으로는 이를 가로막고 있는 법들, 예를 들어 헌법에는 사상과 양심의 자유를 보장하고 있고, 또 차별을 금지하고 있는데, 실질적으로 사상과 양심의 자유를 구속하고 있는 국가보안법이나 비정규직 노동자에 대한 차별을 강요하는 낡은 법들은 폐지하고 헌법 정신에 맞게 새롭게 대체할 수 있는 법들을 제정해야 한다는 것입니다.

이렇게 헌법 정신에 맞지 않는 법안들을 폐기하고 새로운 법안들을 제정한 다음에는 헌법 자체가 새로운 시대적 흐름을 보장하지 못하는 부분을 고쳐감으로써 시대적 흐름을 담보하게 하고, 나아가 헌법과 법률을 총체적으로 끊임없이 완비해 가야 합니다.

지금의 시대적 요구는 민이 직접적이고 전면적으로 주인의 권리를 누리고 사는 것입니다. 그런데 지금 한국의 헌법은 이런 시대적 요구가 충실히 반영되지 못하고 있습니다. 그 때문에 애민과 애국의 기치에 철저히 입각해서 민이 직접적이고 전면적으로 주인의 권리를 누리고 행사할 수 있도록 헌법 자체를 고치고 보충해 가야 합니다. 한마디로 (국)민 소환권, (국)민 발안권, (국)민 투표권 등을 헌법에서 보장하도록 하고, 그에 걸맞게 법률 또한 끊임없이 완비해 가야 한다는 것입니다.

　물론 시대적 흐름에 맞게 헌법과 법률을 완비해 가는 과정이 꼭 이렇게 순차적으로만 진행된다고 말할 수는 없습니다. 하지만 분명한 것은 헌법과 법률을 시대적 흐름에 맞게 완비하는 것은 그저 단순한 바람이나 희망만으로는 결코 해결되지 않는다는 것입니다. 중구난방으로 진행해서는 도리어 역량 분산과 혼란만 가중시킬 뿐이지 실질적인 해결책이 될 수 없습니다. 그래서 무엇보다 중요한 것은 그렇게 할 수 있는 조건, 특히 정치적 역량의 마련, 즉 반개혁 세력을 철저히 고립시키고 반면에 개혁세력을 하나로 모아내어 확대 강화하는 방향에서 진행해 가야만 한다는 것입니다.

　거듭 말하지만, 이번만큼은 개혁을 무위로 돌리지 않고 기필코 성공시켜 내야 합니다. 그러자면 헌법과 법률을 시대적 흐름에 맞게 완비시켜 가야 한다는 입장을 일관해서 견지해야 합니다. 이런 방향에서 합법칙적 발전 과정에 맞게 풀어간다면 여러 우여곡절은 있을 수 있겠지만 끝내는 민의 이해와 요구를 철저히 반영하는 헌법과 법률을 완비해 갈 수 있을 것입니다.

# 5. 보건과 의료개혁

## 1) 정부와 의사 단체 간의 극한 대치 상황을 보면서*

정부와 의사 간의 대치 정국이 풀릴 기미가 보이지 않고 있습니다.

윤석열 정권은 의대 증원이 지역과 필수의료 붕괴를 막는 길이기에 양보할 수 없다면서 강력하게 밀어붙이고 있습니다. 여기에는 한반도의 전쟁 위기 격화, 민생 파탄, 민주주의의 위기 속에서 탄핵의 바람이 불고 있기에 사회의 기득권층이라고 할 수 있는 의사들을 희생양으로 삼아 이 위기 상황을 피해 보려는 의도가 숨겨져 있는 것으로 보입니다.

이것은 의대 증원을 어떤 시기도 아니고 총선을 얼마 남겨두지 않는 시점에서 추진하고 있다는 것에서 드러납니다. 한마디로 윤석열 정권은 정권 심판과 탄핵 정국으로 총선이 치러지면 위기를 맞을 것이 분명하기에 그 바람을 잠재우고 정권의 지지표를 얻을 수 있는 방법으로 이 사안을 추진하고 있다는 강한 의심이 들게 합니다. 문재인

---

* 우리겨레연구소 카페, 정부와 의사 단체 간의 극한 대치 상황을 보면서 한국 사회를 개혁하자면 어떻게 해야 하는가를 생각해본다(2024. 03. 11)

정권에서도 의대 증원이 실패했는데, 자신들은 강력히 밀어붙여 성공한다면 그 성과를 앞세움으로써 지지를 받으려는 의도입니다. 그러니 양보할 수 없고 강력하게 밀어붙일 수밖에 없는 것입니다.

반면에 의사들은 의대생을 증원한다고 해서 지방과 필수의료 문제가 해결되는 것도 아니고, 도리어 의료의 질이 저하되어 의료비가 증가될 것이라고 하면서 정부의 요구에 반대 입장을 표명하고 있습니다. 그러나 그 이면에는 의사의 처우가 개선되지도 못하면서 의대 증원만 된다면 자신들의 이권이 더욱 줄어들 점을 걱정하는 것으로 보입니다. 그 때문에 이런 상황에 몰리지 않으려면 물러서지 말고 강력히 대응해야 한다고 판단한 듯합니다.

서로 다른 꿍꿍이속에 물러설 수 없다고 하는 조건에서 과연 어떤 해결책이 나올 수 있을까요?

실상 이런 대치 상황의 모습은 한국 사회에서 비일비재하게 발생하고 있습니다. 화물연대 노동자의 투쟁이나 간호사, 농민, 노동자들의 투쟁 등이 그것입니다. 그런데 그때마다 정부는 집단 이기주의와 밥그릇 투쟁이라고 몰아붙였습니다. 이번 의대생들과 의사들의 투쟁에 대해서도 인간의 생명을 다루는 의사로서의 본분을 저버리고 자신의 밥그릇을 챙기려 한다고 비판하고 있습니다.

그러면 도대체 우리 한국 사회에서는 다 이기적인 집단밖에 없다는 것인데, 도대체 왜 이런 현상이 생기느냐 하는 것입니다.

실상 문제를 풀려면 상황과 조건을 이해해야 합니다. 그러니까 한국에서는 왜 각 집단이 자신들의 요구를 실현하기 위해 집단 이기주의적 모습을 보이면서 극한적인 투쟁을 벌이느냐 하는 것입니다. 이것은 국가가 각 집단의 요구를 나 몰라라 하면서 챙겨주지 않기에 어떻게 해서든 각자도생하기 위해 물불 안 가리고 싸워야 하는 상황에 내몰려 있다는 것입니다.

지금 한국의 상황은 총체적인 위기입니다. 빈부격차가 더욱 심화되어 대다수 사람들의 삶이 더욱 열악해지고 있으며, 지방의 소도시와 농촌은 소멸되어 가고, 사회의 기둥이 되어야 할 청년들은 제대로 취업하지도 못하고 있으며, 저출산 고령화로 이미 한국 사회는 재생산 기능을 제대로 유지하지 못한 채 활력을 잃어가고 있습니다.

그렇다면 이를 전방위적인 측면에서 해결하기 위해 나서야 하건만, 윤석열 정권은 도리어 이념대결에 근거하여 한반도에 전쟁 위기를 조장하고, 경제적 상황마저 악화시키고 있습니다.

이런 총체적 위기 상황에서 각각의 이해 당사자들이 나서지 않는 것은 도리어 이상한 일일 것입니다. 그런데 여기서 각자도생하기 위해서 부득불 투쟁에 나서는 것을 집단 이기주의로 몰아붙이고 땜질식 처방으로 처리하려고 하면 과연 해결될 수 있겠느냐 하는 것입니다.

단적으로 의대 증원 문제도 본질적으로 살펴보면 아주 빈약한 논리에 근거하고 있을 뿐만이 아니라 땜질식 처방에 지나지 않습니다. 의사 수를 늘리자는 주장은 일반적으로 보면 매우 당연합니다. 사회가 발전한 만큼 의료 질을 높이자면 의사 수가 늘어야 할 것이니 두밀한 나위 없습니다. 그런데 이런 논리에 의하면 의사만이 아니라 과학자나 기술자, 노동자 등 사회의 모든 분야의 사람들은 다 늘어나야 할 것입니다.

그러면 결국 어떤 분야의 정원을 늘려야 할 때 나라의 총체적인 측면에서 적절한 분석을 통해 그 정원이 얼마만큼이 필요한지 파악하고 합리적인 수준을 정해야 할 것입니다. 각 분야의 구체적인 분석까지 진행하여 어느 부분이 부족하고, 그것을 해결할 수 있는 여건은 어떻게 조성할 것인지 등까지 전반적으로 살펴보아야 할 것입니다.

그런데 이에 대해 종합적이고 전반적으로, 또 구체적으로 파악하여 판단하지 않고 그저 의사 수가 부족하니 의대 정원을 증원하면 해결될 수 있다고 주장한다면 얼마나 피상적인 인식이겠습니까?

실상 의사가 부족한 부분을 겉으로 보면 지방에 의사가 부족한 것으로 보입니다. 그러나 실상을 따지고 보면 그렇게만 볼 수도 없습니다. 지방에 사람이 없고 환자가 찾아오지 않으니 의사가 지방에서 활동하려고 해도 그럴 수 없게 되어 있습니다. 도리어 환자가 붐비고 있는 대도시로 진출해야 합니다. 일반적인 통계에 의하면 도시에 하나의 종합병원이 설립될 수 있으려면 인구 100만이 되어야 수지타산이 맞다고 합니다. 결국 실질적으로 의사가 부족한 곳은 대도시의 대형병원이라는 것입니다. 환자가 대형병원에 몰리니 의사가 집중되어 있다고 해도 부족하게 되어 그만큼 진료받기가 어려운 상황이니 도리어 더 늘려야 한다는 황당한 주장도 나올 수 있게 됩니다.

물론 정부는 의사가 부족한 부분이 지방과 필수의료 분야라고 말하고 있습니다. 그래서 의사 수를 늘려야 한다는 것이고, 이를 몇 가지 유인책을 도입하여 해결하겠다고 하고 있습니다. 그런데 지방에 의사를 확충하려고 하는데, 지방 도시와 농촌이 소멸되고 있는 조건이라면 과연 의사 수를 늘린다고 해서 지방의 의료체계가 해결될 수가 있겠습니까?

게다가 의대 정원을 늘린다고 했을 때 의대 교육의 특성상 어느 정도의 수준이 적절한지도 따져보아야 할 것입니다. 아무리 의사 수를 늘리려고 해도 의대 교육 여건이 갖추어져 있지 못하면 그렇게 할 수 없으니 말입니다. 그래서 의대 정원을 늘리려면 그 불어난 수를 감당할 수 있는 여건도 맞춰가야 합니다.

한마디로 의대 정원을 늘리는 문제가 그저 숫자 문제로 끝나는 것이 아니라 보건의료 전반과 관계되어 있을 뿐만이 아니라 한국의 제반 상황과도 연관되어 있다는 것입니다. 즉 보건의료 정책의 문제, 지방의 보건의료 체계의 완비와 관련해서 지방과 농촌을 살리는 문제, 의대생의 교육 여건과 교육의 질을 높이는 문제, 의사의 근로환경 개선과 소득의 적정성 문제, 의사들 간의 역할 배분을 비롯해 의사와 한의사, 간호사, 약사 간의 역할 분담과 협력 구조 문제 등 여러 상황과 결부되어 있습니다.

그뿐만이 아닙니다. 의사가 제 역할을 하겠다고 해도 한국 사회의 환경이 이를 뒷받침해주지 못하면 할 수가 없게 됩니다. 모두가 생존 경쟁에서 살아남고자 이기적 욕심을 부리는 상황에서 의사만 독야청청 슈바이처 같은 사람이 되기를 바랄 수는 없습니다. 결국 한국 사회의 분위기 자체를 모두가 더불어 살아가는 세상으로 바꿔가야 합니다.

그런데 이런 전망도 없이 단순히 의사의 수를 늘리고 몇 가지 유인책을 준다고 해서 모든 문제가 해결될 것이라고 보는 것이 얼마나 황당한 생각이겠습니까? 청년들의 일자리 문제를 해결하겠다고 하면서 돈 몇 푼 지원하고, 주거 문제를 해결하겠다고 하면서 얼마간의 대출 상한을 늘려주고서는 생색을 내는데 과연 이것이 해결책이라고 볼 수 있겠습니까?

결국 보건의료 분야이든 어떤 분야이든 간에 참다운 해결책을 찾자면 부분적인 방식으로 접근해서는 그 대답이 나올 수 없다는 것입니다. 이것은 이미 한국 사회가 어떤 한 부분만 망가져 있는 것이 아니라 총체적인 위기 상황에 빠져 있기 때문입니다. 그래서 어떤 한 부분으로 한정시켜 풀려고 하거나 의료의 질을 개선하는 데 있어서 의사 수 늘리는 문제가 핵심 문제인 것처럼 호도하는 것이야말로 한국 사회를 진실로 개혁할 의사와 능력이 없다는 것을 보여주는 것에 다름 아니라는 것입니다.

한국 사회의 총체적인 위기 속에서 어떤 한 부분의 문제를 풀기 위해서는 그 분야로 한정시켜 접근해서는 풀릴 수 없으며, 한국 사회에 대한 전반적인 개혁의 방향을 놓고 총체적으로 접근해야만 풀어질 수 있다는 것입니다. 바로 이런 입장이 진실로 개혁을 원하느냐, 원하지 않느냐의 판단 기준이 된다는 것입니다.

개혁을 바라지 않기에 총체적인 방향에서 생각하지 않고, 그래서 땜질식으로 접근하는 것이고, 그 과정에서 각 집단의 요구를 집단 이기주의로 매도하고 탄압하는 것입니다. 자신들이 개혁을 원하지 않는 모습을 숨기기 위해 집단 이기주의로 몰아 한국의 모든 집단에 그 책임을 묻는 식의 비열한 수법을 쓰고 있다는 것입니다.

총체적인 방향에서 전망을 갖고 풀어가자면 한국 사회에서 이해관계를 가진 모든 각 집단이 주체가 되어 풀어가도록 해야 합니다.

총체적으로 연결되어 각 집단 간의 이해관계가 서로 밀접하게 관련된 조건에서 서로 간의 합의를 이루어내야 하는데, 그러자면 각 이해관계의 당사자들이 주체로 나서야 하고, 이를 적극 보장해야 합니다.

그런데 윤석열 정권은 의사 정원수를 늘리겠다고 하면서 의사를 굴복의 대상으로 삼고 있습니다. 그러니 벌써 다른 것 볼 것도 없이 개혁의 방식이 틀려버린 것입니다.

개혁은 각각의 이해관계 당사자들이 제 역할을 잘하도록 하자는 것이지 적으로 삼아 굴복시키는 것이 아닙니다. 이런 각도에서 보더라도 한국 사회의 각 이해 당사자들이 모두 주체가 되어 나서도록 보장해 주는 것이 개혁 실현의 핵심적 요소가 된다는 것을 알 수 있습니다.

보건의료 부분에서 의사의 실정을 가장 잘 아는 것은 의사들이고, 간호사와 약사, 한의사의 실정을 가장 잘 아는 것도 그들입니다. 환자의 처우 상태도 환자의 보호자들이 가장 잘 압니다. 그렇다면 이런 모든 부분의 당사자들이 서로 한데 모여서 주체적으로 해결할 수 있도록 해야 합니다.

마찬가지 이치로 한국 사회의 각 분야 실정을 가장 아는 것도 각 분야의 당사자입니다. 이런 모든 각각의 이해 당사자들이 주체로 나서서 자신의 요구를 실현하도록 적극 보장해 주어야 합니다. 그러면 처음에는 혼란스러운 현상도 발생하겠지만 궁극적으로 총체적인 전망 속에서 한국 사회를 개혁할 수 있는 길이 보이게 될 것입니다.

각각의 이해 당사자들이 주체로 나서도록 보장해 주면 해결될 수 있을 것이라는 주장에 대해 매우 낭만적이고 환상적인 생각에 빠져 있다고 반문하는 사람도 있을 것입니다. 지금껏 서로의 이해관계자들이 양보하지 않고 싸우는 과정이 비일비재했는데, 과연 그것이 하루아침에 해결될 수 있겠느냐는 질문일 것입니다.

하지만 왜 필사적인 투쟁을 벌일 수밖에 없었는지를 생각해야 합니다. 국가가 책임져 주지 않고 나 몰라라 하는 상황에서 어려운 곤경 상황에서 벗어나려면 어떻게 해야 하겠습니까? 자기 목소리를 크게 내면서 이익을 챙기는 방식으로 나아가야 할 것입니다. 그야말로 생존투쟁이 되어 버린 것입니다.

하지만 이제 국가가 그 권리를 인정하고 풀어주겠다고 하는데 생떼를 쓸 필요가 있겠습니까? 더욱이 자신들만이 아니라 다른 이해관계를 가진 세력도 자기 권리를 실현하려는 것을 인정하는 조건이라면 서로 적절하게 합의를 이루어 풀어가는 것이 합리적이라는 것을 당연히 알 수밖에 없을 것입니다. 그러기에 지난날과 달리 서로 자신의 주장만 내세우며 요구할 것이 아니라 어떻게 합의하여 풀어가는 것이 좋은지를 자연스레 터득할 수밖에 없게 됩니다.

결국 한국 사회를 진실로 개혁하려면 부분적이고 일면적인 방식으로 접근해서는 불가능하고 총체적인 방향에서 서로 밀접히 연관시켜 전망성을 가지고 진행해야 하고, 그렇게 하자면 각각의 모든 이해 당사자들이 주체가 되어 풀어가도록 보장해 주어야 합니다. 바로 이것이 이번 정부와 의사 간의 대치 정국에서 얻게 되는 교훈이라는 것입니다.

## 2) 애민, 애국의 기치에 맞게 보건과 의료체계를 어떻게 개혁할 것인가?*

### (1) 전면적이고 총체적으로 접근하여 개혁해야 한다

윤석열 정권은 말로는 의료개혁을 한다고 하면서 의료대란을 일으켰습니다. 그로 인해 지금 응급 중환자들은 제때 치료를 받지 못해 죽어가고 있습니다. 그런데도 이런 위급한 상황을 하루빨리 벗어나기 위해 노력해야 하건만 그저 손 놓고 있을 뿐입니다. 벌써 9개월이 되어가는데도 의료대란이 풀릴 기미가 보이지 않고 있습니다. 이것이야말로 윤석열 정권이 의료개혁을 실현할 능력이 없을 뿐만 아니라 개혁할 의지와 의사도 없다는 것을 여실히 보여줍니다.

그러면 왜 이런 현상이 발생했을까요? 그것은 윤석열 정권이 의료개혁을 전면적이고 총체적인 입장에 의해서 전개한 것이 아니라 의료개혁에 대한 철학도 없이 부분적이고 일면적으로 접근하면서도 의료개혁에 참여해야 할 주체를 철저히 배제한 채 진행하고 있기 때문입니다.

상식적인 이치로 봐서 의료개혁을 하자면 일차적으로 그 실태를 파악해야 할 것입니다. 실상을 파악해 보니 여러 문제가 발생하고 있음을 알게 됩니다. 여기서 제기되는 여러 문제를 해결하자면 그 원인이 어디에 있는지를 파악해야 합니다. 그런데 그 원인이 의료제도 자체에 기인하기도 하지만 다른 사회적 문제와도 연관되어 있습니다. 예를 들어 사람이 건강하게 살자면 아팠을 때 치료를 받아야 합니다.

---

* 우리겨레연구소 카페, 애민, 애국의 기치에 맞게 보건과 의료체계를 어떻게 개혁할 것인가?(2024. 11. 06)

그런데 치료하게 되면 그에 따른 의료비용이 들어가게 될 것이고, 그 비용을 감당할 수 있어야 할 것입니다. 그렇다면 처음부터 많은 사람이 아프지 않게 사회구조 체계를 세우는 것 또한 의료체계 못지않게 중요한 측면으로 다가오게 될 것입니다.

그런데 사람이 아프게 되는 제반 조건을 보면 소득과 주거, 교육 등과 밀접하게 연결되어 있습니다. 그 때문에 의료체계가 사람이 건강하게 살기 위해서 필요한 것이라고 한다면 이런 사회적 요인과도 관련시켜 풀어가야 합니다. 이런 사회적 요인을 방기하고서는 건강하게 살 수 있는 구조를 세울 수 없기 때문입니다. 그뿐만 아니라 의료체계에 있어서도 사람의 건강권을 기초로 해서 세워졌는가, 아니면 영리추구를 기반으로 세워졌는가에 의해서도 그 양상이 사뭇 다르게 나타날 수밖에 없습니다. 그 때문에 한국의 의료개혁을 성과적으로 진행하자면 사회의 제반 문제와 관련시켜 이해하면서도 의료체계 자체의 문제가 무엇인지도 명확하게 파악하면서 이를 해결할 수 있는 방향으로 나아가야만 합니다.

이렇게 전반적인 사회제도의 개혁과 함께 잘못 수립된 의료체계를 고쳐 가는 방향에서 의료개혁을 진행하여 대응책을 마련해 가야 하는데, 그렇게 하자면 결국 그 주체를 어떻게 세워내느냐에 달려 있게 됩니다. 어차피 어떤 제도와 질서를 세우느냐는 사람들이 행하는 문제로 집약되기 때문이기도 하지만, 그 대책 방안도 주체의 이해와 요구에 의해 마련될 수밖에 없기 때문입니다. 그렇다면 그 주체를 어떻게 참여시켜 의료체계의 개혁을 수행하는 대로 나아갈 수 있게 하느냐가 의료개혁의 매우 중요한 핵심 사항 중의 하나라고 할 수 있을 것입니다.

그런데 윤석열 정권은 이에 대한 전반적 이해도 없이 단지 필수의료인이 부족하니 의사 수를 늘리기 위해 2,000여 명의 의대 증원안을 일방적으로 발표하고, 또 지방 의료체계가 붕괴하고 있으니 지방 의대를 증원시켜 해결하겠다고 합니다. 그러면 그 대책만 수행하면 필수의료인이 자연스레 늘어날 것이고, 지방 의료체계가 절로 확립될까요? 이미 한국의 의료체계는 의대생들이 필수의료과에 지원하지 않고 기피하고 있는데, 의대 증원을 했다고 필수의료과에 지원할 것이며, 또 의료병원이 서울과 수도권으로만 집중되는 원인이 하나도 해결되지 않았는데 지방의대를 좀 더 키운다고 해서 지방 의료체계가 저절로 세워지겠느냐 하는 것입니다. 게다가 의료개혁 주체의 한 당사자로서 참여해야 할 의사들과 의대생들을 철저히 배제시켜 놓고 있는데, 그런 상황에서 어떻게 문제를 풀어갈 수 있겠느냐는 것입니다.

이것을 보면 윤석열 정권은 의료개혁을 참답게 하겠다는 것이 아니라 단지 부분적이고 일면적인 정책만 강권으로 밀어붙여 놓고 의료개혁을 수행했다는 식의 정치적 생색내기나 하려는 모습으로밖에 볼 수 없습니다. 이런 방식은 의료개혁은 고사하고 의료대란을 일으키고 있는 것에서 드러났듯이 의료붕괴를 앞당길 뿐입니다. 그 때문에 참답게 의료개혁을 하자면 이런 윤석열 정권의 의료개혁 방식은 가짜 개혁임을 분명히 하면서 전면적이고 총체적인 방식으로 접근해야 함을 명확히 해야 합니다.

### (2) 한국 의료체계의 실태

한국의 의료체계는 매우 선진적이라고 생각하는 사람들이 많습니다. 이것은 코로나 방역에서 여타 국가와 달리 방역 대응을 효과적으로 잘 수행했던 나라라고 보았던 것에서 찾습니다. 이렇게 된 내막을 보면 코로나라는 세계적 위기 상황에 국가적으로 대응하였고, 이에 대해 민이 적극적으로 호응하여 동참했던 것이 주된 요인이었습니다. 그런데 지금 한국의 의료체계가 과연 이런 방식으로 제대로 작동할 수 있는 구조로 되어 있느냐는 것입니다.

윤석열 정권에서 의료개혁이라고 하면서 진행하는 방식을 보면 국가적인 차원에서 대응하여 해결하려는 것도 아니고 의료개혁에 참여해야 할 의사와 의대생들도 철저히 배제시키고 있으니 전민의 참여라는 것은 꿈도 못 꾸는 상황입니다. 이런 형편에서 한국의 의료체계가 선진적이라고 여긴다면 한심하다고밖에 말할 수 없습니다.

그러면 왜 코로나 대응 시기에는 국가적 대응체계가 작동하면서 전민적 참여가 이루어져 효과적으로 대응했는데, 지금의 의료체계는 그렇게 되지 못하는 것일까요? 그것은 병원의 영리추구가 이루어지고 있기는 했으나 그 당시에는 일정하게 국가적인 강제 방식이 통용될 수 있었고, 또 국가가 의료비용을 감당하는 정도를 볼 때 재정에서 차지하는 비율이 매우 낮았기 때문에 일시적인 위기를 맞아 대응할 수 있는 여력이 존재했다는 것입니다. 하지만 민의 건강권을 확립하는 차원에서 의료개혁을 제때 추진하지 못하고, 의료의 영리추구현상이 확고하게 자리 잡게 되면서 의료비용이 급상승하고 있는데, 이에 대해 국가적 차원에서 전면적이고 총체적으로 대응해 해결하려고 하지 않기 때문입니다.

의료비용이 상승하는 것은 사회의 발전에 맞게 의료의 질을 구축해 가는 과정에서 필연적으로 발생하기도 하지만, 영리추구의 현상이 전반적으로 퍼져가게 되면 더욱 급상승할 수밖에 없습니다. 사람이 아팠을 때 살아남자면 치료를 받아야 합니다. 치료를 피할 수 없는데, 거기에서 영리추구가 이루어지면 울며 겨자 먹기로 치료를 받을 수밖에 없기에 필연적으로 의료비용이 급상승하게 나타난다는 것입니다.

영리추구로 의료비용이 급상승하게 되면 환자나 병원에 영향을 주게 되어 있습니다. 환자는 돈이 없으면 치료를 못 받게 되고, 병원은 수지 타산이 맞지 않으면 병원을 운영할 수 없게 됩니다. 그래서 의료비용의 급상승 문제를 어떻게 감당할 것인가를 해결하지 못하면 돈이 없는 환자는 치료를 받지 못하고 죽어가게 되고, 병원 또한 영리 추구를 해서 수지타산을 맞추지 못하면 파산할 수밖에 없게 될 것입니다.

이런 상황이 전개되도록 놔둔다면 결국 의료체계는 궁극적으로 붕괴되고 말 것입니다. 지금 필수의료인이 부족하고 지방의 의료체계가 붕괴되면서 수도권의 상급종합병원만 최대의 이윤을 얻고 있는 것은 바로 이런 현상으로 가는 과정에서 나타나는 모습이라고 할 수 있습니다. 지금 환자의뢰체계와 의료공급체계가 제대로 작동되지 못하고 돈만 있으면 1차와 2차도 거치지 않고 상급종합병원에 자유로이 접근하여 치료받는 것은 언뜻 보면 돈 있는 사람에게 의료 천국으로 보이겠지만, 이것 또한 의료비용이 더욱 급상승하게 된다면 극소수의 사람을 제외하고는 그림의 떡으로 전락하게 될 것입니다. 이런 파국적 상황이 예상되는 조건에서 이를 막자면 그 원인이 어디에 있고, 그 해결책을 어디에서 찾아야 하는지를 명확하게 파악하면서 의료개혁을 추진해 가야 할 것입니다.

그러면 의료체계가 이렇게 파국적 상황으로 처하게 된 원인이 어디에 있는 것일까요? 그것은 건강의 문제를 시혜적 차원으로 접근하고 있기 때문입니다. 그래서 가난해서 돈이 없는 일부 사람들에게만 국가가 시혜를 베풀 듯 의료급여를 제공하지만, 나머지 대다수는 개인이 책임지고 풀어가야 합니다. 바로 이것이 건강보험제도입니다. 물론 그렇다고 해서 국가가 전혀 지원하지 않는다는 것은 아닙니다. 당해 연도 건강보험료 예상 수입액의 14%는 일반회계에서, 그리고 건강증진기금에서 6%를 건강보험공단에 지급합니다. 하지만 양질의 의료보장을 보장하는 데에는 턱없이 부족합니다. 그래서 최대한 건강보험료로 유지될 수 있는 의료체계를 세워 해결하려고 합니다. 건강보험료를 준조세의 성격으로 거둬들이고 공공병원, 민간병원 관계없이 법적으로 모든 병원을 당연지정제로 규정하고 있는 것도 그 때문입니다.

이렇게 국가적 차원에서 건강권을 보장한다는 원칙이 아니라, 일부 소수 사람들에게만 시혜적 차원으로 접근하고, 나머지 대다수는 환자와 치료하는 의료의 당사자들이 자신의 책임하에 풀어나가는 방식으로 진행되니 건강보험료를 높게 책정할 수 없게 됩니다. 건강보험료가 낮게 책정되고 그에 맞게 의료 행위가 이뤄지게 하자면 전반적으로 비용이 적게 들어가도록 해야 할 것입니다. 바로 여기서 저수가 정책이 요구됩니다.

저수가가 과도하게 이뤄지면 당연히 병원은 여러 경영난을 겪게 될 것입니다. 그러면 병원은 유지되지 못하고 파산하게 될 것이니 이를 피해갈 수 있는 부분을 마련해 주어야 할 것입니다. 바로 여기서 병원의 영리추구 현상을 용인하게 됩니다. 이렇게 되니 급여와 비급여 진료가 동시에 한 병원에서 이루어지는 혼합진료가 형성됩니다. 그러면 비급여의 진료 비용이 많이 나타나게 됩니다. 병원 입장에서는 수지타산을 맞추거나 더 많은 이윤추구를 위해서는 비급여 진료 방식을 더 많이 늘려야만 할 필요성이 요구되기 때문입니다.

이렇게 비급여 진료가 늘어나게 되면 건강보험의 보장률은 낮아지고 의료비가 상당하게 나오게 됩니다. 저급여가 이뤄지게 된다는 것입니다. 한국에서 건강보험에 의한 의료비용의 부담률이 50~60%에 머물게 되는 것은 이 때문입니다. 이를 극복하기 위해 비급여 항목을 급여 항목으로 채택하여 건강보험의 보장율을 높이고자 했으나 이런 구조하에서는 병원에선 또다시 비급여 항목의 진료를 행할 것이 분명하기에 보장율이 높아지지 않게 됩니다.

한마디로 한국의 의료체계는 국가가 시혜적 방식으로 접근하여 일부 빈민층에게는 의료급여를 실시하고 있으나 나머지 대다수에게는 개인의 책임하에 풀어가도록 하는 방식으로 되어 있어 저보험-저수가-저급여 방식으로 되어 있다는 것입니다. 그 때문에 건강보험만으로는 병원 비용을 감당할 수 없기에 실손보험 같은 민간보험을 들 수밖에 없는 구조입니다. 게다가 비급여 진료비는 국가적인 대응체계로 결정되는 것이 아니라 진료자에 의해 책정되는 방식으로 되어 있어 높은 가격으로 이뤄지고, 그런 관계로 나중에 급여 항목으로 지정했을 때는 높은 수가로 이뤄지게 되니 건강보험에 의한 의료비용은 더욱 늘어나는 방식으로 나타나게 될 것입니다.

이런 의료체계는 국가적인 차원에서 보았을 때 매우 비효율적인 구조라고 할 수 있습니다. 사회가 고도로 발전하여 모든 의료비를 국가적으로 해결할 수 있는 단계에 이르렀다면 몰라도 그렇지 못한 상황에서는 일정하게 제한된 비용 속에서 효율적으로 사용할 수 있는 방향으로 풀어가야 할 것인데, 이처럼 국가적 차원에서 의료비용이 많이 들어가고도 그에 상응한 의료의 질을 받을 수 없게 된다면 이는 잘못된 의료체계라고 할 수밖에 없을 것입니다. 약물 오남용이나 중복 검사 등에 의한 의료적 낭비가 지적되고 있는 것도 한국의 의료체계가 이렇게 저보험-저수가-저급여 방식에 의한 구조 속에서 영리추구가 횡행하고 있기에 필연적으로 발생할 수밖에 없습니다.

그뿐만 아니라 이런 의료체계에서는 영리추구에서 성공한 병원만이 살아남게 되어 궁극적으로 의료체계가 국가적 차원에서 붕괴되어 돈이 없는 자는 치료를 받을 수 없는 상황으로 전개될 것입니다. 국가적 차원에서 의료체계가 완비되어 가자면 의료보장체계에 맞게 환자의 진료권과 의료공급체계가 수립되어 가야 할 것인데, 이렇게 영리추구에서 살아남아야만 하는 구조라면 결국 국가적 차원에서 의료체계는 점차 왜곡되다가 궁극적으로 붕괴될 것이 뻔하기 때문입니다. 아무리 필수의료 체계가 마련되어야 한다고 주장해도 돈이 되지 않는다면 여기에 의사들이 지원하지 않을 것이기에 필수의료인이 부족하게 될 것이고, 돈이 되지 않는 지방의 의료체계를 살려야 한다고 거듭 얘기해도 거기에 병원을 지을 사람은 없을 것이기에 붕괴될 수밖에 없다는 것입니다. 지금 한국 사회에서 필수의료인이 부족하다고 말하고 지방의 의료체계가 붕괴하고 있는 현실은 이런 잘못된 의료정책 속에서 의료공급체계가 궁극적으로 붕괴되어 가는 과정에서 나타나는 하나의 양상에 불과하다는 것입니다.

### (3) 의료체계를 올바로 개혁하자면 우선 사회의 총체적인 측면과 연관시켜 접근해야 한다

의료체계가 붕괴되어 가는 현실에서 민의 건강을 지키자면 의료체계를 새롭게 개혁해야 합니다. 의료체계가 붕괴되면 당장 목숨부터 위협받게 됩니다. 그래서 지금의 의료체계를 개혁해야 한다는 데에는 많은 사람이 동의하는데, 관건적 문제는 어떻게 개혁할 것이냐의 내용입니다. 지금 윤석열 정권도 말로는 의료개혁을 주장하고 있습니다. 그렇지만 윤석열 정권이 지금 추진하고자 하는 정책은 의료개혁이 아니라 의료대란이자 의료붕괴를 가져올 것이 분명합니다.

그 이유는 윤석열 정권이 의료개혁을 얘기하면서 사회의 총체적인 측면과 관련시켜 이해하지도 않고 단지 일면적이고 부분적인 방식으로 접근함으로써 의료개혁이 참답게 이루어지지 못하게 할 뿐만이 아니라 도리어 의료붕괴를 앞당기는 측면으로 작용할 것이기 때문입니다. 한마디로 잘못 칼을 휘두르면 나중에 더욱 해결하기 어렵게 만들어버린 꼴이 된다는 것입니다.

상식적인 이치로 봐서 의료개혁을 하자면 왜 해야 하는지가 분명해야 할 것입니다. 그런데 그 근거는 총체적인 사회적 측면에서 판단되어야 합니다. 한국 사회에서의 의료개혁은 한국 사회의 총체적 측면을 떠나서 수행할 수 없기 때문입니다. 한국 사회의 총체적 측면을 떠나서 수행할 수 없다는 것은 의료개혁의 문제만이 독자적으로 홀로 떨어져 수행되는 것이 아니라 총체적인 사회적 측면에서 서로 연관되어 추진되어야만 하기 때문입니다.

이것은 단적으로 의료체계를 수립하는 데 있어서 그 비용을 어떻게 얼마나 부담하는가를 결정하고자 할 때 당장 소득과 관련시켜서 진행해야 할 것이고, 또 건강보험료가 준조세적 성격을 지니고 있기에 세금 정책과 연관될 것입니다. 그뿐만 아니라 의료보장은 아픈 사람을 치료해야 하기에 어떤 종류의 질병이 많이 발생하는지도 살펴야 할 것이고, 이를 파악하자면 사람들이 살아가는 주거환경도 따져보아야 할 것입니다. 이처럼 의료보장 체제를 국가적인 차원에서 완비해 나가자면 사회 속에서 살아가는 삶의 제반 측면과 연관시켜 파악할 수밖에 없다는 것입니다.

이렇게 사회의 제반 측면과 연관되어 파악할 수밖에 없는 조건에서 의료체계를 비롯한 사회의 각 영역에 대한 정책은 총체적인 사회 발전상과 관련되어 집행될 수밖에 없습니다. 그러니까 의료체계에 대한 정책은 의료정책만으로 고립되어 진행되는 것이 아니라 소득에 대한 세금정책을 비롯해 노동정책, 주거정책, 환경정책, 교육정책, 경제정책 등과 관련되어 진행될 것인데, 이런 각 부분이 사회의 총체적인 발전 방향과 연계되어 있다는 것입니다. 여기서 총체적인 사회 발전상이 시대의 추세에 맞지 않게 빈부의 격차를 더욱 확대하여 빈익빈 부익부의 모습을 지향하고 있다면 각 영역의 개혁은 사실상 성과적으로 이루어질 수 없게 될 것입니다.

바로 여기서 사회 대개혁을 성과적으로 이룩하자면 지금의 시대적 추세가 무엇인지를 분명히 하는 가운데 그 총체적인 사회 발전상을 수립하는 것이 우선적으로 요구됩니다. 총체적인 사회 발전상이 시대 흐름에 맞지 않게 잘못 설정되어 있으면 개혁은 빈말에 그치게 됩니다. 지금껏 수도 없이 개혁이라는 말이 외쳐졌지만 결실을 보지 못했던 것은 시대 흐름에 맞는 총체적인 개혁상을 똑바로 세우지 못했던 데에 큰 원인이 있습니다.

그러면 지금의 시대적 요청은 무엇입니까? 지금은 형식적인 자유와 평등이 아니라 실질적인 자유와 평등을 누리고 살 것을 요구합니다. 그런데 실질적인 자유와 평등을 누리고 살자면 민이 주인의 권리를 누리고 행사할 수 있어야 합니다. 민이 주인의 권리를 누리고 행사한다는 것은 객관적 법칙에 굴복한다는 것이 아니라 그 법칙을 주체적 요구에 맞게 이용한다는 것입니다.

자본의 법칙은 가치의 법칙이라는 객관적 법칙에 따라 작동되는 관계로 이는 필연코 빈익빈 부익부 현상을 발생시키고 그로 인해 대다수 사람은 궁핍화됩니다. 이것은 자본의 법칙이라는 객관적 법칙에 굴복함으로써 나타나는 현상입니다. 그래서 세계 대다수 나라는 자본의 법칙에 국가가 개입하여 이런 폐해를 막고자 합니다. 가치의 법칙 자체를 없앨 수는 없으나 그 폐해를 줄이고 인간에 이롭게 작용하도록 이용하겠다는 것입니다. 다시 말해 민이 주인의 권리를 누리고 행사하자면 객관적 법칙 자체를 무조건 수용하거나 굴복하는 것이 아니라 주체적 요구에 맞게 그 객관적 법칙을 이용하는 방향으로 나가야 한다는 것입니다.

결국 지금의 시대적 요구는 객관적 법칙보다는 민이 주인의 권리를 누리고 행사해야 한다는 주체적 요구가 더 중시되는 방향으로 나가야 한다는 것을 말해주고 있습니다. 그렇다고 한다면 주체적 요구를 실현할 수 있는 사회상을 놓고 총체적인 개혁을 수립해 가는 것이 요구된다고 말할 수 있을 것입니다.

그러면 주체적 요구를 실현할 수 있는 총체적인 사회상은 어떤 모습이라고 말할 수 있을까요? 주체적 요구를 실현할 수 있는 사회상이니만큼 우선 개인과 집단, 나라와 민족 단위의 모든 부분에서 주인의 권리를 보장하는 자주의 원칙이 확립되어야 할 것입니다. 그리고 이 모든 부분에 주인의 권리를 실현하기 위한 민주적인 제도와 질서 체계가 수립되어야 할 것입니다. 아울러 통일 단결된 정치적 역량이 담보되어야 할 것입니다. 그 때문에 주체적인 요구를 실현할 수 있는 총체적인 사회상은 우선 자주와 민주, 통일의 기치가 원칙적으로 보장되고 추구되어야 합니다.

그런데 자주와 민주, 통일의 기치가 원칙적으로 보장되고 추구되어도 이를 실현할 수 있는 방법론이 만들어지지 않으면 갈등과 혼란을 겪을 수 있습니다. 지금 한국 사회에서 여러 요구가 제기되고 분출되고 있지만, 집단 이기주의로 매도되거나 그렇지 않으면 서로 간에 갈등과 대립을 겪으면서 잡음만 일어나고, 결과적으로 개혁이 체계적으로 실현되지 못하고 있는 것은, 방법론이 명확하게 수립되지 못했던 측면에 일정 부분 근거하고 있습니다. 바로 여기서 민이 주인의 권리를 확고하게 누리고 행사할 수 있는 방법론이 마련되어야 합니다. 그것은 민이 주체로 참여하여 일치와 입체, 통일의 방법론에 의거하여 풀어가는 것입니다.

일치와 입체, 통일의 방법론에 의거해서 풀어가야 하는 이유는 민이 개성을 가진 존재로서 집단을 구성하여 나라와 민족 단위로 살아가고 있기 때문입니다. 그 때문에 이 모든 부분에서 주인의 권리를 실현해야 할 것인데, 그렇게 하자면 민이 주체로 참여해서 제기하는 수많은 요구 조건들을 받아들여 실현할 수 있는 방안을 마련해야 합니다. 아무리 주체적인 이해와 요구를 제기해도 수용할 수 있는 방식이 마련되지 않는다면 별반 쓸모가 없기 때문입니다. 그래서 해결할 수 있는 방법론이 나와야 하는데, 그것은 우선 시대적 요구를 실현하는 데 있어서 기필코 견지해야 하는 일치된 계선이 필요할 것입니다. 일치된 계선이 존재하지 않는다면 시대적 요청이 무엇인지도 모르고 중구난방으로 떠들어대다가 사분오열되고 말 것이기 때문입니다.

또한 일치된 계선을 지킨다는 전제 조건을 이행하겠다고 하는 상황에서는 입장이 서로 다른 상대방의 요구를 무시하거나 가로막으려고 해서는 안 될 것입니다. 그렇게 되면 서로 갈등을 빚고 싸울 수밖에 없기 때문입니다. 이를 피하자면 입체적으로 존중해서 풀어가려고 해야 할 것입니다. 그런데 입체적으로 존중한다고 해서 중구 망탕으로 섞어놓으면 민이 주인의 권리를 누리고 살아야 한다는 전망성이 사라질 수 있습니다. 전망이 보이지 않으면 실현될 것이라는 기대가 없을 것인데, 그러면 주체적으로 참여해서 풀어가려는 노력 자체를 하지 않게 될 것입니다. 그 때문에 통일적인 전망성을 세워가면서 끈기 있게 밀고 나가야 민이 주인의 권리를 누리고 사는 세상을 만들어 갈 수 있습니다. 그래서 민이 주인의 권리를 누리고 행사하기 위한 방안은 민을 주체로 삼아 일치와 입체, 통일의 방법론으로 풀어가야 한다고 말하는 것입니다.

한마디로 민이 주인의 권리를 누리고 사는 사회의 총체적인 상은 자주와 민주, 통일의 기치를 확고한 원칙으로 삼으면서 민을 주체로 내세워 일치와 입체, 통일의 방법론을 적용하여 풀어가는 사회라는 것입니다. 그런데 이런 총체적인 사회상이 실현되려면 일차적으로 외세와 매국노가 주인 행세하는 사회를 바꿔내어 주권을 실질적으로 행사할 수 있어야 합니다. 그 때문에 애민, 애국의 기치가 확고히 견지되어야 합니다.

　이런 각도에서 놓고 보았을 때, 현 시기의 시대적 요청에 맞는 총체적인 사회 개혁의 상은 애민과 애국의 기치를 그 핵심으로 해서 자주와 민주, 통일의 원칙을 굳건히 견지하면서 민을 주체로 참여시켜 일치와 입체, 통일의 방법론으로 풀어가는 것이라고 할 수 있습니다. 그렇다면 한국 사회를 실질적으로 개혁하자면 이런 총체적인 사회상에 맞게 전면적으로 바꿔가야 합니다. 정치와 경제, 사회문화, 노동, 주거, 교육, 환경 등 제반 분야를 이에 맞춰 바꿔가야 한다는 것입니다. 바로 여기서 의료체계도 이런 총체적인 상에 근거하여 추진해야만 개혁시킬 수 있다는 것입니다. 그렇지 않으면 의료체계의 개혁은 이뤄질 수 없다는 것입니다.

　그런데 윤석열 정권은 시대적 추세에 맞는 총체적인 사회 개혁의 상에 대해서는 거론도 하지 않는 채 그 무슨 개혁을 바라고 실현해 낼 것처럼 노동, 연금, 의료, 교육 등의 4대 개혁을 추진하겠다고 말합니다. 그런데 윤석열 정권이 집권해서 행했던 것은 법인세 인하 등 부자 감세를 하면서 기업의 이윤추구와 영리추구를 적극 보장하는 것들이었습니다. 자본의 법칙에 굴복함으로써 빈익빈 부익부가 더욱 심화되어 살기 힘든 세상이 형성되었고, 그 결과로 삶의 희망마저 보지 못하는 현실 상황에 처해 버렸다는 것은 한국의 자살률이 OECD에서 1위이고 출산율이 세계에서 가장 낮은 나라라는 것에서 분명하게 드러나고 있습니다.

　그렇다고 한다면 자본의 법칙에 굴복할 것이 아니라 민이 주인의 권리를 누리고 행사할 수 있도록 함으로써 사회에 희망을 주어야 할 것입니다. 그런데 이와 정반대되는 제반 정책을 추진했습니다. 이렇게 윤석열 정권이 주장하는 개혁의 상이 시대의 흐름에 맞지 않는데, 어떻게 참답게 개혁할 수 있겠습니까? 그러니까 윤석열 정권은 4대개혁을 하겠다고 말하지만, 그 실상은 사이비 개혁에 지나지 않고 사회를 더욱 절망의 나락으로 빠뜨리게 할 뿐입니다. 그 때문에 각각의 제반 영역을 개혁하려고 한다면 시대의 흐름에 맞는 총체적인 사회 개혁상에 부합하는가, 부합하지 않는가부터 관련시켜 살펴보아야 한다는 것입니다.

### (4) 건강권을 기본권으로 설정하고 보건과 의료체계를 수립해 가야 한다

시대적 요청에 따라 총체적인 사회 개혁의 상을 마련했다고 한다면 이제 그 방향에 맞게 각 영역을 개혁해 가야 합니다. 그런데 여기서 사회의 총체적인 개혁상에 맞게 각 영역들을 고쳐 가는 데서 중요한 것은 각 영역을 고립적으로 진행해서는 안 되고 서로 연관시켜 추진해야 한다는 것입니다. 사회 자체가 상호 밀접하게 연결되어 있으니 어떤 부분의 영역이 제대로 된 방향에서 개혁되지 못하면 다른 영역 또한 그 영향을 받아 어렵게 될 수밖에 없기 때문입니다.

예를 들어 기업 구조가 승자독식으로 되어 있고 자기만 잘 먹고 잘 살려고 하는 분위기가 형성된 조건에서 아무리 교육 영역에서 전인교육을 주장하며 개혁하려고 한들 이것이 사회 속에서 실현될 수 있겠습니까? 이런 조건에서는 병원도 영리추구를 할 것이 분명하기에 의료체계를 개혁하려고 해도 올바른 방향에서 개혁할 수 없을 것입니다. 마찬가지 이치로 농촌과 지방 소도시가 붕괴되어 가고 있는데 거기서 지방의 의료체계를 확립하겠다고 하면 과연 그것이 실현될 가능성이 있겠습니까? 지방과 농촌이 살아나야 지방의 의료체계가 세워질 수 있다는 것은 당연한 이치일 것입니다. 그 때문에 지방의 의료체계를 세우려고 한다면 국토를 종합적이고 균형적으로 발전시켜 어떻게 농촌과 지방 소도시를 되살려낼 것인가와 연계되어 진행되어야만 성과를 낼 수 있다는 것입니다.

그 때문에 시대적 추세에 맞게 총체적인 사회상을 수립한 조건에서 거기에 멈출 것이 아니라 각각의 영역들을 서로 연관시켜 추진해야 한다는 것입니다. 그렇다면 이렇게 서로 연계시켜 진행하기 위해서도 각 영역이 어떻게 개혁되어야 하는지 그 원칙과 방향이 명확히 확립되어야 할 것입니다. 이런 점에서 보건과 의료체계에서도 어떤 원칙과 방향에서 수립되어야 하는지를 명확히 밝혀야 합니다.

보건과 의료체계가 어떤 원칙과 방향에서 수립되어야 하는지를 밝히는 데서 중요한 것은 건강의 문제를 어떻게 바라볼 것인가의 문제입니다. 그것도 민이 주인의 권리를 누리고 사는 것과 관련시켜 건강의 문제를 바라보는 것입니다. 지금의 시대적 요구가 민이 주인의 권리를 누리고 사는 것인데, 이를 던져버리고 단지 건강 차원의 문제로 접근해서는 그 해답이 분명하게 드러나지 않고 한담이나 공리공담으로 흐를 가능성이 있기 때문입니다. 시대적 요청에 맞게 건강의 문제를 제기해야 그에 맞게 해답이 찾아진다는 것입니다. 민이 주인의 권리를 누리고 살아가야 한다는 전제가 사라지게 되면 건강은 개인의 책임으로 전가되지 않을 수 없습니다. 개인에게 전가된다면 보건과 의료체계를 사회적이고 국가적인 차원에서 세울 필요성이 사라지게 될 것입니다.

그렇다면 민이 주인의 권리를 누리고 살아야 한다는 각도에서 건강의 문제를 바라보게 되면 어떻게 되겠습니까? 건강권은 민의 기본적 권리로 받아들일 수밖에 없습니다. 민이 주인의 권리를 누리고 살아야 하는데, 그러자면 사회 속에서 신체적으로나 정신적으로 건강해야 할 것입니다. 건강하지 못한 조건에서 주인의 권리를 행사한다는 것은 그림의 떡에 지나지 않게 되기 때문입니다. 그 때문에 민이 주인의 권리를 누리고 살아야 한다는 시대적 요청 앞에서는, 건강권은 사회적이고 국가적인 차원에서 담당하여 해결되어야 하는 과제가 됩니다. 건강해야 운명공동체집단의 성원으로서 제 역할을 다할 수 있기 때문입니다.

운명공동체라는 것은 더불어 사는 것이고 하나의 대가정으로 살아가는 것을 지향한다는 것입니다. 이것은 말 그대로 지금 당장 그런 수준으로 하자는 것이 아니라 그런 사회를 지향한다는 것입니다. 주인의 권리를 실현하자면 운명공동체 성원으로서 제 역할을 다해야 하는데, 그러자면 아팠을 때 아픈 사람은 낫을 권리와 의무가 있고, 그 주위 사람은 낫게 할 의무와 권리가 있습니다. 그 때문에 민이 주인의 권리를 누리고 사는 사회에서의 건강권은 기본적인 권리이자 의무를 지니는 민의 기본권이 된다고 말할 수 있습니다.

건강권이 기본권으로 인정되니만큼 보건과 의료체계는 이 원리를 철저히 지키는 원칙과 방식으로 체계화되어야 합니다. 한마디로 사회적이고 국가적인 차원에서 해결해 나가는 것을 근본원칙으로 삼는다는 것입니다. 물론 지금 당장 이 모든 것을 다 그렇게 해결하자는 것은 아닙니다. 그럴 수 있으면 좋겠으나 아직껏 인간이 모든 질병을 다 극복할 수 있는 정도도 아니고, 또 그럴 만한 재원을 모두 감당할 수 있는 형편도 되지 못합니다. 하지만 사회가 발전하면서 민이 주인의 권리를 누리는 여력이 높아질수록 그만큼 건강권의 영역은 계속 높아져야 한다는 것은 명확합니다.

그렇다면 사회적이고 국가적인 차원에서 풀어가는 방향에서 보건과 의료체계를 세우기 위해서는 어떻게 해야 하겠습니까? 우선 그에 필요한 재원을 사회적이고 국가적인 차원에서 마련하기 위해 노력해야 합니다. 사회적이고 국가적인 차원에서 재원을 마련한다는 것은 건강권이 민이 주인의 권리를 누리고 살아가는 민의 권리이자 의무이기 때문입니다. 그래서 국가의 예산이나 재정을 통해서 해결되는 방식으로 되어야 합니다.

지금 한국에서는 국고와 건강보험증진기금에서 일정 부분 보조되고, 준조세의 성격으로 건강보험료를 받아 의료보장 체제가 운영되고 있습니다. 건강보험료가 준조세의 성격을 띠고 있기는 하지만 사실상 그 보험료로 운영되는 방식이다 보니 국가가 책임을 지고 적극 해결하려는 방식이 아니라 민과 의료공급자에게 전가하는 방식이 통용되게 됩니다. 그 때문에 국민은 의료비용의 50%~60%만 건강보험의 혜택을 받는 관계로 의료비용 부담이 상당하게 되고, 의료공급자는 수지타산과 이윤추구를 위해 영리 행위를 행하게 됩니다. 이를 근원적으로 타파하기 위해서는 예산을 통해서든, 아니면 준조세의 형식이든 간에 관계없이 그 재원을 국가가 책임을 지고 마련한다는 입장을 확고히 견지해야 한다는 것입니다.

국가적인 차원에서 그 재원을 마련하는 데서 중요한 것은 모든 조세 원칙이 그러해야 하겠지만 합리적으로 단순화시켜야 합니다. 국가적인 차원에서 해결한다는 것은 바로 그것이 권리이자 의무가 된다는 것이기에 그 재원을 거둬들이는 원칙을 누구나 쉽게 알 수 있도록 해야 합니다. 복잡하면 알 수 없게 되고, 여러 편법이 발생하게 됩니다. 그래서 건강보험료의 재원을 거둬들이는 데서도 합리적으로 단순화시켜야 합니다.

지금 국민건강보험공단으로 통합되어 있지만 건강보험료를 받아들이는 방식은 직장과 지역으로 이원화되어 있습니다. 직장은 소득이 명확하게 드러나기에 그에 맞춰 부과하면 되지만, 지역의 자영업자나 농민은 그 소득을 알 수 없기에 재산이나 자동차 등을 참조하여 보험료를 부과합니다. 하지만 이런 방식으로 부과됨에 따라 지역 가입자들에게는 부당한 상황이 발생하게 됩니다. 예를 들어 은퇴나 실직으로 직장 가입자에서 지역 가입자로 전환되었을 때, 소득도 없는

데 더 많은 보험료가 부과된다면 이치에 맞냐는 것입니다.

그 때문에 이런 불합리를 타파하자면 건강보험공단으로 통합되었기에 그 부과방식도 소득에 따라 부과하는 방식으로 통일시켜야 합니다. 옛날에는 자영업자의 소득을 잘 알 수가 없었으나 지금은 많은 부분 투명화되었기에 합리적인 방식을 찾는다면 합당하게 부과할 수 있는 길이 열릴 수 있을 것입니다. 이것은 사회적이고 국가적인 차원에서 해결하고자 하는 원칙에서 비롯되기에 그 부과방식이 불공정해서는 안 되기 때문입니다.

물론 이것은 단순히 건강보험료 부과에만 해당되는 것은 아닙니다. 조세의 원칙 자체가 권리이자 의무이기에 이 부분에서 합리적으로 단순화한 방식으로 전환시켜야 한다는 것입니다. 한마디로 운명공동체 성원으로서 권리이자 의무이기에 능력에 따라 내고 필요할 때 도움을 받는 방식으로 되는 것이 조세 원칙으로 되어야 한다는 것입니다. 그래서 조세 원칙을 이렇게 합리적으로 단순화시켜 나가는 것과 연계하여 보험료의 부과 방법을 찾아야 한다는 것입니다.

이렇게 보험료의 부과를 적정한 선에서 찾을 때 의료비용과 관계되기 때문에 여기에 관련되는 부분을 통합적으로 운영할 필요가 있습니다. 그래야 전체 비용을 상정하고 합당한 보험료율을 정할 수 있기 때문입니다. 이런 점에서 보았을 때 지금 한국에서 의료급여는 보건복지부에서 관할하고 건강보험료는 국민건강보험공단에서 맡고 있는데, 의료급여도 국민건강보험공단 내지는 새로운 국가기관을 내온다면 거기에 통합해서 운영할 필요가 있습니다. 이것은 앞으로 민이 주인의 권리를 누리고 살아가는 것이 시대적 추세로 되고 있기에 각각의 영역을 담당할 부분은 한곳으로 통합해서 관할하는 것이 이치에 맞는다는 점에서 의료급여 역시 건강과 관련된 비용이기에 그에 해당되는 기관에서 통합적으로 관리하는 것이 맞다고 보기 때문입니다.

그 재원을 사회적이고 국가적인 차원에서 조달했다면 이제는 실제로 건강한 삶을 살아야 하고, 아팠을 때 치료를 받아야 할 것입니다.

건강한 삶을 사는 데 있어서 먼저 중요한 것은 아프지 않는 것입니다. 아프면 비용도 들어가긴 하지만 우선 사람이 고통스럽습니다. 그래서 한의학도 적극 받아들여 예방의학적 조치를 취할 수 있는 제도를 마련해 가야 합니다. 또한 메르스, 사스, 코로나 등에서 보듯 언제든지 전염병이 발생할 수 있기에 보건 예방 기능을 높이면서 방역적 체계 또한 전국적으로 수립해 가야 합니다.

이렇게 예방의학적 조치와 보건 기능을 높이고 방역 활동을 한다고 해서 사람이 아프지 않을 수는 없습니다. 그러면 아팠을 때는 당연히 치료를 받아야 합니다. 그런데 치료를 받는 데 있어서 따져보아야 할 것은 진료권을 어떻게 보장할 것인가의 문제입니다.

진료권을 설정하는 문제가 중요하게 대두되는 이유는 재원이 한정적이기에 그 한계 내에서 얼마나 공평하고 효율적으로 치료를 받게 하느냐가 중대한 문제로 대두되기 때문입니다. 아팠을 때 아무 병원이나 찾아가 맘껏 치료를 받을 수 있다면 얼마나 좋겠습니까? 그런데 만약 환자가 아무 병원이나 찾아가 진료를 받을 수 있게 된다면 상급종합병원 같은 경쟁력 있는 병원으로 찾아가게 될 것입니다. 그러면 경쟁력 없는 병원은 도태될 수밖에 없습니다. 게다가 이렇게 진료 체계가 잡혀 있지 않다면 상급종합병원 같은 곳에서는 대기 시간도 길어지게 될 것이고, 심지어 경증 환자가 병상을 차지하고 있는 관계로 중증환자가 치료를 받지 못하는 경우도 나타날 것입니다. 결국 맘대로 어느 병원이나 찾아가 진료를 받게 되면 처음엔 좋은 것처럼 보이지만 중복진료를 받게 되는 등 쓸데없는 비용도 늘어나게 될 뿐만이 아니라 의료 혜택도 제대로 누리지 못하게 되는 결과가 발생하게 된다는 것입니다.

바로 이런 문제를 해결하기 위해서는 진료권에 있어서 환자의뢰체계가 이뤄지면서 그에 맞게 의료공급체계가 이루어져야 합니다. 환자의뢰체계와 의료공급체계가 질서 정연하게 이뤄지게 하자는 것은 환자가 일정한 지역 단위에서 1차 의료기관에서 진단과 치료를 받게 하고, 더 전문적인 치료가 필요하다고 하면 2차 전문병원에서 치료를 받게 하고, 여기서 치료가 더 필요할 경우 3차 종합병원이나 상급종합병원에서 치료를 받게 하자는 제도입니다.

한국의 의료체계는 처음엔 1차, 2차, 3차 의료기관을 지정하였으나 지금은 거의 포기된 상태나 다름없습니다. 그에 따라 상급종합병원으로 쏠리는 현상이 가속화되고 지방 도시의 병원은 사라지고 있습니다. 이런 현상이 계속 벌어지게 되면 수도권의 상급종합병원만 더욱 비대해지고 지방의 의료체계는 붕괴될 수밖에 없는데, 이것은 환자의뢰체계와 의료공급체계가 제대로 세워지지 못함으로써 발생하고 있습니다.

환자의뢰체계에 맞게 의료공급체계가 세워지면 처음엔 자기 맘대로 병원을 찾아가지 못한다는 점에서 조금 불편할 수는 있겠으나 한평생 건강한 삶을 살아가는 측면에서나 재원을 효율적으로 사용할 수 있게 한다는 점에서 유리한 측면이 많습니다. 국민주치의 제도나 구역지정제 같은 환자의뢰체계를 실시할 때 1차 의료인은 종합적인 진단과 치료를 행할 수 있는 능력을 갖추고 있다는 점에서 환자를 지속적으로 관찰할 경우 더 건강한 삶을 영위할 수 있도록 도움을 주게 될 것입니다. 또한 2차 진료가 필요할 경우 어디에서 치료를 받아야 하는지 정확히 알려주며 연결해 주게 됩니다. 이것은 건강 관리와 치료 측면에서 매우 효율적이라고 할 수 있습니다.

그뿐만 아니라 1차 의료기관에서 행하는 진료는 고가 의료장비가 필요 없습니다. 지금 한국에서는 환자의뢰체계가 제대로 세워져 있지 못한 관계로 병원마다 고가 의료장비를 들여놓고 있는데, 이 비용을 충당하려면 활용해야 할 것이고, 그러면 그에 따라 중복진료가 이뤄지며 의료비용이 발생하고 있습니다. 그 때문에 국민주치의제도를 활용할 것인지, 아니면 구역지정제를 활용할 것인지는 여러모로 논의해 보아야 하겠지만 중요한 것은 환자의뢰체계를 세워가고 거기에 맞게 의료공급체계가 이루어지도록 해야 한다는 것입니다.

그런데 이렇게 환자의뢰체계를 세우고 그에 맞게 의료공급체계를 세워가려고 하면 국토가 종합적이고 균형적으로 발전해 가야 합니다. 수도권과 대도시 중심으로 발전하고 지방 소도시와 농촌이 붕괴되어 가고 있는데 전국적 단위에서 환자의뢰체계를 세우면서 거기에 맞게 의료공급체계를 실시하려고 하면 그게 가능하겠느냐 하는 것입니다. 바로 이 때문에 환자의뢰체계와 그에 맞는 의료공급체계는 전국토의 종합적이고 균형적인 발전 전망과 관련시켜 진행되지 않으면 소기의 성과를 달성할 수 없다는 것을 알 수 있습니다. 이 대목에서도 왜 한 영역만으로는 개혁이 불가능할 수밖에 없는지를 분명하게 알 수 있습니다.

환자가 환자의뢰체계의 진료권에 의해 치료를 제대로 받게 되자면 의료공급체계가 그에 맞게 세워져야 하는데, 그렇게 형성하도록 하는 데서 중요한 것은 공공의료기관을 확충하고 늘려가는 것입니다. 지금 한국 사회에서 공공의료기관은 거의 5%에 불과합니다. 물론 그렇다고 해서 민간병원이 민간비용만으로 운영되고 있는 것도 아닙니다. 사실상 당연지정제로 확정되고 있기에 공공재가 지급되고 있습니다. 그 때문에 공공의료기관에서 의료 행위가 이뤄진 것만을 놓고 공공의료로 봐야 한다는 입장도 있고, 공공재가 투자되었으면 공공의료로 봐야 한다는 입장도 있습니다. 여기서 공공재가 투자되니만큼 공공의료로 보아야 한다는 주장을 일정 부분 거부할 수 없지만,

민간병원은 기본적으로 영리추구 행위가 당연히 보장되어야 한다는 측면에서 볼 때 사회적이고 국가적인 차원에서 건강권을 해결하려고 한다면 공공의료기관을 대폭 확충하고 늘려가는 것은 매우 중요한 과제라고 할 수 있습니다. 그래야만 의료공급체계가 왜곡되거나 붕괴되지 않을 뿐만이 아니라 민간병원도 제 역할을 할 수 있게 된다는 것입니다.

공공의료기관을 확충했다고 해도 의료 행위를 제대로 행할 수 있는 인력이 없다면 사실상 도로 아미타불이 될 것입니다. 그 때문에 의료인을 의료공급에 맞춰 양성하는 것은 매우 중대한 문제라고 할 수 있습니다. 그런데 지금 의사 수를 늘리고 있지만 필수의료과로 지원하지 않는 상황이 발생하고 있습니다. 의사가 되기까지 들어가는 비용은 물론이고 고생하는 것에 비해 턱없는 보상이 이루어지고 있다고 보기 때문입니다. 실상 자기가 노력한 만큼 대가를 받지 못하게 해 놓고서 의료인이기 때문에 누구나 슈바이처가 되라고 한다면 그것이 이치에 맞겠습니까? 그 때문에 의료인으로서 일한 부분에 대해 정당한 대가도 받고 보람도 느낄 수 있도록 만들어 가야 합니다. 그렇다면 필수 의료인에 대해서는 공정한 대가를 줄 수 있는 방안도 찾아보아야 할 것입니다.

하지만 이것은 의료인을 양성하는 데서 부분적인 측면에 불과합니다. 환자의뢰체계와 의료공급체계에 맞게 의료인을 충분하게 양성하려면 장기적인 목표를 수립하고 추진해 가야 합니다. 전문적인 의료인을 양성하려면 시간이 오래 걸리기 때문입니다. 단적으로 환자의뢰체계를 수립하자면 1차 의료를 담당할 수 있도록 종합적인 능력을 갖춘 의사를 양성해야 하는데, 한국의 의료체계는 1차 의료를 담당하는 의사가 무엇인지도 정립되어 있지 않습니다. 그러니 그에 걸맞은 의사를 양성할 수 있는 체계도 수립되어 있지 못합니다. 게다가 의료공급체계에 맞게 인력을 양성하는 데서 의사만 필요한 것은 아닙니다. 의사도 여러 전문의가 있고, 양방의 의사 외에도 한의사, 간호사, 의료기사 등 여러 의료인이 요구됩니다. 이 또한 의료체계에 맞게 양성해 가야 합니다.

그렇다면 이런 인력을 효과적으로 양성하면서 정당한 보상을 받고 보람을 느끼게 하는 방식은 무엇일까요? 그것은 이에 필요한 교육을 사회적이고 국가적인 차원에서 담당해 해결해 가는 것입니다. 그런데 의료체계에서만 사회적이고 국가적 차원에서 풀어간다면 다른 영역에서 사회 활동을 하는 사람들은 불공평하다고 제기하게 될 것입니다. 바로 여기서 대학교육 또한 무료교육을 실시하는 방향으로 나아갈 필요가 있습니다. 그 때문에 의료인을 양성하는 문제는 단순히 의료체계를 세우는 차원으로 끝나지 않고 교육 부분의 개혁으로까지 연결되어 진행될 수밖에 없게 됩니다.

재원을 사회적, 국가적 차원에서 조달하고 현실적 재정에 맞게 환자의뢰체계와 의료공급체계를 세워가면서 공공의료기관을 갖추고 의료 인력을 양성했다고 한다면 적정한 의료의 질을 보장받아야 할 것입니다. 적정한 의료의 혜택을 받지 못한다면 지금까지 애쓴 노력은 허망하게 될 것입니다. 그렇다면 의료의 질을 적정한 수준에서 보장받아야 할 것인데, 그러자면 일정하게 제한적인 비용 속에서 수준 높은 의료의 질이 이루어지도록 해야 할 것입니다. 그렇다고 한다면 진료 비용에서 급여체계와 비급여체계를 분리시켜야 할 필요성이 요구됩니다.

지금 우리나라에서는 급여와 비급여체계가 동시에 이루어지는 혼합진료가 이뤄지고 있는 관계로 의료비용의 부담이 상당합니다. 그래서 많은 사람들은 그 의료비용을 감당하고자 실손보험을 들고 있습니다. 그 때문에 건강보험료보다 훨씬 더 많은 비용을 부담하고 있습니다. 바로 여기서 실손보험을 들지 않고도 건강보험료만으로 해결할 정도로 만든다면 실손보험료로 내는 돈보다도 더 적게 들이고서 의료의 질을 높여서 받을 수 있게 될 것입니다. 그래서 이런 방향으로 나가자면 결국 급여와 비급여가 동시에 진행되고 있는 혼합진료를 없애는 방향으로 나가야 합니다. 한마디로 건강보험료만 내고 거의 무상으로 치료받는 방향으로 나아가자는 것입니다. 지금 당장 할 수 없기에 혼합진료를 허용할 수밖에 없다고 한다면 최소한만 허용하는 방식으로 엄격하게 적용하고, 점차 혼합진료를 아예 없애는 방향으로 나가야 한다는 것입니다.

물론 그렇다고 해서 영리추구 하는 민간병원을 없애자는 것도 아니고, 자기 돈을 내고서 더 높은 수준의 의료의 질을 받겠다고 하는 사람들의 요구를 막자는 것도 아닙니다. 단지 영리추구를 하는 이상 공공재가 투여되어서는 안 되고 사기업의 적용을 받게 하자는 것입니다. 민간병원이 영리추구 하는 행위를 막겠다는 것이 아니라 건강보험의 급여체계에서 제외되도록 분리시켜야 한다는 것이고, 당연히 영리병원에서 치료를 받고자 하는 사람은 그 자신의 비용으로 치료받으면 된다는 것입니다.

의료체계를 세우는 데서 또한 따져보아야 할 것은 지금 시대에서 어떤 질병이 가장 많이 발생하고 있는가입니다. 질병이 많이 발생하는 것을 알 수 있다면 그 부분에 대한 대책을 특별히 마련하는 것이 합리적일 수 있기 때문입니다. 이런 측면에서 살펴볼 때 지금 사회가 고령화되어 가고 있는 측면을 무시할 수 없습니다. 그 때문에 고령화로 나타난 질환을 어떻게 해결할 것인가에 대한 대책도 마련되어야 할 것입니다. 그런데 고령화로 나타나는 것은 만성적인 질병인 경우가 많습니다. 그렇다고 한다면 자기 지역이나 집에서 생활하면서 치료받을 수 있는 방안을 찾아보는 것도 필요할 것입니다. 왜냐하면 치료한다고 해서 갑자기 낫는 병도 아니고, 그렇다고 해서 자기가 생활하는 곳에서 갑자기 벗어나 생판 모르는 곳에서 삶의 늘그막을 보낸다는 것은 아무래도 인간적인 삶의 측면에서 볼 때 고통스러운 모습으로 다가올 것이기 때문입니다.

또한 의료체계에서 의약품과 의료기기를 제대로 보급하는 것도 중요합니다. 그 때문에 이 부분 또한 국가적인 차원에서 해결해 나가기 위해 노력해야 합니다. 동시에 약사의 인력 또한 제대로 양성하기 위한 대책도 필요합니다.

한마디로 건강권을 민의 기본적인 권리이자 의무로 여기고서 사회적이고 국가적인 차원에서 풀어간다는 원칙과 방향에서 보건과 의료체계를 개혁해 가야 한다는 것입니다.

### (5) 보건과 의료체계의 주체를 세워내어 토론과 논의를 통해 풀어나가자

건강권을 민의 기본적인 권리이자 의무로 놓고 보건과 의료체계를 세워가려고 하더라도 주체를 세워내지 못하면 개혁은 불가능하게 됩니다. 이것은 윤석열 정권이 의료개혁을 한다고 소리 높여 시도했으나 의대생과 의사들이 반발하면서 의료대란이 일어난 것에서 명확히 확증되고 있습니다.

지난날에서는 정부가 강권을 하면 어쩔 수 없이 따르는 방식이 통용되었다고 한다면 이제는 시대의 흐름이 달라졌습니다. 형식적인 자유와 평등이 아니라 실질적인 자유와 평등을 누리고 살아야 한다는 것이고, 그에 따라 민이 직접 주인의 권리를 누리고 사는 시대로 전변되었습니다. 그 때문에 보건과 의료체계에서도 형식적인 측면이 아니라 실질적으로 건강권을 누리고 수준 높은 의료의 질을 보장받는 것이 중요하게 되었습니다.

이렇게 실질적인 건강권을 사회적이고 국가적인 차원에서 대책을 수립하여 수준 높은 의료의 질을 누리게 하자면 각기 영역에서 주체의 참여가 보장되어야 합니다. 주체의 참여가 보장되어야 하는 이유는 민이 건강권의 측면에서 주인의 권리를 누리고 살아야 한다는 원칙적인 선언 차원에서만 요구되는 것은 아닙니다. 주체의 참여가 보장되어야 건강권에서 주인의 권리를 누릴 수 있는 방침이 옳게 세워질 수 있기 때문입니다.

　예를 들어 건강보험료를 산정하려면 의료급여 비용을 알아야 할 것이고, 의료급여 비용을 산출하려면 어떤 부분을 의료급여 항목으로 설정할 것인지 결정해야 할 것이며, 그에 따라 의료수가를 어느 선에서 선정하는 것이 적정한지 알 수 있게 될 것입니다. 그런데 이런 것을 따져보지도 않고 권력에 의해 강압적으로 결정되는 방식이 되면 의료체계가 왜곡되고 뒤틀려지게 될 것입니다. 그래서 이런 모든 부분을 적정하게 결정하려면 그에 관련되는 관계자들이 서로 논의하여 합의를 이루는 방식으로 되는 것이 합리적일 것입니다. 비록 모든 관계자들이 참여해서 논의하여 합의를 끌어내는 것이 손쉬운 것은 아니고 매우 어렵다고 할지라도 보건과 의료체계를 세우는 데서 최선의 방식이 되기에 건강권에서 주인의 권리를 누릴 수 있는 질이 보장된다는 것입니다. 왜냐하면 각 부분에 관련되는 관계자들이야말로 그 부분의 영역을 가장 잘 알고 있기 때문입니다.

　그 때문에 보건과 의료체계를 세우는 데 있어서 각 관계자들이 주체로 참여하여 서로 논의하고 합의할 수 있는 조직들을 체계화시켜야 합니다. 즉 환자의뢰체계에 맞게 의료공급체계를 세우자면 그 지역을 대표할 수 있는 인사는 물론이고 의료인들, 환자들, 병원들, 의료기기 관계자들 등이 참여해서 서로 논의하고 합의할 수 있는 조직들이 구성되어야 한다는 것입니다. 그래서 이런 참여 원칙에 의해서 건강권을 민의 기본적인 권리이자 의무로 여기고 보건과 의료체계를 세워가기 위한 정책을 논의하고 토론하는 기구를 만들어 내야 하고, 그러듯이 건강보험료나 의료수가, 의료급여 항목, 의약품값 등을 설정할 때 각 부분의 이해 관계자들의 참여가 철저히 보장되는 조직이나 기관이 만들어져야 한다는 것입니다. 한마디로 각기 이해관계를 가진 당사자들이 참여해서 자신들의 이해와 요구를 제기할 수 있는 구조가 각 영역과 지역마다 세워져서 전국적으로 형성될 수 있도록 해야 한다는 것입니다. 그래야 가장 합리적인 수준에서 보건과 의료체계에서의 질이 보장된다는 것입니다.

보건과 의료체계에서 각 이해 관계자들을 주체로 참여시키는 것은 또한 보건과 의료체계의 질적 수준을 높이는 방법이기도 합니다. 사회가 발전하면 할수록 의료의 질을 높여가야 합니다. 그런데 의료의 질을 끊임없이 높여가는 데에서 가장 효과적인 방식은 경쟁을 통하는 것입니다.

경쟁을 언급하면 흔히 자본주의의 시장경쟁 방식을 떠올립니다. 자본주의 경쟁은 이윤추구이고, 그런 관계로 승자독식이 횡행하게 됩니다. 하지만 경쟁은 자본의 무한경쟁만 있는 것은 아닙니다. 선의의 경쟁도 있고 서로 상생하는 경쟁도 있습니다. 문제는 어떤 구조 속에서 경쟁하느냐입니다. 바로 여기서 각 이해관계 당사자들의 참여를 보장하여 자신들의 이해와 요구를 제기하면서 서로 논의하여 합의를 끌어내는 방식은 서로 상생하는 경쟁 방식으로 되어 더욱 보건 의료 수준의 질을 높이게 하는 방식이 된다는 것입니다.

보건과 의료 관계자들을 주체로 참여시킨다는 것은 이들이 서로 모여 논의만 하고 만다는 것은 아닙니다. 국가 정책에 반영되지 않으면 별반 쓸모가 없을 것입니다. 그 때문에 국가 정책에 반영되는 길이 열려야 합니다. 그래서 보건과 의료체계를 수립하는 데 있어서 국가적인 차원만이 아니라 사회적 차원의 측면도 덧붙인 것입니다. 정부만이 아니라 한국 사회에 살고 있는 사람들의 이해와 요구가 모두 반영될 수 있는 길을 열어가자는 것입니다. 한마디로 자주와 민주, 통일의 원칙이 견지되면서 일치와 입체, 통일의 방법론으로 풀어가자는 것입니다. 이것이 바로 풀뿌리 민주주의의 확립이자 애민과 애국의 기치에 맞는 보건, 의료체계의 개혁이라는 것입니다.

이렇게 보건과 의료체계에서 애민과 애국의 기치에 맞게 풀뿌리 민주주의가 정착되어 간다면 보건과 의료개혁은 확고하게 수행될 것이며, 그러면 사회가 발전함에 따라 더욱 높은 수준에서 의료 혜택을 누리며 건강하게 살아갈 수 있게 될 것입니다.

### (6) 한국 사회를 전면적으로 쇄신한다는 차원에서 보건과 의료개혁을 추진하자

지금껏 애민과 애국의 기치에 맞게 보건과 의료체계를 어떻게 개혁할 것인가에 대해 큰 틀에서 의견을 밝혀보았습니다. 물론 이 모든 주장들이 다 옳다고 생각하지는 않습니다. 또 많은 부분에서 미진한 부분도 있을 것입니다. 하지만 이를 통해 한국의 보건과 의료체계를 어떻게 개혁할 것인지에 대해 서로 논의하면서 그 방안을 찾아가는 계기가 되었으면 하는 바람입니다.

아울러 특히 강조하고 싶은 것은 보건과 의료체계를 개혁한다고 하면서 보건과 의료체계에만 한정시켜 바라보아서는 안 된다는 점입니다. 사회의 전 부분에서 자기 혼자만 잘살려고 하는 관계로 영리추구 행위가 극심하게 추진되고, 또 농촌과 지방 소도시가 붕괴되어 가는 상황인데, 이를 해결하려는 노력도 보이지 않으면서 의료개혁을 하겠다고 백날 소리쳐 봐야 의료개혁은 성공할 수 없을 것입니다.

이것은 국민연금의 재정이 고갈된다면서 이 위기를 극복하기 위해서는 지금보다 더 많이 내고 더 적게 받아야 한다는 식의 주장이 나오는 것에서 알 수 있는 것처럼, 의료체계에 있어서도 의료비용이 많아지면 결국 건강보험료를 더 많이 내고 의료급여를 더 적게 받는 방식으로 되어야 한다거나 아니면 민영화하는 방식으로 가야 한다는 주장이 나오게 될 것은 뻔한 이치입니다. 그렇다고 한다면 이것을 보건, 의료체계의 붕괴라고 보아야 할 것이지 어찌 참다운 의미에서의 보건, 의료체계의 개혁이라고 말할 수 있겠습니까?

그 때문에 의료개혁만으로 한정시키지 말고 한국 사회를 전면적으로 쇄신시킨다는 각도에서 보건과 의료체계의 개혁을 바라보아야 한다는 것입니다. 그래야 보건과 의료체계에서 참답게 개혁이 이뤄질 수 있다는 것입니다.

# 6. 외교와 통일 및 애국법과 조국통일법의 제정

## 1) 한국의 주권을 제약하고 있는 한일협정과 한미상호방위조약, 한미 행정협정을 파기하고 새로운 한미, 한일관계를 정립해 가야 한다*

민은 나라와 민족 단위로 살아가고 있고, 또 국제 사회에서 주권을 통해 자신의 권리를 행사하고 있습니다. 그런데 다른 나라와 맺는 협약으로 인해 주권이 크게 제약받고, 그로 인해 민의 권리 실현에 막대한 지장을 초래한다면 지난날에 잘못 맺은 협정은 파기하고 새로운 협정을 체결해 새로운 관계를 정립해 가야 합니다.

지난날 맺은 한일관계, 한미관계의 협정이 잘못되어 한국의 주권이 크게 제약받고, 그로 인해 민의 권리 실현에 막대한 지장을 초래하고 있다는 사실은 지금까지 한두 번만 확인되어 온 과정이 아닙니다. 이번 윤석열 정권에서 일제 식민 시기의 강제징용 문제의 해결 과정에서 보여준 모습이나 미국의 한국 대통령실 도청 사건에서 불

---

* 우리겨레연구소 카페, 한국의 주권을 크게 제약하고 있는 한일협정과 한미상호방위조약 및 한미행정협정을 파기하고 새로운 한미, 한일관계를 정립하여 나가야 한다(2023. 04. 17), 참조 자료: 우리겨레연구소 카페, 신냉전이 격화되는 국제 정세를 슬기롭게 넘어가자면 한국 사회를 한시바삐 개혁해야 한다(2022. 07. 04)

거진 주권 침해 현상은 더는 잘못된 한일, 한미관계를 지속해서는 안 되고, 근원적인 문제를 해결하는 방향으로 나아가야만 풀어진다는 것을 확인해 주고 있습니다.

윤석열 정권은 미래 지향적인 한일관계를 형성해 간다는 구상 아래 일제의 식민 시기에 강제징용되어 고통을 겪는 문제를 해결하기 위해 그 방안을 제시하였습니다. 그런데 그 내용이 피해국인 우리나라 행정안전부 산하의 재단을 통해 배상금을 지급한다는 것이고, 나아가 한국 기업의 기부를 받아 재원을 조달하겠다는 것이었습니다.

일제의 식민 지배로 인해 겪고 있는 고통이 해결될 기미가 보이지 않고, 그 당사자가 오랜 기간을 버티지 못하고 돌아가시고 있기에 국가적 차원에서 그 고통을 덜어주어야 할 필요성이 존재합니다. 이런 차원에서 한국 정부는 고통을 겪는 사람들을 위한 제 방면의 조치들을 진작 취했어야 맞을 것입니다.

하지만 윤석열 정부는 식민 지배로 인한 당사자들의 고통을 해결해 준다는 차원에서 그 방안을 제시한 것이 아닙니다. 게다가 이것은 한국 내부에서 행할 문제이지 일본과의 협상 의제에 올리기 위해 행할 조치가 아닙니다. 그런데도 윤석열 정부가 이런 방안을 제시한 것은 미래 지향적인 일본과의 관계를 형성하기 위해서라며 제시한 것이었습니다. 하지만 이런 것을 협상 의제로 올리는 것 자체가 일본과의 미래 지향적인 관계 형성에 전혀 도움이 되지 않을뿐더러 도리어 일본의 식민 지배에 대한 사과와 반성을 하지 않아도 된다는 식의 면죄부를 줄 가능성이 매우 높다는 사실입니다.

일본은 강제징용 문제에 대해 한국 측이 입장을 바꾸지 않는다면 한국과의 관계 개선을 할 수 없다는 입장을 보여 왔습니다. 한국의 대법원에서는 일제의 강제징용 문제에 대해 일본의 전범기업인 일본제철(옛 신일철주금), 미쓰비시중공업의 손해배상을 인정하고, 이를 배상하라고 판결하였습니다. 부당한 강제징용으로 피해를 본 것이기에 이에 대해 배상하라고 하는 것은 매우 당연한 판결이라고 할 수 있습니다.

그런데 일본은 이 당연한 판결에 대해 불만을 토로하며 이 조치를 철회하도록 반도체 핵심 소재 부품에 대한 수출 금지 조치를 취하며 압박을 가했습니다. 강도가 매를 든 격입니다. 그런데 그 근거가 1965년에 맺은 한일협정 즉, 한일기본조약과 한일청구권 협정입니다.

한일청구권협정은 1965년 한일기본조약이 체결됨에 따라 정식 명칭, 즉 "대한민국과 일본 간의 재산 및 청구권에 관한 문제의 해결과 경제협력에 관한 협정"으로 체결된 것인데, 이 협정 2조 1항에 "양 체약국은, 양 체약국 및 그 국민(법인을 포함함)의 재산, 권리 및 이익과 양 체약국 및 그 국민 간의 청구권에 관한 문제가, 1951년 9월 8일에 샌프란시스코에서 서명된 일본국과의 평화조약 제4조(a)에 규정된 것을 조합하여, 완전히 그리고 최종적으로 해결된 것이 된다는 것을 확인한다."라고 되어 있습니다. 물론 이 부분의 해석에 대해서도 한일 간에 서로 입장 차이가 존재하고 있습니다.

그런데 다른 것은 다 떠나서 법의 판결에 있어서 새로운 사실이 드러나면 새로운 증거에 의해 새롭게 재판을 받을 권리가 있다는 것은 당연시되고 있습니다. 재판을 받을 때와는 다른 명백한 증거와 사실이 새롭게 드러나면 다시 새로운 증거에 의해 재판을 받을 수 있어야 한다는 것은 너무나 당연하다는 것입니다.

이것이 재판 과정에서 당연하게 인정되는 것인데, 왜 국가 간에 맺는 조약에 대해서는 이런 원칙이 적용되지 않는다고 말할 수 있겠습니까? 한마디로 한일협정을 맺었을 때의 당시에는 나타나지 않았지만 명백한 증거가 새롭게 나오는 조건에서는 새로운 증거에 의해서 다시 협약을 맺어 풀어가야 한다는 것은 너무 당연한 이치라는 것입니다. 국가 간에 맺는 협약도 영원무궁한 것이 아니라 새로운 상황에 맞게 바꿔 가는 것이 당연하다는 것입니다.

게다가 더욱 문제가 되는 것은 1965년에 맺었던 한일협정이 일본의 식민 지배에 대한 사과와 반성 및 배상에 대한 부분이 빠져 있다는 사실입니다. 이 문제가 중요한 것은 미래 지향적인 한일관계가 형성되느냐, 형성되지 못하느냐의 대해 관건이 되기 때문입니다. 식민 지배에 대해 사과하고 반성하지 않겠다고 한다면 앞으로도 계속 한반도를 침략하고 지배하겠다는 꿍꿍이속을 가지겠다는 것인데, 거기서 무슨 미래 지향적인 관계가 형성될 수 있겠습니까? 일본이 앞으로도 계속 한반도를 재침해서 지배하겠다고 하는 모습은 일제의 식민 지배를 정당화하는 왜곡된 내용을 역사 교과서에 포함시키고 있는 것은 물론이고 독도를 자국 땅이라고 우기는 상황에서 명백히 드러나고 있습니다.

실상 독도 영유권 문제는 그전까지 한민족의 고유 영토로 실질적으로 지배되어 왔기에 분쟁의 소지가 없는 문제입니다. 그런데 일제는 조선을 식민 지배하기 위해 침략하는 과정에서 독도를 강탈했던 것입니다. 즉 1905년 2월에 시마네현 고시 제40호를 통하여 독도를 다케시마(竹島)로 명명하고 영토편입 조처를 취한 것입니다. 한마디로 일제가 조선을 식민 지배하기 위한 침략 과정에서 벌어졌다는 것입니다. 그래서 식민 지배를 사과하고 반성하겠다고 하면 독도 문제는 자연스럽게 풀릴 것입니다. 그런데 사과하고 반성하지 않으니 독도를 자기 땅이라고 우기는 현상이 나타나는 것입니다.

이렇게 식민 지배에 대해 사과하지 않고 반성하지 않음으로써 미래 지향적인 한일관계의 형성에 지대한 걸림돌이 되는 그 근원이 1965년에 맺는 한일협정에 있다는 것입니다. 일본이 한일협정을 근거로 삼아 계속 한반도를 재침하여 지배하겠다는 속셈을 갖고, 또 그런 연장선상에서 독도를 자기 땅이라고 우기고 있기에 미래 지향적인 한일관계가 형성되지 못하고 있다는 것입니다. 한마디로 한일 간에 미래 지향적인 관계가 형성되지 못하고 있는 것은 한국 측에 잘못이 있는 것이 아니라 일본이 계속 식민 지배를 사과하고 반성하지 않고 또다시 재침하고 지배하겠다는 속셈을 갖고 있기 때문이라는 것입니다.

그렇다면 미래 지향적인 한일관계를 형성하기 위해서는 이 잘못된 한일협정을 계속 지킬 이유가 없는 것입니다. 한일협정 자체를 파기하고 새로운 협정을 맺어가도록 해야 할 것입니다. 한마디로 식민 지배에 대한 사과와 반성은 물론이고 배상한다는 것을 포함해서 서로 자주적이고 평화적이며 친선적인 관계를 지향하는 부분으로 새롭게 협약을 체결해 가야 한다는 것입니다.

미국의 한국 대통령실 도청 사건도 이와 마찬가지입니다. 한국의 정책 집행 과정을 미국이 도청했음에도 불구하고 윤석열 정부는 미국과 협의해 풀어가겠다고 말하고 있습니다. 한미동맹 관계를 해쳐서는 안 된다는 것이 그 이유입니다. 도대체 이것이 주권 국가로서 보여야 할 모습이겠습니까?

상식적인 이치로 보더라도 동맹관계가 굳건하게 형성되자면 서로 대등한 가운데 협력적인 관계로 되어야 합니다. 그런데 계속 도청이나 하면서 한 나라를 지배하고 간섭하려고 한다면 과연 진정한 의미에서 동맹 관계가 이뤄지겠습니까? 그런데 미국의 백악관 고위 당국자는 "국가 안보를 위해 해야 할 일이고, 앞으로도 계속 할 것"이라고 밝혔습니다. 이것은 앞으로도 계속 도청을 하겠다는 말이나 다름없습니다.

이렇게 계속 도청을 통해 한국을 지배 간섭하겠다고 하는 조건에서 두 나라 간에 신뢰 관계가 형성될 수 있겠으며, 신뢰가 깨진 상황에서 그 무슨 수로 동맹관계가 공고해지겠습니까? 미국이 도청했으면서도 사과하고 반성하기는커녕 국익을 위해 계속 그 짓을 하겠다고 하는 것은, 즉 적반하장의 모습을 보이는 것은 불평등한 한미관계가 형성되어 있기 때문입니다. 한마디로 6.25 전쟁을 겪으면서 군사적 주권을 내던져버린 과정에서 탄생한 한미상호방위조약과 한미행정협정이 그 근원으로 되고 있다는 것입니다. 이 조약과 협정은 사실상 한국이 군사적 주권을 행사할 수 없는 관계로 되어 있습니다. 군사적 주권을 행사할 수 없는 조건에서. 진정한 의미의 동맹관계가 굳건하게 형성될 수 있겠습니까?

주권을 행사하지 못하는 조건에서 동맹 관계의 형성이라는 것은 사실상 미국의 식민 지배를 의미할 뿐입니다. 미국의 식민 지배를 한미동맹의 강화로 주장한다면 이것이야말로 미국에 대한 사대매국노의 입장에서나 지껄일 만한 소리일 뿐입니다. 만약 이런 관계가 아니고 나라와 민족의 주권을 고수하면서 진정한 의미에서 한미관계를 돈독히 하는 새로운 관계의 형성을 지향한다면 그 걸림돌의 근원으로 되는 한미상호방위조약과 한미행정협정을 파기해야 할 것입니다. 물론 한미상호방위조약은 어느 일방이 파기를 선언하더라도 1년까지는 유효하다고 언급하고 있습니다. 이것만 봐도 얼마나 주권을 제약하는 협약인지를 알 수 있습니다. 하지만 여기에 얽매일 이유는 없습니다. 한마디로 주권을 고수하면서 자주와 평화, 친선적인 관계를 확립하는 것이야말로 앞으로 진정한 의미에서의 한미관계를 돈독히 하는 길이라는 것입니다.

이처럼 미래 지향적인 한일관계와 한미관계의 형성에 최대 걸림돌로 되는 것이 한일협정과 한미상호방위조약, 한미행정협정이니만큼 이것을 우선적으로 폐기해야 할 것입니다. 이를 폐기하지 않고서는 진정한 의미에서의 미래 지향적인 관계가 형성될 수 없기 때문입니다. 불평등한 한일관계와 한미관계가 시정되지 못하고 계속 그런 관계가 유지되는 이유가 바로 이 잘못된 조약과 협정에 기인하고 있다는 것입니다. 첫 단추가 잘못 끼워진 상태에서 이를 폐기하지 않고서는 다른 그 어떤 방안도 소용없다는 것입니다. 그래서 한일협정과 한미상호방위조약, 한미행정협정을 파기할 것을 선언하고, 동시에 나라와 민족 단위에서 주권을 철저히 고수하면서 자주와 평화, 친선 관계로 나아가기 위해 노력한다는 것을 명확히 밝힘으로써 정말로 미래지향적인 관계를 새롭게 정립하도록 해야 할 것입니다.

그렇다면 윤석열 정부 또한 우선적으로 한일협정과 한미상호방위조약, 한미행정협정의 파기를 선언하고 새로운 지향에 맞는 한일관계, 한미관계를 형성하기 위해 노력해야 할 것입니다. 만약 그렇지 않고 계속 일본의 재침을 용인하고, 미국으로부터 주권을 제약받는 불평등한 관계를 고치려고 하지 않는다면 정권을 유지해야 할 명분이 없습니다.

나라와 민족 단위에서 주권을 행사하여 민의 생명과 재산을 지켜야 할 것은 정권이 수행해야 할 가장 기본적인 임무인데, 이조차 수행하기를 포기한다면 그 무슨 명분으로 정권을 유지해야 한다는 말입니까? 이를 수행하지 못할 것 같으면 나라와 민족을 위해 스스로 물러나는 것이 최소한의 기본 도리가 아니겠습니까?

거듭 주장하건대 윤석열 정권이 그토록 미래 지향적인 한일관계와 한미관계의 형성을 바란다면 그 방향으로 나아가는 데 최대 걸림돌로 되고 있는 한일협정과 한미상호방위조약, 한미행정협정을 즉각 파기하고 미래 지향적인 관계를 형성하기 위해 자주와 평화, 친선에 입각한 새로운 협정을 맺기 위한 길로 나서야 할 것입니다.

## 2) 남북 간에 평화와 통일을 이뤄가기 위한 새로운 원칙의 확립이 필요하다*

러시아와 우크라이나, 이스라엘과 하마스 간에 전쟁이 일어나면서 세계 정세는 격동의 시대로 접어들고 있습니다. 이런 상황에서 한반도의 정세도 요동치고 있습니다. 더욱이 윤석열 정권이 등장하면서 남북 간에 긴장이 더욱 격화되어 한반도에서 전쟁이 일어나도 전혀 이상하지 않은 상황이 전개되고 있습니다. 한마디로 남북 간의 전쟁이 그저 우려만으로 그치지 않고 실질적으로 발발하는 상황으로 급변되고 있다는 것입니다.

그런데 지금 한반도의 군사적 대치 상황에서 전쟁이 일어난다면 그 비극은 이루 말할 수 없을 것입니다. 핵전쟁의 참화로 민족의 생존마저 담보할 수 없는 상황으로 치달을 수 있습니다.

이런 위급한 시기를 맞이해 전쟁을 막고 한반도의 평화와 통일을 이룩하자면 이를 실현하기 위한 원칙을 새롭고 분명하게 확립할 필요성이 절실하게 제기되고 있습니다.

물론 한반도의 평화와 조국통일을 이룩하기 위한 원칙이 지금껏 없었던 것도 아니고, 합의가 이루어지지 않았던 것도 아닙니다. 7·4 공동성명, 남북합의서, 6·15선언, 10·4선언, 판문점 선언, 9월 평양선언 등 수많은 합의가 이뤄졌습니다. 하지만 합의는 지켜지지 않았고, 지금은 사실상 휴지 종이처럼 변화되어 제 기능을 발휘하지 못하고 있습니다.

이런 상황에서 한반도의 평화와 통일을 이루자면 단순 명쾌한 원

---

* 우리겨레연구소 카페, 남북 간에 평화와 통일을 이룩하기 위한 새로운 원칙의 확립이 필요하다(2024. 06. 10)

칙을 세워내면서 이를 지켜가도록 강제해야 합니다. 단순 명쾌한 원칙을 확립해야 하는 이유는 그것이 복잡하게 되면 이 핑계, 저 핑계 대면서 합의했던 바를 지키지 않는 방식으로 이용되기 때문입니다. 합의를 아무리 많이 이루어도 그 합의를 지키지 않으면 아무런 소용이 없습니다.

지금껏 남북이 합의했던 바를 성실히 이행했다면 남북관계는 지금처럼 전쟁 위기를 겪는 것이 아니라 남북은 점차 통일이 이뤄지는 방향으로 전진했을 것입니다. 그렇지만 그 합의가 이행되지 않음으로써 남북관계는 언제나 도돌이표를 겪었습니다. 이런 현상을 막으려면 그 합의를 지키도록 강제해야 하는데, 그러려면 복잡해서는 안 되고 단순 명쾌한 원칙을 새롭게 확립해야 합니다. 그래야 누가 그 원칙을 지키지 않는지를 명확하게 확인할 수 있게 되고, 그럼으로써 그들이 그 원칙을 파기하지 못하도록 강제할 수 있다는 것입니다.

남북 간에 평화를 보장하고 조국통일을 이루어 가기 위한 원칙을 단순 명쾌하게 확립하자면 남북이 처한 현실부터 똑바로 직시해야 합니다. 현실에 대한 이해가 잘못되어 있다면 그로부터 나온 처방과 대응이 올바를 수 없습니다. 실상 남북이 서로 합의해 놓고 이행하지 않는 현상이 나타나는 것도 현실에 대한 불명확한 이해로부터 기인하는 경우가 많습니다. 현실은 남북이 분단되어 살아가고 있는데, 그렇지 않은 것으로 생각하고 대응한다면 남북 간에 긴장과 대결이 격화될 것이지 해소되는 방향으로 나아가겠습니까? 통일은 우리 민족이 이루어야 하는 목표이지 지금 우리 민족이 하나로 통일된 것이 아닙니다. 그래서 통일을 진실로 이루어 가자면 이런 분단된 현실을 기반으로 놓고 풀어가야 합니다.

그러면 남북관계와 한반도의 현실은 어떠합니까? 6.25 전쟁이 일어난 이래 북과 미국은 정전협정을 맺었지만 아직도 적대관계로 남아 있고, 남북관계도 그에 따라 서로 적대국으로 상대하고 있습니다. 게다가 남북은 분단된 이래 서로 지향하는 체제와 이념도 다릅니다. 이것이 남북관계 및 한반도가 처한 현실이라는 것입니다.

그럼 이런 현실적 상황에서 한반도의 평화와 통일을 이룩하자면 어떻게 해야 하겠습니까? 가장 우선적으로 서로의 주권에 대하여 내정간섭을 벌이면서 침해하는 행위를 하지 않아야 합니다.

물론 주권에 대해 내정간섭 하면서 침해하지 말라고 하는 것은 상대방의 체제와 이념에 대해 의사 표현하지 말라는 것은 아닙니다. 자기 생각을 밝히는 것은 당연하고, 얼마든지 할 수 있습니다. 하지만 의사 표현을 넘어 대외적으로 행동하면서 주권을 침해하는 행위를 벌이는 것은 범죄적 행위에 다름 아닙니다.

대북전단 살포만 해도 그렇습니다. 남쪽에서 북의 체제와 이념에 대해 얼마든지 얘기할 수 있습니다. 하지만 남쪽의 영역을 넘어 북쪽의 영역까지 넘어가게 한다는 것은 표현의 자유가 아니라 영토 침략이고 주권 침해 행위입니다. 이런 침략 행위를 벌이고서는 그 무슨 표현의 자유니 인권 보장행위라고 한다면 이것이야말로 자유를 말살하면서도 그런 범죄적 행위를 가리려는 후안무치한 짓거리가 아닐 수 없습니다. 자유의 보장은 다른 사람의 자유를 누릴 수 있는 권리를 침해하지 않아야 가능하기 때문입니다. 다른 사람의 권리를 억압하는 자유를 허용해 주면 그때로부터 세상에서 가장 강한 자만이 활보하는 약육강식의 시대로 전락하고 말 것입니다.

상대방의 주권을 침해하는 행위를 허용하지 않아야 하는 이유는 상대방의 자주권을 보장해야 한다는 원칙 때문이기도 하지만, 또한 남북 간에 긴장이 첨예화되어 있는 상황에서 전쟁을 막을 수 있는 확고한 선결 조건이기 때문입니다.

전쟁을 막자면 상대방에게 서로 빌미를 주는 행위를 원천적으로 차단해야 합니다. 전쟁이 일어나는 경우를 보면 작은 원인이 더 큰 빌미가 되고, 그것이 더 큰 원인이 되어 상승작용을 하다가 끝내 전쟁으로 치닫게 됩니다. 이번 대북 전단 살포만 보더라도 그것이 빌미가 되어 북의 오물 풍선 살포가 이뤄졌고, 윤석열 정권은 이를 핑계로 삼아 대북 확성기 방송을 공공연하게 거론하더니 급기야 재개했습니다. 그에 따라 북의 대응도 이뤄질 것이고, 그러면 이런 행위들이 또다시 상승작용을 일으켜 전쟁으로 화할 수 있는 가능성이 높아지게 될 것입니다. 이것을 보면 상대방의 주권을 침해하는 행위를 하게 되면 바로 그것이 빌미가 되어 전쟁으로 화할 수 있게 된다는 것을 알 수 있습니다. 그 때문에 한반도의 전쟁 기운을 막자면 상대방의 주권을 침해하는 행위를 범죄 행위로 적시하고 처음부터 원칙적으로 일절 못 하게 해야 한다는 것을 알 수 있습니다.

남북이 분단된 현실에서 상대방의 주권을 침해하는 행위를 원칙적으로 하지 못하게 하는 것은 전쟁의 위험성을 제거하는 것이기도 하지만, 또 한편으로 이런 원칙을 견지해야만 통일의 가능성이 열리기 때문이기도 합니다. 통일이라는 이유로 끊임없이 상대방의 주권을 침해하면서 다른 나라보다도 못한 짓거리를 계속한다면 과연 그런 조건에서 통일하려는 마음이 생기겠습니까?

형제간에 우애가 있다면 다른 형제가 좀 어렵고 힘든 상황에 처해 있을 때 남모르게 선의로 도와주는 것이 맞을 것입니다. 그런데 밖에 나가서 그 형제를 무시하고 욕하고 헐뜯으면서 다른 나라와 공모해 계속 못살게 군다면 어떻게 생각하겠습니까? 아마 남보다도 못한 놈이라고 생각할 것입니다. 그런 상황이 벌어진다면 어떻게 통일의 길로 갈 수 있겠습니까?

선의로 도와주지는 못할망정 최소한 남보다 못한 짓거리는 서로 하지 말아야 합니다. 바로 여기서 나라와 나라 사이에서 지켜야 할 원칙, 즉 상대방의 주권을 존중하고 침해하는 행위를 하지 않는 것이 남북관계에서도 가장 기본으로 견지되어야 한다는 것입니다.

남북 간에 긴장이 높아지는 상황에서 상대방의 주권을 존중하고 침해하는 행위를 일절 하지 못하게 하는 원칙을 견지함으로써 전쟁의 위험성을 막고 서로의 신뢰를 형성하여 나간 다음에는 조국통일을 이룩할 수 있는 조건부터 확립하기 위해 노력해야 합니다.

조국통일은 바람만으로 이루어질 수 없고, 그렇게 할 수 있는 조건을 구축해 가야 합니다. 그런데 그 조건 형성에서 가장 중요한 것은 우리 힘으로 할 수 있는 여건을 마련하는 것입니다. 왜냐하면 조국통일을 바라는 것은 우리 민족일 수밖에 없기 때문입니다. 그렇다면 남북은 각각 우리 힘으로 조국을 통일할 수 있는 조건을 마련해야 하는데, 그것은 바로 주권부터 바로 찾아 올바르게 행사할 수 있도록 하는 것입니다. 주권을 행사하지 못하면 우리 힘으로 할 수 있는 길이 차단당하기 때문입니다.

그런데 한국 사회는 미국과 일본과의 불평등한 협정과 조약으로 인해 주권을 제대로 행사하지 못하고 있습니다.

윤석열 대통령은 평화는 힘에 의해 지켜진다고 말하고 있습니다. 맞습니다. 그런데 그 힘이 누구의 것인지를 생각해야 합니다. 한미 상호방위조약과 한미행정협정으로 미국과 불평등한 관계를 맺고 있음으로 하여 군사적 주권도 제대로 행사하지 못하고 있고, 또 일본과 한일기본조약을 맺음으로써 식민 지배에 대한 사과와 반성도 제대로 받아내지 못한 채, 일본이 또다시 군국주의적 야망을 품고 한반도를 재침하려는 상황에서, 남북이 군사적 대결을 벌여 설사 북쪽까지 장악했다고 한들, 과연 그것이 한반도 차원에서 주권 행사가 제대로 이루어질 수 있겠느냐 하는 것입니다.

신라가 외세인 당나라를 끌어들여 백제와 고구려를 멸망시킬 때,

그래도 신라는 당나라에 자기의 군사적 주권을 양도하지는 않았습니다. 그런데도 당나라는 백제와 고구려를 멸망시키자 백제에 웅진도독부, 고구려에 안동도호부뿐만이 아니라 신라마저 계림대도독부를 설치하려고 했습니다. 군사적 주권을 양도하지 않았어도 고구려와 백제는 물론 신라 땅마저 다 먹으려고 하였는데, 도대체 군사적 주권도 제대로 행사하지 못하면서 무슨 근거로 조국통일을 논할 수 있다는 것입니까? 이것이야말로 남과 북 땅 모두를 미국과 일본에 바치자는 것이 아니고 뭐겠습니까? 이런 생각이 아니라면 먼저 미국, 일본과 맺은 불평등한 협정부터 파기함으로써 주권을 제대로 행사할 수 있도록 움직이라는 것입니다. 주권부터 찾는 것이 조국통일을 우리 힘으로 이룩할 수 있는 실질적인 조건을 확보하는 길이라는 것입니다.

남북이 서로 주권을 침해하는 행위를 원칙적으로 하지 않음으로써 전쟁을 미연에 방지하고 신뢰를 회복하는 길로 나아가는 것과 함께, 조국통일을 우리 힘으로 이룩하기 위해 주권을 확고히 행사할 수 있는 방향으로 나아가는 것은 결국 궁극적으로 조국통일을 이룩하자는 데에 그 목적이 있습니다. 조국통일을 이루지 못하면 완전한 평화가 실현되지 못할 뿐만이 아니라 남북이 서로 분단된 상황 때문에 한반도 차원에서의 주권 행사가 심히 제약당하게 됩니다. 이 상황을 벗어나자면 기필코 조국통일을 이뤄야 합니다.

그런데 남북이 서로 이념과 체제가 다르고 적대적으로 살아가고 있는 조건에서 이를 극복하고 조국통일을 이루자면 서로 합의할 수 있는 공통점이 있어야 합니다. 공통점을 찾지 않고 자기 이념과 체제만 주장한다면 상호 간의 대립 대결에서 벗어날 수 없고, 결국 통일을 이룩할 수 없습니다. 그 때문에 어떻게 해서든지 그 공통점을 찾아야 합니다.

그런데 남북이 서로 이념과 체제에 구애받지 않고 합의할 수 있는 지점은 애민과 애국의 기치가 될 수밖에 없습니다. 왜냐하면 아무리 이념과 체제가 다르더라도 나라의 주인이 민이라는 것은 오늘날의 시대적 흐름에서 누구도 부정할 수 없는 보편적인 원칙이고, 또 나라의 주인인 민이 권리를 행사하는 데에서 애국의 기치는 일치된 지점으로 되기 때문입니다. 그래서 조국통일을 하자면 그 공통점인 애민과 애국의 기치에 의해 풀어가야 합니다.

애민과 애국의 기치에 의해 풀어가야 한다는 것은 조국통일의 내용이 한반도 차원에서 민이 주인의 권리를 행사한다는 것이고, 이것은 결국 애국의 기치에 의해 주권을 행사하면서 한반도 차원에서 민의 생명과 재산, 권리를 지켜내야 한다는 뜻입니다.

애국의 기치에 의해 한반도 차원에서 민의 생명과 재산, 권리를 지켜내야 한다는 것은 조국통일을 제로섬 게임으로 대할 것이 아니라 한반도 차원에서 힘이 더욱 커지는 방식으로 되어야 한다는 것을 의미합니다. 한마디로 남북이 분단된 상황에서도 각기 애민과 애국의 기치로 서로 단합해 가야 할 뿐만이 아니라 국제 사회에서 한반도 차원의 주권을 고수하기 위해 서로 연대하고 협력해 가야 한다는 것입니다.

실상 조국통일이 이뤄지면 남북의 밑천이 결국 우리 모두의 것이 될 수 있습니다. 그 때문에 애민과 애국의 기치에 벗어난다면 그에 대해 비판하고 반대할 수 있지만, 그렇지 않은 경우에는 남북이 대결하는 방식이 아니라 서로 협력해 가는 방식으로 되어야 합니다. 여기서 특히 한반도 차원에서의 애민과 애국의 기치가 국제 사회에서, 특히 강대국에 의해 유린당하는 데도 싸우지 않는다면 그건 결국 조국통일이 되어도 그만큼 우리 민족의 주권적 권리가 제약당하는 결과를 가져오니만큼 결코 방기하는 우를 범해서는 안 된다는 것입니다. 이것은 한반도 차원에서의 애민과 애국의 기치에 의해 남북이 궁극적으로 통일되어야 한다고 바라보는 것이 아니라 남북을 적대적 관계로만 놓고 바라보는 아주 어리석은 짓일 뿐입니다.

단적으로 우주 개발권이나 핵무기, 대륙간탄도탄 같은 문제를 바라볼 때 한반도 차원에서의 주권 행사와 관련해서 바라보아야 한다는 것입니다. 어떤 나라가 우주 개발권을 가지고 있으면 당연히 다른 모든 나라도 그 개발권을 가져야 하고, 어떤 나라의 핵과 대륙간탄도탄 등의 무기를 문제 삼고 폐기하려고 한다면 다른 모든 나라의 상대방 것도 동시에 없애는 방향으로 나가는 것이 너무도 당연한 이치입니다. 이런 당연한 입장을 분명하게 견지해야 한다는 것은 조국통일을 한반도 차원에서의 애국의 기치로 주권을 행사하고 민의 생명과 재산, 권리를 지켜나가는 것으로 바라보아야 하기 때문입니다. 그런데도 한반도 차원에서의 주권적 권리를 부정함으로써 스스로 민족의 힘을 약화시키는 어리석은 짓을 하지 말라는 것입니다. 북의 주권이 제약당하는 상황이 벌어지는 것을 허용한다면 그건 결국 궁극적으로 조국통일이 되었을 때 한반도 차원에서의 애민과 애국의 기치가 제약되는 상황으로 귀결될 것이 뻔하기 때문입니다. 이것은 바로 한반도 차원에서 애민과 애국의 기치를 견지하지 못하고 남과 북 간의 적대적 관계로만 바라봄으로써 결국 민족 반역과 매국노의 짓거리를 벌이는 것과 하등 다를 바가 없습니다.

윤석열 정권이 등장하면서 남북관계는 긴장이 격화되고 지금은 전쟁의 검은 먹구름이 짙게 몰려오고 있습니다. 이 파국을 막자면 누가 전쟁을 일으키려고 하면서 조국통일을 막으며 민족의 생존마저 장담하지 못하게 하는지를 분명하고 명확하게 확인할 수 있어야 합니다. 그래야 전쟁을 일으키려 하는 매국노와 민족 반역자들을 단호히 단죄함으로써 평화를 지킬 수 있고, 궁극적으로 조국통일을 이룩할 수 있습니다.

바로 여기서 상대방의 주권을 침해하는 행위를 우선적으로 하지 말아야 한다는 것, 그리고 우리 민족의 힘으로 조국통일을 이룩하기 위한 조건을 구축하기 위해 주권부터 되찾아야 한다는 것, 아울러 한반도 차원에서 주권을 행사하여 민의 생명과 재산, 권리를 지켜내는 애민과 애국의 기치가 남북이 서로 합의할 수 있는 공통점이라는 것을 분명히 해야 한다는 것입니다. 이렇게 한반도의 평화와 통일을 이룩하기 위한 원칙을 단순 명쾌하게 확립한다면 누가 한반도에서 전쟁을 일으키려 하고 조국통일을 가로막으려 하는지를 분명하게 파악하게 됨으로써 그들을 단호히 단죄할 수 있는 길로 나아가게 할 것이며, 그러면 끝내 전쟁의 먹구름을 걷어내고 조국통일이 이루어지면서 한반도의 밝은 미래가 휘황찬란하게 열어지게 될 것입니다.

### 3) 우크라이나 전쟁과 대만 사태로부터 무엇을 배워야 하나?*

하루가 다르게 물가가 오르면서 서민의 삶은 극도로 어려워지고 있습니다. 이를 해결하자면 하루빨리 한국 사회를 개혁해 가야 하건만 도리어 한반도의 상황은 날로 긴장이 격화될 조짐을 보이고 있습니다.

긴장이 격화되면 사실상 개혁은 물 건너가게 됩니다. 그 때문에 한반도의 긴장 격화는 절대 용인되어서는 안 됩니다. 만에 하나 전쟁으로까지 치닫게 된다면 그 참화와 고통은 이루 말할 수 없게 될 것입니다. 이것은 우크라이나 전쟁과 대만 사태로부터 확인되고 있습니

---

\* 우리겨레연구소 카페, 최근 벌어지고 있는 우크라이나 전쟁과 대만 사태로부터 무엇을 배워야 하나?(2022. 08. 08), 참조 자료: 우리겨레연구소 카페, 팔레스타인과 이스라엘 간의 전쟁 양상으로부터 한반도 상황은 무슨 교훈을 얻어야 할까?(2023. 10. 23)

다. 그래서 우선적으로 한반도의 긴장 격화의 흐름을 단연코 막아야 합니다.

물론 한반도에서 긴장 격화와 전쟁의 위기 상황은 한두 번만 불어 닥친 게 아닙니다. 그러나 지금의 상황은 지난날과 커다란 차이가 있고, 실질적으로 전쟁으로 비화될 수 있는 위험성이 매우 현실화되고 있다는 사실입니다.

전쟁의 위험성이 커진 것은 미국이 신냉전 체제를 조성해 가고 있기 때문입니다.

미국은 지난날 소련과 동구권이 붕괴된 이후 세계 유일의 패권 지배체제를 형성했고, 이 체제를 영원무궁하게 유지하려고 획책하였습니다.

이를 위해 미국은 자신의 말을 듣지 않으면 어떻게 되는지 세계 앞에 명백히 보여주려고 하였습니다. 일명 불량국가라는 딱지를 붙여 침략한 것입니다.

그렇게 했던 이유는 세계 유일의 패권 지배체제를 형성할 당시 미국은 세계 여러 나라와 비교해 상대적, 절대적으로 매우 우위에 있었기에 그 어떤 나라도 미국에 대항할 나라가 없었기 때문입니다. 그래서 미국은 세계적 차원에서 직접적이고 전면적으로 유일 패권 체제를 형성하기 위해 세계화 정책을 집행하면서 동시에 자신의 말을 듣지 않는 나라들을 짓밟음으로써 그 어떤 나라도 고분고분해야지 대항해서는 안 된다는 것을 확인시키고자 했습니다.

이것을 그리스 신화로 비유해 본다면 하데스가 제우스의 상대가 되지 않았을 땐 제우스는 하데스를 지배 세력으로 용서하며 길들이지만 프로메테우스에게는 단지 인간에게 불을 가져다주었다는 이유만으로 엄청난 형벌을 가했던 것과 같습니다. 제우스의 말을 듣지 않는 프로메테우스를 그냥 놔둔다면 인간을 비롯해 과연 어느 누가 자기에게 맛있는 음식을 제물로 바치겠느냐 하는 것이었습니다.

이런 이치로 미국은 자신의 말을 듣지 않는 나라들을 무참히 침략하였습니다. 유고슬라비아, 이라크, 리비아, 아프가니스탄, 시리아 등을 침략하였으며, 북을 붕괴시키기 위해 갖은 압박을 가했습니다.

이 외에도 수많은 나라가 미국의 침략 앞에 엄청난 고통을 당하였습니다. 북 또한 고립무원의 상태에서 미국과 대적하였습니다. 이 과정에서 북은 핵은 물론이고 미 본토를 공략하기 위해 대륙간탄도미사일까지 개발하기에 이르렀습니다. 그리스 신화로 비유하자면 프로메테우스의 처지에서 포세이돈의 자리까지 오르게 된 것입니다.

이런 진행 과정을 객관적으로 살펴보면 북미 간의 싸움에서 누가 승자가 되었는지를 분명하게 확인할 수 있을 것입니다.

하지만 역사에서 살펴보듯 권력을 가진 자는 스스로 권력을 내놓은 사례가 없습니다. 미국은 자신이 상대적으로나 절대적으로 우위에 있었을 때조차 어찌하지 못했음에도 불구하고 여전히 세계 정세를 대립과 대결 정책으로 몰고 가면서 동시에 한반도에서도 긴장 격화를 획책하고 있습니다. 그 이유는 무너져가는 세계 유일의 패권적 지배체제를 유지하려고 하기 때문입니다.

허나 미국의 처지는 지난날과 사뭇 다릅니다. 달이 차면 기울듯 미국이 세계 유일적 지배체제를 형성한 그때로부터 쇠락의 방향으로 나가는 것은 당연한 이치입니다.

실상 미국의 유일적 지배체제는 날로 허물어져 가고 있으며, 지난날 감히 미국에 대항하지 못했던 시기에서 벗어나고 있습니다. 미국의 내정간섭과 침략 책동에 당당하게 주권을 고수해 가려는 제3세력이 급속도로 성장해 가고 있는 것은 물론이고 미국의 유일적 지배체제 자체를 위협하는 세력 또한 커가고 있습니다.

여기서 미국은 자신의 유일 패권적 지배체제를 유지하고자 새롭게 강국으로 등장하고 있는 중국에 대응하고자 모든 화력을 집중하고 있습니다. 한마디로 자신이 상대적으로나 절대적으로 우위를 점했을 때는 프로메테우스를 공략하는 데 집중하였으나 이제는 하데스가 자신의 지위를 넘보는 세력으로 성장하자 프로메테우스에게는 손 볼 여력이 없는지라 다급하게 하데스를 제압하는 방향으로 정책 방향을 옮기게 된 것입니다.

이 정책을 노골적으로 추진했던 정부가 트럼프 행정부였습니다. 트럼프는 미국의 힘을 키워 중국을 제압하기 위해 국익 우선주의라는 이름으로 세계의 모든 나라에 강박하고 나섰습니다. 하지만 그런 트럼프의 정책은 수많은 나라의 반발을 사면서 실현되기가 어려웠습니다. 그만큼 미국의 힘이 약화되었다는 사실이 명백하게 드러난 것입니다.

바로 여기서 미국은 자신의 약화된 힘을 만회하면서 유일적 지배 체제를 유지하기 위해 동맹국을 끌어들이는 방향으로 선회하였습니다. 바로 그런 정책이 신냉전 체제의 추진입니다. 바이든 행정부에 의한 신냉전 체제의 추진으로 세계 정세는 한 치 앞을 볼 수 없을 정도로 전쟁의 먹구름이 형성되었고, 실질적으로 전쟁으로까지 비화되었습니다.

우크라이나의 전쟁이 일어난 것도 실상은 나토와 EU를 동맹국으로 끌어들이기 위해서였고, 대만과 한반도에서 대립과 대결 정책으로 긴장을 고조시키는 것도 한미일의 동맹 체제를 강화하기 위한 것이라고 할 수 있습니다.

하지만 우크라이나 전쟁과 대만 사태로부터 나타난 결과는 무엇이었습니까? 우크라이나는 러시아의 공격을 받아 수많은 사람들이 살상당하고 강토가 황폐화되었으며, 대만 또한 펠로시 하원 의장의 방문 여파로 중국의 포위 공격을 받으며 전쟁의 위험에 노출되고 있습니다.

하지만 미국은 우크라이나와 대만이 어떤 고통을 당하는가는 관심이 없기에 멀리서 지켜보면서 신냉전 체제를 형성하고자 대립과 대결 자체를 부추기고 있을 뿐입니다.

진정 미국이 우크라이나와 대만의 사태를 심각하게 받아들였다면 자신이 직접 나서서 풀어가는 모습을 보여야 맞을 것입니다. 그래야 자신의 유일 패권적 지위가 유지될 것이고, 동맹국들도 적극 끌어당길 수 있을 것입니다.

그런데 멀리서 지켜보면서 대립과 대결 자세로 나가야 한다고 말로만 지껄인다면 그것은 무엇을 의미하겠습니까? 미국이 직접 나설 수 있을 만큼의 힘이 없다는 뜻이고, 이런 연장선상에서 자신을 추종하는 나라를 불나방으로 몰아넣어 희생양으로 삼겠다는 것이 아니고 뭐겠습니까?

이제 미국의 절대적이고 상대적인 우위의 시대는 저물어가고 있습니다. 이것은 다른 것도 아닌 우크라이나 전쟁과 대만 사태로부터 확인되고 있습니다. 그런데도 미국이 세계 유일적 지배체제를 유지하고자 하는 것은 이런 시대적 흐름을 애써 외면하고 단말마적으로 발악하는 행위라고밖에 볼 수 없습니다. 죽을 줄 알면서도 불에 타들어가는 불나방 같은 행위에 다름 아닙니다.

이런 상황에서 미국의 신냉전 체제에 추종하여 한반도의 긴장을 격화시키는 행위는 무엇을 의미하겠습니까? 결국 미국의 유일적 지배체제를 유지하는 데에 이용되어 한반도 또한 불나방 같은 희생양이 되라는 게 아니고 뭐겠습니까?

바로 여기서 한반도에서의 전쟁이 일어날 가능성이 심각하다는 것을 알 수 있습니다. 한마디로 미국은 한반도 민이 어떤 고통을 겪을지는 아무런 관심이 없고 오로지 자신들의 유일적 지배체제를 유지하기 위해 한반도의 긴장 격화를 부추기고 있다는 것입니다.

신냉전 체제의 조성으로 이미 우크라이나에서 전쟁이 발발했고, 또 대만 사태가 벌어진 이상 한반도에서도 전쟁이 발발하지 않는다고 결코 담보할 수 없습니다. 한반도에서의 전쟁은 민족적 참화를 가져올 뿐만 아니라 강토를 파괴하고 지금껏 일궈왔던 소중한 재부를 앗아가기에 어떤 경우에도 막아야 합니다.

한반도에서 전쟁을 막기 위해선 긴장을 조성시키는 행위를 절대 용납해서는 안 됩니다. 특히 불나방으로 희생양이 되기를 원하는 미국과는 한반도에서 공동으로 군사행동을 하는 것을 절대 피하도록 해야 합니다.

그런데 윤석열 정부는 8월 중에 미국과 공동으로 군사훈련을 하겠다고 밝히고 있습니다. 이런 윤석열 정부의 행동은 나라와 민족을 전쟁의 위기로 몰아가는 행위로서 절대 용납될 수 없습니다.

북으로부터 안보가 위협받는다고 판단된다면 그에 대처하기 위해 훈련을 하더라도 미국과 함께하지 말고 자체로 방어훈련을 하면 될 것입니다. 그래도 불안하다면 북과 대화하여 한반도에서 전쟁이 일어나지 않을 참된 방안을 강구해 가면 될 것입니다.

그런데도 이런 노력을 기울이지 않고 미국과 공동으로 군사훈련을 하려고 한다면 나라와 민족을 전쟁의 위기로 빠뜨리는 매국노로 단죄하고 역사의 심판대에 세워가야 합니다.

나라와 민족을 전쟁과 재난의 위기로 빠뜨린 자를 매국노로 단죄해야 하는 이유는 민이 사회와 역사의 주체로 등장한 시대적 특성으로부터 자연스럽게 도출됩니다.

민은 개성을 가진 존재로서 집단을 구성하여 나라와 민족 단위로 살아가고 있기에 이 모든 부분에서 주인의 권리를 누리고 살아야 합니다.

그런데 주인의 권리를 실현하자면 객관적 측면보다는 주체적 특성이 중요하게 대두됩니다. 노동자라고 해서 노동자의 이해와 요구를 제기하는 것도 아니고 자본가라고 해서 자본가의 이해와 요구만 제기하지는 않습니다. 어떤 요구를 제기하는가는 객관적 측면보다는 주체의 사상 의지가 더 중요하다는 것입니다.

마찬가지로 민족에 대한 부분에서도 객관적 측면보다는 주체적 특성이 더 중요합니다. 민족에 대한 이해에서 핏줄과 언어, 지역과 문화의 공통성은 객관적 측면이라고 할 수 있습니다. 반면에 나라와 민족의 운명공동체로서 살아가려고 하는 사상 의지는 주체적 측면이라고 할 수 있습니다.

여기서 객관적 측면엔 해당되지만 나라와 민족의 운명공동체로 함께하려고 하지 않는다면 참다운 민족 성원이라고 할 수 없습니다. 자기 혼자 잘 먹고 잘 살겠다는 욕심에 사로잡혀 나라와 민족을 배반한 매국노를 어떻게 민족 성원이라고 할 수 있겠습니까? 나라와 민족을 위해서는 이런 매국노를 단죄하는 것이 마땅합니다.

반면에 객관적 측면에선 해당되지 않지만 나라와 민족의 운명공동체 성원으로서의 소속감을 느끼고 귀화한다면 우리 민족의 구성원이라고 할 수 있습니다.

이렇게 주체적 측면을 강조하는 것은 민이 개인과 집단, 나라와 민족 단위의 모든 부분에서 주인의 권리를 실현해야 한다는 시대적 특성으로부터 비롯된 것입니다.

주인의 권리는 누가 대신해서 실현해 줄 수 없습니다. 자신이 직접 나서서 찾아야 합니다. 마찬가지로 나라와 민족 단위에서 주인의 권리를 실현하기 위해 운명공동체로 인식하고 나서는 주체적 특성이 중요하다는 것입니다. 나라와 민족 단위에서의 일치성인 애국의 기치가 중요한 것은 바로 이 때문입니다.

민족 성원이냐, 아니냐의 결정적인 기준이 운명공동체로 살아가려고 하는 주체적 측면에 달려 있으니만큼 이를 근거로 살펴보아야 합니다.

그러면 미국의 신냉전 체제에 추종하여 한반도에 전쟁 위기와 재난을 불러일으키는 행위를 무엇으로 봐야 하겠습니까? 이것은 한반도 민족 성원으로서의 운명공동체가 어떤 고통을 겪게 되는지에는 아무런 관심이 없고, 반대로 미국의 유일 패권적 지배체제의 형성에 자신의 운명을 건다는 것이 아니고 무엇이겠습니까? 그런데 이런 자를 어떻게 같은 민족 성원으로 볼 수 있겠습니까?

나라와 민족을 빛내어 가자면 운명공동체 성원으로서 살아가려는 사상 의지를 가져야 하며, 동시에 나라와 민족의 운명을 재난에 빠뜨리려고 하는 자를 매국노로 단죄하고 역사적 심판대에 세워가야 합니다.

거듭 말하지만, 현시기 한반도에서 전쟁을 막아내느냐, 못 막아내느냐는 민족의 생존 문제와 직결되고 있습니다. 특히 미국이 한반도에 긴장을 격화시키면서 불나방으로 희생양을 요구하는 상황에서 단순히 전쟁의 위험성이 상존하는 것이 아니라 실제 전쟁으로 비화될 가능성이 매우 커졌다는 사실입니다.

그 때문에 나라와 민족의 생존을 담보하기 위해서는 우선적으로 한반도에서 전쟁을 불러올 수 있는 긴장 격화의 행위를 반대하기 위한 투쟁을 대중적으로 불러일으켜야 합니다. 다시 말해 미국의 유일 패권적 지배체제의 유지에 운명을 같이하려고 하면서 한반도를 전쟁의 위험 속에 빠뜨리려고 하는 자들을 매국노로 단죄해 가면서 동시에 긴장을 격화시키는 일체 행위를 반대해 가야 합니다. 이를 성과적으로 수행한다면 애국의 기치는 확고하게 뿌리 내리게 될 것이고, 그러면 한반도의 참다운 평화와 통일도 그만큼 빨리 이뤄질 것이며, 그로써 한민족은 더욱 강성부국 하는 나라로 발돋움하게 될 것입니다.

## 4) 애국법과 조국통일법은 어떤 내용을 담아야 할까?*

애민, 애국의 기치가 실현되는 사회로 개혁하자면 그에 맞는 법적 제도와 질서 체계를 세워야 합니다. 그래야 혼란을 겪지 않고 사회 대개혁의 과제를 성과적으로 수행할 수 있습니다. 여기서 그 핵심은 애국법과 조국통일법을 제정하는 것입니다. 한마디로 애국의 행위는 고무하고 이를 가로막고 방해하는 매국 행위는 응징하면서 한시바삐 분단된 조국을 통일하자는 것입니다.

사회가 제대로 작동하기 위해서는 그에 맞는 법적 체계와 윤리적 기준을 가져야 합니다. 그런데 지금껏 한국 사회는 매국 행위와 애국 행위가 도무지 무엇인지 모호하기 짝이 없습니다. 단적으로 주권을 제대로 행사하지 못하고 있으면 주권을 찾기 위해 나서야 하고, 조국 이 분단되어 있으면 통일하려고 노력하는 것이 애국적인 행위일 터인데, 이를 위해 노력하면 국가보안법에 의해 탄압받는 기묘한 상황이 벌어지고 있습니다.

바로 여기서 참된 애국이 무엇이고, 무엇이 매국적인 행위인지를 분명하게 확립해야 할 과제가 제기되고 있습니다. 다시 말해 지금까지 잘못된 한국의 사회적 분위기를 새롭게 바꿔내 일신시키자면 애국 행위는 사회적으로 고무받고 매국 행위는 응징하는 사회적 기풍을 세워가야 한다는 것입니다. 사회적 기풍이 잘못 세워져 있다면 아무리 개인적으로 노력해도 사회적 문제를 해결할 수 없습니다.

---

* 우리겨레연구소 카페, 애국법과 조국통일법은 어떤 내용을 담아야 할까?(2024. 10. 07), 참조 자료: 우리겨레연구소 카페, 한국 사회를 실질적으로 개혁하자면 왜 애국법과 조국통일법의 제정이 절대적으로 필요한가?(2023. 12. 18), 우리겨레연구소 카페, 이번 기회에 윤석열을 탄핵시킴과 동시에 애국법과 조국통일법을 제정함으로써 매국파쇼 세력의 뿌리를 뽑아내 버리자!(2024. 12. 12)

단적으로 매국은 애국의 기준에 의해서 심판을 받아야 할 것인데, 도리어 매국노가 애국자를 탄압하고 주인 행세하는 사회라면 거기서 무엇을 기대할 수 있겠습니까? 이것은 아무리 달리 판단해도 법과 윤리의 기준이 잘못 적용되었다고 말할 수밖에 없을 것입니다. 이런 사회에서는 혼란만 거듭될 것이고, 사회 대개혁의 과제를 성과적으로 수행할 수 없을 것입니다. 그 때문에 한국 사회를 참답게 개혁하기 위해서는 이런 잘못된 법적 제도와 질서 체계를 바꿔야 합니다. 그래야 올바른 사회적 기풍을 세워내면서 애민과 애국의 기치에 맞게 한국 사회를 새롭게 개혁해 갈 수 있다는 것입니다.

이 문제를 해결하자면 무엇보다 애국법과 조국통일법을 제정하면서 그 내용을 명확히 해야 합니다. 왜냐하면 애국법과 조국통일법은 한국 사회의 본질적 문제인 애국과 매국의 행위가 무엇인지를 가장 직접적으로 드러낼 수 있는 법적 체계를 갖추어야 하기 때문입니다. 그래서 애국법과 조국통일법의 내용을 명확히 밝히면 애국과 매국이 무엇인지가 절로 이해됨으로써 애국적 행위는 고무하게 되고 매국적 행위는 응징되는 분위기가 형성될 것이고, 그러면 자연스레 한국 사회는 지난날과 달리 애국적 기풍이 고무 진작되면서 애민과 애국의 기치에 의해 민이 주인의 권리를 누리고 사는 사회 대개혁의 과제를 수행해 가는 과정으로 나아갈 수 있게 된다는 것입니다.

그런데 애국법과 조국통일법을 제정하자면 그 근거가 마련되어야 할 것입니다. 그것은 한국의 헌법을 바로 세우는 것에서 해결해야 합니다. 헌법에서 애국법과 조국통일법이 왜 제정되어야 하는지를 명확히 해야만 그에 근거해서 그 내용을 수립할 수 있다는 것입니다. 그 이유는 헌법이야말로 한 사회가 지향해야 할 방향과 목적을 명확하게 밝혀야 하기 때문입니다.

그러면 한국의 헌법은 어떤 내용으로 되어야 할까요? 여기서 생각해야 할 것은 한국의 헌법도 여러 번 바뀌었다는 사실입니다. 그것도 현실의 문제를 풀어가는 방향에서 바뀌었다는 것입니다. 그렇다면 지금 시기에서 새로운 헌법의 내용을 갖추는 데서 중요한 것은 시대적 요청을 받아들이도록 하는 것입니다. 시대적 흐름은 도도히 흘러가는 대하의 물결처럼 어느 누군가의 자의에 의해 쉽사리 바뀌지 않기 때문입니다. 바로 여기서 새롭게 헌법을 제정할 때 시대적 요청이 무엇인지를 분명히 밝힘으로써 애국법과 조국통일법이 어떤 내용을 견지해야 하는지를 명확히 할 필요성이 있습니다.

현시기의 시대적 요청은 민이 주인의 권리를 누리고 사는 것입니다. 그것도 개인과 집단, 나라와 민족 단위의 모든 부분에서 주인의 권리를 누리고 사는 것입니다. 한마디로 사회와 역사의 주체는 민이고, 그 때문에 나라와 민족 단위의 주인도 민이라는 것입니다.

그런데 이런 민은 갑자기 하늘에서 뚝 떨어지지 않았습니다. 유구한 역사적 과정에서 탄생했습니다. 그렇다면 한국 민의 탄생 과정을 밝혀야 할 것입니다. 바로 여기서 한국의 민은 반만년의 유구한 역사를 자랑하는 단군조선의 건국으로부터 탄생하여 열국시대의 혼란기를 걷다가 고구려와 백제, 신라, 가야의 4국 시대를 지나 발해와 후기 신라의 남북국 시대, 다시 고려, 조선을 거쳐 살아오다가 일제의 침략을 받아 식민 지배에 처하자 이에 벗어나기 위해 자주독립의 항쟁을 벌여 해방을 이루었지만, 안타깝게도 외세와 매국노의 농단에 의해 분단이 형성되고 나라의 주권을 제대로 행사하지 못하게 되었습니다. 이에 주권을 되찾아 분단을 극복하면서 민족통일을 이룩하기 위해 4·3항쟁, 반민특위, 4월혁명, 광주민주항쟁, 6월항쟁은 물론이고, 7·4공동성명, 남북합의서, 6·15공동선언, 10·4선언, 판문점선언, 평양선언 등을 이룩하면서 한시도 쉬지 않고 싸워 왔습니다.

이런 피어린 과정에서 한국의 민은 나라와 민족의 주인으로 우뚝 서게 되었으며, 자유와 평등도 인간으로서 당연히 누리고 살아야 할 기본 가치임을 명확히 확인하였습니다. 하지만 자유와 평등이 형식적인 수준에서 머물게 되면 별반 의미가 없음을 직시하고 자유와 평등을 실질적으로 누리고 살아야 한다는 것을 깨닫게 되었고, 이를 실현하자면 개인과 집단, 나라와 민족 단위의 모든 부분에서 주인의 권리를 누리고 살아야 한다는 것을 파악하게 되었습니다.

그런데 개인과 집단, 나라와 민족 단위의 모든 부분에서 주인의 권리를 누리고 살자면 자주, 민주, 통일의 기치를 견지해야 하고, 일치와 입체, 통일의 방법론을 구사해야 합니다. 왜냐하면 자주, 민주, 통일은 민이 개인과 집단, 나라와 민족 단위의 모든 부분에서 주인의 권리를 누리고 살아야 한다는 원칙적 입장을 표현해 주고, 일치와 입체, 통일의 방법론은 민이 그 모든 부분에서 주인의 권리를 실현할 수 있는 방도를 밝혀주기 때문입니다. 한마디로 사회와 역사의 주체이자 나라의 주인인 민이 개인과 집단, 나라와 민족 단위의 모든 방면에서 주인의 권리를 누리고 사는, 즉 애민사회를 시대적 요청으로 받아들인다면 자주와 민주, 통일의 기치와 함께 일치와 입체, 통일의 방법론을 견지해야 함을 분명히 해야만 애민시대에 맞게 한국의 문제를 풀어갈 수 있을 뿐만이 아니라 이것이 세계 평화와 인류사의 발전에 이바지하는 길이 된다는 것입니다.

이렇게 헌법에서 시대적 요청 사항을 분명히 해야 애국법과 조국통일법이 제정되어야 하는 근거를 갖게 되고 그에 맞는 내용을 명확하게 포함하게 된다는 것입니다. 한마디로 시대 흐름에 맞는 애국법과 조국통일법이 제정되려면 애민사회에 대한 지향이 나와야 한다는 것이고, 여기서 민이 사회와 역사의 주체이고, 나라와 민족의 주인이니만큼 개인과 집단, 나라와 민족 단위의 모든 부분에서 주인의 권리를 누리고 살아가는 사회상에 대한 정당성을 헌법에서 명시해 주어야 한다는 것입니다. 그래야만 이를 실현하기 위한 기본 방향이 현시기에서는 애민과 애국의 기치이고, 그에 맞게 애국법과 조국통일법의 내용을 제정할 수 있다는 것입니다.

그 이유는 참다운 애국이 무엇인지가 명확해지지 못한다면 사이비 애국이 판치게 되고, 마찬가지로 조국통일의 내용이 시대적 요청에서 어떻게 되어야 하는지가 명확해지지 못한다면 사실상 조국통일을 지향하지 않는데도 조국통일을 바라는 것인 양 잘못 이해되는 현상이 발생하기 때문입니다.

일례로 다른 나라를 침략하고 패권을 추구하는 것이 애국이라고 한다면 도대체 자기 나라의 문제를 자기 힘으로 풀지 않고 다른 나라와 민족을 등쳐 먹어서 살겠다는 것인데, 그것이 어찌 주인의 권리를 누리고 살려는 모습이라는 말입니까? 다른 나라를 침략해 살아가려는 행위는 자기 힘에 의지하여 풀어가려는 것이 아니라 다른 사람의 재부를 착취하여 살아가는 기생적인 모습일 뿐입니다. 이것은 개인과 집단, 나라와 민족 단위의 모든 부분에서 주인의 권리를 누리고 살아가려는 민의 모습이 될 수 없습니다. 그런데 자기 힘이 아닌 다른 사람에 기대여 살려고 한다면 어떻게 사회와 역사의 주체라고 말할 수 있겠느냐는 것입니다.

조국통일도 마찬가지입니다. 민이 나라와 민족 단위로 살아가는 것이니만큼 애민과 애국의 기치에 의거하여 한반도 차원에서 주인의 권리를 실현하기 위해 자체의 힘으로 풀어가려는 것이 참답게 조국통일의 과제를 풀어가는 모습일 것입니다. 그런데 자기가 힘이 세다고 하여 자기 이념과 방식대로 밀어붙이려고 하고, 그것도 외세의 힘까지 빌려 압박하여 통일하겠다고 한다면 이것을 어떻게 봐야 하겠습니까? 이것은 말로만 통일을 운운했을 뿐, 실상은 지금의 시대적 흐름에 전혀 맞지 않는 조국통일의 추구라고 할 수 있을 것입니다.

그 때문에 애국법과 조국통일법을 거론하기 이전에 반만년의 유구한 역사를 이어 왔고, 현시기에 이르러서는 민이 개인과 집단, 나라와 민족 단위의 모든 부분에서 주인의 권리를 누리고 살아야 한다는 시대적 요청을 분명히 하는 속에서 이를 해결하기 위해 자주, 민주, 통일의 기치와 함께 일치와 입체, 통일의 방법론을 견지해야 한다는 것을 헌법에 명확히 명시해야 한다는 것입니다. 이렇게 시대사적 요청을 분명하게 명시해야만 애국법과 조국통일법의 내용이 명확해지게 된다는 것입니다.

헌법에 명시된 시대사적 요청에 근거했을 때, 애국법은 애민시대에 맞는 애국의 법적 제도와 질서 체계를 세워 애국 행위는 고무, 진작시키고, 매국 행위는 철저히 응징함으로써 민이 개인과 집단, 나라와 민족 단위의 모든 부분에서 주인의 권리를 실현할 수 있도록 그 초석을 다지는 데 그 목적이 있다고 할 수 있습니다.

이런 목적에 의해서 제정되는 애국법은 첫째 주권을 철저히 고수하는 내용을 가져야 합니다. 그래야만 하는 이유는 애민사회를 건설하려면 자주, 민주, 통일의 기치를 내걸어야 할 뿐만 아니라 일치와 입체, 통일의 방법론으로 풀어야 하는데, 그러자면 주권을 고수하는 것이 기본전제 조건으로 되기 때문입니다.

한국의 문제를 해결할 수 있느냐, 없느냐의 관건은 자기 힘으로 풀어갈 수 있는 조건을 확보하느냐, 그렇지 못하느냐에 달려 있습니다. 주권도 없는 조건에서는 백약이 무효입니다. 주권의 고수는 애민시대에 맞게 자주, 민주, 통일의 기치를 견지하면서 일치와 입체, 통일의 방법론으로 풀어가려고 할 때 가장 일차적인 요구이자 전제 조건으로 된다는 것입니다. 한마디로 외세의 침략과 간섭으로부터 기필코 벗어나 한국 민 자체의 이해와 요구에 따라 판단하고 결정할 수 있는 조건을 확보해야 한다는 것입니다.

그래서 주권을 철저히 고수해야 한다는 내용에는 한국의 민이 스스로 판단하고 결정할 수 있는 조건을 구비하는 것이 포함되어야 합니다. 여기에는 다른 나라와의 관계에서 정치 군사적으로 주권을 회복하는 문제뿐만이 아니라 경제적 기반을 최소한으로 구축하는 내용도 포함되고, 동시에 사회 역사적으로 독립적인 주체로 인정받는 문제까지 포함됩니다. 그래서 정치 군사적으로 주권을 제약하는 제반의 불평등한 조약과 협정은 파기되어야 하고, 경제적 측면에서도 우리 스스로 독자적으로 판단하고 결정할 수 있는 물질적 기반을 구축하여야 하며, 사회 역사적 측면에서도 한국의 민이 자체의 힘으로 역사를 개척해 왔다는 점을 명확히 확보해야 한다는 것입니다. 따라서 일본의 식민 지배에 대해 일본으로부터 사과를 받아내는 문제는 사회 역사적 측면에서 한국의 민이 자체의 힘으로 개척해 왔음을 인정받는 주권의 문제와 관련되니만큼 결코 양보할 수 없는 사안이라는 것입니다.

주권을 고수하기 위해 한국의 민이 스스로 판단하고 결정할 수 있는 조건을 구비하는 것이 우선이지만 그렇다고 모든 것이 끝난 게 아닙니다. 실질적으로 주권을 고수하며 행사하느냐는 대내외적 관계에서 결정됩니다. 그 때문에 외적인 문제와 함께 내적인 문제를 동시에 해결해야 합니다.

대외적 관계에서는 철저히 침략과 패권적 행위를 반대해야 합니다. 침략과 패권의 행위가 용인되면 그때로부터 한국의 문제를 우리 스스로 해결하는 데 장애가 형성됩니다. 그래서 국제 사회에서 침략과 패권의 행위를 견결히 반대하는 입장을 표명해야 합니다. 한마디로 자주와 평화, 친선을 대외정책의 기본 목표로 삼는다는 것입니다.

주권을 고수하고 행사하는 데에서 침략과 패권을 반대하고 자주와 평화, 친선의 대외정책을 분명히 제시해야 하는 것은 침략과 패권을 추구하면서도 그것이 애국적인 행위인 양 호도되는 모습이 벌어지는 조건에서 더더욱 중요하게 요청됩니다. 사회와 역사의 주체이자 나라의 주인인 민은 나라와 민족 단위로 자기 권리를 행사합니다. 그 때문에 개인과 집단, 나라와 민족 단위의 모든 방면에서 주인의 권리를 행사하자면 세계의 민은 굳게 단결하여야 합니다. 그런데 침략과 패권이 애국인 양 호도되면 세계의 민은 단결할 수 없고 서로 싸우게 됩니다. 이런 현상이 벌어지면 각 나라와 민족 단위에서 애국의 기치가 실현되는 것이 아니라 침략과 패권의 추구에 농락당하게 되고, 그러면 결국 각 나라와 민족 내부에서도 민이 주인의 권리를 누리고 살수가 없게 됩니다. 그 이유는 지배와 패권의 추구가 이미 용인되는 속에서는 각 나라의 내부 관계도 그에 영향받아 지배와 패권의 질서 체계가 형성되지 않을 수 없기 때문입니다. 그래서 자기 나라와 민족 단위에서 민이 주인의 권리를 누리고 살자면 대외정책에서도 침략과 패권을 반대해 가야만 한다는 것입니다.

대외정책에서 침략과 패권을 반대하고 자주와 평화 친선 관계를 이룩해간다는 것은 대외관계에서 이를 추구하는 세력을 반대한다는 것일 뿐만이 아니라 대내 관계에서도 매국적 행위를 저지른 자들을 철저히 응징한다는 것을 의미합니다. 외세의 침략과 패권이 행사될 수 있는 이유는 외세에 기생해서 자기 욕심만 챙기려는 세력이 있기 때문입니다. 한마디로 자기 나라와 민족의 힘으로 풀어가려는 것이 아니라 자기 욕심을 위해서 외세를 끌어들이려는 세력이 있기 때문이라는 것입니다. 그 때문에 주권을 훼손하면서 외세의 침략과 패권에 부화뇌동하여 자기 욕심을 챙기려는 세력을 응징하는 것은 나라의 주권을 지키고 행사하는 데에서 매우 중요한 문제로 대두됩니다. 왜냐하면 이런 매국노 세력이 없다면 침략과 패권의 행사가 사실상 불가능해지기 때문입니다. 그래서 주권을 고수한다는 내용에는 외세의 침략과 패권의 행사에 적극 반대해야 할 뿐만이 아니라 이에 부화뇌동하여 외세를 끌어들여 자기 욕심만 챙기려는 매국노들을 철저히 응징하는 내용을 가져야 한다는 것입니다.

애국법은 둘째로 영토를 철저히 고수하는 것일 뿐만이 아니라 민의 생명과 재산, 권리를 철저히 수호하는 것을 그 내용으로 포함하여야 합니다.

주권을 고수하려고 하는 것은 조국을 문명하고 부강하게 발전시킴으로써 그 혜택을 누리면서 살아가기 위해서입니다. 그러자면 영토를 철저히 고수하고 민의 생명과 재산, 권리를 견결히 수호해야 합니다. 한마디로 주권을 고수하는 목적과 관련된다는 것입니다. 나라와 민족 단위에서 번영되는 삶을 누리며 살아가고자 주권을 고수하는 것인데, 자신의 영토는 물론이고 민의 생명과 재산, 권리를 지키지 못한다면 주권을 고수해야 목적이 사라지게 될 것입니다. 그 때문에 주권을 고수하는 목적에 맞게 어떤 경우에도 영토를 견결히 고수하고 민의 생명과 재산, 권리를 철저히 수호해야 한다는 것입니다.

영토를 고수하고 민의 생명과 재산, 권리를 수호하는 데서 중요한 것은 개인적 사욕이나 패거리의 이익을 추구하기 위해 나라와 민족의 재부를 다른 나라에 팔아넘기는 행위를 철저히 가로막고 응징하는 것입니다. 나라와 민족의 재부는 민이 문명화된 삶을 살아가는 데에 필수적으로 요구되는 귀중한 재원입니다. 그런데 사적 욕심과 패거리들의 이익을 추구하기 위해 나라와 민족의 재부를 팔아넘긴다면 그 무슨 자원으로 민이 주인의 권리를 누리면서 물질 문화적으로 문명화된 삶을 살 수 있겠습니까? 그 때문에 사적 이익과 패거리들의 욕망을 위해 나라와 민족의 재부를 팔아넘기는 행위를 매국적 행위로 판단하고 단호히 응징해야 합니다.

애국법은 또한 나라와 민족 단위로 살아가고 있는 민이 운명공동체 집단임을 인정하고 그 정체성을 확립하면서 민적 품성과 사회적 기풍을 시대에 맞게 세워가는 것을 그 내용으로 갖추어야 합니다.

애국법은 애민과 애국의 기치를 사회적 기풍으로 확립하여 민이 개인과 집단, 나라와 민족 단위의 모든 방면에서 주인의 권리를 누리며 살고자 하는 목적 속에서 제정됩니다. 그런데 이를 실현하자면 그 전제 조건인 주권의 고수와 그 목적에 맞게 애국법을 세워야 할 뿐만이 아니라 어떻게 해야 애국적 기풍이 확립될 수 있는지에 대해서도 그 내용성을 담보해주어야 합니다. 그런데 그 내용성은 애국의 정체성을 어디에서 찾을 것인가의 문제와 연관되고, 그 정체성을 계속 추구하여 확립해 가면 애민시대에 맞는 애국적 기풍이 수립된다는 것입니다.

그러면 애국의 정체성을 어디에서 찾아야 하고, 그것이 무엇이겠습니까? 나라와 민족의 주인이 민이니만큼 민에서 찾아야 합니다. 그런데 민은 나라와 민족 단위에서 운명공동체 집단으로 살아갑니다. 한마디로 애민시대의 민족성은 핏줄과 언어, 지역과 문화의 공통성이라는 객관적 측면보다는 운명공동체 집단으로서의 소속감을 가지고 살아가려고 하는가, 그렇지 않은가가 결정적 판단 기준이 된다는 것입니다. 다시 말해 검은머리 미국인들은 애국의 정체성과는 관련이 없다는 것입니다.

애국의 정체성을 운명공동체 집단으로서의 소속감을 가지고 있는가, 그렇지 않은가의 주체적 측면을 중시해서 바라보아야 하는 이유는 민이 사회와 역사의 주체로서, 개성을 지니고 집단을 구성하여 나라와 민족 단위로 살아가고 있다는 것이 명확해졌기 때문입니다. 그래서 애민시대에 맞는 애국의 기치는 개인과 집단, 나라와 민족 단위의 모든 부분에서 주인의 권리를 누리고 사는 것이 시대적 요청으로 되었다고 바라봅니다.

민족에 대한 이런 진단은 민을 떠나서 민족성이 존재하는 것처럼 이해하는 허구성을 명확히 밝혀줍니다. 민을 떠나서 민족성이 존재하는 것처럼 이해하기에 다른 나라를 침략하고 패권을 추구하여 사실상 기생적인 삶으로 전락하게 만드는 것도 애국적인 것처럼 호도하는 현상이 발생하게 된다는 것입니다. 이런 잘못된 현상을 극복하자면 민이 하나의 운명공동체 집단을 형성하면서 민적 품성과 기풍이 민족성으로 외화되었다는 점을 명확히 해야 한다는 것입니다. 다시 말해 각 나라와 민족 단위에서 지배와 억압을 추구하는 것은 물론이고 다른 나라와 민족을 침략하는 행위는 민의 이해와 요구에 배치되기에 애국적인 모습이 될 수 없다는 것입니다. 그래서 철두철미 각 나라와 민족 단위의 운명공동체 집단으로 살아가는 민과 연계해서 민족성을 이해해야 한다는 것입니다.

이렇게 민족성을 철저히 민과 연결시켜 이해하면 민족성은 결국 운명공동체 집단으로서의 정체성을 찾아가는 문제로 귀결됩니다. 민족성이라는 게 갑자기 하늘에서 떨어지는 것이 아니라 결국 민이 나라와 민족 단위에서 운명공동체 집단으로 살아가는 사람들의 문제이기 때문입니다.

운명공동체 집단으로서의 정체성을 찾는 문제가 중요한 이유는 바로 이것이 나라와 민족 단위에서 어떤 목적과 방향, 지향을 가지고 살아갈 것인가의 문제를 결정해 주기 때문입니다. 한마디로 애민시대에 맞는 애국적 기풍을 어떻게 확립할 수 있는 문제와 직결된다는 것입니다. 그 때문에 운명공동체 집단으로서의 정체성은 민과 떨어뜨려 찾아서는 안 되고, 철두철미 민과 연결시켜 고상한 민적 품성과 기풍을 확립하는 문제로 이해해야 한다는 것입니다.

여기서 흔히 민족적 정체성을 찾자고 하면 그것을 민족적 배타성이나 패권주의를 지향하는 주장이라고 이해하는 경향이 있습니다. 하지만 이것은 잘못된 이해입니다. 자신의 정체성을 자기 자신에게서 찾으려는 것인데, 왜 이것이 배타성과 폐쇄성, 침략적 특성을 갖게 된다는 것인지 도무지 이치에 맞지 않기 때문입니다. 더 정확히 말하면 배타성과 폐쇄성, 침략적 특성은 자신의 정체성을 자기 자신에게서 찾는 것이 아니라 타민족과의 관계에서 지배와 패권을 추구하려고 하기 때문에 발생합니다. 자신에게서 찾게 되면 자신의 존엄이 소중하다는 것을 인정하기에 당연히 타민족에 대해서도 그 존엄을 인정하는 것은 당연시됩니다. 그 때문에 배타성과 폐쇄성, 침략적 성격을 가질 이유가 없습니다. 도리어 자기 자신에게서 정체성을 찾으려는 것은 모두가 서로 단합하여 개인과 집단, 나라와 민족 단위의 모든 부분에서 주인의 권리를 누리고 살아가는 것을 분명하게 견지하게 합니다. 한마디로 자주, 민주, 통일의 기치를 견지하는 것은 물론이고 일치와 입체, 통일의 방법론을 철저히 구사하여 운명공동체 집단으로서의 정체성을 확립하게 함으로써 개인과 집단, 나라와 민족 단위의 모든 부분에서 주인의 권리를 누리고 살 수 있는 방향을 명확히 견지하게 한다는 것입니다.

이런 이치에 의하면 자주, 민주, 통일의 기치에 의거하면서 일치, 입체, 통일의 방법론을 구사함으로써 운명공동체 집단으로서의 정체성을 확립하여 통일단결을 추구하려고 하는 것이 아니라 사람들 간의 분열과 대립, 대결을 획책하는 것은 반민적이고 매국적 행위로 응징되어야 한다는 것을 알 수 있습니다. 정체성을 찾아 애국적 기치로 굳건히 단합해야 하는데, 이를 계속 훼방 놓는 것을 허용한다면 정체성을 확립할 수 없기 때문입니다.

한국 사회에서 애민과 애국의 기치가 사회적으로 확립되는 방향으로 힘있게 나아가지 못했던 것은 이처럼 정체성의 확립을 방해하는 매국적 언사와 행동을 벌여도 처벌하지 못하는 것과 관련되어 있습니다. 그 때문에 운명공동체 집단으로서의 정체성을 확립해 애국적 기풍을 세워가는 것을 훼방 놓는 매국적 행위에 대해서는 단호하게 응징해야만 합니다.

물론 운명공동체 집단으로서 소속감을 갖고 살아가는 부분에 대해 그 정체성을 어느 정도 확립했다고 하더라도 그 자체가 언제까지나 고정불변할 수는 없습니다. 시대의 요구에 따라 계속 발전시켜 가야 합니다. 그 때문에 애민사회에서는 민적 품성과 기풍이 시대 흐름에 맞게 더욱 풍부히 발전하게 하면서도 시대에 뒤떨어진 부분에 대해서는 계속 극복하는 방향으로 나아가야 합니다.

애국법은 또한 상벌 체계가 명확하게 수립되어야 합니다. 애국법을 제정하는 이유는 애민시대에 맞게 애국적 기풍을 확립함으로써 누구나 개인과 집단, 나라와 민족 단위의 모든 부분에서 주인의 권리를 누리고 살게 하기 위해서이지 그 누구를 억압하거나 탄압하기 위해서가 아닙니다. 그 때문에 이를 실현하기 위한 포상 제도와 징벌 체계가 법적으로 명확하게 확립되어야 합니다. 이런 법적 제도와 질서가 확립되도록 상벌 체계를 명확히 규정함으로써 한국 민으로서의 긍지와 자부심을 지니고 애민시대의 애국적 기풍에 맞게 참다운 삶을 살아가도록 해야 합니다. 이런 기풍이 확립되었을 때 민은 개인과 집단, 나라와 민족 단위의 모든 부분에서 주인의 권리를 실질적으로 누리고 살 수 있게 된다는 것입니다.


헌법이 애민시대의 사회에서 자주, 민주, 통일의 기치와 함께 일치와 입체, 통일의 방법론을 통해 개인과 집단, 나라와 민족 단위의 모든 부분에서 주인의 권리를 누리고 살아야 한다는 것을 시대적 흐름으로 규정해주고, 이에 근거해 애국법이 애민시대에 맞는 애국적 기풍이 사회적으로 확립되도록 법적 제도와 질서 체계를 확립해 주는 것이라고 한다면, 조국통일법은 이런 헌법과 애국법에 근거하여 분단된 민족을 하나의 나라로 통일해야 한다는 목적과 사명을 명확히 한 법률이라고 할 수 있습니다.

그러면 분단된 나라와 민족을 하나로 통일해야 하는 이유는 무엇일까요? 분단되어도 서로 통일하지 않고 살 수도 있을 터인데, 왜 통일의 기치를 내걸어야만 하느냐는 것입니다. 바로 여기서 조국통일법에는 분단된 나라를 하나로 통일시켜야 하는 이유와 근거를 밝히는 내용이 요구됩니다. 그 근거와 이유가 분명해야만 조국통일을 해야 할 필요성이 명확해지기 때문입니다.

그런데 그 근거와 이유는 조국통일의 상과 관련됩니다. 만약 조국통일의 상이 분단된 것보다도 못한 상황에 빠지게 된다면 필연코 조국통일을 이뤄야 할 필요성이 사라질 수도 있기 때문입니다. 바로 여기서 조국통일은 다른 그 어떤 문제가 아니라 한반도 민이 한반도 차원에서 주인의 권리를 누리고 살아야 할 문제로 접근되어야 한다는 것입니다.

민은 개성을 가진 존재로서 집단을 구성하여 나라와 민족 단위로 살아가고 있습니다. 그래서 이 모든 부분에서 주인의 권리를 누리고 살아야 합니다. 그러자면 나라와 민족 단위에서 철저히 주권을 고수하고 행사할 수 있어야 합니다. 그런데 지금껏 반만년의 유구한 역사적 과정을 통해 하나의 운명공동체 집단으로 살아온 민이 서로 통일하여 하나의 나라를 건설하지 못한다면 주권의 행사에 심히 제약을 받게 됩니다. 서로 단합되어 있지 못하고 분단되어 있기에 언제든지 서로 전쟁을 할 수도 있고, 또 분단된 관계로 해서 외세의 농락에도 적절히 대처할 수가 없게 됩니다. 그 때문에 민이 개인과 집단, 나라와 민족 단위의 모든 부분에서 주인의 권리를 누리고 살자면 조국통일을 기필코 이루어야 할 필수적인 요구로 된다는 것입니다. 한마디로 조국통일은 나라와 민족 단위로 살아가고 있는 민의 요구로부터 필수적으로 제기된다는 것입니다.

이런 각도로 놓고 보면 결국 한국 사회에서 견지해야 할 애민, 애국의 기치와 조국통일의 기치는 서로 다른 문제가 아니게 됩니다. 다시 말해 한국에서의 애민, 애국의 기치와 한반도 차원에서의 애민, 애국의 기치는 한국이냐, 아니면 한반도 차원이냐의 범위와 연관될 뿐이지 그 내용이 서로 다를 수가 없다는 것입니다. 한마디로 한국에서 애민, 애국의 기치가 적용되는 원리가 바로 조국통일의 상에서도 그대로 적용된다는 것입니다.

조국통일이 애민과 애국의 기치하에 전개되어야 한다고 분명히 밝히는 것은 한반도 차원에서 민의 권리를 실현해야 할 그 필요성과 근거를 명확히 해줄 뿐만이 아니라, 말로는 조국통일을 하겠다고 하지만 실질적으로는 조국통일을 가로막고 있는 입장의 허구성을 명확히 밝혀주고 직시할 수 있도록 합니다.

지금껏 조국통일을 하자고 하면 모두가 찬성하는 것처럼 발언하여 큰 입장 차이가 없는 것처럼 여겨져 왔습니다. 그런데 이렇게 모두가 조국통일에 대해 찬성한다면 진작에 조국통일이 이뤄졌어야 할 것입니다. 모두가 찬성하는데 왜 안 되었는지에 대한 이유를 설명할 수가 없기 때문입니다. 하지만 1945년 조국이 분단된 이래 지금껏 통일이 이루어지지 못하고 있습니다. 이것은 조국통일의 상이 다름으로써 사실상 조국통일을 방해하는 입장인데도 조국통일을 바라는 것처럼 기만해 온 행위가 통용되어 왔기 때문입니다. 그 대표적인 것이 조국통일을 마치 이념대결인 것처럼 왜곡해서 바라보는 것입니다. 이념대결의 축으로 바라보니 상대방에게 자신의 이념을 강요하려고 하고, 그로 인해 심지어 외세까지 끌어들이는 매국적인 행위까지 저질렀다는 것입니다.

거듭 말하지만 조국통일은 한반도 차원에서 민의 권리를 실현하기 위해서입니다. 그래서 애민과 애국의 기치에서 벗어나면 안 됩니다. 그런데 자신의 이념을 기반으로 조국통일을 이룩하겠다고 하면서 외세까지 끌어들인다면 어떻게 되겠습니까? 이것은 민이 한반도 차원에서 주인의 권리를 누리고 살아야 한다는 것을 철저히 부정하는 것일 뿐만이 아니라 조국통일의 문제를 이념대결의 장으로 만듦으로써 사실상 하나로 단합하여 조국통일을 이루지 못하게 하는 반통일적 입장이 될 수밖에 없다는 것입니다. 이런 입장이 통용되어서는 절대로 조국통일이 이뤄질 수 없습니다. 이념대결로 바라본 이상 계속 싸워야 할 것인데, 그러면 어떻게 단합하여 조국통일을 이룩할 수 있겠느냐는 것입니다. 그 때문에 조국통일의 상에 대해서 얼마든지 자신의 주장을 펼칠 수는 있으나 애민과 애국의 기치에서 벗어나서는 안 될 뿐만 아니라 이념대결의 장으로 주장하면서 외세까지 끌어들이는 입장은 철저히 반통일적이고 매국노적 입장이라는 것을 분명히 하면서 이에 대해서는 단호히 징벌 조치하는 법적 체계를 갖추어야 합니다.

조국통일법에서 조국통일의 상이 한반도 차원에서 민의 권리를 실현하는 문제라는 것을 천명함으로써 왜 조국통일이 이루어져야 하는지에 대한 근거와 이유를 명확히 하면서 이념대결이 아닌 애민과 애국의 기치로 추구되어야 한다는 것이 밝혀졌다고 한다면 이제 조국통일을 실질적으로 이룩하자면 그것을 실현할 수 있는 조건을 만들어가야 할 것입니다.

한반도 차원에서 민의 권리를 실현하기 위해 애민과 애국의 기치를 공통점으로 한 조국통일의 상을 설정하여 남북통일을 추진한다고 해도 곧바로 조국통일을 이룩할 수는 없을 것입니다. 그 때문에 정말로 조국통일을 이루려고 한다면 그만한 조건을 창출해가야 합니다. 바로 여기서 조국통일법에는 그 조건을 어떻게 만들어갈 것인지에 대한 내용이 담겨 있어야 합니다. 그 조건을 만들어 가려는 부분이 명확하지 않다면 사실상 조국통일을 하지 말자는 것과 다름없습니다. 조건을 만들어 가지 않는데 조국통일이 이뤄질 리 만무하기 때문입니다.

조국통일의 조건을 만들어 가는 데에 있어서 중요한 것은 애민과 애국의 기치에 벗어나지 않는 한 상대방의 고유 권리를 철저히 존중해야 한다는 것입니다.

국가 간의 관계에서도 서로 협력하자면 상대방의 주권을 서로 존중해야 합니다. 하물며 하나의 나라로 조국통일을 이룩하려고 하는 것이니만큼 당연히 상대방의 권리를 서로 존중하여 자주와 평화, 친선 관계를 확립하기 위해 노력해야 합니다. 바로 여기서 상대방의 고유 권리를 침해하거나 대립과 대결 정책으로 나아가는 행위, 평화를 위협하고 전쟁을 조장하는 행위 등은 철저히 상대방을 존중해야 한다는 원칙을 부정하는 것일 뿐만이 아니라 분단된 민족이 화합과 단합의 길로 나아가는 것 자체를 방해한다는 점에서 철저히 반민족적이고 반통일적이며, 매국노적 행위라는 것을 분명히 하고 응징해야 합니다.

애민과 애국의 기치에 벗어나지 않는 부분에 대해서 상대방의 고유 권리를 존중하는 것은 조국통일을 이룩하기 위한 전제 조건을 마련하는 문제라고 할 수 있습니다. 하지만 진정으로 조국통일을 이룩하자면 나라 간의 관계에서 존중되어야 하는 부분으로 멈춰서는 안 됩니다. 애민과 애국의 기치에 맞게 화해와 단합을 높여 공통성을 계속 확대 강화해 가야 합니다. 이것은 정치 군사적 측면에서부터 경제적, 사회문화적 전 분야에서 진행되도록 해야 합니다. 여기서 애민과 애국의 기치하에 서로 화합하고 단합하여 그 공통점을 확대해 가려고 하는데 한사코 이를 가로막고 방해한다면 바로 이 부분에 대해서도 반민족적이고 반통일적이며 매국노적인 행위로 놓고 응징해 가야 합니다. 조국통일은 화해와 단합을 높여 공통점을 확대 강화하는 조건을 창출해야만 이뤄지는데, 그 공통점의 형성을 가로막는다면 이것은 결국 조국통일을 하지 못하게 하는 행위나 다름없기 때문입니다.

조국통일의 상과 함께 통일할 수 있는 조건을 창출하기 위해 노력했다고 한다면 이제 실질적으로 조국통일을 이루어야 하는데, 그러자면 그 방도가 명확히 마련되어야 할 것입니다. 그 때문에 조국통일법의 또 하나의 구성 부분으로 조국통일을 이룩할 수 있는 방도가 명확하게 규정되어야 합니다.

조국통일의 방도가 명확히 마련되어야 하는 이유는 조국통일은 그저 원한다고 해서 이뤄지지 않기 때문입니다. 한마디로 한반도 차원에서 민의 창발적인 지혜와 힘이 분출되어야 가능한데, 그러자면 그렇게 할 수 있는 방도가 마련되어야 한다는 것입니다. 그렇지 않으면 혼란에 휩싸이게 되어 중도반단 될 수 있기 때문입니다.

그러면 조국통일의 방도는 어떻게 마련되어야 하겠습니까? 이것은 결국 애민시대에 맞는 방법론에서 찾아야 합니다. 왜냐하면 지금 시대에서 조국통일하자는 것은 애민시대의 요구와 요청에 의해서 진행되는 것이지 그 옛날 방식에 의한 조국통일이 아니기 때문입니다. 그래서 우선 애민시대의 원칙적 입장으로 자주와 민주, 통일의 기치를 견지해야 합니다. 자주는 개인과 집단, 나라와 민족 단위의 모든 부분에서 주인의 권리를 보장한다는 것이고, 민주는 주인의 권리를 누리고 살기 위한 제도와 질서 체계를 수립해 풀어간다는 것이고, 통일은 이것을 통일 단결된 정치적 역량으로 담보한다는 것입니다. 그 때문에 조국통일을 실현하는 원칙적 입장으로 자주와 민주, 통일의 기치를 견지하는 것입니다.

그런데 여기서 남북 간의 통일을 이룩하는 데 있어서 민주적인 제도와 질서를 통해서 풀어나가야 하지만 전쟁이 일어나면 민족적 비극이 발생하게 됩니다. 더욱이 지금의 전쟁은 핵전쟁이 될 수도 있기에 전쟁이 발생하면 남과 북 모두가 피해 당사자가 될 뿐입니다. 바로 여기서 평화적인 방법 또한 절실히 요청된다는 것을 알 수 있습니다. 다시 말해 조국통일을 이룩하는 원칙적 입장으로 자주적 입장에 의한 통일 단결된 정치적 역량으로 민주적 제도와 질서를 통해 평화적 방법으로 이룩한다는 점을 분명하게 견지해야 한다는 것입니다.

조국통일을 이룩하는 데 있어서 또 하나의 방도는 일치와 입체, 통일의 방법론을 확립하는 것입니다. 조국통일은 한반도 차원에서 민이 주인의 권리를 실현하기 위한 것입니다. 그런데 자신들의 유불리에 따라 통일을 대한다면 결코 조국통일은 이루어질 수 없습니다. 그 때문에 한반도 차원에서 민의 권리를 실현한다는 차원에서 일치와 입체, 통일의 방법론을 확립해야만 혼란된 상황을 만들지 않고 완강하게 조국통일을 이룩하는 방향으로 나아갈 수 있습니다. 한마디로 말해 조국통일은 그 어떤 기발한 묘수에 의해서 이뤄지는 것이 아니라 민이 주인의 권리를 한반도 차원에서 실현하기 위한 과정에서 이뤄지는 것이기에 이 방법론을 철저히 구사해야만 풀어진다는 것입니다.

그런데 이렇게 자주와 민주, 평화, 통일의 원칙적 입장과 함께 일치와 입체, 통일의 방법론을 적용하여 조국통일을 이룩하려고 한다면 결국 한반도 차원에서 통일 단결된 정치 역량을 마련하는 것이 관건적 문제로 나타나게 된다는 것을 알 수 있습니다. 자주와 민주, 평화, 통일의 원칙적 입장과 함께 일치와 입체, 통일의 방법론을 적용할 수 있느냐 하는 문제는 결국 한반도 차원에서 통일 단결된 정치적 역량을 마련하는 문제로 귀결되기 때문입니다. 한반도 차원에서 통일 단결된 정치적 역량이 마련되어야 그 역량에 따라 자주, 민주, 평화, 통일의 원칙적 입장이 확고히 견지될 뿐만이 아니라 일치와 입체, 통일의 방법론이 구사될 수 있다는 것입니다. 그 때문에 한반도 차원에서 애민, 애국의 기치 확립을 조국통일을 실현하는 데에서 중심 목표로 설정해야 합니다. 그 이유는 한반도 차원에서 애민과 애국의 기치를 견지하는 세력이 통일 단결된 정치 역량으로 공고하게 형성된다면 바로 그것이 조국통일로 귀결되기 때문입니다.

조국통일법을 제정하는 데에서 이렇게 한반도 차원에서 민의 권리를 실현하는 것으로 조국통일의 상을 설정하면서 통일의 조건을 형성하기 위해 노력해야 한다는 것, 아울러 자주, 민주, 평화, 통일의 원칙적 입장과 함께 일치와 입체, 통일의 방법론을 그 내용으로 한다고 명확히 밝히는 것은 지금껏 조국통일을 풀어가는 데에 있어서 겪었던 혼란을 막고 실질적으로 실현하기 위해서입니다.

지금껏 남북 간에는 여러 합의도 이루었고, 그러면서 정말 조국통일이 될 것 같은 분위기도 있었습니다. 하지만 언제 그랬냐는 듯이 도돌이표의 과정을 겪었고, 지금은 윤석열 정권에 의해 극단적인 대립과 대결 정책이 펼쳐짐으로써 조국통일이 이루어지기는커녕 언제 전쟁이 일어나도 이상하지 않은 상황으로 전변되어 가고 있습니다. 이런 상황에서 조국통일을 이루어 가자면 이런 부침을 겪지 않을 방안이 명확히 확립되어야 합니다. 바로 여기서 애민시대의 방식에 맞게 조국통일법을 제정해야만 한다는 것입니다. 그 때문에 조국통일법에는 조국통일이 애민시대의 흐름을 반영하여 한반도 차원에서 민의 권리를 실현하는 상으로 되고, 나아가 서로 통일할 수 있는 조건을 만들어 감과 동시에 민의 창발적인 지혜와 힘을 한데 모아 풀어갈 수 있는 원칙적 입장과 방법론이 그 내용으로 포함되어야 한다는 것입니다. 그리고 이에 맞게 풀어가면 사실상 조국통일이 합법칙적인 과정을 통해 이루어진다는 것입니다.

물론 조국통일법의 내용이 이것만 있을 수는 없습니다. 조국통일법 또한 법적인 제도와 질서 체계 속에서 진행되어야 하기에 상벌 규정 또한 명확히 마련되어야 하고, 아울러 시대에 맞게 더욱 풍부한 내용이 계속 추가되어야 할 것입니다. 하지만 기본적으로 이런 부분이 마련되어야 조국통일을 혼란 없이 풀어갈 수 있게 된다는 것입니다.

애민시대에 맞게 애국적 기풍을 확립하기 위해서는 애국법과 조국통일법의 제정을 더 이상 미룰 수 없는 상황에 봉착하고 있습니다. 이것은 다른 그 무엇이 아니라 애국법과 조국통일법이 제정되지 않음으로써 매국노가 애국적 행위를 탄압하는 기가 막힌 상황이 벌어지고 있기 때문입니다. 애국 행위가 사회적으로 고무되고 진작되어야지 매국노가 애국 행위를 탄압하는 행위가 버젓이 이뤄지는 사회에서는 그 어떤 전망이 있을 수 없습니다. 이제 매국노가 애국자를 탄압하는 것이 아니라 매국 행위가 애국법과 조국통일법에 의해 법적인 처벌을 받도록 해야 합니다. 그러자면 애국법과 조국통일법을 명확히 제정함으로써 그 길을 열어젖혀야 합니다.

애민시대의 애국적 기치에 맞게 헌법을 새롭게 수정하고, 이에 근거하여 애국법과 조국통일법을 제정한다면 지금까지 잘못된 사회적 기풍을 일신할 수 있게 될 것입니다. 한마디로 애국법과 조국통일법이 제정된다면 매국노가 애국자인 양 행세했던 지금까지의 사회 분위기와 달리 애국적인 행위가 사회적으로 정당하게 대접받고, 반면에 매국적인 행위는 새롭게 제정된 이 법에 따라 법적인 처벌을 받게 될 것이니 한국 사회는 애국적인 기풍이 되살아나게 될 것이고, 그로 인해 민은 개인과 집단, 나라와 민족 단위의 모든 부분에서 주인의 권리를 누리고 사는 세상을 만들어 갈 수 있게 될 것입니다.